更轻

更简

更适合做朋友的一本书

这本书带给你的不仅是知识

正保会计网校
www.chinaacc.com

梦想成真®
Dream Come True

2022年注册会计师全国统一考试

公司战略与风险管理

经典题解

■ 李志刚 主编
■ 中华会计网校 编

打基础

感恩22年相伴 助你梦想成真

上海交通大学出版社
SHANGHAI JIAO TONG UNIVERSITY PRESS

内容提要

本书为"梦想成真"辅导丛书之一，是注册会计师"公司战略与风险管理"科目辅导用书，主要内容有：战略分析、战略选择、风险与风险管理等。本书分为打基础和做习题两册。打基础以知识点的讲解为主，分为备考先修阶段和基础强化阶段；做习题以题目演练为主，分为章节习题巩固阶段、跨章节主观题突破阶段和模拟试卷决胜阶段。

本书适合备考注册会计师全国统一考试"公司战略与风险管理"学科的考生阅读。

图书在版编目(CIP)数据

公司战略与风险管理经典题解 / 李志刚主编 ；中华会计网校编. — 上海 ：上海交通大学出版社，2022.3

ISBN 978-7-313-26319-3

Ⅰ.①公… Ⅱ.①李… ②中… Ⅲ.①公司-企业管理-资格考试-题解②公司-风险管理-资格考试-题解 Ⅳ.①F276.6-44

中国版本图书馆 CIP 数据核字(2022)第 001538 号

公司战略与风险管理经典题解

GONGSI ZHANLÜE YU FENGXIAN GUANLI JINGDIAN TIJIE

主　　编：李志刚　　编　　者：中华会计网校

出版发行：上海交通大学出版社　　地　　址：上海市番禺路 951 号

邮政编码：200030　　电　　话：021-64071208

印　　刷：三河市荣展印务有限公司　　经　　销：全国新华书店

开　　本：787mm×1092mm　1/16　　印　　张：25

字　　数：640 千字

版　　次：2022 年 3 月第 1 版　　印　　次：2022 年 3 月第 1 次印刷

书　　号：ISBN 978-7-313-26319-3

定　　价：75.00 元

前言

“莫道桑榆晚，为霞尚满天。”

注册会计师考试是由财政部组织领导的一项执业资格考试，是我国评价选拔会计人才、促进会计人员成长的重要渠道，也是会计人员增强专业知识、提高业务水平的有效途径。注册会计师考试每年一次，由全国统一组织、统一大纲、统一试题、统一评分标准。注册会计师考试分为专业阶段和综合阶段两个阶段。专业阶段主要测试考生是否具备注册会计师执业所需要的专业知识，是否掌握基本的职业技能和职业道德规范。综合阶段主要测试考生是否具备在职业环境中综合运用专业知识、遵守职业道德规范以及有效解决实务问题的能力。

备考注册会计师考试可不是一件简单的事情，它需要花费大量的时间和精力，过程中可能还会存在各种问题影响，但拥有注册会计师的证书是多少人的愿望，所以为了这样一个含金量满满的证书，努力与坚持就显得十分重要，当然拥有一本好的注册会计师考试辅导用书也是极为重要的。所以为满足考生注册会计师考试的备考需求，正保会计网校的辅导老师潜心研究考试大纲和命题规律，精心策划、编写了注册会计师经典题解。

·打基础——典题为主，速学为辅。针对考试的特性和要求，本书在编写内容上，主编老师精心挑选例题，以题为引入加深知识的理解与运用，同时，将考试内容整理，以“考点速学”的形式来展现，对知识点进行了精简提炼。本书在内容呈现形式上，以简练的语言、生动的图表有效传达知识信息。

·做习题——以练为攻，以析为解。本册分为“章节习题·巩固阶段”“跨章节主观题·突破阶段”“模拟试卷·决胜阶段”三个阶段。先是“章节习题·巩固阶段”按章进行练习，其中不仅标明了每章题目的重要程度，同时在解析中也进行了重点标记。然后是“跨章节主观题·突破阶段”，收纳经典跨章节主观题，帮你突破训练主观题。最后是“模拟试卷·决胜阶段”，两套模拟试卷不仅强化你的解题能力，同时帮你查漏补缺，把控做题节奏。

翻开这本书的时候，你可能心怀忐忑或是心怀憧憬，而历经岁月洗礼，希望在合上这本书的时候，你能满怀欣喜。

编 者

小保提示

由于时间所限，书中难免存在疏漏，敬请批评指正。最后，小保祝福大家顺利通过考试~

正保文化官微

关注正保文化官方微信公众号——财会上分青年，回复“勘误表”，获取本书勘误内容。

正保远程教育

发展：2000—2022年：感恩22年相伴，助你梦想成真

理念：学员利益至上，一切为学员服务

成果：20个不同类型的品牌网站，涵盖13个行业

奋斗目标：构建完善的“终身教育体系”和“完全教育体系”

正保会计网校

发展：正保远程教育旗下的第一品牌网站

理念：精耕细作，锲而不舍

成果：每年为我国财经领域培养数百万名专业人才

奋斗目标：成为所有会计人的“网上家园”

“梦想成真”书系

发展：正保远程教育主打的品牌系列辅导丛书

理念：你的梦想由我们来保驾护航

成果：图书品类涵盖会计职称、注册会计师、税务师、经济师、资产评估师、审计师、财税、实务等多个专业领域

奋斗目标：成为所有会计人实现梦想路上的启明灯

图书特色

1 备考先修阶段

解读考试整体情况

客观分析

掌握解题突破口

规划学习时间，提供备考指导

一、关于《公司战略与风险管理》科目

《公司战略与风险管理》是一门情境特征极其明显的课程。

《公司战略与风险管理》科目最大特征是涉及多门学科的内容，要懂战略的话就要什么知识都至少懂一些！具体包括经济学原理、管理学原理、风险管理、内部控制、国际贸易理论、

二、高分技巧及应试方法

（1）认真审题，果断答题。考试中一定要认真审题，弄清题目的含义和要求。对单选题可以采用"直接挑选法"或"排除法"；对多选题可采用"逐项判断法"；对没有把握的选择题既不要纠缠，也不要轻易放弃，就是用猜测法也要确定一个答案。对简答题和综合题应先看清题目

三、本书的特点及备考建议

1. 本书的特点

本书在内容上更加紧扣考试大纲的要求，对应试知识点的解读更加精练准确易于理解，配套的练习题更加贴近考试的难度及呈现形式。相信各位考生一定会喜欢上这本精心设计的武术

2 基础强化阶段

考情分析

本章主要考点

公司的使命、战略创新管理，战略管理中的权力与利益相关者，多以客观题考查。

2022 年考试变化

（1）"战略实施"重新改写。

（2）"战略管理中的权力与利益相关者"从第四章第四节调整到第一章。

（3）本章案例进行调整。

经典例题详解及核心考点

考点一 公司战略的定义★*

经典例题

【例题·多选题】☆**逸风公司是一家手机游戏软件开发商。该公司为实现预定的战略目标，借助大数据分析工具，及时根据市场需求的变化调整产品开发和经营计划，成效显著。以下的表述中体现逸风公司上述做法的有（ ）。

A. 逸风公司的战略是理性计划的产物

考点速学

企业战略管理是为实现企业的使命和战略目标，科学地分析企业的内外部环境与条件，制定战略决策，评估、选择并实施战略方案，控制战略绩效的动态管理过程。

与传统的职能管理相比，战略管理具有以下特征：

（1）战略管理是企业的综合性管理。战略

解读考试情况，总结规律

全方位透析考试，钻研考点

以题带点，深入解读题目

重难点精析

3 章节习题·巩固阶段

找准致错关键，避开设题陷阱

4 跨章节主观题·突破阶段

轻松掌握解题秘籍

5 模拟试卷·决胜阶段

强化解题能力，快速查漏补缺

本章综合练习（限时30分钟）

扫我做试题

一、单项选择题

1. 甲公司是一家生产奶制品的企业，甲公司预测，随着国民健康消费意识的逐步提高，未来奶制品市场会大幅度提升，所以甲公司进一步扩大奶制品的生产。然而，随着个别知名企业奶粉损害婴幼儿健康的事件的爆发，奶制品的需求迅速下降，导致甲公司的库存产品大量堆积。这体现了

而使得公司的进展有一个可以测度的目标

C. 从整个公司的角度来看，需要建立财务业绩和战略业绩两种类型的业绩标准

D. 目标体系的建立只能由公司高层管理者参与

4. 甲公司是一家饮料生产企业，划分为碳酸

本章综合练习·参考答案及解析

一、单项选择题

1. D 【解析】公司战略的现代概念有三种属性，即应变性、竞争性以及风险性。甲公司预计未来奶制品市场会大幅提升，制定了自己的战略，但是随着负面事件的发生导致大量库存产品堆积，这体现的是公司战略的风险性。

2. D 【解析】公司目标是公司使命的具体化，它们不是一种抽象，而是行动的承

事业部和果汁饮料事业部各自制定不同的战略在市场中加以竞争，体现的是业务单位战略。

5. C 【解析】与传统的职能管理相比，战略管理具有以下特征：①战略管理是企业的综合性管理；②战略管理是企业的高层次管理；③战略管理是企业的一种动态性管理。战略管理是企业的综合性管理，而不是局部性管理，选项C说法错误。

跨章节主观题突破特训

扫我做试题

【题目一】

［本题涉及章节］：第一章、第二章、第三章、第六章。

［本题核心考点］：公司宗旨、企业能力分析、基准类型、多元化战略、收缩战略的方式、战略联盟、"战略钟"、市场风险。

☆资料一

2010年4月，由6名工程师、2名设计师组成的联合团队创建的伊特科技公司正式成立。公司成立之初，公司CEO赵小明与股

跨章节主观题突破特训参考答案及解析

【题目一】

（1）公司宗旨旨在阐述公司长期的战略意向，其具体内容主要说明公司目前和未来所要从事的经营业务范围。伊特公司初创时期的业务定位是做手机业务，"要做一款设计好、品质好而价格又便宜的智能手机"；而历经8年的发展，到2018年伊特公司上市之前，公司的业务定位是"涵盖众多消费电子产品、软硬件和内容全覆盖的互联网企业"。

（2）依据"战略钟"理论，伊特智能手机

决胜模拟试卷

模拟试卷（一）

扫我做试题

一、单项选择题（本题型共26小题，每小题1分，共26分。每小题只有一个正确答案，请从每小题的备选答案中选出一个你认为正确的答案。）

1. DE公司进入市场之初致力于"为个人提供个性化定制电脑"，追求"做得更好"。随着公司经营理念的转变，DE公司后期致力于"让每个孩子都拥有一台通用笔记

模拟试卷（二）

扫我做试题

一、单项选择题（本题型共26小题，每小题1分，共26分。每小题只有一个正确答案，请从每小题的备选答案中选出一个你认为正确的答案。）

1. 深圳市大江创新科技有限公司成立于2006年，是全球领先的无人飞行器控制系统及无人机解决方案的研发和生产商，客户遍布全球100多个国家，它占据着全球70%的无人机市场份额。无人机以前主

目录

CONTENTS

备考先修阶段

基础强化阶段

备考先修阶段

关于小程序码

2022年考试变化讲解

—— 你需要知道 ——

亲爱的读者，无论你是新学员还是老考生，本着“逢变爱考”的原则，今年考试的变动内容你都需要重点掌握。微信扫描左侧小程序码，网校老师为你带来 2022 年本科目考试变动解读，助你第一时间掌握重要考点。

2022 年备考先修

考注会是一种情怀。

合抱之木，生于毫末；九层之台，起于累土。

若要通过注册会计师考试，书要一页一页读，题要一道一道做，知识点要一个一个理解记忆。每天坚持学习不中断，锲而不舍，方得始终。

一、关于《公司战略与风险管理》科目

《公司战略与风险管理》是一门情境特征极其明显的课程。

《公司战略与风险管理》科目最大特征是涉及多门学科的内容，要懂战略的话就要什么知识都至少懂一些！具体包括经济学原理、管理学原理、风险管理、内部控制、国际贸易理论、国际金融、市场营销、人力资源、公司治理、管理信息系统等。所以本科目知识点具有跨学科的属性，其中大量的内容都需要在理解基础之上记忆。战略家一定是一位略通诸子百家的杂家。

《公司战略与风险管理》科目的考试目标确定为：考生应当根据本科目考试内容与能力等级的要求，理解、掌握或运用下列相关的专业知识和职业技能，坚守职业价值观、遵循职业道德、坚持职业态度，解决实务问题。

(1)公司战略的基本理论。

(2)战略管理的特征与过程。

(3)外部环境分析与内部环境分析的主要内容与方法。

(4)公司三个层次战略的主要内容。

(5)公司各种战略的开发方向与实现途径。

(6)战略实施和战略控制的主要内容、过程与方法。

(7)公司治理的概念及理论。

(8)公司内部治理结构和外部治理机制。

(9)公司治理的基础设施。

(10)风险与风险管理基本原理。

(11)企业面对的主要风险。

(12)风险管理的基本流程和管理体系。

(13)风险管理的主要技术与方法。

(14)内部控制的主要内容及其在风险管理中的应用。

1. 考试题型及各题型分值表

《公司战略与风险管理》试卷总分值为 100 分，60 分合格。题型分为“客观题(单选题和多选题)”和“主观题(简答题和综合题)”两大类。考试题型题量与分值情况，如表 1 所示。

表 1 《公司战略与风险管理》科目考试题型题量与分值情况

题型	2013 年—2020 年		2021 年	
	题量	分值	题量	分值
单选题	24	24	26	26
多选题	14	21	16	24
简答题	4	30-35	4	26-31
综合题	1	25	1	24

注：简答题第 1 题如果选择英文回答并正确的话，加 5 分。

敲黑板画重点：

(1)客观题的题量及分值在 2021 年都增加了 10%左右。

(2)主观题的题量在 2021 年没有变化，但分值下降约 10%。

(3)预计 2022 年四种题型保持不变，客观题及主观题的分值各占 50%。

2. 章节体系表

《公司战略与风险管理》科目，近五年以来，章节体系基本保持固定，但内容上每年都有一定程度地微调变化。本科目在注册会计师专业阶段六个科目考试难度的对比情况来看，属于难度最低的科目之一，近几年通过率几乎是最高的。各章节考试分值占比及难易程度和题型，如表 2 所示。

表 2 各章节考试分值占比及难易程度和题型

章节	难度	题型	分值			
			2019 年	2020 年	2021 年	近 9 年均值
第一章 战略与战略管理	★	单选题和多选题，个别年份涉及主观题	1	1	3	2.11
第二章 战略分析	★★	各题型均涉及，其中简答题分值最高	24	20.5	17	20.44
第三章 战略选择	★★★	各题型均涉及，其中简答题和综合题分值最高	40	44	38	39
第四章 战略实施	★★★	主要是单选题，但 2021 年在主观题上考核力度加大	6	8	20	7.06
第五章 公司治理	★★	以多选题和简答题为主	1	1	5	1.39
第六章 风险与风险管理	★★	各题型均涉及且分值相对均衡	22.5	17.5	17	17.78

本科目分为两大部分，分别为公司战略部分和风险管理部分(含公司治理及内部控制)，其中公司战略部分是历年的考试重点，近三年左右占考试分值的 75%左右。本科目考核内容覆盖面广，近几年来看，所谓非重要的知识点也出现在试卷中，几乎是全覆盖无死角。

3. 命题规律

全球公认中国人是最擅长考试的，其中一个最主要的原因就是中国人特别擅长总结各类考试的命题规律，并进行有针对性的训练，而且往往收获显著。

本科目也不能免俗，通过对过去近十年中注协对外公布试卷的分析，以下命题规律的经验梳理可以供今年考生参考。

敲黑板画重点：

(1)重点永远是重点。本科目各章节的重点知识点一直是考试的重点。

(2)几乎没有考试的盲点。这也是CPA考试的一大特点。

(3)不考计算题。这一点对各位考生而言，福兮祸兮？

(4)案例分析是唯一的考核形式，无论是主观题还是客观题。

由于案例分析是考核的唯一形式，对于单选题和多选题就是以小案例形式考核，简答题和综合题就是以大案例形式考核。所以本科目的阅读量很大，考生的阅读理解能力就显得特别重要。"阅读"速度不但要快，而且在"理解"内容上要关联到本科目考试大纲中的知识点。

二、高分技巧及应试方法

(1)认真审题，果断答题。考试中一定要认真审题，弄清题目的含义和要求。对**单选题**可以采用"直接挑选法"或"排除法"；对**多选题**可采用"逐项判断法"；对没有把握的选择题既不要纠缠，也不要轻易放弃，就是用猜测法也要确定一个答案。对**简答题和综合题**应先看清题目要求，再阅读题目所给的资料，并在阅读分析的同时按答题步骤和要求完成答题。

主观题的答题可以采用三步法：

一是先快速浏览题目要求(了解考试所涉及的知识点，根据自己熟悉程度来决定答题的顺序，先完成有把握的主观题)。

二是仔细阅读案例正文。

三是组织答案("论点+论据"答题法，"论点"是写教材涉及的理论知识点，"论据"是直接复制粘贴案例材料的叙述句子)。

(2)答题时应注意时间的把握。客观题一般每题用时绝对不能超过1分钟，不能拖延时间，如果客观题用时过多，主观题就有可能做不完。《公司战略与风险管理》的考试近几年都在17点至19点进行，考试时间一共120分钟，要确保在30分钟之内完成26道单选题和16道多选题，遇到难题，实在做不出答案，应先跳过去做下面的简答题和综合题。四道简答题需要在60分钟以内完成，也就是说每一道简答题平均15分钟左右，最后需要留出至少30分钟用以完成综合题，综合题从题量上来衡量至少相当于两道简答题。因为考试时间很紧张，应确保会做的题目都做完，且保证准确率，这样通过考试的希望就会很大。

三、本书的特点及备考建议

1. 本书的特点

本书在内容上更加紧扣考试大纲的要求，对应试知识点的解读更加精练准确易于理解，配套的练习题更加贴近考试的难度及呈现形式。相信各位考生一定会喜欢上这本精心设计的武术秘籍——能帮助您顺利通过本科目的通关战略！

2. 备考建议

首先，学习时一定要抓住重点。在全面复习的基础上，考生应把主要的时间和精力投入到重要的内容上。哪些内容是重点内容呢？当然是以CPA考试大纲为依据，本书的"基础强化阶段"，是对每一章重点内容的精炼解读。

其次，要合理安排学习轮次。一般来说，学习是一个从不熟悉到熟悉、从没掌握到掌握的过程，因此要不断重复考核内容。最好能有三个轮次的学习。

本书认为，对于一般考生来讲完成三个轮次的学习计划需要99个小时左右。当然对于有些考生来讲，大块大块的时间不是每天都能安排的，那么最为重要的一种时间管理方法，就是一定要充分利用每天的碎片化时间！

基础强化阶段

2个月

梦想成真辅导丛书

第一章　战略与战略管理

本章重要程度：●○○
考试分值范围：分值约占3分

战略原本是指战争的策略。早在《左传》和《史记》中已经使用"战略"一词。将"战略"一词引入企业管理领域，主要原因是由于企业经营环境越来越像复杂战争中的环境，而企业之间的竞争也愈发激烈，这需要管理者能够像战争中的将军一样，审时度势分析身处的内外环境，做出整体和重大决策以期能够在"商战"对抗中取得可持续性的盈利。

考情分析

本章主要考点

公司的使命、战略创新管理，战略管理中的权力与利益相关者，多以客观题考查。

2022 年考试变化

(1)"战略实施"重新改写。

(2)"战略管理中的权力与利益相关者"从第四章第四节调整到第一章。

(3)本章案例进行调整。

经典例题详解及核心考点

考点一　公司战略的定义★*

经典例题

【例题·多选题】☆**逸风公司是一家手机游戏软件开发商。该公司为实现预定的战略目标，借助大数据分析工具，及时根据市场需求的变化调整产品开发和经营计划，成效显著。以下的表述中体现逸风公司上述做法的有(　)。

A. 逸风公司的战略是理性计划的产物

B. 逸风公司的战略是在其内外环境的变化中不断规划和再规划的结果

C. 逸风公司的战略是事先的计划和突发应变的组合

D. 逸风公司采取主动态势预测未来

【答案】BCD

【解析】该公司为实现预定的战略目标，借助大数据分析工具，及时根据市场需求的变化调整产品开发和经营计划，说明其战略是事先的计划和突发应变的组合，采取主动的态势预测未来，战略是在内外环境的变化中不断规划和再规划的结果，选项 BCD 正确。

考点速学

理解公司战略的含义，可以从以下四位学者的观点来掌握。

美国学者钱德勒认为，公司战略可定义为"确定企业基本长期目标、选择行动途径和

* 本书用"★"来表示各知识点的重要程度。★一般重要；★★比较重要；★★★非常重要。

** 本书标记"☆"的题目为经典题目。

为实现这些目标进行资源分配”。

而中注协则把公司战略区别为传统概念和现代概念。传统概念是由美国哈佛大学教授波特给出的，他认为，“战略是公司为之奋斗的终点与公司为达到它们而寻求的途径的结合物”。简单地理解，波特认为“战略=终点+途径”。这个定义的给出是基于波特当时处在一个社会进步与环境变化相对较慢的历史时期。

公司战略的现代概念是由加拿大学者明茨伯格在考虑了接下来的组织面临了更多未知不可测的内外部环境因素后，修正了波特所给出的战略定义，“一系列或整套的决策或行动方式”。其实就是“战略=途径(决策或行动方式)”。明茨伯格的想法是，波特的观点是终点无法事先设定，因为这个世界变化太快了！

而美国另一位学者汤姆森指出“战略既是预先性的(预谋战略)，又是反应性的(适应性战略)”。也就是需要管理层先要制定一个预谋战略，再随着环境变化而进行适应性调整。一个实际的战略应该是一个不断规划和再规划的结果。

实际上，传统和现代的两个战略概念不同，是由于两位学者所处的历史时期不同所导致的，都是正确的。二者属性的差异如表1-1所示。

表1-1 公司战略的概念和属性

概念	属性
传统概念	计划性、全局性和长期性(小口诀：计、全、长)
现代概念	应变性、竞争性和风险性(小口诀：应、风、竞)

考点二 公司的使命与目标★★

经典例题

【例题1·单选题】☆天鸣公司是全球领先的通信基础设施和智能终端提供商，该公司在网站上显著位置有如下说明：致力于把数字科技带入每个人、每个家庭、每个组织，构建万物互联的智能世界。天鸣公司的上述说明体现了该公司的(　)。

A. 目的　　B. 目标

C. 经营哲学　　D. 宗旨

【答案】D

【解析】公司宗旨旨在阐述公司长期的战略意向，其具体内容主要说明公司目前和未来所从事的经营业务范围。“致力于把数字科技带入每个人、每个家庭、每个组织，构建万物互联的智能世界”属于公司宗旨，选项D正确。

【例题2·单选题】☆睿祥公司创业初期主营手机业务，后来成长为一家涵盖众多消费电子产品和软件的互联网企业。本案例体现了睿祥公司(　)。

A. 公司宗旨的变化

B. 经营哲学的变化

C. 战略层次的变化

D. 公司目的的变化

【答案】A

【解析】“睿祥公司创业初期主营手机业务，后来成长为一家涵盖众多消费电子产品和软件的互联网企业”体现的是经营业务范围的调整，即公司宗旨的变化，选项A正确。

考点速学

我们可以将企业生存、发展、获利等根本性目的作为公司使命的一部分，而将公司目标作为使命的具体化，如图1-1所示。

图 1-1　公司的使命

波特的观点是**终点=使命+目标**，以下分别阐述：

1. 公司的使命

使命是要阐明公司组织的根本性质与存在理由，一般包括三个方面，也就是“**使命=目的+宗旨+经营哲学**”，如表 1-2 所示。

表 1-2　公司的使命

方面	说明
公司目的	公司目的是企业组织的根本性质和存在理由的直接体现。组织按其存在理由可以分为两大类：营利组织和非营利组织。以营利为目的而成立的组织，其首要目的是为其所有者带来经济价值。其次的目的是履行社会责任，以保障企业主要经济目标的实现。以非营利为目的成立的组织，其首要目的是提高社会福利、促进政治和社会变革，而不是营利。一般而言，企业是最普通的营利组织，红十字会是最普通的非营利组织
公司宗旨	公司宗旨旨在阐述公司长期的战略意向，其具体内容主要说明公司目前和未来所要从事的经营业务范围。公司经营业务范围包括：产品(或服务)、顾客对象、市场和技术等几个方面。公司宗旨反映出企业的定位
经营哲学	经营哲学是公司为其经营活动方式所确立的价值观、基本信念和行为准则，是企业文化的高度概括。经营哲学主要通过公司对利益相关者的态度、公司提倡的共同价值观、政策和目标以及管理风格等方面体现出来。经营哲学同样影响着公司的经营范围和经营效果

2. 公司的目标

目标是使命的具体化，让使命的实现更具有可操作性。

公司目标是一个体系，其目的是将公司的使命转换成明确、具体的业绩标准，有一个**可测度的目标**，如表 1-3 所示。

表 1-3　公司的两大目标体系

体系	指标
财务目标体系(达到较好的结果)	市场占有率、收益增长率、投资回报率、股利增长率、股票价格评价、现金流以及公司的信任度等
战略目标体系(赢得结果)	获取足够的市场竞争优势，在产品质量、客户服务或产品革新等方面压倒竞争对手，使整体成本低于竞争对手的成本，提高公司在客户中的声誉，在国际市场上建立更强大的立足点，建立技术上的领导地位，获得持久的竞争优势，抓住诱人的成长机会等

考点三　公司战略的层次★★

经典例题

【例题·单选题】甲公司是一家生产高端家电产品的进出口公司，在经济危机中遭受重大损失。该公司最高管理层针对金融危机爆发后的全球经济环境，重新确定了未来10年的战略规划，决定转向国内市场，生产面向大众的产品，降低产品生产成本，扩大客户群体，并根据这一规划明确了公司人财物的配置。该战略属于(　)。

A. 总体战略

B. 竞争战略

C. 业务单位战略

D. 职能战略

【答案】A

【解析】总体战略需要根据企业的目标，选择企业可以竞争的经营领域，合理配置企业经营所必需的资源。甲公司确定了未来10年的战略规划，并根据这一规划明确了人财物的配置，因此属于总体战略。

【思路点拨】本题属于通过案例形式对公司战略层次的知识点进行考核，主要根据关键词进行判断。本题的关键词是“战略规划”和“人财物配置”。

考点速学

公司的战略分为三个层次：总体战略、业务单位战略和职能战略，如图1-2和表1-4所示。

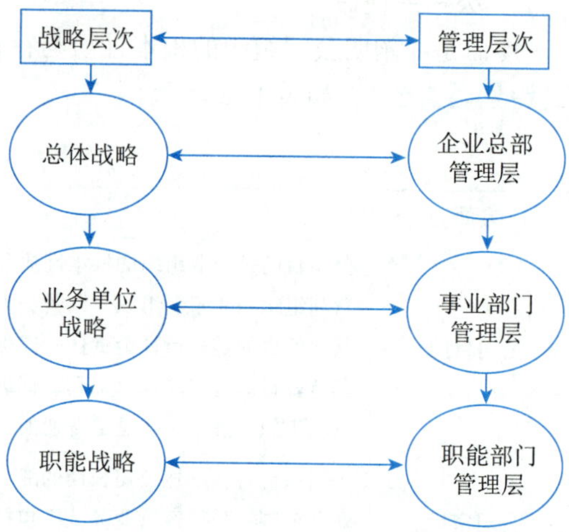

图1-2　公司战略的三个层次

表1-4　公司战略的层次

公司战略层次	含义	关键词
总体战略	又称公司层战略，需要根据企业的目标，选择企业可以竞争的经营领域，合理配置企业经营所必需的资源，使各项经营业务相互支持、相互协调。公司层战略常常涉及整个企业的财务结构和组织结构方面的问题。特别是在经营多项业务的大中型企业中，是最高层次的战略	业务组合 资源配置
业务单位战略	又称为竞争战略，涉及各业务单位的主管以及辅助人员。这些经理人员的主要任务是将公司战略所包括的企业目标、发展方向和措施具体化，形成本业务单位具体的竞争与经营战略。业务单位战略要针对不断变化的外部环境，在各自的经营领域中有效竞争。单一业务企业的总体战略与竞争战略是一样的	竞争
职能战略	又称职能层战略，主要涉及企业内各职能部门，如营销、财务、生产、研发、人力资源、信息技术等，如何更好地配置企业内部资源，为各级战略服务，提高组织效率	效率

考点四　战略管理的内涵和特征★

经典例题

【例题·多选题】青雨公司刚刚成立不久，管理层召开下一年度经营计划会议时，对战略及战略管理进行深入讨论，为统一正确认知，在下列各项中，属于战略管理特征的有(　)。

A. 战略管理是企业的高层次管理

B. 战略管理是由企业的职能部门经理来推动和实施的

C. 战略管理是企业的一种动态性管理

D. 战略管理是企业的综合性管理

【答案】ACD

【解析】与传统的职能管理相比，战略管理具有以下特征：①战略管理是企业的综合性管理；②战略管理是企业的高层次管理；③战略管理是企业的一种动态性管理。战略管理是企业的高层次管理，战略管理必须由企业的高层领导来推动和实施，选项B说法错误。

考点速学

企业战略管理是为实现企业的使命和战略目标，科学地分析企业的内外部环境与条件，制定战略决策，评估、选择并实施战略方案，控制战略绩效的动态管理过程。

与传统的职能管理相比，战略管理具有以下特征：

(1)战略管理是企业的综合性管理。战略管理指明企业基本方向和前进道路，是涉及所有管理部门、业务单位和所有相关因素的管理活动。

(2)战略管理是企业的高层次管理。战略管理的核心是对企业现在及未来的整体经营活动进行的规划和管理，必须由企业高层领导来推动和实施。

(3)战略管理是企业的一种动态性管理。战略管理活动应根据企业内外部各种条件和因素的变化进行适当调整或变更。

考点五　战略管理过程★

经典例题

【例题1·多选题】A公司进行下一年度的战略管理务虚会议，下列各项中，属于管理层在进行战略分析时，应该考虑企业外部环境分析的内容有(　)。

A. 宏观环境分析

B. 产业环境分析

C. 企业资源与能力分析

D. 企业核心竞争力分析

【答案】AB

【解析】外部环境分析包括宏观环境分析、产业环境分析、竞争环境分析。内部环境分析包括资源与能力分析和企业的核心竞争力分析等几个方面。

【思路点拨】本题属于直接考核理论知识，可以结合第二章战略分析的内容进行判断。考生应该能够分清楚哪些属于内部环境分析的内容，哪些属于外部环境分析的内容，哪些属于内外部环境分析的内容。

【例题2·多选题】天地股份有限公司是大型的上市公司，经营范围广泛，下列各项战略中，属于天地股份有限公司的公司层面战略有(　)。

A. 发展战略　　B. 稳定战略

C. 差异化战略　　D. 收缩战略

【答案】ABD

【解析】公司层面的战略包括发展战略、稳定战略和收缩战略。选项C属于业务单位战略。

【例题 3 · 多选题】 尖保物业股份有限公司是大型国有企业，管理层认识到战略管理流程是一个循环过程，构成这一循环过程，战略管理流程的关键要素包括(　)。

A. 战略变革　　B. 战略实施

C. 战略分析　　D. 战略选择

【答案】 BCD

【解析】 一般来说，战略管理过程包括三个关键要素：战略分析、战略选择和战略实施。

考点速学

战略管理包含三个关键要素：战略分析——了解组织所处的环境和相对竞争地位；战略选择——战略制定、评价和选择；战略实施——采取措施使战略发挥作用。也就是说，中注协教材认为，战略管理过程包含三个步骤——分析、选择与实施，这三部分内容分别形成了第二、三和四章。具体内容如图 1-3 所示。

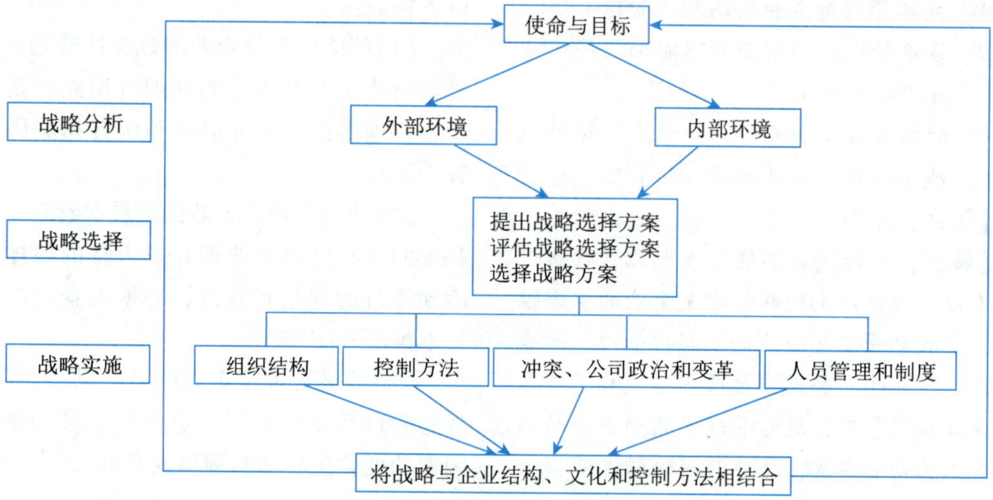

图 1-3　战略管理过程

1. 战略分析

战略分析涉及外部环境分析和内部环境分析，战略分析的目的是明确企业处于什么内外环境之下，环境正在发生的变化及带给企业哪些机会和威胁。如表 1-5 所示。

表 1-5　战略分析

战略分析	分析方面	分析目的
外部环境分析	从企业所面对的宏观环境、产业环境、竞争环境几个方面展开	了解企业所处的环境正在发生哪些变化，这些变化给企业将带来哪些机会和威胁
内部环境分析	从资源与能力、价值链和业务组合等几个方面展开	了解企业自身所处的相对地位，具有哪些资源以及战略能力

【备考战略】 波士顿矩阵、通用矩阵、SWOT 分析等方法都是常用的战略分析工具。

2. 战略选择

战略分析解决的问题是企业在哪里，而战略选择解决的问题是企业要去哪里。

企业在战略选择阶段要考虑可选择的战略类型和战略选择过程两个方面的问题。

(1) 可选择的战略类型。(见表 1-6)

表 1-6 可选择的战略类型

类型	具体分类
总体(公司层)战略	发展战略、稳定战略、收缩战略
业务单位(竞争)战略	基本竞争战略、中小企业的竞争战略、蓝海战略
职能(职能层)战略	市场营销战略、生产运营战略、研究与开发战略、采购战略、人力资源战略、财务战略等

(2)战略选择过程。

战略选择的过程包括如下三个步骤：

a. 制订战略选择方案。

根据不同层次管理人员介入战略分析和战略选择工作的程度，可以将战略形成的方法分为三种：自上而下的方法；自下而上的方法；上下结合的方法。三种方法的区别就在于对集权与分权的把握。

b. 评估战略备选方案。

评估战略备选方案通常使用三个标准：一是适宜性标准(用 SWOT 来衡量)；二是可接受性标准(是否被利益相关者接受)；三是可行性标准(成本效益原则)。

c. 选择战略。

战略选择可以考虑以下三种方法：根据企业目标选择战略；提交上级管理部门审批；聘请外部专家。

3. 战略实施

战略实施就是将战略转化为行动并取得成果的过程，战略实施要解决以下五个主要问题：

(1)组织结构需要适合公司战略的定位。

(2)企业文化是促进战略实施的保证。

(3)以战略控制来监督实施进程。

(4)支持企业数字化转型和数字化战略实施。

(5)协调战略、组织结构、文化建设和技术创新与变革等诸多方面的关系。

考点六 战略创新管理★★

经典例题

【例题 1 · 单选题】“哈达斯”冰激凌是深受儿童喜爱的品牌，近期该公司面向成年人打出广告“爱 TA，就请 TA 吃哈达斯冰激凌吧!”，获得了空前的成功。从战略创新的类型来看，该公司的战略创新属于(　)。

A. 产品创新　　B. 流程创新

C. 定位创新　　D. 范式创新

【答案】C

【解析】定位创新是指产品和服务进入市场的环境的变化，也就是通过特定用户情境下的重新定位对既有产品和流程的感知来实现的创新。“哈达斯”冰激凌是深受儿童喜爱的品牌，近期该公司面向成年人的销售行为，属于重新定位。

【例题 2 · 多选题】空雨科技是一家全球领先的人工智能软件公司，以“坚持原创，让 AI 引领人类进步”为使命，是计算机视觉和深度学习领域的算法提供商。该公司技术把关的核心团队由两大部分组成：一部分是来自麻省理工学院等博硕毕业生；另一部分则是来自微软谷歌等相关领域的从业者。公司鼓励并保持着每个人都能有机会并可能参与公司产品试验和改进过程的做法及文化。从建立创新型组织视角，该案例涉及的要素有(　)。

A. 共同使命、领导力和创新的意愿

B. 合适的组织结构

C. 关键个体

D. 全员参与创新

【答案】ACD

【解析】“坚持原创，让 AI 引领人类进步”为使命，是指该公司的共同使命、领导力的创新的意愿。“公司技术把关的核心团队”是指关键个体。“每个人都能有机会并可能参与公司产品试验和改进”则是指全员参与创新。

【例题3·单选题】空雨科技是一家全球领先的人工智能软件公司，是计算机视觉和深度学习领域的算法提供商。新型冠状病毒疫情期间，公司发挥自身独特优势，利用AI原创技术开发了智慧防疫解决方案、肺部AI智能分析产品、智慧办公平台系统等产品，并应用于全球范围内丰富的场景之中。该案例体现的战略创新类型是（ ）。

A. 产品创新　　B. 流程创新

C. 定位创新　　D. 范式创新

【答案】A

【解析】“利用AI原创技术开发了智慧防疫解决方案、肺部AI智能分析产品、智慧办公平台系统等产品”是产品创新。

考点速学

1. 战略创新的定义

企业战略创新是指企业为了获得可持续竞争优势，根据内外环境已发生或预测发生的变化，遵循“环境、战略、组织”三者动态协调性原则，对新的创意进行搜索、选择、实施、获取的系统性过程。

2. 创新的重要性

（1）创新是企业适应动态变化的外部环境，以确保其生存发展的一种重要能力。

外部环境的变化带来的同时是机会和威胁并存。比如政策法律法规、社会文化环境、经济因素及科学技术的发展变化。企业需要具备创新能力，才能拥有适应变化的能力，以实现“适者生存”。

（2）创新是获得持续竞争优势最主要的来源。

创新对企业竞争优势的贡献体现在三个方面。一是新产品可占领与保持市场份额，提高企业盈利能力；二是成熟产品无法单纯采取低价竞争以实现增长，还依赖于设计及产品定制等非价格因素，这需要创新；三是在产品生命周期缩短时期，用更好的产品替代原有产品的能力愈发重要。也就是时间竞争所导致的“快鱼吃慢鱼”现象。

（3）持续不断的创新是维持企业竞争优势的根本保障。

由于存在模仿创新的压力，一方面原创企业只有持续创新才能维持其竞争优势，另一方面，模仿创新的企业只有从模仿创新提升为原始创新和自主创新，才能获得真正的竞争优势。

3. 战略创新的四大类型

战略创新的类型如表1-7所示。

表1-7　战略创新的类型

类型	描述	举例与说明
产品创新	指提供新的产品和服务的变化	语音鼠标
流程创新	指产品和服务的生产和交付方式的变化	制造方法和设备的变化；业务办理手续和任务排序的变化
定位创新	指产品和服务进入市场的环境的变化，即通过特定用户情境下重新定位对既有产品和流程的感知来实现创新	类似于在第三章蓝海战略内容中“重设功能与情感诉求”
范式创新	指影响组织业务的潜在思维模式的变化	即商业模式的创新

需要说明的是，四种类型的创新，其界限并不十分清晰，实践中经常交织在一起。

4. 探索战略创新的不同方面

（1）创新的新颖程度——“渐进性”创新还是“突破性”创新。

多数情况企业是以渐进性创新方式进行的，遵循“没有最好，只有更好”原则。主要是源于“全面质量管理”理念下的持续渐进性改变以提高质量，从而获得显著回报。近年来更多的企业在生产经营中运用“精益化”思考，以实现“渐进性”创新。

（2）创新的途径——“基础产品”或是“产品家族”。

基本思路是，依托一个稳健的基础产品或可以扩展的产品家族，为创新提供一定范围的延展空间。比如英特尔公司的产品家族创新、索尼公司的基础产品创新“随身听”、华为公司的基础产品创新“手机”和产品家族创新“消费电子产品”。

（3）创新的层面——“**组件层面**”创新还是“**架构层面**”创新。

有些创新改变了组件层面，有些则改变了整个系统架构。创新很少只涉及单一的技术和市场，而是要处理构成体系的大量知识。当创新变化发生在更高的系统架构层面，现有的沟通渠道和知识流可能不适合或不足以支持创新，这就需要企业发展新的知识流结构，解决途径之一就是技术整合，即不同的技术整合后使得原本分散的组件创新整合成新的架构。多数企业的商业模式也强调了整合性解决方案，为最终用户提供价值。

（4）创新的时机——创新生命周期的三个阶段“**流变**”“**过渡**”还是“**成熟**”。

在新的行业，主要围绕新的产品和服务的概念进行创新；在更为成熟的行业则趋向流程创新和定位创新，或找到新的细分市场。创新生命周期模型相关内容如图 1-4 和表 1-8 所示。

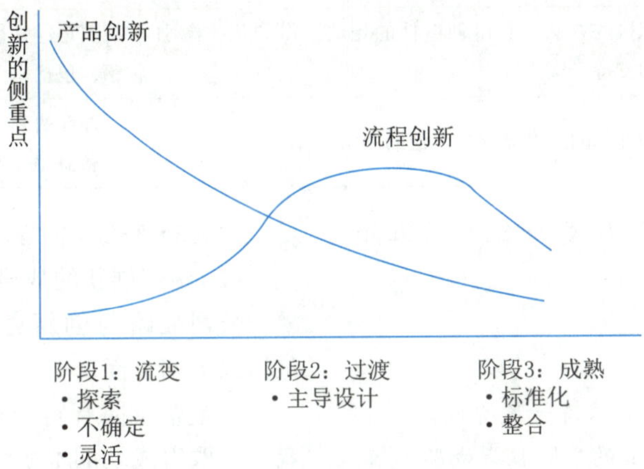

图 1-4 创新生命周期模型

表 1-8 创新生命周期各阶段的主要元素

创新特征	流变阶段（酝酿阶段）	过渡阶段	成熟阶段
竞争重点	产品的功能性	产品差异化	产品的成本
创新的驱动因素	客户需求、技术投入	扩展内部技术能力	降本增效的压力
创新的主要类型	产品创新	流程创新	渐进性的产品和流程创新
生产线特征	多样性，包括定制的设计	包括至少一种稳定或主导设计	大多是标准产品
生产流程特征	灵活但低效，目标有实验性，经常变化	越来越严格和明确	高效，资本集约化并相对严格

『提示说明』 为什么已有组织很难应对非连续性创新？

一是由于沉没成本，如对既有技术和市场的投入；另一个原因则来自心理与制度上的障碍。

5. 战略创新的情境

成功的战略创新赖以实现的关键情境，包括建立创新型组织和制定创新的战略。

（1）建立创新型组织。

营造和保持创新型组织环境，是企业成功实现战略创新的关键情境之一。创新型组织的七大组成要素如表 1-9 所示。

表 1-9　创新型组织的七大组成要素

组成要素	关键特征	补充说明
共同使命、领导力和创新的意愿	明确清晰地阐述共同的新使命；延伸战略目标——高管层的承诺	对组织目标要达成高度共识并忠诚于目标；高管的参与、承诺、付出及支持
合适的组织结构	组织设计使得创造力、学习和互动成为可能；关键问题是在“有机”和“机械”模式之间找到恰当的平衡	有机的组织适合快速变革的环境；机械的组织适合稳定的环境；IT 发展与应用
关键个体	发明者、组织发起者、技术把关人员和其他角色赋予创新活力或促进创新	其他角色包括项目经理、商业创新者等
全员参与创新	参与整个组织的持续改进活动	经历五个阶段
有效的团队合作	适合地使用团队来解决问题，需要在团队选择和建设上给予投入	团队是跨越组织内部界限的机制。五个关键影响因素
创造性氛围	使用积极的方法来获得创造性的想法，得到相关激励系统的支持	氛围是经常性的行为模式、态度和情感，包括六个要素
跨越边界	内部和外部的顾客导向；广泛的网络	对外部的刺激保持开放；利用 IT 技术与利益相关者的广泛联系

『提示说明 1』全员参与创新的五个阶段：

(1)“无意识”阶段。

(2)正式尝试阶段。

(3)与组织战略目标保持一致阶段。

(4)对个体和小组的“授权”试验创新阶段。

(5)全员创新的最高阶段。

『提示说明 2』影响高效团队合作的五个关键因素：

(1)明确的任务和目标。

(2)有效的团队领导。

(3)团队角色和个人行为风格的良好平衡。

(4)小组内部有效的冲突解决机制。

(5)与外部组织的持续联络。

『提示说明 3』氛围影响创新的六个关键因素：

信任和开放性、挑战和参与、组织松弛度、冲突和争论、风险承担、自由。

(2)制定创新的战略。

公司战略与创新之间关系的核心观点，包括以下四方面。

一是企业拥有特定的知识和能力，是在竞争中取得成功的本质特征。

二是公司战略的本质特征是一种创新战略，其目的就是积累企业特定的知识和能力。

三是一种创新战略必须能够应对外部复杂环境的变化。

四是内部结构和过程必须与可能的冲突性需求保持平衡。包括识别并开发专业知识和整合探索专门知识。

本科目后面章节内容将按照“战略分析——战略选择——战略实施”来全面展开阐述。

6. 创新管理的过程(四个阶段)

创新管理的过程如表 1-10 所示。

表 1-10　创新管理的过程

创新管理的四个阶段	主要内容
第一，搜索阶段——如何找到创新机会	搜索潜在变革的信息，寻找与创新相关的诱因
第二，选择阶段——要做什么及为什么	基于已有的技术领域和能力，对不同的机会和市场作出符合整体战略的选择
第三，实施阶段——如何实现创新	汇集各种知识并产生创新的过程。并以某种形式进入目标环境，再巩固本次创新
第四，获取阶段——如何获得利益	商业目的或社会创新改变世界。可通过流程创新及推广以获利、运用知识产权保护以维护竞争优势、掌控和引领创新未来发展方向

『提示说明』在创新管理的选择阶段，需要做的三个方面研究：

其一，是对可利用的技术和市场机会的研究；其二，是对企业现有能力的研究，确保现在知识能够与变革所需要的知识相匹配；其三，是将创新与整体业务绩效的提高相联系的研究。

考点七　战略管理中的权力与利益相关者★★

经典例题

【例题 1·单选题】☆国内大型制冷设备制造商西奥公司拟在欧洲 N 国建立生产基地并雇佣当地操作员工。当得知 N 国劳动者工资水平高且经常在工会支持下提出增加福利的要求后，西奥公司修改了投资和建设方案，所需操作员工全部由机器人代替。西奥公司在战略决策与实施过程中的行为方式是(　)。

A. 规避　　B. 折中

C. 对抗　　D. 协作

【答案】A

【解析】规避模式是不坚定行为与不合作行为的组合。以时机选择的早晚来区分，这种模式可分为两种情况：一种是当预期将要发生矛盾与冲突时，通过调整来躲避冲突；另一种情况是当矛盾与冲突实际发生时主动或被动撤出。在本题中，西奥公司“当得知 N 国劳动者工资水平高且经常在工会支持下提出增加福利的要求后”，决定通过调整投资和建设方案，所需操作员工全部由机器人代替来躲避冲突，选项 A 正确。

【例题 2·单选题】☆大型采掘设备制造商长河公司在某发达国家建立了一个生产和销售基地。面对当地陌生而复杂的法律环境，该公司的法律事务部门较之在国内拥有了更大的权力。它来源于(　)。

A. 对资源的控制与交换的能力

B. 个人的素质和影响

C. 利益相关者集中或联合的程度

D. 在管理层次中的地位

【答案】A

【解析】该公司面临当地陌生而复杂的法律环境，对法律部门掌握的关键资源比较依赖，选项 A 正确。

【例题 3·单选题】☆鲍莫尔(BaumolW. J.)的“销售最大化”模型，描述了企业在追求利润最大化和销售额最大化之间的博弈过程。这一模型反映了(　)。

A. 股东与经理人员的利益矛盾与均衡

B. 企业利益与社会效益的矛盾与均衡

C. 企业与外部利益相关者的矛盾与均衡

D. 企业员工与企业之间的利益矛盾与均衡

【答案】A

【解析】投资者与经理人员的矛盾与均衡中的模型之一就是该题的鲍莫尔“销售最大化”模型，还有两个模型分别是马里斯的增长模型和威廉姆森的管理权限理论。

考点速学

美国管理学家卡斯特《组织与管理：系统与权变的方法》中指出：“**目标的制定过程基本上是一个政治过程，各不同利益集团之间讨价还价的结果形成了目标。**”公司战略的制定与实施和其各利益相关者利益与权力的均衡密不可分。

（一）企业主要的利益相关者——知识理解能力

1. 内部利益相关者及其利益期望

内部利益相关者及其利益期望的主要内容，如表1-11所示。

表1-11　内部利益相关者及其利益期望

内部利益相关者	利益期望
股东与机构投资者	传统理论认为投资者主要期望就是利润最大化
经理阶层（高、中层管理人员）	主要利益期望是销售额最大化
企业员工	主要追求个人收入和职业稳定的极大化

2. 外部利益相关者及其利益期望

外部利益相关者及其利益期望的主要内容，如表1-12所示。

表1-12　外部利益相关者及其利益期望

外部利益相关者	利益期望
政府	政府力图使企业在提供就业、支付税款、履行法律责任、促进经济增长、确保国际支付平衡等多个方面做出贡献。其中最直接的利益期望是政府对企业税收的期望
购买者和供应者	在他们各自所处的阶段增加更多的价值
债权人	期望企业有理想的现金流量，以及较高的偿付贷款和利息的能力
社会公众	能够承担社会责任，包括保护自然环境、赞助和支持社会公益事业等

（二）企业利益相关者的利益矛盾与均衡——基本应用能力

由于利益相关者的利益期望不同，他们对企业发展的方向和路径也就有不同的要求，因而会产生利益的矛盾和冲突。矛盾和均衡冲突表现在以下三方面：

（1）投资者与经理人员的矛盾与均衡。

（2）企业员工与企业（股东或经理）之间的利益矛盾与均衡。

（3）企业利益与社会效益的矛盾与均衡。

『提示说明』

（1）投资者与经理人员利益的矛盾与冲突，理论上有三个模型：一是**鲍莫尔“销售最大化”模型**；二是**马里斯的增长模型**；三是**威廉姆森的管理权限理论**。

（2）用“社会效益”代表所有企业外部利益相关者的共同利益。企业外部利益相关者对企业的共同期望是企业应承担一系列社会责任。

在社会效益和企业效益之间，企业实际上总是处于一个讨价还价的均衡点。

（三）权力与战略过程——知识理解能力

权力是个人或利益相关者能够采取某些行动的能力。权力与职权区别如表1-13所示。

表 1-13　权力与职权的四点区别

权力	职权
权力的影响是各个方面的	职权沿着管理层次方向自上而下
受制权力的人不一定能够接受	职权一般能够被下属接受
权力来自各个方面	职权包含在指定的职位或功能之内
权力很难识别和标榜	职权在组织结构图上容易确定

权力与政治区别：政治是权力的运用，它是由具体的战略和策略组成的。

制定战略和有效地实施战略需要权力和影响力。如果用合作性和坚定性两维坐标来描述企业某一利益相关者在企业战略决策与实施过程中的行为模式，可分为五种，具体如图 1-5 及表 1-14 所示。

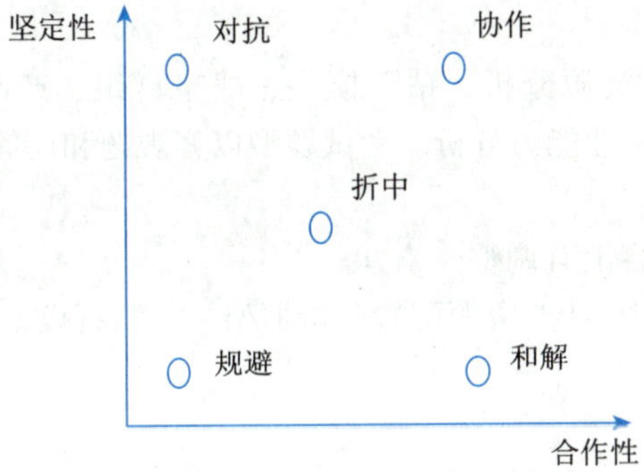

图 1-5　对待矛盾与冲突的行为模式

表 1-14　利益相关者权力来源及对待矛盾与冲突的行为模式（重要）

利益相关者的权力的五大来源	对待矛盾与冲突的行为模式
(1)对资源的控制与交换的权力。 (2)在管理层次中的地位（职权）。 (3)个人的素质和影响。 (4)参与或影响战略决策与实施过程。 (5)利益相关者集中或联合的程度	(1)对抗。坚定+不合作 (2)和解。不坚定+合作 (3)协作。坚定+合作 (4)折中。中等坚定+中等合作 (5)规避。不坚定+不合作

【备考战略】“抗避、折中、协和”。

对抗：抵抗到底，根本不考虑对方的要求，使对方彻底就范。

和解：单方做出让步，设法满足对方的要求。

协作：找双方的共同点，使得双方的利益都得到满足。

折中：双方都让步，最终达成双方都能接受的协议。

规避：躲避或撤退。

第二章　战略分析

本章重要程度：●●○
考试分值范围：分值约占20分

战略管理程序的三部曲，第一步就是针对外部与内部环境的战略分析。战略最早源于军事用语，用兵打仗时首先就是对自身所处的周遭环境进行分析，然后就是看看自己的武器装备、辎重车马粮草等资源，最后才是做出适合自己的战略选择。所谓审时度势，尽可能选择基于天时、地利与人和基础之上的战略安排，才能战无不胜！

考情分析

本章主要考点

产业五种竞争力、企业资源分析、钻石模型、战略群组、产品生命周期、波士顿矩阵、SWOT 分析、价值链分析、企业能力分析。考试题型以客观题和简答题为主。

2022 年考试变化

(1)“竞争对手分析”内容上有调整。

(2)“钻石模型”名称改为“产业资源配置分析框架——钻石模型”，从本章第一节调整到第二节。

(3)本章案例进行调整。

经典例题详解及核心考点

考点一　宏观环境分析★

经典例题

【例题1·单选题】☆国家出台“每对夫妻可生育两个子女”的政策后，少儿智能学习机制造商龙华公司预测其产品的市场需求将明显增长，于是制定并实施了新的发展战略，扩大投资，提高生产能力，同时采用新智能技术实现产品升级。龙华公司外部环境分析所采用的主要方法是(　)。

A. 五种竞争力分析

B. 成功关键因素分析

C. PEST 分析

D. 产业生命周期分析

【答案】C

【解析】国家出台“二孩”政策，该公司根据政策出台预测其产品需求会增长，属于宏观环境分析中的政治和法律环境对企业的影响。选项 C 正确。

【例题2·单选题】☆2012 年政府颁布了《生活饮用水卫生标准》。然而，由于相关设施和技术等方面的原因，国内一些地区的自来水水质短期内还不能达到标准。同时，近年随着国内经济迅速发展，国民追求健康和高品质生活的愿望不断提高。通过对上述情况的分析，华道公司于 2013 年从国外引进自来水滤水壶项目，获得成功。本案例中，华道公司外部环境分析所采用的主要方法是(　)。

A. 产品生命周期分析

B. 五种竞争力分析

C. PEST 分析

D. 钻石模型分析

【答案】C

【解析】“2012年政府颁布了《生活饮用水卫生标准》”属于政治和法律环境因素，“由于相关设施和技术等方面的原因，国内一些地区的自来水水质短期内还不能达到标准”属于技术环境因素，“国内经济迅速发展”属于经济环境因素，“国民追求健康和高品质生活的愿望不断提高”属于社会和文化环境因素。综上，华道公司外部环境分析采用的是PEST分析，选项C正确。

【例题3·单选题】甲公司是一家汽车生产企业。财政部、税务总局、工信部、科技部发布关于免征新能源汽车车辆购置税的公告，自2018年1月1日至2020年12月31日，对购置的新能源汽车免征车辆购置税，在一定程度上刺激了新能源汽车的消费需求。对于甲公司来说，属于PEST分析中的(　)。

A. 政治和法律环境

B. 经济环境

C. 社会和文化环境

D. 技术环境

【答案】A

【解析】国家出台的政策属于宏观环境分析中的政治和法律环境因素。

【例题4·单选题】乙公司在对某投资对象国家进行考察时，发现该国近年来通货膨胀率居高不下，预计可能给公司的生产运营带来不小的压力，因此决定推迟针对该国的直接投资。从宏观环境角度分析，该公司在进行决策时考虑了(　)。

A. 经济因素

B. 技术因素

C. 政治和法律因素

D. 社会和文化因素

【答案】A

【解析】影响企业的经济环境因素包括社会经济结构、经济发展水平与状况、经济体制、宏观经济政策、其他经济条件，其中经济发展水平与状况的其他经济影响因素包括：税收水平、通货膨胀率、贸易差额和汇率、失业率、利率、信贷投放以及政府补助等。乙公司在进行决策时考虑了通货膨胀率这一经济因素。

【例题5·单选题】我国正在进入老龄化社会，这对于一些生产老年人用品的企业可以说是一个利好信号，这属于(　)。

A. 政治和法律环境

B. 经济环境

C. 社会和文化环境

D. 技术环境

【答案】C

【解析】进入老龄化社会属于人口的年龄分布情况，属于社会和文化环境中的人口因素。

【思路点拨】本题属于案例分析型题目。根据资料反映的信息将其与宏观环境分析的四个方面对号入座即可，本题的关键词是“老龄化社会”。

【例题6·单选题】2018年1月4日，据《日本经济新闻》报道，BT公司将采用我国AL公司基础设施，共同开发具备结算等功能的“互联汽车”。继FT汽车之后，中国互联网企业AL公司再次获得国际汽车品牌的认可，继续扩大在智能互联汽车领域的布局。这表明BT公司注意到了企业经营环境中的(　)。

A. 政治和法律环境

B. 经济环境

C. 社会和文化环境

D. 技术环境

【答案】D

【解析】BT公司依据互联网的普及与AL公司共同开发互联汽车，表明BT公司利用了技术环境。

【思路点拨】本题属于案例分析型题目。根据资料反映的信息将其与宏观环境分析的四个方面对号入座即可，本题的关键词是“智能互联汽车”。

考点速学

企业的外部环境可以从宏观环境、产业环境、竞争环境和国家竞争优势几个层面展开，分别是代表从宏观环境、中观环境与微观环境，以及国家特征的分析，如图 2-1 所示。

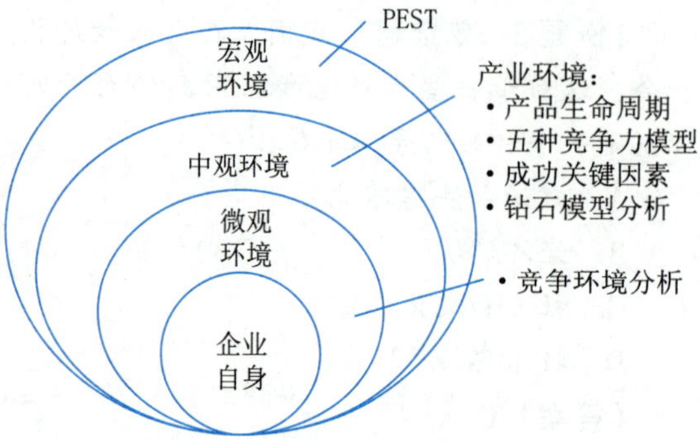

图 2-1　企业环境分析

针对宏观环境进行分析可以从多个维度与视角进行展开，但是最为常用的一个模型就是 PEST 分析，这个模型被绝大多数职业人所熟知。

所谓 PEST，即 P 是政治和法律（Politics），E 是经济（Economy），S 是社会和文化（Society），T 是技术（Technology），这些是企业的外部环境，一般不受企业掌握，这些因素也被戏称为“pest（有害物质）”。

1. 政治和法律环境（Politics）

政治和法律环境相关内容，如表 2-1 所示。

表 2-1　政治和法律环境

要素	主要分析内容
政治环境分析	包括：①企业所在国家和地区的政局稳定状况；②政府行为对企业的影响；③执政党所持的态度和推行的基本政策，以及这些政策的连续性和稳定性；④各政治利益集团对企业活动产生的影响
法律环境分析	政府主要是通过制定法律法规来间接影响企业的活动。这些法律法规的存在有以下目的：①保护企业，反对不正当竞争；②保护消费者；③保护员工；④保护公众权益免受不合理企业行为的损害

2. 经济环境（Economy）

经济环境对企业的影响更为直接和具体，具体内容包括以下五个方面，如表 2-2 所示。

表 2-2　经济环境五要素及主要内容

要素	主要分析内容
社会经济结构	产业结构（最重要）、分配结构、交换结构、消费结构和技术结构
经济发展水平与状况	国内生产总值（GDP）、人均 GDP 和经济增长速度；其他经济影响因素还包括税收水平、通货膨胀率、贸易差额和汇率、失业率、利率、信贷投放以及政府补助等
经济体制	是国家经济组织的形式
宏观经济政策	是指实现国家经济发展目标的战略和策略，包括综合性的全国发展战略和产业政策、国民收入分配政策、价格政策、物资流通政策等
其他经济条件	工资水平、供应商及竞争对手的价格变化等

【备考战略】五个要素分别取一个字形成一个记忆口诀“结、水、制、宏、其”。考生在本知识点的掌握程度，要达到如果题目中给定内容，能够正确区分属于经济环境的哪一类要素。

3. 社会和文化环境（Society）

社会和文化环境具体内容如表 2-3 所示。

表 2-3　社会和文化环境

要素	主要分析内容
人口因素	企业所在地居民的地理分布及密度、年龄、教育水平、国籍等

（续表）

要素	主要分析内容
社会流动性	社会的分层情况、各阶层之间的差异以及人们是否可在各阶层之间转换、人口内部各群体的规模、财富及其构成的变化以及不同区域（城市、郊区及农村地区）的人口分布等
消费心理	企业应有不同的产品类型以满足不同顾客的心理需求
生活方式变化	随着社会经济发展和对外交流程度的不断提高，人们的生活方式也会随之发生变化
文化传统	一个国家或地区在较长历史时期内形成的一种社会习惯
价值观	社会公众评价各种行为的观念标准

【备考战略】经济环境因素、社会和文化环境因素都是考试的重要出题点，学习过程中注意把握。记忆口诀"人、流、消、生、文、价"。考生在本知识点的掌握程度，要达到如果题目中给定内容，能够正确区分属于社会和文化环境的哪一类要素。

4. 技术环境（Technology）

技术环境包括国家科技体制、科技政策、科技水平和科技发展趋势等，具体内容如表2-4所示。

表2-4　技术环境

要素	对战略产生的影响
技术环境	（1）技术进步使企业能对市场及客户进行更有效的分析。 （2）新技术的出现使社会对本行业产品和服务的需求增加。 （3）技术进步可创造竞争优势。 （4）技术进步可导致现有产品被淘汰，或大大缩短产品的生命周期。 （5）新技术的发展使企业更多关注环境保护、企业的社会责任及可持续成长等问题

考点二　产业环境分析★★★

经典例题

【例题1·单选题】☆龙苑公司是一家制作泥塑工艺品的家族企业。该公司成立100多年来，经过世代相传积累了丰富的泥塑工艺品制作经验和精湛技艺，产品远销国内外。目前一些企业试图进入泥塑工艺品制作领域。根据上述信息，龙苑公司给潜在进入者设置的障碍是（　）。

A. 资金需求　　B. 学习曲线

C. 行为性障碍　　D. 分销渠道

【答案】B

【解析】"学习曲线"又称经验曲线，是指当某一产品累积生产量增加时，由于经验和专有技术的积累所带来的产品单位成本的下降。"该公司成立100多年来，经过世代相传积累了丰富的泥塑工艺品制作经验和精湛技艺"说明龙苑公司给潜在进入者设置的进入障碍是学习曲线。选项B正确。

【例题2·单选题】☆专为商业零售企业提供管理咨询服务的智信公司于2015年预测中国的实体百货零售业已进入衰退期。该公司作出上述预测的依据应是（　）。

A. 实体百货零售业投资额增长率曲线的拐点

B. 实体百货零售业利润额增长率曲线的拐点

C. 实体百货零售业工资额增长率曲线的拐点

D. 实体百货零售业销售额增长率曲线的拐点

【答案】D

【解析】产业发展要经过4个阶段：导入期、成长期、成熟期和衰退期。这些阶段以产业销售额增长率曲线的拐点划分。选项D正确。

【例题3·多选题】☆惠丰公司是一家柴油机生产企业。最近，该公司拟把业务延伸到农机生产领域。下列各项中，属于惠丰公司进入新产业所面临的结构性障碍有(　)。

A. 现有农机企业采取限制进入定价行为

B. 现有农机企业的品牌优势

C. 政府颁布的农机产业进入政策

D. 现有农机企业对销售渠道的控制

【答案】BCD

【解析】选项A属于行为性障碍中的限制进入定价；选项B、C属于结构性障碍中的现有企业的市场优势；选项D属于结构性障碍中的现有企业对关键资源的控制。

【例题4·多选题】☆巨能公司是多家手机制造企业的电池供应商。根据波特的五种竞争力分析理论。下列各项关于巨能公司与其客户讨价还价能力的说法中正确的有(　)。

A. 巨能公司能够进行前向一体化时，其讨价还价能力越强

B. 巨能公司掌握的客户的转换成本信息越多，其讨价还价能力越强

C. 巨能公司的客户购买量越大，巨能公司讨价还价能力越强

D. 巨能公司提供的电池差异化程度越高，其讨价还价能力越强

【答案】ABD

【解析】当供应商能够进行前向一体化，即供应商能够控制销售环节，购买者购买供应商产品或服务的价格就不可能太低，所以供应商会拥有较强议价能力，所以A选项正确；供应者充分地掌握了购买者的有关信息，了解购买者的转换成本的信息(即从一个供应者转换到另一个供应者的成本)，就会增加了供应者的议价能力，所以B选项正确；购买者集中度高，业务量大，议价能力强，此时供应者议价能力弱，选项C不正确；供应者的产品存在着差别化，议价能力强，所以供应者的议价能力强，选项D正确。

【例题5·多选题】☆近几年VR(虚拟现实)产品的销售量节节攀升，顾客群逐渐扩大；不同企业的产品在技术和性能方面有较大差异；消费者对产品质量的要求不高。从市场角度看，现阶段VR行业的成功关键因素有(　)。

A. 保护现有市场

B. 开拓新销售渠道

C. 建立商标信誉

D. 改善企业形象

【答案】BC

【解析】近几年VR(虚拟现实)产品的销售量节节攀升，顾客群逐渐扩大；不同企业的产品在技术和性能方面有较大差异；消费者对产品质量的要求不高。可以判断出VR行业处于成长期。从市场角度看，建立商标信誉，开拓新销售渠道是其成功关键因素。

【例题6·多选题】☆近年来国内洗涤品生产企业面临日益沉重的竞争压力。国外著名洗涤品公司加快进入中国市场的步伐；原材料及用工成本不断上涨；国内洗涤品生产企业众多，产品差异较小，消费者选择余地大；新型洗涤品层出不穷，产品生命周期缩短，原有洗涤品不断遭到淘汰。从产业五种竞争力角度考察，国内洗涤品生产企业面临的竞争压力包括(　)。

A. 产业内现有企业的竞争

B. 购买者讨价还价

C. 供应者讨价还价

D. 潜在进入者的进入威胁

【答案】ABCD

【解析】国外著名洗涤品公司加快进入中国市场的步伐，体现了潜在进入者的进入威胁大，选项D正确。原材料及用工成本不断上涨，体现了供应者的议价能力强，选项C正确。国内洗涤品生产企业众多，产品差异较小，消费者选择余地大，体现了产业内现有企业的竞争激烈和购买者讨价还价能力强，

选项 AB 正确。

【例题 7 · 单选题】☆2007—2013 年，S 公司在作为 P 公司最大的元器件和闪存供应商的同时，推出了原创智能手机和平板，成为 P 公司在智能手机和平板市场主要的竞争对手，P 公司很想摆脱对 S 公司的依赖，但由于 S 公司在生产关键零件方面的能力显著强于其他公司，因而短期内 P 公司仍离不开 S 公司，最后影响了 S 公司对 P 公司讨价还价能力的主要因素是(　)。

A. 业务量

B. 产品差异化程度与资产专用性程度

C. 纵向一体化程度

D. 信息掌握程度

【答案】B

【解析】当供应者的产品存在着差异化，因而替代品不能与供应者所销售的产品相竞争时，供应者讨价还价的能力就会增强。由于 S 公司在生产关键零件方面的能力显著强于其他公司，因而短期内 P 公司仍离不开 S 公司，最后影响了 S 公司对 P 公司的讨价还价能力。

【例题 8 · 单选题】☆哈佛商学院教授亚非在波特教授五种竞争力研究基础上，提出了影响产业利润的第六个要素。下列各项中，体现该要素作用的是(　)。

A. 某火力发电企业并购了一家煤矿，降低了原材料成本

B. 某地区交通条件的改善促进了该地区房地产业的发展

C. 某牛奶供应商控制了全市的销售渠道，使其他牛奶供应商在该市难以立足

D. 两家大型超市通过降低销售，争夺消费者

【答案】B

【解析】哈佛商学院教授亚非在波特教授研究的基础上，根据企业全球化经营的特点，提出了第六个要素，即互动互补作用力。亚非认为，任何一个产业内部都存在不同程度的互补互动(指互相配合一起使用)的产品或服务业务。例如，对于房地产业来说，交通、家具、电器、学校、汽车、物业管理、银行贷款、有关保险、社区、家庭服务等会对住房建设产生影响，进而影响到整个房地产业的结构。所以选项 B 正确。

考点速学

回顾一下 PEST 内容，其中经济环境包括社会经济结构在内的五个要素，而社会经济结构内容中对于企业最为关注的是产业结构。产业环境分析则包括三方面内容，首先要熟知最为经典的产品生命周期理论，其次要重点掌握产业环境中存在的五种竞争力，最后学习掌握成功关键因素的内涵。产业环境分析是本章最高频的考点。

需要注意的是，本科目使用的概念是产业，但基本上把产业与行业等同。

(一)产品生命周期——基本应用能力

教材认为产品生命周期也同样适用于产业。典型的生命周期要经过 4 个阶段：导入期、成长期、成熟期和衰退期。如表 2-5 所示。

表 2-5　产品生命周期各阶段特征

阶段	导入期	成长期	成熟期	衰退期
产品技术特点	产品设计新颖但质量及可靠性还有待提高；产品类型、特点、性能和目标市场尚在变化当中	各厂家的产品在技术和性能方面有较大差异	产品逐步标准化，差异不明显，技术和质量改进缓慢	各企业的产品差别小，因此价格差异也会缩小。为降低成本，产品质量可能会出现问题
销量	产品用户很少，只有高收入用户会尝试新的产品	产品销量上升，产品的客户群已经扩大。消费者对质量的要求不高	新的客户减少，主要靠老客户的重复购买支撑。市场巨大，但已经基本饱和	客户对性价比要求很高

（续表）

阶段	导入期	成长期	成熟期	衰退期
成本	为了说服客户购买，导入期的产品营销成本高，广告费用大，而且销量小，产能过剩，生产成本高	广告费用较高，但是每单位销售收入分担的广告费在下降。生产能力不足，需要向大批量生产转换，并建立大宗分销渠道	生产稳定，局部生产能力过剩	产能严重过剩，只有大批量生产并有自己销售渠道的企业才具有竞争力
利润	产品的独特性和客户的高收入使得价格弹性较小，可以采用高价格、高毛利的政策，但是销量小使得净利润较低。企业的规模可能会非常小	产品价格最高，单位产品净利润也最高	产品价格开始下降，毛利率和净利润率都下降，利润空间适中	产品的价格、毛利都很低。只有到后期，多数企业退出后，价格才有望上扬
竞争	只有很少的竞争对手	市场扩大，竞争加剧	竞争者之间出现价格竞争	有些竞争者先于产品退出市场
经营风险	非常高	仍然维持在较高水平，但有所下降	进一步降低，达到中等水平。销售额和市场份额、盈利水平都比较稳定，现金流量变得比较容易预测。经营风险主要是稳定的销售额可以持续多长时间，以及总盈利水平的高低	进一步降低，主要的悬念是在什么时间节点产品将完全退出市场
战略目标	扩大市场份额，争取成为“领头羊”	争取最大市场份额，并坚持到成熟期的到来	转向在巩固市场份额的同时提高投资报酬率	首先是防御，获取最后的现金流
战略路径	投资于研究开发和技术改进，提高产品质量	市场营销，此时是改变价格形象和质量形象的好时机	提高效率，降低成本	控制成本，以求能维持正的现金流量。如果缺乏成本控制的优势，就应采用退却战略，尽早退出

（二）产业五种竞争力——综合运用能力

波特教授发现，企业盈利水平的高低在很大程度上取决于产业平均收益率的高低；产业平均收益率的高低则取决于产业竞争强度的高低；产业竞争强度的高低取决于产业的竞争结构；而产业竞争结构则取决于五个最主要的变量。

所以，产业结构分析的基本框架就是著名的五种竞争力分析模型。波特认为产业五种竞争力基本内容包括：潜在进入者的进入威胁；替代品的替代威胁；供应者讨价还价的能力；购买者讨价还价的能力；产业内现有企业的竞争。如图 2-2 所示。这五种力量共同决定产业竞争的强度以及产业利润率。

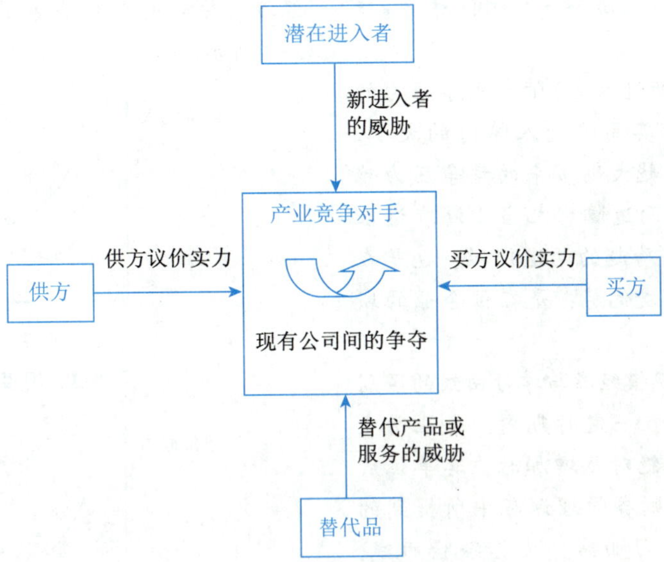

图 2-2　驱动产业竞争的力量

1. 五种竞争力分析

(1)潜在进入者的进入威胁。

进入威胁表现为两个方面，一是对于现有在位企业市场份额的稀释，二是加剧了企业间的竞争。衡量潜在进入者的进入威胁取决于两个方面，一是进入障碍的大小，也称为“结构性障碍”，二是可能遇到现有在位者的反击，称为“行为性障碍”，统称为进入障碍。

在其他因素不变的情况下，如果产业进入障碍越高越大，则该产业竞争结构就越好，产业平均收益率就越高，产业的吸引力就会越大。

潜在进入者的进入障碍具体如表 2-6 所示。

表 2-6　进入障碍

障碍	项目	内容
结构性障碍	规模经济	是指在一定时期内，企业所生产的产品或劳务的绝对量增加时，其单位成本趋于下降
	现有企业对关键资源的控制	一般表现为对资金、专利或专有技术、原材料供应、分销渠道、学习曲线等资源及资源使用方法的积累与控制
	现有企业的市场优势	主要表现在品牌优势上，这是产品差异化的结果；此外现有企业的优势还表现在政府政策上
行为性障碍(或战略性障碍)	限制进入定价	往往是在位的大企业报复进入者的一个重要武器，特别是在那些技术优势正在削弱而投资正在增加的市场上，情况更是如此
	进入对方领域	是寡头垄断市场上常见的一种报复行为。其目的在于抵消进入者首先采取行动可能带来的优势，避免对方的行动给自己带来的风险

【备考战略】进入障碍=结构性障碍+行为性障碍

潜在进入者(新进入者)带来竞争压力的大小，首先取决于其面临进入障碍的大小。其面临的进入障碍越大则带来的竞争压力越小，反之亦然。这两道障碍相当于潜在进入者(新进入者)需要跨越的两道门槛，也是在位企业所拥有的先发优势，是在位企业的城墙与护城河。

【拓展反思】规模经济与学习曲线的区别

规模经济是指在一定时期内，企业所生产的产品或劳务的绝对量增加时，其单位成本趋于下降，这是财务管理课程中所提到的经营杠杆概念。学习曲线，又称经验曲线，是指当某一产品累计生产量增加时，由于经验和专有技术的积累所带来的单位产品成本的下降，这是熟能生巧的自然结果。

规模经济与学习曲线往往交叉的影响产品成本的下降水平。规模经济使得当经济活动处于一个比较大的规模时，能够以较低的单位成本进行生产；而学习经济是由于积累经验而导致的单位成本的减少，如图 2-3、2-4 所示。

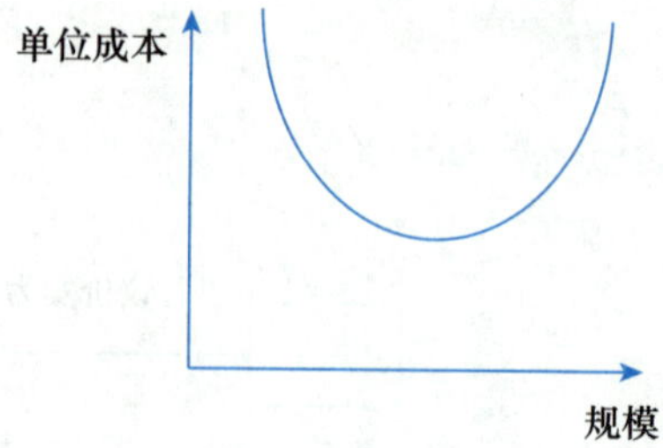

图 2-3 规模经济

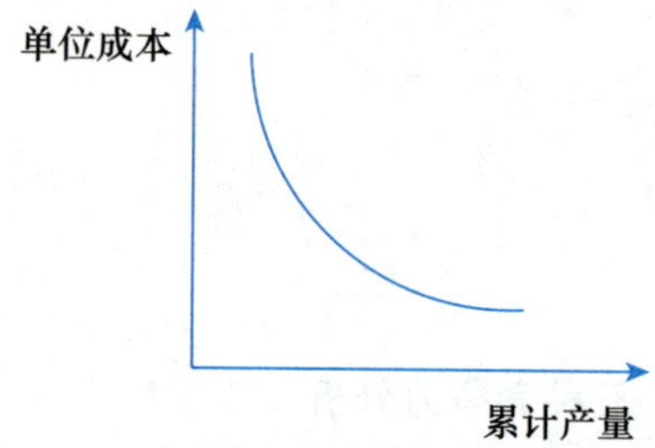

图 2-4 学习曲线

(2)替代品的替代威胁。

产品替代有两类，一类是直接产品替代，另一类是间接产品替代，如表 2-7 所示。

表 2-7 直接替代与间接替代

种类	定义及举例
直接产品替代	某一种产品直接取代另一种产品。如华为手机取代苹果手机
间接产品替代	由能起到相同作用的产品非直接地取代另外一些产品。如人工合成纤维取代天然布料

『提示说明』产品能否被替代，主要是由产品的“性价比”决定的，也就是价值工程中所倡导的“价值=功能/成本”。随着技术进步及产品的更新换代，以及消费者对产品本身的功能及使用习惯，最终出现几种替代品长期共存也是常见的情况。

【备考战略】五种竞争力模型中的替代是什么类型的替代？

波特的五种竞争力模型中所指的替代，是指间接替代，不包括直接替代。直接替代被看作是现有企业之间的竞争所引发的替代，比如大众汽车对丰田汽车的替代，就是在位企业之间赤裸裸的竞争。

(3)供应者、购买者讨价还价的能力。

这里是两种力量，分别是产业的上游和下游的议价能力大小。购买者和供应者讨价还价的能力大小，取决于它们各自以下四个方面的实力，如表 2-8 所示。

表 2-8 讨价还价能力的四大影响因素

影响因素	内容
买方(或卖方)的集中程度或业务量的大小	由经济学原理不难得到结论，无论是买方还是卖方，在集中程度高或业务量集中较大时，对于交易的另一方来说，无疑是具有更大的讨价还价能力或话语权。这也说明团购商品价格会比较低的原因。 通常所说的买方市场或卖方市场，也就是说这一方具有更大的讨价还价能力，可以给另一方更大的压力
产品差异化程度与资产专用性程度	如果产品差异化程度高或资产的专业性程度高，则替代品不能带来威胁，则产品的卖方具有更大的话语权，讨价还价能力则强。 反之，标准化的产品对于买方而言，有更多的选择权，从而讨价还价能力更强
纵向一体化程度	首先要区别后向一体化(兼并供应商)与前向一体化(兼并经销商)的不同，其次要理解纵向一体化程度越高，说明对上下游的并购可能性越高，则其讨价还价能力越强
信息掌握的程度	对于买卖交易双方而言，无论哪一方掌握更多的信息，说明其在谈判过程中，无疑是具有更强的讨价还价能力，居于有利地位

(4)产业内现有企业的竞争。

产业内现有企业的竞争是指一个产业内的企业为市场占有率而进行的竞争。

产业内现有企业的竞争在五种情况下可能是很激烈的：

一是产业内有众多的或势均力敌的竞争对手。

二是产业发展缓慢。

三是顾客认为所有的商品都是同质的。

四是产业中存在过剩的生产能力。

五是产业进入障碍低而退出障碍高。

产业内现有企业之间的竞争，是战略分析的重点内容，接下来的竞争环境分析就是对产业内现有企业竞争分析的深入阐述。

2. 对付五种竞争力的战略

一个企业要对付产业中存在的五种竞争力的战略，可以应用三种基本竞争战略，即成本领先战略、差异化战略和集中化战略。

五种竞争力分析表明了产业中的所有公司都必须面对产业利润的威胁力量，只是每种力量大小不同而已。

首先，公司可以通过利用成本优势或差异优势把公司与五种竞争力相隔离，找到适合自己的定位，从而能够超过竞争对手。

其次，公司也可以识别在产业中哪一个细分市场中，五种竞争力的影响更少一点，实施“集中战略”。

最后，公司可以努力去改进这五种竞争力。

3. 五种竞争力模型的局限性

(1)该分析模型基本上是静态的。然而，在现实中竞争环境始终在变化。

(2)该模型能够确定行业的盈利能力，但非营利机构的获利能力的假设可能是错误的。

(3)该模型假设：即一旦进行了这种分析，企业就可以制定企业战略来处理分析结果，但这只是一种过于理想的方式。

(4)该模型假设战略制定者可以了解整个行业(包括所有潜在的进入者和替代产品)的信息，但这一假设并不现实。

(5)该模型低估了企业与供应商、客户或分销商、合资企业之间建立长期合作关系以降低相互之间威胁的可能性。

(6)该模型没有考虑互动互补作用力。

『提示说明』 第六个要素——互动互补作用力

哈佛商学院教授亚非(Yoffie D.)在波特教授研究的基础上，根据企业全球化经营的特点，提出互动互补作用力，丰富了五种竞争力理论框架，如图 2-5 所示。

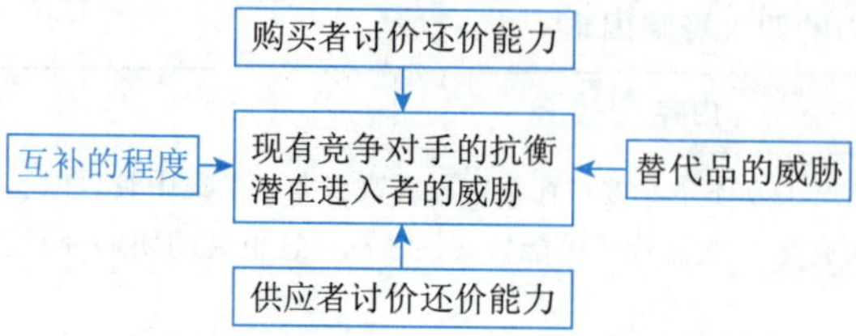

图 2-5　影响产业利润的六个要素

（三）成功关键因素分析——基本应用能力

成功关键因素（KSF）是指公司在特定市场获得盈利必须拥有的技能和资产，KSF 是企业取得产业成功的前提条件，是产业和市场层次的特征。成功关键因素不等于企业核心能力。KSF 如表 2-9 所示。

表 2-9　常见的几种成功关键因素（了解即可）

因素	内容
与**技术**相关的	产品革新能力、技术专有技能、运用互联网发布信息、承接订单、送货或提供服务的能力
与**制造**相关的	低成本生产效率、固定资产高利用率、能够获得足够的娴熟劳动力
与**分销**相关的	批发分销商/特约经销商网络、能够在零售商的货架上获得充足的空间、拥有自己的分销渠道和网点
与**市场营销**相关的	快速准确的技术支持、礼貌的客户服务、顾客订单的准确满足率
与**技能**相关的	专业型的服务、质量控制诀窍、设计方面的专有技能
其他类型的	公司形象/声誉、便利的设施选址

随着产品寿命周期的演变，成功关键因素也发生变化，如表 2-10 所示。

表 2-10　产品寿命周期各阶段中的成功关键因素

阶段	导入期	成长期	成熟期	衰退期
市场	广告宣传，争取了解，开辟销售渠道	建立商标信誉，开拓新销售渠道	保护现有市场，渗入别人的市场	选择市场区域，改善企业形象
生产经营	提高生产效率，开发产品标准	改进产品质量，增加花色品种	加强和顾客的关系，降低成本	缩减生产能力，保持价格优势
财力	利用金融杠杆	集聚资源以支持生产	控制成本	提高管理控制系统的效率
人事	使员工适应新的生产和市场	发展生产和技术能力	提高生产效率	面向新的增长领域
研究开发	掌握技术秘诀	提高产品的质量和功能	降低成本，开发新品种	面向新的增长领域

【备考战略】成功关键因素随着产业的不同而不同，甚至在相同的产业中，也会因产业驱动因素和竞争环境的变化而随时间变化。即使各个企业处于同一产业，也可能对该产业的成功关键因素有不同的侧重。

再一次强调，**成功关键因素是产业和市场层次的特征。**

考点三　竞争环境分析★★★

经典例题

【例题 1·单选题】☆七彩公司以“文化娱乐性”和“观光游览性”为两维坐标，将旅游业分为不同的战略群组，并将“文化娱乐性高、观光游览性低”的文艺演出与“文化娱乐性低、观光游览性高”的实景旅游两类功能结合起来，率先创建了“人物山水”旅游项目，它将震撼的文艺演出置于秀丽山水之中，让观众在观赏歌舞演出的同时将身心融于自然。七彩公司采用战略群组分析主要思路是（ ）。

A. 了解战略群组间的竞争状况

B. 了解战略群组间的“移动障碍”

C. 预测市场变化或发现战略机会

D. 了解战略群组内企业竞争的主要着眼点

【答案】C

【解析】“将震撼的文艺演出置于秀丽山水之中，让观众在观赏歌舞演出的同时将身心融于自然”对于七彩公司来说，这属于一个新的市场机会或战略机会。选项 C 正确。

【例题 2 · 单选题】☆2016 年，多年成功经营的啤酒生产企业宝泉公司投资新建了一家果蔬饮料生产企业，但因管理不善出现持续亏损。最近宝泉公司组织果蔬饮料生产企业的管理人员到本公司的啤酒生产企业调研、学习，收效良好。宝泉公司所实施的基准分析的类型属于（ ）。

A. 顾客基准　　B. 一般基准

C. 内部基准　　D. 竞争性基准

【答案】C

【解析】宝泉公司组织果蔬饮料生产企业的管理人员到本公司的啤酒生产企业调研、学习，属于企业内部之间的学习与比较，即内部基准。选项 C 正确。

【例题 3 · 单选题】☆2016 年，R 国汽车制造商 G 预计，随着绿色环保理念的普及和政府相关产业政策推出，R 国的新能源汽车将迎来一个巨大的发展机遇，其本国竞争对手汽车制造商 S 公司将凭借雄厚资金实力和强大科研能力，把投资和研发重点转向新能源汽车领域。G 对 S 的上述分析属于（ ）。

A. 财务能力分析

B. 成长能力分析

C. 适应变化能力分析

D. 快速反应能力分析

【答案】C

【解析】本题中制造商 G 对 S 公司的分析属于竞争对手对政府出台影响其业务的条例作出的反应，即适应变化的能力。

【例题 4 · 单选题】甲公司打算进军饮料产业，结合内部环境分析，甲公司打算主营软饮料，据此甲公司确定了战略群组，则甲公司在确定战略群组时考虑的最主要因素是（ ）。

A. 产品类别　　B. 消费者群组

C. 业务区域　　D. 供应商

【答案】A

【解析】根据题意，甲公司确定战略群组的依据是主营的产品——软饮料，说明产品类别是甲公司主要考虑的因素，所以选项 A 正确。

【思路点拨】本题属于案例分析型题目。应对本题的关键是熟悉用于识别战略群组的特征的变量，根据资料对号入座即可。本题的关键词是“主营软饮料”。

【例题 5 · 简答题】☆2004 年，春城白药开始尝试进军日化行业。而此时日化行业的竞争已经异常激烈。B 公司、L 公司、D 公司、H 公司等国际巨头们凭借其规模经济、品牌、技术、渠道和服务等优势，基本上占领了 C 国日化行业的高端市场，占据了 C 国牙膏市场 60% 以上的份额；清雅公司、蓝天公司等本土日化企业由于普遍存在产品特色不突出、品牌记忆度弱等问题，加上自身实力不足，因而多是在区域市场的中低端市场生存。整个产业的销售额达到前所未有的规模，且市场基本饱和。谁想要扩大市场份额，都会遇到竞争对手的顽强抵抗。已有相当数量的本土日化企业淡出市场。价格竞争开始成为市场竞争的主要手段，定位在高端市场的国际巨头们也面临着发展的“瓶颈”，市场份额、增长速度、盈利能力都面临着新的考验，它们的产品价格开始向下移动。

春城白药进入日化行业先从牙膏市场开始。春城白药没有重蹈本土企业的中低端路线，而是反其道而行之。通过市场调研，春城白药了解到广大消费者对口腔健康日益重视，而当时市场上的牙膏产品大多专注于美白、防蛀等基础功能，具有更多口腔保健功能的药物牙膏还是市场“空白点”。于是，春城白药创出了一个独特的、有助于综合解决消费者口腔健康问题的药物牙膏——春城白药牙膏，并以此树立起高价值、高价格、高端的“三高”形象。

春城白药进入牙膏市场短短几年表现突出，不仅打破本土品牌低端化的现状，还提升了整个牙膏行业价格体系。从2010年开始，随着春城白药推出功能化的高端产品，国际巨头们也纷纷凭借自身竞争优势推出功能化的高端产品抢占市场。B公司推出抗过敏牙膏；L公司推出全优七效系列牙膏；D公司推出去渍牙膏；H公司推出专效抗敏牙膏。这些功能性很强的口腔保健牙膏定价都与春城白药牙膏不相上下。这些功能化的高端牙膏产品出现后，消费者的需求得到进一步满足，整个市场呈现出“销售额增长大于销售量增长”的新特点。

要求：

(1)简要分析春城白药进军日化行业时，日化行业所处产品生命周期发展阶段。

(2)运用“解决口腔健康问题功能程度”和“价格水平”两个战略特征，各分为“高”“低”两个档次，对2010年以前的B公司、L公司、D公司、H公司、清雅公司、蓝天公司、春城白药进行战略群组划分。

(3)根据战略群组分析的作用，分析：①定位在高端市场的国际巨头们的产品价格开始向下移动的依据；②春城白药在日化行业中战略群组定位的依据；③B公司、L公司、D公司、H公司相继推出功能化高端牙膏的依据。

【答案】

(1)春城白药进军日化行业时，日化行业呈现出成熟期的典型特征：

①竞争者之间出现挑衅性的价格竞争。“价格竞争开始成为市场竞争的主要手段”“国际巨头的产品价格开始向下移动”。

②成熟期虽然市场巨大，但是已经基本饱和。“整个产业的销售额达到前所未有的规模，且市场基本饱和。谁想要扩大市场份额，就会遇到竞争对手的顽强抵抗。已有相当数量的本土日化企业淡出市场”。

③产品差异不明显。“当时市场上的牙膏大多专注于美白、防蛀等基础功能”。

④局部生产能力过剩。“市场基本饱和”“定位在高端市场的国际巨头们也面临着发展的‘瓶颈’”。

综上，春城白药进军日化行业时，日化行业处于产品生命周期的成熟阶段。

(2)运用“解决口腔健康问题功能程度”和“价格水平”两个战略特征，各分为“高”“低”两个档次，将案例中所提及的B公司、L公司、D公司、H公司、清雅公司、蓝天公司、春城白药进行战略群组划分，可分为3个群组：

第一群组：解决口腔健康问题功能程度低、价格水平高的群组：B公司、L公司、D公司、H公司。

第二群组：解决口腔健康问题功能程度低、价格水平低的群组：清雅公司、蓝天公司。

第三群组：解决口腔健康问题功能程度高、价格水平高的群组：春城白药。

(3)根据战略群组分析的作用，分析：

①定位在高端市场的国际巨头们产品价格开始向下移动，是因为第一群组与第二群组之间以及各群组内部竞争激烈，“日化行业的竞争已经异常激烈”“谁想要扩大市场份额，都会遇到竞争对手的顽强抵抗。已有相当数量的本土日化企业淡出市场”“定位在高端市场的国际巨头们也面临着发展的‘瓶颈’”。而对于第一群组的国际巨头们来说，进入第二群组移动障碍不高，“国际巨头们凭借其规模经济、品牌、技术、渠道和服务等优势……占据了C国牙膏市场60%以上的份额”。

②春城白药定位于日化行业第三群组，

是因为那是一片蓝海，“具有更多口腔保健功能的药物牙膏还是市场‘空白点’”。

③B公司、L公司、D公司、H公司相继推出功能化的高端牙膏，是尝试进入第三群组。对国际巨头而言，这一移动障碍也不高。“国际巨头们也纷纷凭借自身竞争优势推出功能化的高端产品抢占市场”。

考点速学

竞争环境分析是产业环境分析的补充，属于五种竞争力分析模型中的“产业内现有企业竞争”内容的深入阐述。

竞争环境分析包括两个方面：一是从个别企业视角去分析竞争对手的实力；二是从产业竞争结构（也就是战略群组）视角分析企业所面对的竞争格局。

1. 竞争对手分析——基本应用能力

（1）基本框架。

基本框架，如图2-6所示。

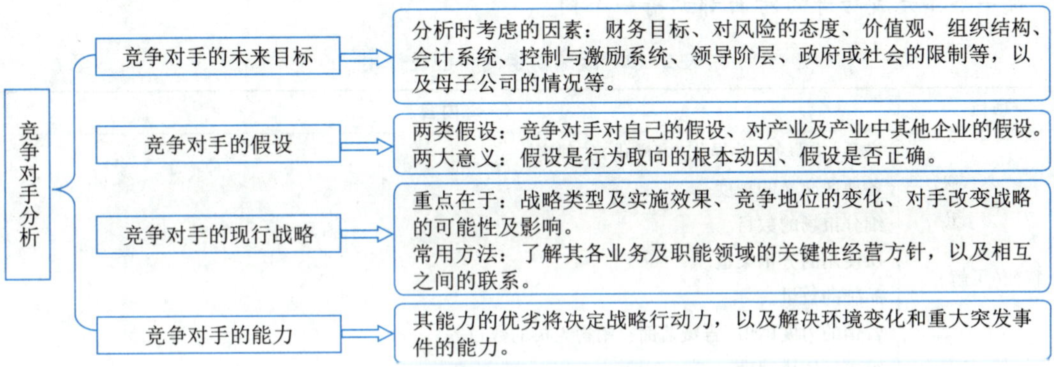

图2-6 竞争对手分析

『提示说明』竞争对手分析四个方面小结：

（1）竞争对手的驱动因素是什么，即它未来的目标。

（2）竞争对手正在做什么，能够做什么，即它当前的战略。

（3）竞争对手对行业有何看法，即它的假设。

（4）竞争对手能力是什么，即它的优势和弱点，也决定了它未来能做什么。

【知识点拨】收集竞争对手情报时，必须遵循相关的法律法规以及明确的道德准则。这涉及商业伦理问题。

（2）竞争对手的能力。

在具体分析竞争对手能力时，主要分析竞争对手以下五方面的能力，而这五个方面也同样适用于企业的自我分析，具体如表2-11所示。

表2-11 竞争对手能力分析

能力	具体描述
核心能力	在具有重要竞争意义的经营活动中能够比其竞争对手做得更好的能力
成长能力	在产业中发展壮大的潜力，取决于人员、研发创新、生产能力、财务状况等
快速反应能力	企业对外部环境变化的敏感程度和迅速采取正确应对措施的能力
适应变化的能力	企业随着外部环境的改变，适时调整自身并采取行动以顺应环境变化、实现长期生存和持续发展的能力
持久力	企业处于不利环境或面临财务压力时，能够坚持到改变的时间长短

『提示说明』快速反应能力由下述因素决定：自由现金储备、留存借贷能力、厂房设备的余力、定型的但尚未推出的新产品。

【备考战略】"竞争对手分析"的考点，要求达到"基本应用能力"。可以利用"核、成、快反、适变、持久"的口诀进行记忆。建议考生能够做到从竞争对手分析的四个方面对给出案例企业展开分析，比如从国美视角分析一下苏宁，从腾讯的视角分析一下阿里巴巴，实践中这些是相当常见的。

每一个伟大成功者的对面都站着一个同样伟大的竞争对手！

2. 产业内的战略群组——综合运用能力

某一个产业中采用相同或相似战略的企业集合，就是一个战略群组。如果说产业可以比作武侠小说中江湖的话，那么产业内的不同战略群组，就是江湖上不同的武术流派，是源于少林呢，还是出自武当？抑或是邪教？

同一个战略群组内的不同企业具有相同战略特征，如表 2-12 所示。

表 2-12　战略群组的特征及作用

项目	内容
特征（了解）	产品（或服务）差异化（多样化）的程度。 各地区交叉的程度。 细分市场的数目。 所使用的分销渠道。 品牌的数量。 营销的力度（如广告覆盖面、销售人员的数目等）。 纵向一体化程度。 产品的服务质量
作用（掌握）	(1)有助于很好地了解战略群组间的竞争状况，主动地发现近处和远处的竞争者，也可以很好地了解某一群体与其他群组间的不同。 (2)有助于了解各战略群组之间的"移动障碍"。 (3)有助于了解战略群组内企业竞争的主要着眼点。 (4)利用战略群组图还可以预测市场变化或发现战略机会

『提示说明』一般来说，一个产业中仅有几个群组，它们采用特征完全不同的战略。需要强调，同一战略群组内的企业竞争更为激烈！想一想京东与天猫的竞争，就不难理解刘强东与马云对视时用什么样的眼神。

考点四　资源与能力分析★★

经典例题

【例题 1 · 多选题】☆钢琴制造企业 G 公司创立于 19 世纪，在 100 多年的探索、创新和发展过程中，取得 100 多项有关钢琴制作材料和设备创新的专利，逐渐建立起一套极其严密、科学的钢琴生产工艺流程和管理体系，创造了世界钢琴第一品牌。下列各项中，属于 G 公司获得持续竞争优势的重要基础的资源有（　）。

A. 有形资源　　B. 组织资源

C. 无形资源　　D. 人力资源

【答案】CD

【解析】"取得……专利""创造了世界钢琴第一品牌"，体现了无形资源。"建立起一套极其严密、科学的钢琴生产工艺流程和管理体系”，体现了人力资源。

【例题2·单选题】☆天昊公司是国内成立的第一家动漫产品设计企业，该公司以“创造、协作、共生”的企业文化为导向，凝聚了一批精通业务的人才，与影视、出版、服装、玩具等行业的多家企业签订长期合作协议，占据了行业的龙头地位。天昊公司的竞争优势来源于其拥有的（ ）。

A. 物理上独特的资源

B. 具有路径依赖性的资源

C. 具有因果含糊性的资源

D. 具有经济制约性的资源

【答案】C

【解析】企业文化常常是一种因果含糊性的资源。“该公司以‘创造、协作、共生’的企业文化为导向……占据了行业龙头地位”，竞争优势来源于优秀的企业文化，因此属于具有因果含糊性的资源，选项C正确。

【例题3·单选题】醉天地酒业公司是一家地方大型企业，管理层在讨论明年的战略制定，管理层在考虑企业筹集资金和使用资金的能力时，这些能力应该反映的是企业的（ ）。

A. 营销能力　　B. 财务能力

C. 生产能力　　D. 研发能力

【答案】B

【解析】企业的财务能力主要涉及两方面：一是筹集资金的能力；二是使用和管理所筹集资金的能力。

【例题4·单选题】甲公司是一家教育培训机构，为了正确合理地评价自身的核心竞争力，提高服务水平，把一家知名的酒店作为基准对象进行分析，并实地考察，甲公司进行基准分析的类型属于（ ）。

A. 内部基准

B. 竞争性基准

C. 过程或活动基准

D. 一般基准

【答案】C

【解析】教育培训机构和酒店属于不同的行业，针对具体的服务管理进行学习，属于以跨行业的公司为标杆，针对某个工作流程来学习，因此该基准类型属于过程或活动基准。

【例题5·单选题】☆广记公司是一家卤制品生产企业。该公司凭借其长期积累形成的原料配制秘方和生产工艺诀窍等资源生产的多种卤制品，深受消费者喜爱，近年国内市场占有率一直位居第一。在下列资源不可模仿性的形式中，广记公司的上述资源属于（ ）。

A. 具有经济制约性的资源

B. 具有因果含糊性的资源

C. 物理上独特的资源

D. 具有路径依赖性的资源

【答案】D

【解析】具有路径依赖性的资源是指那些必须经过长期的积累才能获得的资源。“长期积累形成的原料配制秘方和生产工艺诀窍等资源”属于具有路径依赖性的资源，选项D正确。

【例题6·单选题】☆T公司是国际著名汽车制造商，该公司2019年预计随着环保理念的普及和相关技术的进步，Z国的新能源汽车产业将进入快速发展期，其竞争对手Z国的汽车制造商S公司将减少传统燃油汽车的生产量，增加电动汽车和混合动力汽车的生产量。T公司对S公司的上述分析属于（ ）。

A. 成长能力分析

B. 快速反应能力分析

C. 适应变化的能力分析

D. 财务能力分析

【答案】C

【解析】适应变化的能力表现为企业随着外部环境的改变适时调整资源配置、经营方式和采取相关行动，以顺应环境变化的趋势、实现自身长期生存和持续发展的能力。作为T公司的竞争对手，S公司在“环保理念的普及和相关技术的进步”的环境下，将减少传统燃油汽车的生产量，增加电动汽车和混合动力汽车的生产量，属于适应变化的能力分析，选项C正确。

【例题7·简答题】☆W镇是一个有1 300年建镇史的江南水乡古镇，因其历史街区保留了大量经典明清建筑群，被称为“江南六大古镇”之一。1999年6月，当地政府组建W镇旅游公司，开始了W镇古镇保护和旅游开发历程。然而，W镇的起步条件相对落后，旅游资源与其他江南水乡古镇雷同，且同一地区Z庄和X镇已小有名气，W镇旅游如果不能另辟蹊径，很难满足日益挑剔的旅游消费者的品味。

在吸收借鉴其他古镇旅游开发经验教训的基础上，W镇旅游公司走出了一条创新发展的路径。实现了古镇旅游转型升级和遗产活化保护的协调发展。

(1)多元化的产品、业态和盈利模式：观光+休闲度假+商务+会展+文化。W镇的旅游开发定位在商务和休闲市场，设计开发出W镇戏剧节、木心美术馆、现代艺术展、互联网大会等新产品，多业态复合经营已成为增加营业收入的主力。

(2)脱胎换骨式基建改造和整体风貌保护。W镇进行了大规模的脱胎换骨式的基建改造，实现了给排水系统、水电气系统的全面升级。景区保护基于街区风貌的整体打造，对建筑外立面和空间、周边环境进行系统整治，使古建筑更适合居住。

(3)外来资本和本土专业化管理相结合。W镇与一家上市旅游公司合作，后者既是战略投资者，又是旅游产品推介的渠道商。同时，政府和投资者之间达成共识，全权委托深谙当地文脉的本土专业团队开展经营管理工作，形成“内容商+渠道商+资本+政府”的经营管理模式。

(4)社区重构和部分空心化。W镇将全部居民迁出，再将部分商铺返租给原来的部分住户。这样“部分空心化”的社区重构，使得居民与游客的矛盾不复存在，也便于整体产权开发和集中统一管理，有效遏制过度商业化的问题。

自2001年开放迎客以来，W镇旅游开发获得的惊人发展受到专家和同行的肯定，被誉为中国古镇保护之“W镇模式”。

要求：

(1)依据钻石模型要素，简要分析W镇旅游业发展的优势。

(2)依据企业资源的主要类型，简要分析W镇旅游业发展的优势。

【答案】

(1)①生产要素。

初级生产要素。“W镇是一个有1 300年建镇史的江南水乡古镇，因其历史街区保留了大量经典明清建筑群，被称为‘江南六大古镇’之一”“外来资本”。

高级生产要素。“脱胎换骨式基建改造”“全权委托深谙当地文脉的本土专业团队开展经营管理工作”。

专业生产要素。“多元化的产品、业态和盈利模式”“脱胎换骨式基建改造和整体风貌保护”“外来资本和本土专业化管理相结合”“社区重构和部分空心化”“全权委托深谙当地文脉的本土专业团队开展经营管理工作”。

②需求条件。国内需求市场是产业发展的动力。本地客户的素质非常重要，特别是内行而挑剔的客户。假如本地客户对产品、服务的要求或挑剔程度在国际上数一数二，就会激发出该国企业的竞争优势。“W镇旅游如果不能另辟蹊径，很难满足日益挑剔的旅游消费者的品位”。

③相关与支持性产业。相关和支持性产业与优势产业是一种休戚与共的关系。“多元化的产品、业态和盈利模式：‘观光+休闲度假+商务+会展+文化’”“脱胎换骨式基建改造和整体风貌保护”。

④企业战略、企业结构和同业竞争。创造与持续产业竞争优势的最大关联因素是国内市场强有力的竞争对手。“W镇的起步条件相对落后，旅游资源与其他江南水乡古镇雷

同，且同一地区的Z庄、X镇已小有名气，W镇旅游如果不能另辟蹊径，很难满足日益挑剔的旅游消费者的品位”。

（2）①有形资源。“W镇是一个有1 300年建镇史的江南水乡古镇，其历史街区保留了大量经典明清建筑群”“外来资本和本土专业化管理相结合”“脱胎换骨式基建改造”。

②无形资源。“多元化的产品、业态和盈利模式：‘观光+休闲度假+商务+会展+文化’”“社区重构和部分空心化”“自2001年开放迎客以来，W镇旅游开发获得的惊人发展受到专家和同行的肯定，被誉为中国古镇保护之‘W镇模式’”“脱胎换骨式基建改造和整体风貌保护”“外来资本和本土专业化管理相结合”。

③人力资源。“全权委托深谙当地文脉的本土专业团队开展经营管理工作”。

【例题8·单选题】☆以生物药品研发为主营业务的康力公司多年来不断完善科研管理体制建设，为科研人才的创造性活动提供了坚实的基础和保障，使公司在激烈的市场竞争中获得了明显的优势，康力公司的竞争优势来源于（ ）。

A. 物理上独特的资源

B. 具有路径依赖性的资源

C. 具有经济制约性的资源

D. 具有因果含糊性的资源

【答案】B

【解析】具有路径依赖性的资源是指那些必须经过长期的积累才能获得的资源。康力公司多年来不断完善的科研管理体制建设，属于具有路径依赖性的资源。

【思路点拨】本题属于典型的案例分析型题目。本题解题关键是要读懂资料，分析出关键线索。“康力公司多年来不断完善科研管理体制建设”表明这个资源必须经过长期的积累才能获得，所以属于具有路径依赖性的资源。

【例题9·多选题】☆甲公司是一家电力设备制造企业。为了正确评价自身的核心能力，甲公司选取了国内一家知名的同类上市公司进行基准分析。下列各项中，属于甲公司选择基准对象时应关注的领域有（ ）。

A. 能够显著改善客户关系的活动

B. 能够衡量企业业绩的活动

C. 能够最终影响企业结果的活动

D. 占用企业较多资金的活动

【答案】ACD

【解析】选择基准对象，企业可以主要关注几个领域：占用较多资金的活动；能显著改善与顾客关系的活动；能最终影响企业结果的活动。

考点速学

在对企业进行详尽而全面的外部环境分析之后，战略分析的另一个方面是进行企业内部环境分析。通过内部环境分析，也就是对企业所拥有的独特资源与能力进行分析，可以了解企业能够做什么。

1. 企业资源分析——基本应用能力

企业资源，是指企业所拥有或控制的资源总和。企业资源分析的目的在于识别企业的资源状况、优势和劣势以及对未来战略目标制定和实施的影响如何。

（1）企业资源的三大主要类型。

企业资源的主要类型，如表2-13所示。

表2-13 企业资源的主要类型

主要类型	含义及分类
有形资源	包括物质资源和财务资源。物质资源：土地、厂房、生产设备、原材料等；财务资源：应收账款、有价证券等

（续表）

主要类型	含义及分类
无形资源	是指企业长期积累的、没有实物形态的，甚至无法用货币精确度量的资源。 包括品牌、商誉、技术、专利、商标、企业文化及组织经验等
人力资源	是指组织成员向组织提供的技能、知识以及推理和决策能力

(2)决定企业竞争优势的企业资源判断标准。

在分析一个企业拥有的资源时，必须知道哪些资源是有价值的，可以使企业获得竞争优势，如表2-14所示。

表2-14 企业资源判断标准

判断标准	含义及分类	
资源的稀缺性	物以稀为贵，能够持久拥有稀缺性资源的企业具有可持续的竞争优势	
资源的不可模仿性	物理上独特的资源	地理位置、矿物开采权、拥有法律保护的专利生产技术
	具有路径依赖性的资源	指那些必须经过长期的积累才能获得的资源。如完善的营销体制、周到的售后服务
	具有因果含糊性的资源	一般指独特的企业文化
	具有经济制约性的资源	指企业的竞争对手已经具有复制其资源的能力，但因市场空间有限不能与其竞争的情况。如特定市场上投入大量资本的领导企业
资源的不可替代性	即五种竞争力模型中的替代性。比如旅游景点的独特优势是不可替代的	
资源的持久性	资源的贬值速度越慢，就越有利于形成核心竞争力。 品牌资源的持久性高；具体技术的更新周期则较短，持久性差	

【备考战略】决定企业竞争优势的企业资源四个判断标准记忆口诀："两不、稀缺、持久"。其中"两不"指不可模仿、不可替代，以及稀缺性和持久性。

2. 企业能力分析——基本应用能力

企业能力，是指企业配置资源，发挥其生产和竞争作用的能力。来源于企业有形资源、无形资源和人力资源的整合。企业能力常见五种类型如表2-15所示。

表2-15 企业能力分析

企业能力	说明
研发能力	研发能力是保持持续竞争能力的关键(华为公司坚持每年把至少营收的10%投入研发活动)。 主要从研发计划、研发组织、研发过程和研发效果方面衡量
生产管理能力	生产活动是企业最基本的活动。涉及生产过程、生产能力、库存管理、人力资源管理和质量管理五个方面
营销能力	分为三种：产品竞争能力、销售活动能力和市场决策能力。产品竞争能力包括产品市场地位、收益性和成长性等方面；销售活动能力包括销售组织、销售绩效、销售渠道和销售计划等方面的能力(酒香也怕巷子深，产品再好也要会卖)；市场决策能力是以前面两种能力分析的结果为依据的
财务能力	两个方面：一是筹集资金的能力；二是使用和管理所筹集资金的能力
组织管理能力	包括五个方面：职能管理体系的任务分工、岗位责任、集权和分权的情况、组织结构、管理层次和管理范围的匹配

3. 企业的核心能力——综合运用能力

所谓核心能力，就是企业在具有重要竞争意义的经营活动中能够比其竞争对手做得更好的能力。也可以理解为，企业在其主要的经营业务中的能力如何。

(1)核心能力的基本内容。

核心能力的基本内容，如表 2-16 所示。

表 2-16 核心能力的基本内容

<table>
<tr><th>项目</th><th colspan="2">具体描述</th></tr>
<tr><td>概念</td><td colspan="2">企业的核心能力可以是完成某项活动所需的优秀技能，也可以是在一定范围和深度上的企业的技术诀窍，或者是那些能够形成很大竞争价值的一系列具体生产技能的组合</td></tr>
<tr><td>满足核心能力的三个必要条件</td><td colspan="2">(1)它对顾客是否有价值。
(2)它与企业竞争对手相比是否有优势。
(3)它是否很难被模仿或复制</td></tr>
<tr><td rowspan="3">识别核心能力的三个方法</td><td>功能分析</td><td>考察企业功能是识别企业核心竞争力常用的方法</td></tr>
<tr><td>资源分析</td><td>分析实物资源比较容易，而分析像商标或者商誉这类无形资源则比较困难</td></tr>
<tr><td>过程系统分析</td><td>对企业整个过程和系统进行分析，判断企业的经营状况，识别核心竞争力</td></tr>
</table>

(2)核心能力的评价。

核心能力的评价，如表 2-17 所示。

表 2-17 核心能力的评价

<table>
<tr><th>方面</th><th>内容</th></tr>
<tr><td>评价的基础与方法</td><td>(1)企业的自我评价。
(2)产业内部比较。
(3)基准分析。(以下展开)
(4)成本驱动力和作业成本法。
(5)收集竞争对手的信息</td></tr>
<tr><td rowspan="3">基准分析概述与实践基准分析就是标杆分析 BMK (Benchmarking)，源于施乐。目的是发现竞争对手的优缺点，取长补短，选择突破口。施乐公司利用标杆管理法开始对日本企业的反击行为。市场份额从 1982 年的 13% 恢复到 1989 年的 46%</td><td>基准对象：
(1)占用较多资金的活动。
(2)能显著改善与顾客关系的活动。
(3)能最终影响企业结果的活动</td></tr>
<tr><td>基准类型：
(1)内部基准：企业内部各个部门之间互为基准进行学习与比较。
(2)竞争性基准：直接以竞争对手为基准进行比较。
(3)过程或活动基准：以具有类似核心经营的企业为基准进行比较，但是两者之间的产品和服务不存在直接竞争的关系。
(4)一般基准：以具有相同业务功能的企业为基准进行比较。
(5)顾客基准：以顾客的预期为基准进行比较</td></tr>
<tr><td>基准分析实践：企业实施基准分析的具体步骤：
(1)选择基准对象，管理人员在明确基准对象时需要尽可能地精确。
(2)建立工作小组，决定需要进行基准分析的问题，以及哪家企业需要做这样的分析。
(3)收集对方的数据进行分析，把本企业的业绩与对方的业绩进行比较，以帮助自己找到可以改进的地方</td></tr>
</table>

【备考战略】关键是区分五种基准类型，尤其是竞争性基准、过程或活动基准、一般基准，可以参照表 2-18 进行掌握。

表 2-18 基准类型判断标准

基准类型	直接竞争关系	是否同一产业
竞争性基准	√	√
过程或活动基准	×	×
一般基准	×	√

（3）企业核心能力与成功关键因素（KSF）的区别。

成功关键因素（KSF）应被看作是产业和市场层次的特征，而不是针对某个个别公司，是在产业竞争中获得成功的企业所具有的共同特征，是群体特征。拥有成功关键因素是获得竞争优势的必要条件，而不是充分条件。

企业核心能力是针对个别具体企业而言的，是企业的个性特征。

两者共同之处在于都是表明公司盈利能力较强。虽然两者在概念上有区别，但在特定的环境中有时很难区分。

考点五　产业资源配置分析框架——钻石模型★★★

经典例题

【例题 1 · 多选题】☆卓力公司是一家汽车玻璃生产企业，拟在 S 国投资建立汽车玻璃生产基地，并对 S 国的相关环境进行了分析。卓力公司所做的下列分析中，符合钻石模型要素分析要求的有（　）。

A. S 国的汽车玻璃业发展落后，仅有一家本国汽车玻璃生产企业，其他国家的汽车玻璃生产企业尚未进入

B. S 国政府鼓励并支持该国汽车玻璃业的发展

C. S 国的汽车制造业处于成长期

D. S 国的土地租金和电力价格长期处于较低水平

【答案】ACD

【解析】选项 A 属于企业战略、企业结构和同业竞争，选项 C 属于需求条件，选项 D 属于生产要素。选项 ACD 正确。选项 B 政府的政策不属于钻石模型四要素内容。

【例题 2 · 多选题】☆华泰医药公司拟在 J 国建立一个药品研发和生产基地，并对该国的相关情况进行了调查分析。下列各项中，符合钻石模型四要素分析要求的有（　）。

A. J 国近年来经济增长较快，对高质量药品需求与日俱增

B. J 国政府近期颁布了多项支持医药产业发展的政策

C. J 国药品研发人才不足，尚无一项药品专利

D. J 国本土医药企业虽然数量较多，但规模小，竞争主要围绕价格进行

【答案】ACD

【解析】选项 A 体现的是钻石模型中的需求条件因素；选项 B 体现的是宏观环境分析中的政治因素；选项 C 体现的钻石模型中的生产要素，选项 D 体现的是企业战略、企业结构和同业竞争。

【例题 3 · 单选题】☆甲公司是 C 国著名的生产和经营电动汽车的厂商，2017 年，公司制定了国际化战略，拟到某发展中国家 N 国投资建厂。为此，甲公司委托专业机构对 N 国的现有条件进行了认真详细的分析。根据波特的钻石模型理论，下列分析中不属于钻石模型四要素的是（　）。

A. N 国电动汽车零部件市场比较落后，

供应商管理水平较低

B. N国电动汽车市场刚刚兴起，市场需求增长较快

C. N国政府为了保护本国汽车产业，对甲公司的进入设定了限制条件

D. N国劳动力价格相对C国较低，工人技术水平和文化素质不高

【答案】C

【解析】钻石模型四要素是：生产要素、需求条件、相关与支持性产业、企业战略、企业结构和同业竞争。选项A属于相关与支持性产业，选项B属于需求条件，选项D属于生产要素。选项C不属于钻石模型的内容。

【例题4·简答题】☆随着国内消费的不断升级，中高端白酒产品日益成为酒业的消费热点。由于高端白酒在窖池、工艺、环境、品牌等多方面的进入门槛很高，高端白酒长期处于供小于求的状态，使其对消费者具有更强的议价能力，并且高端白酒通常具备一定的收藏价值，这对价格不太敏感的高端酒客户来说更具吸引力。一些以中端酒为主的酒企开始转型升级，调整产品结构，增加高端产品的占比，以适应国内消费升级的变化趋势。此外，对国内白酒业整体而言，进口红酒的冲击不可小视，如今商务宴请中喝红酒的人越来越多，进口红酒抢占了一定的市场份额。

S省酒业具有悠久的历史。改革开放后，S省白酒地理优势、技术优势和人才优势逐步凸显，白酒产业迅速发展，保持着较强的盈利能力。S省既有多家全国品牌大企业，也有诸多地方品牌中小企业。2019年1月，S省白酒行业协会推出的《白酒产业振兴发展培育方案》指出，要做专做优做强白酒名优企业，提升企业效益，增强企业核心竞争力，支持名优企业通过兼并、收购等多种方式整合省内中小企业；支持名优企业之间强强联合、战略合作，推进白酒产业与旅游文化产业的融合发展，充分发挥S省得天独厚的旅游文化资源。

作为国内名优白酒品牌的龙头企业之一，S省致臻老窖公司近年来实施一系列战略举措以打造其在高端白酒业的竞争优势：

(1)采取“公司+农户”的订单模式，大力开发建设生态酿酒原料生产基地，从源头上把好质量关。

(2)启动“酿酒废弃物热化学能源化与资源化耦合利用技术”研究项目，为实现“高粱种植→白酒酿造→固废资源化利用→优质高粱种植→优质白酒酿造”的绿色循环产业链打下坚实基础。

(3)投资实施智能化包装中心技改项目，打造自动化、智能化的现代化包装基地，推动公司包装物流体系的转型升级。

(4)通过音乐、艺术等国际通用的“语言”将白酒文化传播到世界各地，拓展海外市场，抵消了部分进口红酒在国内市场的替代威胁。

要求：

(1)从五种竞争力分析角度，简要分析致臻老窖公司在高端白酒所具备的竞争优势。

(2)依据钻石模型四要素，简要分析S省白酒业发展的优势。

【答案】

(1)①潜在进入者的进入威胁。“一些以中低端酒为主的酒企也开始转型升级，调整产品结构，增加高端产品的占比，以适应国内消费升级的变化趋势”“由于高端白酒在窖池、工艺、环境、品牌等多方面的进入门槛很高”。

②购买者讨价还价。“高端白酒长期处于供小于求的状态，使其对消费者具有更强的议价能力，并且高端白酒通常具备一定的收藏价值，这对价格不太敏感的高端酒客户来说更具吸引力”。

③供应者讨价还价。“采取‘公司+农户’的订单模式，大力开发建设生态酿酒原料生产基地，从源头上把好质量关”。

④替代品的替代威胁。“对国内白酒业整体而言，进口红酒的冲击不可小视，如今商务宴请中喝红酒的人越来越多，进口红酒抢占了一定的市场份额”“通过音乐、艺术等国际通用的‘语言’将白酒文化传播到世界各地，

拓展海外市场，抵消了部分进口红酒在国内市场的替代威胁”。

⑤产业内现有企业的竞争。“作为国内名优白酒品牌的龙头企业之一，S省致臻老窖公司近年来实施一系列战略举措以打造其在高端白酒业的竞争优势……”

(2)①生产要素。“改革开放后，S省白酒地理优势、技术优势和人才优势逐步凸显，白酒产业迅速发展，保持着较强的盈利能力”。

②需求条件。“随着国内消费的不断升级，中高端白酒产品日益成为酒业的消费热点”。

③相关与支持性产业。“采取‘公司+农户’的订单模式，大力开发建设生态酿酒原料生产基地，从源头上把好质量关”“推进白酒产业与旅游文化产业的融合发展，充分发挥S省得天独厚的旅游文化资源”“启动‘酿酒废弃物热化学能源化与资源化耦合利用技术’研究项目，为实现‘高粱种植→白酒酿造→固废资源化利用→优质高粱种植→优质白酒酿造’的绿色循环产业链打下坚实基础”“投资实施智能化包装中心技改项目，打造自动化、智能化的现代化包装基地，推动公司包装物流体系的转型升级”。

④企业战略、企业结构和同业竞争。“S省既有多家全国品牌大企业，也有诸多地方品牌中小企业。2019年1月，S省白酒行业协会推出的《白酒产业振兴发展培育方案》指出，要做专做优做强白酒名优企业，提升企业效益，增强企业核心竞争力”“支持名优企业通过兼并、收购等多种方式整合省内中小企业；支持名优企业之间强强联合、战略合作，推进白酒产业与旅游文化产业的融合发展，充分发挥S省得天独厚的旅游文化资源”。

考点速学

钻石模型是用于产业资源配置分析的框架，可分析影响国家产业竞争优势的四个主要因素，如图2-7所示。钻石模型四要素分别是生产要素、需求条件、相关与支持性产业、企业战略、企业结构和竞争对手的表现。

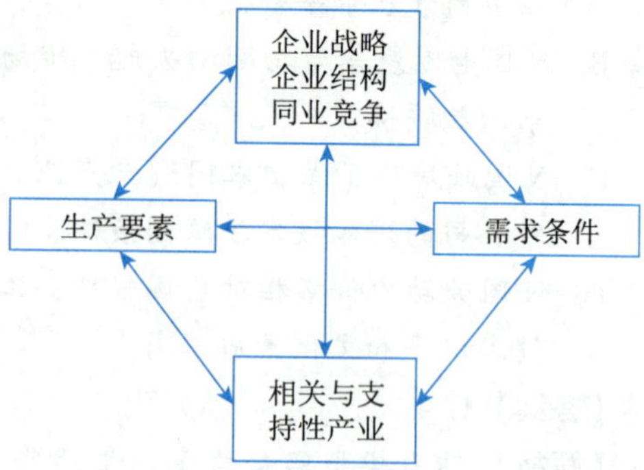

图2-7 用于国家产业竞争优势分析的钻石图

1. 生产要素

生产要素常见有两种分类结果，一种划分为初级生产要素和高级生产要素，初级生产要素指天然资源、地理位置、非技术工人、资金等，高级生产要素则是指信息、交通、受过高等教育的人力、研究机构等。需要记住的是，高级生产要素对获得竞争优势具有不容置疑的重要性。

另一种分类结果是一般生产要素和专业生产要素。高级专业人才、专业研究机构、专用的软硬件设施属于专业生产要素。

一个国家想通过生产要素来建立强大而又持久的产业优势，必须发展高级生产要素和专业生产要素。

波特也同时指出，人工短缺、资源不足等不利生产要素，有时反而会形成一种刺激产业创新的压力，促进企业竞争优势的持续升级。也就是说一个国家的竞争优势是可以在不利的生产要素中形成的。

2. 需求条件

国内市场是一个产业发展的动力，内行而挑剔的本地客户，会激发该国企业的竞争优势。另一方面，本地客户的预期性需要领先于其他国家，也可以成为本地企业的一种优势。

3. 相关与支持性产业

相关与支持性产业与一个国家的优势产业是休戚与共的关系，波特指出，一个优势产业不是单独存在的，要注意“产业集群”的现象。这类似于五种竞争力竞争模型中的第六种力量——互动互补作用力，有竞争力的本国产业通常会带动相关产业的竞争力，并且有国际竞争优势的上游供应商对整个产业的影响是正面的。

4. 企业战略、企业结构和竞争对手的表现

创造与持续产业竞争优势的最大关联因素是国内市场强有力的竞争对手。在国际竞争中，成功的产业必然先经过国内市场的竞争，迫使其进行改进和创新，而在政府的产业政策保护和补贴之下的“超级企业”通常并不具有国际竞争能力。

考点六　价值链分析★★

经典例题

【例题1·单选题】☆甲公司是一家汽车制造企业，该公司通过售后用户体验追踪系统随时掌握、分析不同车型的质量问题，并与汽车分销商共享信息，不断提高来维修的客户的满意度。甲公司的上述做法属于该公司价值链中的(　)。

A. 内部后勤　　B. 外部后勤

C. 基础设施　　D. 服务

【答案】D

【解析】服务是指与保持和提高产品价值有关的活动。“该公司通过售后用户体验追踪系统随时掌握、分析不同车型的质量问题，并与汽车分销商共享信息，不断提高来维修的客户的满意度”属于服务，选项D正确。

【例题2·单选题】☆东海公司为了提升公司的信息化管理水平，聘请某知名咨询公司为其开发一套管理信息系统。东海公司的上述活动属于价值链支持活动中的(　)。

A. 采购管理

B. 人力资源管理

C. 公司基础设施

D. 技术开发

【答案】A

【解析】这里的采购是广义的，既包括生产原材料的采购，也包括其他资源投入的购买和管理。例如，企业聘请咨询公司为企业进行广告策划、市场预测、管理信息系统设计、法律咨询等属于采购，选项A正确。

【例题3·多选题】朝晖汽车制造公司为了获取成本优势，与汽车发动机供应商建立了良好的关系，保证生产进度不受影响，所需外购配件由就近的泰达公司提供，减少了运输费用；内部各个配件厂分布在总装厂周围，建立大规模生产线实现规模经济。该公司的上述做法涉及价值链中的(　)。

A. 内部后勤　　B. 生产经营

C. 采购管理　　D. 外部后勤

【答案】ABC

【解析】“与汽车发动机供应商建立了良好的关系，保证生产进度不受影响”属于采购管理；“所需外购配件由就近的泰达公司提供，减少了运输费用”属于内部后勤；“内部各个配件厂分布在总装厂周围，建立大规模生产线实现规模经济”属于生产经营。

【例题4·多选题】价值活动的联系不仅存在于企业价值链内部，而且存在于企业与企业的价值链之间。下列各项中，属于不同企业之间价值链联系的有(　)。

A. 甲乳制品公司将工厂建在某市最大的奶牛养殖场附近

B. 乙汽车零部件公司完善的供货系统带动某汽车生产商实行“零库存”管理系统

C. 丙公司要求其库存部门按照既定的订货费用、存货费用等因素设定最佳库存量

D. 丁公司依靠其出色的市场营销成功打入国际市场

【答案】AB

【解析】选项A和选项B体现的是购买商和供应商上下游之间的合作，是企业与企业之间的价值链分析；而选项C仅涉及企业内部基础设施与基本生产经营活动之间的联系，属于价值链内各项价值活动之间的联系；选项D中出色的市场营销形成了企业的竞争优势，属于支持企业竞争优势的关键性活动。

【例题5·简答题】☆2003年，“电池大王”环亚公司收购了一家汽车制造公司，成立了环亚汽车公司。环亚汽车公司将其电池生产技术优势与汽车制造技术相结合，迅速成为国内新能源汽车领域的龙头企业。

新能源汽车生产的关键在于掌握三大核心：电机、电控与电池的生产制造技术以及具有完备的整车组装能力。环亚汽车公司下大力气增强企业这些关键性活动的竞争优势。

环亚汽车公司在包括电机、电控与电池生产领域投入的研发费用占销售收入比例达4.13%，远高于国内同类汽车生产企业的研发投入占比，与国际知名汽车品牌企业相当。环亚汽车公司自主研发的磷酸铁锂电池(锂电池的一种)及管理系统安全性能好、使用寿命长；环亚汽车公司的锂电池专利数量名列国内第一。环亚汽车公司自主研发的永磁同步电机功率大、扭矩大，足够满足双模电动汽车(拥有燃油驱动与电能驱动两种动力系统，驱动力可以由电动机单独供给，也可以由发动机与电动机耦合供给，与混合动力汽车并无差别)与纯电动车的动力需求。环亚汽车公司自主研发的动力系统匹配技术能够保证动力电池、驱动电机及整车系统的匹配，保证整车运行效率。此外，2008年环亚汽车公司以近2亿元的价格收购了半导体制造企业中达公司，此次收购使环亚汽车公司拥有了电动汽车驱动电机的研发能力和生产能力。2011年环亚汽车公司与国际知名老牌汽车制造企业D公司成立合资企业，借助D公司掌握的汽车结构以及安全领域的专有技术，增强公司在汽车整车组装方面的研发能力和生产能力。

为了进一步扩大新能源汽车生产制造规模，环亚汽车公司又将在新能源轿车制造的优势延展至新能源客车制造。2009年环亚汽车公司以6 000万元的价格收购国内美泽客车公司，获得客车生产许可证；2014年环亚汽车公司又与国内广贸汽车集团分别按51%和49%的持股比例合资设立新能源客车公司，注册资本3亿元人民币。

近年来，环亚汽车公司开启了向产业上下游延展的战略新举措。2015年环亚汽车公司收购专门从事盐湖资源综合利用产品的开发、加工与销售的东州公司，这一收购整合了环亚汽车公司汽车零部件的生产。2016年环亚汽车公司以49%的持股比例，与青山盐湖工业公司及深域投资公司共同建立合资企业，注册资本5亿元人民币。此次合作实现了环亚汽车公司的动力锂电池优势与盐湖锂资源优势相结合。2015年环亚汽车公司与广安银行分别以80%和20%的持股比例合资成立环亚汽车金融公司，注册资本5亿元人民币。这是环亚汽车公司向汽车服务市场延伸的一个重大事件。

到目前为止，环亚汽车公司是全球少有的同时掌握新能源电池、电机、电控及充电配套、整车制造等核心技术以及拥有成熟市场推广经验的企业之一。环亚新能源汽车的足迹已遍布全球的50个国家和地区。

要求：

简要分析环亚汽车公司在分析自身的资源和能力，从而构筑其竞争优势的过程中，是如何体现价值链分析方法的。

【答案】

(1)确认那些支持企业竞争优势的关键性活动。虽然价值链的每项活动，包括基本活动和支持活动，都是企业成功所必经的环节，但是，这些活动对企业竞争优势的影响是不同的。在关键活动的基础上建立和强化这种优势很可能使企业获得成功。“新能源汽车生产的关键在于掌握三大核心零部件：电机、电控与电池的生产制造技术以及具有完备的整车组装能力。环亚汽车公司下大力气增强企业这些关键性活动的竞争优势”。

(2)明确价值链内各种活动之间的联系。价值链中基本活动之间、基本活动与支持活动之间以及支持活动之间存在各种联系，选择或构筑最佳的联系方式对于提高价值创造和战略能力是十分重要的。“环亚汽车公司在包括电机、电控与电池生产领域投入的研发费用占销售收入比例达 4.13%，远高于国内同类汽车生产企业的研发投入占比，与国际知名汽车品牌企业相当”“2008 年环亚汽车公司以近 2 亿元的价格收购了半导体制造企业中达公司，此次收购使环亚汽车公司拥有了电动汽车驱动电机的研发能力和生产能力。2011 年环亚汽车公司与国际知名老牌汽车制造企业 D 公司成立合资企业，借助 D 公司掌握的汽车结构以及安全领域的专有技术，增强公司在汽车整车组装方面的研发能力和生产能力”“2009 年环亚汽车公司收购国内美泽客车公司，获得客车生产许可证；2014 年环亚汽车公司又与国内广贸汽车集团分别按 51%和 49%的持股比例合资设立新能源客车公司”，都是环亚汽车公司选择或构筑公司价值链内各种活动最佳的联系方式，以提高公司价值创造和战略能力。

(3)明确价值系统内各项价值活动之间的联系。价值活动的联系不仅存在于企业价值链内部，而且存在于企业与企业的价值链之间。价值系统内包括供应商、分销商和客户在内的各项价值活动之间的许多联系。“近年来，环亚汽车公司开启了向产业上下游延展的战略新举措”“2015 年环亚汽车公司收购专门从事盐湖资源综合利用产品的开发、加工与销售的东州公司，这一收购整合了环亚汽车公司汽车零部件的生产”“2016 年环亚汽车公司以 49%的持股比例，与青山盐湖工业公司及深域投资公司共同建立合资企业，……实现了环亚汽车公司的动力锂电池优势与盐湖锂资源优势相结合”“2015 年环亚汽车公司与广安银行……合资成立环亚汽车金融公司，……向汽车服务市场延伸”，都是环亚汽车公司选择和构筑了价值系统中企业与企业的价值链之间最佳的联系方式。

考点速学

迈克尔·波特在 1985 年的《竞争优势》一书中引入了“价值链”的概念。波特认为，企业每项生产经营活动都是其创造价值的经济活动；那么，企业所有的互不相同但又相互关联的生产经营活动，便构成了创造价值的一个动态过程，即价值链。

1. 价值链的两类活动——基本应用能力

价值链将企业的生产经营活动分为基本活动和支持活动两大类，如图 2-8 所示。

(1)基本活动。

基本活动，又称主体活动，是指**生产经营的实质性活动**，一般可以分为**内部后勤**、**生产经营**、**外部后勤**、**市场销售**和**服务**五种活动，如表 2-19 所示。

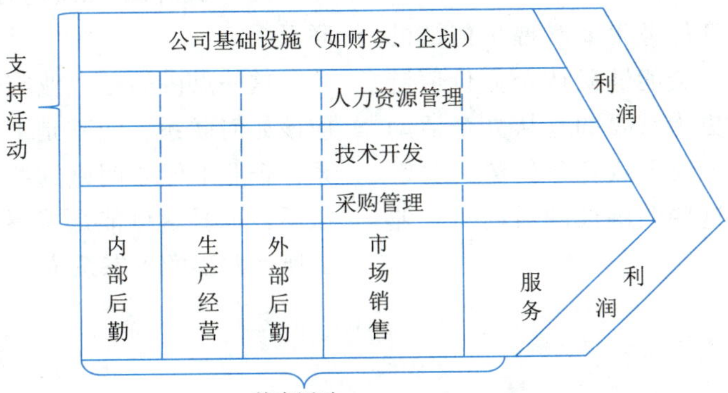

图 2-8 价值链 Value Chain

表 2-19 基本活动

基本活动	描述
内部后勤(进货物流)	指与产品投入有关的进货、仓储和分配等活动，如原材料的装卸、入库、盘存、运输以及退货等
生产经营	指将投入转化为最终产品的活动，如机械加工、装配、包装、设备维修、检测等
外部后勤(出货物流)	指与产品的库存、分送给购买者有关的活动，如最终产品的入库、接受订单、送货等
市场销售	指与促进和引导购买者购买企业产品的活动，如广告、定价、销售渠道等
服务	指与保持和提高产品价值有关的活动，如培训、修理、零部件的供应和产品的调试等

(2)支持活动。

支持活动，又称辅助活动，是指用以支持基本活动而且内部之间又相互支持的活动，包括采购管理、技术开发、人力资源管理和企业基础设施，如表 2-20 所示。

表 2-20 支持活动

支持活动	描述
采购管理	企业聘请咨询公司为企业进行广告策划、市场预测、管理信息系统设计、法律咨询等
技术开发	指可以改进企业产品和工序的一系列技术活动(就是研发活动)
人力资源管理	指企业职工的招聘、雇用、培训、提拔和退休等各项管理活动。这些活动支持着企业中每项基本活动和支持活动，以及整个价值链
基础设施	指企业的组织结构、惯例、控制系统以及文化等活动。高层管理人员也往往被视作基础设施的一部分(包括财务人员)

2. 企业资源能力的价值链分析——基本应用能力

资源分析必须是一个从资源评估到对怎样使用这些资源的评估过程。

企业资源能力的价值链分析要明确以下三点：

(1)确认那些支持企业竞争优势的关键性活动。

前面已经要求各位考生要掌握价值链的两大类活动内容，学会能够确认企业价值链的构成及分解，但更为重要的是从九个活动中，确认支持企业能够形成竞争优势的关键性活动有哪几个，这些关键性的活动对企业来说非常重要。

(2)明确价值链内各种活动之间的联系。

包括明确基本活动之间、支持活动之间以及基本活动与支持活动之间，是如何联系的。从提高企业价值创造和战略能力视角来说，企业要能够选择或建立价值链内的九个活动之间的最佳联系运作方式。也就是说找到这个链的最佳联系方式。

(3)明确价值系统内各项价值活动之间的联系。

这一点讲的是企业与企业的价值链之间应该如何联系，尤其是上下游企业之间的联系。企业不但要明确这些不同的链条之间的联系，也要尽可能形成最佳的联系方式，形成所谓共赢的生态系统。

考点七 业务组合分析★★

经典例题

【例题 1 · 单选题】☆鑫鹏公司是国内一家多元化经营的高科技企业，主要产品有电子测量仪器，医疗器械、数据网络传输设备和光伏发电设备，鑫鹏公司在数据网络传输设备的市场占有率排名第五，近年来国内数据网络传输产业增长率在 10%以上，市场销量供不应求。根据波士顿矩阵，鑫鹏公司数据网络传输业务应采取的线路是（ ）。

A. 采用撤退战略

B. 采用收获战略

C. 采用选择性投资战略

D. 在短期内优先供给他们所需的资源

【答案】C

【解析】本题考核“波士顿矩阵”知识点。市场增长率通常用 10%作为增长率高、低的界限，“国内数据网络传输产业增长率在 10%以上”，说明是高增长率，“鑫鹏公司在数据网络传输设备的市场占有率排名第五”，按照相对市场占有率的计算公式（本企业该业务市场占有率/最大竞争对手的市场占有率）计算得出小于 1，说明是低相对市场占有率。所以鑫鹏公司数据网络传输业务为问题业务，应采用选择性投资战略，选项 C 正确。

【例题 2 · 多选题】☆凯阳公司拥有发电设备制造、新能源开发、电站建设和环保四部分业务，这些业务的市场增长率依次为 5.5%、11%、5%和 13%，相对市场占有率依次为 1.3%、1.1%、0.8%和 0.2%。根据波士顿矩阵原理，上述 4 部分业务中，可以视情况采取收割战略的有（ ）。

A. 发电设备制造业务

B. 环保业务

C. 新能源开发业务

D. 电站建设业务

【答案】ABD

【解析】发电设备制造业务市场增长率低，相对市场占有率高，属于现金牛业务。新能源开发业务市场增长率高，相对市场占有率高，属于明星业务。电站建设业务市场增长率低，相对市场占有率低，属于瘦狗业务。环保业务市场增长率高，相对市场占有率低，属于问题业务。对处境不佳的“现金牛”类业务及没有发展前途的“问题”类业务和“瘦狗”类业务应视具体情况采取收割战略，所以正确答案是选项 ABD。

【例题 3 · 单选题】☆实行多元化经营的达梦公司在家装行业有很强的竞争力，市场占有率达 50%以上，近年来家装市场进入低速增长阶段，根据波士顿矩阵原理，下列各项中，对达梦公司的家装业务表述正确的是（ ）。

A. 该业务应采用撤退战略，将剩余资源向其他业务转移

B. 该业务的经营者最好是市场营销型人物

C. 该业务应由对生产技术和销售两方面都很内行的经营者负责

D. 该业务需要增加投资以加强竞争地位

【答案】B

【解析】市场占有率达 50%以上，近年来家装市场进入低速增长阶段，属于低增长—强竞争地位的“现金牛”业务。应采用保持与收割战略，选项 A 不正确，选项 D 不正确。其经营者最好是市场营销型人物，选项 B 正确，选项 C 不正确。

【例题 4 · 单选题】☆H 公司经营造船、港口建设、海运和相关智能设备制造四部分业务，这些业务的市场增长率分别为 7.5%、9%、10.5%和 18%，相对市场占有率分别为 1.2、0.3、1.1 和 0.6。该公司四部分业务中，适合采用智囊团或项目组等管理组织的是（ ）。

A. 港口建设业务

B. 造船业务

C. 相关智能设备制造业务

D. 海运业务

【答案】C

【解析】通过波士顿矩阵分析，问题类业务适合采用智囊团或项目组等形式。问题类业务相对市场占有率低(小于1.0)，港口建设和相关智能设备制造符合，市场增长率高(大于10%)，海运和相关智能设备制造符合。综合以上，相关智能设备制造符合题意。

【思路点拨】本题属于案例分析型选择题，具有一定难度。首先需要知道适合采用智囊团或项目组等管理组织的是问题业务。然后需要结合资料判断题中的四部分业务分别属于哪种业务。从中找出问题业务，就是正确答案。本题中造船的市场增长率为7.5%(小于10%)、相对市场占有率为1.2(大于1.0)说明是现金牛业务；港口建设的市场增长率为9%(小于10%)、相对市场占有率为0.3(小于1.0)说明是瘦狗业务；海运的市场增长率为10.5%(大于10%)、相对市场占有率为1.1(大于1.0)说明是明星业务；相关智能设备制造的市场增长率为18%(大于10%)、相对市场占有率为0.6(小于1.0)说明是问题业务。

【例题5·单选题】☆环美公司原以家电产品的生产和销售为主，近年来逐渐把业务范围扩展到新能源、房地产、生物制药等行业，依据波士顿矩阵分析，下列对业务定位错误的是(　)。

A. 家电业务的多数产品进入成熟期，公司在家电行业竞争优势显著，公司应加大投资力度，以维持优势地位

B. 新能源行业发展潜力巨大，前景广阔，公司该领域竞争优势不足，公司应对新能源重点投资提高市场占有率

C. 房地产进入寒冬期，公司房地产业务始终没有获利，应果断撤出

D. 生物制药行业近年发展迅猛，公司收购的一家生物制药企业由弱到强，竞争优势迅猛展现，公司应在短期内优先供给其所需资源，支持发展

【答案】A

【解析】选项A属于现金牛业务，本身不需要投资，说法错误。选项B属于问题业务，选项C属于瘦狗业务，选项D属于明星业务，说法都是正确的。

考点速学

价值链分析仅适用于独立的产品、服务或业务单位的企业。如果企业是多元化经营，拥有多个产品或业务单位时，就需要进行业务组合分析。

业务组合分析将企业的资源和能力作为一个整体来考虑。包括波士顿矩阵与通用矩阵两种主要的分析方法。

1. 波士顿矩阵——综合运用能力

波士顿矩阵(BCG Matrix)，又称市场增长率——相对市场份额矩阵、波士顿咨询集团法、四象限分析法、产品系列结构管理法等。

BCG矩阵可解决两个问题：一是如何使企业的产品品种及其结构适合市场需求的变化，二是如何将企业有限的资源有效地分配到合理的产品结构中。

BCG认为，决定产品结构有两大基本因素：市场引力和企业实力。市场引力的衡量指标包括很多方面，其中最重要的是市场增长率；同样衡量企业实力的要素也很多，BCG认为市场占有率是决定性的要素。

因此，波士顿矩阵的纵轴表示市场增长率，通常用10%平均增长率作为增长高、低的界限(10%的界定是BCG主观的，简单粗暴，没有原因，记住就好)。横轴表示相对市场占有率，分界线为1.0(在该点本企业的某项业务与该业务市场上最大竞争对手市场份额相等，如果大于1.0的话，说明你已经是市场上的老大了)，该分界线将市场占有率划分为高、低两个区域，如图2-9、表2-21所示。其中图2-9中圆圈面积大小表示该业务或产品的收益占企业全部收益之比。

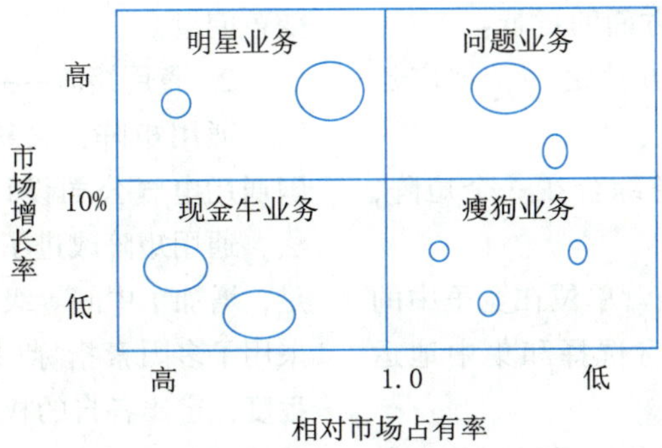

图 2-9 波士顿矩阵

表 2-21 波士顿矩阵四种业务分析

业务	描述
明星业务	(1)高增长——强竞争地位。 (2)增长和获利有极好的长期机会，市场增长率高使得业务具有投资价值，需要大量投资支出。 (3)适宜采用的战略：发展战略。 (4)管理组织：最好采用事业部形式，由对生产技术和销售两方面都很内行的经营者负责
问题业务	(1)高增长——弱竞争地位。 (2)需要大量的投资支出，但是能够生成的资金很少。 (3)适宜采用的战略：发展、收割或放弃战略。 (4)管理组织：最好是采取智囊团或项目组等形式，选拔有规划能力、敢于冒风险的人负责
现金牛业务	(1)低增长——强竞争地位。 (2)市场地位有利，盈利率高，本身不需要投资，反而能为企业提供大量资金，用以支持其他业务的发展，现金牛产品会创造大量的净现金流入。 (3)适宜采用的战略：保持或收割战略。 (4)管理组织：适合于用事业部制进行管理，其经营者最好是市场营销型人物
瘦狗业务	(1)低增长——弱竞争地位。 (2)市场竞争激烈，可获利润很低，不能成为企业资金的来源。 (3)适宜采用的战略：收割或放弃战略。 (4)管理组织：与其他事业部合并，统一管理

通常有四种战略分别适用于不同的业务，如表 2-22 所示：

表 2-22 波士顿矩阵的运用战略

战略目标	目标及适用业务类型
发展	以提高相对市场占有率为目标。 适用于明星业务以及想变成“明星”的问题业务
保持	以保持现有的市场占有率为目标。 适用于较大的“现金牛”业务
收割	以短期内尽可能地得到最大限度的现金收入为目标。 适用于视具体情况确定的三类业务：处境不佳的“现金牛”类业务、没有发展前途的“问题”类业务、“瘦狗”类业务
放弃	以清理和撤销业务、释放资源为目标。 适用于无利可图的“瘦狗”业务和“问题”业务

BCG矩阵有以下四个方面的贡献：

(1)最早的组合分析方法之一，被广泛运用。

(2)将不同的经营业务综合在一个矩阵，简单明了。

(3)指出了每个业务经营单位在竞争中的地位、作用和任务，从而有选择和集中地运用有限的资金。

(4)可帮助企业推断竞争对手对相关业务的总体安排。其前提是竞争对手也使用波士顿矩阵方法。

BCG矩阵也存在五个方面的局限性：

(1)在实践中要确定各业务的市场增长率和相对市场占有率是比较困难的。

(2)用市场增长率和企业相对市场占有率两个单一指标有些简单。

(3)暗含假设：企业的市场份额与投资回报是呈正相关的，假设有时不成立或不全面。

(4)另一个条件是资金是主要的资源，但时间和人员的创造力也很重要。

(5)在实际运用中有很多困难，例如文化变革问题。

2. 通用矩阵——基本应用能力

通用矩阵，又称行业吸引力矩阵，是美国通用电气公司设计的一种投资组合分析方法，通用矩阵改进了波士顿矩阵过于简化的不足，增加了中间等级，同时X轴与Y轴的衡量采用了多因素指标(根据每个因素的相对重要程度，定出各自的权数和级数，加权平均综合计算可得)。如图2-10、表2-23所示。

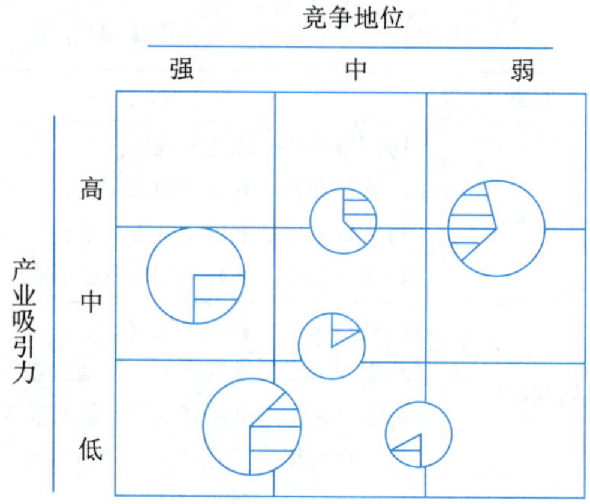

图2-10 通用矩阵

表2-23 通用矩阵的战略选择

业务	战略
处于左上方三个方格的业务	适于采取增长与发展战略，企业应优先分配资源
处于右下方三个方格的业务	一般采取停止、转移、撤退战略
处于对角线三个方格的业务	应采取维持或有选择地发展的战略，保护原有的发展规模，同时调整其发展方向

『提示说明』(1)影响产业吸引力的因素，有产业增长率、市场价格、市场规模、获利能力、市场结构、竞争结构、技术及社会政治因素等。

(2)影响经营业务竞争地位的因素，有相对市场占有率、市场增长率、买方增长率、产品差别化、生产技术、生产能力、管理水平等。

(3)各个影响因素所占的权重，当然只能用主观方法人为确认。

(4)通用矩阵的九宫格中，圆圈面积的大小与产业规模成正比，圆圈内扇形面积大小表示某项业务的市场占有率。

通用矩阵虽然看似解决了BCG矩阵过于简单的缺陷，但也同时带来了另外的局限性，正所谓解决了一个问题的同时也产生了另一个新的问题。

通用矩阵的局限性：

(1)用综合指标来测算，但指标在一个产业或一个企业的表现可能不一致，评价结果也会由于指标权数分配的不准确而产生偏差。

(2)划分较细，对于业务类型较多的多元化大公司必要性不大，且需要更多数据，方法比较繁杂，不易操作。

考点八　SWOT 分析★★★

经典例题

【例题 1 · 单选题】☆飞牛公司是一家农用无人机研发和制造企业。下列各项中，符合飞牛公司 SWOT 分析要求的是(　)。

A. 农用无人机市场竞争日趋激烈，飞牛公司缺乏精通业务的营销人员，应加大相关人才的招聘和培养力度。此为 WT 战略

B. 农用无人机市场需求旺盛，飞牛公司缺乏精通业务的营销人员，应与有实力的公司合作。此为 SO 战略

C. 农用无人机市场竞争日趋激烈，飞牛公司有较强的研发和制造能力，应加大技术和产品创新力度。此为 WO 战略

D. 农用无人机市场需求旺盛，飞牛公司有较强的研发和制造能力，应加快业务发展。此为 ST 战略

【答案】A

【解析】"农用无人机市场竞争日趋激烈"属于威胁(T)，"缺乏精通业务的营销人员"属于劣势(W)，应为 WT 战略，选项 A 正确。"农用无人机市场需求旺盛"属于机会(O)，"缺乏精通业务的营销人员"属于劣势(W)，应为 WO 战略，选项 B 错误。"农用无人机市场竞争日趋激烈"属于威胁(T)，"有较强的研发和制造能力"属于优势(S)，应为 ST 战略，选项 C 错误。"农用无人机市场需求旺盛"属于机会(O)，"有较强的研发和制造能力"属于优势(S)，应为 SO 战略，选项 D 错误。

【例题 2 · 单选题】☆近年来新能源汽车产业及市场迅猛增长。国内汽车制造商华新公司于 2018 年进入新能源汽车制造领域，但是受技术和管理水平制约，其产品性能欠佳，市场占有率较低。根据 SWOT 分析，该公司应采用的战略是(　)。

A. 增长型战略　B. 多元化战略

C. 防御型战略　D. 扭转型战略

【答案】D

【解析】"近年来新能源汽车产业及市场迅猛增长"属于机会，华新公司"受技术和管理水平制约，其产品性能欠佳，市场占有率较低"属于劣势，该公司采取的战略是扭转型战略(WO)。

考点速学

SWOT 分析是一种综合考虑企业内部条件和外部环境的各种因素，进行系统评价，从而选择最佳经营战略的方法。

S 是指企业内部的优势(Strengths)。

W 是指企业内部的劣势(Weakness)。

O 是指企业外部环境的机会(Opportunities)。

T 是指企业外部环境的威胁(Threats)。

SWOT 分析中最核心部分是评价企业的优势和劣势、判断企业所面临的机会和威胁并做出决策，即在企业现有的内外部环境下，如何最优地运用自己的资源，并且考虑建立公司未来的资源。简单地说，SWOT 分析就是让企业学会在外部环境中"趋利避害"，并能够按照"扬长避短"的原则为企业做出合理的战略选择。

优势和劣势是相对于竞争对手而言的，一般表现为资金、技术设备、员工素质、产品、市场、管理技能等方面，S、W 属于内部因素。机会与威胁是外部环境中对企业有利与不利的因素，O、T 属于外部因素。

SWOT 分析，如图 2-11、图 2-12 所示。

优势	劣势
·企业专家所拥有的专业市场知识 ·对自然资源的独有进入性 ·专利权 ·新颖的、创新的产品或服务 ·企业地理位置优越 ·由于自主知识产权所获得的成本优势 ·质量流程与控制优势 ·品牌和声誉优势	·缺乏市场知识与经验 ·无差别的产品和服务(与竞争对手比较) ·企业地理位置较差 ·竞争对手进入分销渠道并占据优先位置 ·产品或服务质量低下 ·声誉败坏
机会	**威胁**
·发展中国家新兴市场(如中国互联网) ·并购、合资或战略联盟 ·进入具有吸引力的新的细分市场 ·新的国际市场 ·政府规则放宽 ·国际贸易壁垒消除 ·某一市场的领导者力量薄弱	·企业所处的市场中出现新的竞争对手 ·价格战 ·竞争对手发明新颖的、创新性的替代产品或服务 ·政府颁布新的规则 ·出现新的贸易壁垒 ·针对企业产品或服务的潜在税务负担

图 2-11 典型的 SWOT 分析格式

内部环境 \ 外部环境	机会 O	威胁 T
优势 S	增长型战略（SO）	多种经营战略（ST）
劣势 W	扭转型战略（WO）	防御型战略（WT）

图 2-12 SWOT 分析

【知识点拨】企业未来的发展和战略选择与所处的内外环境存在着高度相关。可以简单地理解 SWOT 矩阵中的四种可选择的战略：

SO 战略：依托内部优势，利用外部机会。

ST 战略：依托内部优势，规避外部威胁。

WO 战略：利用外部机会，克服内部弱点。

WT 战略：克服内部弱点，规避外部威胁。

第三章　战略选择

本章重要程度：●●●
考试分值范围：分值约占44分

战略管理程序的三部曲是"分析、选择和实施"。上一章针对外部与内部环境完成了战略分析，而本章是战略管理最为重要的内容——战略选择。在第一章中我们已经学习了企业战略的三个层次，分别是总体战略、业务单位战略和职能战略。本章就是从这三个层次渐次展开讲解的。

考情分析

本章主要考点

发展战略、竞争战略、发展战略实现途径、营销战略、蓝海战略、财务战略、研发战略、本土企业的战略选择，各个题型考试均涉及。

2022 年考试变化

(1)"收缩战略"内容上有微调。

(2)"研发战略定位"增加一种定位。

(3)"生产运营战略"与"采购战略"内容重新改写。

(4)"企业国际化经营动因"内容上有较大调整。

(5)"国际化经营的主要方式"内容上有微调。

(6)新增"全球价值链中的企业国际化经营"内容。

(7)本章案例进行调整。

经典例题详解及核心考点

考点一　总体战略的类型★★★

经典例题

【例题1·单选题】☆达康公司是国内一家中成药品生产企业。为了保障原材料的稳定供给与产品质量，自2015年以来投资建设了3个原料药材现代化种植基地，收购了2个原属于其他药品公司的药材种植企业，全面推进原料药材规范化绿色种植工程。下列各项中，属于达康公司采用上述战略适用条件的是(　)。

A. 中成药品产业竞争较为激烈

B. 达康公司现有销售商的销售成本较高

C. 达康公司存在过剩的生产能力

D. 中成药品产业增长潜力较大

【答案】D

【解析】"达康公司是国内一家中成药品生产企业。为了保障原材料的稳定供给与产品质量……全面推进原料药材规范化绿色种植工程"表明达康公司采取的是后向一体化战略，后向一体化战略是指获得供应商的所有权或加强对其控制权。选项D属于后向一体化的适用条件。

【例题2·单选题】某玩具店为了扩大产品的销售，获得更大的市场占有率，在进行实体店经营的同时，也在淘宝商城进行销售，同时招聘微商进行代理销售。该企业采用的战略是(　)。

A. 市场开发战略　B. 市场渗透战略
C. 产品开发战略　D. 一体化战略

【答案】B

【解析】市场渗透战略强调发展单一产品，试图通过更强的营销手段而获得更大的市场占有率。该企业采取的这些措施都是为了扩大现有产品的销售，获得更大的市场占有率，所以采取的是市场渗透战略。

【思路点拨】本题属于案例分析型题目。应对本题的关键是区分市场开发战略、市场渗透战略和产品开发战略。可以从两个角度进行把握：一是从含义方面进行区分；二是从适用情况方面进行区分。

【例题3·单选题】甲公司是一家传统胶片生产企业，受消费者需求变化和技术发展的影响，该公司利润一直处于下滑状态。由于甲公司长期以来一直集中于胶片的生产，忽视了相关产品的发展，致使自身缺乏相关产品的生产能力。根据以上信息可以判断，甲公司较为现实的选择是(　)。

A. 相关多元化战略
B. 非相关多元化战略
C. 一体化战略
D. 收缩战略

【答案】B

【解析】如果企业当前产业或市场缺乏吸引力，而企业也不具备较强的能力和技能转向相关产品或市场，较为现实的选择就是采用非相关多元化战略。

【思路点拨】本题属于案例分析型题目。应对本题的关键是区分各种战略的适用情况，结合案例资料中的关键语句进行分析判断。本题的关键语句是“由于甲公司长期以来一直集中于胶片的生产，忽视了相关产品的发展，致使自身缺乏相关产品的生产能力”。

【例题4·多选题】紧缩与集中战略往往集中于短期效益，主要涉及采取补救措施制止利润下滑，该战略的具体做法有(　)。

A. 资源重新配置　B. 机制变革
C. 财政和财务战略　D. 削减成本战略

【答案】BCD

【解析】紧缩与集中战略往往集中于短期效益，主要涉及采取补救措施制止利润下滑。具体做法有：①机制变革；②财政和财务战略；③削减成本战略。

【例题5·多选题】☆滦河公司是一家大型能源集团，拥有分别从事煤矿开采、炼焦、发电等业务的多家子公司。面对煤炭产能过剩销售困难的局面，该公司管理层提出放弃煤矿开采业务，但此举将使大量煤炭采掘设备废弃，下岗工人生活和重新安置费用短期内难以解决，炼焦、发电等业务原料来源的稳定性将受到影响，因此遭到各个子公司员工的质疑、不满甚至反对。滦河公司的煤矿开采业务面临的退出障碍有(　)。

A. 感情障碍
B. 固定资产的专用性程度
C. 内部战略联系
D. 退出成本

【答案】ABCD

【解析】“使大量煤炭采掘设备废弃”，体现了固定资产的专用性程度。“下岗工人生活和重新安置费用”，体现了退出成本。“炼焦、发电等业务原料来源的稳定性将受到影响”，体现了内部战略联系。“遭到各个子公司员工的质疑、不满甚至反对”，体现了感情障碍。选项ABCD正确。

【例题6·多选题】☆近年来大数据和云计算的快速发展，使主营传统数据库业务的甲公司受到极大冲击，经营业绩大幅下滑。2019年初，甲公司裁员1 800人，并重组开发团队和相关资源，大力开拓和发展云计算业务，以改善公司的经营状况。甲公司采用的总体战略类型有(　)。

A. 转向战略　B. 稳定战略
C. 市场开发战略　D. 紧缩与集中战略

【答案】AD

【解析】“甲公司裁员1 800人”属于紧缩与集中战略中的削减成本战略，选项D正确；

“重组开发团队和相关资源，大力开拓和发展云计算业务”属于转向战略中的重新定位或调整现有的产品和服务，选项A正确。

【例题7·简答题】☆原本是地方特产的辣椒调味品“乡中情”辣酱，如今成了全国乃至世界众多消费者佐餐和烹饪的佳品。乡中情公司在国内65个大中城市建立了省级、市级代理机构。2001年，乡中情公司产品已出口欧洲、北美、澳洲、亚洲、非洲多个国家和地区，一个曾经的“街边摊”，发展成一个上缴利税上亿元的国家级重点龙头企业。

“乡中情”辣酱热销多年，无一家其他同类产品能与其抗衡，关键原因就在于其高度稳定的产品品质和低廉的价格。

“乡中情”辣酱恰到好处地平衡了辣、香、咸口味，让大多数消费者所接受，“乡中情”辣酱制作从不偷工减料，用料、配料和工艺流程严谨规范，保持产品风味，迎合消费者口味。乡中情公司对辣椒原料供应户要求十分严格，提供的辣椒全部要剪蒂，保证分装没有杂质。只要辣椒供应户出现一次质量差错，乡中情公司就坚决终止合作关系。为了确保原料品质与低成本的充足供应，乡中情公司在Z地区建立了无公害辣椒基地和绿色产品原料基地，搭建了一条“企业+基地+农户”的农业产业链，90%以上的原料来源于这一基地。

中低消费水平的人群是“乡中情”辣酱的目标客户，与此相应的就是低价策略。“乡中情”产品相继开发的十几种品类中，主打产品风味豆豉和鸡油辣椒，210克规格的价格锁定在8元左右，280克产品的价格锁定在9元左右价位。其他几种品类产品根据规格不同，大多也集中在7~10元的主流消费区间。“乡中情”产品价格一直非常稳定，涨幅微乎其微。

多年来，“乡中情”产品从未更换包装和瓶贴，乡中情公司的理念是，包装便宜，就意味着消费者花钱买到的实惠更多，而节省下来的都是真材实料的辣酱。事实上，“乡中情”产品土气的包装和瓶贴，已固化为深入消费者内心的品牌符号。

乡中情公司不做广告，不搞营销活动。公司产品推广有两条绝招：一是靠过硬的产品，让消费者口口相传；二是靠广泛深入的铺货形成高度的品牌曝光，直接促成及时的现实销售。

乡中情公司的经销商策略极为强势：①先打款后发货，现货现款；②以火车皮为单位，量小不发货；③没有优惠政策支持，而且利润很低，一瓶甚至只有几毛钱。④大区域布局，一年一次经销商会。乡中情公司如此强势的底气来自产品，将产品做成了硬通货，经销商只要能拿到货，就不愁卖，流通速度快，风险小，是利润的可靠保障。

多年来，乡中情公司专注辣椒调味制品，着力打造“乡中情”品牌，坚持不上市，不贷款，不冒进，不投资控股其他企业，规避了民营企业创业后急于扩张，可能面临的各种风险，走出了一条传统产业中家族企业稳健发展的独特之路。

要求：

(1)简要分析乡中情公司发展战略的类型及其适用条件。

(2)简要分析乡中情公司的营销组合策略。

【答案】

(1)①密集型战略。

a. 市场渗透——现有产品和现有市场。“坚守阵地”，这种战略强调发展单一产品，试图通过更强的营销手段来获得更大的市场占有率。“多年来，乡中情公司专注辣椒调味制品”。对于乡中情公司而言，实施这一战略的主要条件是：

如果其他企业由于各种原因离开了市场，那么采用市场渗透战略比较容易成功。“‘乡中情’辣酱热销多年，无一家其他同类产品能与其抗衡”。

企业拥有强大的市场地位，并且能够利用经验和能力来获得强有力的独特竞争优势，那么实施市场渗透战略是比较容易的。“‘乡中情’辣酱热销多年，无一家其他同类产品能与其抗衡，关键原因就在于其高度稳定的产品品质和低廉的产品价格”。

当市场渗透战略对应的风险较低，且在需要的投资较少的时候，市场渗透战略也会比较适用。“多年来，乡中情公司专注辣椒调味制品……不投资控股其他企业，规避了民营企业创业后急于扩张可能面对的各种风险，走出了一条传统产业中家族企业稳健发展的独特之路”。

b. 市场开发——现有产品和新市场。市场开发战略是指将现有产品或服务打入新市场的战略。“乡中情公司在国内65个大中城市建立了省级、市级代理机构。2001年，乡中情公司产品已出口欧洲、北美、澳洲、亚洲、非洲多个国家和地区”。

对于乡中情公司而言，实施这一战略的主要条件是：

存在未开发或未饱和的市场。“原本是地方特色的辣椒调味品‘乡中情’辣酱，如今成了全国和世界众多消费者佐餐和烹饪的佳品”，说明地方特色产品开发为被全国乃至世界接受的产品。

企业在现有经营领域十分成功。“‘乡中情’辣酱热销多年，无一家其他同类产品能与其抗衡，关键原因就在于其高度稳定的产品品质和低廉的产品价格”。

企业拥有扩大经营所需要的资金和人力资源；企业存在过剩的生产能力。“乡中情公司在Z地区建立了无公害辣椒基地和绿色产品原材料基地，搭建了一条“企业+基地+农户”的农业产业链，90%以上的原料都来源于这一基地”“先打款后发货，现货现款，乡中情公司将产品做成了硬通货，经销商只要能拿到货，就不愁卖，流通速度快”“不贷款”。

企业的主业属于正在迅速全球化的产业。“原本是地方特产的辣椒调味品‘乡中情’辣酱，如今成了全国和世界众多消费者佐餐和烹饪的佳品”，说明地方特色产品变为全球化产品。

c. 产品开发——新产品和现有市场。这种战略是在原有市场上，通过技术改进与开发研制新产品。“‘乡中情’产品相继开发的十几种品类”。

对于乡中情公司而言，实施这一战略的主要条件是：

企业具有较高的市场信誉度和顾客满意度。“‘乡中情’辣酱热销多年，无一家其他同类产品能与其抗衡，关键原因就在于其高度稳定的产品品质和低廉的产品价格”“‘乡中情’辣酱恰到好处地平衡了辣、香、咸口味，让大多数消费者所接受。‘乡中情’辣酱制作从不偷工减料，用料、配料和工艺流程严谨规范，保持产品风味，迎合消费者口味。乡中情公司对辣椒原料供应户要求十分严格，提供的辣椒全部要剪蒂，保证分装没有杂质。”

②一体化战略，纵向一体化战略中的后向一体化。是指获得供应商的所有权或加强对其控制权。“为了确保原料品质与低成本的充足供应，乡中情公司在Z地区建立了无公害辣椒基地和绿色产品原材料基地，搭建了一条‘企业+基地+农户’的农业产业链，90%以上的原料都来源于这一基地。”

对于乡中情公司而言，实施这一战略的主要条件是：

a. 企业现有的供应商供应成本较高或者可靠性较差而难以满足企业对原材料、零件等的需求。“为了确保原料品质与低成本的充足供应”。

b. 企业所在产业的增长潜力较大。“一个曾经的‘街边摊’，发展成为一个上缴利税上亿元的国家级重点龙头企业”。

c. 企业具备后向一体化所需的资金、人力资源等。“搭建了一条“企业+基地+农户”的农业产业链”（说明企业具备人力资源）；“先打款后发货，现货现款，乡中情公司将产品做成了硬通货，只要能拿到货，就不愁卖，流通速度快”“不贷款”（说明现金流充足）。

d. 企业产品价格的稳定对企业而言十分关键，后向一体化有利于控制原材料成本，从而确保产品价格的稳定。“‘乡中情’产品价格一直非常稳定，价格涨幅微乎其微”“为了确保原料品质与低成本的充足供应”。

(2)①产品策略。

a. 产品组合策略。乡中情公司的产品组合很简单，从产品组合的宽度看，就是一大类，“乡中情”辣酱。从产品组合的深度看，“乡中情”相继开发了十几种品类产品。

乡中情公司的产品组合策略，也是一种，扩大产品组合，加强产品组合的深度。“相继开发了十几种品类产品”。

b. 品牌和商标策略。乡中情公司的品牌和商标策略属于单一的品牌名称。“着力打造‘乡中情’品牌”“多年来‘乡中情’产品从未更换包装和瓶贴……‘乡中情’产品土气的包装和瓶贴，已固化为最深入消费者内心的品牌符号”。

c. 产品开发策略。“相继开发了十几种品类产品”。

②促销策略。在促销组合的四个要素构成(广告促销、营销推广、公关宣传、人员推销)中，乡中情公司以其独特的方法，主要采用后两种。

a. 公关宣传。指宣传企业形象，以便为企业及其产品建立良好的公众形象。“二是靠广泛深入的铺货形成高度的品牌曝光，直接促成了即时的现实销售”。

b. 人员推销。“一是靠过硬的产品让消费者口口相传”。

③分销策略。乡中情公司采用间接分销渠道，“大区域布局，一年一次经销商会”。

④价格策略。“中低端人群是‘乡中情’辣酱的目标客户，与此相应的就是低价策略”“‘乡中情’产品价格一直非常稳定，涨幅微乎其微”。

【例题8·简答题】☆南天集团是一家川味特色餐饮集团，成立于2001年，通过不断创新菜品和高端餐饮的定位，在国内餐饮市场上赢得了一席之地。2012年以来，受宏观经济的影响，国内餐饮行业整体增长趋势明显放缓，行业收入增速同比下降。特别是2012年底政府出台各种限制“三公”消费的政策，这些政策引起了社会公众的强烈反响，个人消费攀比之风得到遏制，大众的消费需求更加理性。高端餐饮行业受到猛烈冲击，市场需求萎缩。此外，房地产市场的火爆推升了房租价格，也加大了餐饮行业的经营成本。

面对前所未有的困局，南天集团决定向“大众餐饮”转型，主推中低档大众菜品。近年来国内移动互联网行业呈现井喷式发展，催生出了新的商业模式和消费习惯，南天集团开始通过微信、微博和网络外卖等互联网工具扩大销售，并通过大数据来发现客户的就餐习惯和餐饮偏好，提升服务质量。与此同时，南天集团认为环保行业将是产业政策的下一个风口，前景看好。2015年南天集团通过收购洁丽公司大举进入环保行业。由于环保行业竞争日趋激烈，短期内盈利前景不明朗，南天集团用于环保业务的资本支出不断加大。同时两家公司的文化存在差异，内耗不断。洁丽公司的经营一直处于亏损状态，导致了后来南天集团现金流断裂，不仅使集团在新业务上进退两难，还拖累了刚走出低谷的餐饮业务。

要求：

(1)运用PEST分析方法，简要分析2012年以来南天集团面临的机会与威胁。

(2)简要分析南天集团多元化经营面临的风险。

【答案】

(1)机会：技术环境因素。近年来国内移动互联网行业呈现井喷式发展，催生出了新的商业模式和消费习惯，南天集团开始通过微信、微博和网络外卖等互联网工具扩大销售，并通过大数据来发现客户的就餐习惯和餐饮偏好，提升服务质量。

威胁：①政治和法律环境因素。2012年年底政府出台各种限制“三公”消费的政策。

②经济环境因素。受宏观经济的影响，国内餐饮行业整体增长趋势明显放缓，行业收入增速同比下降。房地产市场的火爆推升了房租价格，也加大了餐饮行业的经营成本。环保行业竞争日趋激烈，短期内盈利前景不明朗。

③社会和文化环境因素。个人消费攀比

之风得到遏制，大众的消费需求更加理性。

（2）南天集团多元化经营面临的风险包括：

①产业进入风险。“由于环保行业竞争日趋激烈，短期内盈利前景不明朗，南天集团用于环保业务的资本支出不断加大”。

②内部经营整合风险。“两家公司的文化存在差异，内耗不断。”

③来自原有经营产业的风险。“南天集团用于环保业务的资本支出不断加大，洁丽公司一直亏损，导致了后来南天集团现金流断裂，不仅使集团在新业务上进退两难，还拖累了刚走出低谷的餐饮业务”。

④产业退出风险。“洁丽公司一直亏损，导致了后来南天集团现金流断裂，使集团在新业务上进退两难”。

⑤市场整体风险。“环保行业竞争日趋激烈，短期内盈利前景不明朗”。

考点速学

总体战略，也称为公司层战略，是公司最高层次的战略。总体战略可分为三大类：**发展战略、稳定战略**和**收缩战略**。“发展、稳定、收缩”这三大类实际上是一个公司的未来方向。其中“发展战略”是多数公司为之奋斗的理想目标；“稳定战略”则是在特定情况之下，在前期获得成功的企业“想留住目前幸福状态”的一种战略选择，但往往会“树欲静而风不止”；“收缩战略”则成为内外环境发生较大变化后，企业无奈的一种现实战略选择。

1. 发展战略——综合运用能力

发展战略又可分为三种基本类型：**一体化战略、密集型战略**和**多元化战略**。

（1）一体化战略。

一体化战略相关内容，如表 3-1 所示。

表 3-1 一体化战略

具体类型			适用条件
纵向一体化战略	前向一体化	获得分销商或零售商的所有权或加强对他们的控制权的战略	（1）现有销售商的销售成本较高或者可靠性较差。 （2）所在产业的增长潜力较大。 （3）具备前向一体化所需的资金、人力资源等。 （4）销售环节的利润率较高
	后向一体化	获得供应商的所有权或加强对其控制权	（1）现有供应商的供应成本较高或者可靠性较差。 （2）所在产业的增长潜力较大。 （3）具备后向一体化所需的资金、人力资源等。 （4）供应环节的利润率较高。 （5）产品价格稳定对企业十分关键，后向一体化有利于控制原材料成本，确保价格稳定。 （6）供应商数量较少而需求方竞争者众多（后两条是后向一体化特有的）
横向一体化战略	指企业向产业价值链相同阶段方向扩张的战略		（1）所在产业竞争较为激烈。 （2）所在产业的规模经济显著。 （3）横向一体化符合反垄断法律法规，能够在局部地区获得一定的垄断地位。 （4）所在产业的增长潜力较大。 （5）具备横向一体化所需的资金、人力资源等

（2）密集型战略。

让我们先来学习一下安索夫矩阵（产品——市场战略组合矩阵），如表 3-2 所示。

表 3-2　产品——市场战略组合矩阵（安索夫矩阵）

安索夫矩阵	现有产品	新产品
现有市场	市场渗透：在单一市场，依靠单一产品，增加市场占有率	产品开发：延长产品生命周期
新市场	市场开发：在现有实力、技能和能力基础上发展	多元化：以现有产品或市场为基础的相关多元化；与现有产品或市场无关的非相关多元化

安索夫矩阵中的四种组合归于两大类别：密集型战略与多元化战略。其中，密集型战略包括矩阵中的市场渗透、市场开发和产品开发。

安索夫矩阵=密集型战略+多元化战略

如前所述，密集型战略包括安索夫矩阵中的市场渗透、产品开发和市场开发三种，如表 3-3 所示：

表 3-3　密集型战略

战略	具体类型		含义	适用情况
密集型战略	市场渗透战略	现有产品，现有市场	这种战略强调发展单一产品，试图通过更强的营销手段来获得更大的市场占有率。 市场渗透战略的基础是增加现有产品或服务的市场份额，或增加正在现有市场中经营的业务。目标是通过各种方法来增加产品的使用频率	主要适用于以下几种情况： (1)整个市场正在增长，那些想要增加市场份额的企业能够以较快的速度达到目标。 (2)企业决定将利益局限在现有产品或市场领域。 (3)其他企业由于各种原因离开了市场。 (4)企业拥有强大的市场地位，并且能够利用经验和能力来获得强有力的竞争优势。 (5)对应的风险较低、高级管理者参与度较高，且需要的投资相对较少
	市场开发战略	现有产品，新市场	是指将现有产品或服务打入新市场的战略。主要途径包括开辟其他区域市场和细分市场	主要适用于以下几种情况： (1)存在未开发或未饱和的市场。 (2)可得到新的、可靠的、经济的和高质量的销售渠道。 (3)企业在现有经营领域十分成功。 (4)企业拥有扩大经营所需的资金和人力资源。 (5)企业存在过剩的生产能力。 (6)企业的主业属于正在迅速全球化的产业
	产品开发战略	新产品，现有市场	是在原有市场上，通过技术改进与开发研制新产品。可以延长产品的生命周期，提高产品的差异化程度，满足市场新的需求，从而改善企业的竞争地位	主要适用于以下几种情况： (1)企业产品具有较高的市场信誉度和顾客满意度。 (2)企业所在产业属于适宜创新的高速发展的高新技术产业。 (3)企业所在产业正处于高速增长阶段。 (4)企业具有较强的研究与开发能力。 (5)主要竞争对手以近似价格提供更高质量的产品

【备考战略】关于密集型战略，还需要掌握以下相关知识点：

a. 在市场渗透战略中，市场增长的三种方法：扩大市场份额；开发小众市场；保持市场份额。市场渗透战略对于管理者来说，难度最小。

b. 采用产品开发战略的四个原因：充分利用企业对市场的了解；保持相对于竞争对手的领先地位；从现有产品组合的不足中寻求新的机会；使企业能继续在现有市场中保持稳固的地位。一般来说，产品开发战略的难度是最大的。需要注意的是，提供不同尺寸、不同颜色和不同包装的产品，这些都属于产品开发。

c. 采用市场开发战略的三个原因：现有产品生产过程的性质导致难以转而生产全新的产品；市场开发往往与产品改进结合在一起；现有市场或细分市场已经饱和。市场开发战略的难度介于前两者之间。

(3)多元化战略。

多元化战略相关内容，如表3-4所示。

表3-4 多元化战略

类别	相关描述
多元化战略(新产品和新市场)	相关多元化战略(同心多元化)，是指企业以现有业务或市场为基础进入相关产业或市场 非相关多元化战略(离心多元化)，是指企业进入与当前产业和市场均不相关的产业或市场
多元化战略的原因	(1)在现有产品或市场中持续经营并不能达到目标。 (2)企业的资金超过其在现有产品或市场中的扩张所需要的资金。 (3)与在现有产品或市场中的扩张相比，意味着更高的利润
优点	包括：①分散风险；②能更容易获得融资；③找到新的增长点；④利用未被充分利用的资源；⑤运用盈余资金；⑥获得资金或其他财务利益；⑦运用企业形象和声誉来进入另一个产业或市场
风险	包括：①原有经营产业的风险；②市场整体风险；③产业进入风险；④产业退出风险；⑤内部经营整合风险

【备考战略】发展战略的相关知识点，要求考生掌握，达到综合运用能力的程度。对于难度最高的综合运用能力等级的知识点，考生们一是要把发展战略包括的三大知识点(一体化、密集型和多元化)的内涵吃透理清，二是要达到能在综合题中解题的程度(建议考生仔细研读一下教材中案例问题的解题思路和过程)。一体化战略包括横向和纵向，也就是画一个“十字架”，而“密集型战略+多元化战略”=“安索夫矩阵”。从内容上来讲，可以这样记忆：发展战略就是“安索夫背着一个十字架”。

2. 稳定战略——知识理解能力

稳定战略相关内容，如表3-5所示。

表3-5 稳定战略

类别	相关描述
稳定战略(维持战略)	指限于经营环境和内部条件，保持企业在战略期所期望达到的经营状况
适用条件	适用于对战略期环境的预测变化不大，而在前期经营成功的企业
优点	(1)可以充分利用原有生产经营资源。 (2)避免开发新产品和新市场的资金投入和开发风险。 (3)避免资源重新配置和组合的成本。 (4)防止发展过快的失衡状态

（续表）

类别	相关描述
风险	(1)一旦外部环境发生较大变动，战略目标、外部环境、企业实力三者之间就会失去平衡，企业就会陷入困境。 (2)容易使企业减弱风险意识，降低企业对风险的敏感性和适应性

采取稳定战略的情况并不多见。所谓“永远不变的是变化”“树欲静而风不止”。教材中对此战略着笔墨也不多。

3. 收缩战略——基本应用能力

收缩战略相关内容，如表3-6所示。

表3-6 收缩战略

类别	相关描述	
收缩战略(撤退战略)	是指企业缩小原有经营范围和规模的战略	
采用收缩战略的两大原因	主动原因	大企业战略重组的需要
	被动原因	(1)外部原因。由于整体经济形势、产业周期、技术变化、政策变化、社会价值观或时尚变化、市场饱和、竞争行为等，导致企业赖以生存的外部环境出现危机。 (2)企业(或企业某业务)失去竞争优势。由于企业内部经营机制不顺、决策失误、管理不善等原因，企业经营陷入困境，不得不采用防御措施
收缩战略的三种方式	紧缩与集中战略	往往集中于短期效益，主要涉及采取补救措施制止利润下滑。 具体做法：①机制变革；②财政和财务战略；③削减成本战略
	转向战略	涉及企业经营方向或经营策略的改变。具体做法有：①重新定位或调整现有的产品和服务；②调整营销策略
	放弃战略	涉及企业(或子公司)产权的变更，是彻底的撤退方式。包括五种类型： (1)特许经营。企业卖给被特许经营企业有限权利，而收取一次性付清的费用。 (2)分包。公司采用招标的方式让其他公司生产本公司的某种产品或者经营本公司的某种业务。 (3)卖断。指母公司将其所属的业务单位卖给其他企业，从而与该业务单位断绝一切关系。 (4)管理层杠杆收购。管理层把本企业资产作为债务抵押进行融资，买断本企业股权。 (5)拆产为股/分拆。母公司通过将在子公司所拥有的股份，按照比例分配给母公司股东
收缩战略的困难	五大退出障碍	退出障碍：①固定资产的专用性程度；②退出成本；③内部战略联系；④感情障碍；⑤政府与社会约束

考点二 发展战略的主要途径★★★

经典例题

【例题1·单选题】"男人的衣柜"——华海之家，于2017年10月10日公告，公司全资子公司华海投资拟以自有资金6.6亿元受让新云等股东持有的宝伊婴童约44%股权。华海之家称，为了把握婴童市场快速增长的发展机遇，增加新的利润增长点，决定参股投资宝伊婴童，交易完成后，华海投资将成为宝伊婴童的第二大股东。宝伊的品牌在年轻妈妈中知名度较高，其业绩也较不错。这属于(　)。

A. 纵向并购　B. 横向并购

C. 多元化并购　D. 敌意并购

【答案】C

【解析】华海之家主营男装，参股主营婴童市场的公司，两者面对的细分市场不同，但都属于服装业，是以现有业务或市场为基础进入相关产业或市场，所以是相关多元化并购。

【例题2·单选题】甲公司原有业务为糖果食品，而在糖果食品行业要想获得进一步的发展比较困难。近些年宠物食品行业得到了空前的发展，所以该公司利用这一时机，通过收购美国最大的宠物食品公司，成功进军宠物食品行业，其背后的动因可归结为(　)。

A. 争取市场机会　B. 获得协同效应

C. 设置壁垒　D. 获得规模经济

【答案】A

【解析】甲公司利用这一时机，通过收购美国最大的宠物食品公司成功进军宠物食品行业的动因是争取市场机会。

【思路点拨】本题属于案例分析型题目。应对本题的关键是掌握并购的动机，结合案例资料中的关键语句进行分析判断。本题的关键语句是"所以该公司利用这一时机……成功进军宠物食品行业"。

【例题3·多选题】☆百苑集团是一家实行标准化管理的跨国餐饮联营企业。2016年以来，该公司收购了国内多家分别经营"川""鲁""粤"等不同菜系的餐饮企业。收购后的标准化管理难以适应多元化的中餐文化和管理风格，运营状况远逊于预期。依据并购战略"并购失败的原因"，下列选项中，属于百苑集团收购后运营状况远逊于预期的原因有(　)。

A. 决策不当

B. 跨国并购面临政治风险

C. 支付过高的并购费用

D. 并购后不能很好地进行企业整合

【答案】AD

【解析】"收购后的标准化管理难以适应多元化的中餐文化和管理风格，运营状况远逊于预期"属于决策不当和并购后不能很好地进行企业整合。

【例题4·多选题】S公司在2017年的董事会会议上，讨论公司发展战略的实现途径，大部分董事认为公司应该采用内部发展，并提出了几点理由，则下列理由成立的有(　)。

A. 行业泡沫未灭，行业内大部分资产被高估，收购可能会产生损失

B. 企业管理风格和企业文化正在逐步强化，外部收购可能影响公司的企业文化

C. 可以实现资源互补

D. 可以避开行业的结构性障碍

【答案】AB

【解析】选项C和D属于采用并购战略的动因分别对应协同效应和进入壁垒，另外，选项C和D也不是内部发展战略能够实现的。选项A和B属于采用内部发展的动因。

【例题5·多选题】2017年12月18日，甲公司、乙公司和丙公司共同宣布，三方达

成最终协议，甲公司和乙公司将在交易交割时以现金形式向丙公司投资总计约8.63亿美元。在签订股权认购协议的同时，甲公司和乙公司分别与丙公司达成了战略合作协议，甲公司、乙公司和丙公司将于交易交割后建立合作伙伴关系。根据战略合作协议，甲公司将在其微信钱包界面给予丙公司入口。乙公司也将会在其手机App主界面和微信购物一级入口的主界面接入丙公司，帮助丙公司在乙公司渠道上达成一定的交易额目标。根据以上信息可以判断，三个公司采用战略联盟的动因有(　)。

A. 促进技术创新　　B. 避免经营风险

C. 实现资源互补　　D. 开拓新的市场

【答案】CD

【解析】“甲公司将在其微信钱包界面给予丙公司入口。乙公司也将会在其手机App主界面和微信购物一级入口的主界面接入丙公司”，这属于资源互补。“帮助丙公司在乙公司渠道上达成一定的交易额目标”，这是开拓新的市场。

【思路点拨】本题属于案例分析型题目。根据案例给出的特点再结合战略联盟的动因就可以快速选出答案。

【例题6·单选题】☆佳美公司是一家全国性家电零售连锁企业，在国内一、二线城市拥有近百家大型连锁商城，是国内外众多家电品牌厂家在中国的最大销售商。2019年，该公司并购了国内另一家著名的家电零售连锁企业恒兴公司，销售网络扩展到全国三分之二以上的城市和部分乡镇，市场占有率提高了20%，进一步巩固了其行业领先地位。佳美公司实施上述并购的动机是(　)。

A. 避开进入壁垒，迅速进入，争取市场机会

B. 实现资源互补

C. 避免经营风险

D. 克服企业负外部性，增强对市场的控制力

【答案】D

【解析】“销售网络扩展到全国三分之二以上的城市和部分乡镇，市场占有率提高了20%，进一步巩固了其行业领先地位”表明佳美公司实施并购的动机是克服企业负外部性，增强对市场的控制力，选项D正确。

【例题7·多选题】☆为共同推进国内某市5G生态产业集群的发展，鹏宵电信公司与东序软件公司达成战略合作协议，前者作为基础网络和电信服务供应商，提供基础通信、流量入口、运营平台建设保障，后者作为技术供应商，负责该市智慧园区、工业互联网、5G+光网“双千兆”标杆园区、云计算应用等领域的场景落地。下列各项中，属于上述两个公司结成的战略联盟的特点的有(　)。

A. 双方具有较好的信任感和责任感

B. 双方在经营上具有较强的灵活性和自主权

C. 联盟内成员之间的沟通不充分

D. 组织效率较高

【答案】BC

【解析】“鹏宵电信公司与东序软件公司达成战略合作协议”属于契约式战略联盟。契约式战略联盟在经营的灵活性、自主权和经济效益等方面比股权式战略联盟具有更大的优越性，选项B正确。契约式战略联盟内成员之间的沟通不充分，选项C正确。选项AD属于股权式战略联盟的特点。

【例题8·简答题】☆2004年1月，以B2C为主要经营模式的综合性网络零售商喜旺公司注册成立。此时在电商领域，无论是用户规模或是平台数量，早期进入者云里公司已占尽先机。为了突破云里公司一家独大的状况，喜旺公司采取一系列战略举措，实现对产业链上下游的整合和控制，打造自身的竞争优势。

(1)自建物流体系，喜旺公司早期与大多数电商一样，采用第三方物流配送商品。随着商品年销售量的不断增加，第三方物流配送能力不足、每天数千单货物积压问题日益显著，严重影响服务质量和客户满意度。喜

旺公司决定自建物流体系，并于2007年投资2 000万元建立东速快递公司，专门为喜旺商城提供物流服务，服务范围覆盖200多座城市，东速快递公司的成立，大大提高了喜旺商城全国配送商品的速度，为喜旺商城的用户带来良好的体验。此后，喜旺公司不断完善物流配送体系，将大量资金用于物流队伍、运输车队、仓储体系建设。到2011年，喜旺公司在全国各地建立7个一级物流中心和20多个二级物流中心，以及118个大型仓库。

(2)进一步整合物流配送资源和能力，2014年3月，喜旺公司并购迅风物流，喜旺公司与国有邮政公司达成战略合作；2016年5月，喜旺公司并购“快快”，实现“两小时极速达”的个性化增值服务。喜旺公司这一系列举措，使得其下游配送的效率取得质的飞跃。

(3)运用多种方式整合与完善商品采购与供给端。为了确保上游供给商品的质量与可靠性。2014年4月，喜旺公司与国内最大海洋牧场微岛公司达成合作协议；2014年6月，喜旺公司投资智能体重体脂称P产品；2015年5月，喜旺公司投资7 000万美元建立生鲜电商果园；2015年8月，喜旺公司与国信医药公司合作，使用户在喜旺平台可购买处方药品；2015年8月，喜旺公司出资43亿元战略入股永芒超市，取得10%股权。永芒超市是国内超市中最好的生鲜品供应商，拥有业内最低的生鲜品采购成本。永芒超市的门店超过350家，但还不能覆盖全国。线上线下两大零售巨头原本是竞争对手，达成合作后，在永芒超市门店尚未覆盖的区域，喜旺公司可以与永芒超市共同提供O2O服务(即online线上网店和offline线下消费)，因此双方还有较大的潜在合作空间。

要求：

(1)简要分析喜旺公司所实施的发展战略类型及其实施该战略的动因(或优势)。

(2)简要分析喜旺公司实施发展战略所采用的途径。

【答案】

(1)①前向一体化战略。“自建物流体系”；“进一步整合物流配送资源和能力”。动因(或优势)：有利于企业控制和掌握市场，增强对消费者需求变化的敏感性，提高企业产品的市场适应性和竞争力。“随着商品年销售量的不断增加，第三方物流配送能力不足、每天数千单货物积压问题日益显著，严重影响服务质量和客户满意度。喜旺公司决定自建物流体系”；“喜旺公司这一系列举措，使得其下游配送的效率取得了质的飞跃”。

②后向一体化战略。“运用多种方式整合与完善商品采购与供给端”。

动因(或优势)：有利于企业有效控制关键原材料等上游投入的成本、质量及供应可靠性，确保企业生产经营活动稳步进行。“为了确保上游供给商品的质量与可靠性”“喜旺公司与国信医药公司合作，用户在喜旺平台可购买处方药品”；“永芒超市是国内超市中最好的生鲜品供应商，拥有相比各大超市最低的生鲜品采购成本”。

(2)①内部发展(新建)。“喜旺公司决定自建物流体系，并于2007年投资2 000万元建立东速快递公司，专门为喜旺商城提供物流服务……喜旺公司不断完善物流配送体系，将大量资金用于物流队伍、运输车队、仓储体系建设。到2011年，喜旺公司在全国各地建立7个一级物流中心和20多个二级物流中心，以及118个大型仓库”；“2014年6月，喜旺公司投资智能体重体脂称P产品；2015年5月，喜旺公司投资7 000万美元建立生鲜电商果园”。

②外部发展(并购)。“2014年3月，喜旺公司并购迅风物流”；“2016年5月，喜旺公司并购‘快快’”。

③战略联盟。“喜旺公司与国有邮政公司达成战略合作”；“喜旺公司与国内最大海洋牧场微岛公司达成合作协议”；“2015年8月，喜旺公司与国信医药公司合作”；“2015年8月，喜旺公司出资43亿元战略入股永芒超市，取得10%股权”。

考点速学

（一）发展战略可选择的途径——知识理解能力

发展战略可选择的途径，如表 3-7 所示。

表 3-7 发展战略可选择的途径

可选择的三种途径	概念	经济学解析
外部发展（并购）	通过取得外部经营资源谋求发展的战略——收购与合并	以企业组织形态取代市场组织形态（存量不变）
内部发展（新建）	利用自身内部资源谋求发展的战略	以市场组织形态取代企业组织形态（增加增量）
战略联盟	指两个或两个以上经营实体之间为了达到某种战略目的而建立的一种合作关系	中间形态

（二）并购战略——基本应用能力

首先需要明确的是，此处是把“并购”作为实现“发展战略”的途径之一，也就是说，并购不是一种战略类型，仅是实现发展战略的一种途径。

1. 并购的类型

并购的类型，如表 3-8 所示。

表 3-8 并购的类型

分类标志	类型	含义
并购双方所处的产业	横向并购	指并购方与被并购方处于同一产业
	纵向并购	指在经营对象上有密切联系，但处于不同产销阶段的企业之间的并购，可分为前向并购与后向并购
	多元化并购	指处于不同产业、在经营上也无密切联系的企业之间的并购
被并购方的态度	友善并购	通常指并购方与被并购方通过友好协商确定并购条件，在双方意见基本一致的情况下实现产权转让的一类并购
	敌意并购	又叫恶意并购，通常是指当友好协商遭到拒绝后，并购方不顾被并购方的意愿采取强制手段，强行收购对方企业的一类并购
并购方的身份	产业资本并购	一般由非金融企业进行，即非金融企业作为并购方，通过一定程序和渠道取得目标企业全部或部分资产所有权的并购行为
	金融资本并购	一般由投资银行或非银行金融机构（如金融投资企业、私募基金、风险投资基金等）进行收购
资金来源	杠杆收购	收购方的主体资金来源是对外负债，即是在银行贷款或金融市场借贷的支持下完成的
	非杠杆收购	收购方的主体资金来源是自有资金

2. 并购的三大动机

(1)避开进入壁垒，迅速进入，争取市场机会，规避各种风险(一个字：快)。

a. 新建一般要比并购慢得多。

b. 政府的有关法令也会影响到新建的速度。

(2)获得协同效应。(也就是 1+1>2 的效应)

聚焦效应、资源统一调配、作用力的耦合反馈

(3)克服企业负外部性，减少竞争，增强对市场的控制力。

负的外部性="个体理性导致集体非理性"

3. 并购失败的四大原因

(1)决策不当。

一是并购前，没有认真地分析成本和效益，无法对被并购企业进行合理的管理；

二是高估并购对象所在产业的吸引力和自己的管理能力，从而高估并购带来的潜在经济效益。

(2)并购后不能很好地进行企业整合。

a. 并购后战略、组织、制度、业务和文化等多方面整合的困难。

b. 企业文化的整合是最基本、最核心，也是最困难的。

(3)支付过高的并购费用。

a. 价值评估是双方较量的焦点。

b. 高代价并购会增加企业的财务负担。

(4)跨国并购面临政治风险。

防范措施：

a. 加强对东道国政治风险评估，完善动态监测和预警系统。

b. 采取灵活的国际投资策略，构筑风险控制的坚实基础。

c. 实行企业当地化策略，减少与东道国之间矛盾和摩擦。

(三)内部发展(新建)战略——基本应用能力

内部发展战略相关内容，如表 3-9 所示。

表 3-9　内部发展战略

类别	相关描述
含义	在不并购其他企业的情况下利用自身的规模、利润、活动等内部资源来实现扩张
十大动因	(1)开发新产品的过程使企业能最深刻地了解市场及产品。 (2)无合适的收购对象。 (3)保持统一的管理风格和企业文化。 (4)为管理者提供职业发展机会。 (5)代价较低，无须为商誉支付额外的金额。 (6)并购会产生隐藏的或无法预测的损失，而内部发展不太可能。 (7)可能是唯一合理的、实现真正技术创新的方法。 (8)可以有计划地进行，容易获得财务支持，成本可以按时间分摊。 (9)风险较低。 (10)成本增速较慢
五大缺点	(1)在市场上增加竞争者，会激化市场内的竞争。 (2)企业不能接触到其他企业的知识及系统。 (3)缺乏规模经济或经验曲线效应。 (4)内部发展会显得过于缓慢。 (5)可能要面对非常高的障碍

(四)企业战略联盟——基本应用能力

企业战略联盟是现代企业组织制度创新中的一种，被誉为"20 世纪 20 年代以来最重要的组织创新"。是并购与新建的中间状态。

1. 企业战略联盟的特征、动因及类型

企业战略联盟的特征、动因及类型，如表 3-10、表 3-11 所示。

表 3-10 战略联盟的特征、动因及类型

<table>
<tr><th>类别</th><th colspan="2">相关描述</th></tr>
<tr><td rowspan="3">三个基本特征</td><td colspan="2">从经济组织形式来看，战略联盟是介于企业与市场之间的一种“中间组织”</td></tr>
<tr><td colspan="2">从企业关系来看，组建战略联盟的企业各方是在资源共享、优势相长、相互信任、相互独立的基础上通过事先达成协议而结成的一种平等的合作伙伴关系（共赢）</td></tr>
<tr><td colspan="2">从企业行为来看，联盟行为是一种战略性的合作行为</td></tr>
<tr><td>六大动因</td><td colspan="2">促使战略联盟形成的主要动因：①促进技术创新；②避免经营风险；③避免或减少竞争；④实现资源互补；⑤开拓新的市场；⑥降低协调成本。
【记忆口诀】“创、险、竞、资、市、成”</td></tr>
<tr><td rowspan="3">三种主要类型</td><td>合资企业（最常见）</td><td>指将各自不同的资产组合在一起进行生产，共担风险和共享收益。特征：更多体现联盟企业之间的战略意图，并非仅限于寻求较高的投资回报率</td></tr>
<tr><td>相互持股投资</td><td>联盟成员之间通过交换彼此的股份而建立起一种长期的相互合作关系。特征：不需要将设备和人员合并，便于使双方在某些领域采取协作行为；仅持有对方少量股份，联盟企业之间仍保持其相对独立性，且持股是双向的</td></tr>
<tr><td>功能性协议</td><td>是一种契约式的战略联盟，更强调相关企业的协调与默契，更具有战略联盟的本质特征</td></tr>
</table>

表 3-11 股权式战略联盟与契约式战略联盟的主要区别（对比熟悉即可）

类型	区别
契约式联盟	更强调相关企业的协调与默契，更具有战略联盟的本质特征。其在经营的灵活性、自主权和经济效益等方面具有更大的优越性。对联盟的控制能力差、组织缺乏稳定性和长远利益、联盟内成员之间的沟通不充分、组织效率低下等问题
股权式联盟	有利于扩大企业的资金实力，增强双方的信任感和责任感，更利于长久合作，但灵活性差

2. 战略联盟的管控

战略联盟企业之间关系松散，怎样订立联盟以及管理联盟，是战略联盟能否实现预期目标的关键，如表 3-12 所示，需要解决两个方面：

表 3-12 战略联盟管控的两个方面

<table>
<tr><th>项目</th><th>内容</th></tr>
<tr><td rowspan="4">订立协议</td><td>（1）严格界定联盟的目标（要解决如何实现优势互补）</td></tr>
<tr><td>（2）周密设计联盟结构（要明确各自的身份和作用）</td></tr>
<tr><td>（3）准确评估投入的资产（容易忽视无形资产）</td></tr>
<tr><td>（4）规定违约责任和解散条款（把丑话说在前，设立重大变化条款）</td></tr>
<tr><td>建立合作信任的联盟关系</td><td>信任可以成为企业有价值的、稀缺的、难以模仿以及难以替代的战略资源</td></tr>
</table>

『提示说明』联盟企业之间的协作关系主要表现为：①相互往来的平等性；②合作关系的长期性；③整体利益的互补性；④组织形式的开放性。

考点三　基本竞争战略★★★

经典例题

【例题1·单选题】甲企业是一家服装设计和生产企业，在设计服装时坚持高质量、体现个性化色彩的原则。在营销理念上，主要是通过专卖店的方式进行销售，而且销售人员都通过专门的培训，要求他们掌握销售技巧并树立为顾客服务的理念和行为准则。根据以上信息可以判断，该企业的战略是(　)。

A. 成本领先战略　B. 差异化战略

C. 集中化战略　D. 多样化战略

【答案】B

【解析】根据案例信息资料可以判断该企业采用的是差异化战略。差异化战略是指企业向顾客提供的产品和服务在产业范围内独具特色，这种特色可以给产品带来额外的加价，如果一个企业的产品或服务的溢出价格超过因其独特性所增加的成本，那么，拥有这种差异化的企业将获得竞争优势。

【例题2·单选题】下列关于战略钟的说法中，不正确的是(　)。

A. 在实务中，企业不可能为顾客提供更高认可价值的同时获得成本优势

B. 选择低价低值战略实际上是一种集中成本领先战略

C. 选择高值战略是指以相同或略高于竞争者的价格向顾客提供高于竞争对手的顾客认可的价值

D. 在保持价格不变的同时降低顾客认可的价值，最终只会导致战略的失败

【答案】A

【解析】战略钟的混合战略(途径3)体现的就是企业可以在为顾客提供更高的认可价值的同时，获得成本优势，所以选项A的表述不正确。

【例题3·单选题】☆从事苹果种植与销售的秋实公司率先采取了一种新的经营方式，在种植区内增设了园林景观、运动场、游戏场等，到秋收季节，顾客可前来付费进行休闲娱乐等活动，同时能以市场最低的价格采摘和购买苹果。顾客采摘和购买的苹果达到一定数量，可免费参加休闲娱乐活动。这一经营方式受到市场的热捧。秋实公司采用的上述战略属于(　)。

A. 成本领先战略　B. 差异化战略

C. 集中化战略　D. 混合战略

【答案】D

【解析】"从事苹果种植与销售的秋实公司率先采取了一种新的经营方式，在种植区内增设了园林景观、运动场、游戏场等，到秋收季节，顾客可前来付费进行休闲娱乐等活动，同时能以市场最低的价格采摘和购买苹果"体现了企业可以在为顾客提供更高的认可价值的同时，获得成本优势，即为混合战略，选项D正确。

【例题4·单选题】☆轿车生产企业华美公司起步初期，国内汽车市场基本被跨国巨头公司瓜分殆尽。华美公司生存和发展的唯一途径就是走低价值路线，过去国内汽车市场一直流传一句话"卖一高档车赚一中档车，卖一低档车只能赚一辆自行车"。华美公司轿车在入市时只是一般低档车价格的1/2，利润微薄可想而知，依据基本战略的"战略钟"分析，华美当时的竞争战略是(　)。

A. 集中成本领先战略

B. 失败战略

C. 混合战略

D. 成本领先战略

【答案】A

【解析】华美公司入市时价格是低档车价格的1/2，说明采取了低价策略，低价低值战略属于集中成本领先战略。

【例题5·单选题】☆甲是一家餐饮外卖

公司，该公司运用大数据挖掘新技术，对某软件园区的客户订餐行为进行了深入调查并分析结果，针对该区域的客户制订和实施了一套促销方案，取得了良好效果，甲实施的竞争战略是(　)。

A. 差异化战略　　B. 蓝海战略

C. 集中化战略　　D. 成本领先战略

【答案】 C

【解析】 集中化战略是指针对某一特定购买群体、产品细分市场或区域市场，采用成本领先或产品差异化来获取竞争优势的战略。本题中，该公司针对某软件园区的客户实施促销方案，说明客户群体是特定区域中的，采用的是集中化战略。

【例题6·简答题·节选】 ☆1992年，以家电研发、生产和销售为主业的信达公司确立了“技术立企”的发展战略。公司董事长程静强调：“那些只引进不研发、落伍了再引进的企业，没有追求，必死无疑。”信达公司拒绝参与彩电行业价格战，每年将销售收入的5%投入研发。公司实行奖金与开发成果挂钩的制度，将技术开发人员工资涨到一线工人的3倍。几十年来，在信达公司彩电业务的发展过程中，经历了四个关键的转折点。

(1) 2005年研发成功“中国芯”，中国首块拥有自主知识产权并产业化的数字视频处理芯片在信达公司诞生，彻底打破了国外芯片的垄断地位。2013年国内首款网络多媒体电视SOC主芯片研制成功并实现量产。2015年发布VP画质引擎芯片，使信达公司正式比肩国际行业巨头，成为中国拥有自主高端画质芯片的企业。

(2) 建成中国电视行业第一条液晶模组线，彻底扭转中国液晶模组几乎全部依赖外国企业的状况，率先完成平板电视上游产业链的突破。

(3) ULED电视与激光电视并行。其中，“ULED显示技术”是信达公司十年来对电视行业上游垄断发起的第3次突围战。凭借历时7年研发的激光电视提前锁定主动权，在全球大屏幕电视市场赢得了一席之地。

(4) 转型布局智能电视。2017年，信达公司推出的V5智能系统由简单的单向人机交互向更简洁的触控交互、智能交互发展，主动感知用户需求，实现智能化推荐。

信达公司以强大的研发实力为后盾，以优秀的销售团队为支撑，产品销售额与营销收入实现稳步增长。根据有关部门提供的信息，2018年，信达公司电视机的营业收入位居全球品牌第三位，国内品牌第一位。

要求：

(1) 简要分析信达公司所实施的竞争战略类型，并从资源和能力角度分析信达公司实行这一竞争战略的条件。

(2) 简要分析信达公司的研发定位。

【答案】

(1) 信达公司实施的竞争战略的类型是差异化战略。“信达公司拒绝参与彩电行业价格战，每年将销售收入的5%投入研发”。

资源和能力：

①具有强大的研发能力和产品设计能力。“每年将销售收入的5%投入研发”；“2005年研发成功‘中国芯’”；“建成中国电视行业第一条液晶模组线，彻底扭转了中国液晶模组几乎全部依赖外企的状况”；“‘ULED显示技术’是信达10年来对电视行业上游垄断发起的第3次突围战”。

②具有很强的市场营销能力。“信达公司以强大的研发实力为后盾，以优秀的销售团队为支撑，产品销售额与营销收入实现稳步增长。根据有关部门提供的信息，2018年，信达公司电视机的营业收入位居全球品牌第三位，国内品牌第一位”。

③有能够确保激励员工创造性的激励体制、管理体制和良好的创造性文化。“公司实行奖金与开发成果挂钩的制度，将技术开发人员工资涨到一线工人的3倍”。

④具有从总体上提高某项经营业务的质量、树立产品形象、保持先进技术和建立完善分销渠道的能力。“公司董事长程静强调：

‘那些只引进不研发，落伍了再引进的企业，没有追求，必死无疑’”；“在信达彩电业务的发展过程中，经历四个关键的转折点”。

(2)信达公司研发定位是成为成功产品的创新模仿者。这种方法必须有先驱企业开发第一代新产品并证明存在该产品的市场，然后由跟随的企业开发类似的产品。这种战略要求企业拥有优秀的研发人员和优秀的营销部门。“2005 年研发成功‘中国芯’，彻底打破了国外芯片的垄断地位”；“建成中国电视行业第一条液晶模组线，打破了中国液晶模组几乎全部依赖外企的状况”；“‘ULED 显示技术’是信达 10 年来对电视行业上游垄断发起的第 3 次突围战，凭借历时 7 年研发的激光电视提前锁定主动权，终于在全球大屏幕电视市场赢得了一席之地”。

考点速学

总体战略是公司最高层次的战略，而业务单位战略则是将总体战略所包括的企业目标、发展方向和措施具体化，以形成所在的业务单位具体的竞争与经营战略。

本质而言，业务单位战略就是一个企业为了在一个特定的业务领域中能够发挥其竞争优势的决策和行动。

业务单位战略适用于单一业务型经营或主导业务型经营的企业。

波特的知名著作之一就是《竞争战略》(1980)，他说竞争战略是企业用来应对五种竞争力的，包括三种基本竞争战略：**成本领先战略**、**差异化战略**和**集中化战略**。详见图 3-1。

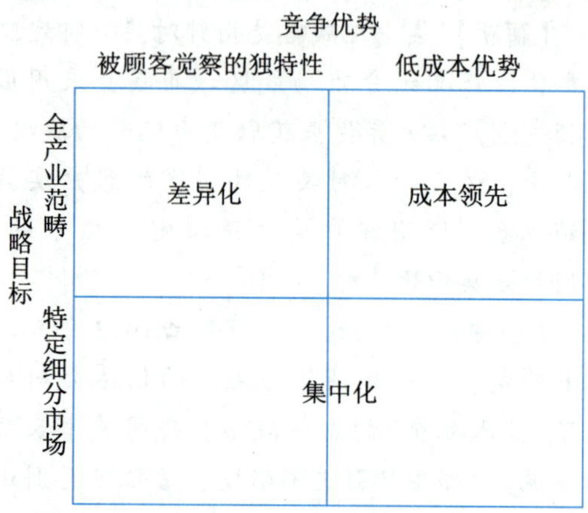

图 3-1 三种基本竞争战略

1. 成本领先战略与差异化战略——基本应用能力

成本领先战略与差异化战略对比，如表 3-13 所示。

表 3-13 成本领先战略与差异化战略对比(重点掌握)

	成本领先战略	差异化战略
含义	通过在内部加强成本控制，在研究开发、生产、销售、服务和广告等领域把成本降到最低限度；成本领先战略应该体现为产品相对于竞争对手而言的低价格； 可持续成本领先； 典型企业：春秋航空	如果一个企业的产品或服务的溢出价格超过因其独特性所增加的成本，创造和拥有这种差异化的企业将获得竞争优势 典型企业：苹果手机
优势	(1)形成进入障碍。 (2)增强讨价还价能力。 (3)降低替代品的威胁。 (4)保持领先的竞争地位	(1)形成进入障碍。 (2)增强讨价还价能力。 (3)抵御替代品威胁。 (4)降低顾客敏感程度
实施条件——市场情况	(1)产品具有较高的价格弹性，市场中存在大量价格敏感用户。 (2)产业中所有企业的产品都是标准化的产品，产品难以实现差异化。 (3)购买者不太关注品牌，大多数购买者以同样的方式使用产品。 (4)价格竞争是市场竞争的主要手段，消费者的转换成本较低	(1)产品能够充分地实现差异化，且为顾客所认可。 (2)顾客需求是多样化的。 (3)企业所在产业技术变革较快、创新成为竞争的焦点

（续表）

	成本领先战略	差异化战略
实施条件——资源和能力	(1)在规模经济显著的产业中建立生产设施来实现规模经济。 (2)降低各种要素成本。力求获得各种要素的最优惠供给价格。 (3)提高生产率。采用最新的技术、工艺、流程和充分利用学习曲线来降低成本都是提高生产率必要的手段。 (4)改进产品工艺设计。企业价值工程是寻找物美价廉的替代品。减少产品的功能但同时又能充分满足消费者需要。 (5)提高生产能力利用程度。决定分摊在单位产品上的固定成本的多少。 (6)选择适宜的交易组织形式。是采取内部化生产，还是靠市场获取？ (7)重点集聚。集中力量针对某一经营领域，可能会比分散地使用资源获得更高的效率	(1)具有强大研发能力和产品设计能力。 (2)具有很强的市场营销能力。 (3)具有能够确保激励员工创造性的激励体制、管理体制和良好的创造性文化。 (4)具有从总体上提高某项经营业务的质量、树立产品形象、保持先进技术和建立完善分销渠道的能力
风险	(1)技术的变化可能使过去用于降低成本的投资(如扩大规模、工艺革新等)与积累的经验一笔勾销。 (2)产业的新进入者或追随者通过模仿或者以高技术水平设施的投资能力，达到同样的甚至更低的产品成本。 (3)市场需求从注重价格转向注重产品的品牌形象，使得企业原有的优势变为劣势	(1)企业形成产品差别化的成本过高。 (2)市场需求发生变化。 (3)竞争对手的模仿和进攻使已建立的差异缩小甚至转向

2. 集中化战略——基本应用能力

集中化战略相关内容，如表3-14所示。

表3-14　集中化战略

类别	相关描述
含义	集中化战略针对某一特定购买群体、产品细分市场或区域市场，采用成本领先或产品差异化来获取竞争优势的战略。 具体分为：集中成本领先战略与集中差异化战略
优势	(1)成本领先和差异化战略抵御产业五种竞争力的优势都能在集中化战略中体现出来。 (2)对于中小企业来说，可以增强它们相对的竞争优势。 (3)对于大企业来说，能避免与竞争对手正面冲突，使企业处于一个竞争的缓冲地带
实施条件	(1)购买者群体之间在需求上存在着差异。 (2)目标市场在市场容量、成长速度、获利能力、竞争强度等方面具有相对的吸引力。 (3)在目标市场上，没有其他竞争对手采用类似的战略。 (4)企业资源和能力有限，难以在整个产业实现成本领先或差异化，只能选定个别细分市场
风险	(1)狭小的目标市场导致的风险。 (2)购买者群体之间需求差异变小。 (3)竞争对手的进入与竞争

『提示说明』

(1)集中化战略的特定市场包括三类：特定顾客、特定产品和特定区域。

(2)业务单位战略中的差异化战略、集中化战略及成本领先战略的优势与五种竞争力模型的知识有很强的关联性，建议学习时加强对前后知识的联系，提升对知识的综合运用能力。

3. 基本战略的综合分析——“战略钟”——综合运用能力

克利夫·鲍曼(Cliff Bowman)将以上所有竞争战略问题收到一个体系内，并称这一体系为“战略钟”。

“战略钟”把价格作为横坐标，把顾客对产品认可的价值作为纵坐标。企业可能的竞争战略选择用8种途径表现出来，详见图3-2。

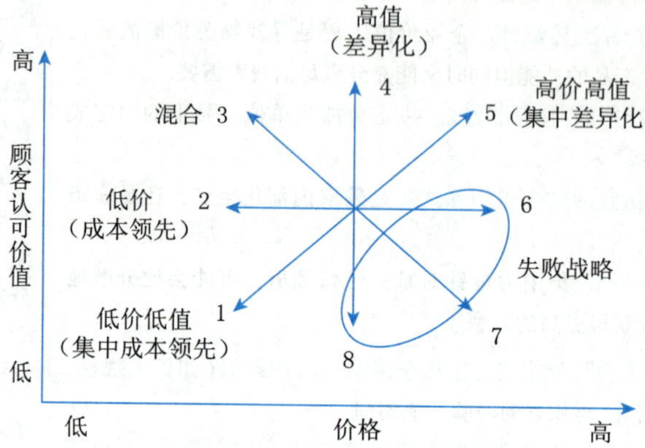

图3-2 “战略钟”——竞争战略的选择

“战略钟”的八种途径，可以具体分为以下四种类型的战略：

(1)成本领先战略。

包括途径1和途径2。途径1可以看成是一种集中成本领先战略。途径2则是企业寻求成本领先战略时常用的典型途径，即在降低价格的同时，努力保持产品或服务的质量不变。

(2)差异化战略。

包括途径4和途径5。途径4是企业广泛使用的战略，即以相同或略高于竞争者的价格向顾客提供高于竞争对手的顾客认可价值。途径5则是以特别高的价格为顾客提供更高的认可价值。

(3)混合战略。

仅包括途径3。在某些情况下，企业可以在为顾客提供更高的认可价值的同时，获得成本优势。(低价高值对于顾客来说就是物美价廉，福音啊！这种战略类型在实践中确实存在，也是波特理论的盲点。)

由于以下三个因素会导致一个企业同时获得两种优势：

a. 提供高质量产品的公司会增加市场份额，而这又会因规模经济而降低平均成本。

b. 生产高质量产品的经验累积降低成本的速度比生产低质量产品快。

c. 注重提高生产效率可以在高质量产品的生产过程中降低成本。

(4)失败的战略。

包括途径6、途径7、途径8。途径6是提高价格，但不为顾客提供更高的认可价值。途径7是途径6更危险的延伸，降低产品或服务的顾客认可价值，同时却在提高相应的价格。途径8是在保持价格不变的同时降低顾客认可的价值，这同样是一种危险的战略，虽然它具有一定的隐蔽性，在短期内不被那些消费层次较低的顾客所察觉，但是这种战略是不能持久的，因为有竞争对手提供的优质产品作为参照，顾客终究会辨别出产品的优劣。

考点四　中小企业竞争战略★★

经典例题

【例题1·多选题】松涛旅行社面对老年社会的到来，专注于组织老年消费者出国游业务，并在业内率先根据旅行中所在国家或地区的特点，开展健身、垂钓、摄影、休闲、美食品尝与制作，探访居民等活动。面对越来越多的慕名而来的消费者，该社在国内设立了上百家分社或代理机构，复制推广上述业务模式，取得了远远高于行业平均水平的利润率。从零散产业的战略选择角度看，松涛旅行社的做法有（　）。

A. 连锁经营或特许经营

B. 提高产品差异化程度

C. 目标集聚

D. 尽早发现产业趋势

【答案】ABCD

【解析】"松涛旅行社面对老年社会的到来……"属于尽早发现产业趋势，选项D正确。"专注于组织老年消费者出国游业务"体现了专门化——目标集聚，选项C正确。"在业内率先根据旅行中所在国家或地区的特点，开展健身、垂钓、摄影、休闲、美食品尝与制作，探访居民等活动"体现了增加附加价值——提高产品差异化程度，选项B正确。"面对越来越多的慕名而来的消费者，该社在国内设立了上百家分社代理机构，复制推广上述业务模式，取得了远远高于行业平均水平的利润率"体现了连锁经营或特许经营，选项A正确。

【例题2·简答题】在汽车产业电动化、智能化、网联化、共享化融合变革之际，被称为"造车新势力"之一的家家智能汽车公司于2015年正式成立，家家公司的董事长兼创始人王向认为，汽车制造业已经进入2.0数字时代，其特征是电机驱动+智能互联，而汽车3.0时代是人工智能时代，其特征是无人驾驶+出行空间。为了赢得2.0时代，并参与3.0时代的竞争，家家公司开始全面布局：通过三轮融资获得资金，拥有了自己的制造基地，与国内最大的出租车网约平台合作切入共享出行领域，积极投资产业链（包括投资孵化自动驾驶系统供应商MJ公司、专注自动驾驶中央控制器的ZX公司以及研发生产激光雷达的LK公司等）。

王向认为，未来企业竞争的关键要素是具备快速成长能力的公司组织。他把60%的时间用于组织管理，以是否具备创新能力与正确价值观而非是否来自成功大企业为标准选拔人才；帮助团队中每一个人成就心中的事业追求，去挑战自己和团队成长的极限。

家家公司的第一款产品SEV面向国内外共享汽车使用群体，续航里程将超过100公里。但是，两年筹备之后，由于低速车的合法性以及海外分时租赁市场实际容量的局限，这个雄心勃勃的计划，还是夭折了。面对挫折，王向立即将公司产品开发重心转移到中大型SUV的"家家智造ONE"。为了实现"没有里程焦虑"，"家家智造ONE"采用全新的形式——增程式电动。王向认为，相对于U国TL等电动车采用的充电桩/换电站等方式，中国消费者更需要从产品本身去解决充电问题。2018年10月18日晚，备受汽车及科技界人士瞩目的家家公司新车——"家家智造ONE"于B市正式发布。这场发布会没有明星大腕捧场助阵，全程由王向一人直接以大量数据对比和充满硬核知识的干货完成了自我演绎，让消费者在各类新产品中有了清晰的比较。王向表示，"家家公司智造ONE"定价不会高于40万元，而增程式电动技术显著难于纯电动车，因而"家家公司智造ONE"的性价比具有优势。

2018年12月，家家公司以6.5亿元收购LF股份公司所持有的C市LF汽车公司100%

股权，被业界称为家家公司"完美避开进入门槛"，取得了新能源汽车的生产资质，以实现王向掌控并引领新能源汽车市场的梦想。而此举对于LF股份公司而言是其战略重组的一部分，将经营不善的C市LF汽车公司剥离出去，以应对流动资金不足的困境。家家公司与LF股份公司还签署了为期3年的框架合作协议。双方将通过资源互补、技术互补等方式，在新能源技术开发、车联网、人车交互及数据共享等领域形成技术联盟。

要求：

(1)简要分析王向统领家家公司所克服的智能汽车新兴产业中的发展障碍。

(2)简要分析家家公司收购C市LF汽车公司的动机。

(3)简要分析LF股份公司采用收缩战略的原因和方式。

【答案】

(1)王向统领家家公司所克服的智能汽车新兴产业中的发展障碍包括：

①专有技术选择、获取与应用的困难。"为了实现'没有里程焦虑''家家智造ONE'采用全新的形式——增程式电动。王向认为，相对于U国TL等电动车采用的充电桩/换电站等方式，中国消费者更需要从产品本身去解决问题的产品"。

②顾客的困惑与等待观望。"这场发布会没有明星大腕捧场助阵，全程由王向一人直接以大量数据对比和充满硬核知识的干货完成了自我演绎，让消费者在各类新产品中有了清晰的比较"。

③被替代产品的反应。"'家家公司智造ONE'定价不会高于40万元，而增程式电动技术显著难于纯电动车，因而'家家公司智造ONE'的性价比具有优势"。

④缺少承担风险的胆略与能力。新兴产业早期的发展障碍较少来源于缺乏对巨大资源掌控的能力，而更多地源于缺少承担风险的胆略与能力、技术上的创造性以及作出前瞻性的决策以储备投入人力、物资与分销渠道的能力等。"王向认为，汽车制造业已经进入2.0数字时代，其特征是电机驱动+智能互联；而汽车3.0时代是人工智能时代，其特征是无人驾驶+出行空间。为了赢得2.0时代，并参与3.0时代的竞争，家家开始全面布局……"；"由于低速车的合法性以及海外分时租赁市场实际容量的局限，这个雄心勃勃的计划，还是夭折了。面对挫折，王向立即将公司产品开发重心转移到中大型SUV的'家家智造ONE'"；"王向认为，未来企业竞争的关键要素，是具备快速成长能力的公司组织。他把60%的时间用于组织管理，以是否具备创新能力与价值观而非是否来自成功大企业为标准选拔人才；帮助团队中每一个人成就心中的事业追求，去挑战自己和团队成长的极限"。

⑤原材料、零部件、资金与其他供给的不足。"家家开始全面布局：通过三轮融资获得资金，拥有了自己的制造基地，与国内最大的出租车网约平台合作切入共享出行领域，积极投资产业链(包括投资孵化自动驾驶系统供应商MJ公司、专注自动驾驶中央控制器的ZX公司以及研发生产激光雷达的LK公司等)"。

(2)家家公司收购C市LF汽车公司的动机：

①避开进入壁垒，迅速进入，争取市场机会，规避各种风险。"被业界称为家家公司'完美避开进入门槛'，取得了新能源汽车的生产资质"。

②克服企业负外部性，减少竞争，增强对市场的控制力。"'完美避开进入门槛'，取得新能源汽车的生产资质，以实现王向掌控并引领新能源汽车市场的梦想"。

③获得协同效应。协同效应产生于资源互补。"家家与LF股份还签署了为期3年的框架合作协议。双方通过资源互补、技术互补等方式，在新能源技术开发、车联网、人车交互及数据共享等领域形成技术联盟"。

(3)①LF股份公司采用收缩战略的原因：

a. 主动原因(大企业战略重组的需要)。“此举对于LF股份公司而言是其战略重组的一部分”。

b. 被动原因(企业或企业某业务失去竞争优势)。“将经营不善的C市LF汽车公司剥离出去,以应对流动资金不足的困境”。

②LF股份公司采用收缩战略的方式是放弃战略中的卖断。指母公司将其所属的业务单位卖给其他企业,从而与该业务单位断绝一切关系,实现产权的彻底转移。“家家公司以6.5亿元收购LF股份公司所持有的C市汽车公司100%股权”。

【例题3·单选题】☆经营健身房的永强公司率先采用新技术,在其拥有的所有分店统一推出智能健身设备。使用该设备,健身者可以比以往节省50%的时间达到同样的健身效果,因此该设备受到健身者的好评。但由于购置、使用、维护智能健身设备耗资很大,而需求和使用率有限,永强公司入不敷出,经营陷入困境。从零散产业角度看,下列各项中,属于永强公司进行战略选择未能避免的战略陷阱是( )。

A. 对新产品作出过度反应

B. 寻求支配地位

C. 过分集权化

D. 不能保持严格的战略约束力

【答案】A

【解析】“在其拥有的所有分店统一推出智能健身设备……但由于购置、使用、维护智能健身设备耗资很大,而需求和使用率有限,永强公司入不敷出,经营陷入困境”说明永强公司进行战略选择时未能避免的战略陷阱是对新产品作出过度反应,选项A正确。

【例题4·多选题】☆理发业由很多中小企业组成。其中没有任何一个企业占有显著的市场份额或对整个产品的发展产生重大影响。造成理发业上述状况的原因有( )。

A. 理发业的经营成本变化迅速

B. 理发业难以达到规模经济

C. 理发市场需求多样导致高度产品差异化

D. 理发业进入障碍低

【答案】BCD

【解析】根据资料表述,理发业属于零散产业。造成产业零散的原因包括:①进入障碍低或存在退出障碍;②市场需求多样导致高度产品差异化;③不存在规模经济或难以达到经济规模。选项BCD正确。

【例题5·简答题】☆2008年,传统汽车生产企业旭辉公司决定研发、生产国内第一款新能源汽车。此举在同行眼中无异于一种“逆风而上”的冒险行为。

第一,对传统汽车企业而言,研发新能源汽车是一个全新的挑战。能源汽车的驱动原理与传统燃油汽车有着本质性的区别。技术的不确定性以及业务创新对技术和人才储备的要求都是对企业严峻的考验。

第二,新能源汽车的运营模式、行业规范和服务体系等方面无法仿照传统燃油汽车,存在诸多不确定性。

第三,新能源汽车供应链处于初建期,企业原材料、零部件及其他供给不足;分销渠道、充电设备、维修保养、保险业务等服务很不完善。

第四,传统汽车企业与消费者的困惑与等待观望。2014年下半年政府推出一系列扶持新能源汽车产业的政策,而此前传统汽车企业大多采取深耕传统燃油汽车的策略以降低被新能源汽车替代的风险。消费者普遍认为新能源汽车技术尚不成熟,服务设施尚不完善,价格过高且伴随规模经济与经验曲线的形成肯定会大幅度降价,第二代和第三代产品将迅速取代现有产品,因而采取等待观望态度,在这种情况下,企业市场销售中心活动只能是选择顾客对象并诱导初始购买行为。

旭辉公司以一往无前的勇气和高瞻远瞩的眼力,坚守十年时间,实现了对新能源汽车领域核心技术的掌控与完整的产业链布局,也迎来新能源汽车销量在国内外的全面爆发。

到目前为止，旭辉公司是全球唯一一家同时掌握新能源汽车电池、电机、电控及充电配套设施、整车制造等核心技术以及拥有成熟市场推广经验的企业。旭辉公司物美价廉新能源汽车已遍布全球六大洲的50个国家和地区。

要求：

简要分析作为新兴产业，新能源汽车行业内部结构的特征。

【答案】

①技术的不确定性。"技术的不确定性以及业务创新对技术和人才储备的要求都是对企业严峻的考验"。

②战略的不确定性。"新能源汽车的运营模式、行业规范和服务体系等方面无法仿照传统燃油汽车，存在诸多不确定性"。

③成本的迅速变化。"消费者则普遍认为新能源汽车……价格过高且伴随规模经济与经验曲线的形成肯定会大幅度降价"。

④首次购买者。"在这种情况下，企业市场销售的中心活动只能是选择顾客对象并诱导初始购买行为"。

【例题6·单选题】☆经营中式快餐的淮扬公司于2015年宣布其战略目标是建成门店覆盖全国的"快餐帝国"。由于扩张过快、缺乏相关资源保障、各地流行菜系经营者的激烈竞争以及不同消费者口味难以调和的矛盾，该战略目标未能实现，公司经营也陷入危机。从零散产业角度看，下列各项中，属于淮扬公司进行战略选择未能避免的战略陷阱是（ ）。

A. 不能保持严格的战略约束力

B. 寻求支配地位

C. 不了解竞争者的战略目标和管理费用

D. 过分集权化

【答案】B

【解析】淮扬公司的战略目标是建成门店覆盖全国的"快餐帝国"。由于扩张过快、缺乏相关资源保障、各地流行菜系经营者的激烈竞争以及不同消费者口味难以调和的矛盾。体现的是零散产业谨防潜在的战略陷阱中的避免寻求支配地位。零散产业的基本结构决定了寻求支配地位是无效的，除非可以从根本上出现变化。

考点速学

需要强调的是，大企业的管理逻辑与中小企业是有区别的。同理，波特也特别关注中小企业竞争战略的特殊性问题。以下内容分别从产业集中程度、产业成熟度角度分析了零散产业（产业集中程度很低）和新兴产业（产业成熟度低），具体见表3-15。

表3-15　中小企业竞争战略

战略	项目	内容
零散产业中的竞争战略	产业零散的三个原因	(1)进入障碍低或存在退出障碍。(进来容易或者出去难) (2)市场需求多样导致高度产品差异化。(需求的个性化突出) (3)不存在规模经济或难以达到经济规模。(不容易做大)
	零散产业的战略选择	(1)克服零散——获得成本优势。(成本领先战略) 三种途径：①连锁经营或特许经营；②技术创新以创造规模经济；③尽早发现产业趋势
		(2)增加附加价值——提高产品差异化程度。(差异化战略)给商品增加附加值，讲点文化，讲点历史等
		(3)专门化——目标集聚。(集中化战略) 三种途径：①产品类型或产品细分的专门化；②顾客类型专门化；③地理区域专门化

(续表)

战略	项目	内容
零散产业中的竞争战略	谨防潜在的战略陷阱	(1)避免寻求支配地位。(我本零散，不要太有野心) (2)保持严格的战略约束力。(战略上要有所不为是难得的) (3)避免过分集权化。(保持分权的灵活性) (4)了解竞争者的战略目标与管理费用。(不容易了解，不算陷阱吧) (5)避免对新产品作出过度反应。(不要盲目投资新产品)
新兴产业中的竞争战略	新兴产业内部结构的共同特征	(1)技术的不确定性。(新兴产业技术上多种并存，没有最好) (2)战略的不确定性。(战略上也没有所谓“明确的”) (3)成本的迅速变化。(学习曲线和规模效应) (4)萌芽企业和另立门户。(新兴阶段的高流动性) (5)首次购买者。(顾客多观望；选择顾客并诱导初始购买)
	新兴产业发展五大障碍	(1)专业技术选择、获取与应用的困难。 (2)原材料、零部件、资金与其他供给的不足。 (3)顾客的困惑与等待观望。 (4)被替代产品的反应。 (5)缺少承担风险的胆略与能力。 需要注意的是，从五力模型的另外两个方面——“潜在进入者的进入成本”和“现有企业的竞争程度”来看，新兴产业无疑拥有更多的发展机遇，而不是障碍
	新兴产业的战略选择	(1)塑造产业结构。(这需要有大格局大视野，也是想当老大的选择) (2)正确对待产业发展的外在性。(权衡对产业倡导和追求自身狭窄利益之间的利弊取舍) (3)注意产业机会与障碍的转变，在产业发展中占据主动地位。 (4)选择适当的进入时机与领域

【备考战略】零散产业的战略选择，其实是三种基本竞争战略(业务单位战略)在零散产业中的具体应用而已。需要重点掌握零散产业存在的原因及存在的战略陷阱！

『提示说明』早期进入新兴产业的适当情况与危险情况：

具备以下四种情况时，早期进入是适当的：①企业的形象和声望对顾客至关重要时；②学习曲线很重要，经验很难模仿；③顾客忠诚非常重要时；④通过早期对原材料供应、分销渠道的承诺可带来利益。

下列三种情况下，早期进入将是危险的：①早期竞争细分市场与产业发展成熟后的情况不同，早期进入的企业建立了竞争基础后，面临过高的转换成本。(产业变化太快，先等等吧)；②为了塑造产业结构，需付出开辟市场的高昂代价，其中包括顾客教育、法规批准、技术开拓等，而开辟市场的利益无法成为企业专有。(可以成为先驱，不能成为先烈)；③技术变化使早期投资过时，并使晚期进入的企业因拥有最新产品和工艺而获益。(技术变化太快，后来者容易居上)。

考点五 蓝海战略★★

经典例题

【例题1·单选题】☆甲公司是一家区别于传统火锅店方式的火锅餐饮企业，在给顾客提供餐饮服务的同时，还免费给顾客提供擦鞋、美甲、擦拭眼镜等服务。甲公司经营模式取得了成功，营业额高速增长。甲公司实施蓝海战略路径是( )。

A. 跨越时间

B. 重新界定产业的买方群体

C. 跨越战略群体

D. 重设客户的功能性或情感性诉求

【答案】D

【解析】本题考核“蓝海战略”的知识点。本题通过为顾客提供经营范围之外的其他服务，更好地满足消费者的需求，属于重设客户的功能性或情感性诉求。选项 D 正确。

【例题 2·简答题】☆随着社会消费水平的提高与消费观念的转变，酒店行业中高端消费的市场越来越大。专注于三四线城市经济连锁酒店经营的优尚公司意识到，不同消费群体有不同的消费需求，酒店行业细分已成为未来的大趋势；仅仅集中于三四线城市经营经济型酒店将面临新的风险。优尚公司开始拓展业务与品牌，进军中高档酒店，不断挖掘投资者及细分人群的需求，兼顾投资者和消费者利益，寻求最佳平衡点。

2015 年 7 月，优尚公司对外发布三大新酒店品牌，标志着公司开始着手中高档酒店品牌建设。为了设计出成本低、质量好，又能确保加盟商能盈利的产品，几年来，优尚公司推出一系列创新模式。

(1)“投一产多”的运营模式。除了经营酒店住宿业外，还开展了辅助业务，如在酒店大堂开设蛋糕店、面吧，在房间销售毛巾、浴巾等产品。运营一年后，酒店辅助业务的盈利远远超过住宿业务的盈利。“投一产多”运营模式比传统运营模式酒店多 35%的收益。

(2)“住酒店可以不花钱”与“投一产多”运营模式相配套，优尚公司为顾客构建了一个生活分享平台：大堂的沙发、灯具、各种装饰，以及客房的床垫、靠枕、床单、小摆件、毛巾、浴巾、洗浴用品、水杯、家具甚至壁纸，顾客只要体验后喜欢的，都可以通过手机扫描二维码下单购买。顾客只要购买等同房价的物品，就可以免收房间费用，优尚公司这一举措的基本思路是，家居用品行业大约有 50%的毛利，但生产厂家净利不超过 5%，因为销售过程中会产生仓储、商场展示、扣点、物流等费用。如果家居用品生产厂家把酒店作为一个商场来展示和销售商品，就会节约所有铺货的费用，那么只需从 50%的毛利中拿出一部分补贴酒店，就可以收到双赢的效果。

(3)打造互联网智能公寓。优尚公司将旗下的中高档酒店蓝港公寓定位于互联网智能公寓，引领时代潮流。公司引入 O2O 模式和酒店式标准化管理，推广“住宿、社交、管家式生活服务”的酒店模式。智能酒店系统可以远程调控客房里的温度、灯光模式、音乐、空气温度与洁净度；移动设备可无线连接智能电视，实现双屏互动。智能化体验为投资者和消费者带来更多的惊喜和便利。

(4)与生产经营家电、金融、旅游、家居、智能门锁的五大行业巨头达成品牌合作。通过强强联合，增加信用住宿、无息贷款、投资扶持、微信开锁等功能，优尚公司的酒店生态更加开放，为酒店行业发展探索新的契机。

要求：

(1)依据市场营销战略目标市场选择理论，简要说明优尚公司在 2015 年前后目标市场选择类型的变化。

(2)依据蓝海战略重建市场边界的基本法则(开创蓝海战略的途径)，简要分析优尚公司在中高档酒店品牌建设中开创新的生存发展空间的路径。

【答案】

(1)2015 年优尚公司目标市场选择由集中化市场营销策略转变为差异性市场营销策略。

2015 年之前实施集中化市场营销策略。是指企业由于受到资源等条件的限制，以一个或少数几个性质相似的子市场作为目标市场，试图在较少的子市场上占领较大的市场份额。“专注于三四线城市经济连锁酒店经营的优尚公司意识到，不同消费群体有不同的消费需求……集中于三四线城市经营经济型酒店将面临新的风险”。

2015年之后实施差异性市场营销策略。指企业选择两个或两个以上，直至所有的细分市场作为目标市场，并根据不同细分市场的需求特点，分别设计生产不同的产品，制定不同的营销组合策略，有针对性地满足不同细分市场顾客的需求。“仅仅集中于三、四线城市经济型酒店经营将面临新的风险，优尚公司开始拓展业务与品牌，进军中高档酒店，以不断挖掘投资者及细分人群的需求，兼顾投资者和消费者利益，寻求最佳平衡点”。

(2)①审视他择产业或跨越产业内不同的战略群体。“‘投一产多’的运营模式。除了经营酒店住宿业外，还开展了辅助业务，如在酒店大堂开设蛋糕店、面吧，在房间销售毛巾、浴巾等产品”。

②重新界定产业的买方群体。“优尚公司构建一个生活分享平台：从顾客进入优尚酒店大堂、客房开始，酒店大堂的沙发、灯具、各种装饰，客房的床垫、靠枕、床单、小摆件、毛巾、浴巾、洗浴用品、水杯、家具甚至壁纸，只要是顾客体验后喜欢的，都可以通过用手机扫描二维码下单购买。顾客购买了同等房价的物品，就可以免收房间费用(住客也是家居消费者)”。

③放眼互补性产品和服务。“除了经营酒店住宿业外，还开展了辅助业务，如在酒店大堂开设蛋糕店、面吧，在房间销售毛巾、浴巾等产品”；“优尚公司为顾客构建了一个生活分享平台……都可以通过手机扫描二维码下单购买”；“与生产经营家电、金融、旅游、家居、智能门锁的五大行业巨头达成品牌合作。通过强强联合，增加信用住宿、无息贷款、投资扶持、微信开锁等功能，优尚公司的酒店生态更加开放，为酒店行业发展探索新的契机”。

④跨越时间。“优尚公司将旗下的中高档酒店蓝港公寓定位于互联网智能公寓，引领时代潮流”。

考点速学

1. 蓝海战略的内涵——知识理解能力

“蓝海”战略是指不局限于现有产业边界，而是极力打破边界条件，通过提供创新产品和服务，开辟并占领新的市场空间的战略。相对而言，“红海”战略主要是立足当下的行业和市场，采用常规的竞争方式与对手展开竞争。表3-16归纳了红海战略与蓝海战略的差异。

表3-16 红海和蓝海战略的特征比较(掌握)

红海战略	蓝海战略
在已经存在的市场内竞争	拓展非竞争性市场空间
参与竞争	规避竞争
争夺现有需求	创造并攫取新需求
遵循价值与成本互替定律	打破价值与成本互替定律
根据差异化或低成本的战略选择，把企业行为整合为一个体系	同时追求差异化和低成本，把企业行为整合为一个体系

蓝海战略的逻辑是“价值创新”，它并不着眼于竞争，而是力图实现客户和企业的价值的共赢，从而开辟一个全新的、非竞争的市场空间。

2. 蓝海战略制定的原则——基本应用能力

蓝海战略制定的原则，如表3-17所示。

表 3-17 蓝海战略的六项原则

战略制定原则	各原则降低的风险因素
重建市场边界	↓搜寻的风险
注重全局而非数字	↓规划的风险
超越现有需求	↓规模的风险
遵循合理的战略顺序	↓商业模式风险
战略执行原则	各原则降低的风险因素
克服关键组织障碍	↓组织的风险
将战略执行建成战略的一部分	↓管理的风险

3. 重建市场边界的基本法则——综合运用能力

重建市场边界就是要准确地挑选出具有蓝海特征的市场机会，有六条基本法则(路径框架)可供选择，如表 3-18 所示。

表 3-18 从肉搏式竞争到蓝海战略(重建市场边界的六条法则)

	肉搏式竞争	开创蓝海战略
产业	专注于产业内的竞争者	审视他择产业
战略群组	专注于战略群组内部的竞争地位	跨越产业内不同的战略群组
买方群体	专注于更好地为买方群体服务	重新界定产业的买方群体
产品或服务范围	专注于在产业边界内将产品或服务的价值最大化	放眼互补性产品或服务
功能——情感导向	专注于产业既定功能——情感导向下性价比的改善	重设产业的功能与情感导向
时间	专注于适应外部发生的潮流	跨越时间参与塑造外部潮流

考点六 市场营销战略★★★

经典例题

【例题 1 · 单选题】甲公司是一家多元化企业。涉足的产品包括儿童的营养液、时尚青年的果汁饮料，以及八宝粥。根据以上信息可以判断该企业的目标市场选择战略是(　)。

A. 无差异市场营销

B. 集中化市场营销

C. 差异性市场营销

D. 全面市场营销

【答案】C

【解析】目标市场涵盖战略包括三种：无差异市场营销、差异性市场营销和集中化市场营销。甲公司针对不同细分市场推出不同产品，因此属于差异性市场营销。

【思路点拨】本题属于案例分析型题目。应对本题的关键是区分三种目标市场战略类型，把握关键语句，根据资料进行分析判断。本题的关键语句是“涉足的产品包括儿童的营养液、时尚青年的果汁饮料，以及八宝粥”。

【例题 2 · 单选题】☆云澜公司是一家面向全球的家具和室内饰品生产商。该公司根据不同国家和地区的消费者是崇尚传统还是追求时尚来为他们设计、生产具有不同风格和质地的产品。云澜公司对消费者市场的细分属于(　)。

A. 行为细分　　B. 心理细分

C. 地理细分　　D. 人口细分

【答案】B

【解析】心理细分按照消费者的生活方式、个性等心理变量来细分消费者市场。“根据不同国家和地区的消费者是崇尚传统还是追求时尚来为他们设计、生产具有不同风格和质地的产品”属于心理细分，选项B正确。

【例题3·多选题】☆新业影视公司于2019年底推出一档贺岁片。该片公映前，公司召开新片发布会，全体创作人员、导演和阵容强大的主要演员集体在媒体和影视界嘉宾前亮相，宣称此片将“进军奥斯卡”。公司在会上散发了该片的精彩剧照，透露了令人捧腹的拍摄花絮，并请与会人员免费观看了该片的首映。新业影视公司采用的促销策略组合要素有(　)。

A. 公关宣传　　B. 广告促销

C. 人员推销　　D. 营业推广

【答案】ACD

【解析】“全体创作人员、导演和阵容强大的主要演员集体在媒体和影视界嘉宾前亮相，宣称此片将‘进军奥斯卡’”属于人员推销和公关宣传。“公司在会上散发了该片的精彩剧照，透露了令人捧腹的拍摄花絮，请与会人员免费观看了该片的首映”属于营业推广。选项ACD正确。

【例题4·简答题】☆智勤公司成立于2010年，是一家研究开发智能手机的企业。智勤公司从创立之初就做了大量的市场调研，发现智能手机市场上国内中低端品牌与国际高端品牌的技术差距正在逐步缩小，消费者更多地关注产品价格，价格竞争开始成为市场竞争的主要手段。在此基础上，智勤公司对消费者的年龄进行了细分，将目标市场消费者的年龄定位在25岁至35岁之间，这个阶段的年轻人相对经济独立，普遍处于事业的发展期，并且个性张扬，勇于尝试，对于新鲜事物的接受程度比其他年龄段的人更高。

为了适应目标顾客对价格敏感的特点，智勤手机以其“高性价比”走入大众视线，为了降低智勤手机的成本和价格，智勤公司采取了以下措施：

(1)开创了官网直销预订购买的发售方式，减少了昂贵的渠道成本，使智勤手机生产出来之后，不必通过中间商就可以到达消费者手中。

(2)在营销推广方面，智勤公司没有使用传统的广告营销手段，而是根据消费者的不同类型，分别在智勤官网、QQ空间、智勤论坛、微信平台等渠道进行智勤手机的出售和智勤品牌的推广，在很大程度上采用粉丝营销、口碑营销的方式，有效降低了推广费用。

(3)采用低价预订式抢购模式。这种先预订再生产的方式使智勤公司的库存基本为零，大大减少了生产运营成本。

(4)智勤手机定价只有国际高端的1/3，而其硬件成本要占到其定价的2/3以上。为了既保证高性价比又不降低手机的产品质量，智勤公司为手机瘦身，把不需要的硬件去掉，把不需要的功能替换掉，简化框架结构设计，使用低成本的注塑材质工艺等。

(5)将手机硬件的研发和制造外包给其他公司，提高了生产率，大大减小了智勤成立之初的资金压力。

(6)实现规模经济，2011-2015年智勤手机的销售量突飞猛进地增长，进而为智勤手机通过规模经济降低成本和价格奠定了基础。

要求：

从市场情况和资源能力两个方面，简要分析智勤手机实施成本领先战略的条件。

【答案】

实施成本领先战略的市场情况条件：

(1)市场中存在大量的价格敏感用户。“消费者更多地关注产品价格”。

(2)产品难以实现差异化。“智能手机市场上国内中低端品牌与国际高端品牌的技术差距正在逐步缩小”。

(3)购买者不太关注品牌。“智能手机市场上国内中低端品牌与国际高端品牌的技术差距正在逐步缩小”。

(4)价格竞争是市场竞争的主要手段。“价格竞争开始成为市场竞争的主要手段”。

实施成本领先战略的资源能力条件：

(1)实现规模经济。“2011－2015年智勤手机的销售量实飞猛进地增长，进而为智勤手机通过规模经济降低成本和价格奠定了基础”。

(2)降低各种要素成本。“减少了昂贵的渠道成本”。

(3)提高生产率。“将手机硬件的研发和制造外包给其他公司，提高了生产率”。

(4)改进产品工艺设计。“为手机瘦身，把不需要的硬件去掉，把不需要的功能替换掉，简化框架结构设计，使用低成本的注塑材质工艺等”。

(5)选择适宜的交易组织形式。“将手机硬件的研发和制造外包给其他公司，大大减小了智勤公司成立之初的资金压力”。

(6)重点集聚。“将目标市场消费者的年龄定位在25岁至35岁之间”。

考点速学

市场营销战略包括两大内容，一是确定目标市场(STP)；二是设计市场营销组合(4P)。

1. 确定目标市场(STP)

确定目标市场有三个主要工作：一是市场细分(消费者市场与产业市场)，二是目标市场选择(三种选择)，三是市场定位(就是产品定位)。

确定目标市场(STP)＝市场细分＋目标市场选择＋市场定位

(1)市场细分(Segmentation)。

市场细分的主要内容，如表3－19所示。

表3－19　市场细分

类别	相关描述
消费者市场细分的依据分类标准口诀：“地、行、人、心”	(1)地理细分，按照消费者所在的地理位置以及其他地理变量(城市农村、地形气候、交通运输等)来细分消费者市场
	(2)人口细分，按照人口变量(年龄、性别、收入、职业、教育水平、家庭规模、家庭生命周期阶段、宗教、种族、国籍等)来细分消费者市场
	(3)心理细分，按照消费者的生活方式、个性等心理变量来细分消费者市场
	(4)行为细分，按照消费者购买或使用某产品的时机、消费者所追求的利益、使用者情况、消费者对某种产品的使用率、消费者对品牌(或商店)的忠诚程度、消费者待购阶段和消费者对产品的态度等行为变量来细分消费者市场
产业市场细分的依据(也称为企业市场)	细分产业市场的变量，包括追求利益、使用者情况、使用程度、对品牌的信赖程度、使用者对产品的态度等。产业市场细分采用最多的细分变量：用户的行业类别、用户规模、用户的地理位置、购买行为因素

(2)目标市场选择(Targeting)。

市场细分的目的在于认知市场，认知后则是如何有效地选择并进入目标市场。

选择目标市场，明确企业应为哪一类用户服务，满足他们的哪一种需求，是企业在营销活动中的一项重要策略。

为什么要选择目标市场呢？因为不是所有的子市场对本企业都有吸引力，任何企业都没有足够的人力资源和资金满足整个市场或追求过分大的目标，只有扬长避短，找到有利于发挥本企业现有的人、财、物优势的目标市场，才不至于在庞大的市场上盲目试错。

选择目标市场选择一般运用下列三种类型：

第一，无差异营销策略。

就是企业把整个市场作为自己的目标市场，只考虑市场需求的共性，而不考虑其差异，运用一种产品、一种价格、一种推销方法，吸引可能多的消费者。

无差异营销策略的优点：适合大批量生

产和销售，有规模经济优势；可降低成本和费用，进而以低成本赢得竞争优势。主要缺点是应变能力差，竞争手段单一，风险较大。

第二，差异性营销策略。

差异性营销策略就是把整个市场细分为若干子市场，针对不同的子市场，设计不同的产品，制定不同的营销策略，满足不同的消费需求。

差异性营销策略的优点：能满足不同消费者的不同要求，有利于扩大销售、占领市场、提高企业声誉。

差异性营销策略的缺点：由于产品差异化、促销方式差异化，增加了管理难度，提高了生产和销售费用。

目前只有力量雄厚的大公司采用差异性营销策略。如青岛双星集团公司，生产多品种、多款式、多型号的鞋，满足国内外市场的多种需求。

第三，集中化营销策略。

集中化营销策略就是在细分后的市场上，选择少数几个细分市场作为目标市场，实行专业化生产和销售。在个别少数市场上发挥优势，提高市场占有率。

采用这种策略的企业对目标市场有较深的了解，这是大部分中小型企业应当采用的策略。

前文所述，目标市场选择就是企业决定要为多少个子市场服务，也就是把三种基本竞争战略应用于市场营销活动，总结目标市场选择内容，如表3-20所示。

表3-20 目标市场战略类型

目标市场战略类型	含义
无差异营销	企业在市场细分之后，不考虑各子市场的特性，而只注重子市场的共性，决定只推出单一产品，运用单一的市场营销组合，力求在一定程度上适合尽可能多的顾客的需求
差异性营销	企业同时为几个子市场服务，设计不同的产品，并在渠道、促销和定价方面都加以相应的改变，以适应各个子市场的需要
集中化营销	企业集中所有力量，以一个或少数几个性质相似的子市场作为目标市场，试图在较少的子市场上占领较大的市场份额

『提示说明』企业在选择以上三种目标市场战略时，还需要考虑五个主要因素：市场相似性、产品同质性、企业实力、产品生命周期阶段、竞争者的策略。

(3)市场定位(Positioning)。

市场定位是指企业针对潜在顾客的心理进行营销设计，创立产品、品牌或企业在目标顾客心目中的某种形象或某种个性特征，保留深刻的印象和独特的位置，从而取得竞争优势。

市场定位包括初次定位和二次(再次)定位。

以下三种情况需要重新定位：一是本企业产品定位附近出现强大竞争者的不利影响；二是顾客消费观念和偏好发生变化；三是目标市场进入衰退期时。

重新定位需要依据成本效益原因进行慎重评价。

产品市场定位策略的三种选择如下：

第一，抢占或填补市场空位策略。

第二，与竞争者并存和对峙的市场定位策略。

第三，取代竞争者的市场定位策略。

2. 设计市场营销组合

美国营销学学者杰罗姆·麦卡锡教授在20世纪的60年代提出“产品、价格、地点(渠道)、促销”4大营销组合策略即为4P。产品(Product)、价格(Price)、渠道(Place)、推广(Promotion)四个单词的第一个字母缩写为4P。

用科特勒的话说就是“如果公司生产出适当的产品，定出适当的价格，利用适当的分销渠道，并辅之以适当的促销活动，那么该公司就会获得成功”(科特勒，2001)。

(1)产品策略。

产品策略包括三大内容，一是产品组合策略，二是品牌和商标策略，三是产品开发策略，如表 3-21 所示。

表 3-21 产品策略

产品策略	相关描述	
产品组合策略	产品组合的宽度、长度、深度和关联性	(1)宽度：一个企业有多少产品大类(产品线)。 (2)长度：一个企业的产品组合中所包含的产品项目的总数。 (3)深度：产品大类中每种产品有多少花色、品种、规格。 (4)关联性：一个企业的各个产品大类在最终使用、生产条件、分销渠道等方面的密切相关程度
	产品组合策略类型	扩大产品组合；缩减产品组合；产品延伸
品牌和商标策略	单一的品牌名称	对所有产品都使用同一商标。这种策略优点：可以将一种产品具备的特征传递给另一种产品，从而简化了新产品上市的过程，无须为新产品建立新的品牌认知度
	每种产品都有不同的品牌名称	如果企业生产的产品在市场中的定位不同，或者市场被高度细分，则企业通常对每种产品都采用不同的品牌名称
	自有品牌	许多零售商销售自有品牌的商品，以使客户建立对该零售商而不是对产品生产商的忠诚度
产品开发策略	产品开发的原因	(1)具有较大的市场份额与较强的品牌实力，有竞争优势。 (2)市场上有潜在增长力。 (3)客户需要新产品。 (4)需要进行技术开发或采用技术开发。 (5)需要对市场的竞争创新作出反应
	产品开发的投资风险	(1)缺乏新产品构思。 (2)市场容量下降。 (3)复杂的研发过程。 (4)开发费用昂贵。 (5)即使成功，也存在被“模仿”的风险

(2)价格策略。

价格策略的主要内容，如表 3-22 所示。

表 3-22 价格策略的主要内容

内容	类别	说明
基本定价方法	成本导向定价	分为四种方法：成本加成定价、收支平衡定价、目标利润定价和变动成本定价
	需求导向定价	(1)高定价策略：适用竞争者产品未上市；高价购买人数多以及竞争者进入风险不大时采用。 (2)低定价策略：适用市场价格敏感；低价可限制潜在竞争者；存在规模经济
	竞争导向定价	通行价格定价、密封投标定价

（续表）

内容	类别	说明
主要定价策略	心理定价策略	尾数定价、整数定价、声望定价、招徕定价
	产品组合定价策略	系列产品定价、副产品定价、关联产品定价和捆绑定价
	折扣与折让策略	现金折扣、数量折扣、交易折扣、季节性折扣和推广折扣
	地理差价策略	产地价、目的地交货价、统一交货价、分区运送价和津贴运费定价
新产品定价策略	渗透定价法	适用于低价抢占市场，牺牲短期利润换取长期利润
	撇脂定价法	以上市初的高定价，获利较高利润
	满意定价法	适中定价策略

(3)分销策略。

分销策略的主要内容，如表 3-23 所示。

表 3-23 分销策略

项目	相关描述		
含义	是确定产品到达客户手上的最佳方式； 要克服地点、时间、数量和所有权上的差异； 要解决如何分销产品以及如何确定实体店的位置等问题		
分销渠道类型	传统分类	直接分销	产品直接从生产商到消费者
		间接分销	经过中间商(批发商或零售商)，又分为独家分销、选择性分销和密集分销三种分销策略
	互联网时代分类	线上	以网络为渠道
		线下	以面对面或非网络方式

分销策略必须与价格、产品和促销三个要素密切配合。三种分销策略的对比，如表 3-24 所示。

表 3-24 三种分销策略的对比

分销策略	优势	劣势	适用
独家分销	对中间商及产品保持控制。中间商可获得优惠价格	需要更为紧密合作；缺乏竞争会导致消费者满意度受影响；经销商对生产商的反控力较强	适用于技术含量高，需要售后服务的，如机械产品、耐用品
选择性分销	比密集分销能取得经销商更大支持；比独家分销更便利	分销商竞争比独家分销时更激烈	适应消费品中的选购品和特殊品
密集分销	市场覆盖率高、便利消费者	价格激烈竞争会导致市场混乱；渠道管理成本很高	适宜日用消费品。多数家具、家电等

(4)促销策略。

企业将其产品或服务的特性传达给预期客户的方式被称为促销组合，反映了使产品到达目标客户的各种方式。

促销策略的主要内容，如表 3-25 所示。

表 3-25　促销策略

项目	相关描述
促销目的	赢得潜在客户的注意；产生利益；激发客户的购买渴望；刺激客户的购买行为(其实就是教育消费者熟悉产品的方式)
促销组合四大要素	(1)广告促销。需要考虑时间、地点、频率和形式，比如上海外滩大屏幕广告。 (2)营业推广。非媒体促销手段，如试用品、折扣、礼品等。 (3)公关宣传。宣传企业形象。 (4)人员推销。销售代表面对面的解答、演示
促销组合策略	(1)推式策略。制造商的市场活动是面向渠道商展开，激励他们购买产品并向最终消费者销售。(直接方式) (2)拉式策略。制造商的市场活动直接面向最终消费者，激励他们购买产品。如果成功，消费者将向渠道商索取产品，从而渠道商转而向制造商索取产品。(间接方式) (3)推拉结合策略

考点七　研究与开发战略★★

经典例题

【例题·单选题】企业的研发战略至少存在四种定位。下列表述中不属于研发战略定位的是(　)。

A. 成为向市场推出新技术产品的企业

B. 成为成功产品的创新模仿者

C. 成为成功产品的低成本生产者

D. 成为成功产品的差异化生产者

【答案】D

【解析】企业研发战略的定位包括：成为向市场推出新技术产品的企业；成为成功产品的创新模仿者；成为成功产品的低成本生产者；成为成功产品低成本生产者的模仿者。

考点速学

研究与开发战略的相关知识要点总结，如表 3-26 所示。

表 3-26　研究与开发战略

项目	相关描述
研发的两大类型	(1)产品研究——新产品开发。 (2)流程研究——节约资金和时间，提高生产率
研发的动力来源	(1)“需求拉动”的，即市场的新需求拉动创新以满足需求——研发与营销的协调。 (2)“技术推动”的，即创新来自发明的应用——需要考虑市场
研发的战略作用(四个方面)	(1)基本竞争战略。产品创新是产品差异化的来源。流程创新使企业能够采用成本领先战略或差异化战略。 (2)价值链。研发被纳入价值链的支持性活动。通过提供低成本的产品或改良的差异化产品可以强化价值链。 (3)安索夫矩阵。研发支持四个战略象限。可以通过产品求精来实现市场渗透战略和市场开发战略。产品开发和产品多元化需要更显著的产品创新。 (4)产品生命周期。产品研发会加速现有产品的衰退，因而也需要研发来为企业提供替代产品

（续表）

项目	相关描述
研发定位	(1)成为向市场推出新技术产品的企业(风险较大)。 (2)成为成功产品的创新模仿者(需要优秀的研发人员和营销部门)。 (3)成为成功产品的低成本生产者(需要工厂和设备的不断投资)。 (4)成为成功产品低成本生产者的模仿者(也要求加大设备与工艺流程的投资)
研发政策(一般性了解)	研发政策一般考虑以下七个方面： (1)强化产品或流程改良。 (2)强化应用型研究的基础。 (3)成为研发领导者或跟随者。 (4)开发智能化技术或手动流程。 (5)对研发投入高额、适中或低额资金。 (6)在企业内部进行研发或者将研发外包。 (7)利用大学或私营企业的研究力量。 研发战略要求管理层制定鼓励创新性构思政策。包括七个方面： (1)必须对创新给予财务支持，可以通过为研发和市场研究投入资金以及为新构思投入风险资金来实现。 (2)必须使员工有机会在一个能够产生创新构思的环境中工作，这需要适当的管理风格和组织结构。 (3)管理层积极地鼓励员工和客户提出新构思。 (4)组建开发小组并由企业负责项目小组工作。 (5)在适当情况下，企业的招聘政策应集中于招聘具有必备创新技能的员工。 (6)由专门的管理者负责从环境中或从企业的内部沟通中获取与创新构思有关的信息。 (7)战略计划应有助于创新目标的达成；对成功实现目标的员工应给予奖励

考点八 生产运营战略★★

经典例题

【例题1·多选题】☆欣馨公司是某市一家向公众开放的花卉种植和销售企业，平时采用自动化设备培植、出售当地居民喜爱的兰花、绿萝等花卉，每逢节日前夕，便向市场推出富有节庆意义的花卉，同时接受并满足顾客观看公司业务流程后所提出的个性化定制要求。该公司的生产运营战略所涉及的主要因素有(　)。

A. 批量　　B. 需求变动

C. 可见性　　D. 种类

【答案】ABCD

【解析】“平时采用自动化设备培植、出售当地居民喜爱的兰花、绿萝等花卉”体现了批量、种类；“每逢节日前夕，便向市场推出富有节庆意义的花卉”体现了种类、需求变动；“同时接受并满足顾客观看公司业务流程后所提出的个性化定制要求”体现了种类和可见性。

【例题2·单选题】☆瑞祥公司是一家啤酒制造和销售企业。2016年初，公司管理层预计该年夏天温度较高，加上该年属于奥运年，啤酒的销量将比上年有较大的增长。因此瑞祥公司决定加大公司上半年的产量，以应对未来需求的增长。瑞祥公司采用的平衡产能与需求的方法是(　)。

A. 库存生产式　　B. 订单生产式

C. 资源订单式　　D. 准时生产式

【答案】A

【解析】本题考核"平衡产能与需求的方法"的知识点。库存生产式生产，是指许多企业在收到订单之前或在知道需求量之前就开始生产产品或提供服务。该公司在预计销售有较大增长时就采取加大生产，属于在收到订单之前或在知道需求量之前就开始生产产品或提供服务，即库存生产式生产。

【例题3·单选题】☆甲公司是一家高科技环保企业，其自主研发的智能呼吸窗刚一推向市场，即受到消费者欢迎，产品供不应求，企业一直处于满负荷生产状态。为满足持续增长的订单要求，公司决定增加一条生产流水线。甲公司所实施的产能计划属于(　)。

A. 滞后策略　　B. 匹配策略

C. 维持策略　　D. 领先策略

【答案】A

【解析】滞后策略是指仅当企业因需求增长而满负荷生产或超额生产后才增加产能。甲公司一直处于满负荷生产状态，为满足持续增长的订单要求，公司决定增加一条生产流水线，属于滞后策略。所以选项A正确。

考点速学

一、生产运营战略所涉及的主要因素和阶段

生产运营战略所涉及的主要因素和阶段，如表3-27。

表3-27　生产运营战略所涉及的主要因素和阶段

主要因素及阶段		说明
生产运营流程的四要素	批量	(1)较高的投入或产出批量：大规模生产，低成本，可实现专业化分工。 (2)较低的投入或产出批量：小规模生产，高成本，无法实现专业化分工
	种类	(1)种类繁多：多品种、高成本、灵活性。 (2)种类有限：少品种，低成本、标准化
	需求变动	(1)需求变动较大：需求波动，高成本，产能利用率低。 (2)需求稳定：需求稳定，低成本，产能利用率较高
	可见性	(1)可见性高：单位成本可能比较高，员工技巧要求高。 (2)可见性较低：单位成本可能比较低，员工技巧要求低
生产运营战略的五个阶段		(1)确定生产运营目标。 (2)将业务战略或营销战略转化为生产运营战略。 (3)与竞争者的绩效相比较来评估企业当前的运营绩效。 (4)以缺口分析为基础来制定运营战略。 (5)执行战略，并通过对环境变化作出反应来不断地检查、改善和改良战略

二、生产运营战略的内容

生产运营战略的内容，如表3-28所示。

表3-28　生产运营战略的内容

内容	说明
产品(服务)的选择	考虑的因素： (1)市场条件。 (2)企业内部的生产运营条件。 (3)财务条件。 (4)企业各部门工作目标的差异性

（续表）

内容	说明
自制或外购选择	自制战略的两种选择： （1）完全自制。 （2）外购+自制
生产与运营方式选择	两种典型的生产方式： （1）大批量、低成本。 （2）多品种、小批量
供应链与配送网络选择	两种供应链： （1）高效供应链：品种少、产量高、可预见的市场环境。 （2）敏捷供应链：品种多、产量低，难预见的市场环境。 六种模式的配送网络： （1）制造商存货+直送。 （2）制造商存货、直送+在途并货。 （3）分销商存货+承运人交付。 （4）分销商存货+到户交付。 （5）制造商或分销商存货+顾客自提。 （6）零售商存货+顾客自提

三、生产运营战略的竞争重点（TQCF）

1. 交货期

对交货期的要求表现为：快速交货和按约交货。

2. 质量

包括产品本身的质量和生产过程的质量。

3. 成本

包括生产成本、制造成本、流通成本和使用成本等。

4. 制造柔性

包括产品产量柔性、新产品开发及投产柔性、产品组合柔性、设备柔性、人员柔性和能力柔性等。

四、生产流程计划

生产流程通常构成了企业总资产中的大部分资产。

生产流程计划或决策包括以下几个方面：工厂规模、工厂地点、产品设计、设备的选择、工具的类型、库存规模、库存控制、质量控制、成本控制、标准的使用、工作专业化、员工培训、设备与资源利用、运输与包装及技术创新。

五、产能计划

“产能”指在指定时间内能够完成的最大工作量。而产能计划是指确定所需的生产能力以满足其产品不断变化的需求的过程。

企业产能与客户需求之间的差距会导致效率低下，产能计划的目标就是使差距最小化。产能计划的类型及平衡产能与需求的方法，如表3-29所示。

表3-29　产能计划的类型及平衡产能与需求的方法

类别		说明
产能计划的类型	领先策略（进攻型）	根据对需求增长的预期增加产能
	滞后策略（保守型）	仅当企业因需求增长而满负荷生产或超额生产后才增加产能
	匹配策略（稳健型）	少量地增加产能来应对市场需求的变化

（续表）

类别		说明
平衡产能与需求的方法	资源订单式生产	当需求不确定时，企业仅在需要时才购买所需材料并开始生产所需的产品或提供所需的服务。 “订单—资源—生产”：比如建筑公司——最保守
	订单生产式生产	企业可能对未来需求的上涨非常有信心，从而持有为满足未来订单所需的一种或多种资源的存货。 “资源—订单—生产”：比如餐馆
	库存生产式生产	许多企业在收到订单之前或在知道需求量之前就开始生产产品或提供服务。 “资源—生产—订单”：比如节日礼物——最激进

考点九　采购战略★★

经典例题

【例题1·单选题】灵川公司是一家汽车制造商，原先只从一家公司购买其所需的轴承，后来改为分别从3家公司购买。下列各项中，属于灵川公司增加轴承供应商的目的是(　)。

A. 有利于产生规模经济

B. 利用供应商之间的竞争使灵川公司的议价能力增强

C. 有利于信息保密

D. 与轴承供应商建立更为稳定的关系

【答案】B

【解析】灵川公司分别从3家公司购买轴承，属于多货源少批量策略。“利用供应商之间的竞争使灵川公司的议价能力增强”属于多货源少批量策略的优点，选项B正确。多货源少批量策略，不利于产生规模经济，选项A错误。选项CD属于少数或单一货源策略的优点。

【例题2·多选题】甲公司是一家电动摩托车制造商，长期从一家电机公司购买发动机。下列各项中，属于甲公司货源策略优点的有(　)。

A. 便于信息的保密

B. 能产生规模经济

C. 随着与供应商关系的加强，更可能获得更多的知识和技术

D. 能与供应商建立较为稳固的关系

【答案】ABD

【解析】“长期从一家电机公司购买发动机”，说明甲公司采用的是少数或单一货源策略。随着与供应商关系的加深，企业可能获得高质量的供应品，选项C错误。

考点速学

采购的任务包括识别潜在供应商以及对其评价；招标；报价；对价格及支付事项谈判；下订单；跟踪已下达的订单；检查进货，以及对供应商付款。

一、货源策略

三大货源策略的主要内容，如表3-30所示。

表 3-30 三大货源策略

策略	优点	缺点
少数或单一货源策略	(1)采购方能与供应商建立较为稳固关系。 (2)便于信息的保密。 (3)能产生规模经济。 (4)随着与供应商的关系的加深，采购方更可能获得高质量的货源	(1)若无其他供应商，则该供应商的议价能力就会增强。 (2)采购方容易受到供应中断的影响
多货源少批量策略	(1)与较多供应商的联系保证稳定供应。 (2)可获得更多知识和技术。 (3)供应商间的竞争使得企业议价能力增强	(1)与供应商联系不稳固，信任程度低。 (2)不易产生规模经济带来的价格优惠。 (3)不易获得高质量和性能的供应品
平衡货源策略	采用何种货源策略，取决于以下因素： (1)市场上供应商的数量。 (2)供应商的具体情况。 (3)企业对供应品的要求或态度。 (4)企业与供应商的议价能力对比	

二、交易策略

1. 市场交易策略

即通过竞价在市场上取得供应品的策略。适用条件包括：

(1)供应品技术含量低或相对成熟。

(2)供应品不具有重要性。

(3)不需要供应商提供售后服务。

(4)供应市场较为成熟。

(5)供应商数量较多。

(6)竞争比较激烈。

2. 短期合作策略

指为应对一定的市场需求而与供应商采取的短期合作策略。适用条件包括：

(1)企业面临急剧变化的市场机会或多变的客户需求。

(2)供应品的供应具有较高的适应性。

(3)供应品具有较高技术含量，对产品具有重要性。

3. 功能性联盟策略

与供应商订立协议结成联盟的策略，适合于长期稳定的合作关系。适用条件：

(1)供应品对企业的生产经营具有重要性。

(2)企业对供应品的需求量较大。

(3)供应品的生产技术成熟，可替代性较高。

(4)供应商拥有较强的生产能力和实现规模经济的能力。

4. 创新性联盟策略

指企业为产品及业务的创新并取得长期竞争优势而与供应商结成联盟的策略。双方需要紧密持久的合作，包括建立共同基金、合资企业或股权式合作。

综上，四种交易策略的侧重点总结，如表 3-31 所示。

表 3-31 四种交易策略的侧重点总结

交易策略	降低采购成本/创新	短期利益/长期利益
市场交易策略	降本	短期
短期合作策略	创新	短期
功能性联盟策略	降本	长期
创新性联盟策略	创新	长期

三、采购模式

采购模式的内容，如表 3-32 所示。

表 3-32 采购模式

五种采购模式	特点
传统采购模式：计划、审批、报价、谈判、签订合同(招标)	(1)双方信息沟通不够充分有效。 (2)双方是简单供需关系，无合作。 (3)缺少对生产需求及市场变化考虑
MRP 采购模式： 以生产为导向，根据生产计划中的库存情况，计算推导需要采购存货的数量及时间	(1)生产计划和采购计划很精细。 (2)计算、编制非常复杂
JIT 采购模式 要求供应商把适当数量、适当质量的物品在适当的时间到达适当的地点	(1)供应商数量少甚至是单一供应商。 (2)采购双方建立长期稳定的合作关系。 (3)采购批量小，送货频率高。 (4)双方都关心对方产品的改进和创新，信息共享快速可靠
VMI 采购模式 由供应商管理企业库存，双方监督合作，使库存管理持续改进	(1)双方建立长期稳定的深层次合作关系。 (2)双方共享信息，及时补货，节约供货成本。 (3)双方利益共享、风险共担
数字化采购模式 通过数字化技术来实现采购智慧管理	(1)双方以数字化平台为基础建立新型合作。 (2)自动化技术创新优化采购流程。 (3)科学性、便捷性、精细性、准确性

考点十 人力资源战略★

经典例题

【例题·单选题】☆太奇公司是一家生产饮料的外资企业，该公司薪酬结构由基本工资、津贴和福利构成，其薪酬水平是国内饮料行业公司的 3 倍。太奇公司采用的薪酬水平策略是(　)。

A. 混合型策略　　B. 拖后型策略

C. 匹配型策略　　D. 领先型策略

【答案】D

【解析】领先型策略即薪酬水平高于市场平均水平的策略。“太奇公司薪酬水平是国内饮料行业公司的 3 倍”体现出薪酬水平高于市场平均水平，所以选项 D 正确。

考点速学

1. 人力资源战略的作用

人力资源管理，是取得、开发、管理和激发企业关键资源的一种战略性和一贯性方法，以此实现可持续竞争优势的目标。

有效的人力资源战略的内容包括八个方面(了解一下即可)：

(1)识别出企业所需要的人才类型。

(2)通过培训、发展和教育来激发员工潜力。

(3)提高任职早期表现出色的员工在员工总数中所占的比重。

(4)招聘有潜力成为出色工作者的年轻新就业者。

(5)招聘具备一定经验和成就的人才。

(6)防止竞争对手挖走企业的人才。

(7)激励有才能的人员达到更高的绩效水平，并激发其忠诚度。

(8)创造能够施展才华的企业文化。

2. 人力资源规划

首先，人力资源规划包括两个层次：

(1)总体规划：包括 HR 管理的总目标、总政策、实施步骤和总预算的安排。

(2) 业务计划：包括人员补充计划、分配计划、提升计划、教育培训计划、工资计划、保险福利计划、劳动关系计划、退休计划等。

其次，人力资源规划的四大步骤如下：

(1) 调查、收集和整理涉及企业战略决策和经营环境的各种信息。

(2) 根据企业或部门实际确定人力资源规划的期限、范围和性质。

(3) 在分析人力资源供给和需求影响因素的基础上，采用以定量为主结合定性分析的各种科学预测方法对企业未来人力资源供求进行预测。

(4) 制订人力资源供求平衡的总计划和各项业务计划。

最后，人力资源供需平衡策略的措施如下：

(1) 当供给和需求总量平衡，但结构不匹配时。措施：内部重新配置、对现有人员的专门培训、人员置换。

(2) 当供给大于需求时。措施：扩大经营规模或开拓新的增长点、裁员或辞退、鼓励员工提前退休、冻结招聘、缩短工作时间或降低工资、对富余员工进行培训。

(3) 当供给小于需求时。措施：从外部雇用、提高工作效率、延长工作时间、降低离职率同时内部调配增加流动、某些业务外包。

3. 人力资源获取

HR 的获取是通过招聘来实现的，包括招募、甄选与录用三部分。

(1) 内部招募与外部招募。

内部招募与外部招募的比较，如表 3-33 所示。

表 3-33　内部招募与外部招募的比较

招募渠道	优势	劣势
内部招募	可提高士气和期望；对企业熟悉；认同感强；风险小、对员工了解、可靠；节约时间和成本	过度竞争而内耗；失利者的副作用；易近亲繁殖，缺乏创新和活力
外部招募	新鲜血液带来活力；避免内部竞争；给内部人压力从而激发动力；选择广	影响内部人工作热情；外部人员不了解、不适应企业；企业不了解外部人员、可靠性差；认可感低

(2) 甄选与录用。

甄选工具包括面试、评价中心、心理测试、工作样本和知识测试等。

(3) 与竞争战略匹配的 HR 获取策略。

与基本竞争战略相匹配的 HR 获取策略比较，如表 3-34 所示。

表 3-34　与基本竞争战略相匹配的 HR 获取策略比较

HR 获取策略	成本领先	差异化	集中化
员工来源	外部	内部	两者兼顾
晋升阶梯	狭窄、不宜转换	广泛、灵活	狭窄、不宜转换
甄选决策	人力资源部	业务部门	结合两者
甄选方法	简历和面试	多重方法	心理测试
甄选标准	强调技能	强调与文化契合	结合两者
社会化过程	正式的雇佣和社会化过程	非正式的雇佣和社会化过程	结合两者

4. 人力资源培训与开发

(1) 培训与开发流程。

员工培训的流程，如表 3-35 所示。

表 3-35 员工培训的流程

流程项目	要求	具体内容
培训需求分析	首先，明确培训需求分析的层次	包括组织分析、人员分析和任务分析
	其次，选择培训需求分析的方法	包括观察法、关键人员谈话法和问卷法。还包括分级讨论法、测试法等
培训计划设计	目标、内容和对象、讲师、地点和设施、方式方法和费用	
培训实施方法	可供选择的方法：在岗培训、脱产培训	
培训效果评估	评估标准的四个层次：反应层、学习层、行为层、结果层 评估标准的两大方面：培训的效果、培训的效率	

(2)培训与开发类型。

按照对象不同，分为新员工培训和在职员工(基层、中层和高层)培训；

按照形式不同，分为在岗培训和脱产培训；

按照性质不同，分为传授性培训(从不会到学会)和改变性培训(从错误到正确)；

按照内容不同，分为知识性培训、技能性培训和态度性培训。

(3)与基本竞争战略相匹配的 HR 开发与培训。

与基本竞争战略相匹配的 HR 开发与培训比较，如表 3-36 所示。

表 3-36 与基本竞争战略相匹配的 HR 开发与培训比较

HR 培训与开发	成本领先	差异化	集中化
强调	个人能力，范围有限的知识和技巧	强调不同，要广泛的知识、技巧和创造性	专门领域的知识，范围适中的知识和技巧
实现途径	企业大学或定期培训	外部培训机构	在职培训或外部培训，自己培养或购买技能

5. 人力资源绩效评估

完整的绩效管理包括四个部分：绩效计划、绩效监控、绩效考核和绩效反馈。如表 3-37 所示。

表 3-37 人力资源绩效评估的四个组成部分及内容

绩效管理系统	要求	内容
绩效计划	上下级就绩效目标、绩效过程和手段达到一致	工具包括：关键绩效指标(KPI)、平衡计分卡(BSC)、目标管理法
绩效监控	通过上级与员工持续沟通	正式的沟通、非正式的沟通
绩效考核	考核对象：组织、部门和员工三个层面。 考核内容：工作能力、工作态度和工作业绩。 考核主体：上级、同事、下级、员工本人和客户。 考核方法：比较法、量表法和描述法	
绩效反馈	包括：面对面沟通、制订改进计划、对改进计划的跟踪、奖惩	

(1)关键绩效指标法与目标管理法。

确定KPI时遵循的过程，包括三个方面：一是建立评价指标体系；二是设定评价标准；三是审核关键绩效指标。

目标管理法遵循的步骤，包括：①明确关键任务和目标；②设置目标(SMART原则)；③建立评价目标完成程度的标准；④审核并实施；⑤对原有目标的修改；⑥最终评估。

(2)绩效管理与基本竞争战略的匹配。

实施成本领先战略的企业，绩效评估强调结果导向，以控制成本为目的，评估范围狭窄，评估信息来源单一，上级作为主要考官。

实施差异化战略的企业，绩效评估涉及行为和结果两种指标。评估范围广，评估信息丰富，主要用于员工的发展和素质提升。

实施集中化战略的企业，绩效评估倾向于两者的结合。

6. 人力资源薪酬激励

(1)薪酬的组成及公平性原则。

员工薪酬包括三个部分：基本薪酬、可变薪酬、间接薪酬(福利)。

公平性的三个层次的含义：外部公平性、内部公平性、个体公平性。

(2)薪酬水平的四种策略。

包括领先型、匹配型、拖后型、混合型(不同岗位不同策略)。

(3)薪酬构成策略。

基本薪酬在吸引和保留人员方面效果显著，但激励效果一般；可变薪酬在吸引和激励方面效果显著，但保留人员效果中等；间接薪酬在保留人员效果方面显著，在吸引和激励方面效果一般。

(4)企业竞争战略与薪酬策略。

基本竞争战略与薪酬策略对比，如表3-38所示。

表3-38　基本竞争战略与薪酬策略对比

薪酬策略	成本领先	差异化	集中化
强调	对外公平	对内公平	对内公平
工资基础	岗位或年薪(固定)	能力或绩效(浮动)	能力与绩效(固定+浮动)

考点十一　财务战略★★★

经典例题

【例题1·单选题】管理层在做融资决策时不需要听取任何企业外部组织或个人意见的融资方式是(　)。

A. 内部融资　　B. 股权融资

C. 资产销售融资　　D. 债权融资

【答案】A

【解析】内部融资是利用企业的内部留存利润来进行再投资，不涉及新的出资方，所以管理层在做此融资决策时不需要听取任何企业外部组织或个人的意见。

【例题2·单选题】爱视公司发明了一款供视障患者使用的智能眼镜，使用者在对这种眼镜发出去往某目的地的指令后，就能在行走过程中不断收到眼镜发出的引导信息，从而避开障碍物，保持正确的行走路线。目前，该款眼镜价格较高，性能还有待完善，销售量小，公司净利润率较低。爱视公司现阶段的资金来源应是(　)。

A. 债务

B. 权益投资增加

C. 风险资本

D. 保留盈余+债务

【答案】C

【解析】“目前，该款眼镜价格较高，性

能还有待完善，因此销售量小，公司净利润率较低”表明产品目前处于导入期，导入期的资金来源是风险资本。

【例题3·单选题】当某个业务单元的投资资本回报率小于资本成本并且可持续增长率小于销售增长率时，可以采用的战略是( )。

A. 提高财务杠杆

B. 分配剩余现金

C. 出售该业务单元

D. 降低资本成本

【答案】C

【解析】当某个业务单元的投资资本回报率小于资本成本并且可持续增长率小于销售增长率时，属于减损型现金短缺。可供选择的战略包括两个：①彻底重组，这样做的风险是如果重组失败，股东将蒙受更大损失；②出售，如果盈利能力低是整个行业的衰退引起的，企业无法对抗衰退市场的自然结局，应尽快出售以减少损失。即使是企业独有的问题，由于缺乏核心竞争力，无法扭转价值减损的局面，也需要选择出售。在一个衰退行业中挽救一个没有竞争力的业务，成功的概率不大，往往成为资金的陷阱。由此可知，应选择选项C。

【思路点拨】本题属于分析判断型题目。应对本题的关键是区分财务战略矩阵的四个象限及其应该采取的措施。投资资本回报率衡量的是企业收益，资本成本衡量的是企业成本，前者大是增值，前者小是减损；销售增长率衡量的是企业预期增长率，可持续增长率衡量的是企业在一定情况下可实现的最大增长率，前者大是超增长，现金短缺，前者小是低增长，现金剩余。

【例题4·单选题】☆近年来人们不断增加的对健康水源的需求催生了越来越多的滤水壶生产企业。目前这些企业提供产品性能/质量大体相同，彼此之间为争夺客户展开挑衅型的价格竞争；行业规模达到前所未有的水平；任何一个企业扩大市场份额都十分困难。下列各项中，属于上述企业所具有的经营特征的是( )。

A. 经营风险非常高

B. 资金来源于保留盈余+债务

C. 具有中等的股利分配率

D. 价格/盈余倍数非常高

【答案】B

【解析】“提供的产品性能/质量大体相同，彼此之间为争夺客户展开挑衅型的价格竞争；行业规模达到前所未有的水平；任何一个企业扩大市场份额都十分困难”表明处于成熟期。资金来源于保留盈余+债务属于成熟期的特点，选项B正确。

【例题5·单选题】☆甲燃气公司负责某市的民用天然气供给业务。近年来该市的民用天然气需求量比较稳定，甲燃气公司主要通过向银行贷款取得更新设备所需的资金。该公司财务风险与经营风险的搭配属于( )。

A. 高经营风险与低财务风险

B. 高经营风险与高财务风险

C. 低经营风险与高财务风险

D. 低经营风险与低财务风险

【答案】C

【解析】“需求量比较稳定”体现的是低经营风险，“主要通过向银行贷款取得更新设备所需的资金”体现的是高财务风险，所以选项C正确。

【例题6·多选题】☆甲公司某年的投资回报率5%，销售增长率为10%，经测算甲公司的加权平均成本为8%，可持续增长率为6%，在上述情况下，甲公司应选择的财务战略有( )。

A. 彻底重组

B. 出售

C. 提高资本回报率

D. 改变财务政策

【答案】AB

【解析】投资回报率5%小于加权平均成本8%，减损价值；销售增长率10%大于可持续增长率6%，现金短缺。减损价值、现金短缺属于财务战略矩阵的第四象限，应选择的财务战略是彻底重组或出售，选项 AB 正确。

【例题 7·单选题】☆近年来，建筑机械制造商凯达公司所处行业的市场基本饱和，销售额比较稳定，企业之间的价格竞争十分激烈。在这种情况下，凯达公司宜采用的股利分配政策是（　）。

A. 零股利政策

B. 低股利政策

C. 稳健的高股利分配政策

D. 全部分配的股利政策

【答案】C

【解析】根据题干资料判断该公司所处行业属于成熟期，适合采用分配率高的股利政策，选项 C 正确。

【例题 8·多选题】☆甲公司是一家制造和销售洗衣粉的公司。目前洗衣粉产业的产品逐步标准化，技术和质量改进缓慢，洗衣粉市场基本饱和。处于目前发展阶段的甲公司具备的财务特征有（　）。

A. 股价迅速增长

B. 股利分配率高

C. 资金来源于保留盈余和债务

D. 财务风险高

【答案】BC

【解析】本题考核"财务战略"的知识点。"洗衣粉产业的产品逐步标准化，技术和质量改进缓慢，洗衣粉市场基本饱和"，说明产品处于成熟期，处于成熟期的企业财务风险是中等，股利分配率高，资金来源于保留盈余和债务，股价稳定。所以选项 BC 正确。

考点速学

1. 财务战略的概念

企业战略也分为财务战略和非财务战略（经营战略）两类。

财务战略分为资金筹集战略和资金管理战略。

狭义的财务战略仅指筹资战略，包括资本结构决策、筹资来源决策和股利分配决策等。

资金管理涉及的实物资产的购置和使用，是由经营战略指导的。

2. 财务战略的确立

（1）四种融资方式。

四种融资方式对比，如表 3-39 所示。

表 3-39　四种融资方式对比

融资方式		优点	缺点
内部融资		管理层在做此融资决策时不需要听取任何企业外部组织或个人的意见，可以节省融资成本	要求企业有足够的盈利能力，而对于那些陷入财务危机的企业来说压力很大
股权融资		当企业需要的资金量比较大时，股权融资就占很大优势，仅仅需要在企业盈利时向股东支付股利	股份容易被恶意收购从而引起控制权的变更，成本也比较高
债权融资	贷款	与股权融资相比，融资成本较低、融资速度较快，并且方式也较为隐蔽	当企业陷入财务危机或者企业的战略不具竞争优势时，还款的压力会增加企业的经营风险
	租赁	可以不需要为购买设备、工具进行融资；可能使企业享有更多的税收优惠；可以增加企业的资本回报率	使用租赁资产的权利是有限的，因为资产的所有权不属于企业
资产销售融资		简单易行，并且不用稀释股东权益	比较激进，操作后无回旋余地；如果销售的时机选择的不准，销售的价值就会低于资产本身的价值

【备考战略】关于融资方式其他需要关注的内容：①内部融资是企业最普遍采用的方式；②限制企业融资能力的两个主要方面：一是债务融资面临的困境；二是股利支付面临的困境。本科目关于四种融资方式的优缺点，对于不熟悉财务管理内容的考生，需要认真学习准确理解。尤其注意本科目的融资分类标准与其他科目是不同的。

(2)资本成本与最优资本结构。

资本成本与最优资本结构，如表3-40所示。

表3-40 资本成本与最优资本结构

项目		说明
融资成本	股权资本成本	(1)用资本资产定价模型(CAPM)估计权益资本成本。 (2)用无风险利率加风险溢价来估计权益资本成本
	长期债务资本成本	各种长期债务资本成本的加权平均数扣除税收的效应
	加权平均资本成本	权益资本成本与长期债务资本成本的加权平均(WACC)
最优资本结构的考虑因素	主要因素	资本成本、代理成本、可接受的债务目标水平、管理层的融资偏好
	其他因素	企业的举债能力、管理层对企业的控制能力、企业的资产结构、增长率、盈利能力以及有关的税收成本
	难以量化的因素	企业未来战略的经营风险、企业对风险的态度、企业所处行业的风险、竞争对手的资本成本与资本结构、影响利率的潜在因素

(3)股利分配策略。

企业留存盈余和发放股利的决策，通常受到以下因素的影响：

a. 留存供未来使用的利润的需要。

b. 分配利润的法定要求。

c. 债务契约中的股利约束。

d. 企业的财务杠杆。

e. 企业的流动性水平。

f. 即将偿还债务的需要。

g. 股利的信号作用。

一般而言，实务中的股利政策有四大类：固定股利政策、固定股利支付率政策、零股利政策和剩余股利政策，如表3-41所示。

表3-41 四大类股利分配政策

股利政策	相关描述	优缺点
固定股利政策	每年支付固定或稳定增长的股利	优点：为投资者提供可预测的现金流量，减少管理层将资金转移到盈利能力差的活动的机会，为成熟企业提供稳定的现金流； 缺点：盈余下降时可能导致股利发放遇到困难
固定股利支付率政策	按每股盈余的固定百分比支付股利	优点：能保持盈余、再投资率和股利现金流之间的稳定关系； 缺点：投资者无法预测现金流，无法表明管理层的意图或期望
零股利政策	不支付股利	企业在成长阶段通常采用这种方式
剩余股利政策	只有在没有现金净流量为正的项目时才会支付股利	在那些处于成长阶段，不能轻松获得其他融资来源的企业中比较常见

3. 财务战略的选择

以下介绍基于两种分类的财务战略选择：一是基于产品生命周期的财务战略选择；二是基于价值创造或增长率的财务战略选择。

(1) 基于产品生命周期的财务战略选择。

a. 产品生命周期不同阶段的财务战略。

企业在产品生命周期不同发展阶段的经营特征，如表 3-42 所示。

表 3-42　企业在产品生命周期不同发展阶段的经营特征

	产品生命周期阶段			
	导入期	成长期	成熟期	衰退期
经营风险	非常高	高	中等	低
财务风险	非常低	低	中等	高
资本结构	权益融资	主要是权益融资	权益+债务融资	权益+债务融资
资金来源	风险资本	权益投资增加	保留盈余+债务	债务
股利	不分配	分配率很低	分配率高	全部分配
价格/盈余倍数	非常高	高	中	低
股价	迅速增长	增长并波动	稳定	下降并波动

b. 财务风险与经营风险的搭配。

经营风险的大小是由特定的经营战略决定的，而财务风险的大小是由资本结构决定的。经营风险与财务风险反向搭配是制定资本结构的一项战略性原则。财务风险与经营风险的搭配，如图 3-3 和表 3-43 所示。

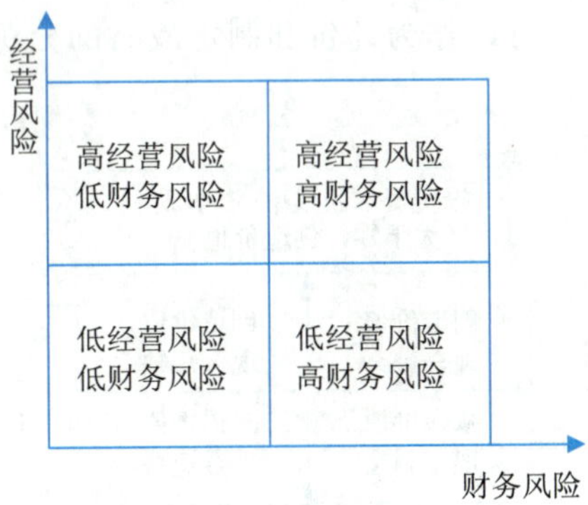

图 3-3　财务风险-经营风险矩阵图

表 3-43　财务风险与经营风险的搭配

搭配类型	总体风险	可行性
高经营风险与高财务风险搭配	很高	这种搭配不符合债权人的要求。因此，事实上这种搭配会因找不到债权人而无法实现
高经营风险与低财务风险搭配	中等程度	是一种可以同时符合股东和债权人期望的现实搭配
低经营风险与高财务风险搭配	中等程度	是一种可以同时符合股东和债权人期望的现实搭配

（续表）

搭配类型	总体风险	可行性
低经营风险与低财务风险搭配	很低	低经营风险与低财务风险搭配，不符合权益投资人的期望，是一种不现实的搭配

(2)基于价值创造或增长率的财务战略选择。

a. 影响价值创造的主要因素。

影响价值创造的主要因素，如表3-44所示。

表3-44　影响价值创造的主要因素

主要因素	说明
企业的市场增加值MVA	计量企业价值创造的有效指标，即某一时点的企业资本(包括所有者权益和债务)的市场价值与占用资本账面价值的差额。 企业市场增加额=企业资本市场价值-企业占用资本
影响企业市场增加值的三大因素	影响企业市场增加值的因素有三个： 第一，投资资本回报率；第二，资本成本；第三，增长率
销售增长率、筹资需求与价值创造	在资产的周转率、销售净利率、资本结构、股利支付率不变并且不增发和回购股份情况下(税率不变)时，当销售增长率超过或低于可持续增长率时，出现两种结果：现金短缺或剩余。 综上，影响价值创造的因素主要有：**投资资本回报率；资本成本；增长率；可持续增长率**

b. 价值创造和增长率矩阵。

财务战略矩阵，是把**价值创造或价值减损(投资资本回报率-资本成本)**和**现金余缺(销售增长率-可持续增长率)**联系起来，可以作为评价和制定战略的分析工具，如图3-4和表3-45所示。

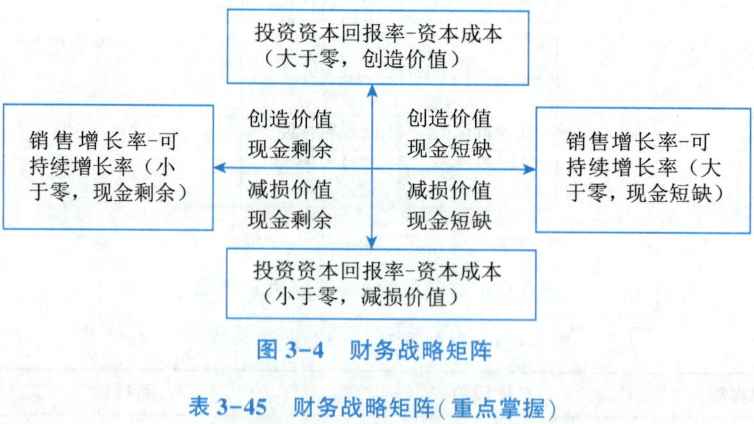

图3-4　财务战略矩阵

表3-45　财务战略矩阵(重点掌握)

四个象限	财务战略选择
增值型现金短缺 即：(投资资本回报率-资本成本)大于0 (销售增长率-可持续增长率)大于0	(1)如果高速增长是暂时的，则应通过借款来筹集所需资金。 (2)如果高速增长是长期的，则资金问题有两种解决途径：一是提高可持续增长率(包括提高经营效率和改变财务政策)，使之向销售增长率靠拢；二是增加权益资本(增发股份、兼并成熟企业)，提供增长所需资金

（续表）

四个象限	财务战略选择
增值型现金剩余 即：(投资资本回报率-资本成本)大于0 (销售增长率-可持续增长率)小于0	(1)首选的战略是利用剩余现金加速增长。途径包括：内部投资；收购相关业务。 (2)如果加速增长之后仍有剩余现金，找不到进一步投资的机会，则应把多余的钱还给股东。途径包括：增加股利支付；回购股份
减损型现金剩余 即：(投资资本回报率-资本成本)小于0 (销售增长率-可持续增长率)小于0	(1)首选的战略是提高投资资本回报率，途径有：提高税后经营利润率；提高经营资产周转率。 (2)在提高投资资本回报率的同时，如果负债比率不当，可以适度调整，以降低平均资本成本。 (3)如果企业不能提高投资资本回报率或者降低资本成本，则应该将企业出售
减损型现金短缺 即：(投资资本回报率-资本成本)小于0 (销售增长率-可持续增长率)大于0	(1)如果是公司独有的问题，并且觉得有能力扭转价值减损的局面，则可以选择“彻底重组”；否则，应该选择出售。 (2)如果是整个行业的衰退引起的，则应该选择的财务战略是“尽快出售”以减少损失

考点十二　企业国际化经营动因、方式与全球价值链中的国际化经营★

经典例题

【例题1·多选题】☆国内从事有色金属矿产地质勘探的艾地公司于2017年横向收购了N国的纳奇公司，N国政府只允许本国企业从事贵金属矿产的勘探，因此这次收购使艾地公司获得N国储量丰富的黄金矿产的勘探权。此后艾地公司留用了纳奇公司经验丰富的管理层。艾地公司向N国投资的动机有（　）。

A. 寻求市场　　B. 寻求现成资产

C. 寻求效率　　D. 寻求资源

【答案】AB

【解析】艾地公司是国内从事有色金属矿产地质勘探的企业，“收购使艾地公司获得N国储量丰富的黄金矿产的勘探权”体现的是寻求市场。“留用了纳奇公司经验丰富的管理层”体现了寻求现成资产。选项AB正确。

【例题2·多选题】甲公司是国内一家服装生产企业，该公司在国内市场的销量和增长率都较高，取得经营上的成功。该公司管理层决定扩张经营规模拟进入国外市场，甲公司可以采取的主要方式有（　）。

A. 出口贸易　　B. 对外直接投资

C. 与国外企业合资　　D. 非股权安排

【答案】ABCD

【解析】企业国际化经营的方式一般有出口贸易、对外直接投资、非股权安排等几种。其中对外直接投资包括全资子公司(或独资经营)与合资经营两种形式。

【思路点拨】本题属于伪案例型题目。应对此类题目主要还是掌握基本理论，不被资料信息所迷惑，看清问题，直接作答即可。

【例题3·简答题】☆C国北方机床集团于1993年组建，主导产品是两大类金属切削机床。销售市场覆盖全国30多个省、市、自治区，并出口M国、G国等80多个国家和地区。

G国S公司是一个具有140多年历史的世界知名机床制造商，其重大型机床加工制造技术始终处于世界最高水平。但S公司内部管理存在诸多问题，其过高的技术研发成本造成资金链断裂。2004年初，S公司宣布破产。

2004年10月，北方机床集团收购了S公司全部有形资产和无形资产。北方机床集团在对S公司进行整合中颇费思量，首先，采取

“以诚信取信于G国员工”的基本策略，承诺不解雇一个S公司员工，S公司的总经理继续留任；其次，北方机床集团与S公司总经理多次沟通，谋求双方扬长避短、优势互补，使“混合文化形态”成为S公司未来的个性化优势，以避免跨国并购可能出现的文化整合风险；最后，在运行整合方面，仍由S公司主要负责开发、设计及制造重要机械和零部件，组装则在C国完成，力求实现S公司雄厚的技术开发能力和C国劳动力成本优势的最佳组合。

整合后第二年，S公司实现2 000多万欧元的销售收入，生产经营状况已恢复到S公司历史最高水平。

然而2008—2009年，受世界金融危机的影响，加上S公司内部原有的管理问题尚未彻底解决，公司陷入亏损的困境。北方机床集团不得不开始更换S公司的管理团队，逐渐增强北方机床集团在S公司的主导地位。2010年，S公司经营情况有所好转，实现3 500万欧元销售收入，但仍处于亏损状态。

2012年，由于受到国内下游需求方——汽车、铁路等固定资产投资放缓的影响，北方机床集团销售收入同比下降8%。尽管如此，北方机床集团仍然表示将继续投资S公司项目，因为S公司承载着北方机床集团孜孜以求的核心技术和迈入国际高端市场的梦想，而且由于并购后在技术整合上存在缺陷，北方机床集团尚未掌握S公司的全部核心技术。集团计划到2015年对S公司投入近1亿欧元，同时招聘新的研发人员。

要求：

(1) 2006年UNCTAD《世界投资报告》提出影响发展中国家跨国公司对外投资决策的四大动机，简要分析北方机床集团跨国并购G国S公司的主要动机。

(2) 简要分析北方机床集团并购G国S公司所面对的主要风险。

【答案】

(1) 2006年UNCTAD《世界投资报告》提出影响发展中国家跨国公司对外投资决策的四大动机是：寻求市场；寻求效率；寻求资源；寻求现成资产。

北方机床集团跨国并购G国S公司的主要动机是：

①寻求市场。“S公司承载着北方机床集团孜孜以求的核心技术和迈入国际高端市场的梦想”。

②寻求现成资产。“北方机床集团收购了S公司全部有形资产和无形资产”。

(2) 北方机床集团并购G国S公司所面对的主要风险有：

①决策不当的并购。表现为：

可能高估并购对象所在产业的吸引力，“受世界金融危机的影响……S公司经营情况有所好转，实现3 500万欧元销售收入，但仍处于亏损状态”。

可能高估自己对被并购企业的管理能力。“北方机床集团在对S公司进行整合中颇费思量……加上S公司内部原有的管理问题尚未彻底解决，公司陷入亏损的困境”。

②并购后不能很好地进行企业整合。北方机床集团为减少新的协同问题，“在对S公司进行整合中颇费思量，首先，采取‘以诚信取信于G国员工’的基本策略，承诺不解雇一个S公司员工，S公司的总经理继续留任；其次，北方机床集团与S公司总经理多次沟通，谋求双方扬长避短、优势互补，使‘混合文化形态’成为S公司未来的个性化优势，以避免跨国并购可能出现的文化整合风险”“在运营整合方面，仍由S公司主要负责开发、设计及制造重要机械和零部件，组装则在C国完成，力求实现G国S公司雄厚的技术开发能力和C国劳动力成本优势的最佳组合”“然而……S公司内部原有的管理问题尚未彻底解决，公司陷入亏损的困境。北方机床集团不得不开始更换S公司的管理团队，逐渐增强北方机床集团在S公司的主导地位”。

考点速学

国际化经营战略是公司三个层次战略在

国际市场上的具体应用。以下分别从五个方面展开：一是企业国际化经营动因；二是国际化经营的主要方式；三是全球价值链中的企业国际化经营；四是国际化经营的战略类型；五是新兴市场的企业战略。

一、企业国际化经营动因

《世界投资报告》中提出影响企业国际化经营决策的四大动机。

1. 寻求市场

从早期的区位理论可解释发达国家向发展中国家的垂直投资，或发达国家之间的水平投资行为。而现在发展中国家对外投资动机中，最重要的就是寻求市场型的外国直接投资。

2. 寻求效率

供给导向的区位优势理论认为，企业到国外寻找生产要素成本最低的地方进行投资，以获得效率优势。寻求效率的投资往往基于两个驱动因素：一是投资国生产成本上涨，二是所面临的竞争压力推动向海外扩张。

3. 寻求资源

早期的跨国投资多集中于对自然资源的获取。近年来发展中大国，如中国和印度，也面临自然资源短缺问题，从而向自然资源(如石油、天然气)丰富的国家展开跨国投资。

4. 寻求现成资产

主要表现为发展中国家向发达国家的投资，主要动机是获得其品牌、先进技术与管理经验、资金、规模经济等现成资产。

二、国际市场进入方式——基本应用能力

企业进入国外市场的方式一般有**出口贸易、对外直接投资、非股权安排**等。

1. 出口贸易

出口贸易的主要内容，如表3-46。

表3-46 出口贸易

类别	相关说明
目标市场选择	(1)目标市场的区域路径有两种方式： 第一种是传统方式。 a. 高新技术产品在发达国家出口的国别路径：首选发达国家，再到发展中国家； b. 发展中国家出口的国别路径：首选发展中国家，再逐步走向发达国家； c. 发展中国家的农产品、矿产品等初级产品和劳动密集型低端产品：主要流向是发达国家。 第二种是新型方式。 高新技术产品出口的国别路径：首选发达国家(特别是美国)，再走向发展中国家。 (2)选择目标客户。 a. 目标客户选择的基础：市场细分； b. 各国的细分市场存在差别：比如韩国与中国； c. 消费品细分市场的影响因素：人口、收入等； d. 工业机械和原材料细分市场影响因素：工资、科技水平、工业产品的结构等。 一般情况下，高科技、自动化及非专用机器——目标客户是北欧、日本和加拿大。 标准化、大批量生产的机器——目标客户是新兴的工业化国家。 老式的标准化机器——目标客户是发展中国家
选择分销渠道与出口营销	国际分销渠道的四个特征： (1)更复杂，涉及更多的中间环节。 国内：生产者-批发商-零售商； 国际：生产者-出口代理商-进口代理商-大型批发商-小型批发商-零售商。 (2)成本高。 (3)有时通过与国内市场不同的分销渠道。营销技巧更重要。 (4)国际分销渠道通常为公司提供海外市场信息

（续表）

类别	相关说明
出口贸易定价	针对海外市场一般有四种定价策略： (1)定价偏高，以期获得大于国内市场的收益。 (2)制定使海外市场与国内市场收益水平接近的价格。 (3)在短期内定价较低，即使收益偏低甚至亏损也在所不惜。 (4)只要在抵销变动成本之后还能增加利润，就按能把超过国内市场需求量的产品销售出去的价格定价

2. 对外直接投资

具体包括两种类型，如表 3-47 所示。

表 3-47　对外直接投资的两种类型

种类	相关描述	
全资子公司	两个优点： (1)管理者可以完全控制子公司在目标市场上的日常经营活动。 (2)可以避免合资经营在利益、目标等方面的冲突问题	两个缺点： (1)可能耗费大量资金。 (2)没有东道国企业的合作与参与，规避政治风险的能力小
合资经营	创建合资企业四大动因： (1)加强现有业务。 (2)将现有产品打入国外市场。 (3)将国外产品引入国内市场。 (4)经营一种新业务	协调问题表现： (1)合资各方目标的差异。 (2)合资各方的文化差异

3. 非股权形式

非股权形式包括合约制造、服务外包、订单农业、特许经营、许可经营、管理合约及其他类型的合约关系，跨国公司通过这些关系协调其在全球价值链的活动并影响东道国公司的管理，而并不拥有其股份。

非股权形式可看作是对外直接投资与贸易两种方式的中间选择。

三、全球价值链中的企业国际化经营

由于通信成本下降、技术进步、政治经济自由化的共同作用，使得全球价值链成为经济全球化最显著的特点。

（一）全球价值链的理论与概念

1. 产品内国际分工

这是一种特殊分工形式，指特定产品不同的生产环节在地理空间上分散到不同的国家进行专业化生产的组织方式。具备三个特点：

(1)产品生产环节分解为多个过程。

(2)生产环节在两个以上国家进行。

(3)至少一国使用了进口产品生产并出口使用了该进口产品的产品。

2. 全球生产网络

跨国企业运用对外直接投资、出口贸易及非股权安排等方式参与产品内国际分工，不同跨国企业价值链之间的相互作用形成了全球生产网络。

3. 全球价值链

是指为实现商品或服务价值而连接生产、销售、回收处理等过程的**全球性跨国企业网络组织**，涉及从原料采购和运输，半成品和成品的生产和分销，直至最终消费和回收处理的整个过程。包括所有参与者和生产销售等活动的各种增值活动。

（二）企业国际化经营与全球价值链构建

1. 全球价值链中企业的角色定位

（1）领先企业（实力雄厚的跨国企业）。

全球价值链由领先企业主导，灵活运用国际化经营的三种方式，以获得其在全球价值链中最有利的地位和最大的价值增值。

（2）一级供应商（与供应链概念一致，供给侧和需求侧两方面生产者）。

是指技术能力强、具有较高成本优势，起到在领先企业与本地供应商之间桥梁作用。在全球价值链上获得相对较高的地位与价值增值。

（3）其他层级供应商（简单组装、初始设备制造 OEM 等）。

这些企业与一级供应商联系、承担价值网络中非关键环节的非核心生产活动。

（4）合同制造商（如初始设计制造商 ODM）。

为领先企业提供除关键环节设计和营销以外的配套服务。具备一定的技术能力。比如富士康。

2. 全球价值链的分工模式

全球价值链的分工模式，如表 3－48 所示。

表 3-48 全球价值链的分工模式

五种模式	领先企业与供应商关系的特点	对供应商的主要影响
对外直接投资（科层型价值链）	信息专有或不易整理和传播。 适用于高知识产权、高质量风险及高品牌价值产品。 交易复杂，需要全面风险管理。 领先企业协调性高	供应商被全面管理控制。 能够快速获得现成资产。 技术扩展和知识转移通过内部联系
市场交易（市场型价值链）	信息易于传播。 适用于商品化的产品。 交易简单，价格机制是主导。 领先企业协调性低	交易伙伴间没有正式合作。 客户转换成本低。 受到市场力量影响。 学习方式限于贸易渠道
非股权形式——俘获型	信息不易整理和传播。 领先企业控制生产，交易简单。 领先企业协调性较高。 汽车产业供应商常见	小供应商受到高度监管和控制。 对领先企业依赖度高。 知识转移侧重于提高效率与产品改进
非股权形式——模块型	产品的模块型特征，降低信息编码难度。 领先企业选择及更换供应商便利，交易简单。 领先企业协调性低。 电子产业供应商常见	企业间联系广，信息流动量高。 对领先企业依赖度低，供应商多参与多个价值链
非股权形式——关联型	信息不易整理和传播。 团队合作。 通过当面交流和明确的调控来实现复杂的交易。 领先企业协调性中等	合作企业间依存度高。 合作企业交易交流频繁。 供应商更易生产差异化产品。 知识学习与转移的程度相对高。 领先企业转换成本高，需求更加稳定

（三）全球价值链与发展中国家企业升级

1. 企业升级的类型

发展中国家通过参与全球价值链，提高生产效率，进入高附加值阶段，称为企业升级。从易到难包括四种类型：

工艺升级+产品升级+功能升级+价值链升级

2. 全球价值链分工模式与企业升级

发展中国家企业从参与领先企业主导的全球价值链分工模式，不同的模式对企业升级的影响不同。全球价值链分工模式与企业升级，如表 3-49 所示。

表 3-49 全球价值链分工模式与企业升级

项目	工艺升级	产品升级	功能升级	价值链升级
对外直接投资(科层型价值链)	易	易	难	难
市场交易(市场型价值链)	早期难	早期难	确定关系后可实现	确定关系后可实现
非股权形式——俘获型	易	易	难	难
非股权形式——模块型	早期难	早期难	确定关系后可实现	确定关系后可实现
非股权形式——关联型	易	易	难	难

考点十三 国际化经营的战略类型★★

经典例题

【例题 1 · 单选题】☆2015 年，国内研发和制造铁路设备的东盛公司开启了国际化经营战略，在国外成立了多家子公司。东盛公司在国内的母公司保留技术和产品开发的职能，在国外的子公司只生产由母公司开发的产品。东盛公司采取的国际化经营战略类型的特点是(　)。

A. 全球协作程度低，本土独立性和适应能力高

B. 全球协作程度高，本土独立性和适应能力低

C. 全球协作程度高，本土独立性和适应能力高

D. 全球协作程度低，本土独立性和适应能力低

【答案】D

【解析】国际战略，企业多把产品开发的职能留在母国，而在东道国建立制造和营销职能。“东盛公司在国内的母公司保留技术和产品开发的职能，在国外的子公司只生产由母公司开发的产品”属于国际战略，特点是全球协作程度低，本土独立性和适应能力低，选项 D 正确。

【例题 2 · 单选题】☆多邦公司是一家驼羊毛制品生产和销售企业，产品销往多个国家和地区。为了确保产品质优价廉，该公司在最适合驼羊生存的 L 国建立统一的驼羊养殖场，并在加工条件最好的 N 国设厂生产驼羊毛制品。多邦公司国际化经营的战略类型是(　)。

A. 多国本土化战略

B. 国际战略

C. 跨国战略

D. 全球化战略

【答案】D

【解析】为了确保产品质优价廉，多邦公司在最适合驼羊生存的 L 国建立统一的驼羊养殖场，并在加工条件最好的 N 国设厂生产驼羊毛制品，在较有利的国家集中地进行生产经营活动，属于全球化战略。

【思路点拨】本题属于案例分析型选择题，题中的关键表述“产品销往多个国家和地区”说明企业向全世界的市场推销标准化的产品；“该公司在最适合驼羊生存的 L 国建立统一的驼羊养殖场，并在加工条件最好的 N 国设厂生产驼羊毛制品”说明企业在较有利的国家集中进行生产经营活动，形成经验曲线和规模经济效益，综上，可以判断出企业采用的是全球化战略。

考点速学

以“全球协作程度”和企业的“本土独立性和适应能力”所构成的两维坐标，可以把企业国际化经营战略分为以下四种类型，如图 3-5 及表 3-50。

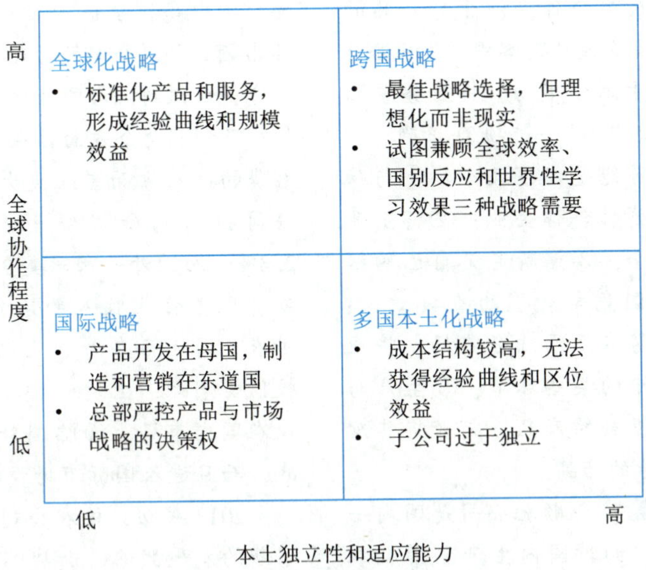

图 3-5 国际化经营战略矩阵

表 3-50 国际化经营的战略类型（重点）

国际化经营战略	概念	特征
国际战略	企业将其具有价值的产品与技能转移到国外的市场，以创造价值	多把产品开发的职能留在母国，而在东道国建立制造和营销职能；适应性较差，加大经营成本
多国本土化战略	根据不同国家的不同市场，提供更能满足当地市场需要的产品和服务	满足各地个性化需求，适应性强；成本结构较高，无法获得经验曲线效益和区位效益
全球化战略	向全球推销标准化的产品和服务，并在较有利的国家集中地进行生产经营活动，形成经验曲线和规模经济效益，以获得高额利润	目的是实施成本领先战略，通过提供标准化产品来促使不同国家的习俗和偏好趋同
跨国战略	是要在全球激烈竞争的情况下，形成以经验为基础的成本效益和区位效益，转移企业内的特殊竞争力，同时注意满足当地市场的需要	运用经验曲线效应，形成区位效益，能够满足当地市场的需求，达到全球学习的效果

考点十四 新兴市场的企业战略★

经典例题

【例题 1 · 单选题】☆面对国外著名医药公司在中国市场上不断扩张，多年从事药品研发、生产和销售的康达公司为了自身的长期发展，把药品的生产和销售业务转让给其他公司，同时与国外某医药公司合作专注于新药品的研发业务。从本土企业战略选择的角度看，康达公司扮演的角色可称为（ ）。

A. 防御者　　B. 扩张者

C. 抗衡者　　D. 躲闪者

【答案】D

【解析】“康达公司为了自身的长期发展，把药品的生产和销售业务转让给其他公司，同时与国外某医药公司合作专注于新药品的研发业务”体现了“躲闪者”战略中的“根据自身的本土优势专注于细分市场，将业务重心转向价值链中的某些环节”。选项D正确。

躲闪者的选择可能是以下几个：①与跨国竞争对手建立合资、合作企业；②将企业出售给跨国竞争对手；③重新定义自己的核心业务，避开与跨国竞争对手的直接竞争；④根据自身本土优势专注于细分市场，将业务重心转向价值链中的某些环节；⑤生产与跨国竞争对手产品互补的产品，或者将其改造为适合本国人口味的产品。

【例题2·多选题】☆顺驰公司是国内一家汽车玻璃制造商。面对国内生产要素成本不断上涨和产品订单日趋减少，该公司把一部分资金和生产能力转移至生产综合成本相对较低的汽车产销大国M国。通过独立投资和横向并购M国一家拥有国际知名品牌的企业，顺驰公司在M国不仅很快站稳脚跟，而且获得M国汽车制造商的大量订单，业务量大幅增长。在本案例顺驰公司向M国投资的动机有(　)。

A. 寻求效率　　B. 寻求市场

C. 寻求资源　　D. 寻求现成资产

【答案】ABD

【解析】国内生产要素成本不断上涨和产品订单日趋减少，分别体现了寻求效率和寻求市场。通过独立投资和横向并购M国一家拥有国际知名品牌的企业，体现了寻求现成资产。

【例题3·简答题】☆2000年以来，随着国内经济的快速发展、居民生活水平的提高以及人口老龄化的加剧，国内市场对医药产品的需求快速增长，世界著名医药跨国公司纷纷进入国内市场。

神农医药公司(简称神农公司)是国内一家生产和经销药品及医疗器械的企业，由于缺乏拥有自主知识产权的药品，多年来以生产仿制药为主；其生产的医疗器械科技含量较低，难以满足用户对高科技医疗器械的需要，国内高科技医疗器械市场基本被进口产品占领。神农公司的管理层通过对其进行的深入分析认识到，与国外跨国公司相比，自己在规模及利润两个方面存在着巨大差距，在研发经费的投入方面差距更大。如2012年，神农公司投入的研发费用占营业收入的比重2.3%，而国外一家同类企业Y公司投入的研发费用占营业收入的比重高达19%。此外，神农公司还存在着专业化程度和品牌认知度较低等问题。上述种种差距，使神农公司不仅在国内市场上面临国外跨国公司的巨大挑战，而且进入国际市场步履维艰。

2013年初，神农公司管理层制定并实施了新的发展战略。新战略的核心是设立若干个中小型医药高科技分公司，每个分公司相对独立经营，有的专攻国外跨国公司不太关注的盲区(如罕见病、特殊需求)，在产品上逐渐形成自己的特色；有的通过承接国外跨国公司医药研发外包业务，将业务重点转向价值链的研发环节，还有的着力于将自身具有相对优势的本土医药产品拓展至周边欠发达国家和地区。几年来，神农公司在国内市场与跨国公司的较量中，注重向跨国公司学习，合理整合和运用国内外优势资源，克服自身技能和资本匮乏的缺陷，以期发展为实力强大的大型跨国企业。在国内外市场上与国外跨国医药公司展开真正的较量。

要求：

(1)依据“进入障碍”中几种主要“结构性障碍”，简要分析神农公司进入国际市场举步维艰的主要原因。

(2)依据新兴市场本土企业战略选择理论，简要分析神农公司面对跨国公司的大规模进入和挑战所做出的战略选择。

【答案】

(1)神农公司进入国际市场举步维艰的主要原因包括：

①规模经济方面。“与国外跨国公司相比，自己在规模及利润两个方面存在着巨大差距，在研发经费投入方面差距更大”说明神

农公司缺乏规模经济优势。

②现有企业对关键资源的控制方面。“由于缺乏拥有自主知识产权的药品，多年来以生产仿制药为主；其生产的医疗器械科技含量较低，难以满足用户对高科技医疗器械的需要，国内高科技医疗器械市场基本被进口产品占领”说明神农公司缺乏对关键资源的控制。

③现有企业的市场优势方面。“此外，神农公司还存在着专业化程度和品牌认知度较低等问题”说明神农公司缺乏市场优势。

(2)神农公司面对跨国公司的大规模进入和挑战所做出的战略选择如下：

①“躲闪者”战略，避开跨国公司的冲击。根据自身的本土优势专注于细分市场，将业务重心转向价值链中的某些环节。“设立若干个中小型医药高科技分公司，每个分公司相对独立经营，有的专攻国外跨国公司不太关注的盲区(如罕见病、特殊需求)，在产品上逐渐形成自己的特色”“有的通过承接国外跨国公司医药研发外包业务，将业务重点转向价值链的研发环节”。

②“扩张者”战略，向海外延伸本土优势。“还有的着力于将自身具有相对优势的本土医药产品拓展至周边欠发达国家和地区”。

③“抗衡者战略”，在全球范围内对抗。“神农公司在国内市场与跨国公司的较量中，注重向跨国公司学习，合理整合和运用国内外优势资源，克服自身技能和资本匮乏的缺陷”。

考点速学

在争夺新兴市场大战中，跨国公司并非占尽优势，本土企业要关注两个问题：

第一，所处的产业面临的全球化压力有多大？这需要本土企业了解跨国竞争对手的优势和劣势，明确自身在产业中合适的定位。

第二，评估自身的优势资源如何？这些资源包括本土的销售网络；与政府官员的长期紧密交往；有符合当地偏好的特色产品；廉价原材料；细分市场的服务经验等。这些优势资源是本土企业捍卫本国市场及能够向外扩张的资本与后盾。用一个矩阵比较不同产业所面临的全球化与本土化的压力，如图3-6所示。

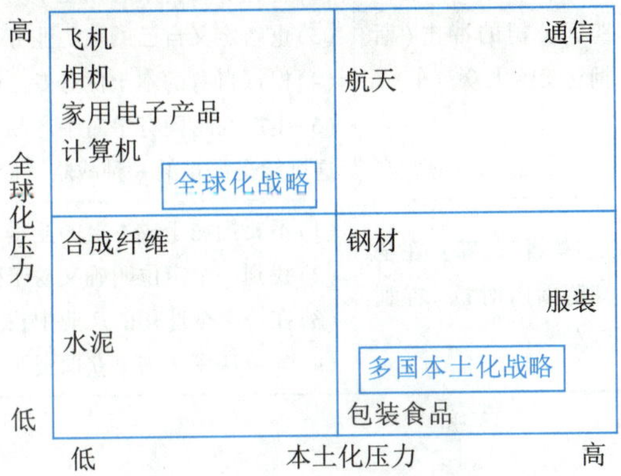

图 3-6　全球化对企业的影响

下面我们来重点讲解在全球化竞争中，新兴市场中本土企业的战略选择，如图 3-7、表 3-51 所示。

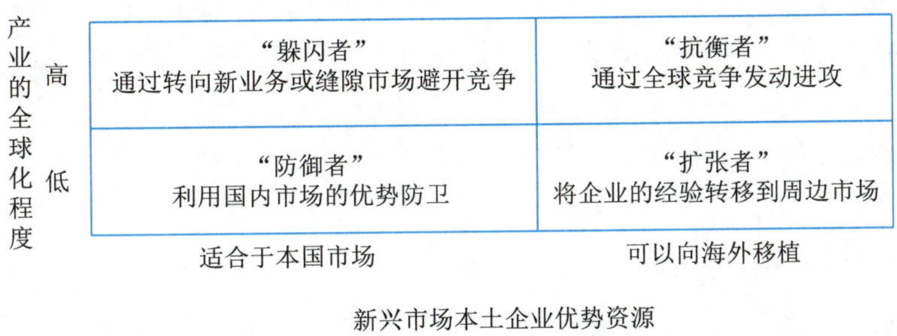

图 3-7　本土企业的战略选择

表 3-51 新兴市场的四种战略类型

类型	说明
“防御者”战略：利用本土优势进行防御（六神花露水）	(1)集中于喜欢本国产品的客户，不考虑崇尚国际品牌的客户。 (2)频繁调整产品和服务，以适应客户特别甚至是独一无二的需求。 (3)加强分销网络的建设和管理，缓解国外竞争对手的竞争压力。面对跨国竞争对手挑战时，应注意： a. 不要试图赢得所有顾客。 b. 不要一味模仿跨国竞争对手的战略
“扩张者”战略：向海外延伸本土优势（老干妈辣酱）	(1)不局限于保住现有市场，通过可移植的优势资源，向其他市场扩张。 (2)慎重并有选择地将海外扩张战略用于企业的核心资源，可增加收入，促进规模经济，获得经验。 (3)注意寻找在消费者偏好、地缘关系、分销渠道或政府管制方面与本国市场类似的市场。 (4)可面向“移居国外的本国人”
“躲闪者”战略：避开跨国公司的冲击（斯柯达卖给大众汽车）	不能仅指望公司的本土资源，要重新考虑自身的商业模式，可能的选择包括： (1)与跨国竞争对手建立合资、合作企业。 (2)将企业出售给跨国竞争对手。 (3)重新定义自己的核心业务，避开直接竞争。 (4)根据自身的本土优势专注于细分市场。 (5)生产与跨国竞争对手产品互补的产品或专为本国人口味生产产品。 这可能是最难的一种战略，应在被淘汰出局前完成调整
“抗衡者”战略：在全球范围内对抗（吉利汽车）	(1)不要拘泥于成本上的竞争，应在生产力、产品质量和服务水平上不断追赶。 (2)找到一个定位明确又易于防守的市场，如加入一个发达国家跨国公司主导的战略联盟。 (3)在一个全球化的产业中找到一个合适的突破口。（重组、业务剥离、外包） (4)学习从发达国家获取资源，以克服自身技能不足和资本匮乏

第四章 战略实施

本章重要程度：●●○
考试分值范围：分值约占10分

战略管理程序的三部曲——“分析、选择和实施”。本章战略实施是最后一部分内容，在第一章我们已经学习过，战略实施需要解决很多问题，包括组织结构、人员和制度、公司政治关系、组织协调和控制系统等方面。从本章的具体内容看，以下分别从4个方面展开，包括组织结构、企业文化、战略控制和数字化技术。

考情分析

本章主要考点

横向分工结构、公司战略与数字化技术、平衡计分卡、组织的战略类型、企业文化的类型、战略的稳定性与文化的适应性，考试题型主要以客观题和简答题为主。

2022年考试变化

(1)“战略管理中的权力与利益相关者”从第四章第四节调整到第一章。
(2)“企业发展阶段与结构”内容重新改写。
(3)“战略控制”内容变动较大，删除“战略控制系统”。
(4)“增量预算与零基预算”的优缺点内容重新改写。
(5)“企业业绩衡量”与“平衡计分卡”内容重新改写。
(6)“数字化技术对产品和服务的影响”与“数字化战略转型的困难和任务”内容重新改写。
(7)本章案例进行调整。

经典例题详解及核心考点

考点一 组织的构成要素及纵向分工结构★

经典例题

【例题1·单选题】下列关于组织结构的基本构成要素的表述中，正确的是(　)。

A. 企业组织内部不同职能或事业部的数目越多，而且越专业化，企业的分工程度就一定越高

B. 组织结构的基本构成要素包括分工和整合

C. 纵向分工的目的是增加企业创造价值的能力

D. 横向分工的目的是很好地控制企业创造价值的活动

【答案】B

【解析】一般来讲，企业组织内部不同职能或事业部的数量越多，而且越专业化，企业的分工程度就越高，但并非绝对，所以，选项A的说法错误；组织结构的基本构成要素包括分工和整合，所以，选项B的说法正确；对于纵向分工来说，企业高层管理人员必须在如何分配组织的决策权上做出选择，以便很好地控制企业创造价值的活动，所以，选项C的说法错误；对于横向分工来说，企业高层管理人员必须在如何分配人员、职能部门以及事业部

方面做出选择，以便增加企业创造价值的能力，所以，选项D的说法错误。

【例题2·单选题】华威集团是一家家电企业，家电企业平均的管理层次一般为5个，而华威集团的管理层次为8个，则华威集团的组织结构属于(　)。

A. 高长型组织结构

B. 扁平型组织结构

C. 国际部结构

D. 跨国结构

【答案】A

【解析】华威集团的管理层次大于家电行业平均的管理层次，因此，属于高长型组织结构。

【思路点拨】本题属于案例分析型题目。主要是区分高长型组织结构与扁平型组织结构，相对平均管理层次多的属于高长型，少的属于扁平型。

【例题3·多选题】下列关于分权型结构的表述中，不正确的有(　)。

A. 管理层级多　B. 管理层级少

C. 管理幅度宽　D. 管理幅度窄

【答案】AD

【解析】分权型结构包含更少的管理层，并将决策权分配到较低的层级，从而具有较宽的管理幅度并呈现出扁平型结构。

【例题4·多选题】☆创维公司是一家拥有3 000多名员工的高科技企业，该公司组织结构从上至下分为总经理、部门经理、管理人员和基层员工4个层次。根据组织纵向分工结构理论，创维公司采用的组织结构通常具有的特点有(　)。

A. 可以及时反映市场的变化

B. 企业战略难以实施

C. 容易造成管理的失控

D. 企业管理费用会大幅度增加

【答案】AC

【解析】在拥有1 000名员工的公司里，一般有4个管理层次，即总经理、部门经理、一线管理人员以及基层员工。而在3 000名员工的公司里，管理层次增加到8个。"创维公司是一家拥有3 000多名员工的高科技企业，该公司的组织结构从上至下分为总经理、部门经理、一些管理人员和基层员工4个层次"，所以属于扁平型组织结构。选项AC属于扁平型组织结构的特点，选项BD属于高长型组织结构的特点。

考点速学

一、组织结构的构成要素—知识理解能力

组织结构是波特价值链理论中公司重要的支持活动。首先学习组织结构的构成要素；其次需要掌握纵向分工与横向分工结构，以及对战略的影响；最后学习组织结构与战略的关系。

如何理解组织结构？它是**为组织实现共同目标而进行的各种分工和协调的系统**，是平衡企业组织内**专业化与整合**两个方面的要求，运用**集权和分权**的手段对企业生产经营活动进行组织和控制。不同产业、不同生产规模的企业结构是不同的，**组织结构最基本的要素包括分工与整合**，如表4-1所示。

表4-1　组织结构的构成要素

要素	说明
分工	分工是指企业为创造价值而对其人员和资源的分配方式。 一般来讲，组织内部不同职能或事业部越多越专业化，分工程度就越高。 (1)纵向分工。高层须在如何分配组织的决策权上作出选择，以便很好地控制企业创造价值的活动；是解决上下级之间的事权分配。 (2)横向分工。高层须在如何分配人员、职能部门以及事业部方面作出选择，以便增加企业创造价值的能力；是解决不同部门之间事权分配
整合	整合是指企业为实现预期的目标而用来协调人员与职能的手段

二、纵向分工结构

1. 纵向分工结构的基本类型

纵向分工结构的基本类型，如表 4-2 所示。

表 4-2 纵向分工结构的基本类型

类型	说明	举例
高长型组织结构	是指内部有很多管理层次。 每个层次上控制幅度较窄。 有利于内部的控制，但对外部变化的反应较慢	拥有 3 000 名员工的企业平均的管理层次一般为 7 个层次。如果某公司有 8 个管理层次，则为高长型
扁平型组织结构 （现实更常见）	是指内部管理层次较少。 每个层次上控制幅度较宽。 有利于对外部变化及时反映，但容易造成管理的失控	拥有 3 000 名员工的企业平均的管理层次一般为 7 个层次。如果只有 3 个管理层次，便是扁平型

2. 纵向分工结构组织内部的四个管理问题

(1) 集权与分权。

集权与分权的主要内容，如表 4-3 所示。

表 4-3 集权与分权

类型	说明	特点
集权型结构	是指高层管理人员拥有最重要的决策权力。 一般拥有多级管理层，并将决策权分配给顶部管理层，其管理幅度比较窄，呈现出层级式结构	(1) 优点：①易于协调决策；②对上下沟通的形式进行规范；③能与企业的目标达成一致；④危急情况下能进行快速决策；⑤有助于实现规模经济；⑥适用于由外部机构实施密切监控的企业。 (2) 缺点：①高级管理层可能不会重视个别部门的不同要求；②决策时间过长；③级别较低的管理者职业发展有限
分权型结构	包含更少的管理层次，并将决策权分配到较低的层级，从而具有较宽的管理幅度，呈现出扁平型结构	(1) 减少了信息沟通的障碍。 (2) 提高了反应能力。 (3) 为决策提供了更多的信息并对员工产生了激励效应

(2) 中层管理人员人数。

选择高长型结构时，需要较多的中层管理人员，会增加行政管理费用。为了降低成本，使其结构效率化，应尽量减少管理层次。

(3) 信息传递。

高长型的企业内部管理层次越多，越容易发生不同程度的扭曲，不能完整地到达信息传递的目的地。会增加管理的费用。

(4) 协调与激励。

管理层次过多时，会妨碍内部员工与职能部门间的沟通，增加管理费用。指挥链越长，沟通越困难，越容易使管理没有弹性。

考点二 横向分工结构★★

经典例题

【例题 1 · 单选题】甲企业是一家国际化的企业，为了更好地处理各国业务，决定将企业的活动和人员按照北美区域、东南亚区域以及中东区域进行划分。每个区域负责该地区的所有活动、所有产品以及所有客户。根据以上信息，判断该企业采用的组织结构类型是（ ）。

A. 区域事业部制结构

B. 职能制组织结构

C. 矩阵制组织结构

D. 产品/品牌事业部制结构

【答案】A

【解析】如果企业在不同的地理区域开展业务时，比较适合区域式结构，这种结构是按照特定的地理区域来对企业的活动和人员进行分类。

【思路点拨】本题属于案例分析型题目。主要是区分横向分工的组织结构类型，应对该类要求判断所属的组织结构类型的题目，可以结合教材中的组织结构图和每个组织结构类型的优缺点进行把握，进而对资料进行分析。

【例题2·单选题】泰兴集团根据不同国家的不同市场，提供更能满足当地市场需要的产品和服务，泰兴集团所采用的组织结构是(　)。

A. 国际部结构

B. 全球区域分部结构

C. 全球性产品分部结构

D. 跨国结构

【答案】B

【解析】多国本土化战略是根据不同国家的不同市场，提供更能满足当地市场需要的产品和服务。采用这种类型的企业往往采用“全球区域分部结构”，所以，选项B正确。

【拓展反思】一般情况下，注册会计师所在的会计师事务所的组织结构是哪种类型呢？一般是矩阵制组织结构，按照项目对成员进行划分，组成项目组，对审计客户实施审计、咨询等服务。员工拥有两个上级，一个是项目组的领导，一个是所在职能部门的领导。

【例题3·单选题】华通公司是一家铁路建造企业。该公司把施工单位划分为轨道、桥梁、涵洞等若干项目组，每个项目组都包括从事技术、采购、运输、生产等活动的人员；每个人员都受项目组主管和所属职能部门主管的双重领导。下列各项中属于华通公司采用的组织结构的优点的是(　)。

A. 权力划分比较清晰

B. 容易协调管理者之间的关系

C. 实现了各个部门之间的协作

D. 职能专家更加关注自身的业务范围

【答案】C

【解析】“该公司把施工单位划分为轨道、桥梁、涵洞等若干项目组，每个项目组都包括从事技术、采购、运输、生产等活动的人员；每个人员都受项目组主管和所属职能部门主管的双重领导”，这说明该公司采用的是矩阵制组织结构，选项C属于矩阵制组织结构的优点。

【例题4·单选题】☆升达公司是一家控股企业，下属多个分别主营石油化工、物流、机械制造等业务的独立经营的子公司。升达公司不干预子公司的战略决策和业务活动，仅根据市场前景和子公司的经营状况做出对子公司增加或减少投资的决策。升达公司应采取的组织结构类型是(　)。

A. H型组织结构

B. 事业部组织结构

C. M型组织结构

D. 战略业务单位组织结构

【答案】A

【解析】H型组织结构下，控股企业的下属子企业具有独立的法人资格，控股企业一般只是做一些宏观性的决断，因此不会对下属企业的自主经营进行干涉。“升达公司是一家控股企业，下属多个分别主营石油化工、物流、机械制造等业务的独立经营的子公司”并且“升达公司不干预子公司的战略决策和业务活动，仅根据市场前景和子公司的经营状况做出对子公司增加或减少投资的决策”属于H型组织结构，选项A正确。

【例题5·单选题】☆图美公司是某出版社所属的一家印刷厂，该公司按照出版社提供的文稿、图片和质量要求从事印刷、装订工作。图美公司适宜采用的组织协调机制是(　)。

A. 共同价值观

B. 相互适应，自行调整

C. 工作成果标准化

D. 技艺(知识)标准化

【答案】C

【解析】工作成果标准化是指组织通过预先制定的工作成果标准，实现组织中各种活动的协调。“该公司按照出版社提供的文稿、图片和质量要求从事印刷、装订工作”采用的是工作成果标准化。选项C正确。

【例题6·多选题】☆以生产、销售多种石化产品为主业的东昌公司对本企业的经营活动和人员，按照北方区域和南方区域进行划分。公司总部负责计划、协调和安排资源，区域分部负责所在区域的所有经营活动、产品销售和客户维护。下列各项中，属于东昌公司组织结构优点的有（ ）。

A. 可以削减差旅和交通费用

B. 能实现更好更快的地区决策

C. 可以避免管理成本的重复

D. 易于处理跨区域的大客户的事务

【答案】AB

【解析】根据资料可知，东昌公司采用的组织结构是区域事业部制组织结构。

优点：

(1)在企业与其客户的联系上，区域事业部制能实现更好更快的地区决策。

(2)与一切皆由总部来运作相比，建立地区工厂或办事处会削减成本费用。

(3)有利于海外经营企业应对各种环境变化。

缺点：

(1)管理成本的重复。

(2)难以处理跨区域的大客户的事务。

综上，选项A、B正确，C、D属于区域事业部制结构缺点，因此错误。

【例题7·多选题】☆威能公司是一家生产日常消费品的企业，有四大事业部，分部负责研发和生产洗发类产品、婴儿类产品、洗漱类产品和化妆类产品。每个事业部拥有多个产品线。公司总部对各个事业部统一进行资源配置。威能公司采取的组织结构类型的特点有（ ）。

A. 能够通过资本回报率等方法对事业部进行绩效考核

B. 集权化的决策机制放慢了反应速度

C. 职权分派到事业部，并在事业部内部进行再次分派

D. 为各事业部分配企业的管理成本比较困难

【答案】ACD

【解析】威能公司下设四个事业部，每个事业部拥有多个产品线，公司总部对各个事业部统一进行资源配置，可以判断公司采取的组织结构类型是M型组织结构。选项B属于职能制组织结构的特点。

考点速学

1. 创业型组织结构

创业型组织结构的主要内容，如表4-4所示。

表4-4 创业型组织结构

项目	说明
基本含义	所有者或管理者对若干下属实施直接控制，由其下属执行一系列工作任务。企业的战略计划由中心人员完成，中心人员负责所有重要的经营决策
特点	弹性较小并缺乏专业分工，其成功主要依赖于该中心人员的个人能力
适用情况	通常应用于小型企业(个体工商户或企业创立初期)

2. 职能制组织结构(适用单一业务)

职能制组织结构是组织结构的典型模式。具体内容如表4-5所示。

表4-5 职能制组织结构

项目	说明
基本含义	不同的部门有不同的业务职能； 各部门之间相互独立，但有一定的相互作用和影响

（续表）

项目	说明
适用情况	单一业务企业
优缺点	优点：①能够实现规模经济；②有利于培养职能专家；③工作效率得到提高；④董事会便于监控各个部门。 缺点：①在协调不同职能时可能出现问题；②难以确定各项产品产生的盈亏；③导致职能间发生冲突、各自为政，而不是相互合作；④等级层次以及集权化的决策机制会放慢反应速度

3. 事业部制组织结构(适用多产品线)

事业部制组织结构的主要内容，如表 4-6 所示。

表 4-6　事业部制组织结构

项目	说明	
基本含义	按照产品、服务、市场或地区定义出不同的事业部。 总部负责计划、协调和安排资源。事业部则承担运营和自身的战略规划责任	
类型与特点	区域事业部制结构	优点： (1)在企业与其客户的联系上，能实现更好更快的地区决策。 (2)会削减成本费用。 (3)有利于海外经营企业应对各种环境变化。 缺点： (1)管理成本的重复。 (2)难以处理跨区域的大客户的事务。 适用情况：企业在不同的地理区域开展业务
	产品/品牌事业部制结构	优点： (1)生产与销售不同产品的不同职能活动和工作可以通过事业部/产品经理来予以协调和配合。 (2)更有助于企业实施产品差异化。 (3)易于出售或关闭经营不善的事业部。 缺点： (1)各个事业部会为了争夺有限资源而产生摩擦。 (2)各个事业部之间会存在管理成本的重叠和浪费。 (3)若产品事业部数量较大，则难以协调。 (4)若产品事业部数量较大，高级管理层会缺乏整体观念。 适用情况：具有若干生产线的企业
	客户细分或市场细分事业部制结构	通常与销售部门和销售工作相关，批销企业或分包企业可能采用这种结构，由管理者负责联系主要客户

4. M 型组织结构(多部门结构)(适用更多产品线)

M 型组织结构的主要内容，如表 4-7 所示。

表 4-7　M 型组织结构

项目	说明
基本含义	随着企业规模扩大，具有更多个产品线的企业应采用 M 型结构。 原有的事业部由拥有更大经营权的公司代替；每个公司负责更多的产品线或事业部分管不同的产品线

（续表）

项目	说明
优缺点	优点： (1)便于企业的持续成长。 (2)CEO 有更多的时间分析各个事业部的经营情况以及进行资源配置。 (3)职权被分派到各个事业部，并在每个事业部内部进行再次分派。 (4)能够对事业部的绩效进行财务评估和比较。 缺点： (1)为事业部分配管理成本比较困难并略带主观性。 (2)会在事业部之间滋生功能失调性的竞争和摩擦。 (3)事业部之间转移部件或产品时，确定转移价格会产生冲突
适用情况	具有多个产品线的企业

5. 战略业务单位组织结构(SBU)

战略业务单位组织结构的主要内容，如表 4-8 所示。

表 4-8　战略业务单位组织结构

项目	说明
基本含义	相关产品线归类为事业部，然后将这些事业部归类为战略业务单位。SBU 比 M 型的公司负有更多职责，没有本质不同
适用情况	尤其适用于规模较大的多元化经营的企业
优缺点	优点： (1)降低了企业总部的控制跨度。 (2)减轻了总部的信息过度情况。 (3)具有类似使命的产品、市场或技术的事业部之间能够更好地协调。 (4)易于监控每个 SBU 的绩效(在职能制组织结构下也如此)。 缺点： (1)由于多了一个垂直管理层，总部与事业部和产品层的关系变得更疏远。 (2)SBU 经理为了取得更多资源会引发竞争和摩擦，对总体绩效产生不利影响

6. 矩阵制组织结构

矩阵制组织结构的主要内容，如表 4-9 所示。

表 4-9　矩阵制组织结构

项目	说明
基本含义	具有两个或多个命令通道，包含两条预算权力线以及两个绩效和奖励来源
适用情况	非常复杂项目中的控制问题
优缺点	优点： (1)项目经理能更直接地参与到与其产品相关的战略中来，激发其动力。 (2)能避免职能型结构对产品和市场的关注不足。 (3)能够做出更有质量的决策。 (4)实现了各个部门之间的协作以及各项技能和专门技术的相互交融。 (5)双重权力使得企业具有多重定位，职能专家不会只关注自身业务范围。 缺点： (1)可能导致权力划分不清晰，在职能工作和项目工作之间产生冲突。 (2)双重权力容易使管理者之间产生冲突。 (3)管理层可能难以接受混合型结构，管理者之间争夺其权力，产生危机感。 (4)会增加时间成本和财务成本，决策的时间过长

7. H 型结构(控股企业/控股集团组织结构)

H 型结构的主要内容，如表 4-10 所示。

表 4-10　H 型结构

项目	说明
基本含义	其下属子企业具有独立的法人资格。控股企业拥有下属企业的股份，并对这些企业实施较小的控制或不实施控制
适用情况	**实施多元化战略**，业务领域涉及多个方面
主要特点	(1)其业务单元的自主性，尤其是业务单元对战略决策的自主性。 (2)企业无须负担高额的核心企业管理费。 (3)业务单元能够自负盈亏并从母企业取得较便宜的投资成本。 (4)控股企业可以将风险分散到多个企业中，容易撤销对个别企业的投资

8. 国际化经营企业的组织结构

国际化经营企业的组织结构的主要内容，如图 4-1、表 4-11 所示。

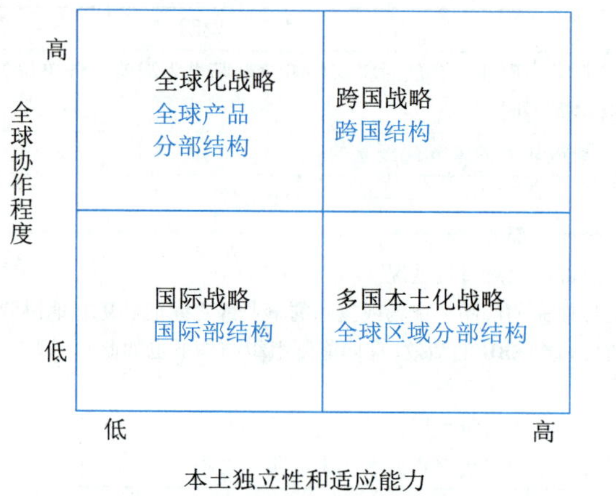

图 4-1　国际化经营战略类型及其对应的组织结构

表 4-11　国际化经营企业的组织结构

类型	说明
与"国际战略"相配套的"**国际部结构**"	(1)**国际战略**：国际化经营早期的战略类型。 产品开发的职能留在母国，而在东道国建立制造和营销职能。 (2)**国际部结构**，**是事业部制**，按区域、产品、区域和产品的混合划分
与"多国本土化战略"相配套的"**全球区域分部结构**"	(1)**多国本土化战略**：①根据不同国家的不同的市场，提供更能满足当地市场需要的产品和服务；②地区分部是**事业部或战略业务单位**。 (2)**地区分部结构**：①使地区和国家经理有高度的自主权；②当地情况对消费者需求影响越大，国家或地区经理所获自主权应越大
与"全球化战略"相配套的"**全球性产品分部结构**"	(1)**全球化战略**：①向全世界的市场推销标准化的产品和服务，并在较有利的国家集中地进行生产经营活动，形成经验曲线和规模经济效益，以获得高额利润。②产品分部可以是**事业部或战略业务单位** (2)**全球性产品分部结构**：①总部确定总目标和经营战略，各产品部根据总部的经营目标和战略分别制订本部的经营计划；②母公司管理整个国际市场的营销，下属公司可能会雇用自己市场的营销人员

（续表）

类型	说明
与“跨国战略”相配套的“跨国结构”	(1)跨国战略：①将全球化战略的高效率与多国本土化的适应能力结合的战略类型；②是一种矩阵结构，适用于产品多样化程度很高、地区分散化程度很大的跨国公司。 (2)跨国结构：①试图同时获得地区分部结构和产品分部结构的所有优势；②目的是力求同时最大限度地提高效率、地区适应能力和组织学习能力。下属公司可在某些地区起类似国内产品分部的作用，而在另一些地区承担全球产品的责任。 『提示』下属公司在跨国结构下依然保持着旺盛的生命力，其原因在于通向世界市场的直接途径，它是通过全球产品授权在专门领域的发展而建立的，全球产品责任代表了由下属公司而非母公司控制的全球性战略

9. 横向分工结构的六种基本协调机制

协调机制就是建立在企业的分工与协调之上的制度，如表4-12所示。

表4-12 基本协调机制

类型	说明
相互适应，自行调整	是一种自我控制方式。组织成员直接通过非正式的、平等的沟通达到协调，相互之间不存在指挥与被指挥的关系。适合于最简单结构
直接指挥，直接控制	组织的所有活动都按照一个人的决策和指令行事。负责人发布指示，监督工作
工作过程标准化	组织通过预先制定的工作标准，来协调生产经营活动。通过对工作制定出操作规程及其规章制度，要求工作过程中所有活动都要按标准进行，以实现协调
工作成果标准化	组织通过预先制定的工作成果标准，实现组织中各种活动的协调。只规定最终目标，不限定达到目标的途径、方法、手段和过程
技艺(知识)标准化	组织对其成员所应有的技艺、知识加以标准化。组织成员在任职前接受必要的标准化的训练，成为具有标准化知识和技能的人才
共同价值观	全体成员要对组织的战略、目标、宗旨、方针有共同的认识和共同的价值观念，充分了解组织的处境和自己的工作在全局中的地位和作用，互相信任、彼此团结，具有使命感

『提示说明』六种协调机制的关系：

(1)企业组织简单时，只需要相互适应、自行调整的协调机制。

(2)企业组织扩大后需要某人单独执行控制工作时，便产生了直接指挥、直接控制机制。

(3)当工作变为更加复杂时，协调机制便趋向标准化。

(4)在工作任务相当复杂时，企业便需要采用成果标准化或技艺标准化。

(5)在工作极其复杂、难以标准化时，企业往往自行又转回到互相适应调整这种最简单而又最灵活的协调机制上。

考点三 企业战略与组织结构★★

经典例题

【例题1·单选题】甲公司处于创立不久的初步发展阶段，公司采用市场渗透战略，着重发展单一产品，则适合甲企业采用的结构形式是(　)。

A. 创业型组织结构　B. H型结构
C. 事业部制结构　　D. 矩阵制结构

【答案】A

【解析】本题考核横向分工结构。甲公司处于创立不久的初步发展阶段，而且采用市场渗透战略，企业着重发展单一产品。这时，企业适合采用简单结构即创业型组织结构。

【例题2·单选题】下列关于分析型战略组织的表述中，错误的是(　)。

A. 分析型组织是开拓型组织与防御型组织的结合体
B. 分析型组织总是对各种战略进行理智的选择，试图以最小的风险、最大的机会获得利润
C. 如果分析型组织不能保持战略与结构关系的必要平衡，它最大的危险就是既无效能又无效率
D. 分析型组织所采用的战略在战略中是一种下策，只有在其他三种战略都无法运用时，企业才可以考虑使用这种方法

【答案】D

【解析】反应型战略在战略中是一种下策。只有在其他三种战略都无法运用时，企业才可以考虑使用这种方法。

【思路点拨】本题属于判断型题目。应对本题的关键是区分四种组织的战略类型，把握住关键点。防御型战略组织是求稳定，开拓型战略组织是求动态，分析型战略组织处于前两者的中间，反应型战略组织是动态不定的调整模式。

【例题3·单选题】☆圣元公司是一家智能家居用品制造商。该公司在技术开发和行政管理上具有很大的灵活性，由技术、营销等人员组成的项目组拥有产品开发的自主选择权。近年来该公司适应不断变化的市场需求，陆续开发出智能音箱、智能手环、智能电视、扫地机器人等产品。圣元公司组织结构的战略类型是(　)。

A. 开拓型战略组织
B. 分析型战略组织
C. 反应型战略组织
D. 防御型战略组织

【答案】A

【解析】开拓型战略组织追求一种更为动态的环境，将其能力表现在探索和发现新产品和市场的机会上。“该公司在技术开发和行政管理上具有很大的灵活性……近年来该公司适应不断变化的市场需求，陆续开发出智能音箱、智能手环、智能电视、扫地机器人等产品”属于开拓型战略组织，选项A正确。

考点速学

一、组织结构与战略的关系

组织结构的功能在于分工和协调，是保证战略实施的必要手段。通过组织结构，企业的目标和战略转化成一定的体系或制度，融进企业的日常生产经营活动中，发挥指导和协调的作用，以保证企业战略的完成。

如何理解战略与结构的关系方面？钱德勒在其经典著作《战略和结构》中，首次提出组织结构服从战略的理论。

1. 战略的前导性与结构的滞后性

战略的前导性与结构的滞后性的主要内容，如表4-13所示。

表4-13　战略的前导性与结构的滞后性

类型	说明
战略前导性	指企业战略的变化快于组织结构的变化
结构滞后性	指企业组织结构的变化常常慢于战略的变化速度。原因有两种：一是新、旧结构交替需要时间；二是管理人员的抵制

2. 企业发展阶段与结构

企业处在不同的发展阶段，应采用合适的战略，并要求适当匹配的组织结构。企业发展阶

段与结构的主要内容，如表 4-14 所示。

表 4-14　企业发展阶段与结构

发展阶段及战略	企业特征	结构类型
市场渗透战略	创立不久、单一产品、以营销手段来获得更大市场份额	创业型组织结构
市场开发战略	企业发展后的扩张、产品和服务追求标准化、专业化	职能制组织结构
纵向一体化战略	企业进一步发展、多产品线及市场扩张、通过纵向一体化来提高竞争力	事业部制组织结构
多元化经营战略	企业发展进入成熟期、通过多元化来减少投资或经营风险	战略业务单位、矩阵制或 H 型的组织结构

随着向海外扩张，最初创立了“国际部”，随着各个国家所在市场的独特性需求，导致了企业按多国本土化战略的组织结构进行重组。随着跨国协调的进一步压力和在国家内部进行专业化分工的问题，产生了全球化战略，以实现规模经济。在需要对当地情况做出快速反应和为获得全球范围内的规模经济而要求的集中之间进行平衡，最后产生了跨国战略，这是一种较为复杂的矩阵结构。

二、组织的四种战略类型

战略要解决的问题就是企业如何运用已有的资源和可能占有的资源去适应企业的内外环境并实现其预定的目标。这种适应是一种复杂的动态的调整过程，从战略视角可以把组织划分为以下四种战略类型。

1. 防御型战略组织

防御型战略组织的主要内容，如表 4-15 所示。

表 4-15　防御型战略组织

类型	说明	特点
防御型战略组织	追求一种稳定的环境，通过解决开创性问题来达到自己的稳定性。 (1)工程技术上创造出一种具有高度成本效率的核心技术。开辟一种可以预见的经久不衰的市场。技术效率是成功的关键。 (2)行政管理上，采取“机械式”结构机制	采用竞争性定价或高质量产品来阻止竞争对手进入以保持稳定。适合于稳定的产业。 缺点：不可能对市场环境做重大的改变

2. 开拓型战略组织

开拓型战略组织的主要内容，如表 4-16 所示。

表 4-16　开拓型战略组织

类型	说明	特点
开拓型战略组织	为服务于变化的市场，技术和行政管理具有很大的灵活性。 (1)工程技术上，根据现在和未来的产品结构确定技术能力。 (2)行政管理上，原则是灵活性。 开创性问题：寻求和开发新产品与市场机会	要冒利润较低与资源分散的风险；多种技术共存难以发挥总体效率；行政管理上可能错误使用企业的资源。 可能缺乏效率性，很难获得最大利润

3. 分析型战略组织

分析型战略组织的主要内容，如表 4-17 所示。

表 4-17　分析型战略组织

类型	说明	特点
分析型战略组织	以最小的风险、最大的机会获得利润。 在工程技术与行政管理方面，表现出两重性的特点：紧随领先的开拓型组织，同时又在自己稳定的产品和市场中保持生产效率	建立双重的技术中心、管理系统、控制系统和奖惩系统。 缺点：稳定性与灵活性并存的状态，限制了组织的应变能力；可能既无效能又无效率

4. 反应型战略组织

反应型战略组织的主要内容，如表 4-18 所示。

表 4-18　反应型战略组织

类型	说明	特点
反应型战略组织	成为反应型组织，主要有三个原因： (1)决策层没有明文表达企业战略。 (2)管理层次中没有可适用于现有战略的组织结构。 (3)只注重保持现有的战略与结构的关系，忽视了外部环境条件的变化	如果不是存在于经营垄断或被高度操纵的产业里，就不应采取反应型组织形态。(无奈之举)

考点四　企业文化的类型★★

经典例题

【例题 1·单选题】☆格朗公司是一家从事环境艺术的企业，该公司的业务以创意为核心，员工根据个人的爱好、专长和成长需要，自主选择从事建筑设计、室内装潢、城市雕塑和壁画制作等工作，公司则为员工的工作需要提供必要的服务。格朗公司的企业文化类型是(　)。

A. 权力导向型　　B. 任务导向型

C. 角色导向型　　D. 人员导向型

【答案】D

【解析】在人员导向型文化下的企业存在的目的主要是为其成员的需要服务，企业是其员工的下属，企业的生存也依赖于员工。“员工根据个人的爱好、专长和成长需要，自主选择从事建筑设计、室内装潢、城市雕塑和壁画制作等工作，公司则为员工的工作需要提供必要的服务”属于人员导向型，选项 D 正确。

【例题 2·单选题】丁国的 S 公司是一家全球 500 强企业，依靠严格的规章制度进行精细化管理，内部等级分明，决策权集中在上层，资历在员工晋升中发挥着重要作用。S 公司的企业文化类型是(　)。

A. 任务导向型　　B. 权力导向型

C. 角色导向型　　D. 人员导向型

【答案】C

【解析】角色导向型这类文化一般是围绕着限定的工作规章和程序建立起来的，理性和逻辑是这一文化的中心，分歧由规章和制度来解决，稳定和体面几乎被看成与能力同等重要。这类结构十分强调等级和地位，权利和特权是限定的。本题中，该公司“依靠严格的规章制度进行精细化管理，内部等级分明，决策权集中在上层，资历在员工晋升中发挥着重要作用”符合角色导向型文化的特点。

考点速学

一、企业文化的概念及类型

企业文化是内部的行为指针，制约和规范着管理者和员工。企业文化可能是国家文化、地方文化、企业文化、子公司文化和团体文化相互交织的结果。企业文化的类型，如表4-19所示。

表4-19 企业文化的类型

类型	说明	特点及适用情况
权力导向型	掌权人对下属保持绝对控制。 是传统框架；小业主企业的典型模式，变革由企业中心权力来决定	被看成是专横和滥用权力的。 存在于家族式企业和刚开创企业
角色导向型	尽可能追求理性和秩序。 重视合法性、忠诚和责任。 理性和逻辑是中心，分歧由规章和制度来解决，稳定和体面被看成与能力同等重要	强调等级和地位，权利和特权是限定的。具有稳定性、持续性的优点，变革是循序渐进的。在稳定环境中，可能导致高效率，但不太适合动荡的环境。 被称作官僚机构，常见于国有企业和公务员机构。
任务导向型	管理者关心的是不断地和成功地解决问题，评估是依据对企业目标做出的贡献。 组织结构往往是矩阵式的，无连续性是一个特征	强调的是速度和灵活性，专长是个人权力和职权的主要来源。 很强的适应性。给企业带来高成本。 常见于新兴产业中企业或高科技企业
人员导向型	企业存在的目的是为其成员的需要服务，企业是其员工的下属，企业的生存也依赖于员工。角色分配的依据是个人的爱好及学习和成长的需要	常见于俱乐部、协会、专业团体和小型咨询公司。 人员不易管理，企业能给他们施加的影响很小

二、文化与绩效——基本应用能力

（一）企业文化为企业创造价值的途径

（1）文化简化了信息处理。

（2）文化补充了正式控制。

大多数企业运用市场控制、官僚控制、团体控制三种控制技术的组合。

（3）文化促进合作并减少讨价还价成本。

（二）文化、惯性和不良绩效

当战略符合其环境的要求时，文化则支持企业的定位并使之更有效率；当企业所面对的环境产生了变化，并显著地要求企业对此适应以求得生存时，文化对绩效的负面影响就变得重要起来。

尤其是在一个不利的商业环境中，文化的不可管理性将使之成为一种惯性或阻碍变化的来源。

（三）企业文化成为维持竞争优势源泉的三个条件

必须为企业创造价值+必须是企业所特有的+必须是很难被模仿

『提示说明』当企业文化满足以上三个条件时，企业文化就成了企业核心能力。第二章中对于核心能力要满足的三个关键性测试与这三个条件基本是一致的。

考点五 战略稳定性与文化适应性★★

经典例题

【例题1·单选题】☆然达公司是合成橡胶、合成树脂等石化类产业的龙头企业。2017年，该公司启动新的战略变革，将公司在原产业领域积累的高分子技术应用到光化学和有机合成化学领域，使业务内容扩大到半导体制造材料、显示器材料等领域，同时进行了广泛的组织结构调整。此次战略变革得到公司上下一致认同和支持。该公司处理企业战略稳定性与文化适应性的关系时应(　)。

A. 加强协同作用

B. 根据文化进行管理

C. 重新制定战略

D. 以企业使命为基础

【答案】D

【解析】“进行了广泛的组织结构调整”表明组织要素变化多；“此次战略变革得到公司上下一致认同和支持”表明潜在的一致性大，所以属于以企业使命为基础，选项D正确。

【例题2·单选题】☆2017年，主营电子商城业务的鑫茂公司制定和实施了新零售战略，对原有业务进行了较大调整，建立了多家商品销售实体店，线下线上业务协同开展。这一变革得到企业固有文化支持。根据战略稳定性和文化适应性矩阵要求，该公司在实施上述新战略时应(　)。

A. 以企业使命为基础

B. 加强协调作用

C. 重新制定战略

D. 根据文化进行管理

【答案】A

【解析】“对原有业务进行了较大调整”说明各种组织要素的变化大，“这一变革得到企业固有文化的支持”说明文化的潜在一致性大，该公司在实施上述新战略时应以企业使命为基础。选项A正确。

【例题3·单选题】☆汉阳公司是国内一家经营多年的广告公司，在业内以鼓励员工个人对公司目标作出贡献闻名。近年来，国外著名广告公司的不断进入和本土竞争对手的成长给汉阳公司的业务增长带来越来越大的威胁，因此该公司管理层最近决定在维持现有组织架构的前提下推出新的更为严格的员工薪酬与绩效挂钩制度，以刺激业绩增长，该决定受到公司员工的拥护。汉阳公司在实施新的绩效考核制度时，应考虑(　)。

A. 以企业使命为基础

B. 加强协同作用

C. 根据文化进行管理

D. 重新制定战略

【答案】B

【解析】战略稳定性与文化适应性矩阵第二象限的加强协调作用，是指企业在实施一个新的战略时组织要素发生的变化不大，又多与企业目前的文化相一致。“在维持现有组织架构的前提下推出新的更为严格的员工薪酬与绩效挂钩制度，以刺激业绩增长，该决定受到公司员工的拥护”表明组织要素的变化不大，又多与企业目前的文化相一致。因此，选项B正确。

考点速学

战略的稳定性反映企业在实施一个新的战略时，企业的结构、技能、共同价值、生产作业程序等各种组织要素所发生的变化程度；**文化适应性**反映企业所发生的变化与企业目前的文化相一致的程度。

处理二者关系可以用下面的矩阵表示，见图4-2。

各种组织要素的变化	潜在的一致性：大	潜在的一致性：小
多	以企业使命为基础	重新制定战略
少	加强协调作用	根据文化进行管理

图4-2　战略稳定性与文化适应性

在矩阵中，纵轴表示企业战略的稳定性状况(**实施一个新战略时，如果带来组织要素的变化多，则说明战略稳定性差，反之稳定性好**)，横轴表示文化的适应性状况(**实施一**

个新的战略时，如果发生的变化与原企业文化一致性大，则说明文化适应性好，反之则不好），如表4-20所示（这个地方理解上有些绕，建议考生们多思考一下）。

表4-20　战略稳定性与文化适应性具体内容

组合	操作	说明
组织要素变化多（战略不稳定）+文化潜在一致性大（文化适应）	以企业使命为基础	实施一个新的战略时，重要的组织要素会发生很大变化。这些变化大多与企业目前的文化有潜在的一致性。 企业处理战略与文化关系的重点： （1）进行重大变革时，必须考虑与企业基本使命的关系。 （2）发挥现有人员在战略变革中的作用。 （3）调整奖励系统时，必须与目前的奖励行为保持一致。 （4）不要破坏企业已有的行为准则
组织要素变化小（战略稳定）+文化潜在一致性大（文化适应）	加强协调作用	实施一个新的战略时，组织要素发生的变化不大，又多与企业目前的文化相一致。 企业采用稳定战略，应考虑两个主要问题： （1）利用目前的有利条件，巩固和加强企业文化。 （2）利用文化相对稳定的这一时机，根据企业文化的需求，解决企业生产经营中的问题
组织要素变化小（战略稳定）+文化潜在一致性小（文化不适应）	根据文化的要求进行管理	实施一个新战略，主要的组织要素变化不大，但多与企业组织目前的文化不大一致。 在不影响企业总体文化一致的前提下，对某种经营业务实行不同的文化管理。 对企业结构进行变革时，也需要根据文化进行管理
组织要素变化多（战略不稳定）+文化潜在一致性小（文化不适应）	重新制定战略	首先要考察是否有必要推行这个新战略。 如果需要这种重大的变革，需要从四个方面采取行动： （1）高层要下决心变革，向全体员工讲明变革的意义。 （2）为形成新的文化，要招聘或从内部提拔一批与新文化相符的人员。 （3）改变奖励结构，将奖励的重点放在具有新文化意识的事业部或个人的身上，促进企业文化的转变。 （4）设法让管理人员和员工明确新文化所需要的行为，形成一定的规范，保证新战略的顺利实施

考点六　战略控制的过程与方法★★

经典例题

【例题1·多选题】冰墩墩股份有限公司每年都根据各部门实际业务需求及业绩情况来编制下一年的预算，下列关于该预算类型的表述中，正确的有（　）。

A. 增强员工的成本效益意识

B. 有利于根据实际需要合理分配资金

C. 它可能强调短期利益而忽视长期利益

D. 比较容易对预算进行协调

【答案】ABC

【解析】冰墩墩股份有限公司采用的预算编制方法为零基预算，选项AB属于零基预算的优点，选项C属于零基预算的缺点，表述均是正确的。选项D属于增量预算的优点，不符合题目要求。因此，本题目的正确答案为选项ABC。

【例题2·单选题】☆2002年，小王在市区黄金位置开了一家咖啡店，由于经营有方，小店开业不到一个月就创造了销售佳绩。正在小王准备大干一场时，社会上一场流行性疾病袭来，小店经营陷入困境。小王采取各种措施试图挽救失败后，不得不关闭了咖啡店，根据战略失效理论，小王创业没达到预期目标属于(   )。

A. 前期失效　　B. 晚期失效

C. 正常失效　　D. 偶然失效

【答案】D

【解析】流行病疫情属于偶然因素，所以属于偶然失效。

【例题3·多选题】甲公司采用流动比率、资产负债率等财务指标进行绩效评价。下列各项中，属于甲公司上述做法的局限性的有(   )。

A. 信息的使用存在局限性

B. 信息获取存在困难

C. 比率有时不能准确反映真实情况

D. 可能鼓励短期行为

【答案】ABCD

【解析】用比率评价业绩的局限性：①信息获取存在困难；②信息的使用存在局限性；③比率在各行业的标准不同及变动；④比率有时不能准确反映真实情况；⑤比率有时体现的是被扭曲的结果；⑥可能鼓励短期行为；⑦忽略其他战略要素；⑧激励、控制的人员范围有限。

【例题4·单选题】为高净值客户提供理财咨询服务的天元公司采用平衡计分卡衡量企业业绩，并把资产回报率作为一项重要考核指标。该指标属于平衡计分卡的(   )。

A. 财务角度

B. 顾客角度

C. 内部流程角度

D. 创新与学习角度

【答案】A

【解析】资产回报率是财务指标，属于财务角度。选项A正确。

【例题5·多选题】研发、生产治疗糖尿病药品的甲公司采用平衡计分卡进行绩效管理。下列各项属于该公司的平衡计分卡内部流程角度包括的内容有(   )。

A. 数字化信息系统覆盖率

B. 数字化技术采用率

C. 员工收入

D. 研发费用占销售额比例

【答案】AC

【解析】选项A属于内部流程角度，选项B属于创新与学习角度，选项C属于内部流程角度，选项D属于创新与学习角度。

考点速学

一、概念——基本应用能力

1. 相关概念辨析

(1)战略失效的含义、原因及其类型。

战略失效的含义、原因及其类型，如表4-21所示。

表4-21 战略失效

项目	说明
含义	战略实施的结果偏离了预定的战略目标或战略管理的理想状态
原因	(1)内部缺乏沟通，战略未能成为全体员工的共同行动目标，成员之间缺乏协作共事的愿望。(缺乏沟通) (2)战略实施过程中各种信息的传递和反馈受阻。(沟了但没通) (3)战略实施所需的资源条件与现实存在的资源条件之间出现较大缺口。(资源缺口) (4)用人不当，主管人员、作业人员不称职或玩忽职守。(用人不淑) (5)管理者决策错误，使战略目标本身存在严重缺陷或错误。(领导决策失误) (6)企业外部环境出现了较大变化，而现有战略一时难以适应等(环境巨变)
类型	早期失效、偶然失效和晚期失效

『提示』三种失效类型的判断方法，如表4-22所示。

表 4-22 战略失效的判断方法

失效类型	判断标志
早期失效	战略实施初期
偶然失效	偶然因素出现的影响
晚期失效	战略实施一段时间后

一个战略在于它能否成功地适应不可预测的环境变化，在于能否根据现实情况作出相应的调整和修正，并能最终有效地运用多种资源实现既定的整体目标，这就需要进行战略控制。

(2)战略控制。

战略控制是指在实施过程中，动态监测检查结果与既定战略目标的偏差，分析原因并及时纠偏的过程。

当出现偏差时，战略控制的意向应该是调整战略或改进实施，以提高应变能力及实现战略目标的能力。战略控制过程的关键环节是对经营绩效的评估。

经营层面的控制，就是预算控制，其控制的重点是企业内部经营活动。

战略控制与预算控制的差异，如表4-23所示。

表 4-23 战略控制与预算控制的差异

战略控制	预算控制
期间比较长，从几年到十几年以上	期间通常为一年以下
定性方法和定量方法	定量方法
重点是内部和外部	重点是内部
不断纠正行为	通常在预算期结束之后纠正行为

2. 战略控制过程的四个步骤

(1)设定战略控制目标。依据战略目标，结合内部资源及外部环境的变化，合理设定战略控制目标或标准。

(2)选择战略控制方法。通过收集经营信息、对内外环境监测并检查业务进展，评价长短期业绩，制定纠偏措施的方式、工具和标准。

(3)实施战略控制措施。运用战略控制方法，对经营业绩进行衡量与评价，并与目标进行比较，找出差距并制定及实施应对措施。

(4)反馈战略控制效果。将实施措施的效果反馈给决策者、经营者及员工，以推动战略控制持续改进和战略目标的实现。

二、战略控制方法

(一)预算与预算控制——基本应用能力

1. 预算的含义

预算就是财务计划。企业的目标通常是用预算的形式来完成的。

2. 预算的类型

预算的类型，如表4-24所示。

表 4-24 预算的类型

类型	优点	缺点
增量预算	(1)编制工作量少易操作。 (2)变动小且循序渐进，在稳定基础上经营企业。 (3)减少分配变动引起的部门间冲突。 (4)容易对预算进行协调	(1)没有考虑条件及情况的变化。 (2)易产生保守观念，不利于创新。 (3)与业绩没有联系，缺少降低成本的动力。 (4)鼓励将预算全部用光。 (5)当业务活动及开支变化时，失去其合理性和可行性

（续表）

类型	优点	缺点
零基预算	(1)利于合理分配资金。 (2)利于调动参与预算编制的积极性。 (3)增强员工成本效益意识。 (4)鼓励根据环境变化进行创新。 (5)增加预算的科学性、透明度，提高预算管理水平	(1)编制复杂，工作量大、费用高。 (2)容易导致追求短期利益而忽视长期利益。 (3)可能引起部门间的矛盾和冲突

(二)企业业绩衡量——基本应用能力

1. 财务衡量指标

企业业绩包括战略性业绩与经营性业绩。

战略性业绩与企业战略地位和战略目标相关，具有整体性和长期性。具体包括：市场竞争力、行业地位、成长性、声誉、重大创新等。

经营性业绩与企业局部或短期活动相关，是日常经营活动的业绩。具体包括：销售额、净利润额、质量合格率等。

对两类业绩的衡量，须使用财务指标与非财务指标的定性和定量衡量，并将衡量结果进行横向与纵向比较分析。

财务衡量指标的主要内容，如表4-25所示。

表4-25 财务衡量指标

指标类别	指标名称
盈利能力和回报率指标	毛利率与净利润率、已动用资本报酬率
股东投资指标	每股盈余、每股股利和市净率、股息率、市盈率
流动性指标	流动比率、速动比率、存货周转期、应收应付账款周转期
综合负债和资金杠杆指标	负债率、现金流量比率

衡量业绩的财务指标常采用比率。使用比率衡量、评价业绩的主要原因：

(1)可用于不同时期的变动比较。

(2)比绝对数值更适合。

(3)比率适合作为业绩目标。

(4)可用于同类企业比较。

用比率评价业绩的局限性：

(1)信息获取困难。

(2)历史信息使用的局限性。

(3)比率在各行业的标准不同及变动。

(4)有时不能准确反映真实情况(比如过高的流动比率)。

(5)有时体现的是被扭曲的结果(比如没有考虑的机会成本)。

(6)可能鼓励短期行为。

(7)忽略其他战略要素(如创新和声誉)。

(8)激励、控制的人员范围有限。

2. 非财务指标

非财务衡量指标是基于非财务信息的业绩衡量指标。举个例子，如表4-26所示。

表4-26 非财务指标

评价领域	业绩计量
服务质量	诉讼数量、客户等待时间
人力资源	员工周转率、旷工时间、每个员工的培训时间
市场营销	销量增长、市场份额、客户数量

用非财务指标衡量评价业绩的主要原因：

(1)反映和监控非财务方面的经营业绩。

(2)可提供更为及时的业绩信息。

(3)容易被非财务人员理解并使用。

(4)激励高管关注财务以外的因素。

(5)一些长期的非财务指标有利于避免短期行为。

(6)同时采用定性和定量分析、衡量，更能反映真实业绩。

(7)激励、控制的人员范围更广。

用非财务指标衡量评价业绩的局限性：

(1)没有统一的标准，不易发现或比较业绩变化。

(2)不能作为所有部门的整体性业绩目标。

(3)无法避免外部环境中的某些因素变化，不能客观真实地衡量反映企业业绩。

3. ESG衡量指标

是关注企业环境、社会和治理等业绩的非财务业绩衡量指标。目前主要涉及三个方面：

(1)环境方面。包括碳及温室气体排放、生物多样性、员工环境意识、节能减排措施、绿色技术等。

(2)社会方面。包括性别政策、人权政策、劳动规范、产品质量、精准扶贫、公益慈善等。

(3)治理方面。包括公司治理、贪污受贿政策、风险管理、组织结构、投资者关系、反不公平竞争等。

(三)平衡计分卡的业绩衡量方法

1. 平衡计分卡的基本概念

哈佛大学的卡普兰(Kaplan)和诺兰·诺顿研究所的诺顿(Norton)于1992后提出了平衡计分卡的方法，它将战略转化为可操作的衡量指标和目标值，是保证战略得以有效实施和控制的一种绩效管理体系。具体而言包括：财务、客户、内部管理、创新与学习四个角度，如表4-27所示。

表4-27 平衡计分卡的四类指标

角度	常用指标
财务角度(过去)	营业收入、销售增长率、ROA、ROE、EVA等
顾客角度(外部)	顾客满意度、顾客投诉率、投诉解决率、准时交货率、市场份额、客户保留率、新客户开发率、客户收益率等
内部流程角度(内部)	数字化信息系统覆盖率、计划准确率、订单准时交付率、安全事故率、接待客户的时间和次数、对客户诉求的反应时间、员工建议采纳率、员工收入等
创新与学习角度(将来)	研发占比、新产品销售额占比、专利等级和数量、数字化技术采用率、员工流动率、员工培训费用及次数、员工满意度等

2. 平衡计分卡的特点和作用

平衡计分卡的特点和作用，如表4-28所示。

表4-28 平衡计分卡的特点和作用

项目	内容
特点	(1)用四方面指标内容，为战略实施提供强有力的支持。 (2)四类指标体现五方面的平衡：财务与非财务、长期与短期、结果性与动因性、内部与外部、领先与滞后指标。 (3)四类指标内容联系紧密、相互支持加强。 (4)每个企业因各种差异应选择确定独特性的BSC

（续表）

项目	内容
作用	(1)为战略管理提供强有力的支持。战略实施可通过 BSC 来完成。 (2)提高企业整体管理效率和效果。四类指标简洁客观高效。 (3)促进部门合作、完善协调机制。 (4)完善激励机制，提高员工参与度。 (5)促进企业立足实际、着眼未来，实现长期可持续发展

(四)统计分析与专题报告——知识理解能力

统计分析与专题报告的主要内容，如表 4-29 所示。

表 4-29 统计分析与专题报告

方法	表现形式	说明
统计分析报告	表格式、图形式、文章式	特点： (1)以统计数据为主体。 (2)以科学的指标体系和统计方法来进行分析研究说明的。 (3)具有独特的表达方式和结构特点。 (4)逻辑严密、脉络清晰、层次分明
专题报告	研究报告	作用： (1)有助于企业对具体问题进行深入研究。 (2)有助于企业管理人员开阔战略视野。 (3)有助于企业内外的信息沟通

考点七 公司战略与数字化技术★★★

经典例题

【例题 1·多选题】2005 年创建的派昂公司经过发展如今已成为全方位整合营销模式的医药公司，成为西北医药龙头企业。派昂医药经营品种超过 8 000 多种，销售网络遍布全国 23 个省区，拥有 6 000 多家供应商和 40 000 多家客户资源。为了提升数据分析的及时性和准确性，派昂医药引进了 W 云平台帮助业务转型，从多个数据孤岛转型为统一数据后台，从手工 Excel 拼接数据转型为数据自动抽取集成，从传统库存管控转型为智能精准备货，从粗放式经营转型为科学化管理。该案例派昂公司解决的数字化战略转型中面临的困难有(　)。

A. 网络安全与个人信息保护问题

B. 数据容量问题

C. 数据孤岛问题

D. 核心数字技术问题

【答案】CD

【解析】“派昂医药引进了 W 云平台帮助业务转型”属于解决了核心技术问题；“多个数据孤岛转型为统一数据后台”属于解决数据孤岛问题。

【例题 2·单选题】☆传统制造业企业 A 是一家汽车生产企业，通过扩大 ERP 覆盖率提高销量，这属于(　)。

A. 技术变革　　B. 组织变革

C. 管理变革　　D. 流动性变革

【答案】C

【解析】管理变革强调企业通过数字化转型打通生产与管理全流程的数据链，促进业务流程变革、生产变革和财务变革，提高产品质量和生产效率。“通过扩大 ERP 覆盖率提高销量”属于管理变革。

【例题3·单选题】☆斯威公司是一家休闲服装生产企业。近期该公司与其他具有不同资源与优势的企业建立了以信息网络为基础的企业联盟体，通过网络来联系设计创意、制作人员和资产设备，共同开拓市场，共享技术与消息，费用分担。从组织结构角度看，上述企业联盟体(　)。

A. 具有灵活性较差的局限性

B. 是组织扁平化在企业之间的形式

C. 是传统组织结构与新型组织结构的结合

D. 是以资金流管理为核心组织形式

【答案】B

【解析】虚拟组织，是组织扁平化在企业之间的形式，是当市场出现新机遇时，具有不同资源与优势的企业为了共同开拓市场，共同对付其他的竞争者而组织、建立在信息网络基础上的共享技术与信息，分担费用，联合开发的、互利的企业联盟体。本题，“近期该公司与其他具有不同资源与优势的企业建立了以信息网络为基础的企业联盟体，通过网络来联系设计创意、制作人员和资产设备，共同开拓市场，共享技术与消息，费用分担”表明该企业联盟体为虚拟组织，选项B正确。

考点速学

数字化技术就是利用信息技术以实现信息离散化的集成技术。

1. 数字化技术——基本应用能力

(1)数字化技术的发展历程。

数字化是信息化的高阶阶段，而智能化是信息化、数字化的最终目标。信息化、数字化、智能化的比较如表4-30所示。

表4-30　信息化、数字化、智能化的比较

比较项目	信息化	数字化	智能化
描述	反映性功能(记录、传输、存储、显示)	执行性功能(计算、分析、综合、控制)	交互性功能(决策支持、学习、创新)
基本功能	开发信息资源	信息形式的统一化；信息表达的准确化；信息利用的高效化	协同应用人类智能和人工智能，提高功效
主要任务	随时获得必要的信息	实现信息增值	智能的协同发展和应用
评价标准	组织在战略决策和行动中能否便捷地得到准确、及时、足够信息	组织数字信息的应用范围和增值水平	人类智能与工具智能协同发展程度；个人智能与组织智能及社会智能协同发展程度

(2)数字化技术的应用领域。

数字化技术的应用领域包括以下六个方面的应用领域——“**大、智、移、云、物、区**”，主要内容如表4-31所示。

表4-31　数字化技术的应用领域概述要点总结

数字化技术应用领域	概述要点
大数据	(1)资料规模巨大、无法通过常规软件工具在合理时间内撷取、管理、处理、整理成有用信息的数据集合。 (2)四个特征：**大量性、多样性、高速性、价值性**
人工智能	(1)自然科学与社会科学的交叉学科。 (2)以智能为核心，具有自身研究特点的体系
移动互联网	移动通信+互联网

（续表）

数字化技术应用领域	概述要点
云计算	(1)网格计算，具有强大快速数据处理能力以实现网络服务。 (2)包括三个层次的服务： a. IaaS：**基础设施级服务**，提供数据中心及硬件资源服务。 b. PaaS：**平台级服务**，提供软件研发平台服务。 c. SaaS：**软件级服务**，提供基于 Web 的租用软件服务
物联网	(1)通过信息传感设备实现“万物相连的互联网”。 (2)三项关键技术：传感器技术、射频识别技术(RFID)、嵌入式系统技术(感官、神经系统、大脑)
区块链	(1)是一个分布式的共享账本和数据库；特点如下：**去中心化、不可篡改、全程留痕、可追溯、集体维护、公开透明**。 (2)功能：解决信息不对称，实现多主体的信任协作与一致行动。 (3)由算法驱动，天然支持资产数字化，是比特币的底层技术

人工智能的研究和应用如图 4-3 所示。

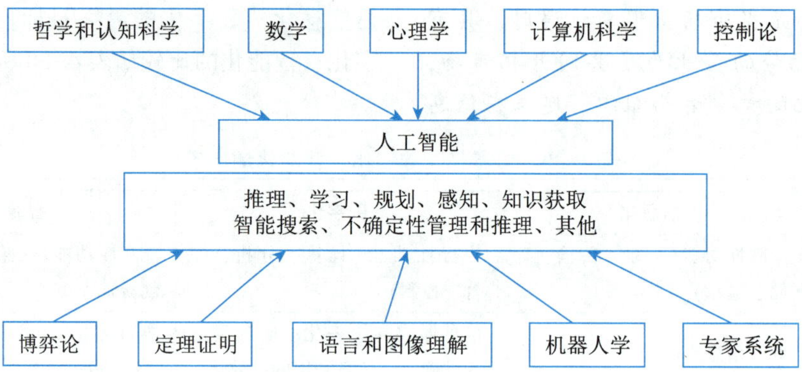

图 4-3　人工智能的研究和应用示意图

2. 数字化技术对公司战略的影响——综合运用能力

(1)数字化技术对组织结构的影响。

数字化技术对组织结构的影响，如表 4-32 所示。

表 4-32　数字化技术对组织结构的影响

影响的方面	要点描述
组织结构向平台化转型	(1)数字化时代的环境——复杂性、动态性和不可预测性。 (2)组织形态趋于柔性化、扁平化和网络化，呈现大平台小前端的特征，才能敏捷应对动态环境变化
构建传统与数字的融合结构	(1)融合结构包含传统和新兴的两类人才、观念、技术、流程和传播渠道。 (2)是一种过渡性结构，要转向适宜网络端、移动端
以新型组织结构为主要形式	(1)团队结构：以团队作为协调组织活动主要方式；成员既是全才也是专才；高度自主性；IT 使得沟通和监督成为可能。 (2)虚拟组织：组织扁平化在企业之间的形式；是基于信息网络技术的企业联盟体；可突破自身能力限制；灵活性强，便于快速重组社会资源，以适应市场需求

（2）数字化技术对经营模式的影响。

数字化信息资源服务的两种经营模式：公益性经营模式、产业化经营模式。产业化经营模式的主体包括：数据库生产商、信息内容服务商和出版商。数字化技术对经营模式的影响，如表4-33所示。

表4-33 数字化技术对经营模式的影响

影响的方面	要点描述
互联网思维的影响	（1）工业化思维：大规模的生产、销售、传播；但信息不对称。 （2）互联网思维：以更好的产品和服务，满足消费者的个性化需求，且价格更低、速度更快；传统的销售与传播环节不再重要
多元化经营的影响	“互联网+流通”形成了零售企业O2O布局，推动零售业态的多元化发展，促进跨界经营融合。如“餐厅+生鲜超市”
消费者参与的影响	（1）互联网将现实世界与虚拟世界紧密连接，为消费者参与提供了渠道，使得商业模式创新更加开放、科学、有效。 （2）数字化技术让松散的消费者凝聚成有价值的群体，形成消费者增权，并逐步形成以企业与消费者互动为基础的商业模式

（3）数字化技术对产品和服务的影响。

数字化技术将推动传统制造业向制造服务业转变。当制造业提供“软件+产品+服务”的数字化集成解决方案时，极大推动制造企业服务化进程。数字化技术对产品和服务的影响，如表4-34所示。

表4-34 数字化技术对产品和服务的影响

影响的方面	要点描述
个性化	（1）个性化是消费者需求的重要特征；数字化时代提供了高效便捷的数据获取和分析工具；消费者“留痕”平台（社交平台、购物及搜索平台）。 （2）个性化驱动企业产品理念向定制性、个性化和多样化转型
智能化	通过智能产品对使用数据实时抓取，分析消费者使用行为或自主学习
连接性	万物互联，如智能家居网络、智能化可穿戴设备
生态化	依靠科技促进低碳化发展，实现数字化赋能生态发展，同时生态化发展为数字化转型提供发展契机

（4）数字化技术对业务流程的影响。

传统管理模式下的业务流程，非增值环节多，信息传递慢。企业只有对其流程进行改造与创新，才能在动态变化环境中生存与发展。

业务流程重组（BPR），是通过对业务流程彻底地再设计而大幅度改善成本、质量、进度和服务效益，属于过程创新活动。

数字化信息系统是企业重组业务流程的核心。大型企业可能通过建立企业内部局域网，小企业可通过基于云端的协作工具和软件，如企业云盘来实现更快更好的决策。

基于云的办公场景构建，是企业数字化转型中必须考虑的场景。

3. 数字化战略——综合运用能力

（1）数字化战略的定义。

数字化战略，是全面评估企业数字资产，制定持续改进计划并积极服务于企业业务增长目标的战略举措。

（2）数字化战略转型的主要方面。

数字化战略转型的三个主要方面，如表

4-35 所示。

表 4-35 数字化战略转型的三个主要方面

主要方面	主要内容	主要评价指标
技术变革	数字化基础设施建设	主干网与互联网接口带宽、主干网网络覆盖率、数据安全措施应用率
	数字化研发	新产品产值率、研发投入强度、员工人均专利数
	数字化投入	数字化投入占比、数字化设备投入占比、数字化运维投入占比、数据安全投入占比
组织变革	组织架构	数字化部门领导者地位、管理层级数量
	数字化人才	数字化人才比重、数字化技能员工覆盖率、初级数字化技能人才培训支出
管理变革	业务数字化管理	电子商务采购比率、数字化仓储物流设备占比、订单准时交付率、数据可视化率
	生产数字化管理	作业自动化编制及优化排程比例、与过程控制系统或生产执行系统直接相连的数字化设备占比、数字化检测设备占比、在线设备管理与运维比例
	财务数字化管理	ERP 系统覆盖率、资金周转率、库存资金占有率
	营销数字化管理	运用客户管理系统(CRM)、数据仓库(DW)、商业智能(BI)技术，全面获取客户信息，通过大数据分析实现精准营销、内容营销、数字化的客户生命周期管理等

4. 数字化战略转型的困难和任务——基本应用能力

(1)公司数字化战略转型面临的困难。

公司数字化战略转型面临五大问题：一是**网络安全与个人信息保护问题**；二是**数据容量**问题；三是“**数据孤岛**”问题；四是**核心数字技术**问题；五是**技术伦理与道德问题**。

(2)公司数字化战略转型的主要任务。

a. **构建数字化组织设计，转变经营管理模式。**

包括三个方面：一是制定数字化转型战略；二是建立数字化企业架构(业务架构、数据架构和技术架构)；三是推动数字化组织变革。

b. **加强核心技术攻关，夯实技术基础。**

c. **打破“数据孤岛”，打造企业数字化生态体系。**

d. **加快企业数字文化建设。**

e. **利用新兴技术，提升公司网络安全水平。**

f. **重视数字伦理，提升数字修养。**

第五章　公司治理

本章重要程度：●○○
考试分值范围：分值约占5分

考情分析

本章主要考点

三大公司治理问题、公司治理的基础设施，考试题型以客观题为主。

2022 年考试变化

(1)“公司治理的重要性”删除，改为“公司治理与战略管理”内容。
(2)“公司内部治理结构”内容重新改写。
(3)新增“国有企业各级党委(党组)”相关内容。
(4)“公司治理原则”内容上有微调。
(5)本章案例进行调整。

经典例题详解及核心考点

考点一　三大公司治理问题★★

经典例题

【例题 1 · 单选题】☆建安集团是一家上市公司，公开信息显示该公司 2016 年实现净利润 3.8 亿元。当年该公司股价波动区间为 12~22 元，市盈率波动区间为 6~11 倍，公司以每股 5 元的价格向控股股东定向增发 1 000 万股。从掠夺性财务活动角度分析，建安集团的上述定向增发行为属于(　)。

A. 内幕交易　　B. 掠夺性融资
C. 掠夺性资本运作　　D. 超额股利

【答案】B

【解析】公司向终极股东低价定向增发股票属于掠夺性融资行为。“当年该公司股价波动区间为 12~22 元，市盈率波动区间为 6~11 倍，公司以每股 5 元的价格向控股股东定向增发 1 000 万股”属于掠夺性融资，选项 B 正确。

【例题 2 · 单选题】☆佳宝公司是一家上市公司，最近连续两年亏损，经营陷入困境。经审计发现，佳宝公司的重大决策权一直被控股股东控制，控股股东把佳宝公司当作“提款机”，占用佳宝公司的资金累计高达 10 亿元，佳宝公司存在的公司治理问题属于(　)。

A. 代理型公司治理问题
B. 剥夺型公司治理问题
C. “内部人控制”问题
D. 企业与其他利益相关者之间的关系问题

【答案】B

【解析】根据案例资料可知，佳宝公司存在的公司治理问题是“终极股东对于中小股东的隧道挖掘”问题，属于剥夺型公司治理问题。选项 B 正确。

【例题 3 · 多选题】☆当前，在国内上市公司中，终极股东对中小股东的“隧道挖掘问题”有多种表现形式，其中包括(　)。

A. 过高的在职消费
B. 产品购销的关联交易
C. 以对大股东有利的形式转移定价

D. 扩股发行稀释其他股东权益

【答案】BCD

【解析】选项A是经理人对于股东的“内部人控制”问题表现形式，其余三个是终极股东对于中小股东的“隧道挖掘”问题表现形式。

考点速学

一、公司治理概述

(一)企业的起源与演进——知识理解能力★

企业制度的发展可以总结为两大阶段的三种形式，第一阶段是以业主制和合伙制为代表的古典企业制度，第二阶段是以公司制为代表的现代企业制度。

企业的形式经历了“业主制——合伙制——公司制”的发展。

1. 业主制企业

是最早存在的企业制度，包括三个优点：

(1)内部组织形式简单，经营管理的制约因素少，经营管理灵活，法律登记手续简单，容易创立和解散。

(2)业主享有完全自主权，便于发挥其个人能动性、生产力及创造力。

(3)业主自负盈亏，对负债承担无限责任，个人资产与企业资产无界限。

业主制企业存在四个缺点：

(1)所有者只有一人，资产规模小，资金筹集困难，难以扩大生产和规模。

(2)所有权、收益权、控制权、经营权高度统一归业主所有，使企业存续受制于业主的经营意愿、生命期、继承者能力等因素。

(3)业主个人的人力资本很可能会影响到组织决策的质量。

(4)无限责任的风险大，不利于创新及新产业发展。

2. 合伙制企业

是由多个出资人联合组成的企业，本质上与业主制企业没有区别，包括三个优点：

(1)扩大了资金来源。

(2)产权结构完整统一，可整合发挥合伙人的资源优势及资源共享。

(3)经营管理上优势互补，分散经营压力。

合伙制企业存在四个缺点：

(1)无限责任的风险较大。

(2)合伙人之间缺少制约和监督，可能产生“搭便车”行为。

(3)合伙人之间的分歧带来更多协调成本，降低决策效率。

(4)合伙人的退出会影响企业的生存和寿命。

3. 公司制企业

公司制企业是现代经济生活中主要的企业存在形式。包括三个特点：

(1)有限责任制。

有限责任制是指公司应当以其全部财产承担清偿债务的责任。有限责任制减少了股东的投资风险，相应的经营风险转移到其他利益相关者身上。

有限责任制度对法律监管、市场秩序、社会稳定、公平交易提出了更高要求。

(2)股东财产所有权与企业控制权两权分离。

股东财产所有权与企业控制权的分离，是公司治理的基础。两权分离的最大优势是实现了“有钱的出钱，有能力的出能力”的优势互补组合。

(3)规模增长和永续生命。

公司制企业初始即实现了产权与经营权的分离，所有者与法人财产权的分离，使企业实现永续运行，理论上可以多达几千万的股东数量极大提升了公司筹集资金的能力，公司规模可以迅速增长，在很多领域能够实现规模经济，迅速提升运行效率和降低成本，在市场竞争中取得核心竞争力。

(二)公司治理问题的产生

随着公司制企业的不断发展，现代公司呈现出两个典型的特征，一是股权结构的分散化，二是所有权与经营权的分离，由此产生公司治理问题。

(三)公司治理的概念

1. 公司治理的定义

狭义的公司治理：是指所有者(主要是股

东)对经营者的一种监督与制衡机制，即通过一种制度安排，合理地配置所有者和经营者之间的权力和责任关系。其目标是保证股东利益的最大化，防止经营者对所有者利益的背离。

广义的公司治理：不局限于股东对经营者的制衡，还涉及广泛的利益相关者，包括股东、雇员、债权人、供应商和政府等与公司有利害关系的集体或个人。治理的目标不仅是股东利益的最大化，而是保证所有利益相关者的利益最大化。

2. 公司治理的概念理解的三方面

(1)公司治理结构与治理机制。

依据公司内外部环境差异，公司治理分为治理结构与治理机制两个维度。

治理结构侧重于公司的内部治理，包括“三会一层”及公司员工间权责利相互监督制衡的制度体系。

治理机制指市场机制对公司多维度的监督与约束，包括三大类：权益机制、市场机制和管理机制。

(2)从权力制衡到科学决策。

由于市场信息不对称、合约不完备及代理成本的存在，在委托人和代理人之间可能产生逆向选择和道德风险等代理问题，这就需要通过信号显示机制、契约的完善、委托人的监督及对经理人的激励来解决。

传统公司治理理论力图通过以权力制衡来降低代理成本和风险，但公司治理的目标不是相互制衡，它只是保证公司科学决策的方式和途径，科学决策才是公司治理的核心。

(3)公司治理能力。

公司治理结构与治理机制可视作企业的两种重要资源，是公司治理能力的载体和构成要素。公司治理能力与公司领导者的个人能力、治理工具和治理环境等要素密切相关。

公司的治理结构与治理机制可以模仿，但其治理能力却难以学习和替代。

(四)公司治理理论——基本应用能力

经历 80 多年发展有三大理论：委托代理理论、资源依赖理论和利益相关者理论。

1. 委托代理理论

(1)委托代理理论概述。

a. 是制度经济学中契约理论的主要内容。

b. 授权者是委托人，被授权者是代理人。(契约关系)

c. 委托代理理论认为，公司治理问题是伴随委托代理问题出现而产生的。

d. 生产力大发展和规模化大生产，产生专业分工。

e. 两权分离导致的直接后果是产生委托代理问题。

(2)委托代理问题为什么产生?

首先，从委托人(股东)方面来看，一方面股东没有能力(缺乏知识和经验)或没有时间精力来监控经营者；另一方面对于中小股东而言，没有动力监控经营者，因为监控所带来的业绩改善是公共物品，但是成本要自担，所以股东们存在免费“搭便车”的想法。

其次，从代理人(经营者)方面来看，一方面双方的效用函数不同，另一方面由于代理人存在信息优势，可能产生机会主义行为。

基于以上分析，两权分离后产生的相关问题，最终都与代理问题有关。

2. 资源依赖理论

该理论认为组织需要通过获取环境中的资源来维持生存。组织对环境及其资源的依赖，也是组织内权力分配问题的始点。能帮助组织获得稀缺性资源的利益相关者往往能在组织中获得更多的话语权，即资源的依赖状况决定组织内部的权力分配状况。

资源依赖理论可以更好地解释企业董事会的功能。

董事会为获取资源发挥的作用主要包括：①为企业带来忠告、建议形式的信息；②获得公司和外部环境之间的信息通道；③取得资源的优先条件；④提升企业的合法性。

小公司由于缺乏关键资源，资源提供功能较监督功能影响就更为显著。如有更多外部董事的公司，更可能从破产中重组，验证了资源依赖理论的论断。

3. 利益相关者理论

是指企业的经营管理者为综合平衡各个利益相关者的利益要求而进行的管理活动。

利益相关者理论的要点主要体现在以下几个方面：

(1)所有权是一个复杂的概念，股东并不是唯一的所有者。

(2)并不是只有股东承担企业的剩余风险，同时所有利益相关者的投入都可能是相关专用性资产。要给予其一定的剩余收益权，并参与公司治理。

(3)要重视非股东的其他利益相关者对企业发展贡献。中小股东的"用脚投票"导致其承担的责任减少，而经理人员和职工的贡献可能更大。

(4)从产权角度论证了"新所有权观"的合理性。因为公司的法人财产是相对独立的。

(五)公司治理与战略管理

公司治理可为公司进行有效的战略管理提供制度基础和根本保障。

(1)公司治理直接影响"三会一层"及相关人员行使战略管理权限和职能。

(2)公司治理影响企业战略目标。

(3)公司治理模式对战略实施过程有重大影响。

二、三大公司治理问题——基本应用能力

公司治理的问题包括三大类：

第一类称作代理型公司治理问题(经理人对于股东的"内部人控制"问题)。

第二类称作剥夺型公司治理问题(终极股东对于中小股东的"隧道挖掘"问题)。

第三类是企业与其他利益相关者之间的问题。

(一)经理人对股东的"内部人控制"问题

由于经理人与股东的双方目标利益的不一致与信息不对称，股东通过投票行为对公司决策产生影响，而经理人则掌握公司实际的运营资产，由此产生"内部人控制"现象。

1. "内部人控制"的成因

内部人控制问题的形成，是在所有权和经营权分离的公司制度下，委托代理关系所带来的必然结果。虽然从某种意义上讲，所有者与经营者利益一致、目标相同，公司经营好坏与两者息息相关，但两者实际上并非相同的利益主体，所有者目标较为单一追求企业利益最大化；而代理人的目标更为多元化。

另外，公司治理机制的不完善为内部人控制提供了有利条件。在我国国有股份占主导地位、股东大会流于形式、董事会凌驾于股东大会上等问题突出。

2. "内部人控制"的主要表现

经理人对股东应该负有忠诚、勤勉的义务，但由于存在委托代理问题及缺乏足够的监督机制，从而产生的内部人控制问题。

违背忠诚义务的主要表现有：

(1)过高的在职消费。

(2)盲目过度投资、经营者的短期行为。

(3)侵占资产，转移资产。

(4)工资奖金等增长过快，侵占公司利润。

(5)会计信息作假、财务作假。

(6)建立个人帝国。

违背勤勉义务的主要表现有：

(1)信息披露不完整、不及时。

(2)敷衍偷懒不作为。

(3)财务杠杆过度保守。

(4)经营过于稳健、缺乏创新等。

3. 治理"内部人控制"问题的基本对策

问题虽然出现在企业内部，但根源却在企业外部的制度和机制，即外部职责的懈怠和治理功能的缺失。要解决内部人控制问题可以从以下几方面着手：

首先，完善公司治理体系，加大监督力度。

其次，强化监事会的监督职能，形成企业内部权力制衡体系。

再次，加强内审，发挥监督职能，完善内部约束机制。

最后，完善和加强公司的外部监督体系，形成对经营者的外部监督机制。

（二）终极股东对中小股东的“隧道挖掘”问题

1.“隧道挖掘”问题的成因

当有大股东存在时，尤其是当资本市场缺乏对中小股东利益的保护机制时，代理问题将表现为控股股东与中小股东之间的利益冲突问题。其成因就在于控股股东对于公司的控制权比例大于其对于公司的现金流权，权利和收益、责任不匹配。

2.“隧道挖掘”问题的两大类表现

（1）滥用公司资源：指不以占用为目的，未按公司整体目标为行动导向的行为。违背了其作为代理人的勤勉义务。

（2）占用公司资源：指占用资源的目的，是将公司的利益输送至自身的行为。违背了其作为代理人的忠实义务。

占用公司资源又分为三种：

一是直接占用资源。表现为直接借款、利用控制的企业借款、代垫费用、代偿债务、代发工资、利用公司为终极股东违规担保、虚假出资，或占用商标、专利等，或通过预付账款形式占用资金。

二是关联性交易。又可分为商品服务交易活动、资产租用和交易活动、费用分摊活动。

三是掠夺性财务活动。具体可以分为掠夺性融资、内幕交易、掠夺性资本运作和超额股利等。

3. 如何保护中小股东权益

保护中小股东权益可从以下五个方面展开：

（1）累积投票制。

（2）建立有效的股东民事赔偿制度。

（3）建立表决权排除制度。

（4）完善小股东的代理投票权。

（5）建立股东退出机制。包括转股和退股。

（三）企业与其他利益相关者之间的关系问题

实践证明，现代社会任何一个公司的发展均离不开各种利益相关者的投入与参与。利益相关者都对企业的生存和发展注入了一定的专用型投资，或者是分散了一定程度的经营风险，因此应当拥有企业的剩余控制权，企业的经营决策者必须要考虑他们的利益并给予相应的报酬或是补偿。

当各利益相关者的利益得到合理的配置与满足时，才能建立更有利于企业长远可持续发展的外部环境。

问题的另一面则是，所有利益相关者共同参与公司治理会产生权责不清的问题，从而降低公司运作效率，企业容易陷入“泛利益相关者治理”的困境。

考点二　公司内部治理结构和外部治理机制及公司治理基础设施★★

经典例题

【例题·单选题】下列人员中属于公司外部董事的是（　）。

A. 大学教授　　B. 总经理

C. 财务总监　　D. 董事会秘书

【答案】A

【解析】外部董事是指不在公司担任除董事以外的其他职务的董事，如其他上市公司总裁、公司咨询顾问和大学教授等。总经理、财务总监和董事会秘书，属于公司的高级管理人员，不能担任公司的外部董事。

考点速学

一、公司内部治理结构和外部治理机制

（一）公司内部治理结构的模式

公司内部治理结构的模式，如表5-1所示。

表5-1　公司内部治理结构的三种模式

内部治理结构模式	特征
单层董事会制（英美）	最高权力机构——股东大会 决策、监督机构——董事会 执行机构——经理人员
双层董事会制（德国）	最高权力机构——股东大会 决策、监督机构——监事会 执行机构——董事会（管理委员会）

（续表）

内部治理结构模式	特征
复合结构制（日韩、中国）	最高权力机构——股东大会 决策、监督机构——董事会 监督——独立监察人（监事会） 执行机构——经理人员

（二）公司内部治理结构—基本应用能力

指主要涵盖股东大会、董事会（监事会）、高级管理团队以及公司员工之间责权利相互制衡的制度体系，相关内容如表5-2所示。

表5-2 内部治理结构各方主体的权利和义务

内部治理结构体系		内容
股东大会	股东及股东权利	**普通股股东享有的权利**：①剩余收益请求权和剩余财产清偿权；②监督决策权；③优先认股权；④股票转让权。 **优先股股东享有的权利**：①利润分配权；②剩余财产清偿权；③严格限制的管理权
	股东大会	股东主要通过参与股东大会来行使权利。股东大会两个基本特征： 一是公司内部的最高权力机构和决策机构。 二是公司的非常设机构。 《公司法》规定，股东大会应当每年召开一次年会。年度股东大会应当于上一会计年度结束后的6个月内举行。除了年度股东大会之外，有下列情形之一的，应当在2个月内召开临时股东大会：一是董事人数不足公司法规定的人数或者公司章程所定人数的三分之二时；二是公司未弥补的亏损达股本总额三分之一时；三是持有公司股份10%以上的股东请求时；四是董事会认为必要时；五是监事会提议召开时
	机构投资者	我国证券市场中的主要机构投资者：证券投资基金、证券公司、信托投资公司、财务公司、社保基金、保险公司、合格的外国机构投资者（QFII）、三类企业（国有企业、国有控股企业、上市公司）。 机构投资者的三个特征： **（1）具有显著的人才优势。** **（2）奉行稳健的价值投资理念，投资具有中长期投资价值的股票。** **（3）更可能参与上市公司的治理。** 机构投资者通过两种途径参与公司治理："**用脚投票**"和"**用手投票**"
董事会	董事会的职能	是股东大会闭幕期间的常设的集体行使权力的机构；股东大会所做的重大事项决定，董事会必须执行。 《公司法》规定，董事会对股东大会负责，行使下列职权： （1）负责召集股东大会，并向股东大会报告工作。 （2）执行股东大会的决议。 （3）决定公司的经营计划和投资方案。 （4）制订公司的年度财务预算方案、决算方案。 （5）制订公司的利润分配方案和弥补亏损方案。 （6）制订公司增加或者减少注册资本方案以及发行公司债券的方案。 （7）拟订公司合并、分立、解散的方案。 （8）决定公司内部管理机构的设置。 （9）聘任或者解聘公司经理，根据经理的提名，聘任或者解聘公司副经理、财务负责人，决定其报酬事项。 （10）制定公司的基本管理制度

（续表）

内部治理结构体系		内容
董事会	董事及其分类	董事对内管理公司事务、对外代表公司活动。 （1）董事分为内部董事（执行董事）与外部董事。 （2）外部董事分为关联董事与独立董事
	董事的权利及义务	董事的权利包括：①出席董事会会议；②表决权；③董事会临时会议召集的提议权；④通过董事会行使职权而行使权利。 董事义务又称勤勉义务或专项，包括善管义务和竞业禁止义务。 一是善管义务。包括以下三条： （1）董事必须忠实于公司。 （2）董事必须维护公司资产。 （3）董事在董事会上有审慎行使决议权的义务。 董事不得从事损害本公司利益的活动。否则，公司可对其行使归入权，即将从事上述活动的所得收入归公司所有。 二是竞业禁止义务。 未经股东会或者股东大会同意，董事不得自营或者为他人经营与其所任职公司同类的营业。董事违反上述竞业禁止义务，公司可以依法行使归入权
	四个专门委员会	董事会下属专门委员会。 原则上都应由独立董事构成，分别召开会议，承担各自的工作。 最常见的是：审计委员会、薪酬委员会、提名委员会与战略委员会
监事会	规定	《公司法》规定，设立监事会，其成员一般不少于 3 人。监事会应在其组成人员中推选 1 名召集人。监事会由股东代表和适当比例的公司职工代表组成，具体比例由公司章程规定。监事会中的职工代表由公司职工民主选举产生。董事、经理及财务负责人不得兼任监事
经理层	职权	是公司日常经营、行政事务的负责人，由董事会聘任。 在公司章程和董事会授权范围内，代表公司从事业务活动。 《公司法》规定，公司经理人员的职权包括 8 项： （1）主持公司的生产经营管理工作，组织实施董事会决议。 （2）组织实施公司年度经营计划和投资方案。 （3）拟订公司内部管理机构设置方案。 （4）拟订公司的基本管理制度。 （5）制定公司的具体规章。 （6）提请聘任或者解聘公司副经理、财务负责人。 （7）决定聘任或者解聘除应由董事会决定聘任或者解聘以外的负责管理人员。 （8）董事会授予的其他职权。 《公司法》指出，当公司章程对经理职权另有规定的，从其规定
	薪酬激励	（1）年薪制。 缺陷：易导致经营者的短期行为。 （2）股权激励。 a. 兼具“报酬激励”和“所有权激励”的双重作用。 b. 股票期权、股票增值权、虚拟股票、业绩股票及限制性股票、延期支付、经理人持股

（续表）

<table>
<tr><th colspan="2">内部治理结构体系</th><th>内容</th></tr>
<tr><td rowspan="3">国有企业各级党委（党组）</td><td>规定</td><td>加强党的领导和完善公司治理统一起来，是中国特色公司治理的重要内容。
国有企业的公司章程，应明确落实党组织在公司治理结构中的法定地位。
国企坚持和完善"双向进入、交叉任职"领导体制</td></tr>
<tr><td>作用</td><td>国有企业党委（党组）发挥领导作用，把方向、管大局、保落实，重大经营管理事项必须经党委（党组）研究讨论后，再由董事会或经理层决定</td></tr>
<tr><td>研究讨论事项</td><td>（1）贯彻党中央决策部署和落实国家发展战略的重大举措。
（2）企业发展战略、中长期发展规划，重要改革方案。
（3）企业资产重组、产权转让、资本运作和大额投资中的原则性、方向性问题。
（4）企业组织架构设置和调整，重要规章制度的制定和修改。
（5）涉及企业安全生产、维护稳定、职工权益、社会责任等方面的重大事项。
（6）其他应当由党委（党组）研究讨论的重要事项</td></tr>
</table>

『提示说明』四个专门委员会的主要职责：

审计委员会的主要职责：

（1）检查公司会计政策、财务状况和财务报告程序。

（2）与公司外部审计机构进行交流。

（3）对内部审计人员及其工作进行考核。

（4）对公司的内部控制进行考核。

（5）检查、监督公司存在或潜在的各种风险。

（6）检查公司遵守法律、法规的情况。

薪酬与考核委员会的主要职责：

（1）负责制定董事、监事与高级管理人员考核的标准，并进行考核。

（2）负责制定、审查董事、监事、高级管理人员的薪酬政策与方案。

提名委员会的主要职责：

（1）分析董事会构成情况，明确对董事的要求。

（2）制定董事选择的标准和程序。

（3）广泛搜寻合格的董事候选人。

（4）对股东、监事会提名的董事候选人进行形式审核。

（5）确定董事候选人，提交股东大会表决。

战略决策委员会的主要职责：

（1）制定公司长期发展战略。

（2）监督、核实公司重大投资决策等。

【备考战略】如果考生对于公司治理中的"三会一层"的分工原理及各自职能不熟悉的话，强烈建议结合前面总结的知识要点认真学习教材内容。公司内部治理结构的细小知识点很多，建议不要忽视遗漏。

（三）公司外部治理机制——基本应用能力

指除企业内部的各种监控机制外，还包括各个市场机制对公司的监控和约束。

1. 产品市场

（1）充分竞争市场上，最有效率的企业才能生存。

（2）可提供有关经理人行为的更有价值的信息。

2. 资本市场

（1）通过接管和兼并方式对经理人员进行约束。

（2）收购和重组的威胁是控制经理人员行为的最有效方法之一。

3. 经理人市场

（1）管理者对自己职业生涯的关注。

（2）管理者的个人声誉是决定其个人价值的重要因素。

二、公司治理的基础设施

影响公司治理效率的因素不仅包括公司内部治理结构和公司外部治理机制，还包括公司治理的基础设施，具体内容如表5-3所示。

表 5-3 公司治理的五大基础设施

基础设施	内容
信息披露制度	特征主要包括：信息披露义务的强制性和自愿性、信息披露内容的多样性和信息披露时间的持续性等。 中国上市公司信息披露包括三类： (1)上市披露(招股说明书及上市公告)。 (2)定期披露(年度报告、中期报告)。 (3)临时披露(重要事件公告、收购与合并公告等)。 从以下四个方面评估信息披露的质量： (1)财务信息，包括使用的会计准则、公司的财务状况、关联交易等。 (2)审计信息，包括注册会计师的审计报告、内部控制评估等，审计及信息披露评价当前比较注重审计关系本身的合规性、独立性。 (3)披露的公司治理信息是否符合相关规定。 (4)信息披露的及时性，公司应建立网址、网站，便于投资者及时查阅有关信息。 会计信息披露在公司治理结构中的作用：①监督作用；②激励作用；③契约沟通作用；④有助于外部治理机制的有序运作
中介机构	包括会计师事务所、投资银行、律师事务所等。 作用：保证公司披露信息质量，以减少利益相关者信息不对称程度。 中介机构独立性保证和信用机制体系建立至关重要。制度的有效性一方面依赖于中介机构人员的职业道德和专业能力，一方面取决于有效的制度设计。 提高中介机构独立性的两种方案： (1)通过制定一系列法律法规促使信用中介机构对投资者承担责任，如设立代表最低质量标准的信用中介机构许可证、调查中介机构违规案件、取消中介机构经营许可证，对情节严重者追究其刑事责任。 (2)建立评价二级信用中介机构组织，以保证一级信用中介机构的质量，比如行业协会和自律组织等
法律法规	《公司法》《银行法》《证券法》《破产法》《劳工法》等
政府监管	有效的政府监管体系应包括：①法律监管；②行政监管；③市场环境监管；④信息披露监管
媒体、专业人士的舆论监督	实施主体分为两个层次，即公众和媒体层次

在考虑了以上所有公司治理影响因素后，我们可以站在一定高度来从整体视角看一下公司治理效率影响因素的分析框架，如图 5-1 所示。

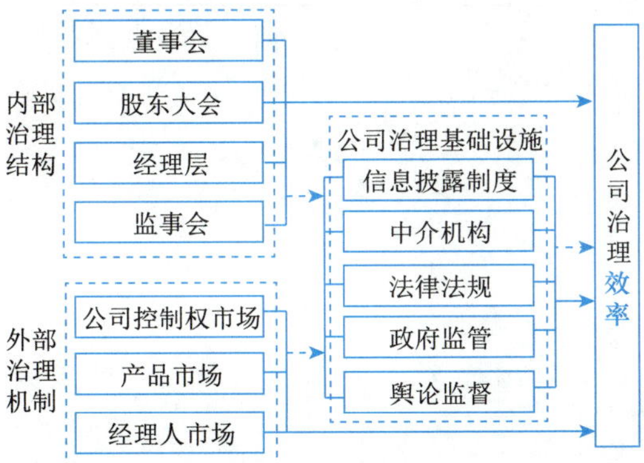

图 5-1 公司治理效率影响因素的分析框架

三、公司治理原则——基本应用能力

《G20/OECD 公司治理原则》主要包括以下六项内容：

(1)确保有效的公司治理框架的基础。

(2)股东权利公平待遇和关键所有权功能。

(3)机构投资者、证券交易所和其他中介机构。

(4)利益相关者在公司治理中的作用。

(5)信息披露和透明度。

(6)董事会的义务。

第六章 风险与风险管理

本章重要程度：●●●
考试分值范围：分值约占17分

考情分析

本章主要考点

运营风险、市场风险、风险管理的技术与方法、损失事件管理、风险管理的工具、法律与合规风险、战略风险以及内部控制要素，考试各个题型都涉及。

2022 年考试变化

(1)“企业面对的主要风险”单独列为一节。
(2)“战略风险”与“财务风险”的内容有补充。
(3)“风险理财措施”内容上有调整。
(4)新增“风险管理技术与方法在风险评估阶段的适用性”总结内容。
(5)本章案例进行调整。

经典例题详解及核心考点

考点一 风险的概念★

经典例题

【例题1·单选题】☆甲公司是一家餐饮公司。2010年，一场传染病的流行使餐饮业进入“寒冬”，该公司在进行风险评估后认为，这场传染病的流行将使消费者的健康饮食意识大大增强，于是组织员工迅速开发并推出系列健康菜品，使公司营业额逆势上升。甲公司的上述做法体现的风险管理特征是(　)。

A. 专业性　B. 战略性
C. 系统性　D. 二重性

【答案】D

【解析】传染病的流行是甲公司的风险，而甲公司将风险转化为增进企业价值的机会，迅速开发健康菜品，体现了风险管理特征的二重性。

【例题2·多选题】☆北天股份公司是一家经营电器的上市公司，管理层特别重视风险管理工作，董事会在讨论下一年经营计划会议中，针对全面风险管理工作进行了激烈的讨论，下列各项关于企业全面风险管理的表述中，正确的有(　)。

A. 企业全面风险管理是增进企业价值的过程
B. 企业全面风险管理旨在把风险控制在风险容量以内
C. 企业全面风险管理的参与者由管理层和全体员工组成
D. 企业全面风险管理对企业所有风险进行管理

【答案】ABD

【解析】企业全面风险管理是一个由企业治理层、管理层和所有员工参与的，对企业所有风险进行管理，旨在把风险控制在风险容量以内，增进企业价值的过程。所以选项C是不正确的，本题正确答案是选项ABD。

考点速学

一、风险的概念与构成要素——基本应用能力

(一)风险的概念

人们对于风险的理解，从负面影响转变到正负影响都可能的不确定性。

COSO(1992)认为风险是任何可能影响目标实现的负面因素。

COSO(2004)认为主体面临的不确定性，既代表风险，也代表机会。

COSO(2017)认为风险是事项发生并影响实现战略和经营目标的可能性。

ISO31000(2018)对风险界定为，风险是不确定性对目标的影响。影响包括积极的影响、消极的影响，或两者兼有。

国务院国资委(2006)发布的《中央企业全面风险管理指引》中，将企业风险定义为"未来的不确定性对企业实现其经营目标的影响"。以能否为企业带来盈利等机会为标志，将风险分为纯粹风险(只有带来损失一种可能性)和机会风险(带来损失和盈利的可能性并存)。

理解国资委关于风险的定义需要从以下四个方面把握：

(1)企业风险与企业战略相关。企业风险影响战略目标的实现。

(2)风险是一系列可能发生的结果，不一定是最有可能的结果。

(3)风险具有客观性和主观性。以人的主观判断来决定选择不同的风险。

(4)风险与机遇并存。风险不一定是坏事，风险也同样孕育着机会。

(二)风险构成三要素

风险由风险因素、风险事件、损失三个基本要素构成。

1. 风险因素

风险因素是风险事件发生的潜在原因。可分为有形风险因素和无形风险因素。

有形风险因素是物质风险因素，也称为实质性风险因素。如环境污染、刹车失灵。

无形风险因素是非物质风险因素，又分为道德风险因素和心理风险因素。道德风险因素如欺诈、抢劫、盗窃、贪污等，是主观故意。心理风险因素则是主观过失或疏忽，如注意力分散或遗忘所导致发生的风险。

2. 风险事件(事故)

风险事件是造成损失的偶发事故。风险一般是潜在的危险，风险事件的发生使得潜在的危险转变成现实的损失。风险事件发生的根源主要包括自然力作用、社会经济变动、人的行为等。

3. 损失

风险管理中的损失包括两方面：一是非故意的、非预期的和非计划的；二是经济价值的减少。两者缺一不可。

损失还可以分为直接损失(实质损失)和间接损失(派生损失)。

4. 风险构成要素三者的关系

三者共同构成风险的统一体。风险因素引起风险事件发生或增加其发生的概率；风险事件的发生造成损失；损失的发生使得风险因素和风险事件得以呈现或暴露，风险最终形成。

二、风险管理的概念、目标和演进——基本应用能力

(一)企业风险管理的定义与特征——基本应用能力

《中央企业全面风险管理指引》对风险管理给出如下定义："全面风险管理，指企业围绕总体经营目标，通过在企业管理的各个环节和经营过程中执行风险管理的基本流程，培育良好的风险管理文化，建立健全全面风险管理体系，包括风险管理策略、风险理财措施、风险管理的组织职能体系、风险管理信息系统和内部控制系统，从而为实现风险管理的总体目标提供合理保证的过程和方法。"

该定义体现了企业风险管理的五个特征：

(1)战略性。

(2)全员性。全面风险管理是一个由企业治理层、管理层和所有员工参与的，对企业

所有风险进行管理，把风险控制在风险承受度以内，以增进企业价值。

（3）专业性。要求风险管理的专业人才实施专业化管理。

（4）二重性。既要管理纯粹的风险，也要管理机会风险。

（5）系统性。包括风险管理策略等五大系统（后面内容展开）。

下表对比了风险管理新旧理念之间的差异，如表6-1所示。

表6-1 传统风险管理与全面风险管理理念对比

项目	传统风险管理	全面风险管理
涉及面	由财务会计及审计部门负责；管理单个风险（可保风险和财务风险）	由高层及全体员工参与负责；管理所有风险（纯粹风险和机会风险）
连续性	管理层认为必要时才进行	是企业系统的、有重点的、持续的行为
态度	被动地将风险管理作为成本中心	主动积极地将风险管理作为价值中心
目标	与企业战略联系不紧目的：转移或避免风险	紧密联系企业战略目的：寻求风险优化措施
方法	事后反应式的风险管理方法，即先检查和预防经营风险，然后采取应对措施	事前风险防范事中风险预警和及时处理事后风险报告、评估、备案
焦点	专注于纯粹和灾害性风险	焦点在利益相关者的共同利益最大化

（二）风险偏好与风险承受度

这是在风险管理体系中，最为重要的基本概念之一。两者是风险管理概念的重要组成部分，风险含义两重性，使得风险管理要在收益和风险中寻求平衡点，以实现企业价值最大化。

风险偏好：是企业希望承受的风险范围，分析风险偏好要回答的问题是公司希望承担什么风险和承担多少风险。

风险承受度：是指企业风险偏好的边界，是企业采取行动的预警指标，企业可以设置若干承受度等级，以显示不同的警示级别。

（三）风险管理的目标

全面风险管理紧密联系企业战略，为实现公司总体战略目标寻求风险优化措施，《全面风险管理指引》中的风险管理总体目标包括五方面：

（1）确保将风险控制在与公司总体目标相适应并可承受的范围内。

（2）确保内外部，尤其是企业与股东之间实现真实、可靠的信息沟通，包括编制和提供真实、可靠的财务报告。

（3）确保遵守有关法律法规。

（4）确保企业有关规章制度和为实现经营目标而采取重大措施的贯彻执行，保障经营管理的有效性，提高经营活动的效率和效果，降低实现经营目标的不确定性。

（5）确保企业建立针对各项重大风险发生后的危机处理计划，保护企业不因灾害性风险或人为失误而遭受重大损失。

（四）风险管理的演进与新发展

1. 风险管理的演进

20世纪初，企业建立授权机制、职责分工、双重控制等内部牵制措施。

20世纪30年代，大中型企业设立保险管理部门。

1934年美国的《证券交易法》定义了内部会计控制。

1949年美国会计师协会审计委员会下属的内控专门委员会，第一次定义内部控制。

1977年美国通过《反海外贿赂法案》规定管理层需要加强内部会计控制。

1978年AICPA建议管理层在披露财报时，提交内控系统的报告，同时建议审计报告。

1983年各国学者在纽约通过《101条风险管理准则》。

1985年美国AAA、FEI、IIA、AICPA、CMA创建反虚假财务报告委员会（Treadway）并成立COSO委员会，专门研究内部控制问题。

1992 年 COSO 发布《企业内部控制——整合框架》，提出三目标五要素框架。

2002 年美国国会通过 SOX 法案。

2004 年 COSO 发布《企业风险管理——整合框架》，提出四目标八要素框架。

2006 年我国国务院国资委发布《中央企业全面风险管理指引》。

2008 年财政部、审计署、证监会、银监会、保监会颁布《企业内部控制基本规范》。

2010 年五部委颁布《企业内部控制配套指引》。

2. 风险管理的新发展

2013 年 COSO 委员会更新内控 1992 年版本框架(原框架 2014 年后废止)，提出基于五要素的 17 条原则。

2017 年 COSO 委员会更新风险管理 2004 年版本，发布《企业风险管理——整合战略和绩效》，采用五要素 20 项原则模式。

2018 年 ISO 在 2009 年版本基础之上，发布《ISO31000：组织的风险管理国际标准》，包括原则、框架和流程三部分构成。

2019 年国资委发布《关于加强中央企业内部控制体系建设与监督工作的实施意见》。

实施意见要求，为认真落实党中央、国务院关于防范化解重大风险和推动高质量发展的决策部署，充分发挥内部控制体系对中央企业强基固本的作用，进一步提升中央企业防范化解重大风险能力，加快培育具有全球竞争力的世界一流企业，要求各中央企业：

(1)建立健全内控体系，进一步提升管控效能。

(2)强化内控体系执行，提高重大风险防控能力。

(3)加强信息化管控，强化内控体系刚性约束。

(4)加大企业监督评价力度，促进内控体系持续优化。

(5)加强出资人监督，全面提升内控体系有效性。

实施意见为我国国有企业构建严格、规范、全面、高效的内控体系提供了有效指引，督促国有企业基于内部控制、风险管理、合规管理的具体要求，以制度建设为前提，构建职责清晰、有效制衡的组织体系，充分发挥内控体系对企业风险防控、高质量发展的重要保障作用。

另外，关于**网络安全方面的风险管理与内部控制**发展情况，包括：

2015 年 COSO 发布《网络时代的内部控制》白皮书。

ISO27000 系列标准(信息案例管理体系)。

美国信息系统审计和控制联合会制定 COBIT(信息系统审计和评价标准)。

COBIT 指出信息系统的控制目标包括：有效性、高效性、机密性、完整性、可用性、合规性和信息可靠性。

COBIT 能够促进企业战略与信息技术战略之间的互动，形成持续改进的良性循环机制，为信息技术审计提供参考解决方案。

考点二　企业面对的主要风险★★★

经典例题

【例题 1·简答题】 ☆冰冰凉股份成立于 1992 年，是国内知名度最高的果汁品牌之一。经过多年的发展，2007 年冰冰凉股份成功上市。

2005 年冰冰凉股份公开招标寻求合作，T 国最大的食品生产企业宏丰公司立即回应，希望能够和冰冰凉股份共同打造东南亚最大的食品帝国。2005 年 3 月冰冰凉股份与宏丰公司签约组建合资公司。冰冰凉股份以果汁业务资产入股，占 95%，宏丰公司注资 3 030 万美元，占剩余 5%。然而，T 国政府于 4 个月后出台的政策规定，T 国企业在中国内地投资不能超过资本净值的40%，宏丰公司果汁在中国的投资，已接近40%的上限，双方签约4个月以后，合作夭折。2008年，U国东大公司宣布拟收购冰冰凉股份全部股权，为配合东大的收购，冰冰凉股份砍掉了历时16年建立起的销售体系，并同时开始大规模布局上游。然而，因收购不符合中国反垄断法的相关规定，水泉与东大的合作被有关部门紧急叫停。

这项没有完成的收购案，成为冰冰凉股份命运的转折点。此后的几年，尽管公司创始人、控股股东刘杰，竭尽全力试图挽救冰冰凉股份的命运，但冰冰凉股份还是不可逆转地陷入了持续的困境。

2017年8月15日至2018年3月29日，冰冰凉股份向其B市子公司提供42.82亿短期贷款，以便该子公司应付临时营运资金需要及还债。但是，这件事没有得到董事会批准，也没有签订协议，更没有对外披露。由于涉嫌违反上市规则中关于关联交易申报，股东批准及信息披露的条款，冰冰凉股份自2018年4月3日起，正式停牌。

除此之外，2019年12月初，公司创始人、控股股东刘杰，还因为未按期向合作方履行给付义务，收到了限制消费令，被司法机关列入失信被执行人名单。

要求：

(1)分析冰冰凉股份在2005年和2008年所遭遇的政治风险。

(2)分析冰冰凉股份2017—2019年所面对的法律风险与合规风险。

(3)分析公司治理的基础设施在冰冰凉股份治理中所发挥的作用。(第5章知识点)

【答案】

(1)政治风险是指完全或部分由政府官员行使权力和政府组织的行为而产生的不确定性。

“2005年冰冰凉股份公开招标寻求合作……然而，T国政府于4个月后出台的政策规定，T国企业在中国内地投资不能超过资本净值的40%，宏丰公司果汁在中国的投资，已接近40%的上限，双方签约4个月以后，合作夭折”说明冰冰凉股份遭遇到了来自T国政府的政治风险。

“2008年，U国东大公司宣布拟收购冰冰凉股份全部股权……然而，因收购不符合中国反垄断法的相关规定，水泉与东大的合作被有关部门紧急叫停”说明冰冰凉股份遭遇到了来自中国政府组织的政治风险。

(2)合规风险侧重于行政责任和道德责任的承担。冰冰凉股份2017—2019年所面对的合规风险为“由于涉嫌违反上市规则中关于关联交易申报、股东批准及信息披露的条款，冰冰凉股份自2018年4月3日起正式停牌”“公司创始人、控股股东刘杰还因为未按期向合作方履行给付义务，收到了限制消费令，被司法机关列入失信被执行人名单”。

法律风险则侧重于民事责任的承担。冰冰凉股份2017—2019年所面对的法律风险为“公司创始人、控股股东刘杰……未按期向合作方履行给付义务”。

(3)①信息披露制度。“2017年8月15日至2018年3月29日，冰冰凉股份向其B市子公司提供42.82亿短期贷款，以便该子公司应付临时营运资金需要及还债。但是，这件事没有得到董事会批准，也没有签订协议，更没有对外披露”。信息披露制度没有发挥应有的治理作用。

②法律法规。“由于涉嫌违反上市规则中关于关联交易申报，股东批准及信息披露的条款，冰冰凉股份自2018年4月3日起，正式停牌”。法律法规发挥了应有的治理作用。

③政府监管。“2019年12月初，公司创始人、控股股东刘杰，还因为未按期向合作方履行给付义务，收到了限制消费令，被司法机关列入失信被执行人名单”“冰冰凉股份自2018年4月3日起正式停牌”“因收购不符合中国反垄断法的相关规定，冰冰凉股份与乐大公司的合作被有关部门紧急叫停”，政府监管发挥了应有的治理作用。

【例题2·单选题】☆随着云计算技术的

崛起，传统数据技术受到严峻挑战。此前引领世界数据库软件市场的J公司对环境变化反应迟钝，没有及时研究云计算技术。当公司意识到云技术是未来方向时，转型为时已晚。2018年，J公司营业收入基本零增长，净利润比前一年暴跌59%。J公司面对的主要风险是(　)。

A. 运营风险　　B. 法律风险

C. 财务风险　　D. 社会文化风险

【答案】 A

【解析】“J公司对环境变化反应迟钝，没有及时研究云计算技术。当公司意识到云技术是未来方向时，转型为时已晚”体现的是运营风险中的“企业组织效能、管理现状、企业文化、高、中层管理人员和重要业务流程中专业人员的知识结构、专业经验等方面可能引发的风险”。

【例题3·多选题】 ☆宝胜公司是一家全球性的手机生产企业。近年来公司在高速发展的同时，面临的风险也与日俱增。为了更好地分析面临的市场风险，宝胜公司应该至少收集的与该公司相关的重要信息有(　)。

A. 全球汇率变动状况

B. 全球手机价值链生产供应状况

C. 各国手机的价格及供需变化

D. 各国对手机及其零部件进出口政策导向

【答案】 ABC

【解析】 分析市场风险，企业应广泛收集国内外企业忽视市场风险、缺乏应对措施导致企业蒙受损失的案例，并至少收集与本企业相关的以下重要信息：①产品或服务的价格及供需变化；②能源、原材料、配件等物资供应的充足性、稳定性和价格变化；③主要客户、主要供应商的信用情况；④税收政策和利率、汇率、股票价格指数的变化；⑤潜在竞争者、竞争者及其主要产品、替代品情况。

【例题4·单选题】 ☆科能公司开发出一种用于少儿英语学习的智能机器人，该产品投放市场不久，便被其他公司仿制。从技术活动过程所处的不同阶段考察，科能公司面临的技术风险属于(　)。

A. 技术选择风险　　B. 技术设计风险

C. 技术应用风险　　D. 技术研发风险

【答案】 C

【解析】 该公司将产品投放市场以后被其他公司仿制属于技术应用风险。技术应用风险是指由于技术成果在产品化、产业化的过程中由所带来的一系列不确定性所带来的负面影响或效应。

【例题5·简答题】 ☆四水集团是一家专门从事基础设施研发与建造、房地产开发及进出口业务的公司，1990年11月21日在证券交易所正式挂牌上市。2014年8月8日，四水集团收到证监局《行政监管措施决定书》，四水集团一系列违规问题被披露出来。

(1)未按规定披露重大关联交易，四水集团监事刘某同时担任F公司的董事长、法定代表人；监事刘某的配偶担任H贸易公司的董事、总经理、法定代表人。2012年度四水集团与F公司关联交易总金额6 712万元，与H贸易公司的关联交易总金额87 306万元，2013年度，四水集团与H贸易公司的关联交易总金额为215 395万元。这些关联交易均超过3 000万元且超过四水集团最近一期经审计净资产的5%。根据证监会的规定，这些交易属于应当在年报中披露的重大关联交易，但是四水集团均未在这两年的年度报告中披露上述重大关联交易。

(2)违规在关联公司间进行频繁的资金拆借，非法占用上市公司资金，四水集团无视证监会关于禁止上市公司之间资金相互拆借的有关规定，2012年4月至2014年8月，向关联公司H贸易公司、F公司拆借和垫付资金6笔，共27 250万元。

(3)通过派发高额工资等方式变相占用上市公司非经营性资金，四水集团近年来效益很不佳，连续多年没有分红，公司股价也一直处于低迷状态。然而，2011—2013年，包括董事长在内的公司高管人数分别为17名、

19名和16名，合计从公司领走1 317万元、1 436万元和1 447万元薪酬，均超过同期四水集团归属于母公司股东的净利润水平。

(4)连续多年向公司董事、监事和高级管理人员提供购房借款。截至2013年12月31日，四水集团向公司董事、监事和高级管理人员提供购房借款金额达到610万元。上述行为违反了《公司法》关于“公司不得直接或通过子公司向董事、监事高级管理人员提供借款”的相关规定。

(5)利用上市公司信用为关联公司进行大量违规担保。四水集团2011—2014年为公司高管所属的公司提供担保的金额分别为0.91亿元、5.2亿元、5.6亿元、7.7亿元。公司管理层将四水集团当作融资工具，为自己所属公司解决资金需求，一旦这些巨额贷款到期无法偿还，四水集团就必须承担起还款的责任。

四水集团管理层频繁的违规行为，导致四水集团的发展陷入举步维艰的地步。公司2011—2014年的经营状况不佳，扣除非经常性损益后的净利润出现连续大额亏损的状况，公司连续多年资产负债率高达70%以上，且流动资产和流动负债相差无几。财务风险很大，四水集团的每股收益连续多年走低，远低于上市公司平均水平，反映四水集团股东的获利水平很低。

要求：

依据《企业内部控制应用指引第6号——资金活动》，简要分析四水集团资金活动存在的主要风险。

【答案】

本案例中，四水集团资金活动存在的主要风险有两个：

①资金活动管控不严，可能导致资金被挪用、侵占、抽逃或遭受欺诈。“违规在关联公司间进行频繁的资金拆借，非法占用上市公司资金”“连续多年向公司董事、监事和高级管理人员提供购房借款”“利用上市公司信用为关联公司进行大量违规担保……一旦这些巨额贷款到期无法偿还，四水集团就必须承担起还款的责任”。

②资金调度不合理、营运不畅，可能导致企业陷入财务困境。一方面，“在关联公司间进行频繁的资金拆借，2012年4月至2014年8月，向关联公司H贸易公司、F公司拆借和垫付资金6笔，共27 250万元”；另一方面“公司连续多年资产负债率高达70%以上，且流动资产和流动负债相差无几，财务风险很大”；导致“2011—2014年的经营状况不佳，扣除非经常性损益后的净利润出现连续多年大额亏损的状况”。

【例题6·单选题】☆思达集团原是一家房地产企业。2016年，思达集团以银行贷款为主要资金来源，开始大举并购一些发达国家的酒店和娱乐、体育健身等方面的业务。最近，思达集团由于收购规模过大，资金出现短缺。同时银行收紧了银根，不再向思达集团发放贷款。因此，思达集团被迫中止了收购活动，并为弥补资金漏洞出售了一些已购的业务。根据《企业内部控制应用指引第2号——发展战略》，思达集团在制定和实施发展战略方面存在的主要风险是(　　)。

A. 发展战略实施不到位

B. 缺乏明确的发展战略

C. 发展战略因主观原因频繁变动

D. 发展战略过于激进，脱离企业实际能力或偏离主业

【答案】D

【解析】思达集团原是房地产企业，后大举收购酒店、娱乐、健身等业务，说明业务方向偏离。收购行为以银行贷款为主，说明企业实际能力不足以支持收购业务的进行，因此思达集团面临的风险属于发展战略过于激进，脱离企业实际能力或偏离主业。

【例题7·多选题】☆根据《企业内部控制应用指引第4号——社会责任》，企业在履行社会责任方面需要关注的主要风险有(　　)。

A. 缺乏诚实守信的经营理念，可能导致舞弊事件的发生

B. 安全生产措施不到位，责任不落实，可能导致安全事故的发生

C. 产品质量低劣，侵害消费者利益，可能导致企业巨额赔偿、形象受损

D. 促进就业和员工权益保护不够，可能导致员工积极性受挫

【答案】BCD

【解析】履行社会责任，需关注的主要风险包括：①安全生产措施不到位，责任不落实，可能导致企业发生安全事故；②产品质量低劣，侵害消费者利益，可能导致企业巨额赔偿、形象受损，甚至破产；③环境保护投入不足，资源耗费大，造成环境污染或资源枯竭，可能导致企业巨额赔偿、缺乏发展后劲，甚至停业；④促进就业和员工权益保护不够，可能导致员工积极性受挫，影响企业发展和社会稳定。选项A属于企业文化需关注的主要风险。

考点速学

总结风险各种分类，将企业面对的风险分为两大类：外部风险和内部风险。

外部风险主要包括政治风险、法律风险与合规风险、社会文化风险、技术风险、市场风险等。

内部风险主要包括战略风险、运营风险、财务风险等，如表6-2所示。

表 6-2　企业面对的风险种类

<table>
<tr><th colspan="2">类别</th><th>说明</th></tr>
<tr><td rowspan="2">外部风险</td><td>政治风险</td><td>政治风险常常分为：
(1)限制投资领域。
(2)设置贸易壁垒。
(3)外汇管制规定。
(4)进口配额和关税。
(5)组织结构及要求最低持股比例。
(6)限制向东道国的银行借款。
(7)没收资产</td></tr>
<tr><td>法律风险与合规风险</td><td>合规风险是指因违反法律或监管要求而受到制裁、遭受金融损失以及因未能遵守适用法律、法规、行为准则或相关标准而给企业信誉带来的损失的可能性。
法律风险是指企业在经营过程中因自身经营行为的不规范或者外部法律环境发生重大变化而造成的不利法律后果的可能性。包括：
(1)法律环境因素，包括立法不完备、执法不公正等。
(2)市场主体自身法律意识淡薄，在经营活动中不考虑法律因素等。
(3)交易对方的失信、违约或欺诈等。
『提示说明』合规风险侧重于行政责任和道德责任的承担，而法律风险则侧重于民事责任的承担。
《中央企业全面风险管理指引》中，法律与合规风险至少要考虑以下方面：
(1)国内外与该企业相关的政治、法律环境。
(2)影响企业的新法律法规和政策。
(3)员工道德操守的遵从性。
(4)该企业签订的重大协议和有关贸易合同。
(5)该企业发生重大法律纠纷案件的情况。
(6)企业和竞争对手的知识产权情况</td></tr>
</table>

（续表）

<table>
<tr><th colspan="2">类别</th><th>说明</th></tr>
<tr><td rowspan="3">外部风险</td><td>社会文化风险</td><td>(1)跨国经营活动引发的文化风险。
(2)企业并购活动引发的文化风险。
(3)组织内部因素引发的文化风险</td></tr>
<tr><td>技术风险</td><td>广义的技术风险是在某一种新技术给某一行业或企业带来增长机会的同时，可能对其他行业或企业形成巨大威胁。
狭义的技术风险是技术在创新过程中，由于技术本身复杂性和其他相关因素变化产生的不确定性而导致技术创新遭遇失败的可能性。
技术风险的三分类：
(1)技术设计风险——氟利昂、超薄塑料袋。
(2)技术研发风险——项目难度、人员能力、环境变化。
(3)技术应用风险——产品化及产业化过程中的负面影响或效应</td></tr>
<tr><td>市场风险</td><td>市场风险指企业所面对的外部市场的复杂性和变动性所带来的与经营相关的风险。至少要考虑以下五个方面：
(1)产品或服务的价格及供需变化带来的风险。(下游带来的风险)
(2)能源、原材料、配件等物资供应的充足性、稳定性和价格的变化带来的风险。(上游带来的风险)
(3)主要客户、主要供应商的信用风险。(上下游共同的信用风险)
(4)税收政策和利率、汇率、股票价格指数的变化带来的风险。(可理解为金融方面的风险)
(5)潜在进入者、竞争者与替代品的竞争带来的风险。
【记忆口诀】市场风险是重要的高频考点之一。考生可以这样理解记忆：市场风险就是“五力风险+金融风险”</td></tr>
<tr><td>内部风险</td><td>战略风险</td><td>《中央企业全面风险管理指引》中，战略风险至少要考虑：
(1)国内外宏观经济政策以及经济运行情况、本行业状况、国家产业政策。
(2)科技进步、技术创新的有关内容。
(3)市场对该企业产品或服务的需求。
(4)与企业战略合作伙伴的关系，未来寻求战略合作伙伴的可能性。
(5)该企业主要客户、供应商及竞争对手的有关情况。
(6)与主要竞争对手相比，该企业实力与差距。
(7)本企业发展战略和规划、投融资计划、年度经营目标、经营战略，以及编制这些战略、规划、计划、目标的有关依据。
(8)该企业对外投融资流程中曾发生或易发生错误的业务流程或环节。
《企业内部控制应用指引第2号——发展战略》从企业制定与实施发展战略角度阐明企业战略风险具体体现在以下3个方面：
(1)缺乏明确的发展战略或发展战略实施不到位，可能导致企业盲目发展，难以形成竞争优势，丧失发展机遇和动力。
(2)发展战略过于激进，脱离企业实际能力或偏离主业，可能导致企业过度扩张，甚至经营失败。
(3)发展战略因主观原因频繁变动，可能导致资源浪费，甚至危及企业的生存和持续发展</td></tr>
</table>

（续表）

类别		说明
内部风险	运营风险	是指企业在运营过程中，由于内外部环境的复杂性和变动性以及主体对环境的认知能力和适应能力的有限性，而导致的运营失败或使运营活动达不到预期目标的可能性及其损失。 《中央企业全面风险管理指引》运营风险至少要考虑8个方面： (1)企业产品结构、新产品研发可能引发的风险。 (2)企业新市场开发，市场营销策略(包括产品或服务定价与销售渠道，市场营销环境状况等)可能引发的风险。 (3)企业组织效能、管理现状、企业文化以及高、中层管理人员和重要业务流程中专业人员知识结构、专业经验等方面可能引发的风险。 (4)期货等衍生产品业务发生失误带来的风险。 (5)质量、安全、环保、信息安全等管理中发生失误导致的风险。 (6)因企业内、外部人员的道德风险或业务控制系统失灵导致的风险。 (7)给企业造成损失的自然灾害等风险。 (8)企业现有业务流程和信息系统操作运行情况的监管、运行评价及持续改进能力方面引发的风险。 另外，从内部控制角度展开有14个主要运营风险(后面展开)
	财务风险(广义)	财务风险，是指企业在生产经营过程中，由于内外部环境的各种难以预料或无法控制的不确定性因素的作用，使企业在一定时期内所获取的财务收益与预期收益发生偏差的可能性。 财务风险是客观存在的，企业管理者对财务风险只能采取有效措施来降低风险，而不可能完全消除风险。 《中央企业全面风险管理指引》中，财务风险至少要考虑的方面： (1)负债、或有负债、负债率、偿债能力。 (2)现金流、应收账款及其占销售收入的比重、资金周转率。 (3)产品存货及其占销售成本的比重、应付账款及其占购货额的比重。 (4)制造成本和管理费用、财务费用、营业费用。 (5)盈利能力。 (6)成本核算、资金结算和现金管理业务中曾发生或易发生错误的业务流程或环节。 (7)与该企业相关的行业会计政策、会计估算、与国际会计制度的差异与调节(如退休金、递延税项等)等信息。 从内部控制角度展开有3个财务风险(后面展开)

从内部控制角度展开14个主要运营风险具体如下：

1. 组织架构

依据《企业内部控制应用指引第1号——组织架构》，组织架构设计与运行中需关注的主要风险包括：

(1)治理结构形同虚设，缺乏科学决策、良性运行机制和执行力，可能导致企业经营失败，难以实现发展战略。

(2)内部机构设计不科学，权责分配不合理，可能导致机构重叠、职能交叉或缺失、推诿扯皮，运行效率低下。

2. 人力资源

依据《企业内部控制应用指引第3号——人力资源》，人力资源管理需关注的主要风险包括：

(1)人力资源缺乏或过剩、结构不合理、开发机制不健全，可能导致企业发展战略难以实现。

(2)人力资源激励约束制度不合理、关键岗位人员管理不完善，可能导致人才流失、经营效率低下或关键技术、商业秘密和国家机密泄露。

(3)人力资源退出机制不当，可能导致法

律诉讼或企业声誉受损。

3. 社会责任

依据《企业内部控制应用指引第 4 号——社会责任》，履行社会责任方面需关注的主要风险包括：

(1)安全生产措施不到位，责任不落实，可能导致企业发生安全事故。

(2)产品质量低劣，侵害消费者利益，可能导致企业巨额赔偿、形象受损，甚至破产。

(3)环境保护投入不足，资源耗费大，造成环境污染或资源枯竭，可能导致企业巨额赔偿、缺乏发展后劲，甚至停业。

(4)促进就业和员工权益保护不够，可能导致员工积极性受挫，影响企业发展和社会稳定。

4. 企业文化

依据《企业内部控制应用指引第 5 号——企业文化》，企业文化建设需关注的主要风险包括：

(1)缺乏积极向上的企业文化，可能导致员工丧失对企业的信心和认同感，企业缺乏凝聚力和竞争力。

(2)缺乏开拓创新、团队协作和风险意识，可能导致企业发展目标难以实现，影响可持续发展。

(3)缺乏诚实守信的经营理念，可能导致舞弊事件的发生，造成企业损失，影响企业信誉。

(4)忽视企业间的文化差异和理念冲突，可能导致并购重组失败。

5. 采购业务

依据《企业内部控制应用指引第 7 号——采购业务》，采购业务需关注的主要风险包括：

(1)采购计划安排不合理，市场变化趋势预测不准确，造成库存短缺或积压，可能导致企业生产停滞或资源浪费。

(2)供应商选择不当，采购方式不合理，招投标或定价机制不科学，授权审批不规范，可能导致采购物资质次价高，出现舞弊或遭受欺诈。

(3)采购验收不规范，付款审核不严，可能导致采购物资、资金损失或信用受损。

6. 资产管理

依据《企业内部控制应用指引第 8 号——资产管理》，资产管理需关注的主要风险包括：

(1)存货积压或短缺，可能导致流动资金占用过量、存货价值贬损或生产中断。

(2)固定资产更新改造不够、使用效能低下、维护不当、产能过剩，可能导致企业缺乏竞争力、资产价值贬损、安全事故频发或资源浪费。

(3)无形资产缺乏核心技术、权属不清、技术落后、存在重大技术安全隐患，可能导致企业出现法律纠纷、缺乏可持续发展能力。

7. 销售业务

依据《企业内部控制应用指引第 9 号——销售业务》，销售业务需关注的主要风险包括：

(1)销售政策和策略不当，市场预测不准确，销售渠道管理不当等，可能导致销售不畅、库存积压、经营难以为继。

(2)客户信用管理不到位，结算方式选择不当，账款回收不力等，可能导致销售款项不能收回或遭受欺诈。

(3)销售过程存在舞弊行为，可能导致企业利益受损。

8. 研究与开发

依据《企业内部控制应用指引第 10 号——研究与开发》，开展研发活动需关注的主要风险包括：

(1)研究项目未经科学论证或论证不充分，可能导致创新不足或资源浪费。

(2)研发人员配备不合理或研发过程管理不善，可能导致研发成本过高、舞弊或研发失败。

(3)研究成果转化应用不足、保护措施不力，可能导致企业利益受损。

9. 工程项目

依据《企业内部控制应用指引第 11 号——工程项目》，工程项目需关注的主要风险包括：

(1)立项缺乏可行性研究或者可行性研究流于形式，决策不当，盲目上马，可能导致难以实现预期效益或项目失败。

(2)项目招标暗箱操作，存在商业贿赂，可能导致中标人实质上难以承担工程项目、中标价格失实及相关人员涉案。

(3)工程造价信息不对称，技术方案不落实，预算脱离实际，可能导致项目投资失控。

(4)工程物资质次价高，工程监理不到位，项目资金不落实，可能导致工程质量低劣，进度延迟或中断。

(5)竣工验收不规范，最终把关不严，可能导致工程交付使用后存在重大隐患。

10. 担保业务

依据《企业内部控制应用指引第12号——担保业务》，担保业务需关注的主要风险包括：

(1)对担保申请人的资信状况调查不深。审批不严或越权审批，可能导致企业担保决策失误或遭受欺诈。

(2)对被担保人出现财务困难或经营陷入困境等状况监控不力，应对措施不当，可能导致企业承担法律责任。

(3)担保过程中存在舞弊行为，可能导致经办审批等相关人员涉案或企业利益受损。

11. 业务外包

依据《企业内部控制应用指引第13号——业务外包》，企业的业务外包需关注的主要风险包括：

(1)外包范围和价格确定不合理，承包方选择不当，可能导致企业遭受损失。

(2)业务外包监控不严、服务质量低劣，可能导致企业难以发挥业务外包的优势。

(3)业务外包存在商业贿赂等舞弊行为，可能导致企业相关人员涉案。

12. 合同管理

依据《企业内部控制应用指引第16号——合同管理》，合同管理需关注的主要风险包括：

(1)未订立合同、未经授权对外订立合同、合同对方主体资格未达要求、合同内容存在重大疏漏和欺诈，可能导致企业合法权益受到侵害。

(2)合同未全面履行或监控不当，可能导致企业诉讼失败、经济利益受损。

(3)合同纠纷处理不当，可能损害企业利益、信誉和形象。

13. 内部信息传递

依据《企业内部控制应用指引第17号——内部信息传递》，内部信息传递需关注的主要风险包括：

(1)内部报告系统缺失、功能不健全、内容不完整，可能影响生产经营有序运行。

(2)内部信息传递不通畅、不及时，可能导致决策失误、相关政策措施难以落实。

(3)内部信息传递中泄露商业秘密，可能削弱企业核心竞争力。

14. 信息系统

依据《企业内部控制应用指引第18号——信息系统》，信息系统需关注的主要风险包括：

(1)信息系统缺乏或规划不合理，可能造成信息孤岛或重复建设，导致企业经营管理效率低下。

(2)系统开发不符合内部控制要求，授权管理不当，可能导致无法利用信息技术实施有效控制。

(3)系统运行维护和安全措施不到位，可能导致信息泄露或毁损，系统无法正常运行。

从内部控制角度考察，财务风险可以从以下3个方面展开：

1. 全面预算

依据《企业内部控制应用指引第15号——全面预算》，实行全面预算管理需关注的主要风险包括：

(1)不编制预算或预算不健全，可能导致企业经营缺乏约束或盲目经营。

(2)预算目标不合理、编制不科学，可能导致企业资源浪费或发展战略难以实现。

(3)预算缺乏刚性、执行不力、考核不严，可能导致预算管理流于形式。

2. 资金活动

依据《企业内部控制应用指引第6号——资金活动》，资金活动需关注的主要风险包括：

(1)筹资决策不当，引发资本结构不合理

或无效融资，可能导致企业筹资成本过高或债务危机。

(2)投资决策失误，引发盲目扩张或丧失发展机遇，可能导致资金链断裂或资金使用效益低下。

(3)资金调度不合理、营运不畅，可能导致企业陷入财务困境或资金冗余。

(4)资金活动管控不严，可能导致资金被挪用、侵占、抽逃或企业遭受欺诈。

3. 财务报告

依据《企业内部控制应用指引第14号——财务报告》，编制、对外提供和分析利用财务报告需关注的主要风险包括：

(1)编制财务报告违反会计法律法规和国家统一的会计准则制度，可能导致企业承担法律责任和声誉受损。

(2)提供虚假财务报告，误导财务报告使用者，造成决策失误，干扰市场秩序。

(3)不能有效利用财务报告，难以及时发现企业经营管理中存在的问题，可能导致企业财务和经营风险失控。

考点三　风险管理的基本流程★★

经典例题

【例题·多选题】☆随着新冠疫情的严重，全球已经超过3亿人感染了病毒，企业的经营也受到严重影响。A公司针对下一年经营活动进行风险评估，管理层对风险评估的观点目前没有达成一致正确观点，在下列各项关于风险评估的表述中，正确的有(　)。

A. 风险评估包括风险辨识、风险分析和风险评价三个步骤

B. 风险定性评估时应统一制定各风险的度量单位和度量模型

C. 企业应当定期或不定期对新风险或原有风险的变化进行重新评估

D. 风险评估应将定性方法和定量方法相结合

【答案】ACD

【解析】风险评估包括风险辨识、风险分析、风险评价三个步骤，所以选项A正确。进行风险定量评估时，应统一制定各风险的度量单位和风险度量模型，所以选项B错误。企业应对风险管理信息实行动态管理，定期或不定期实施风险辨识、分析、评价，以便对新的风险和原有风险的变化重新评估，所以选项C正确。进行风险辨识、分析、评价，应将定性与定量方法相结合，所以选项D正确。

考点速学

风险管理基本流程，如图6-1所示。

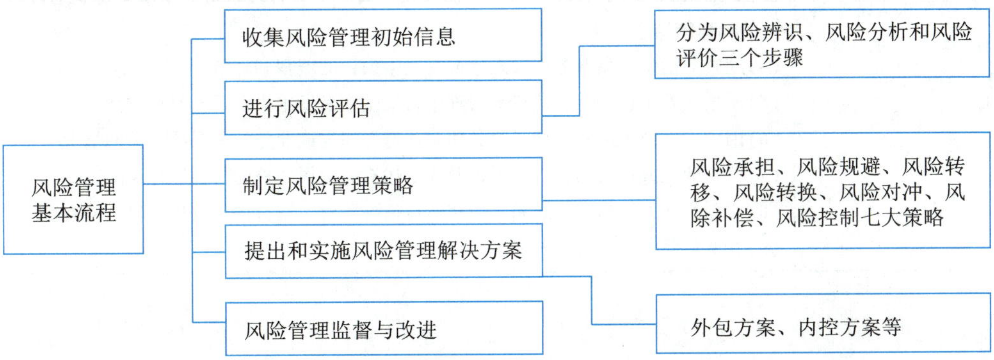

图6-1　风险管理基本流程

一、收集风险管理初始信息——基本应用能力

要广泛地、持续不断地收集与本企业风险和风险管理相关的内部、外部初始信息，包括历史数据和未来预测。如表 6-3 所示。

表 6-3　不同风险需要收集的信息

风险类型	需要收集的相关信息
分析战略风险	(1)国内外宏观经济政策以及经济运行情况、所在产业的状况、国家产业政策。 (2)科技进步、技术创新的有关内容。 (3)市场对该企业产品或服务的需求。 (4)与企业战略合作伙伴的关系，未来寻求战略合作伙伴的可能性。 (5)该企业主要客户、供应商及竞争对手的有关情况。 (6)与主要竞争对手相比，该企业实力与差距。 (7)本企业发展战略和规划、投融资计划、年度经营目标、经营战略，以及编制这些战略、规划、计划、目标的有关依据。 (8)该企业对外投融资过程中曾发生或易发生错误的业务流程或环节
分析财务风险	(1)负债、负债率、偿债能力。 (2)现金流、应收账款及其占销售收入的比重、资金周转率。 (3)产品存货及其占销售成本的比重、应付账款及其占购货额的比重。 (4)制造成本和管理费用、财务费用、营业费用。 (5)盈利能力。 (6)成本核算、资金结算和现金业务中曾发生或易发生错误的业务流程或环节。 (7)相关的产业会计政策、会计估算、与国际会计制度的差异与调节(如退休金、递延税项等)等信息
分析市场风险(风险种类的内容涉及过)	(1)产品或服务的价格及供需变化。 (2)能源、原材料、配件等物资供应的充足性、稳定性和价格变化。 (3)主要客户、主要供应商的信用情况。 (4)税收政策和利率、汇率、股票价格指数的变化。 (5)潜在竞争者、竞争者及其主要产品、替代品情况
分析运营风险(风险种类的内容涉及过，但多了最后一条)	企业应至少收集与本企业、所在行业相关的以下信息： (1)产品结构、新产品研发情况。 (2)新市场开发情况、市场营销策略，包括产品或服务定价与销售渠道、市场营销环境等。 (3)企业组织效能、管理现状、企业文化，高、中层管理人员和重要业务流程中专业人员的知识结构、专业经验。 (4)期货等衍生产品业务中曾发生或易发生失误的流程和环节。 (5)质量、安全、环保、信息等管理中曾发生或易发生失误业务流程或环节。 (6)因内、外部人员的道德风险致使企业遭受损失或业务控制系统失灵的情况。 (7)给企业造成损失的自然灾害以及除上述有关情形之外的其他纯粹风险。 (8)对现有业务流程和信息系统操作运行情况监管、运行评价及持续改进能力。 (9)企业风险管理的现状和能力

（续表）

风险类型	需要收集的相关信息
分析法律风险	企业应至少收集与该企业相关的以下信息： (1)国内外与该企业相关的政治、法律环境。 (2)影响企业的新法律法规和政策。 (3)员工的道德操守。 (4)该企业签订的重大协议和有关贸易合同。 (5)该企业发生重大法律纠纷案件的情况。 (6)企业和竞争对手的知识产权情况

【备考战略】收集风险管理初始信息包括五方面："战、市、财、运、法(发)"。

企业要对收集的初始信息应进行必要的筛选、提炼、对比、分类、组合，以便进行风险评估。需要注意的是，这里收集的信息并不是之前讲的五个外部风险和三个内部风险，主要原因是这里讲的五方面信息是《中央企业全面风险管理指引》中总结的。

二、进行风险评估——基本应用能力

风险评估的三步骤，如表 6-4 所示。

表 6-4　风险评估的三步骤

步骤	说明
风险辨识(步骤一)	梳理企业各业务单元、各项重要经营活动及其重要业务流程； 查找有无风险，有哪些风险
风险分析(步骤二)	对辨识出的风险及其特征进行明确的定义描述 分析和描述风险发生可能性的高低、风险发生的条件
风险评价(步骤三)	评估风险对企业实现目标的影响程度、风险的价值等

进行风险辨识、分析、评价，应将定性与定量方法相结合。其中：

定性方法：问卷调查、集体讨论、专家咨询、情景分析、政策分析、行业标杆比较、管理层访谈、由专人主持的工作访谈和调查研究等。

定量方法：统计推论(如集中趋势法)、计算机模拟(如蒙特卡洛分析法)。

失效模式、影响和危害度分析、事件树分析方法，属于定性与定量方法结合。

风险评估的实施主体：一是由企业组织有关职能部门和业务单位实施；二是聘请有资质、信誉好、风险管理专业能力强的中介机构协助实施。

企业应对风险管理信息实行动态管理。

三、制定风险管理策略——综合运用能力

风险管理策略，是指企业根据自身条件和外部环境，围绕企业发展战略，确定风险偏好、风险承受度、风险管理有效性标准，选择适合的风险管理工具，并确定风险管理所需人力和财力资源的配置原则的总体策略。

(1)一个关键环节：根据不同业务特点统一提前确定风险偏好和风险承受度。

(2)定期检查完善：依据实施效果，总结分析其有效性和合理性，动态修订。

(3)防止和纠正两种错误倾向：

a. 一是忽视风险，片面追求收益，认为风险越大、收益越高。

b. 二是单纯为规避风险而放弃发展机遇。

(4)确定风险管理的优先顺序：明确风险管理成本的资金预算和控制风险的组织体系、人力资源、应对措施等总体安排。

四、提出和实施风险管理解决方案——综合运用能力

1. 风险管理解决方案的两种类型

外部解决方案一般指外包。外包可使用

投资银行、信用评级公司、保险公司、律师事务所、会计师事务所、风险管理咨询公司等专业机构，将有关方面的工作外包，可以降低企业的风险，提高效率。外包可以使企业规避一些风险，但同时可能带来另一些风险，应当加以控制。

外包方案应注重成本与收益的平衡、外包工作的质量、自身商业秘密的保护以及防止自身对风险解决外包产生依赖性风险等，并制定相应的预防和控制措施。

内部解决方案一般是以下五大风险管理体系的综合应用，包括风险管理策略；组织职能；内部控制；信息系统；风险理财措施。

其中，内部控制是全面风险管理的基础设施和必要举措。

一般来说，内部控制：

(1)针对的风险：可控纯粹风险。

(2)控制对象：个人。

(3)控制目的：规范员工的行为。

(4)控制范围：业务和管理流程。

另外，内部控制系统至少包括九大内容：①建立内控岗位授权制度；②建立内控报告制度；③建立内控批准制度；④建立内控责任制度；⑤建立内控审计检查制度；⑥建立内控考核评价制度；⑦建立重大风险预警制度；⑧建立健全以总法律顾问制度为核心的企业法律顾问制度；⑨建立重要岗位权力制衡制度，明确规定不相容职责的分离。(更多内部控制的内容，可见本章后面的“内部控制系统”。)

2. 关键风险指标管理(风险 KPI)

是对引起风险事件发生的关键成因指标进行管理的方法。它可以管理单项风险的多个关键成因，也可以管理影响企业主要目标的多个主要风险的成因。

(1)关键风险指标管理的六大步骤。

a. 分析风险成因，从中找出关键成因。

b. 将关键成因量化度量，确定风险事件发生时该成因的具体数值。

c. 以该具体数值为基础，以发出风险信息为目的，调整后形成关键风险指标。

d. 建立风险预警系统，即当数值达到关键风险指标时，发出风险预警信息。

e. 制定出现风险预警信息时应采取的风险控制措施。

f. 跟踪监测关键成因的变化，一旦出现预警，即实施风险控制措施。

(2)关键风险指标分解。

a. 要分解到企业的各个职能部门和业务单位。

b. 要注意职能部门和业务单位之间的协调。

c. 关键是从企业整体出发把风险控制在一定范围内。

d. 分解要兼顾各职能部门和业务单位的诉求。

3. 落实风险管理解决方案

(1)高度重视风险管理，充分认识风险管理是企业价值创造的根本源泉。

(2)风险管理是全员的分内工作，没有风险的岗位是不创造价值的。

(3)将风险管理方案落实到各级各类组织，明确分工和责任。

(4)对风险管理解决方案实施进行持续监控改进，并与绩效考核联系起来。

五、风险管理的监督与改进——基本应用能力

以重大风险、重大事件和重大决策、重要管理及业务流程为重点，对风险管理初始信息、风险评估、风险管理策略、关键控制活动及风险管理解决方案的实施情况进行监督，采用压力测试、返回测试、穿行测试以及风险控制自我评估等方法对风险管理的有效性进行检验，根据变化情况和存在的缺陷及时加以改进。

建立贯穿于整个风险管理基本流程，连接各上下级、各部门和业务单位的风险管理信息传递渠道，确保信息沟通的及时、准确、完整，为风险管理监督与改进奠定基础。相关部门的职责如表 6-5 所示。

表 6-5　相关部门在风险管理监督与改进中的对应的职责

部门	职责
各有关部门和业务单位	定期自查和检验，及时发现缺陷并改进 检查检验报告应及时报送风险管理职能部门
风险管理职能部门	定期对各部门风险管理工作实施情况和有效性进行检查和检验 出具评价和建议报告
内部审计部门	至少每年一次进行监督评价，出具监督评价报告。 直接报送风险管理委员会和审计委员会。 可聘请中介机构评价，出具风险管理评估和建议专项报告

风险管理评估和建议专项报告一般应包括以下内容：

(1) 风险管理基本流程与风险管理策略。

(2) 企业重大风险、重大事件和重要管理及业务流程的风险管理及内部控制系统的建设。

(3) 风险管理组织体系与信息系统。

(4) 全面风险管理总体目标。

考点四　风险管理策略★★★

经典例题

【例题 1·单选题】☆桐城钢铁公司需要的铁矿石购自 U 国的山谷矿山公司，后者曾多次在前者急需大量铁矿石时大幅提高产品价格，使前者遭受很大损失。后来桐城钢铁公司买下山谷矿山公司 51% 的股权并获得定价权。下列各项中，属于桐城钢铁公司采用的风险管理策略的是(　)。

A. 风险控制　　B. 风险规避

C. 风险转移　　D. 风险补偿

【答案】A

【解析】风险控制是指控制风险事件发生的动因、环境、条件等，来达到减轻风险事件发生时的损失或降低风险事件发生的概率的目的。"后者曾多次在前者急需大量铁矿石时大幅提高产品价格，使前者遭受很大损失。后来桐城钢铁公司买下山谷矿山公司 51% 的股权并获得定价权"属于风险控制，选项 A 正确。

【例题 2·单选题】☆甲基金公司在对基金管理、受托资产管理、基金销售和咨询等业务活动进行风险度量时，首先对所有事件中每一事件发生的概率乘以该事件的影响，然后将这些乘积相加得到风险数值。甲基金公司采用的风险度量方法是(　)。

A. 概率值　　B. 最大可能损失

C. 期望值　　D. 在险值

【答案】C

【解析】期望值通常指的是数学期望，即概率加权平均值：所有事件中，每一事件发生的概率乘以该事件的影响得出乘积，然后将这些乘积相加得到和。本题中，甲基金公司"对所有事件中每一事件发生的概率乘以该事件的影响，然后将这些乘积相加得到风险数值"，采用的是期望值，选项 C 正确。

考点速学

首先，回忆一下学习过的风险管理策略的内涵：指企业根据自身条件和外部环境，围绕企业发展战略，确定风险偏好、风险承受度、风险管理有效性标准，选择风险承担、风险规避、风险转换、风险对冲、风险补偿、风险控制等适合的风险管理工具，并确定风险管理所需人力和财力资源的配置原则的总体策略。

以下从九个方面展开讲解，这部分内容是风险管理体系中最为核心的内容。

1. 风险管理策略总体定位与作用

从企业经营战略到风险管理策略，如图 6-2 所示。

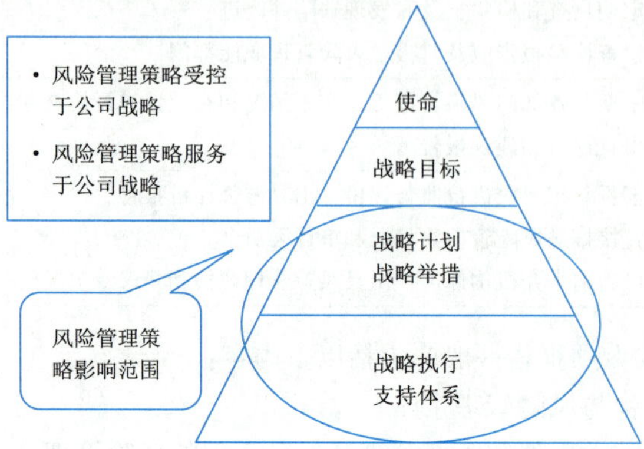

图 6-2 从企业经营战略到风险管理策略

风险管理策略的总体定位与作用，如表 6-6 所示。

表 6-6 风险管理策略的总体定位与作用

项目	具体内容
总体定位	(1)根据经营战略制定全面风险管理总体策略。 (2)在整个风险管理体系中起着统领全局的作用。 (3)在战略管理过程中起着承上启下的作用，减少了战略错误的可能性
作用	(1)为总体战略服务，保证经营目标实现。 (2)连接整体经营战略和运营活动。 (3)指导一切风险管理活动。 (4)分解为各领域的风险管理指导方针

2. 风险管理策略的四大组成部分

(1)风险偏好和风险承受度。(在前面已经讲过，如果忘记马上去找!)

(2)全面风险管理的有效性标准。明确怎样衡量风险管理工作成效。

(3)风险管理的工具选择。明确怎样管理重大风险。

(4)全面风险管理的资源配置。明确如何安排人财物及外部资源等。

(风险偏好和风险承受度已经讲过，接下来先讲风险管理的工具，再讲有效性标准，最后学习资源配置)

3. 风险管理策略的七种工具

风险管理策略的工具共有七种：风险承担、风险规避、风险转移、风险转换、风险对冲、风险补偿和风险控制。如表 6-7 所示。

【备考战略】风险管理工具的七字诀“担、避、移、换、冲、补、控”。

表 6-7 风险管理策略的工具

七种工具	说明
风险承担	即风险保留、风险自留。对所面临风险采取接受的态度，承担风险的后果。 对于重大风险(影响目标实现的风险)，一般不应采用风险承担。需要注意： (1)对未能辨识出的风险，只能采用风险承担。(无知者无畏!) (2)对于辨识出的风险，由于三种原因也可以采用风险承担：①缺乏能力进行主动管理；②没有其他备选方案；③从成本效益考虑，风险承担是最适宜的

（续表）

七种工具	说明
风险规避	是指回避、停止或退出蕴含某风险的商业活动或商业环境，避免成为风险的所有人。 (1)退出某一市场以避免激烈竞争。 (2)拒绝与信用不好的交易对手进行交易。 (3)外包某项对工人健康安全风险较高的工作。 (4)停止生产可能有客户安全隐患的产品。 (5)禁止各业务单位在金融市场进行投机。 (6)不准员工访问某些网站或下载某些内容
风险转移	是指通过合同将风险转移到第三方，对转移后的风险不再拥有所有权。 转移风险不会降低其可能的严重程度，只是从一方转移到另一方。例如： (1)保险。 (2)非保险型的风险转移。例如，服务保证书等。 (3)风险证券化
风险转换	是指通过战略调整等手段将面临的风险转换成另一个风险。 风险转换的手段：战略调整和使用衍生产品等。 可以在低成本或者无成本的情况下达到目的。 『提示』风险转换一般不会直接降低企业总的风险，其简单形式就是在减少某一风险的同时，增加另一风险(风险性质发生变化，减少 A 但增加 B)。
风险对冲	是指引入多个风险因素，使这些风险的影响互相冲抵，从而总风险下降。比如，资产组合使用、多种外币结算和多种经营、利用期货进行套期保值。风险对冲涉及风险组合，而不是对单一风险
风险补偿	是对风险可能造成的损失采取措施进行补偿。表现在企业主动承担风险，并采取措施以补偿可能的损失。风险补偿的形式：财务补偿、人力补偿、物资补偿等。其中，财务补偿是损失融资，包括自身的风险准备金或应急资本等。 『提示』风险补偿与风险承担的主要区别：风险承担是企业被动的承担风险，一般只对非重大风险采取风险承担；风险补偿是提前做一些防范措施
风险控制	是指控制风险事件发生的动因、环境、条件等，来达到减轻风险事件发生时的损失或降低风险事件发生的概率的目的。 风险控制对象：一般是可控风险，包括多数运营风险，如质量、安全和环境风险，以及法律风险中的合规性风险。 『提示』风险规避简单来说就是不做某事就不会发生做某事的风险；而风险控制只是将风险发生的损失或概率降低

『提示说明』一般情况下，对战略、财务、运营和法律风险，可采取风险承担、风险规避、风险转换、风险控制等方法。对能够通过保险、期货、对冲等金融手段进行理财的风险，可以采用风险转移、风险对冲、风险补偿等方法。

4. 确定风险偏好和风险承受度

《中央企业全面风险管理指引》指出，“确定风险偏好和风险承受度，要正确认识和把握风险与收益的平衡，防止和纠正忽视风险，片面追求收益而不讲条件、范围，认为风险越大、收益越高的观念和做法；同时，也要防止单纯为规避风险而放弃发展机遇。”

一般来讲，风险偏好和风险承受度是针对公司的重大风险制定的，对企业的非重大风险的风险偏好和风险承受度不一定要十分明确，甚至可以先不提出。

重大风险的风险偏好是企业的重大决策，应由董事会决定。

确定企业整体风险偏好要考虑以下四个

因素，如表 6-8 所示。

表 6-8　确定风险偏好要考虑四个因素

因素	说明
风险个体	对每一个风险都可以确定风险偏好和风险承受度
相互关系	考虑同一个风险在各个业务单位之间的分配，以及不同风险之间的关系
整体形状	整体风险偏好和风险承受度是基于针对每一个风险的风险偏好和风险承受度
行业因素	同一风险在不同行业风险偏好不同

5. 风险度量

(1)量化的重要性。

风险偏好可以只定性，但风险承受度一定要定量。

(2)风险度量方法。

允许对不同的风险采取不同的度量方法。常用的风险度量包括：**最大可能损失；概率值；期望值；波动值；在险值(VaR)**，如表 6-9 所示。

表 6-9　风险度量的量化方法

风险度量方法	说明
最大可能损失	指风险事件发生后可能造成的最大损失。是最差情形的思考逻辑。 适用：在无法判断发生概率或无须判断概率时使用
概率值	是指风险事件发生的概率或造成损失的概率。 在可能的结果只有好坏、对错、输赢等简单情况下使用
期望值	指数学期望，常用统计期望值和效用期望值 期望值综合了概率值和最大损失两种方法
波动性	反映数据的离散程度。常用方差或标准差来衡量
在险值 又称 VaR	是指在正常市场条件下，在给定时间段，给定置信区间，预期可能发生的最大损失。 局限性：适用范围小，对数据要求严格，计算困难，对肥尾效应无能为力

上表中的五种方法都是统计方法，此外还可使用直观方法。

直观方法是不依赖于概率统计结果的度量方法，是人们直观的判断。

当统计数据不足或需要度量结果包括人们的偏好时，可用直观的度量方法，如**专家意见法、层次分析法(AHP)**等。

(3)风险量化的困难。

a. 方法误差：风险度量不能够准确反映企业的实际情况。

b. 数据：风险数据不足，质量不好。

c. 信息系统：需要的信息未能及时到达。

d. 整合管理：由于数据和管理水平的限制，不能与现存的管理连接。

6. 风险管理的有效性标准

风险管理有效性标准的**作用**：

(1)企业现在的风险是否在风险承受度范围之内，即**风险是否优化**。

(2)企业风险状况的变化是否符合要求，即**风险的变化是否优化**。

确立风险管理有效性标准的**原则**：

(1)要针对企业的重大风险，能够反映企业重大风险管理的现状。

(2)应当对照全面风险管理的总体目标，在所有五个方面保证企业的运营效果。

(3)应当在企业的风险评估中应用，并根据风险的变化随时调整。

(4)应当用于衡量全面风险管理体系的运

行效果。

7. 风险管理的资源配置

内容：人才、组织设置、政策、设备、信息及系统、经验、技术、资金等。

原则：统筹兼顾，将资源用于需要优先管理的重大风险。

8. 确定风险管理的优先顺序

(1)风险管理的优先顺序。

企业优先管理哪些风险，则优先进行资源的配置。(优先管理，优先配置)

原则：在风险评估结果基础上，全面考虑平衡风险与收益。

要特别重视对企业有影响的重大风险，要首先解决"颠覆性"风险问题，保证企业持续发展。

(2)确定风险管理的优先顺序应考虑六因素。

a. 风险事件发生的可能性和影响。

b. 风险管理的难度。

c. 风险的价值或管理风险可能带来的收益。

d. 合规的需要。

e. 对企业技术、人力、资金等的需求。

f. 利益相关者的要求。

9. 风险管理策略检查

定期总结和分析风险管理策略的有效性和合理性，不断修订和完善。

风险管理策略要随着企业经营状况的变化、经营战略的变化，外部环境的变化而调整。

考点五 风险理财措施★★★

经典例题

【例题1·单选题】☆甲公司每年最低运营资本是5 000万元，有10%的可能性维持运营需要5 800万元，有5%的可能性维持运营需要6 200万元。若甲公司风险资本为1 000万元，则该公司的生存概率为(　)。

A. 90%~95%　　B. 10%

C. 95%以上　　D. 90%

【答案】A

【解析】当风险资本为800万元时，生存概率是90%；当风险资本为1 200万元时，生存概率是95%。因此，当风险资本为1 000万元时，其生存概率在90%~95%，选项A正确。

【例题2·单选题】☆为了对可能给企业造成重大损失的风险事件进行有效管理，南方石油公司成立了自己的专属保险公司，为母公司提供保险，并由母公司筹集总计10亿元的保险费，建立损失储备金。下列各项中，属于南方石油公司采用的上述损失事件管理办法的优点的是(　)。

A. 降低内部管理成本

B. 增加了其他保险的可得性

C. 改善公司现金流

D. 损失储备金充足

【答案】C

【解析】"南方石油公司成立了自己的专属保险公司，为母公司提供保险，并由母公司筹集总计10亿元的保险费，建立损失储备金"，说明南方石油公司采用的损失事件管理办法属于专业自保。改善公司现金流属于专业自保的优点，选项C正确。

【例题3·单选题】☆宏远海运公司为了加强对损失事件的管理成立了一家附属机构，其职责是用母公司提供的资金建立损失储备金，并为母公司提供保险。宏远海运公司管理损失的方法是(　)。

A. 专业自保　　B. 保险

C. 损失融资　　D. 风险成本

【答案】A

【解析】专业自保公司又称专属保险公司，是非保险公司的附属机构，为母公司提供保险，并由其母公司筹集保险费，建立损失储备金。

【例题4·单选题】☆甲公司签订合同承诺10月份向客户出售20吨白糖并以5 600元人民币/吨的价格购入现货白糖20吨，同时在期货交易所以5 700元/吨的价格卖出10月份到期的白糖期货20吨。10月份合同到期时，白糖现货和当月期货市场价格均为5 500元人民币/吨，甲公司以该价格向客户售出白糖20吨，并买入当月期货20吨。甲公司的上述风险理财策略是(　)。

A. 期货多头套期保值

B. 期货空头套期保值

C. 买方期权套期保值

D. 卖方期权套期保值

【答案】B

【解析】期货空头套期保值是指如果某公司要在未来某时出售资产，可以通过持有该资产期货合约的空头来对冲风险。本题中，“甲公司签订合同承诺10月份向客户出售20吨白糖并以5 600元人民币/吨的价格购入现货白糖20吨，同时在期货交易所以5 700元/吨的价格卖出10月份到期的白糖期货20吨”“10月份……甲公司以该价格向客户售出白糖20吨，并买入当月期货20吨”，表明甲公司现货市场未来时点出售白糖，期货市场目前时点卖出期货、未来时点买入期货，即采取的是期货空头套期保值，因此，选项B正确。

考点速学

一、风险理财概述

风险理财是用金融手段管理风险，如表6-10所示。

表6-10　风险理财的具体内容

项目	具体内容
必要性	对于可控的风险，除了风险规避在特定范围内有效外，其余措施均无法保证风险和损失不会发生。但风险理财可以针对不可控的风险
四个特点	(1)既不改变风险事件发生的可能性，也不改变风险事件可能引起的直接损失程度。(什么都没改变) (2)需要判断风险的定价，量化的标准较高。(需要量化) (3)应用范围一般不包括声誉等难以衡量其价值的风险，也难以消除战略失误造成的损失。(声誉、战略失误等不适用) (4)手段技术性强，风险理财工具本身有着比较复杂的风险特性，使用不当容易造成重大损失(虽然用于管理风险，但其本身就是高风险)
风险理财与公司理财的辨析	(1)风险理财注重风险因素对现金流的影响。 (2)风险理财影响公司资本结构，注意以最低成本获得现金流。 (3)风险理财是公司战略的有机部分，直接影响公司整体价值的提升

『提示说明』传统的风险理财是损失理财，即为可能发生的损失融资，补偿风险造成的财务损失，如购买保险。传统的风险理财的目的是降低公司承担的风险。

现代的公司理财则可能通过使用金融工具来承担额外的风险，改善公司的财务状况，创造价值，如矿产公司通过期货出卖产品。

(风险理财通过主动承担风险来创造价值。没有风险，可能意味着没有价值)

二、选择风险理财策略与方案的原则和要求

回顾风险管理的七种工具：风险承担、风险规避、风险转移、风险转换、风险对冲、风险补偿、风险控制。风险理财就是运用金融手段来实施这些策略的。风险理财主要的两类措施：损失事件管理与套期保值。

选择风险理财策略的原则和要求：

(1)与整体风险管理策略一致。

(2)与所面对风险的性质相匹配，要采用与之相匹配的风险理财手段。

(3)选择风险理财工具的要求。

工具：准备金、保险、应急资本、期货、期权、其他衍生产品等。

要求：合规要求；可操作性；法律法规环

境；熟悉程度；风险理财工具的风险特征等。

(4)成本与收益的平衡。

三、损失事件管理

损失事件管理是风险理财措施之一，是指对可能给企业造成重大损失的风险事件的事前、事中、事后管理的方法。

包括：损失融资、风险资本、应急资本、保险和专业自保。

1. 损失融资

是为风险事件造成的财物损失融资，是进行损失事件的事后管理。

损失融资的分类，如表6-11所示。

表6-11　损失融资的分类

分类	描述
预期损失	融资作为运营资本的一部分
非预期损失融资	属于风险资本的范畴

2. 风险资本

除经营所需的资本之外，需要额外用于补偿风险造成财务损失的资本。

具体而言，风险资本是使一家公司破产的概率低于某一给定水平所需的资金，其数量多少取决于公司的风险偏好。

一个需要必须看懂的例子：

一家公司每年最低运营资本是15亿元，但是有5%的可能性需要17.5亿元维持运营，有1%的可能性需要30亿元才能维持运营。

换句话说，如果风险资本为2.5亿元，那么这家公司的生存概率就是95%，而15亿元的风险资本对应的则是99%的生存概率。

3. 应急资本

是指规定在某一个时间段内、某个特定事件发生的情况下，公司有权从应急资本提供方处募集股本或贷款，但需要缴纳一定费用。如银行周转信贷额度。

应急资本费用、利息和额度在合同签订时需要约定。

应急资本的四个特点：

(1)资金提供方并不承担特定事件发生的风险。而只是在事件发生并造成损失后提供资金。事后公司要向资本提供者归还本金并支付利息。

(2)不涉及风险的转移，是风险补偿策略的一种方式。

(3)是一个在一定条件下的融资选择权，公司可以不使用这个权利。

(4)可以提供经营持续性的保证。

4. 保险

保险是一种金融合约。保险公司应为预定的损失支付补偿，购买方要向保险公司支付保险费。

保险合同降低了购买保险方的风险，损失的风险转移给了保险公司。而保险公司则是通过损失的分散化来降低自己的风险。

保险是风险转移的传统手段。

保险只适用于可保风险，可保风险是纯粹风险，机会风险不可保。

5. 专业自保

专业自保公司又称专属保险公司，是非保险公司的附属机构，为母公司提供保险，并由其母公司筹集保险费，建立损失储备金。几乎所有的大跨国公司都有专业自保公司。

特点：由被保险人所有和控制，要承保其母公司的风险，但可以通过租借的方式承保其他公司的保险，不在保险市场上开展业务。

四、套期保值

1. 对金融衍生产品的选择

(1)金融衍生产品的概念和类型。

金融衍生产品是其价值决定于一种或多种基础资产或指数的金融合约。常用衍生产品：远期合约、互换交易、期货、期权等，如表6-12所示。

表 6-12 四大常用金融衍生品

种类	内容
远期（Forward）	概念：指合约双方同意在未来日期按照事先约定的价格交换金融资产的合约，承诺以当前约定的条件在未来进行交易的合约。 种类：远期利率协议、远期外汇合约、远期股票合约。 远期合约是现金交易，买方和卖方达成协议在未来的某一特定日期交割一定质量和数量的商品。 远期合约是场外交易，交易双方都存在风险
互换（Swap）	概念：当事人按照商定条件，在约定时间内，交换一系列现金流的合约。即一方支付给另一方一种现金流，收取对方的另一种系列现金流。 种类：利率互换、货币互换、商品互换和其他互换
期货（Future）	概念：在约定的将来某个日期按照约定的条件（包括价格、交割地点、交割方式）买入或卖出一定标准数量、质量的资产。 期货合约是场内交易。 种类：商品期货、金融期货（外汇期货、利率期货和股指期货）
期权（Option）	概念：在某一特定日期或该日期之前的任何时间以规定的价格购买或者出卖某种规定的资产的权利。 种类：买方期权、卖方期权 买方期权，是指赋予期权持有人在期权有效期内按履约价格买进（但不负有必须买进的义务）规定的资产的权利。 卖方期权，是指期权持有人在期权有效期内按履约价格卖出（但不负有必须卖出的责任）规定的资产的权利。 期权合约内容：标的资产、执行价格、到期日、行权方式、期权价格

（2）运用衍生产品进行风险管理的主要思路。

a. 增加自己愿意承担的风险。

b. 消除或减少自己不愿承担的风险。

c. 转换不同的风险。

（3）衍生产品及其交易的特点。

未来性、灵活性、杠杆性、风险性、虚拟性。

（4）运用衍生产品进行风险管理需满足的条件。

a. 满足合规要求。

b. 与公司的业务和发展战略保持一致。

c. 建立内控措施，包括授权、计划、报告、监督、决策等流程和规范。

d. 合适的风险状况的风险计量方法，明确头寸、损失、风险限额。

e. 建立完善的信息沟通机制，保证头寸、损失、风险敞口的报告及时可靠。

f. 合格的操作人员。

2. 套期保值与投机

是风险理财的一类，包括期货套保、期权套保。

套期保值是指为冲抵风险而买卖相应的衍生产品的行为，其目的是降低风险；与套期保值相反的便是投机行为，其目的是承担额外的风险以盈利，实质上是增加了风险。（注意有顺序之分。顺序不同，性质不同）

【知识点拨】一般来说，不能从衍生产品的交易本身判断该交易是否为套期保值或投机，要考虑它的头寸。

3. 期货套期保值与投机

期货套期保值与投机，如表 6-13 所示。

表 6-13 期货套期保值与投机

<table>
<tr><th>类型</th><th colspan="2">描述</th></tr>
<tr><td rowspan="3">期货套期保值</td><td>概念</td><td>也称期货对冲，是指为配合现货市场上的交易，而在期货市场上做与现货市场商品相同或相近但交易部位相反的买卖行为，以便将现货市场价格波动的风险在期货市场上抵销</td></tr>
<tr><td>方式</td><td>空头套期保值：如果某公司要在未来某时间出售资产，可以通过持有该资产期货合约的空头来对冲风险。
多头套期保值：如果要在未来某时买入某种资产，则可采用持有该资产期货合约的多头来对冲风险</td></tr>
<tr><td>期货价格与现货价格</td><td>绝大多数期货合约不会在到期日用标的物兑现。
期货价格表现的是市场对标的物的远期预期价格。
“基差”用来表示标的物的现货价格与所用合约的期货价格之差。
a. 基差在期货合约到期日为零，在此之前可正可负。
b. 一般而言，离到期日越近，基差就越小</td></tr>
<tr><td>期货投机</td><td colspan="2">是指基于对市场价格走势的预期，为了盈利而在期货市场上进行的买卖行为。
与套期保值相反，期货的投机增加了风险</td></tr>
</table>

4. 期权套期保值与投机

把期权作为对冲的工具，作用与保险类似。但把期权作为投机的工具，风险会更大。

运用风险理财措施要明确以下四点：

(1)风险理财是全面风险管理的重要组成部分，有着不可替代的地位和作用。

(2)风险理财形式多样，应用灵活，时效性强，具有其他手段不可比拟的优点。

(3)风险理财技术性强，需要专门的人才、知识、组织结构、程序和法律环境。

(4)风险理财手段的不当使用，可能带来巨大的损失。风险理财本身的风险管理尤为重要。

考点六 风险管理的组织职能体系与信息系统★★

经典例题

【例题·单选题】☆欧莱公司主营化妆品的研发、生产与销售。该公司董事会下设风险管理委员会。下列各项属于欧莱公司风险管理委员会职责范围的是(　)。

A. 审议公司及各个部门的风险管理策略和重大风险管理解决方案

B. 组织协调公司全面风险管理日常工作

C. 研究提出公司全面风险管理工作报告

D. 研究提出化妆品研发、生产、销售等业务部门和各个职能部门的重大决策风险评估报告

【答案】A

【解析】本题考查“风险管理委员会/风险管理职能部门”的知识点。风险管理委员会职责如下：①提交全面风险管理年度报告；②审议风险管理策略和重大风险管理解决方案；③审议重大决策、重大风险、重大事件和重要业务流程的判断标准或判断机制，以及重大决策的风险评估报告；④审议内部审计部门提交的风险管理监督评价审计综合报告；⑤审议风险管理组织机构设置及其职责方案；⑥办理董事会授权的有关全面风险管理的其他事项。因此，选项 A 正确，选项 B、C、D 属于风险管理职能部门的职责。

考点速学

一、风险管理组织职能体系

具备条件的企业可建立风险管理的三道

防线：

第一道防线：各有关职能部门和业务单位。

第二道防线：风险管理职能部门和风险管理委员会。

第三道防线：内审部门和审计委员会。

企业风险管理组织体系，主要包括规范的公司法人治理结构、风险管理职能部门、内部审计部门和法律事务部门以及其他有关职能部门、各业务单位。相关职责如表6-14所示。

表6-14 风险管理组织职能体系

风险管理组织体系	说明
规范的公司法人治理结构	应建立健全规范的公司法人治理结构，三会一层（股东大会、董事会、监事会、经理层）依法履行职责，形成高效运转、有效制衡的监督约束机制。 还应建立外部董事、独立董事制度，人数应超过董事会全部成员的半数，以保证董事会能够在重大决策、重大风险管理等方面做出独立于经理层的判断和选择。 董事会就全面风险管理工作的有效性对股东（大）会负责。
规范的公司法人治理结构	董事会在全面风险管理方面主要履行以下职责： （1）审议并向股东（大）会提交企业全面风险管理年度工作报告。 （2）确定企业风险管理总体目标、风险偏好、风险承受度，批准风险管理策略和重大风险管理解决方案。 （3）了解和掌握企业面临的各项重大风险及风险管理现状，做出有效控制风险的决策。 （4）批准重大决策、重大风险、重大事件和重要业务流程的判断标准或判断机制。 （5）批准重大决策的风险评估报告。 （6）批准内部审计部门提交的风险管理监督评价审计报告。 （7）批准风险管理组织机构设置及其职责方案。 （8）批准风险管理措施，纠正和处理任何组织或个人超越风险管理制度做出的风险性决定的行为。 （9）督导企业风险管理文化的培育。 （10）批准或决定全面风险管理的其他重大事项
风险管理委员会	具备条件的企业，董事会可下设风险管理委员会。 召集人应由不兼任总经理的董事长担任；董事长兼任总经理的，召集人应由外部董事或独立董事担任。 该委员会成员中需有熟悉企业重要管理及业务流程的董事，以及具备风险管理监管知识或经验、具有一定法律知识的董事。 风险管理委员会对董事会负责，主要履行以下职责： （1）提交全面风险管理年度报告。 （2）审议风险管理策略和重大风险管理解决方案。 （3）审议重大决策、重大风险、重大事件和重要业务流程的判断标准或判断机制，以及重大决策的风险评估报告。 （4）审议内部审计部门提交的风险管理监督评价审计综合报告。 （5）审议风险管理组织机构设置及其职责方案。 （6）办理董事会授权的有关全面风险管理的其他事项。 总经理对全面风险管理工作的有效性向董事会负责。总经理负责主持全面风险管理的日常工作，负责组织拟订企业风险管理组织机构设置及其职责方案

（续表）

风险管理组织体系	说明
风险管理职能部门	应设立专职职能部门履行全面风险管理的职责。 **该部门对总经理负责，主要履行以下职责：** （1）**研究提出**全面风险管理工作报告。 （2）**研究提出**跨职能部门的重大决策、重大风险、重大事件和重要业务流程的判断标准或判断机制。 （3）**研究提出**跨职能部门的重大决策风险评估报告。 （4）**研究提出**风险管理策略和跨职能部门的重大风险管理解决方案，并负责该方案的组织实施和对该风险的日常监控。 （5）**负责**对全面风险管理有效性的评估，研究提出全面风险管理的改进方案。 （6）**负责**组织建立风险管理信息系统。 （7）**负责**组织协调全面风险管理日常工作。 （8）**负责**指导、监督有关职能部门、各业务单位以及全资、控股子企业开展全面风险管理工作。 （9）**办理**风险管理的其他有关工作
审计委员会	应在董事会下设立审计委员会，内审部门对审计委员会负责。 内部审计部门在风险管理方面，主要负责研究提出全面风险管理监督评价体系，制定监督评价相关制度，开展监督与评价，出具监督评价审计报告。 （1）**审计委员会履行职责的方式。** 审计委员会的职责要求： a. 应每年至少举行三次会议，并于审计周期的主要日期举行。 b. 应每年至少与外聘及内部审计师会面一次，讨论与审计相关的事宜，但无须管理层出席。 c. 成员之间的不同意见如无法内部调解，应提请董事会解决。 d. 应每年对其权限及其有效性进行复核，并就必要的人员变更向董事会报告。 **行政管理层必须向审计委员会提供恰当的信息。管理层对审计委员会有告知义务，并应主动提供信息。** （2）**审计委员会与合规。** a. 审计委员会的主要活动之一是核查对外报告合规的情况。 b. 审计委员会一般有责任：确保企业履行对外报告合规的义务。 c. 管理层的责任是编制财务报表，审计师的责任是编制审计计划和执行审计。 （3）**审计委员会与内部审计。** a. 确保充分且有效的内部控制是审计委员会的义务，其中包括负责监督内部审计部门的工作。 b. 审计委员会应监察和评估内部审计职能在企业整体风险管理系统中的角色和有效性。它批准对内部审计主管的任命和解聘，并确保内部审计部门能直接与董事会主席接触，并负有向审计委员会说明的责任。 c. 审计委员会复核及评估年度内部审计工作计划。 d. 审计委员会听取关于内部审计部门工作的定期报告，复核和监察管理层对内部审计的调查结果的反映。 e. 审计委员会还应确保内部审计部门提出的合理建议得到执行。 f. 审计委员会有助于保持内部审计部门对压力或干涉的独立性。 g. 审计委员会及内部审计师在四个主要方面对内部审计进行复核：组织中的地位、职能范围、技术才能和专业应尽义务

（续表）

风险管理组织体系	说明
企业其他职能部门及各业务单位	企业其他职能部门及各业务单位在全面风险管理工作中，应接受风险管理职能部门和内部审计部门的组织、协调、指导和监督。 主要履行以下职责： (1)执行风险管理基本流程。 (2)研究提出本职能部门或业务单位重大决策、重大风险、重大事件和重要业务流程的判断标准或判断机制。 (3)研究提出本职能部门或业务单位的重大决策风险评估报告。 (4)做好本职能部门或业务单位建立风险管理信息系统的工作。 (5)做好培育风险管理文化的有关工作。 (6)建立健全本职能部门或业务单位的风险管理内部控制子系统。 (7)办理风险管理其他有关工作
下属公司	应通过法定程序，指导和监督其全资、控股子企业建立与企业相适应或符合自身特点、能有效发挥作用的风险管理组织体系

二、风险管理信息系统

应将IT技术应用于风险管理的各项工作，建立涵盖风险管理基本流程和内部控制系统各环节的风险管理信息系统，包括信息的采集、存储、加工、分析、测试、传递、报告、披露等。

确保向风险管理信息系统输入的业务数据和风险量化值的一致性、准确性、及时性、可用性和完整性。

风险管理信息系统的作用：

(1)能够进行对各种风险的计量和定量分析、定量测试。

(2)能够实时反映风险矩阵和排序频谱、重大风险和重要业务流程的监控状态。

(3)能够对超过风险预警上限的重大风险实施信息报警。

(4)能够满足报告制度和对外信息披露管理制度的要求。

考点七　内部控制系统★★

经典例题

【例题1·多选题】☆甲公司在加强风险管理过程中采取了下列做法，其中符合我国《企业内部控制基本规范》关于信息与沟通要素要求的有(　)。

A. 加强法制教育，建立健全法律顾问制度和重大法律纠纷案件备案制度

B. 建立举报投诉制度和举报人保护制度

C. 建立反舞弊机制，坚持惩防并举、重在预防的原则

D. 建立重大风险预警机制和突发事件应急处理机制

【答案】BC

【解析】选项A属于内部环境，选项D属于控制活动。

【例题2·单选题】☆甲公司在实施全面风险管理过程中，注重加强法制教育，增强董事、监事、经理及其他高级管理人员和员工的法制观念，严格依法决策、依法办事、依法监督。甲公司的上述做法所涉及的内部控制要素是(　)。

A. 控制环境　　B. 风险评估

C. 监控　　D. 控制活动

【答案】A

【解析】我国《企业内部控制基本规范》关于内部环境要素的要求，企业应当加强法制教育，增强董事、监事、经理及其他高级

管理人员和员工的法制观念，严格依法决策、依法办事、依法监督，建立健全法律顾问制度和重大法律纠纷案件备案制度。

【例题3·多选题】☆松涛广告公司建立了比较完善的内部控制系统，根据COSO的内部控制框架，关于控制环境要素的要求与原则，下列各项属于该公司控制环境要素的有(　)。

A. 员工践行诚信为本，客户至上的价值观

B. 公司在内部控制全过程的各个环节实行透明，对等的权责分配方法

C. 董事会对内部控制的制定及其绩效施以监控

D. 公司致力于吸引、发展、留任从事广告、策划、设计、制作和营销等业务的优秀人才

【答案】ABCD

【解析】2013年修订发布的COSO《内部控制框架》，控制环境要素应当坚持以下原则：①企业对诚信和道德价值观作出承诺；②董事会独立于管理层，对内部控制的制定及其绩效实施监控；③管理层在董事会的监控下，确立目标实现过程中所涉及的组织架构、报告路径以及适当的权利和责任；④企业致力于吸引、发展和留任优秀人才，以配合企业达成目标；⑤企业根据其目标，使员工各自担负起内部控制的相关责任。因此，选项ABCD均正确。

考点速学

内部控制系统，指围绕风险管理策略目标，针对各项业务管理及其重要业务流程，通过执行风险管理基本流程，制定并执行的规章制度、程序和措施。

1. COSO委员会关于内部控制的定义与框架

COSO是1985年由美国五个财经组织共同出资成立的，专门研究舞弊行为。COSO发现出现舞弊行为的公司，内部控制也有问题。

1992年COSO提出《内部控制——整合框架》，即COSO内部控制框架。

COSO认为：企业内部控制是公司的董事会、管理层及其他人士为实现以下目标提供合理保证而实施的程序：运营的效益与效率，财务报告的可靠性和遵守适用的法律法规。

从三个方面理解COSO所定义的内部控制：

(1)内部控制是一个实现目标的程序及方法，而其本身并非目标。

(2)内部控制只提供合理保证，而非绝对保证。

(3)内部控制要由企业中各级人员实施与配合。

COSO《内部控制——整合框架》核心内容包括“三目标和五要素”：

三目标：取得经营效率和效果、确保财务报告可靠、遵循适用法律法规。

五要素：控制环境、风险评估、控制活动、信息与沟通、监控。

COSO内部控制整体框架图如下图6-3、表6-15所示。

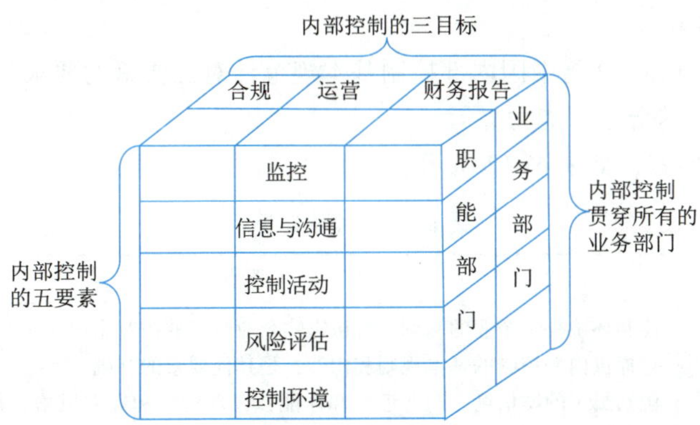

图6-3　COSO内部控制整体框架图——三目标五要素

表 6-15 内部控制五大要素(COSO 版本)

要素	项目内容
控制环境	员工的正直、道德价值观和能力，管理当局的理念和经营风格，管理当局确立权威性和责任、组织和开发员工的方法等
风险评估	为实现组织目标而对相关风险进行的辨别与分析
控制活动	为了确保实现管理当局的目标而采取的政策和程序，包括审批、授权、验证、确认、经营业绩的复核、资产的安全性等
信息与沟通	为了保证员工履行职责而必须识别、获取的信息及其沟通
监控	对内部控制实施质量的评价，包括日常管理、监督和员工履行职责的行动

2. 我国内部控制规范体系

2008 年 6 月，财政部、证监会、审计署、银保监会联合发布了《企业内部控制基本规范》。2010 年 4 月，五部委联合发布了《企业内部控制配套指引》。

《企业内部控制配套指引》包括三部分，分别是《企业内部控制应用指引》《企业内部控制评价指引》和《企业内部控制审计指引》。

基本规范、应用指引、评价和审计指引三个类别构成一个相辅相成的整体，标志着中国企业内部控制规范体系基本建成，如表 6-16 所示。

表 6-16 我国内部控制规范体系概述

类别	说明
基本规范	规定内部控制的目标、要素、原则和总体要求，是内部控制的总体框架，在内部控制标准体系中起统领作用。可概括为五目标五要素： 五目标：①合理保证企业经营管理合法合规；②资产安全；③财务报告及相关信息真实完整；④提高经营效率和效果；⑤促进企业实现发展战略。 五要素：①内部环境；②风险评估；③控制活动；④信息与沟通；⑤内部监督。 『提示』 美国是三目标五要素；我国为五目标五要素
应用指引	针对组织结构、发展战略、人力资源、社会责任、企业文化、资金活动、采购业务、资产管理、销售业务、研究与开发、工程项目、担保业务、业务外包、财务报告、全面预算、合同管理、内部信息传递、信息系统共18 项企业主要业务的内控领域或内控手段，提出了建议性的应用指引
评价和审计指引	是对企业贯彻《基本规范》和《应用指引》效果的评价与检验。 《评价指引》为企业对内部控制的有效性进行全面评价，形成评价结论、出具评价报告提供指引。 《审计指引》为会计师事务所对特定基准日与财务报告相关内部控制设计与执行有效性进行审计提供指引

3. 内部控制的要素

以下分别对比美国 COSO 与中国内部控制基本规范针对五要素的要求与原则。

(1)控制环境——综合运用能力。

控制环境的主要内容，如表 6-17 所示。

表 6-17 控制环境

框架	要点	
COSO《内部控制框架》 『提示』 美 COSO 称“控制环境”	要求	控制环境决定企业的基调，直接影响企业员工的控制意识。 它提供内部控制的基本规则和构架，是其他要素的基础。 包括员工的诚信度、职业道德和才能；管理哲学和经营风格；权责分配方法、人事政策；董事会的经营重点和目标等

（续表）

框架	要点	
COSO《内部控制框架》 『提示』美 COSO 称“控制环境”	原则	(1)对诚信和道德价值观做出承诺。 (2)董事会独立于管理层，对内部控制制定及其绩效施以监控。 (3)管理层在董事会的监控下，建立目标实现过程中所涉及的组织架构、报告路径以及适当的权利和责任。 (4)致力于吸引、发展和留任优秀人才，以配合企业目标达成。 (5)根据其目标，使员工各自担负起内部控制的相关责任
《企业内部控制基本规范》 『提示』我国称“内部环境”	要求	(1)应当根据国家有关法律法规和企业章程，建立规范的公司治理结构和议事规则，明确决策、执行、监督等方面的职责权限，形成科学有效的职责分工和制衡机制。 (2)董事会负责内部控制的建立健全和有效实施。监事会对董事会建立与实施内部控制进行监督。经理层负责组织领导企业内部控制的日常运行。 (3)应当在董事会下设立审计委员会。 (4)应当结合业务特点和内部控制要求设置内部机构，明确职责权限，将权利与责任落实到各责任单位。 (5)应当加强内部审计工作，保证内部审计机构设置、人员配备和工作的独立性。 (6)应当制定和实施有利于企业可持续发展的人力资源政策。 (7)应当将职业道德修养和专业胜任能力作为选拔和聘用员工的重要标准，切实加强员工培训和继续教育，不断提升员工素质。 (8)应当加强文化建设，培育积极向上的价值观和社会责任感，倡导诚实守信、爱岗敬业、开拓创新和团队协作精神，树立现代管理理念，强化风险意识。 (9)应当加强法制教育

(2)风险评估——综合运用能力。

风险评估的主要内容，如表 6-18 所示。

表 6-18 风险评估

框架	要点	
COSO《内部控制框架》	要求	风险评估的前提是使经营目标在不同层次相互衔接，保持一致。 是指识别、分析相关风险以实现既定目标，形成风险管理的基础
	原则	(1)制定足够清晰的目标，以便识别和评估目标所涉及的风险。 (2)从整个企业的角度来识别实现目标所涉及的风险，分析风险，并据此决定应如何管理这些风险。 (3)在评估影响目标实现的风险时，考虑潜在的舞弊行为。 (4)识别并评估可能会对内部控制系统产生重大影响的变更
《企业内部控制基本规范》	要求	(1)应当根据设定的控制目标，全面系统持续地收集相关信息，结合实际情况，及时进行风险评估。 (2)开展风险评估，应当准确识别与实现控制目标相关的内部风险和外部风险，确定相应的风险承受度。 (3)识别内部风险，应当关注的因素：①董事、监事、经理及其他高级管理人员的职业操守、员工专业胜任能力等人力资源因素；②组织机构、经营方式、资产管理、业务流程等管理因素；③研究开发、技术投入、信息技术运用等自主创新因素；④财务状况、经营成果、现金流量等财务因素；⑤营运安全、员工健康、环境保护等安全环保因素；⑥其他有关内部风险因素。 (4)识别外部风险，应当关注的因素：①经济形势、产业政策、融资环境、市场竞争、资源供给等经济因素；②法律法规、监管要求等法律因素；③安全稳定、文化传统、社会信用、教育水平、消费者行为等社会因素；④技术进步、工艺改进等科学技术因素；⑤自然灾害、环境状况等自然环境因素；⑥其他有关外部风险因素

（续表）

框架	要点	
《企业内部控制基本规范》	要求	(5)企业应当采用定性与定量相结合的方法，按照风险发生的可能性及其影响程度等，对识别的风险进行分析和排序，确定关注重点和优先控制的风险。 (6)企业应当根据风险分析的结果，结合风险承受度，权衡风险与收益，确定风险应对策略。 (7)企业应当综合运用风险规避、风险降低、风险分担和风险承受等风险应对策略，实现对风险的有效控制。 (8)企业应当结合不同发展阶段和业务拓展情况，持续收集与风险变化相关的信息，进行风险识别和风险分析，及时调整风险应对策略

(3)控制活动——综合运用能力。

控制活动的主要内容，如表6-19所示。

表6-19 控制活动

框架	要点	
COSO《内部控制框架》	要求	指那些有助于管理层决策顺利实施的政策和程序。 它有助于确保实施必要的措施以管理风险，实现经营目标。 包括诸如批准、授权、查证、核对、复核经营业绩、资产保护和职责分工等活动
	原则	(1)选择并制定有助于将目标实现风险降低至可接受水平的控制活动。 (2)用以支持目标实现的技术选择并制定一般控制政策。 (3)通过政策和程序来部署控制活动：政策用来确定所期望的目标；程序则将政策付诸行动(Policyand Procedure)
《企业内部控制基本规范》	要求	(1)企业应当结合风险评估结果，通过手工控制与自动控制、预防性控制与发现性控制相结合的方法，运用相应的控制措施，将风险控制在可承受度之内。 控制措施一般包括：不相容职务分离控制、授权审批控制、会计系统控制、财产保护控制、预算控制、运营分析控制和绩效考评控制等。 (2)不相容职务分离控制要求企业全面系统地分析、梳理业务流程中所涉及的不相容职务，实施相应的分离措施，形成各司其职、各负其责、相互制约的工作机制。 (3)授权审批控制要求企业根据常规授权和特别授权的规定，明确各岗位办理业务和事项的权限范围、审批程序和相应责任。 (4)会计系统控制要求企业严格执行国家统一的会计准则制度，加强会计基础工作，明确会计凭证、会计账簿和财务会计报告的处理程序，保证会计资料真实完整。 (5)财产保护控制要求企业建立财产日常管理制度和定期清查制度，采取财产记录、实物保管、定期盘点、账实核对等措施，确保财产安全。企业应当严格限制未经授权的人员接触和处置财产。 (6)预算控制要求企业实施全面预算管理制度，明确各责任单位在预算管理中的职责权限，规范预算的编制、审定、下达和执行程序，强化预算约束。 (7)运营分析控制要求企业建立运营情况分析制度，经理层应当综合运用生产、购销、投资、筹资、财务等方面的信息，通过因素分析、对比分析、趋势分析等方法，定期开展运营情况分析，发现存在的问题，及时查明原因并加以改进。 (8)绩效考评控制要求企业建立和实施绩效考评制度，科学设置考核指标体系，对企业内部各责任单位和全体员工的业绩进行定期考核和客观评价。 (9)企业应当根据内部控制目标，结合风险应对策略，综合运用控制措施，对各种业务和事项实施有效控制。 (10)企业应当建立重大风险预警机制和突发事件应急处理机制，明确风险预警标准，对可能发生的重大风险或突发事件，制定应急预案、明确责任人员、规范处置程序，确保突发事件得到及时妥善处理

(4)信息与沟通——综合运用能力。

信息与沟通的主要内容，如表6-20所示。

表6-20 信息与沟通

框架	要点	
COSO《内部控制框架》	要求	信息必须及时传递，以便员工履行职责。 信息系统产出涵盖经营、财务和遵循性信息的报告。信息系统不仅处理内部产生的信息，还包括相关的外部事件、行为和条件等。 有效的沟通包括自上而下、横向以及自下而上的传递
	原则	(1)获取或生成和使用相关的高质量信息，以支持内部控制其他要素发挥效用。 (2)关于内部沟通的内部控制信息，包括内部控制目标和职责范围，必须能够支持内部控制的其他要素发挥效用。 (3)就影响内部控制其他要素发挥效用的事项与外部方进行沟通
《企业内部控制基本规范》	要求	(1)应当建立信息与沟通制度，明确内部控制相关信息的收集、处理和传递程序，确保信息及时沟通，促进内部控制有效运行。 (2)应当对收集的各种内部信息和外部信息进行合理筛选、核对、整合，提高信息的有用性。 (3)应当将内部控制相关信息在企业内部各管理级次、责任单位、业务环节之间，以及企业与外部投资者、债权人、客户、供应商、中介机构和监管部门等有关方面之间进行沟通和反馈。 (4)应当利用信息技术促进信息的集成与共享，充分发挥信息技术在信息与沟通中的作用。 (5)应当建立反舞弊机制，明确反舞弊工作的重点领域、关键环节和有关机构在反舞弊工作中的职责权限，规范舞弊案件的举报、调查、处理、报告和补救程序。 (6)应当建立举报投诉制度和举报人保护制度，设置举报专线，明确举报投诉处理程序、办理时限和办结要求，确保举报、投诉成为企业有效掌握信息的重要途径

『提示说明』企业至少应当将下列情形作为反舞弊工作的重点：

a. 未经授权或者采取其他不法方式侵占、挪用企业资产，谋取不当利益。

b. 在财务会计报告和信息披露等方面存在虚假记载、误导性陈述或者重大遗漏等。

c. 董事、监事、经理及其他高级管理人员滥用职权。

d. 相关机构或人员串通舞弊。

(5)监控——综合运用能力。

监控的主要内容，如表6-21所示。

表6-21 监控

框架	要点	
COSO《内部控制框架》 『提示』美COSO称为“监控”	要求	通过持续性监控、独立评估或两者结合来实现对内控系统监控。 持续性的监控行为包括企业的日常管理和监督行为、员工履行各自职责的行为。 独立评估的广度和频度有赖于风险预估和日常监控的有效性。 发现内部控制的缺陷应该自下而上进行汇报，性质严重的应上报最高管理层和董事会
	原则	(1)企业选择、制定并实行持续及/或单独的评估，以判定内部控制各要素是否存在且发挥效用。 (2)企业及时评估内部控制缺陷，并将有关缺陷及时通报给负责整改措施的相关方。包括高级管理层和董事会(如适当)

(续表)

框架	要点	
《企业内部控制基本规范》 『提示』我国称为"内部监督"	要求	(1)应当制定内部控制监督制度，明确内部审计机构(或经授权的其他监督机构)和其他内部机构在内部监督中的职责权限，规范内部监督的程序、方法和要求。 (2)应当制定内部控制缺陷认定标准，对监督过程中发现的内部控制缺陷，应当分析缺陷的性质和产生的原因，提出整改方案，采取适当的形式及时向董事会、监事会或者经理层报告。 (3)应当结合内部监督情况，定期对内部控制的有效性进行自我评价，出具内部控制自我评价报告。 (4)应当以书面或者其他适当的形式，妥善保存内部控制建立与实施过程中的相关记录或者资料，确保内部控制建立与实施过程的可验证性

考点八　风险管理技术与方法★★

经典例题

【例题1·单选题】☆龙泉啤酒公司为了应对气候变化对产品销售的影响，对过去3年中气温与该公司啤酒销售量的变化进行了统计分析，找出其中气温炎热、温和及寒冷等不同状态下产品销量变动的规律，并依据此规律和气象部门的预测，计算、推测出该公司下一年应实现的产品销售量。龙泉啤酒公司采用的风险管理方法属于(　)。

A. 敏感性分析法

B. 马尔科夫分析法

C. 情景分析法

D. 统计推论法

【答案】B

【解析】"对过去3年中气温与该公司啤酒销售量的变化进行了统计分析，找出其中气温炎热、温和及寒冷等不同状态下产品销量变动的规律，并依据此规律和气象部门的预测，计算、推测出该公司下一年应实现的产品销售量"属于马尔科夫分析法，选项B正确。

【例题2·单选题】☆科环公司计划在某市兴建一座垃圾处理厂，并对占用土地的价格、垃圾处理收入和建设周期等不可控因素的变化对该垃圾处理厂内部收益率的影响进行了分析。科环公司采取的风险管理方法是(　)。

A. 马尔科夫分析法

B. 失效模式、影响和危害度分析法

C. 情景分析法

D. 敏感性分析法

【答案】D

【解析】敏感性分析是针对潜在的风险性，研究项目的各种不确定因素变化至一定幅度时，计算其主要经济指标变化率及敏感程度的一种方法。科环公司"对占用土地的价格、垃圾处理收入和建设周期等不可控因素的变化对该垃圾处理厂内部收益率的影响进行了分析"表明采取的是敏感性分析法，选项D正确。

【例题3·单选题】☆蓝太公司是一家白酒生产企业。为了进一步提高产品质量，蓝太公司通过图表形式将白酒生产按顺序划分为多个模块，并对各个模块逐一进行详细调查，识别出每个模块各种潜在的风险因素或风险事件，从而使公司决策者获得清晰直观的印象。根据上述信息，下列各项中，对蓝太公司采取的风险管理办法的描述错误的是(　)。

A. 该方法的使用效果依赖于专业人员的水平

B. 该方法的优点是简单明了，易于操作

C. 该方法是识别风险最常用的方法之一

D. 该方法适用于组织规模较小、流程较简单的业务风险分析

【答案】D

【解析】蓝太公司通过图表形式将白酒生产按顺序划分为多个模块，并对各个模块逐一进行详细调查，识别出每个模块各种潜在的风险因素或风险事件，从而使公司决策者获得清晰直观的印象，属于流程图分析法。在企业风险识别过程中，运用流程图绘制企业的经营管理业务流程，可以将与企业各种活动有影响的关键点清晰地表现出来，结合企业中这些关键点的实际情况和相关历史资料，就能够明确企业的风险状况。流程图分析是识别风险最常用的方法之一。其主要优点是清晰明了，易于操作，且组织规模越大，流程越复杂，流程图分析法就越能体现出优越性。局限性主要是该方法的使用效果依赖于专业人员的水平。

【例题 4 · 单选题】☆甲为大型商场，开业以来，公司积累了丰富的销售数据，公司战略部门每年都会对这些数据整理，据此推算出来年度企业的销售风险，甲的风险管理方法是(　)。

A. 正推法　　B. 后推法

C. 前推法　　D. 逆推法

【答案】C

【解析】统计推论法分为前推、后推和旁推，其中前推就是根据历史的经验和数据推断出未来事件发生的概率及其后果，所以甲商场用积累的销售数据推算年度销售风险属于前推。

考点速学

前面讲解风险评估内容时，包括风险辨识、风险分析、风险评价三个步骤。风险评估时应将定性与定量方法相结合、而用于风险评估的常用技术与方法有以下 11 种，如图 6-4 所示。

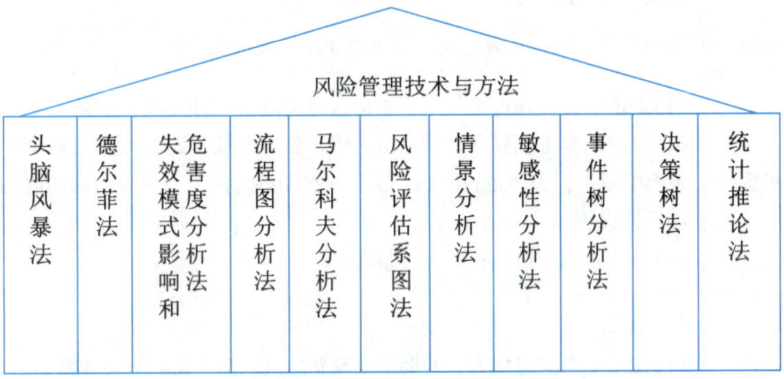

图 6-4　风险管理技术与方法

风险管理技术与方法在风险评估阶段的适用性如表 6-22 所示。

表 6-22　风险管理技术与方法在风险评估阶段的适用性

风险评估阶段 / 风险管理技术与方法	风险辨识	风险分析	风险评价
头脑风暴法	√√	√	√
德尔菲法	√√	√	√
失效模式、影响和危害度分析法	√√		
流程图分析法	√√		
马尔科夫分析法	√	√√	
风险评估系图法	√√	√√	√
情景分析法	√√	√√	√
敏感性分析法	√√	√√	√
事件树分析法		√√	

（续表）

风险管理技术与方法 \ 风险评估阶段	风险辨识	风险分析	风险评价
决策树分析法		√√	√
统计推论法	√	√√	√
在险值法（VaR）		√√	√√
层次分析法（AHP）		√√	√√

注：√表示适用，√√表示非常适用。

1. 头脑风暴法——基本应用能力

是指刺激并鼓励一群知识渊博、知悉风险情况的人员畅所欲言，开展集体讨论的方法，如表6-23所示。

表6-23 头脑风暴法

方法		描述
头脑风暴法	分类	(1)直接头脑风暴法（"头脑风暴法"），是尽可能激发专家们的创造性，使其产生尽可能多的设想的方法。 (2)质疑头脑风暴法（"反头脑风暴法"），是对前者提出的设想、方案逐一质疑，分析其现实可行性的方法
	适用范围	适用于充分发挥专家意见，在风险识别阶段进行**定性分析**
	实施步骤	(1)会前准备：确定参与人、主持人和要讨论识别的风险主题。 (2)针对风险主题展开探讨：由主持人公布会议主题并介绍与风险主题相关的情况；突破思维惯性，大胆进行联想；主持人控制好时间，力争在有限的时间内获得尽可能多的创意性设想。 (3)风险主题探讨意见分类与整理
头脑风暴法	优点与局限性	**主要优点：** (1)激发了专家想象力，有助于发现新的风险和全新的解决方案。 (2)让主要的利益相关者参与其中，有助于进行全面沟通。 (3)速度较快并易于开展。 **局限性：** (1)参与者可能缺乏必要的技术或知识，无法提出有效的建议。 (2)实施过程和参与者提出的意见容易分散，较难保证全面性。 (3)集体讨论时可能出现特殊情况，导致某些有重要观点的人保持沉默而其他人成为讨论的主角。 (4)实施成本和对参与者的素质要求较高

2. 德尔菲法——基本应用能力

又名专家意见法，是在一组专家中取得可靠共识的程序，其基本特征是专家单独、匿名表达各自的观点，同时随着过程的进展，他们有机会了解其他专家的观点。

德尔菲法采用背对背的通信方式征询专家小组成员的意见，专家之间不得互相讨论，不发生横向联系，只能与调查人员发生关系。通过反复填写问卷，搜集各方意见，以形成专家之间的共识，如表6-24所示。

表 6-24 德尔菲法

<table>
<tr><th>方法</th><th colspan="2">描述</th></tr>
<tr><td rowspan="3">德尔菲法</td><td>适用范围</td><td>适用于在风险识别阶段专家一致性意见基础上，进行定性分析</td></tr>
<tr><td>实施步骤</td><td>(1)组成专家小组。一般不超过 20 人。
(2)向所有专家提出所要预测的问题及要求，并附上背景材料，询问还需要什么材料。由专家做书面答复。
(3)各个专家提出自己的预测意见，并说明是怎样利用材料并提出预测值的。
(4)第一次意见汇总，列成图表进行对比，再分发给各位专家，让专家比较意见后修改自己的意见和判断，也可以把各位专家的意见加以整理，或请身份更高的其他专家评论，然后再分送给各位专家，以便他们参考后修改自己的意见。
(5)将所有专家的修改意见收集起来，汇总，再次分发给各位专家，以便做第二次修改。逐轮收集意见并反馈信息是德尔菲法的主要环节。一般要经过三四轮。反馈的时候，只给出各种意见，并不署名。这一过程重复进行，直到每一个专家不再改变自己的意见为止。
(6)对专家的意见进行综合处理</td></tr>
<tr><td>主要优点和局限性</td><td>主要优点：
(1)观点是匿名的，专家更有可能表达出那些不受欢迎的看法。
(2)所有观点有相同的权重，避免重要人物的观点占主导地位。
(3)专家不必一次聚集在某个地方，比较方便。
(4)专家最终形成的意见具有广泛的代表性。
局限性：
(1)权威人士的意见影响他人的意见。
(2)有些专家碍于情面，不愿意发表与其他人不同的意见。
(3)有些专家出于自尊心而不愿意修改自己原来不全面的意见。
(4)德尔菲法的主要缺点是过程比较复杂，花费时间较长</td></tr>
</table>

3. 失效模式、影响和危害度分析法——基本应用能力

FMECA(Failure Mode Effects and Criticality Analysis)，即失效模式、影响及危害度分析法，是一种 bottom-up 分析方法，可用来分析、审查系统的潜在故障模式。FMECA 只适合于单个失效模式。

FMECA 记录系统中所有可能存在的影响因素，分析每种因素对系统的工作及状态的影响，将每种影响因素按其影响的严重度及发生概率排序，从而发现系统中潜在的薄弱环节，提出可能采取的预防改进措施，以消除或减少风险发生的可能性，保证系统的可靠性。如表 6-25 所示。

表 6-25 失效模式、影响和危害度分析法

<table>
<tr><th>方法</th><th colspan="2">描述</th></tr>
<tr><td>失效模式、影响和危害度分析法</td><td>适用范围</td><td>适用于对失效模式、影响及危害进行定性或定量分析，还可以对其他风险识别方法提供数据支持。多用于产品设计与开发、生产和使用等阶段的风险管理，为改进提供依据</td></tr>
</table>

（续表）

<table>
<tr><th>方法</th><th colspan="2">描述</th></tr>
<tr><td rowspan="2">失效模式、影响和危害度分析法</td><td>实施步骤</td><td>(1)将系统分成组件或步骤，并确认各部分出现明显故障的方式即失效模式，分析造成这些失效模式的具体机制以及故障可能产生的影响。
(2)根据故障结果的严重性，将每个识别出的失效模式进行分类并确定风险等级。
(3)识别风险优先级，这是一种半定量的危害度测量方法，其将故障后果、可能性和发现故障的难度(如果故障很难发现，则其优先级较高)进行等级赋值(通常在1~10之间)并相乘来获得危险度。
(4)列出一份失效模式、失效机制及其对系统影响的清单，该清单包含系统失效的可能性、失效模式导致的风险程度等结果，如果结果是定量的，同时故障率的资料可靠，FMECA可以输出定量结果</td></tr>
<tr><td>主要优点和局限性</td><td>主要优点：
(1)适用于人力，设备和系统以及硬件、软件和程序的分析。
(2)识别组件失效模式及其原因和对系统的影响，同时用可读性较强的形式表现出来。
(3)能够在设计初期发现问题，避免了开支较大的设备改造。
(4)识别单个失效模式以适合系统安全的需要。
局限性：
(1)只能识别单个失效模式，无法同时识别多个失效模式。
(2)除非得到充分控制并集中精力，一般耗时较长且开支较大</td></tr>
</table>

4. 流程图分析法——基本应用能力

流程图是指使用一些标准符号，直观描述一个工作过程的具体步骤。

流程图分析法是对流程的每一阶段、每一环节逐一进行调查分析，从中发现潜在风险，找出导致风险发生的因素，分析风险产生后可能造成的损失以及对整个组织可能造成的不利影响，如表6-26所示。

表6-26 流程图分析法

<table>
<tr><th>方法</th><th colspan="2">描述</th></tr>
<tr><td rowspan="3">流程图分析法</td><td>适用范围</td><td>对生产或经营中风险及其成因进行定性分析</td></tr>
<tr><td>实施步骤</td><td>(1)根据企业实际绘制业务流程图。
(2)识别流程图上各业务节点的风险因素，并予以重点关注。
(3)针对风险及产生原因，提出监控和预防的方法</td></tr>
<tr><td>主要优点和局限性</td><td>主要优点：清晰明了，易于操作，且组织规模越大，流程越复杂，越能体现出优越性。
局限性：使用效果依赖于专业人员的水平</td></tr>
</table>

5. 马尔科夫分析法——基本应用能力

如果系统未来的状况仅取决于其现在的状况，可以使用马尔科夫分析法。

马尔科夫分析法通常用于对那些存在多种状态(包括各种降级使用状态)的可维修复杂系统进行分析。

马尔科夫分析是一项定量技术，它分析的各种状态可以是不连续的(利用状态间变化的概率)或者连续的(利用各状态的变化率)，如表6-27所示。

表6-27　马尔科夫分析法

方法	描述	
马尔科夫分析法	适用范围	适用于对复杂系统中不确定性事件及其状态改变的**定量分析**
	实施步骤	(1)调查不确定性事件各状态及其变化情况。 (2)建立数学模型。 (3)求解模型，得到风险事件各个状态发生的可能性
	主要优点和局限性	**主要优点**：能够计算出具有维修能力和多重降级状态的系统概率。 **局限性**： (1)无论是故障还是维修，都假设状态变化的概率是固定的。 (2)所有事项在统计上具有独立性，因此未来的状态独立于一切过去的状态，除非两个状态紧密相连。 (3)需要了解状态变化的各种概率。 (4)矩阵运算的知识比较复杂，非专业人士很难看懂

6. 风险评估系图法——基本应用能力

风险评估系图法，如图6-5、表6-28所示。

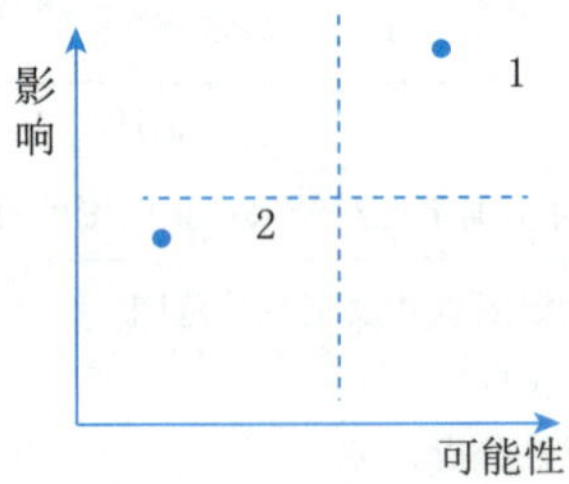

图6-5　风险评估系图

表6-28　风险评估系图法

项目	内容
适用范围	适用于对风险初步的**定性分析**
实施步骤	与影响较小且发生的可能性较低的风险相比，具有重大影响且发生的可能性较高的风险更加亟待关注。 分析每种风险发生的可能性与重要性，使用坐标轴来展示
优缺点	**主要优点**：简单的定性方法，直观明了。 **局限性**： (1)需要对风险的重要性和可能性做主观判断。 (2)无法将个别风险等级运算得到总体风险的重要性等级。 (3)缺乏经验证明和数据支持，过于简单

7. 情景分析法——基本应用能力

可用来预计威胁和机遇可能发生的方式。在识别和分析那些反映诸如最佳情景、最差情景及期望情景的多种情景时，可用来识别在特定环境下可能发生的事件并分析潜在的后果及每种情景的可能性。如表6-29所示。

表 6-29 情景分析法

方法	描述	
情景分析法	适用范围	对企业面临的风险进行定性和定量分析
	实施步骤	(1)建立团队和相关沟通渠道，同时确定需要处理的问题和事件的背景。 (2)确定可能出现变化的性质。 (3)对主要因素、趋势变化的可能进行研究、预测
	主要优点和局限性	主要优点：对未来变化不大的情况能给出较精确的模拟结果。 局限性： (1)在存在较大不确定性的情况下，有些情景可能不够现实。 (2)对数据的有效性以及开发情境的能力有很高的要求。 (3)将情景分析法作为一种决策工具，所用情景可能缺乏充分的基础，数据可能具有随机性

8. 敏感性分析法——基本应用能力

是针对潜在的风险性，研究项目的各种不确定因素变化至一定幅度时，计算其主要经济指标变化率及敏感程度的一种方法。

该分析从改变可能影响分析结果的不同因素的数值入手，估计结果对这些变量的变动的敏感程度，可区分为敏感因素和非敏感因素两种。如表 6-30 所示。

表 6-30 敏感性分析法

方法	描述	
敏感性分析法	适用范围	适用于对项目不确定性对结果产生的影响进行的定量分析
	实施步骤	(1)选定不确定因素并设定变动范围。 (2)确定分析指标。 (3)进行敏感性分析。 (4)绘制龙卷风图。 (5)确定变化的临界点
	主要优点和局限性	主要优点：为决策提供有价值的参考信息；为风险分析指明方向；可制定紧急预案。 局限性：数据经常缺乏，无法提供可靠的参数变化；计算时没有考虑各种不确定因素在未来发生变动的概率

9. 事件树分析法——基本应用能力

事件树(EventTreeAnalysis，ETA)是一种表示初始事件发生之后互斥性后果的图解技术。它可以定性地和定量地应用，如表 6-31 所示。

表 6-31 事件树分析法

方法	描述	
事件树分析法	适用范围	适用具有多种环节的故障发生后，对多种可能后果的定性和定量分析
	实施步骤	(1)首先要挑选初始事件。可能是粉尘爆炸或是停电。 (2)按序列出旨在缓解结果的现有功能或系统。 (3)标注一定的失效概率，同时估算条件概率。这样，初始事件的不同途径就得以建模。 『提示』事件树的可能性是一种有条件的可能性

（续表）

方法	描述	
事件树分析法	主要优点和局限性	**主要优点：** (1)以清晰的图形显示初始事项之后的潜在情景，以及缓解系统或功能成败产生的影响。 (2)能说明时机、依赖性，以及很繁琐的多米诺效应。 (3)生动地体现事件的顺序。 **局限性：** (1)一切潜在初始事项都要进行识别，可能错过一些重要的。 (2)只分析了某个系统的成功及故障状况，很难将延迟成功或恢复事项纳入其中。 (3)任何路径都取决于路径上以前分支点处发生的事项。可能会忽视某些从属因素。会导致风险评估过于乐观

10. 决策树法——基本应用能力

是考虑在不确定性情况下，以序列方式表示决策选择和结果。

类似于事件树法，决策树法始于初始事项或最初决策，之后对可能发生的事件及可能作出的决策的各种路径和结果进行建模。

常用于项目风险管理，有助于在不确定的情况下选择最佳的行动步骤。

决策树法的主要内容，如表 6-32 所示。

表 6-32 决策树法

方法	描述	
	适用范围	适用于对不确定性投资方案期望收益的定量分析
	实施步骤	(1)决策树中的方块代表决策节点，并引出方案分枝。 (2)每条分枝代表一个方案，分枝数就是可能的相对方案数。 (3)圆圈代表方案的节点，从它引出的概率分枝，每条概率分枝上标明了状态及其发生的概率。 (4)根据损益值和概率枝的概率，计算出期望值，然后根据不同方案的期望结果作出选择。 (5)方案的舍弃叫作修枝，被舍弃的方案用“≠”的记号来表示，最后的决策点留下一条树枝，即为最优方案
	主要优点和局限性	**主要优点：** (1)对于决策问题的细节提供了一种清楚的图解说明。 (2)能够计算到达一种情形的最优路径。 **局限性：** (1)大的决策树可能过于复杂，不容易与其他人交流。 (2)为了能够用树形图表示，可能有过于简化环境的倾向

11. 统计推论法——基本应用能力

可进行项目风险评估和分析，分为前推、后推和旁推。

前推：根据历史的经验和数据推断出未来事件发生的概率及其后果。

后推：是在手头没有历史数据时，把未知想象的事件及后果与已知事件与后果联系起来，从而对风险做出评估和分析。

旁推：利用类似项目的数据进行外推，还得充分考虑新环境的各种变化。

统计推论法的相关内容，如表 6-33 所示。

表 6-33　统计推论法

方法	描述	
统计推论法	适用范围	适合于各种风险分析预测
	实施步骤	(1) 收集并整理与风险相关的历史数据。 (2) 选择合适的评估指标并给出数学模型。 (3) 根据数学模型和数据进行预测
	主要优点和局限性	主要优点： (1) 在数据充足可靠的情况下简单易行。 (2) 应用领域广泛。 局限性： (1) 历史事件的前提和环境不一定适用于今天或未来。 (2) 没有因果关系，结果可能产生较大偏差

【备考战略】风险管理的十一种技术与方法，各位考生需要先理解每一种技术与方法的原理(包括实施步骤)、适用范围、优缺点。建议对教材中每一种技术与方法所涉及的例题，一定要认真看懂，这对于理解熟悉这些技术与方法的原理是非常有帮助的。

正保会计网校
www.chinaacc.com

梦想成真®
Dream Come True

2022年注册会计师全国统一考试

公司战略与风险管理

经典题解

■ 李志刚 主编
■ 中华会计网校 编

做习题

感恩22年相伴 助你梦想成真

上海交通大学出版社
SHANGHAI JIAO TONG UNIVERSITY PRESS

目录

CONTENTS

章节习题·巩固阶段

跨章节主观题·突破阶段

模拟试卷·决胜阶段

章节习题·巩固阶段

1个月

第一章 战略与战略管理

本章重要程度：●○○

本章综合练习（限时30分钟）

扫我做试题

一、单项选择题

1. 甲公司是一家生产奶制品的企业，甲公司预测，随着国民健康消费意识的逐步提高，未来奶制品市场会大幅度提升，所以甲公司进一步扩大奶制品的生产。然而，随着个别知名企业奶粉损害婴幼儿健康的事件的爆发，奶制品的需求迅速下降，导致甲公司的库存产品大量堆积。这体现了公司战略的(　)。

A. 应变性　　B. 计划性
C. 长期性　　D. 风险性

2. J公司是一家汽车生产企业，公司秉承着“汽车以质取胜；企业要拥有自主研发能力，拥有自有技术和自主品牌”。这体现的是(　)。

A. 公司目的　　B. 公司宗旨
C. 经营哲学　　D. 公司目标

3. 下列关于公司目标的说法中，不正确的是(　)。

A. 公司目标是公司使命的具体化
B. 建立目标体系的目的是将公司的业务使命转换成明确具体的业绩标准，从而使得公司的进展有一个可以测度的目标
C. 从整个公司的角度来看，需要建立财务业绩和战略业绩两种类型的业绩标准
D. 目标体系的建立只能由公司高层管理者参与

4. 甲公司是一家饮料生产企业，划分为碳酸饮料事业部和果汁饮料事业部。碳酸饮料部通过“农村包围城市”的方式，先进军农村市场，然后逐步抢占城市市场；而果汁饮料部则先行开拓年轻人市场，然后逐步扩展到各年龄段消费者。碳酸饮料部和果汁饮料部的这两种战略属于(　)。

A. 公司战略　　B. 业务单位战略
C. 职能战略　　D. 企业整体战略

5. 天地股份在召开年度战略务虚会议，根据管理层的讨论发言意见，下列各项中，不属于战略管理特征的是(　)。

A. 战略管理是企业的一种动态性管理
B. 战略管理是企业的综合性管理
C. 战略管理是企业的局部性管理

关于“扫我做试题”，你需要知道——

亲爱的读者，微信扫描对应小程序码，并输入封面防伪贴激活码，即可同步在线做题，提交后还可查看做题时间、正确率及答案解析。

微信搜索小程序“会计网题库”，选择对应科目，点击图书拓展，即可练习本书全部“扫我做试题”（首次需输入封面防伪贴激活码）。

D. 战略管理是企业的高层次管理

6. 甲公司正在制定明年的战略计划，在评估战略备选方案的标准中不包括(　)。

A. 可行性标准　　B. 可接受性标准
C. 适宜性标准　　D. 可理解性标准

7. 吉吉公司是一家汽车生产企业，该公司设计并向市场推出了一款新型的轿车。下列选项中，属于吉吉公司采用的战略创新类型是(　)。

A. 流程创新　　B. 产品创新
C. 定位创新　　D. 范式创新

8. ☆云飞公司最初是一家电子商务企业，后来成长为业务涵盖网上商城、餐饮、酒店和物流的大型多元化公司。云飞公司的发展体现了公司(　)。

A. 经营哲学的变化
B. 公司宗旨的变化
C. 公司目的的变化
D. 战略层次的变化

9. 光大公司是一家拥有自主进出口权限的公司，以国内外销售贸易、批发零售贸易和进出口贸易为主。光大公司始终遵循国际贸易惯例，秉承"重合同、守信用、优质服务、互利双赢"的经营理念，通过贸易纽带紧密联结国内与国际市场，且与国内外多家知名公司建立了良好的合作关系。该公司的经营理念体现了公司使命中的(　)。

A. 公司目的　　B. 公司目标
C. 公司宗旨　　D. 经营哲学

10. ☆以营利为目的而成立的组织，其首要目的是(　)。

A. 履行社会职责
B. 保证员工利益
C. 实现经营者期望
D. 为其所有者带来经济价值

11. 国内电子消费产品制造商天奇公司发现其开发的新产品被其供应商大洋公司冒名仿造并销售，遂向对方提出抗议并准备诉诸法律，大洋公司随后表示立即停止侵权行为并向天奇公司赔付2亿元人民币。天奇公司处理与大洋公司的利益矛盾所采取的行为模式是(　)。

A. 和解　　B. 对抗
C. 折中　　D. 规避

12. ☆2015年，大型冶金企业金通公司为获得稳定的原料来源，向某稀土开采企业提出以20亿元人民币并购该企业的要求，遭到后者拒绝。后来双方经多次谈判，最终达成以部分股权互换的方式结为战略联盟的协议，金通公司在战略决策与实施过程中的行为模式属于(　)。

A. 对抗　　B. 折中
C. 和解　　D. 规避

13. ☆专营化妆品销售的美肤公司取得某外商产品的独家经销权后发现，该外商把部分产品批发给另一家化妆品经销，于是向该外商提出抗议并威胁将诉讼法律，对方当即表示将杜绝同类事情发生并向美肤公司做出赔偿。美肤公司接受了对方的意见，在本案例中美肤公司对待矛盾与冲突的行为方式是(　)。

A. 和解　　B. 对抗
C. 协作　　D. 折中

14. ☆截至2016年秋，U国甲航空公司与M航空公司合并已有5年，但原甲公司和M公司机舱服务员的劳工合约仍未统一。为此，原甲公司与M公司的机舱服务员在临近圣诞节期间发起抗议行动，有效推动了该项问题的解决，本案例中原甲公司与M公司机舱服务员的权力来源于(　)。

A. 在管理层次中的地位
B. 个人的素质和影响
C. 参与或影响企业战略决策与实施过程
D. 利益相关者集中或联合的程度

15. ☆某公司管理层拟将该公司旗下的两家子公司合并以实现业务重组，这两家子公司的大部分员工面临工作环境改变甚至下岗的风险。这些员工联合起来进行了坚决的抗争，致使公司管理层放弃了上述决定。公司管理层对待和处理这场冲突的策略是(　)。

A. 规避　　B. 协作

C. 折中　　D. 和解

二、多项选择题

1. S公司是美国一家复印机生产企业，提供全行业最齐全的文件处理产品和服务，包括复印机、打印机、传真机、扫描仪等一系列的文件管理服务，下列属于S公司未来目标的有(　)。

A. 未来3年内，海外营业额占总营业额的比重由15%提高到20%

B. 到2020年，海外建成15个生产基地，实现2/3外销的目标

C. 在未来的三年内，股利增长率以及投资回报率增长一倍

D. 以服务取胜，为客户提供最优质的服务

2. 下列选项中可以体现出公司经营哲学的有(　)。

A. 公司对利益相关者的态度

B. 公司提倡的共同价值观、政策和目标

C. 公司的组织结构

D. 公司的管理风格

3. 上商股份召开年度战略研讨会，在下列各项关于战略的观点中，与公司总体战略有关的有(　)。

A. 保证企业的竞争优势，有效控制资源的分配和使用

B. 选择经营领域，合理配置企业经营所需的资源

C. 涉及整个企业的财务结构和组织结构

D. 为各级战略服务，提高组织效率

4. 海洋企业集团中层干部关于战略观点，下列选项中表述不正确的有(　)。

A. 公司战略是在战略业务单位这个层次制定的

B. 业务单位战略是企业最高层次的战略

C. 业务单位战略又称竞争战略

D. 业务单位战略侧重于企业内部特定职能部门的组织效率

5. 大黄鸭集团在制定未来几年的战略规划，以下能够成为该企业常用的战略分析工具包括(　)。

A. 波士顿矩阵　　B. 通用矩阵

C. 内插法　　D. SWOT分析

6. 上地股份高层聘请中介机构制定明年的战略方案，中介机构提供关于战略的四种方案，在进行战略方案评价时，如果用多个指标对多个战略方案的评价产生不一致的结果，最终的战略选择可以考虑的方法包括(　)。

A. 根据企业目标选择战略

B. 提交上级管理部门审批

C. 建立内部审计机构

D. 聘请外部专家

7. 大地股份在制定未来五年的战略方案，根据战略相关理论，该战略方案制定完成后，战略实施要切实做好的工作包括(　)。

A. 调整和完善企业的组织结构，使之适合公司战略的定位

B. 推进企业文化的建设

C. 协调好企业战略、组织结构、文化建设和技术创新与变革诸方面的关系

D. 运用相关手段，监督战略实施进程，及时发现和纠偏，确保达到目标

8. 当市场瓶装水集中在以水质如何卫生纯净的时候，农民山泉另辟蹊径，以“有点甜”作为着力点，突出水质的口感甘甜和天然，形成自己独具特色的记忆点。农民山泉近年来实施“物联网+云服务”项目，通过物联网、大数据、云服务打通产业链，计划实现全产业链的实时追踪，也可以随时听取消费者的反馈、需求，为满足市场多样化的需求提供更优质的服务，成为消费者放心满意的行业龙头企业，为中国食品安全树立典范。从战略创新类型角度来看，本案例中农民山泉的创新具体可包

括(　)。

A. 产品创新　　B. 流程创新

C. 定位创新　　D. 范式创新

9. 小朋汽车是一家专注未来出行的科技公司，公司秉承“用科技为人类创造更便捷愉悦的出行生活”为使命。2021 年小朋汽车完成了全球化布局，公司研发总部位于广州，在北京、上海、深圳以及美国硅谷和圣地亚哥设立研发中心，并在肇庆、广州和武汉布局自建生产基地，公司致力于打造更为有机的模式以适应信息技术的发展。员工是企业发展的基石，小朋汽车组建起一支规模化、多元化、重自研的人才团队，全员参与创新以改进经营活动。从建立创新型组织视角来看，本案例小朋汽车涉及的创新型组织的组成要素包括(　)。

A. 共同使命、领导力和创新意愿

B. 合适的组织结构

C. 全员参与创新

D. 跨越边界

10. “战略是公司为之奋斗的终点与公司为达到它们而寻求的途径的结合物。”下列关于这句话的说法中，正确的有(　)。

A. 体现的是战略的现代概念

B. 体现的是战略的传统概念

C. 强调了公司战略的计划性、全局性和长期性属性

D. 强调了公司战略的应变性、竞争性和风险性属性

11. ☆下列各项对权力与职权的概念的理解中，正确的有(　)。

A. 职权也是权力的一种类型

B. 利益相关者内部的联合程度会影响其职权大小

C. 榜样权和专家权是个人素质和影响的重要方面

D. 权力只沿着企业的管理层次自上而下

本章综合练习·参考答案及解析

一、单项选择题

1. D **【解析】**公司战略的现代概念有三种属性，即应变性、竞争性以及风险性。甲公司预计未来奶制品市场会大幅提升，制定了自己的战略，但是随着负面事件的发生导致大量库存产品堆积，这体现的是公司战略的风险性。

2. D **【解析】**公司目标是公司使命的具体化，它们不是一种抽象，而是行动的承诺，借以实现企业的使命。汽车以质取胜；企业要拥有自主研发能力，拥有自有技术和自主品牌，体现了 J 公司要实现的目标，所以选项 D 正确。

3. D **【解析】**目标体系的建立需要所有管理者的参与，而不仅仅是高层管理者的参与，所以选项 D 的说法不正确。

4. B **【解析】**业务单位战略是事业部门管理层制定的竞争性战略。甲公司碳酸饮料事业部和果汁饮料事业部各自制定不同的战略在市场中加以竞争，体现的是业务单位战略。

5. C **【解析】**与传统的职能管理相比，战略管理具有以下特征：①战略管理是企业的综合性管理；②战略管理是企业的高层次管理；③战略管理是企业的一种动态性管理。战略管理是企业的综合性管理，而不是局部性管理，选项 C 说法错误。

6. D **【解析】**评估战略备选方案通常使用三个标准：适宜性标准、可接受性标准、可行性标准，不包括可理解性标准。

7. B **【解析】**产品创新是指组织提供的产品和服务的变化。本题中吉吉公司推出了新设计的轿车，因此属于产品创新。选项 B 正确。

8. B **【解析】**公司宗旨旨在阐述公司长期的战略意向，其具体内容主要说明公司目

前和未来所从事的经营业务范围。“云飞公司最初是一家电子商务企业，后来成长为业务涵盖网上商城、餐饮、酒店和物流的大型多元化公司”体现的是经营业务范围的变化，即公司宗旨的变化，选项 B 正确。

9. D 【解析】经营哲学是公司为其经营活动方式所确立的价值观、基本信念和行为准则，是企业文化的高度概括。光大公司的经营理念体现了公司使命中的经营哲学。

【思路点拨】本题需要对经营哲学有很清晰的理解，能够根据资料进行分析，属于考试常见的出题思路之一，在准备应对此类题目时可以结合相关的小例子灵活掌握。

10. D 【解析】以营利为目的成立的组织，其首要目的是为其所有者带来经济价值。例如，通过满足客户需求、建立市场份额、降低成本等来增加企业价值。

11. B 【解析】对抗是坚定行为和不合作行为的组合。企业利益相关者运用这种模式处理矛盾与冲突，目的在于使对方彻底就范，根本不考虑对方的要求，并坚信自己有能力实现所追求的目标。在本题中，天奇公司“向对方提出抗议并准备诉诸法律”，属于对抗，选项 B 正确。

12. B 【解析】金通公司提出并购要求遭到拒绝，后来双方经多次谈判，最终达成以部分股权互换的方式结为战略联盟的协议，是中等程度的坚定性和中等程度的合作性行为的组合，属于折中。选项 B 正确。

13. B 【解析】发生冲突时，美肤公司向该外商提出抗议并威胁将诉诸法律，这表明美肤公司采取的坚定的维护自己的利益，并未退让，所以这是坚定行为和不合作的行为，属于对抗。

14. D 【解析】机舱服务员在临近圣诞节期间发起抗议行动，有效推动了该项问题的解决，属于利益相关者集中或联合的程度。股东、经理、劳动者影响企业决策的实力与他们自身的联合程度有关。

15. D 【解析】管理层采取的是放弃决定，是不坚定行为与合作行为的组合，即为和解，和解模式通常表现为默认和让步。

二、多项选择题

1. ABC 【解析】本题考核公司的目标。公司使命主要阐明企业组织的根本性质与存在理由，公司目标是公司使命的具体化，以服务取胜为客户提供最优质的服务是比较模糊的概念，属于公司使命的范畴。

2. ABD 【解析】经营哲学主要通过公司对利益相关者的态度、公司提倡的共同价值观、政策和目标以及管理风格等方面体现出来。公司的组织结构不属于经营哲学范畴。

3. BC 【解析】选项 A 与业务单位战略有关，选项 D 与职能战略有关。

4. ABD 【解析】业务单位战略又称竞争战略，是在战略业务单位这个层次制定的，所以选项 A 的说法不正确；选项 C 的说法正确；总体战略是企业最高层次的战略，所以选项 B 的说法不正确；职能战略侧重于企业内部特定职能部门的组织效率，选项 D 的说法不正确。

5. ABD 【解析】波士顿矩阵、通用矩阵、SWOT 分析都是常用的战略分析工具。

6. ABD 【解析】如果用多个指标对多个战略方案的评价产生不一致的结果，最终的战略选择可以考虑以下几种方法：①根据企业目标选择战略；②提交上级管理部门审批；③聘请外部专家进行战略选择工作。

7. ABCD 【解析】战略实施就是将战略转化为行动并取得成果的过程。在这一过程中，要依据企业选择的战略类型，切实做好以下工作：①调整和完善企业的组织结构，使之适合公司战略的定位；②推进企业文化的建设，使企业文化成为实现公司战略目标的驱动力和重要支撑，以及调动企业员工积极性促进战略实施的保证；③运用财务和非财务手段、方法，监督战略实施进程，及时发现和纠正偏差，确保战略实施达到预定的目标，或者对战略做出适当修改，以利于企业绩效的持续提升；④采用先进技术尤其是数字化技术，构建新型企业组织，转变经营模式，支持企业数字化转型和数字化战略的实施；⑤协调好企业战略、组织结构、文化建设和技术创新与变革诸方面的关系。

8. CD 【解析】“农民山泉另辟蹊径，以‘有点甜’作为着力点……”表明是定位创新；“打通产业链，计划实现全产业链的实时追踪……为满足市场多样化的需求提供更优质的服务，成为消费者放心满意的行业龙头企业，为中国食品安全树立典范”表明是范式创新。

9. ABC 【解析】“秉承‘用科技为人类创造更便捷愉悦的出行生活’为使命”属于共同使命、领导力和创新意愿；“研发总部位于广州，在北京、上海、深圳以及美国硅谷和圣地亚哥设立研发中心，并在肇庆、广州和武汉布局自建生产基地，公司致力于打造更为有机的模式以适应信息技术的发展”属于合适的组织结构；“全员参与创新以改进经营活动”属于全员参与创新。

10. BC 【解析】美国哈佛大学教授波特对战略的定义堪称为公司战略传统定义的典型代表。他认为，“……战略是公司为之奋斗的终点与公司为达到它们而寻求的途径的结合物。”波特的定义概括了计划学派和定位学派对公司战略的普遍认识。它强调了公司战略的一方面属性——计划性、全局性和长期性。

11. AC 【解析】利益相关者内部的联合程度会影响其权力的大小，而不是职权的大小，选项 B 的说法不正确。权力的影响在各个方面，而职权沿着企业的管理层次方向自上而下，选项 D 的说法不正确。

第二章　战略分析

本章重要程度：●●○

本章综合练习（限时150分钟）

扫我做试题

一、单项选择题

1. 在利用波特钻石模型分析德国或日本的汽车产业时，发现这些国家的汽车产业背后都有强大的钢铁、电子等产业存在，这属于(　)。
   A. 生产要素
   B. 需求条件
   C. 相关与支持性产业
   D. 企业战略、企业结构和同业竞争
2. 甲公司是一家综合性上市证券公司，目前该公司的市场部正在调研自己的投资顾问产品，在调查过程中，发现本公司的投顾产品一直在本区域内处于领先地位，但受困于当前市场环境低迷，当前投顾产品一直处于难以拓展的情况，根据波士顿矩阵的原理，对其投顾产品应该采用的策略正确的是(　)。
   A. 加大宣传力度，利用强大的市场定位营销
   B. 维持现状，以保持现有市场份额为主
   C. 继续对投顾产品的研究开发，推出更具竞争力的投顾产品
   D. 市场环境低迷，应该果断退出投顾领域，转向其他领域
3. Q公司是一家主营农作物秸秆综合利用，利用农作物秸秆生产有机肥料、本色生活用纸、本色文化用纸的公司。公司凭借先进的技术，带来了巨大的收益，技术中心已授权专利33项，其中有效发明专利有13项。Q公司拥有的具有不可模仿性的资源属于(　)。
   A. 物理上独特的资源
   B. 具有因果含糊性的资源
   C. 具有路径依赖性的资源
   D. 具有经济制约性的资源
4. 五环集团管理层统一了对汽车产业众多企业进行战略群组划分的观点，在下列各项中，不属于识别战略群组特征的变量是(　)。
   A. 各地区交叉的程度
   B. 纵向一体化程度
   C. 品牌的数量
   D. 所属地理位置
5. 乙公司是一家生产中档汽车的企业。在下列表述中，乙公司的主要直接竞争对手是(　)。
   A. 属于不同战略群组的绿色汽车企业
   B. 生产低档汽车的企业
   C. 属于同一战略群组的汽车企业
   D. 生产高档汽车的企业
6. 下列关于波士顿矩阵的说法中，错误的是(　)。
   A. 在实践中，企业确定各业务的市场增长率和相对市场占有率是比较困难的
   B. 对于明星业务应该采取选择性投资战略
   C. 市场增长率是决定企业产品结构是否合理的外在因素

D. 市场占有率是决定企业产品结构的内在因素

7. 下列各项活动中，属于价值链中支持活动的是(　)。

A. 丁公司生产的空调除了提供安装以外，三个月内还免费上门清洁一次

B. 乙公司最近借助“世界杯”，成功地进行了一次市场促销活动，使销售量大增

C. 丙公司最近改造了其使用多年的仓库，使产成品霉损率进一步降低

D. 甲公司决定进军欧盟市场，为避免不必要的法律违规和纠纷，将法律合规职能从总裁办公室中分离出来，单独成立了法律合规部

8. 某跨国公司在A国的子公司成本控制的绩效非常突出，该跨国公司其他子公司纷纷向A国的子公司学习，这属于(　)。

A. 竞争性基准　　B. 过程或活动基准

C. 一般基准　　D. 内部基准

9. H公司是一家汽车制造公司，公司的零部件主要从供应商A公司处采购。近年来，原材料价格上涨，A公司要求提高零部件的供应价格，由于供应商比较单一，公司不得不同意A公司的涨价要求。A公司的影响力属于波特五力模型中所提及的(　)。

A. 购买商的议价能力

B. 替代产品的威胁

C. 供应商的议价能力

D. 产业内现有企业的竞争

10. 在元宵节这个传统节日，市场对元宵的需求量就会大幅增加，而相关食品企业也不会放过这个销售黄金时间，纷纷从品种和价格上下功夫，提高销售量。从环境分析角度看，这属于(　)。

A. 政治—法律因素

B. 经济因素

C. 社会文化因素

D. 技术因素

11. 在中国发达地区，如北京、上海等城市购买者所购买的汽车基本上是一种标准化产品，同时向多个卖主购买产品在经济上也完全可行。这说明(　)。

A. 购买者的讨价还价能力低

B. 购买者的讨价还价能力高

C. 产业内现有企业的竞争不激烈

D. 潜在进入者的威胁大

12. B公司的主营业务为啤酒，2017年上半年新开辟了一种品牌，截至2018年初该品牌啤酒前两个年度的市场增长率就达25%，并且已经占据了最大的市场份额。下列关于该业务的说法中，正确的是(　)。

A. 此业务属于现金牛业务

B. 此业务处于最差的现金流量状态

C. 对于此业务该公司的战略是积极扩大经济规模和市场机会，加强竞争地位

D. 该公司应该整顿产品系列，将此业务与其他事业部合并，进行统一的管理

13. ON和VM是闻名于欧洲的丹麦时装公司——B公司拥有的两个品牌，这两款服装价位相差不大，面向的市场也是一样的，设计风格也没有明显的差别，这两个品牌的竞争主要是依靠公众的品牌忠诚度，那么这两个品牌建立企业核心竞争力的资源属于(　)。

A. 不可被模仿的资源

B. 不可替代的资源

C. 持久的资源

D. 稀缺性的资源

14. 丁公司是一家钢板加工企业。下列关于该公司的各种活动中，属于外部后勤活动的是(　)。

A. 生产设备维修

B. 接受客户的订单

C. 在有关媒体上投放广告

D. 聘请咨询公司进行市场预测

15. 价值链中的每一个活动都能分解为一些相互分离的活动。这些活动被分离的基

本原则不包括( )。

A. 在成本中比例很大或所占比例在上升

B. 能显著改善与顾客的关系

C. 对产品差异化产生很大的潜在影响

D. 具有不同的经济性

16. 互联网进入中国已经三十多个年头，给中国带来了深刻的改变。到现阶段，互联网已经进入成熟期。下列选项中属于成熟期主要战略路径的是( )。

A. 投资于研究与开发和技术改进，提高产品质量

B. 市场营销，此时是改变价格形象和质量形象的好时机

C. 提高效率，降低成本

D. 控制成本，以求能维持正的现金流量

17. 启明公司决定重点发展本公司的C产品，为了保证决策的准确性，决定聘请咨询公司对公司所在产业进行研究。咨询公司给出如下结论：产品的销售群已经扩大，消费者对质量的要求不高，各厂家的产品在技术和性能方面有较大差异。根据以上信息可以判断该产品在该阶段最适合的战略路径是( )。

A. 投资于研究与开发和技术改进，提高产品质量

B. 市场营销，此时是改变价格形象和质量形象的好时机

C. 提高效率，降低成本

D. 控制成本，如果缺乏成本控制的优势，就应尽早退出

18. 国家出台的“三胎”政策在未来一段时间内会对婴幼儿产品市场带来非常大的机遇，这属于PEST影响因素中的( )。

A. 政治与法律环境

B. 经济环境

C. 社会文化环境

D. 技术环境

19. ☆近年来，国产品牌智能手机企业强势崛起，出货量迅猛增长，与国际品牌智能手机在市场上平分秋色。中低端智能手机市场基本被国产智能手机占领，新进入者难以获得市场地位，同时，由于运营商渠道调整，电商等渠道比重加大。产品“同质化”现象加剧，“价格战”日趋激烈。根据上述情况，国内智能手机产业目前所处于生命周期阶段是( )。

A. 成长期　　B. 导入期

C. 衰退期　　D. 成熟期

20. ☆20世纪90年代，光美公司在国内推出微波炉产品，目前光美公司已建立覆盖全国的营销网络，包括电商销售平台、数以千计的超市专卖柜和实体店以及十几个仓储物流中心，近年来不少企业试图进入微波炉行业，均未能成功。光美公司给潜在进入者设置的进入障碍是( )。

A. 现有企业对关键资源的控制

B. 现有企业的市场优势

C. 行为性障碍

D. 规模经济

21. ☆近年来，国内空调产业的销售额达到前所未有的水平，不同企业生产的空调在技术和质量等方面的差异不明显，空调生产企业的主要战略路径是提高效率，降低成本，按照产品生命周期理论，目前国内空调产业所处的阶段是( )。

A. 导入期　　B. 衰退期

C. 成长期　　D. 成熟期

22. ☆近年来，国内智能家电产业的产品销量节节攀升，竞争者不断涌入。各厂家的产品虽然在技术和性能方面有较大差异，但均可被消费者接受。产品由于供不应求，价格高企。在产品生命周期的这个阶段，从市场角度看，国内智能家电产业的成功关键因素应当是( )。

A. 建立商标信誉，开拓新销售渠道

B. 保护现有市场，渗入别人的市场

C. 选择区域市场，改善企业形象

D. 广告宣传，开辟销售渠道

23. ☆甲专车公司是基于互联网的专车服务

提供商。甲专车公司采用“专业车辆、专业司机”的运营模式，利用移动互联网及大数据技术为客户提供“随时随地、专人专车”的全新服务体验，在专车服务市场取得很大的成功。甲专车公司给潜在进入者设置的进入障碍是(　)。

A. 规模经济　B. 资金需求
C. 价格优势　D. 产品差异

24. ☆2008 年美国次贷危机爆发，波及中国大部分金融企业。在此期间，国外投行 K 预计其竞争对手中国的甲银行将会逐步降低权益类投资，并逐渐降低对客户的理财产品的收益率。投行 K 对甲银行进行的上述分析属于(　)。

A. 财务能力分析
B. 快速反应能力分析
C. 成长能力分析
D. 适应变化的能力分析

25. ☆西康酒店是一家位于中国西部某著名旅游景区的五星级酒店，为了提升管理水平，西康酒店定期派人去东部旅游景区的五星级酒店学习，从而逐步提升了服务质量和财务业绩。西康酒店进行基准分析的基准类型是(　)。

A. 内部基准　B. 过程或活动基准
C. 一般基准　D. 竞争性基准

26. ☆M 国的甲航空公司专营国内城际航线，以低成本战略取得很大成功。专营 H 国国内城际航线的 H 国乙航空公司，也采用低成本战略，学习甲公司的成本控制措施，在 H 国竞争激烈的航空市场取得了良好的业绩。乙公司的基准分析类型是(　)。

A. 内部基准　B. 竞争性基准
C. 一般基准　D. 过程或活动基准

27. ☆西江公司是一家拥有 100 多年历史的医药公司，其使用国家级保密配方配制的某种药品，从 20 世纪初推出以来，疗效显著，一直深受患者欢迎。西江公司拥有的具有不可模仿性的资源属于(　)。

A. 物理上独特的资源
B. 具有因果含糊性的资源
C. 具有路径依赖性的资源
D. 具有经济制约性的资源

28. 主营茶叶生产和销售的云梦公司自创立以来，秉承绿色发展理念，逐步建立起一套科学、严密的管理体系和经营机制，从一个默默无闻的小茶厂，成长为全国消费者信赖的优质有机茶叶供应商之一，从企业价值链分析角度看，以上表述所涉及的企业活动是(　)。

A. 内部后勤　B. 服务
C. 外部后勤　D. 基础设施

29. ☆根据波特的价值分析理论，下列属于企业支持活动(辅助活动)的是(　)。

A. 聘请咨询公司实施广告策略
B. 物流配送产品
C. 通过互联网进行广告宣传
D. 生产设备维修

30. ☆近年来中国公民出境游市场处于高速发展的阶段，实行多元化经营的鸿湖集团于 2006 年成立了甲旅行社，该旅行社专门提供出境游的服务项目，其市场份额位列第二。根据波士顿矩阵原理，鸿湖集团的甲旅行社业务属于(　)。

A. 明星业务　B. 瘦狗业务
C. 问题业务　D. 现金牛业务

31. 下列关于通用矩阵的说法中，不正确的是(　)。

A. 矩阵中圆圈面积的大小与业务规模成正比
B. 矩阵中圆圈中的扇形部分表示某项业务的市场占有率
C. 通用矩阵对不同的竞争环境和不同地位的各类业务均可使用
D. 通用矩阵划分较细，对于业务类型较多的多元化公司均可适用

32. 甲公司经过多年的发展，一直占据行业第一的位置。但是 2018 年以来，由于原材料价格上涨，该行业发展受到威胁。

根据SWOT理论，甲公司适合采用的战略是( )。

A. 增长型战略　　B. 多种经营战略

C. 扭转型战略　　D. 防御型战略

33. 白富美公司是一家以家化产品为主体的多元化经营企业，业务范围涉及洗发水、美白化妆品、假发、食品等产品。白富美公司对其业务现状进行了认真仔细地分析，请判断以下内容符合SWOT分析的是( )。

A. 洗发水行业增长迅速，但公司市场占有率不高，这时应该采用SO战略

B. 美白化妆品行业增长迅速，公司市场占有率很高，宜采用WO战略

C. 假发行业不景气，公司市场占有率不高，应采用WT战略

D. 食品行业近年来一直增长很快，但公司此项业务刚刚起步，应采用ST战略

34. ☆平阳公司是国内一家中型煤炭企业，近年来在政府出台压缩过剩产能政策、行业竞争异常激烈的情况下，经营每况愈下，市场份额大幅缩减，根据SWOT分析，甲公司应采取( )。

A. 扭转型战略　　B. 增长型战略

C. 防御型战略　　D. 多种经营战略

35. ☆扬帆集团是一家中药企业，2015年以来，主打的Q产品治疗热毒肿痛功效显著，被认为是国宝名药，近来中药市场需求旺盛，但此公司Q产品销售增长缓慢，公司业绩与市值增长指标不如其他著名中药企业，据SWOT分析，此集团目前应采取的战略是( )。

A. 增长型战略　　B. 防御型战略

C. 扭转型战略　　D. 多种经营战略

36. ☆受国家政策扶持，3D打印产业及市场呈现爆发式增长，智创三维有限公司是国内一家3D打印设备制造商，该公司通过仿造国外同类产品，制造用来打印珠宝、齿科产品等中小型产品的3D打印设备。但是，受技术水平的制约，其产品质量欠佳，故障率明显高于国外同类产品。根据SWOT分析，该公司应采取的战略是( )。

A. 增长型战略　　B. 扭转型战略

C. 防御型战略　　D. 多元化战略

二、多项选择题

1. 产业环境分析中的五力模型是三海集团进行战略分析时最常用的工具之一，在下列各项中，购买者的讨价还价能力比较强的有( )。

A. 购买者从卖方购买的产品占卖方销售量的比例不大

B. 市场上存在大量替代品

C. 购买者充分了解供应商的成本信息

D. 购买者有能力自行制造或提供供应商的产品或服务

2. 甲公司是国内第二大互联网游戏企业，公司除了考虑继续增加市场份额之外，还要考虑新资本进入给企业带来的威胁。下列选项中，可能构成进入障碍的因素有( )。

A. 政府是否会颁布法规对互联网游戏产业进行限制

B. 互联网游戏产业整体增长速度

C. 互联网游戏的差异化程度较低

D. 现有互联网游戏企业是否在基础设施方面投入大额的资金

3. 甲公司是一家钢铁企业，在2017年的市场分析中，主要涉及了下列情况，其中会造成产业内现有企业竞争激烈的有( )。

A. 由于国家财政的支持和基建投资、地产投资的快速增长，钢铁产业的发展迅速

B. 钢铁产品具有标准化，购买者可以轻易地转换供应商

C. 钢铁产业生产能力过剩

D. 由于国家政策的限制和行业投入资本金较多，市场上竞争对手数量较少

4. 在疫情影响下，许多企业开始重视战略的外部环境分析，四村汽车集团在进行战略

分析时，特别注重经济环境因素，下列关于经济环境因素说法正确的有(　　)。

A. 社会经济结构中包括产业结构

B. 宏观经济政策是实现国家经济发展目标的战略和策略

C. 金融危机爆发，使得汽车产业走下坡路，汽车需求疲软，这属于经济环境因素

D. 经济环境因素包括社会经济结构、经济发展水平与状况、经济体制等

5. 甲企业是我国一家生产空调的龙头企业，在最近的市场调查中发现，国内另外一家生产手机的知名公司乙公司正准备进入空调产业，于是甲企业开始进行大幅度降价，以阻止该公司的进入，甲企业的行为属于进入障碍中的(　　)。

A. 规模经济

B. 现有企业对关键资源的控制

C. 限制进入定价

D. 行为性障碍

6. 乙公司是一家集团企业，业务涉及金融、出版、饮用水、水泥生产等。集团公司管理层针对饮用水业务进行分析时，发现该产业新的客户减少，主要靠老客户的重复购买支撑，收购环境较差。对此，乙公司的主要战略路径有(　　)。

A. 提高效率　　B. 降低成本

C. 控制成本　　D. 市场营销

7. 甲公司近两年效益持续下滑，公司董事会委派专人对企业经营进行了详尽分析。分析结果表明，企业效益下滑的主要原因是组织能力下降，效率低下。董事会需要对现有组织能力进行衡量，以明确改进突破口。下列选项中，甲公司董事会可用于衡量企业组织能力的因素有(　　)。

A. 销售组织分析　　B. 组织结构

C. 岗位责任　　D. 人力管理

8. 某玩具制造商花费大量的费用进行原材料控制，实施所有玩具制造的机械化和制定每天24小时的生产计划，组建自己的车队以便能迅速向销售网点运送成品玩具，该玩具公司的上述活动涉及价值链中的(　　)。

A. 内部后勤　　B. 生产经营

C. 市场营销　　D. 外部后勤

9. 甲公司是一家医药保健产品的生产销售企业，近年来国民教育水平逐步提高，越来越多的人愿以科学的眼光看待药品和保健品，且各种新型的萃取技术可能在制药领域得到广泛应用，这对于甲公司的影响因素有(　　)。

A. 政治与法律环境

B. 经济环境

C. 社会文化环境

D. 技术环境

10. 宝铁股份是经营副食品的大型民营企业，管理层对副食品产业进行战略群组的划分时产生了争议，在下列关于战略群组的说法中，正确的有(　　)。

A. 如果产业中所有的公司基本认同了相同的战略，则该产业就只有一个战略群组

B. 极端情况下，每一个公司也可能成为一个不同的战略群体

C. 一般来说，在一个产业中仅有几个战略群组，它们采用特征完全不同的战略

D. 选择划分产业内战略群组的特征要避免选择同一产业中所有公司都相同的特征

11. M公司刚刚进入冰箱行业，目前冰箱市场的70%被该行业的龙头企业W公司占有，M公司经过市场分析后，决定大幅降价，但是W公司获得消息后拒不降价，结果使得M公司的销售大幅上升。W公司的市场失掉“半壁江山”，这一情况说明(　　)。

A. W公司假设M公司的降价行动并不会影响它的市场占有率

B. W公司关于其公司情形的假设不正确

C. M公司对W公司的假设是不正确的
D. M公司分析、了解W公司的假设具有重要的战略意义

12. 三汽集团是传统的拖拉机生产企业，正在考虑进入新能源汽车产业，尝试开始研发与生产，在下列因素中，能够决定产业进入障碍大小的因素包括( )。
A. 现有企业有较强的学习曲线效应
B. 规模经济
C. 现有企业的市场优势
D. 对分销渠道的控制

13. 下列属于对社会和文化环境分析的表述有( )。
A. 随着人们环保意识的加强，在生产时更倾向于选择对环境污染少的原料，这对钢铁生产提出了新要求
B. 在日本人们的寿命较长，而出生率下降，从而导致人口老化，因而提供老年人产品将会有比较大的市场潜力
C. 金融危机的发生使得我国钢铁的出口明显减少，近年来我国持续实施积极的财政政策和适度宽松的货币政策，认真落实各项重大财税政策措施，促进钢铁行业的生产和出口
D. 世界钢铁工业快速增长带动了对铁矿石等资源性商品的需求，目前原材料铁矿石等资源价格的持续上涨，同时也会影响钢铁企业的生产

14. 东华公司是全国最大的建筑材料供应商，下列各项中会降低东华公司讨价还价能力的有( )。
A. 近年来，东华公司采购人员素质下降
B. 东华公司不具有前向一体化的条件
C. 东华公司80%的商品销售给少数的几个大客户
D. 市场上存在着多家相同建筑材料的供应商

15. 德利机械厂的机器设备在市场中十分独特以致难以收回对该机器设备的高额初始投资，并且人员的遣散成本也很高。这样，即使该行业的投资回报率较低，该企业也会仍然坚持竞争，从而令该行业的竞争强度加大。根据该资料分析，下列内容不属于影响产业内现有企业竞争强度的情况有( )。
A. 产业内有众多的竞争对手
B. 产业发展缓慢
C. 顾客认为所有的商品都是同质的
D. 产业中存在过剩的生产能力

16. 产业内现有企业竞争一直是企业无法回避的问题，但是同产业之间并不一定都会出现激烈的竞争，也可能存在着“和平共处”的状态。但某些情况下，这种“和平共处”的状态会荡然无存，这些情况包括( )。
A. 产品的差异性比较小
B. 产品的转换成本高
C. 产业处于成熟期，市场增长率缓慢
D. 人员的遣散成本比较高

17. 新新股份是一家多元化经营企业，横跨食品、旅游、教育、医疗等多个产业，为优化集团的产业结构，新新股份运用波士顿矩阵进行分析调整，在以下的说法中，正确的有( )。
A. “明星”业务的管理组织最好采用矩阵制形式，由对生产技术和销售两方面都很内行的经营者负责
B. 对问题产品的管理组织，最好是采用智囊团或项目组织等形式，选拔有规划能力、敢于冒风险的人负责
C. 对于“现金牛”产品，适合于用事业部制进行管理，其经营者最好是市场营销型人物
D. 对于“瘦狗”产品首先应减少批量，逐渐撤退，对那些还能自我维持的业务，应缩小经营范围，加强内部管理

18. 通用矩阵，又称行业吸引力矩阵，是美国通用电气公司设计的一种投资组合分析方法。关于通用矩阵正确的表述有( )。

A. 通用矩阵的纵轴用多个指标反映产业吸引力，横轴用多个指标反映企业竞争地位

B. 产业吸引力和竞争地位的值决定着企业某项业务在矩阵上的位置

C. 处于对角线三个方格的业务，应采取维持或有选择地发展的战略，保护原有的发展规模，同时调整其发展方向

D. 通用矩阵经常用于业务类型较多的多元化大公司

19. 钢铁产业是一个多投入多产出的资本密集型产业，规模经济显著。E 公司是一家钢铁生产企业，经过多年的积累，已经实现了规模经济，面临新进入者的威胁，该公司会采取降低价格的方式阻止新进入者的进入。F 公司为了实现多元化发展，决定进入钢铁产业。由此可知，F 公司面临的进入障碍包括(　)。

A. 规模经济

B. 现有企业对关键资源的控制

C. 限制进入定价

D. 进入对方领域

20. 某酒店在客户满意度调查中发现在服务方面并未完全满足商务旅行者的需求，遂决定向航空业了解如何从服务上更好地满足这类客户。根据以上信息可以判断，该酒店主要采用了(　)。

A. 内部基准　　B. 竞争性基准

C. 过程或活动基准　　D. 顾客基准

21. 海王股份特别重视整合集团内的企业资源和能力，并认为结构优化可以带来经济效益的提升。在下列企业管理层关于企业资源和能力的价值链分析的说法中，正确的有(　)。

A. 价值链中各项活动对组织竞争优势的影响不同

B. 价值链中的基本活动之间、支持活动之间和基本活动与支持活动之间都会存在各种联系

C. 价值活动的联系只存在于企业价值链内部

D. 企业与企业之间的价值链也会存在一定的联系

22. 北京 YJ 啤酒集团公司创建于 1980 年，是中国啤酒行业最大、效益最好的企业之一。为了开拓全国啤酒市场，扩大生产规模，提高市场竞争能力和全国市场占有率，先后并购了无名啤酒和三孔啤酒。下列各项中，属于啤酒行业成功关键因素的有(　)。

A. 强大的批发分销商网络

B. 上乘的广告

C. 充分利用酿酒能力

D. 新型啤酒的研发能力

23. 经过十年的创业，书童股份在出版行业取得了领先的市场占有率，在公司总结经营经验时，管理层提炼了公司已经形成的成功关键因素，在下列关于成功关键因素的说法中，正确的有(　)。

A. 成功关键因素是指公司在特定市场获得盈利必须拥有的技能和资产

B. 成功关键因素随着产业的不同而不同，相同产业中的企业的成功关键因素是相同的

C. 同一个产业中的不同企业对该产业的成功关键因素的侧重可能是不同的

D. 成功关键因素是企业取得产业成功的前提条件

24. 力力股份管理层拟根据波特教授的产品生命周期理论来对新能源汽车产业进行预测，以提前布局投资。在下列各项表述中，正确的有(　)。

A. 成熟期可以产生大量的现金流入，销售额和市场份额、盈利水平都比较稳定

B. 成长期的战略目标是争取最大的市场份额

C. 产品生命周期各阶段的持续时间是确定的，公司不可能改变

D. 当产业处于不同生命周期时，竞争的

性质是会发生变化的

25. 美而丽服饰股份的管理层认为产品处于生命周期的不同阶段，应该采取不同的战略，在下列说法正确的有（ ）。

A. 导入期的主要战略路径是投资于研究与开发和技术改进，提高产品质量

B. 成长期主要的战略路径是市场营销

C. 成熟期主要的战略路径是提高产品价格

D. 衰退期的战略路径是提高效率，降低成本

26. 甲公司是一家大型电力企业，现如今该公司决定进入风能领域，发展风能业务，对此该公司进行了 SWOT 分析。下列关于 SWOT 分析的表述中，正确的有（ ）。

A. 甲公司拥有良好的办电经验及客户关系，而国家近期出台了相关政策，支持发展风电产业，甲公司决定规模化发展风电产业。该公司的战略属于增长型战略

B. 甲公司风电产业开发经验不足，但是国家近期出台了相关政策，支持发展风电产业，该公司决定寻找有经验的国际战略合作伙伴。该公司的战略属于多元化战略

C. 国家近期出台了相关政策，甲公司具有率先行动者的机遇，但是该公司风电产业开发经验不足，甲公司决定寻找有经验的国际战略合作伙伴。该公司的战略属于扭转型战略

D. 甲公司面临中小水电的替代压力，并且该公司风电产业开发经验不足，甲公司决定进行业务调整，选择进入新型高效风机业务领域，尽快形成规模并积累经验。该公司的战略属于防御型战略

27. 对于一个国内奶制品企业来讲，下列哪些因素代表的是该企业的机会（ ）。

A. 本国居民更加关注健康

B. 该企业改进工艺，提高了产品质量

C. “三聚氰胺事件”

D. 主要包装材料市场价格下降

28. ☆英华公司是一家从事少儿智力开发的企业。该企业成立十几年来，凭借其自主研发的独特高效的教育训练方法、国内一流的少儿智力开发团队和多年打造出的“英华”品牌，在业内一直占据龙头地位。随着业务量的持续快速增加，该企业在保持营业收入和利润不断增长的同时，把收费降到行业最低水平，使许多试图进入该行业的企业望而却步。英华公司给潜在进入者设置的进入障碍有（ ）。

A. 限制进入定价

B. 规模经济

C. 现有企业对关键资源的控制

D. 现有企业的市场优势

29. 大米股份决定进军新能源汽车产业，在准备大举投资之前，公司战略管理部对新能源汽车产业进行战略群组分析，在下列的表述中，正确的有（ ）。

A. 每个公司都有可能成为一个不同的战略群体

B. 通过战略群组分析，有助于企业了解相对于其他企业本企业的战略地位

C. 利用战略群组图可以预测市场变化

D. 企业应该选择“蓝海战略”，从而避免与同行业中的其他企业展开针锋相对的竞争

30. ☆研发和生产家用滤水壶的汇康公司秉承“使员工幸福，让顾客满意”的理念，建立并持续实施了一套以顾客需求为导向、充分调动员工积极性的管理体制，使该公司的技术发明专利数量、盈利率和顾客满意率长期稳居行业前列，显示出难以模仿的竞争优势。汇康公司资源不可模仿性主要表现为（ ）。

A. 物理上独特的资源

B. 具有路径依赖性的资源

C. 具有因果含糊性的资源

D. 具有经济制约性的资源

31. 长宏股份是生产通讯类电子产品的企业，产品种类繁多，跨越多个细分产业，管理层决定对产品类别进行整合调整，依据波士顿矩阵的说法中，正确的有(　)。

A. 波士顿矩阵的纵坐标表示市场增长率，横坐标表示本企业的相对市场占有率

B. 对问题业务来说应该采用发展、收割或放弃战略

C. 对现金牛业务来说应该采用保持或收割战略

D. 明星业务会创造大量的净现金流入

三、简答题

1. "百口居"是京城具有近百年历史的老字号，主营北京传统的风味小吃，由于做工精细、口味纯正，深受广大顾客喜爱。数十年来，百口居经营者为了保持店面特色，从不设立分店，并且店址也固定在相对较为偏远的发源地。近年来，随着北京城区建设，原本偏僻的小店地址逐步成了繁华地段，"百口居"的品牌得以进一步提升，受到了世界各地游客的好评，一致认为"要品京味，就上百口居"。

要求：

(1)建立企业核心能力的资源主要包括哪些？

(2)分析百口居具有哪些可能成为核心能力的资源(至少列出两种)。

2. 鑫龙制药(集团)有限公司(以下简称鑫龙制药或公司)是一家较早成立于我国东北地区的大型制药企业集团，主要从事抗生素原料药及制剂的生产和销售，属于医药行业中的化学药品制造业。

通过长期努力，鑫龙制药逐步形成了研发、生产、销售齐头并进的企业发展格局。虽然其产品以低级仿制药品为主，技术含量不高，导致在原料采购、销售方面的定价能力有限，但相比国内其他公司则仍具有较强的研发能力，研发并注册了药品监管部门认可的诸多国家级医药专利，培养了一批精通药事法规、药品生产的专业人员。鑫龙制药不仅拥有成熟的销售渠道，同时锻炼出了一支人员稳定、市场营销意识强、经营能力突出的管理团队。但随着规模持续扩大，资产负债率逐年上升，面临较大财务风险。

随着人口老龄化、居民健康意识的增强以及新医改政策的实施，医药市场需求持续增长。虽然我国化学制药企业数量多，但存在着规模普遍较小、知识产权亟待保护等问题。大量企业以低端化学原料药制造为主，药品品种雷同且药性上相差无几，创新能力不够，国际市场竞争力较弱。近年来国家出台多项政策支持制药企业加快整合和鼓励技术创新，行业集中度有所提高，行业前百强企业凭借先进入市场的优势，较早完成了专利的积累，并拥有成熟的销售渠道、成本优势和较高的品牌认知度，因而这些制药企业的市场份额达45%以上。

由于药品关系到人民生命健康和安全，因此国家建立了严格的法律体系来规范医药行业，加强监督药品的研制、进出口及上市后的销售和使用。对化学药品制造企业而言，成为国家行政监管的重点对象，质量标准、监管要求逐步提高。另外，药品价格也同样受到国家监管，国家会经常出台药品价格政策和管理规定，使药品定价受到约束。大部分的抗生素类药品都属于国家价格管理的范围，预计在未来相当长一段时间内，降价的趋势仍将持续，行业的整体利润率可能会继续下降。

要求：

利用波特五种竞争力模型对鑫龙制药所处化学药品制造业的五种竞争力进行分析，并说明理由。

3. F企业是生产专业电气开关设备的公司，产品生产多年已处于成熟期，产品市场份额为10%。在该产业中位于前三名的企业

市场份额分别为：A 企业 30%，B 企业 27%，C 企业 20%。该产业市场稳定，但竞争也十分激烈，特别是 A 企业为维持现有地位，对任何其他竞争对手的进攻都会做出迅速而有力的反应。F 企业知道这些情况后，采取尽量维护现有市场的做法，针对专业电气开关设备对售后服务的要求，主动与客户建立起了结构性关系，使客户对企业的服务形成无法通过其他途径弥补的依赖，阻止了新进入者的进入。通过这种做法，F 企业以优质的客户服务，获得了客户的认同，也维持了现有的市场份额。

要求：

(1)根据波士顿矩阵原理，计算 F 企业的相对市场占有率。

(2)根据五种竞争力分析，该企业主动与客户建立起了结构性关系，体现了五种竞争力分析的哪方面。

4. L 集团是一家民营企业，主要从事机械制造及相关业务，是国内的行业龙头。L 集团主要股东包括集团创始人 Z 先生和另外八位公司关键管理人员。L 集团的业务包括以下四个板块，在集团管理架构中分属于四个事业部。

(1)通用机械(General Machinery)。L 集团在创业之初是从生产通用机械起家的。产品包括各类通用型的机床、磨床等生产设备，其制造的设备广泛应用于各类生产型企业，并由于质量稳定、价格适中，一直受到客户的普遍认可，在国内保持着较高的市场份额，每年无须大量的资金投入即可为 L 集团带来稳定而可观的收益。但由于通用机械国内总体市场增长缓慢，因此 L 集团这一板块的业务增长也较为缓慢。

(2)专用机械(Special Machinery)。从 20 世纪 90 年代，L 集团开始进入利润更高、增长更快的专用机械市场。与通用机械不同，专用机械应用于特定行业，一般按客户订单生产，需要符合客户特定的技术要求，因此需要公司在研发和技术方面给予大量的投入。L 集团经过多年不懈的努力，其生产的专用机械在国产专用设备市场上的份额已跻身全国前三，近年来一直保持着强劲的增长速度。

然而 L 集团的管理层也清晰地意识到，自身的技术水平虽然在国内居于领先，但与国际同行相比仍相差甚远，高端领域的客户仍然毫无例外地采购欧美进口的专用设备。虽然专用机械业务有着很好的长期发展前景，但此项业务的长期发展还需 L 集团持续地加大投入。

(3)配件及服务(Components and Services)。这一业务板块主要是销售上述两类设备的配件，以及提供维修、保养、技术培训、技术咨询等服务。目前这一业务板块在 L 集团总体销售收入中的比例不到 5%，市场份额很低，增长缓慢，并处于亏损状态。管理层通过调研发现，配件及服务市场整体近年来正在快速增长，事实上，在中国开展业务的国际同行们在配件及服务上取得的销售收入可以达到总体销售收入 20% 以上，并且利润率非常可观。他们经过深入研究后认为，L 集团应当可以凭借多年来积累的客户基础将这一业务板块发展起来，形成新的增长点。

(4)钢材贸易(Steel Trading)。L 集团在 2000 年左右开始涉足钢材贸易，初衷是通过这一业务，一方面获取贸易利润，另一方面服务自身的原料采购。然而，由于钢材贸易市场竞争激烈，市场趋于饱和，该业务的市场份额非常小，可获利润很低却反而常常需要占用的营运资金却很多，而且也并没有服务 L 集团自身的原料采购。由于其并非 L 集团的核心业务，公司无法投入相应足够的资源去支持这一业务板块的发展。

要求：

(1)利用波士顿矩阵(瘦狗、现金牛、

明星、问题)对L集团的四个业务板块作出分析，指出这四个业务板块分别属于波士顿矩阵中的哪一类型业务并简要阐述判断依据。

(2)基于四个业务板块所属类型的特点和现状，分别针对下一步战略简要提出建议。

5. ☆据专家预测，到2020年中国葡萄酒消费量将进入世界前三位，全球葡萄酒过剩时代结束，即将步入短缺时代。

葡萄酒界流传着“七分原料，三分工艺”的说法，意即决定葡萄酒品质最重要的因素是葡萄产地。G省的葡萄种植基地、葡萄酒生产企业主要集中在西北黄金产业带上。适宜的纬度、最佳光热水土资源组合，加之大幅度的昼夜温差、适宜有效的气温和干燥少雨的气候，使G省成为国内生产葡萄酒原料的最佳区域之一。

G省葡萄酒产业发展具有深厚的文化底蕴。“葡萄美酒夜光杯，欲饮琵琶马上催”等一系列脍炙人口的赞美葡萄酒的诗歌经久不衰。从历史史料中不难看出，自汉朝以来的2 000多年，西北黄金产业带的葡萄酒，一直闻名遐迩，享誉盛赞。

然而，G省葡萄酒企业在国内市场的竞争地位却不尽如人意。2011年国内四大葡萄酒知名品牌占据国内市场份额60%左右，而G省最具竞争力的高华品牌只在华南和西北地区占有很低的市场份额，省内另外几家企业的葡萄酒基本未进入省外市场。2011年G省葡萄酒企业年销量仅占全国销量的1.1%。

以下三个方面因素在一定程度上影响了G省葡萄酒企业的竞争力。其一，相对于国内东部产区而言，G省产区交通条件欠发达，因此葡萄酒产品在外运过程中成本较高。其二，随着市场的发展，包装对于葡萄酒来说不仅是保护商品，方便流通的手段，更成为一种差异化、准确定位目标市场的营销方式。而G省与葡萄酒产业相关的包装印刷业发展缓慢。企业产品包装品的制作和商标的印刷主要依靠南方地区的企业提供。其三，G省绝大多数葡萄酒生产企业规模小且分散，产品销售网覆盖地区有限，彼此之间的竞争不够充分。

近年来，为了进一步完善本地葡萄酒企业发展环境，G省酒类商品管理局实施了“抱团走出去，择优引进来”的策略，通过开展品牌宣传，招商引资等多种手段，努力提升G省葡萄酒在国内市场的知名度。

要求：

(1)根据钻石模型四要素，简要分析G省葡萄酒产业发展的优势与劣势。

(2)根据企业资源的判断标准，简要分析G省葡萄酒企业资源的不可模仿性有哪几种形式。

6. ☆海浪水泥公司成立于1997年，主要从事水泥及其熟料的生产和销售，2002年2月成功上市。

海浪水泥总部坐落于A省。A省是全国水泥生产主要原材料石灰石储量第二大的省份，且石灰石质量较高。海浪水泥凭借先天条件坐拥原材料成本和质量优势。

水泥产品体积大、单位重量价值低，而且其资源点和消费点的空间不匹配，这些是造成水泥行业运输成本居高不下的主要原因。海浪水泥利用自身位居长江附近的地理位置优势，积极推行其他水泥企业难以复制的“T型”战略布局：在拥有丰富石灰石资源的区域建立大规模生产的熟料基地，利用长江的低成本水运物流，在长江沿岸拥有大容量水泥消费的城市群建立粉磨厂，形成“竖端”熟料基地+长江水运、“横端”粉磨厂深入江、浙、沪等地市场的“T型”生产和物流格局，改变了之前通过“中小规模水泥工厂+公路运输+工地”的生产物流模式，解决了长江沿岸城市石灰石短缺与当地水泥消耗量大之间的矛盾。

海浪水泥不断完善“T型”战略布局，率先在国内新型干法水泥生产线低投资、国产化的研发方面取得突破性进展，这标志着中国水泥制造业的技术水平跨入世界先进行列，确保公司为市场提供规模可观的低价高质产品；公司在沿江、沿海建造了多个万吨级装卸水泥和熟料的专用码头，着力建设或租赁中转库等水路上岸通道；集团设立了物流公司和物流调度中心；公司强化对终端销售市场的开拓，推行中心城市一体化销售模式，在各区域市场建立贸易平台；公司物流体系实现了工业化和信息化的深度融合，以GPS和GIS为核心的物流调度信息系统实现了一体化、可视化的管理。通过“T型”战略的实施，海浪水泥进一步巩固了其“资源—生产—物流—市场”的产业链优势。

2018年海浪水泥年报显示公司营业收入同比大幅增长70.50%，净利润同步增长88.05%，净利润增长幅度超过营业收入增长幅度。

要求：

(1)从企业资源角度，简要分析海浪水泥的竞争优势；分析海浪水泥资源“不可模仿性”的主要形式。

(2)简要分析海浪水泥企业能力。

7. ☆日升公司于1995年成立，1996年在国内设立生产基地，建设了五个制造厂房。日升公司最初主要从事OEM代工业务，为M国的客户FC公司贴牌生产家具配套及小巧家具组件。之后，公司业务扩展至餐厅及卧房家具，成为国内首家生产卧房家具的企业。1998年，日升公司单月出货量从100个货柜大幅提升至300个，制造能力远远超过昔日家具业的龙头老大。

1999年以前，日升公司的家具几乎全部外销，只做OEM代工业务而没有自己的品牌。公司在低附加值的经营中认识到打造自身品牌的重要性。1999年3月，日升公司在M国组建公司并创立公司品牌“LC”，主要从事中低端家具的生产和销售。然而，日升公司在M国自创品牌的成效并不显著。于是，公司先后实施四次跨国并购，获取了欧美知名企业的品牌、渠道、研发设计及制造能力等战略性资产，实现了从OEM向原始设计制造商OBM的升级。

2001年，日升公司斥资完成对原委托方FC公司的收购，直接进入M国中高档家具市场。2005年日升公司成功上市。上市后，公司市值从2004年的1.37亿美元跃升至2005年的3.69亿美元，增长2.69倍。

在强大的资金和产能支持下，日升公司于2006年至2013年又先后收购国际三大品牌家具制造商。四次跨国收购使日升公司的产品组合由单一的中低端木制家具拓展为包含中低端、高端、顶级木质家具，以及沙发、酒店家具的组合；销售市场由M国扩展到欧洲。2000年和2008年，在国内设立研发中心的基础上，日升公司又分别在M国和欧洲设立了研发中心。

2007年以来，全球经济环境发生了很大变化。出于对国内市场潜力的判断，日升公司适时调整经营策略，决定在巩固海外市场的同时，进军国内市场。多年的国际化经历使日升公司在生产、设计、销售方面储备、积累了大量人才和经验。2008年日升公司在国内展会上全面亮相，展出专门针对国内市场开发的三大品牌——“日升家居”“日升家园”“日升屋”。2009年9月在国内建成了日升国际风尚馆。

日升公司在原有多个知名品牌的基础上，运用特许经营品牌、针对细分客户设立新品牌等策略，进一步巩固日升公司的OBM业务。2010年，开展酒店家具业务，并在J国和N国设立生产基地。2009年、2012年，先后推出特许品牌“PDH”和“PDK”；2011年，推出青年家具品牌

"SM"；2012 年，推出特许品牌"MH"；2013 年，推出特许品牌"WB"；2014 年，推出婴儿家具品牌"SB"。日升公司的 OBM 业务约占总业务的 90%。

目前，日升公司在国内 18 个城市 23 家门店销售产品。国际市场仍然是日升公司的主要市场。

要求：

简要分析日升公司"从 OEM 向 OBM 升级"所显示的企业能力。

本章综合练习·参考答案及解析

一、单项选择题

1. C 【解析】钻石模型包含四个要素：生产要素；需求条件（主要是本国市场的需求）；相关与支持性产业；企业战略、企业结构和同业竞争。其中相关与支持性产业强调的是产业和相关上游产业是否有国际竞争力。
2. B 【解析】该公司产品处于市场领先地位，说明市场份额高，而市场环境低迷，说明增长率低，因此属于现金牛产品，针对较大的现金牛产品，适合采用保持策略，故选项 B 正确。
3. A 【解析】具体考核的是资源的不可模仿性，物理上独特的资源。有些资源的不可模仿性是物质本身的特性所决定的。例如，企业所拥有的房地产处于极佳的地理位置，拥有矿物开采权或是拥有被法律保护的专利生产技术等。这些资源都有它的物理上的特殊性，是不可能被模仿的。本题属于拥有法律保护的专利生产技术，所以属于物理上独特的资源。
4. D 【解析】选项 D 不属于战略群组特征包括的变量。
5. C 【解析】同一战略群组的汽车企业是乙公司的主要直接竞争对手。选项 ABD 中的企业与乙公司之间不存在直接的竞争关系。
6. B 【解析】对问题业务应采取选择性投资战略，对那些经过改进可能会成为"明星"的业务进行重点投资，提高市场占有率，使之转变成明星业务。
7. D 【解析】选项 A 属于服务；选项 B 属于市场销售；选项 C 属于外部后勤；选项 D 是企业组织结构的变化，属于企业的基础设施建设。
8. D 【解析】该跨国公司其他子公司纷纷向 A 国的子公司学习，这是企业内部各个部门之间互为基准进行学习与比较，因此是内部基准。
9. C 【解析】A 公司属于 H 公司的供应商，A 公司的涨价要求属于供应商的议价能力。
10. C 【解析】元宵佳节市场对元宵的需求量大幅增加，相关食品企业抓住这个销售黄金时期，采取对策以提高销售量，属于社会文化环境中的文化传统因素。
11. B 【解析】购买者同时向多个卖主购买产品在经济上完全可行，说明购买商转换其他供应商购买的成本较低，则购买商的讨价还价能力高。
12. C 【解析】由于该品牌啤酒的市场增长率已经达到 25%，并且占据最大的市场份额，所以该业务属于明星业务，选项 A 错误。问题业务通常属于最差的现金流量状态，选项 B 错误。明星业务适宜采用的战略是积极扩大经济规模和市场机会，以长远利益为目标，提高市场占有率，加强竞争地位，选项 C 正确。在瘦狗业务的后期，企业应该整顿产品系列，最好将"瘦狗"产品与其他事业部合并，统一管理，选项 D 错误。
13. A 【解析】公众的品牌忠诚度属于不可被模仿的资源。
14. B 【解析】外部后勤活动又称出货物流，

是指与产品的库存、分送给购买者有关的活动，如最终产品的入库、接受订单、送货等，选项 B 正确。选项 A 生产设备维修属于生产经营活动，选项 C 在有关媒体上投放广告属于市场销售活动，选项 D 聘请咨询公司进行市场预测属于采购管理活动。

15. B 【解析】这些活动被分离的基本原则是：①具有不同的经济性；②对产品差异化产生很大的潜在影响；③在成本中所占比例很大或所占比例在上升。企业的每一项活动是否可以作为基准对象，应该重点关注以下几个领域：占用较多资金的活动；能显著改善与顾客关系的活动；能最终影响企业结果的活动，选项 B 错误。

16. C 【解析】成熟期的主要战略路径是提高效率，降低成本，选项 C 正确。

17. B 【解析】产品的销售群已经扩大，消费者对质量的要求不高，各厂家的产品在技术和性能方面有较大差异。所以该产品处于成长期。成长期的战略路径是市场营销，此时是改变价格形象和质量形象的好时机。

18. A 【解析】国家出台的政策属于政治环境因素。

19. D 【解析】产品“同质化”现象加剧，“价格战”日趋激烈，体现了国内智能手机产业处于生命周期阶段的成熟期。

20. A 【解析】现有企业对关键资源的控制一般表现为对资金、专利或专有技术、原材料供应、分销渠道、学习曲线等资源及资源使用方法的积累与控制。如果现有企业控制了生产经营所必需的某种资源，那么它就会受到保护而不被进入者所侵犯。营销网络属于关键性资源，光美公司已建立覆盖全国的营销网络，属于现有企业对关键资源的控制，使得潜在进入者很难进入该产业。

21. D 【解析】成熟期产品逐步标准化，差异不明显，技术和质量改进缓慢。主要战略路径是提高效率，降低成本。

22. A 【解析】国内智能家电产业的产品销量节节攀升，竞争者不断涌入；各厂家的产品虽然在技术和性能方面有较大差异，但均可被消费者接受；产品由于供不应求，价格高企。这些特征说明智能家电产业处于成长期。从市场角度看，应该建立商标信誉，开拓新销售渠道，选项 A 正确。

23. D 【解析】甲专车公司为客户提供全新服务体验，属于差异化，所以选项 D 正确。

24. D 【解析】次贷危机爆发的大环境下，投行 K 预计其竞争对手中国的甲银行将会逐步降低权益类投资，并逐渐降低对客户的理财产品的收益率，投行 K 对甲银行的上述分析属于适应变化的能力分析。

25. C 【解析】一般基准以具有相同业务功能的企业为基准进行比较。西康酒店位于中国西部，与东部旅游景区的五星级酒店不存在竞争关系，而且同是五星级酒店，具有相同的业务功能，所以是一般基准。

26. C 【解析】甲和乙属于具有相同业务功能的企业，以具有相同业务功能的企业为基准进行比较说明是一般基准。注意成本控制措施并不是某一个职能领域，所以不是过程或活动基准。

27. A 【解析】有些资源的不可模仿性是物质本身的特性所决定的。例如，企业所拥有的房地产处于极佳的地理位置，拥有矿物开采权或是拥有法律保护的专利生产技术等。这些资源都有它的物理上的特殊性，是不可能被模仿的。本题属于拥有法律保护的专利生产技术，所以属于物理上独特的资源。

28. D 【解析】本题考核“价值链的两类活动”知识点。基础设施是指企业的组织结构、惯例、控制系统以及文化等活动。“秉承绿色发展理念，逐步建立起一套科学、严密的管理体系和经营机制”体现了基础设施，选项D正确。

29. A 【解析】选项A属于辅助活动中的采购管理，选项B属于基本活动中的外部后勤，选项C属于基本活动中的市场销售，选项D属于基本活动中的生产经营。

30. C 【解析】因为出境旅游处于高速发展阶段，说明是高市场增长率；甲旅行社的市场份额位列第二，所以相对市场占有率小于1，说明是低相对市场占有率。因此甲旅行社业务为问题业务。

31. D 【解析】通用矩阵划分较细，对于业务类型较多的多元化公司必要性不大，且需要更多数据，方法比较繁杂，不易操作。选项D的说法不正确。

32. B 【解析】本题中，“一直占据行业第一的位置”属于优势S，“原材料价格上涨，该行业发展受到威胁”属于外部威胁T，因此，本题适合采用ST战略，即多种经营战略，选项B正确。

33. C 【解析】选项A属于WO战略；选项B属于SO战略；而选项D属于WO战略。

34. C 【解析】政府出台压缩产能政策和行业激烈竞争说明该公司面临外部环境的威胁(T)；经营状况每况愈下和市场份额大幅缩减说明该公司内部环境处于劣势(W)。根据SWOT分析，甲公司应该采取的战略是WT战略，即防御型战略。

35. C 【解析】此公司Q产品销售增长缓慢，公司业绩与市值增长指标不如其他著名中药企业，是企业的劣势W，近来中药市场需求旺盛，是外部的机会O，此集团目前应采取的战略是扭转型战略。

36. B 【解析】企业外部面临着巨大的机会，内部受到劣势的限制，企业应采用扭转型战略，充分利用环境带来的机会，设法清除劣势。所以本题选项B正确。

二、多项选择题

1. BCD 【解析】购买者从卖方购买的产品占卖方销售量的比例不大，购买者对于卖方来说不构成威胁，处于劣势地位，议价能力比较弱。选项A不符合题意。

2. AD 【解析】构成进入障碍的主要因素有以下几方面：规模经济、现有企业对关键资源的控制、现有企业的市场优势(三者统称为结构性障碍)以及行为性障碍。选项B反映的是产业内现有企业的竞争；选项C反映的是购买者讨价还价的能力或产业内现有企业的竞争。

3. BC 【解析】产业内现有企业的竞争在下面几种情况下可能是很激烈的：①产业内有众多的或势均力敌的竞争对手，选项D不符合题意；②产业发展缓慢，选项A不符合题意；③顾客认为所有的商品都是同质的，选项B符合题意；④产业中存在过剩的生产能力，选项C符合题意；⑤产业进入障碍低而退出障碍高。

4. ABCD 【解析】社会经济结构主要包括五个方面的内容：产业结构、分配结构、交换结构、消费结构和技术结构等，选项A的说法正确；宏观经济政策是指实现国家经济发展目标的战略和策略，它包括综合性的全国发展战略和产业政策、国民收入分配政策、价格政策、物资流通政策等。选项B的说法正确；金融危机导致经济衰退，反映的是一国的经济状况，因此属于经济环境因素，选项C的说法正确；经济环境包括社会经济结构、经济发展水平与状况、经济体制、宏观经济政策、其他经济条件等要素，选项D的说法正确。

5. CD 【解析】行为性障碍是指现有企业对进入者实施报复手段所形成的进入障碍。报复手段，主要有两类：限制进入定价和进入对方领域。本题中甲企业为防止乙公司进入空调产业，降低自身定价，属于行为性障碍中的限制进入定价。

6. AB 【解析】乙公司发现该产业新的客户

减少，主要靠老客户的重复购买支撑，收购环境较差，由此可以判断处于成熟期。成熟期的主要战略路径是提高效率，降低成本。

7. BC 【解析】组织管理能力主要可以从以下一些方面进行衡量：①职能管理体系的任务分工；②岗位责任；③集权和分权的情况；④组织结构(直线职能、事业部等)；⑤管理层次和管理范围的匹配。选项A属于营销能力分析因素。选项D属于生产管理能力分析因素。

8. ABD 【解析】某玩具制造商花费大量的费用进行原材料控制(内部后勤)，实施所有玩具制造的机械化和制定每天24小时的生产计划(生产经营)，组建自己的车队以便能迅速向销售网点运送成品玩具(外部后勤)。

9. CD 【解析】国民教育水平的逐步提高属于社会和文化环境因素中人口因素里的教育水平，各种新型的萃取技术可能在制药领域得到广泛应用属于技术环境因素，因此本题正确答案为选项CD。

10. ABCD 【解析】一个战略群组是指一个产业中在某一战略方面采用相同或相似战略，或具有相同战略特征的各公司组成的集团。如果产业中所有的公司基本认同了相同的战略，则该产业就只有一个战略群组；就另一极端而言，每一个公司也可能成为一个不同的战略群体。一般来说，在一个产业中仅有几个战略群组，它们采用特征完全不同的战略。选择划分产业内战略群组的特征要避免选择同一产业中所有公司都相同的特征。

11. ABD 【解析】竞争对手的假设可能正确也可能不正确，不正确的假设可造成本企业及其他企业的战略契机。例如，假定某竞争对手相信它的产品拥有市场上最高的顾客忠诚度，而事实上并非如此，则本企业采取降价策略就可能是抢占市场的一个好方法。竞争对手很可能拒绝跟进作相应降价，因为它相信其他企业的降价行动并不会影响它的市场占有率。它只有发现已丢失了一大片市场时，才可能认识到其假设是错误的。本题中，M公司对W公司的假设是正确的，所以选项C错误。

12. ABCD 【解析】结构性障碍中波特指出存在七种主要障碍：规模经济、产品差异、资金需求、转换成本、分销渠道、其他优势及政府政策。贝恩将这七种主要障碍归纳为三类，分别是：规模经济、现有企业对关键资源的控制以及现有企业的市场优势。学习曲线效应、分销渠道属于关键资源。

13. AB 【解析】选项A属于对人们价值观的表述，选项B属于对人口因素的表述，价值观和人口因素都属于社会和文化环境。选项CD属于对经济环境分析的表述。

14. ABCD 【解析】选项A采购人员素质下降，不具有高超的谈判技巧会降低东华公司的讨价还价能力；选项B不具有自行销售产品的条件会降低东华公司的讨价还价能力；选项C大客户的采购量占东华公司销售量的比例很高，会降低东华公司的讨价还价能力；选项D市场上供应商数目多会提高购买商讨价还价能力，降低供应商的讨价还价能力。

15. ABCD 【解析】高额的初始投资和遣散成本使该企业难以退出这个行业，这说明退出障碍高。资料中没有对竞争对手、产业发展速度、商品同质性及过剩生产能力进行描述。

16. ACD 【解析】产品的差异性比较小，购买商可以轻易更换供应商，供应商之间就会相互竞争，产业内企业竞争激烈，所以选项A正确；产品的转换成本高，则购买者不能轻易更换供应商，产业内现有企业竞争相对不激烈，选项B不正确；产业处于成熟期，市场增长率缓慢，现有企业之间争夺既有市场份额的竞争就会变得激烈，所以选项 C 正确；人员的遣散成本高，退出障碍比较高，竞争激烈，所以选项 D 正确。

17. BCD 【解析】“明星”业务的管理组织最好采用事业部形式，由对生产技术和销售两方面都很内行的经营者负责。选项 A 的说法错误。

18. ABC 【解析】通用矩阵划分较细，对于业务类型较多的多元化大公司必要性不大，且需要更多数据，方法比较繁杂，不易操作。选项 D 错误。

19. AC 【解析】由于钢铁产业规模经济显著，所以 F 公司进入该产业时，会面临结构性障碍—规模经济；由于 E 公司(在位企业)面临新进入者的威胁，会采取降低价格的措施，所以 F 公司还面临行为性障碍—限制进入定价。

20. CD 【解析】基准类型包括：①内部基准：企业内部之间互为基准进行学习与比较；②竞争性基准：直接以竞争对手为基准进行比较；③过程或活动基准：以具有类似核心经营的企业为基准进行比较，但是二者之间的产品和服务不存在直接竞争的关系；④一般基准：以具有相同业务功能的企业为基准进行比较；⑤顾客基准：以顾客的预期为基准进行比较。本题中，客户满意度调查可以理解为顾客基准，就满足商务旅行者的需求向航空业学习可以理解为过程或活动基准。

21. ABD 【解析】价值活动的联系不仅存在于企业价值链内部，而且存在于企业与企业的价值链之间。选项 C 错误。

22. ABC 【解析】在啤酒行业，其成功关键因素是充分利用酿酒能力(以使制造成本保持在较低的水平上)、强大的批发分销商网络(以尽可能多地进入零售渠道)、上乘的广告(以吸引饮用人购买某一特定品牌的啤酒)。

23. ACD 【解析】成功关键因素随着产业的不同而不同，甚至在相同的产业中，也会因产业驱动因素和竞争环境的变化而变化。选项 B 的说法不正确。

24. ABD 【解析】公司可以通过产品创新和产品的重新定位，来影响增长曲线的形状，选项 C 说法错误。

25. AB 【解析】在产品的导入期，企业的战略目标是扩大市场份额，争取成为领头羊。主要的战略路径是投资于研究与开发和技术改进，提高产品质量，选项 A 正确；在产品的成长期，企业的战略目标是争取最大市场份额，并坚持到成熟期的到来，主要的战略路径是市场营销，此时是改变价格形象和质量形象的好时机，选项 B 正确；在产品的成熟期，经营战略的重点转向巩固市场份额的同时提高投资报酬率，主要的战略路径是提高效率，降低成本，选项 C 错误；在产品的衰退期，企业的经营战略目标首先是防御，获取最后的现金流，战略途径是控制成本，以求能维持正的现金流量，选项 D 错误。

26. ACD 【解析】选项 B 属于扭转型战略。

27. AD 【解析】首先判断选项 ACD 三个选项属于外部环境要素的变化，而选项 B 属于该企业内部因素，因而可以排除选项 B。选项 A 本国居民更加关注健康，表明会有更多的消费者消费奶制品或增加奶制品的消费量，因而是一个机会。选项 C 三聚氰胺事件的发生会降低消费者对奶制品企业的信任感，制约消费者对奶制品的消费，属于威胁。选项 D 主要包装材料市场价格下降，可以使企业降低成本，因此是一个机会。因此正确答案是选项 AD。

28. BCD 【解析】“随着业务量的持续快速增加……使许多试图进入该行业的企业望而却步”属于实现规模经济，选项 B 正确。“自主研发的独特高效的教育训练方法、国内一流的少儿智力开发团队”属于现有企业对关键资源的控制，选项C正确。“多年打造出的‘英华’品牌，在业内一直占据龙头地位”属于现有企业的市场优势，选项D正确。

29. ABCD 【解析】就一种极端而言，每一个公司也可能成为一个不同的战略群体。战略群组分析有助于企业了解相对于其他企业本企业的战略地位以及公司战略变化可能引起的竞争性影响。进行战略群组分析的一方面意义就是可以预测市场变化或者发现战略机会。企业应该选择“蓝海战略”，避免采用“红海战略”与同行业企业展开竞争。本题的答案是选项ABCD。

30. ABC 【解析】“使员工幸福，让顾客满意的概念”属于具有因果含糊性的资源；“建立并持续实施了一套以顾客需求为导向、充分调动员工积极性的管理体制”属于路径依赖性的资源；“该公司的技术发明专利数量……长期稳居行业前列”属于物理上独特的资源。因此，选项ABC正确。

31. ABC 【解析】明星业务可以获得较多利润和营业现金流入，但同时较高的市场增长率使得业务具有投资价值，需要大量投资支出，因此净现金流量不大。所以选项D的说法不正确。

三、简答题

1. 【答案】

(1)一般来说，能够建立企业核心竞争力的资源主要包括以下四种：稀缺资源、不可被模仿的资源、不可替代的资源和持久的资源。

(2)百口居处于繁华地段，这属于不可被模仿的资源中物理上独特的资源；公众已经接受了“百口居”品牌，并具有一定的忠诚度，这属于不可被模仿的资源；百口居有着近百年历史，品牌价值在不断提升，这属于持久的资源。

2. 【答案】

化学药品制造业的五种竞争力的分析如下：

(1)潜在进入者的进入障碍高(或门槛高/威胁低)。

理由：

①抗生素类药品价格受国家监管且下降趋势将持续，处于有效规模经营的现有企业对于新进入者而言具有成本优势，从而构成进入障碍。

②现有企业率先对专利或专有技术、销售渠道等关键资源进行积累和控制，对新进入者构成进入障碍。

③国家有权监督药品的研制、进出口及上市后的销售、使用，使得现有企业在许可政策上具有优势。现有企业品牌更易于被市场接受，品牌认知度方面存在优势。

(2)替代品的替代障碍低(或门槛低/威胁高)。

理由：由于我国化学药品制造公司创新能力不够，生产的药品以低级化学原料药为主，品种雷同而且药性上相差无几，从而很容易被其他公司生产的药品所替代。

(3)对供应者讨价还价的能力不高(或供应者讨价还价的能力强)。

理由：

①制药企业规模普遍较小，导致买方的业务量较小。

②大量企业生产的药品品种雷同且药性上相差无几将导致对上游相同成分原料的依赖。

(4)对购买者讨价还价的能力不高(或购买者讨价还价的能力强)。

理由：

①大量企业生产的药品品种雷同且药性上相差无几将导致产品的差异化不大，增加了购买者讨价还价的能力。

②国家会经常出台药品价格政策和管

理规定，使药品定价受到约束的同时，也使购买者掌握信息更容易，增加了购买者讨价还价的能力。

(5)产业内现有公司的竞争激烈。

理由：

①化学制药企业数量多，规模普遍较小。

②大量企业生产药品的同质化较为明显。

3. 【答案】

(1)F企业的市场份额为10%，其最大竞争对手为A企业(市场份额30%)，二者相除：F企业的相对市场占有率=10%÷30%=33.33%。

(2)根据五种竞争力分析，该企业主动与客户建立起了结构性关系，使客户对企业的服务形成无法通过其他途径弥补的依赖，阻止了新进入者的进入，实际上是提高了购买者转换其他供应者的成本，从而增强了新进入者的进入障碍，降低了产业新进入者的威胁。

【思路点拨】本题考核波士顿矩阵和产业五种竞争力。

(1)在波士顿矩阵中，纵坐标表示市场增长率，横坐标表示本企业在产业中的相对市场占有率。相对市场占有率是将本企业的市场份额与最大竞争者的市场份额进行比较。

(2)五种竞争力分析内容是历年考试涉及的比较多的，应对此类题目需要掌握五种竞争力的内容，然后结合资料对号入座，熟练记忆五力模型的具体内容。

4. 【答案】

(1)①通用机械属于"现金牛"业务(或低增长—强竞争地位的业务)；

通用机械业务总体市场增长缓慢，并且L集团的该业务保持着较高的市场份额，每年为L集团带来稳定而可观的收益，而无须大量的资金投入，反而能为企业提供大量资金，所以属于"现金牛"业务。

②专用机械属于"明星"业务(或高增长—强竞争地位的业务)；

专用机械业务处于一个利润更高、增长更快的市场，并且L集团的该业务已跻身全国前三，在L集团的四个业务板块中专用机械业务有着极好的长期发展前景，但需要公司在研发和技术方面给予大量的持续的投入来支持其发展，所以属于"明星"业务。

③配件及服务属于"问题"业务(或高增长—弱竞争地位的业务)；

配件及服务业务整体市场近年来正在快速增长，而L集团此项业务的市场份额却很低，而且目前处于亏损状态，所以属于"问题"业务。

④钢材贸易属于"瘦狗"业务(或低增长—弱竞争地位的业务)；

钢材贸易市场竞争激烈，市场趋于饱和，L集团该业务的市场份额非常小，可获利润很低却反而常常需要占用大量的营运资金，所以属于"瘦狗"业务。

(2)①通用机械业务板块("现金牛")可以把设备投资和其他投资尽量压缩，可采用榨油式方式，争取在短时间内获取更多利润，从而为其他业务的发展提供资金支持，也可以进一步进行市场细分，维持其现有的增长率或延缓增长率下降的速度，通用机械事业部的领导者最好是市场营销型人物。

②对于专用机械业务板块("明星")，L集团应在短期内优先提供其所需的资源，保护其专用机械在国内市场上的领先地位，持续地在研发和技术上给予大力投入，积极扩大经济规模和市场机会，以长远利益为目标，进一步提高市场占有率，专用机械事业部最好是由对生产技术和销售两方面都很内行的人才来领导。

③配件及服务业务("问题")由于具备成为新增长点的基础条件，因此可以努

力将其从问题业务转化为将来的明星业务，应当详细分析目前阻碍配件及服务业务发展的问题所在并作出改进，集团需在一段时期内对该板块给予扶持，并将扶持方案列入集团的长期计划中，配件及服务事业部应当选拔有规划能力、敢于冒险、有才干的人才来领导，可以采取智囊团或项目组织等形式来发展该业务。

④钢材贸易业务（“瘦狗”）由于可获利润很低却反而常常需要占用大量的营运资金，也并没有帮到L集团自身的原料采购，因此应采用撤退战略，逐步缩小，停止此业务，将资源留给其他业务板块，钢材贸易事业部可取消，其人员可合并至其他事业部担任合适的岗位。

5.【答案】

(1)优势：

生产要素。“决定葡萄酒品质最重要的因素是葡萄产地。G省的葡萄种植基地、葡萄酒生产企业主要集中在西北黄金产业带上。适宜的纬度、最佳光热水土资源组合，加之大幅度的昼夜温差、适宜有效的气温和干燥少雨的气候，使G省成为国内生产葡萄酒原料的最佳区域之一。”

需求条件。“据专家预测，到2020年中国葡萄酒消费量将进入世界前三位，全球葡萄酒过剩时代结束，即将步入短缺时代。”

劣势：

相关与支持性产业。“其一，相对于国内东部产区而言，G省产区交通条件欠发达，因此葡萄酒产品在外运过程中成本较高。其二，随着市场的发展，包装对于葡萄酒来说不仅是保护商品、方便流通的手段，更成为一种差异化、准确定位目标市场的营销方式。而G省与葡萄酒产业相关的包装印刷业发展缓慢。企业产品包装品的制作和商标的印刷主要依靠南方地区的企业提供。”

企业战略、企业结构和竞争对手的表现。“G省绝大多数葡萄酒生产企业规模小且分散，产品销售网覆盖地区有限，彼此之间的竞争不够充分”。

(2)G省葡萄酒企业资源的不可模仿性有如下几种形式：

①物理上独特的资源。“G省的葡萄种植基地、葡萄酒生产企业主要集中在西北黄金产业带上。适宜的纬度、最佳光热水土资源组合，加之大幅度的昼夜温差、适宜有效的气温和干燥少雨的气候，使G省成为国内生产葡萄酒原料的最佳区域之一。”

②具有路径依赖性的资源或具有因果含糊性的资源。“G省葡萄酒产业发展具有深厚的文化底蕴。‘葡萄美酒夜光杯，欲饮琵琶马上催’等一系列脍炙人口的赞美葡萄酒的诗歌经久不衰。从历史史料中不难看出，自汉朝以来的2000多年，西北黄金产业带的葡萄酒，一直闻名遐迩，享誉盛赞。”

6.【答案】

(1)海浪水泥所展示的竞争优势。

有形资源方面：“海浪水泥凭借着先天优势坐拥原材料成本和质量优势”“海浪水泥利用自身位居长江入水口的地理位置优势，积极推行别家水泥企业难以复制的‘T型’战略布局”“公司率先在国内新型干法水泥生产线的……方面取得突破性进展”“公司在沿江、沿海建造了多个万吨级装卸水泥和熟料的专用码头，着力建设或租赁中转库等水路上岸通道；集团下设物流公司，在集团总部建设了物流调度中心”“公司强化终端销售市场，推行中心城市一体化销售模式，在各区域市场建立贸易平台；公司物流体系实现了工业化和信息化的深度融合，以GPS和GIS为核心的物流调度信息系统实现了一体化、可视化的管理”。

无形资源方面：“公司率先在国内新型干法水泥生产线的低投资、国产化方面的研发取得突破性进展，标志着中国水泥制造业的技术水平已经跨入世界先进行列”。

海浪水泥资源“不可模仿性”的主要形式包括：

①物理上独特的资源。“海浪水泥凭借着先天优势坐拥原材料成本和质量优势”“海浪水泥利用自身位居长江入水口的地理位置优势，积极推行别家水泥企业难以复制的‘T型’战略布局”。

②具有路径依赖性的资源。“通过T型战略的实施，海浪进一步巩固了其‘资源—生产—物流—市场’的产业链优势”。

(2)海浪水泥的企业能力如下：

①研发能力。“公司率先在国内新型干法水泥生产线的低投资、国产化方面的研发取得突破性进展，标志着中国水泥制造业的技术水平已经跨入世界先进行列，确保公司为市场提供规模可观的低价高质的产品”。

②生产管理能力。“‘T型’生产和物流格局，改变了之前通过‘中小规模工厂+公路运输+工地’的生产物流模式，解决了长江沿岸城市石灰石短缺与当地水泥消耗量大之间的矛盾”“通过‘T型’战略的实施，海浪进一步巩固了其‘资源—生产—物流—市场’的产业链优势”。

③营销能力。

a. 产品竞争能力。“海浪水泥凭借着先天优势坐拥原材料成本和质量优势”“确保公司为市场提供规模可观的低价高质的产品”。

b. 销售活动能力。“公司强化终端销售市场，推行中心城市一体化销售模式，在各区域市场建立贸易平台；公司物流体系实现了工业化和信息化的深度融合，以GPS和GIS为核心的物流调度信息系统实现了一体化、可视化的管理”。

c. 市场决策能力。“积极推行别家水泥企业难以复制的‘T型’战略布局”“公司率先在国内新型干法水泥生产线的低投资、国产化方面的研发取得突破性进展”“海浪水泥不断完善‘T型’战略布局”。

④财务能力。“2018年海浪水泥年报显示：公司营收同比大幅增长70.50%，净利润也同步提升88.05%，且净利润增长幅度超过营收增长”。

⑤组织管理能力。“积极推行别家水泥企业难以复制的‘T型’战略布局”“海浪水泥不断完善‘T型’战略布局”。

7.【答案】

日升公司“从OEM向OBM升级”所显示的企业能力有研发能力、生产管理能力、营销能力、财务能力和组织管理能力。

①研发能力。“2000年和2008年，在国内设立了研发中心的基础上，日升公司又分别在M国和欧洲设立了研发中心。”“公司先后实施四次跨国并购，获取了欧美知名企业的品牌、渠道、研发设计及制造能力等战略性资产，实现了从OEM向原始设计制造商OBM的升级”。

②生产管理能力。“1996年日升公司在国内设立生产基地，建设了五个制造厂房”“日升公司业务扩展至餐厅及卧房家具，成为国内首家投入生产卧房家具的企业。1998年，日升公司单月出货量从100个货柜大幅提升至300个，制造能力远远超过昔日家具业的龙头老大”。

③营销能力。

a. 产品竞争能力。“1998年，日升公司单月出货量从100个货柜大幅提升至300个，制造能力已经远远超过昔日家具业的龙头老大”“四次跨国并购使日升的产品组合由单一的中低端木制家具拓展为包含中低端、高端、顶级木制家具，以及沙发、酒店家具的组合；销售市场由M国扩展到欧洲等地”。

b. 销售活动能力。“多年的国际化经历使得日升在生产、设计、销售方面储备了大量的人才和经验”“2008年日升公司在国内展会上全面亮相，展出了专门针对国内市场开发的三大品牌——‘日升家居’‘日升家园’‘日升屋’。2009年9月在国内建成了日升国际风尚馆”“2009年、2012年，先后推出特许品牌‘PDH’和‘PDK’；2011年，推出青年家具品牌‘SM’；2012年，推出特许品牌‘MH’；2013年，推出特许品牌‘WB’；2014年，推出婴儿家具品牌‘SB’”。

c. 市场决策能力。“公司在低附加值的经营中认识到打造自身品牌的重要性”“然而，日升公司在M国自创品牌的成效并不显著。于是，公司先后实施四次跨国并购”“出于对国内市场潜力巨大的判断，日升公司适时调整经营策略，决定在巩固海外市场的同时，进军国内市场”。

④财务能力。“在强大的资金和产能支持下，日升公司于2006年至2003年又先后收购国际二大品牌家具制造商”“公司市值从2004年的1.37亿美元跃升至2005年的3.69亿美元，增长2.69倍”。

⑤组织管理能力。“公司先后实施四次跨国并购”“出于对国内市场潜力巨大的判断，日升公司适时调整经营策略，决定在巩固海外市场的同时，进军国内市场”“日升公司在原有多个知名品牌的基础上，运用特许经营品牌、针对细分客户设立新品牌等策略”“日升公司在国内18个城市23家门店销售产品”。

第三章　战略选择

本章重要程度：●●●

本章综合练习（限时260分钟）

扫我做试题

一、单项选择题

1. 进入夏季，啤酒会受到广大消费者的格外青睐，为了吸引消费者的购买欲望，酒类生产商都会纷纷降价销售，各大卖场也会开设啤酒促销专区。为了减少残酷的竞争，获得竞争优势，Q公司决定并购位于S省的竞争对手——L啤酒公司。由此可见，Q公司进行并购的动机是(　)。
   A. 避开进入壁垒，迅速进入，争取市场机会，规避各种风险
   B. 获得协同效应
   C. 克服企业负外部性，减少竞争，增强对市场的控制力
   D. 决策不当的并购
2. 商苑实业股份公司是新成立不久的民营企业，创新人李四特别重视对公司商业模式的分析，认为独特的商业模式可以带来丰厚的利润。在下列选项中，能够帮助商苑实业股份公司降低商业模式风险的原则是(　)。
   A. 重建市场边界
   B. 将战略执行建成战略的一部分
   C. 超越现有需求
   D. 遵循合理的战略顺序
3. 丙公司是一家以创新为中心的粮食产品生产公司，为了满足消费者的新鲜感，现将优质的大米配上玉米、燕麦等加工成混合保健食品，开发出大米的系列食品。由此可以分析出丙公司采用的战略是(　)。
   A. 市场开发战略
   B. 产品开发战略
   C. 前向一体化战略
   D. 后向一体化战略
4. C国的A公司与X国的B电脑公司，达成战略联盟，充分利用A公司的资金和技术，B公司的市场信息优势，从而两家公司很快拥有了开拓海外市场的能力。通过上述案例可以判断，A、B公司形成战略联盟的原因是(　)。
   A. 促进技术创新
   B. 避免经营风险
   C. 避免或减少竞争
   D. 实现资源互补
5. 某企业以一种儿童营养液起家，一句广告词“喝了×××，吃饭就是香”传遍大江南北。在此基础上，该企业进一步决定以“×××”为品牌生产儿童服装。根据以上信息可以判断该企业的战略属于(　)。
   A. 相关多元化战略
   B. 产品开发战略
   C. 市场开发战略
   D. 非相关多元化战略
6. 甲公司是一家生产护肤美容品的公司，总部和研发中心位于美国。该公司以主要国家和地区来划分战略业务单位，并授权各国的管理者根据消费需求、消费习惯等特征生产本土化产品。根据以上内容，甲公司所采用的国际化战略是(　)。

A. 全球化战略

B. 多国本土化战略

C. 成长性战略

D. 跨国化战略

7. 飞翔公司是国内一家奶粉生产企业。近年来，很多具有品牌优势的国外奶粉制造商纷纷涉足中国市场，竞争十分激烈。飞翔公司为了自身的长期发展，与新西兰乳品巨头甲公司结成战略联盟，双方以50%：50%的股权比例合资成立一家新的公司，产品从奶粉扩展到各类奶制品。从战略选择角度看，飞翔公司扮演的角色可称为(　)。

A. 防御者　　B. 躲闪者

C. 抗衡者　　D. 扩张者

8. 甲公司是一家粮油贸易公司，在金融危机期间，对外贸易业务受到极大影响，该公司领导痛定思痛，决定以粮油贸易为基础，开始从事粮油加工、粮食种植、培育自己的粮油品牌等，以此扩大经营规模，实现企业成长，这属于(　)。

A. 相关多元化战略

B. 一体化战略

C. 成本领先战略

D. 非相关多元化战略

9. 甲公司是一家汽车制造公司，经营状况良好。在董事长的提议下，战略管理人员利用SWOT模型对本公司的内部环境进行了分析。分析报告显示，汽车销售环节的利润率非常高，于是董事长决定在当地成立自己的销售专卖店。根据以上资料分析，该公司采取的战略是(　)。

A. 横向一体化战略

B. 前向一体化战略

C. 后向一体化战略

D. 市场开发战略

10. 乙公司是一家日用洗涤品生产企业，其在市场调研中发现，购买日用洗涤品的消费者主要是家庭主妇，而她们不太关注品牌，但是对价格非常敏感。并且乙公司主要竞争对手的产品与乙公司的产品类似。在这种情况下，最适合乙公司采取的竞争战略是(　)。

A. 成本领先战略

B. 差异化战略

C. 集中化战略

D. 相关多元化战略

11. 甲公司是一家国际化经营的企业，其在全球多个国家设有销售机构，公司的产品由总部统一研发，而各地区的分支机构仅负责营销。甲公司采用的国际化经营战略类型是(　)。

A. 国际战略

B. 全球化战略

C. 多国本土化战略

D. 跨国战略

12. 甲公司是一家食品生产企业，经过多年经营，一直保持比较稳定的盈利水平，能够稳健地为股东创造财富。临近春节，该公司管理层预计未来一段时间市场内对本公司产品的需求会大幅上升，该公司将会迎来一段高增长时期，高增长可能会使公司面临资金短缺的局面，公司管理层拟在近期采取措施以解决现金短缺的问题。根据财务战略矩阵的原理，下列最适合甲公司采用战略是(　)。

A. 提高经营效率，以提高可持续增长率

B. 发行新股，筹集资金

C. 通过并购，以获得更大增长机会

D. 与银行签订短期流动资金贷款

13. 甲公司是我国一家大型汽车生产企业，该公司拥有强大的研发能力和较强的产品设计能力，以及很强的市场营销能力。2010年该公司进入非洲某一国家，经过调研，发现该国消费者对于汽车需求多样化。根据以上信息可以判断，适合甲公司实施的战略类型是(　)。

A. 差异化战略

B. 暂停战略

C. 横向一体化战略

D. 成本领先战略

14. 某生产儿童饮料的企业，从儿童饮料起步逐渐发展，目前主要经营的业务包括：奶制品（乳酸奶、纯牛奶）、水（纯净水）、茶、可乐（非常可乐、非常柠檬、非常甜橙）、八宝粥。该企业采取的战略属于（　）。

A. 前向一体化战略

B. 非相关多元化战略

C. 相关多元化战略

D. 后向一体化战略

15. H公司是一家汽车制造商，为扩展业务层面，提高企业利润，于是并购了一家出租车汽车公司，安排出租车汽车公司将其生产的品牌汽车出租给最终消费者，从而达到并购的目的。该并购属于（　）。

A. 杠杆并购　　B. 敌意并购

C. 金融资本并购　　D. 纵向并购

16. M公司是一家生产日用洗涤品的企业，在其市场调研中发现，采购日用洗涤品的消费者不太关注产品的品牌，并且该企业面对的市场中存在大量的价格敏感用户，消费者的转换成本比较低。到目前为止，该公司的主要竞争对手生产的产品与M公司的产品大同小异。通过上述资料，M公司最适合选择的业务单位战略是（　）。

A. 成本领先战略　　B. 集中化战略

C. 差异化战略　　D. 一体化战略

17. 面对国内彩电市场，甲公司发现本土品牌尚没有开发大屏幕液晶彩电，外来品牌大屏幕液晶彩电价格普遍偏高，大众消费者无法承受，一时难以普及。甲公司及时研究开发，改进技术，乘虚而入，终于取得了成功。甲公司这一战略属于（　）。

A. 产品开发战略　　B. 市场开发战略

C. 市场渗透战略　　D. 一体化战略

18. 甲公司是一家大型的餐饮公司，随着公司规模的扩大，公司决定通过进军房地产业务逐步实现多元化发展。由于对新市场不了解，公司决定专门针对在异地工作的高级白领开展房地产业务，争取在这个市场上获得较大的市场份额。该公司采取的市场营销策略是（　）。

A. 无差异市场营销策略

B. 差异性市场营销策略

C. 集中化市场营销策略

D. 集中差异市场营销策略

19. 甲公司是一家民营机械企业，经过多年的发展，企业拥有了较强的学习和内部能力来开拓市场，分摊成本。但在谋求企业发展的过程中，苦于在市场上无法找到合作伙伴或收购对象，则适合该公司的战略发展途径是（　）。

A. 特许经营　　B. 合营企业

C. 内部发展　　D. OEM

20. 甲公司是美国本土一家软饮料公司，美国软饮料市场几乎被M公司和W公司两大巨头占领，而甲公司规模较小，也无法通过规模经济实现成本领先，最终甲公司决定专门致力于可乐饮料，则甲公司采取的战略是（　）。

A. 集中化战略　　B. 差异化战略

C. 一体化战略　　D. 密集型战略

21. 甲企业是国内一家家电生产企业，在国内家电市场趋于饱和的情况下，开始向周边的东南亚国家市场扩张，经过市场调研，发现这些国家存在如下情况：目标市场具有较大的需求空间或增长潜力，存在大量的价格敏感用户，这些消费者对品牌并不是很关注，但很多国际家电企业都已经注意到了这个市场，竞争开始加剧。根据以上信息，请判断甲企业在进军东南亚市场时最适合的战略是（　）。

A. 成本领先战略　　B. 集中化战略

C. 差异化战略　　D. 多元化战略

22. 美国的某电子公司把企业名称的缩写制作成品牌的标志，在所有产品中都采用这一标志。据此，该企业采用的品牌策略是(　)。

A. 每个产品都有不同的品牌名称

B. 组合品牌

C. 单一的品牌名称

D. 自有品牌

23. 甲企业是一家新兴的建筑设备生产企业，由于资金有限，公司集中所有力量生产两款高端系列的建筑设备，主要客户为大型建筑公司。根据以上信息可以判断该企业的目标市场选择类型是(　)。

A. 无差异市场营销策略

B. 差异性市场营销策略

C. 集中化市场营销策略

D. 低成本市场营销策略

24. 美国某汽车公司，从最初生产电灯泡开始发展成为经营家用电器、牵引汽车、发电设备、金融服务、航空运输等业务的综合性企业，则该公司采用的战略是(　)。

A. 相关多元化战略

B. 非相关多元化战略

C. 一体化战略

D. 市场渗透战略

25. 甲企业是一家生产婴幼儿用品的企业，随着人口出生率的下降，婴幼儿市场出现了萎缩的趋势。该企业决定将原有婴幼儿洗护用品直接推向成人市场，广告宣传注重"儿童使用的洗护用品对皮肤的刺激性最小，成人使用更没有问题"的主题。这种战略在企业产品—市场战略组合中称为(　)。

A. 市场渗透战略　　B. 市场开发战略

C. 产品开发战略　　D. 多元化战略

26. 甲公司是一家家电生产企业。公司管理层预测市场需求会逐步上升，因此需要提高企业产能。为了将客户从企业的竞争者手中吸引过来，该公司管理层决定加快产品生产，根据市场对需求增长的预期来增加产能。根据以上信息可以判断，该企业采取的产能计划类型属于(　)。

A. 领先策略　　B. 匹配策略

C. 滞后策略　　D. 人员推销

27. 乐家家具集团为保证生产经营活动能够平稳运行，集团规定采购业务需要分散在多家供应商完成，以减少依赖性风险。依据资料，乐家家具集团采取的货源策略优点主要包括(　)。

A. 可以帮助企业获得质量和性能不断提高改进的供应品

B. 有利于企业信息的保密

C. 可以获得更多的知识的技术

D. 有助于实现规模经济

28. 麦当劳是一个国际知名品牌，而它的成长需要借助于它的销售方式。外界投资者，只需要支付一定加盟费，就可以麦当劳的名称从事经营活动。麦当劳这样的分销渠道属于(　)。

A. 零售商　　B. 批发商

C. 代理商　　D. 特许经营

29. A公司是一家刚刚创立的高科技企业，对于风险投资者来说，最希望A公司采用的财务风险与经营风险的搭配是(　)。

A. 高经营风险与高财务风险的搭配

B. 高经营风险与低财务风险的搭配

C. 低经营风险与低财务风险的搭配

D. 低经营风险与高财务风险的搭配

30. 甲公司是一家桥梁建筑公司。公司积极开拓市场，在一季度签订了大量订单，并根据订单的要求，加大了水泥和钢材的采购量。根据以上信息可以判断，甲公司采用的方式为(　)。

A. 资源订单式生产

B. 库存生产式生产

C. 订单生产式生产

D. 库存订单式生产

31. 甲是一家小型的洗衣店，属于零散产业中的一个企业，甲公司为了获得成本优势，可以采用的途径不包括(　)。

A. 连锁经营或特许经营
B. 技术创新以创造规模经济
C. 增加商品附加值
D. 尽早发现产业趋势

32. 甲公司是一家正处于高速成长的民营企业，企业对资金的需求缺口非常大。但作为民营企业，又无法获得银行贷款。为此，公司董事会经过讨论，并经股东大会决定，在未来几年内将企业所有剩余盈余都投回本企业，用于企业扩大再生产。根据以上信息可以判断，该公司的股利分配政策是( )。
A. 固定股利政策
B. 固定股利支付率政策
C. 零股利政策
D. 剩余股利政策

33. 甲公司所在产业的全球化程度比较高，企业自身的优势资源可以转移到其他市场。适合甲公司的战略定位是( )。
A. 利用国内市场的优势防卫
B. 将企业的经验转移到周边市场
C. 通过转向新业务或缝隙市场避开竞争
D. 通过全球竞争发动进攻

34. 甲公司对2019年的财务进行了预测，预测结果如下：

销售增长率	60%
可持续增长率	45%
投资资本回报率	25%
资本成本	15%

则下列财务政策中，甲公司可以采用的是( )。
A. 增加债务比例　B. 支付现金股利
C. 降低资本成本　D. 重组

35. H集团是一家进行国际化经营的企业，其总部设在中国，而海外经营单位均实行本地化管理，以满足当地消费者的特定需要。根据以上信息判断，该集团采用的国际化经营战略类型是( )。
A. 国际战略
B. 多国本土化战略
C. 全球化战略
D. 跨国战略

36. 甲公司是一家金融投资企业，在2008年金融危机的冲击下，不得不选择采用收缩战略，由此可见，企业采用收缩战略的原因是( )。
A. 削减成本
B. 外部原因
C. 企业失去竞争优势
D. 大企业战略重组的需要

37. 甲公司是一家婴幼儿手推车生产商，最近甲公司通过市场调查发现，一些双胞胎小孩的家庭，在带小孩出行时要买两辆手推车才行，很不方便，于是通过研究设计出一款能够同时放两个小孩的手推车，专门满足那些有双胞胎小孩的家庭。根据以上信息判断，甲公司采用这种竞争战略的实施条件是( )。
A. 目标市场在市场容量、成长速度、获利能力、竞争强度等方面具有相对的吸引力
B. 在目标市场上，没有其他竞争对手采用类似的战略
C. 顾客的需求是多样化的
D. 购买者群体之间在需求上存在差异

38. 浙江某民营企业的主营业务为厨房用具，随着市场竞争日益加剧，企业仍坚持经营厨房用具，并且采用定位高端市场，舍弃中端和低端市场的战略。该企业的这种战略属于( )。
A. 成本领先战略
B. 差异化战略
C. 集中成本领先战略
D. 集中化战略

39. S公司是一家跨国性电器制造公司，在全世界设有230多家公司。T集团股份有限公司是一家从事家电、信息、通信、电工产品研发、生产及销售为一体的特大型国有控股企业。目前S公司与T公司

在家电领域进行合作，S公司希望借用T公司在二、三级城市的网络优势，而T公司希望学习跨国公司的营销方式、获得尖端技术的开发能力还有关键零部件上的采购优惠。根据以上信息可以判断，S公司与T公司的合作属于(　)。

A. 横向并购　　B. 纵向并购

C. 战略联盟　　D. 内部发展

40. 根据国际化经营的主要方式，选择出口贸易这种形式的企业可以采用的定价策略不包括(　)。

A. 定价偏高，以期获得大于国内市场的收益

B. 制定使海外市场与国内市场收益水平接近的价格

C. 在长期内定价较低，即使收益偏低甚至亏损也在所不惜

D. 只要在抵消变动成本之后还能增加利润，就按能把超过国内市场需求量的产品销售出去的价格定价

41. 甲公司是一家手机生产企业，它的总部和研发中心设在美国，营销中心设在北欧、客服中心放在南美、生产中心设在南非，由这些职能部门协作在全世界范围内生产和销售同一类型和质量的手机，甲公司采用的国际化战略类型是(　)。

A. 多国本土化战略

B. 国际战略

C. 全球化战略

D. 跨国战略

42. 某可乐公司的广告策略侧重于渲染"活力、运动"的主题，表明这些企业对消费者市场细分采用的是(　)。

A. 地理细分　　B. 人口细分

C. 心理细分　　D. 行为细分

43. 小朋新能源汽车与传统汽车制造企业南风股份决定展开紧密合作，在双方管理层讨论采用股权式战略联盟还是契约式战略联盟时，出现较大分歧，关于这两种战略联盟类型的表述中，正确的是(　)。

A. 股权式战略联盟中各方处于平等和相互依赖的地位，并在经营中保持相对独立性

B. 契约式战略联盟无须组成经济实体，也无须常设机构，结构比较松散

C. 股权式战略联盟的灵活性比较好，但是不利于长久合作

D. 契约式战略联盟按出资比例分配利益

44. 丁公司是一家出口手机零配件的公司，通过多元化经营扩大了业务规模，然而在2008年金融危机的冲击下，该家公司却难以在各个经营领域与最强硬的对手展开竞争，最终使得多项业务被竞争对手各个击破。上述案例体现出该公司在实施多元化战略时面临的风险是(　)。

A. 原有经营产业的风险

B. 市场整体风险

C. 产业进入风险

D. 产业退出风险

45. ☆长森公司是一家从事智能化产品研发和生产的高科技公司，最初的产品是智能手机。近两年来，公司业务范围扩展到智能家电和智能机器人制造等领域，长森公司的发展战略类型属于(　)。

A. 同心多元化　　B. 离心多元化

C. 市场渗透　　D. 产品开发

46. ☆为了克服对客户需求的变化缺乏敏感性、公司结构性产能过剩问题，神大钢铁公司近年来收购了远航造船厂，参股国兴造船厂，与天州钢帘线制造厂签订合作协议。神大钢铁公司的发展战略是(　)。

A. 前向一体化战略

B. 后向一体化战略

C. 多元化战略

D. 密集型战略

47. ☆甲公司是一家知名淮扬菜餐厅，在全国有100多家门店，为了在行业中始终保持领先，公司在内部设立研究所，紧

跟市场需求变化，定期开发特色菜上市，赢得消费者好评。甲公司采取的发展战略类型是( )。

A. 多元化战略

B. 市场开发战略

C. 市场渗透战略

D. 产品开发战略

48. ☆竹岭公司是我国知名的白酒生产企业，随着我国公务消费改革的日益推进，白酒市场需求发生了重大变化，该公司积极应对这一变化，对旗下白酒品牌重新进行了定位，并按照“系列酒薄利多销”的策略，快速实现了从满足公务消费到大众消费需求的转型。该公司采取的总体战略类型是( )。

A. 多元化战略　　B. 产品开发

C. 放弃　　D. 转向

49. ☆甲公司是一家玩具生产企业，1998 年以来，该公司依靠其成本优势将产品成功打入了东南亚、欧洲和北美市场。去年，为了进入 F 国市场，甲公司在该国第二大城市经济开发区建设成立了一家工厂，并顺利将其产品销往 F 国各地。甲公司采取的战略类型是( )。

A. 市场开发　　B. 产品开发

C. 市场渗透　　D. 相关多元化

50. ☆神大钢铁公司为确保公司铁矿资源与煤炭的稳定供应，成功收购了甲铁矿石企业，同时与龙潭煤炭公司签订了长期购销协议，神大公司的发展战略是( )。

A. 前向一体化战略

B. 后向一体化战略

C. 密集型战略

D. 多元化战略

51. ☆福海公司是国内一家著名的肉类加工企业。为了保持业绩持续增长，福海公司近年来陆续收购了几家规模较大的养殖场、肉类连锁超市。福海公司采取的发展战略属于( )。

A. 多元化战略　　B. 差异化战略

C. 一体化战略　　D. 产品开发战略

52. ☆泰瑞公司原是一家提供管理咨询服务的企业。2020 年以来，该公司采用收缩战略以应对利润下滑的局面，调整了管理层领导机构，采用了更具有激励作用的薪酬制度。泰瑞公司采用的收缩战略的方式是( )。

A. 机制变革

B. 财政和财务战略

C. 削减成本战略

D. 拆产为股

53. ☆主营文化社区网站的金兰公司与经营网络音乐服务产品的天籁公司签订协议，在音乐人扶持、优质音乐作品推广等方面开展战略合作，前者为使用后者产品的音乐人提供丰富的表现机会和平台，后者向前者推荐其客户中的优秀音乐人及其原创作品。下列各项中，属于金兰公司与天籁公司进行战略合作的动因的是( )。

A. 实现资源互补

B. 避免经营风险

C. 降低协调成本

D. 避免或减少竞争

54. ☆为了拓展国际业务，国内玩具制造商甲公司收购了 H 国玩具制造商乙公司，并很快打开 H 国玩具市场。其后不久，甲公司发现乙公司在被收购前卷入的一场知识产权纠纷，将导致甲公司面临严重的经营风险。甲公司在并购中失败的原因是( )。

A. 决策不当

B. 支付过高的并购费用

C. 并购后不能很好地进行企业整合

D. 跨国并购所面临的政治风险

55. ☆国内著名商业零售企业东海公司与主营大数据业务的高胜公司签订战略合作协议，商定由东海公司免费向高胜公司开放相关数据收集平台，高胜公司则无偿为东海公司提供数据分析及应用方案。

下列各项中，属于上述两个公司结成的战略联盟的特点是(　)。

A. 企业对联盟的控制力较强

B. 更具有战略联盟的本质特征

C. 有利于企业长久合作

D. 有利于扩大企业资金实力

56. ☆绿屋咖啡店率先采取了一项新的经营方式：顾客点单付费后，亲自操作咖啡机自取咖啡。此举节省了店员的操作和相关费用，相应地把咖啡价格降低到行业最低水平，同时使顾客产生宾至如归的亲切感，“回头客”明显增加。绿屋咖啡店采用的战略属于(　)。

A. 成本领先战略　　B. 集中化战略

C. 混合战略　　D. 差异化战略

57. ☆北星咖啡馆通过精选原料，简化流程，提高服务。让消费者以同类产品中最低的价格享受到顶级的品质。根据“战略钟”的理论，北星咖啡馆的战略是(　)。

A. 低价战略

B. 混合战略

C. 高值战略

D. 集中差异化战略

58. G公司曾推出了M系列完全针对女性用户使用的手机，在市场上引起了不小的轰动。G公司采取的消费者市场细分依据属于(　)。

A. 人口细分　　B. 心理细分

C. 工业细分　　D. 地理细分

59. ☆嘉利啤酒公司经过数据分析发现，其产品的89%是被50%的顾客(重度饮用啤酒者)消费掉的，另外50%顾客(轻度饮用啤酒者)的消费量只占总消费量的11%。该公司据此推出了吸引重度饮用啤酒者而放弃轻度饮用啤酒者的促销策略。该公司进行市场细分的依据是(　)。

A. 地理细分　　B. 人口细分

C. 行为细分　　D. 心理细分

60. ☆某发达国家X公司的滤水壶是壶式滤水器领域中的世界第一品牌。在德国，消费者购买X滤水壶的主要原因是它可以降低当地水质的硬度，软化后的过滤水可以带来更好的口感。在法国和意大利，消费者将其作为瓶装水的一种低成本替代品。而在进入中国大陆市场初期，X滤水壶定位于高端生活改善消费品，它代表健康的水质和时尚的生活感受。在本案例中，消费者的市场细分不包括(　)。

A. 人口细分　　B. 心理细分

C. 行为细分　　D. 地理细分

61. ☆智达公司是一家计算机制造企业。为了减少库存，公司对生产过程实施订单管理。生产部门依据销售部门提供的客户订购的产品数量安排当期生产。智达公司的生产运营战略所涉及的主要因素是(　)。

A. 种类　　B. 批量

C. 需求变动　　D. 可见性

62. 由于疫情影响带来外部环境的极大不确定性，为了平衡产能与需求之间的关系，东财股份公司决定只在收到订单、签订合同之后开始采购资源和生产，则该企业所应用的方法是(　)。

A. 资源订单式生产

B. 订单生产式生产

C. 库存生产式生产

D. 滞后生产式生产

63. 甲公司是一家中式连锁快餐企业，长期从多家公司采购大米、面粉和色拉油等。下列各项中，不属于甲公司货源策略优点的是(　)。

A. 可利用多家公司之间的竞争压低采购价格

B. 有利于促使这些公司提供有统一质量保证的商品

C. 不会因某家公司的供货问题而严重影响企业经营

D. 有利于获得更多的知识和技术信息

64. 春华公司是一家球类制品生产企业，主要生产足球、网球、高尔夫球等。目前该公司与业内其他企业一样，生产稳定，产品价格疲软，经营战略的重点是在巩固市场份额的同时提高投资报酬率。春华公司应采取的股利分配战略是( )。

A. 不分配　B. 全部分配
C. 分配率很低　D. 分配率高

65. 甲公司生产一种特效驱蚊虫的日用品，经过几年的发展，已经成为国内市场占有率最大的企业。在企业发展的过程中，发现国内市场已经饱和，其规模已经很难满足企业进一步的发展，该企业领导人将眼光投向了近邻东南亚国家，发现在这些东南亚国家市场上尚无与本企业类似的产品，而消费者对这种产品有较高的需求，随即决定进军东南亚国家。根据以上信息可以判断，甲公司此次国际化经营的动因是( )。

A. 寻求资源　B. 寻求市场
C. 寻求效率　D. 寻求现成资产

66. ☆贝恩公司是著名的电子商务企业，下设5大商务区和分布在100多个国家的子公司。商务区经理负责为各自商务区制定国际化经营战略，各国子公司经理则根据所在国市场需求对该子公司的经营活动行使经营权和管理权。商务区经理需要各国子公司经理的合作，当商务区经理和子公司经理的意见或决策发生冲突时，可提交总公司裁决。贝恩公司采用的国际化经营的战略类型是( )。

A. 国际战略　B. 跨国战略
C. 全球化战略　D. 多国本土化战略

67. ☆国内家电企业宏洁集团在2016年5月宣布，将斥资45亿美元收购发达国家G工业机器人制造商K，K是该国市场上专注于工业制造流程数字化企业，其研发的机器人已经被用来装配轿车和飞机。宏洁集团收购K的动机是( )。

A. 寻求市场　B. 寻求效率
C. 寻求资源　D. 寻求现成资产

68. ☆甲公司是一家玩具制造商，其业务已经扩展到国际市场。甲公司在劳动力成本较低的亚洲设立玩具组装工厂，在欧洲设立玩具设计中心，产品销往全球100多个国家和地区。甲公司国际化经营的战略类型属于( )。

A. 跨国战略
B. 国际化战略
C. 全球化战略
D. 多国本土化战略

69. ☆奇天公司是国内通信行业的知名企业，面对日益加剧的全球化压力，奇天公司于1998年开始实施全球化扩张行动，成功建立了全球性的市场网络和研发平台。奇天公司始终坚持在通信行业的主航道上聚焦，在国际市场上站稳了脚跟。根据以上描述，奇天公司作为新兴市场本土企业所选择的的战略是( )。

A. “防御者”战略
B. “躲闪者”战略
C. “抗衡者”战略
D. “扩张者”战略

70. D公司通过云端协同等技术，实现对采购流程的数字化管理，在各环节都实现自动化、可视化、标准化和可控化，并能够实时监测和定期评估。以下符合D公司采购模式的是( )。

A. JIT采购模式
B. VMI采购模式
C. MRP采购模式
D. 数字化采购模式

二、多项选择题

1. 某电器生产商拟实施规模经济，目标是成为产业中的成本领先者。如果该企业采用成本领先战略，那么可能发生的风险包括( )。

A. 技术发生了变化导致已经积累的经验一笔勾销
B. 产业中的新进入者通过模仿该企业的模式，也实现了较低的成本

C. 市场上消费者的需求从注重价格开始转向注重产品的品牌

D. 能够对产业内的潜在进入者形成进入障碍

2. 乙钢铁公司希望通过内生增长的方式实现企业的扩张，公司采取该种方式可能的动因有(　)。

A. 没有合适的收购对象

B. 为了保持同样的管理风格和企业文化

C. 通过自身开发新产品利于更加了解市场及产品

D. 所处产业处于不均衡状况，结构性障碍还没有完全建立起来

3. 随着一带一路政策的深入推进，A 省多数企业借助独特的地域优势率先纷纷出海，扩大海外投资的力度。在下列各项中属于非股权形式的有(　)。

A. 售后服务外包　　B. 业务流程外包

C. 成立合资企业　　D. 出口贸易

4. 下列选项中属于连接某国生产者与异国消费者分销渠道特征的有(　)。

A. 一般说来，国际分销渠道比国内分销渠道更复杂，涉及更多的中间环节

B. 国际分销渠道的成本通常比国内分销渠道的成本高

C. 出口商有时必须通过与国内市场不同的分销渠道向海外市场进行销售

D. 国际分销渠道通常为公司提供海外市场信息，包括产品在市场上的销售情况及其原因

5. B 省 C 企业在向海外延伸本土优势的过程中，管理层决定寻找与本国市场相类似的市场，以最有效地利用自己的资源。下列属于 C 企业可以考虑的市场有(　)。

A. 消费者偏好与本国市场相类似

B. 分销渠道与本国市场相类似

C. 政府管制与本国市场相类似

D. 地缘关系与本国市场相类似

6. 甲公司是一家手机制造商，一直以来都采用一种竞争战略，致力于让顾客以最低的价格买到最高配置的手机，成为行业中最低成本的手机制造商。甲公司采用这种竞争战略的优势有(　)。

A. 形成进入障碍

B. 保持领先的竞争地位

C. 降低顾客敏感程度

D. 降低替代品的威胁

7. A 公司是一家以创新为中心的粮食食品公司。该公司看准开发大米系列食品的现有市场的潜力，在原有方便米粉的基础上，研制了方便米片、精米点心和大米膨化食品。则 A 公司采取的密集型战略的适用情况包括(　)。

A. 企业产品具有较高的市场信誉度和顾客满意度

B. 企业所在产业正处于高速增长阶段

C. 企业具有较强的研究与开发能力

D. 可以充分利用企业对市场的了解

8. 某公司是一家食品公司，2010 年初该公司生鲜食品部门制定了部门发展战略，下列战略中可能是该部门制定的有(　)。

A. 成本领先战略　　B. 差异化战略

C. 集中化战略　　D. 多元化战略

9. 国外某公司的产品 A，在欧美热销，通过不断的促销活动取得了更大的市场份额。同时和中国最大的国有通信公司之一的联通公司达成协议，正式登陆中国市场。据此可知，该公司采用的战略包括(　)。

A. 多元化战略　　B. 市场渗透战略

C. 市场开发战略　　D. 产品开发战略

10. 印度 TT 公司是智能手机制造商，该公司一直以中国的小米手机作为自己的基准对象，公司没有采取传统的与零售商合作的模式，而是采用直接在网上面向用户销售并直接邮寄的模式，同时也允许顾客在全国指定的 100 家提货点自行领取购买的商品，这些措施极大降低了营销成本。依据信息，TT 公司所采取的配送网络包括(　)。

A. 制造商存货加直送

B．分销商存货加到户交付

C．制造商或分销商存货加顾客自提

D．零售商存货加顾客自提

11．甲公司是一家零售商店，在某省占有率第一。近期该公司决定进军周边省市市场。考虑到地域的分散性会导致公司运营成本急剧上升，公司领导层正在思考以何种方式克服。根据以上信息可以判断，下列选项中属于该公司可以考虑的战略路径包括(　)。

A．建立区域物流中心

B．改进公司信息系统，提高效率

C．增加分店数量

D．加强供应商信用管理

12．美福粮是一家知名的粮食加工公司，经过一段时间的考察，计划通过股权收购的方式，收购位于中部地区某省的一家产品品质较高，但品牌知名度较低的江华粮食加工公司的全部股权。美福粮所处的行业和业务模式得到了某私募股权投资机构 AP 公司的关注。AP 公司拟通过分批股权投资的方式，获取美福粮60%的股份。上面资料涉及的并购类型包括(　)。

A．横向并购　　B．杠杆并购

C．金融资本并购　　D．产业资本并购

13．A 银行信用卡中心在某超市门口促销信用卡，每一位客户来办理信用卡时，都会赠送一个工具箱，并且非常热情的帮助客户填写申请表，通过资料可以看出，主要涉及的促销组合要素包括(　)。

A．广告促销　　B．营业推广

C．公关宣传　　D．人员推销

14．A 公司是一家儿童用品制造商，该公司一直注重挖掘市场需求，推出满足市场新需求的产品，最近该公司经过市场调查发现，许多家长在孩子上幼儿园时，非常希望能够掌握孩子的最新动态，有情况能够及时与孩子沟通，经过研发，该公司推出了一款能够打电话的手表，让孩子能够随时和家长沟通，产品一推出，就受到市场的追捧。该公司采用的这种战略的优势有(　)。

A．能够避免正面冲突，使企业处于一个竞争缓冲地带

B．能够抵御替代品的威胁

C．形成进入障碍

D．对于资源能力有限的中小企业而言可以增强相对的竞争优势

15．W 公司是一家零售企业，根据 2012 年的市场调研情况，公司董事会提出采用成本领先战略，则下列情况中，支持这一战略的有(　)。

A．市场中存在大量的价格敏感用户

B．目标市场具有较大的需求空间或增长潜力

C．企业所在产业技术变革较快，创新成为竞争的焦点

D．购买者不太关注品牌

16．A 公司是一家位于甲市的家电制造企业，由于甲市的家电销售渠道已经被当地的几大连锁渠道垄断，为了能够在大型零售卖场销售自己的产品，A 公司需要支付高额的通道费用，为了克服这种威胁，A 公司一方面建设自己品牌的零售专卖店，向家电零售业务发展；另一方面，在乙市开发新市场，希望能在乙市新开发的市场上销售企业的家电，进一步扩大市场占有率和销售额。A 公司采取的战略包括(　)。

A．前向一体化战略

B．横向一体化战略

C．产品开发战略

D．市场开发战略

17．颖杰是一家家具制造企业，该企业以低价和产品的完美设计及实用功能为目标，以年轻消费者为目标市场，并制定以下经营策略：①追求以合理且经济的方式，开发并制造产品，从而降低物料的浪费；②在全球范围内进行制造外包，大量采

购，以最大限度地降低制造成本；③采用“平板包装”的方式运输商品，节省仓储及运输费用或要求顾客自行运输购买的物品。根据以上信息可以判断该企业采用的策略包括(　　)。

A. 成本领先战略

B. 集中化战略

C. 集中成本领先战略

D. 差异化战略

18. W公司是一个家电企业，经过分析得到该公司的投资资本回报率高于资本成本，但是其销售增长率却低于公司的可持续增长率，据此可以判断(　　)。

A. 该公司处于增值型现金短缺状态

B. 该公司可以通过加速增长来增加股东财富

C. 该公司的策略可以是增发股份

D. 如果该公司加速增长后，找不到进一步投资的机会，可以回购股份

19. 丙公司是一家铝罐制造公司，现通过建立生产设备等措施实现了规模经济，并且其他方面也符合采取成本领先战略的条件。如果丙公司决定采取成本领先战略，则可能面临的风险有(　　)。

A. 由于技术的变化可能使过去用于降低成本的投资与积累的经验一笔勾销

B. 产业的新加入者通过模仿用较低的成本进行学习

C. 市场需求从注重价格转向注重产品的品牌形象，使得企业原有的优势变为劣势

D. 企业形成的产品差别化的成本过高

20. 甲公司和乙公司为了开拓市场和增强市场地位，决定建立合资企业，在订立协议的过程中，需要明确的基本内容有(　　)。

A. 严格界定联盟的目标

B. 周密设计联盟结构

C. 准确评估投入的资产

D. 规定违约责任和解散条款

21. 甲公司是一家享誉世界的家电制造巨头，在其涉足的各项家电业务领域，一直坚持差异化战略，强调原创技术、性能卓越、品质不凡且价格高昂。但甲公司近年连续出现亏损。从差异化战略的风险角度分析，甲公司亏损的原因可能包括(　　)。

A. 竞争对手推出了性能更好的差异化产品

B. 甲公司形成产品差异化的成本过高

C. 随着家电行业的发展和成熟，消费者对产品的差异化需求下降

D. 家电行业技术扩散速度加快，竞争对手的模仿能力迅速提高

22. 某公司由于市场竞争激烈，导致整个市场容量下跌，同时公司内部经营机制不顺、决策失误、管理不善等原因，公司在其业务市场难以为继，不得不采用防御措施。下列选项中，适合该公司战略采用的方式有(　　)。

A. 削减人工成本

B. 调整营销策略，包括在价格、促销等环节推出新的举措

C. 收购竞争对手企业

D. 将该业务卖出

23. 蓝思科技是全球领先的消费电子防护玻璃龙头。公司主营业务始终专注于中高端视窗防护玻璃面板、外观防护新材料。在特斯拉供应链中，已成为全球核心一级供应商，核心供应中控组件、B柱模块的整体功能组件，这些标准化的组件也成为其他新能源汽车制造商的首要选择。以下选项中，不符合该公司的全球价值链分工模式中领先企业与供应商关系的主要特点的有(　　)。

A. 领先企业选择和更换供应商便利、交易相对简单

B. 领先企业协调性较低

C. 产品规格的相关信息易于传播

D. 领先企业协调性高

24. 甲公司是一家化肥厂，为有效应对市场竞争，经与乙化肥厂协商，将双方的股权(包括资产与负债)合并在一起，成立一家新的化肥厂。这种方式被称为( )。

A. 横向并购　　B. 金融资本并购

C. 友善并购　　D. 杠杆收购

25. 中华通信集团坚持自主研发自主创新发展，公司成立以来，从未并购过其他企业，下列选项中属于中华通信集团采取内部发展动因的有( )。

A. 不存在合适的收购对象

B. 保持统一的管理风格和企业文化

C. 风险较低

D. 内部发展速度较快

26. 甲公司是一家法国饮料公司，通过收购美国最大的宠物食品公司成功进军宠物食品行业，其背后的动因不包括( )。

A. 实现营销优势　　B. 争取市场机会

C. 设置壁垒　　D. 获得政治利益

27. 我国某纺织机械总公司拟定与瑞士某公司共同出资组建合资经营企业，促使双方创建合资经营企业的动因主要包括( )。

A. 加强双方企业的现有业务

B. 将双方企业的现有产品投放新市场

C. 开发可以在双方企业的现有市场上销售的新产品

D. 经营一种新业务

28. X企业生产的卫生纸采用优质的木浆为材料制作而成，外观精巧，气味清新，纸质柔韧细腻，是高档卫生纸的代表，对于高收入的消费群体来说，X牌卫生纸的集中化战略是成功的。但是随着人们收入的提高以及价值观念的更新，过去的高档卫生纸成为普及的一般商品，导致X牌卫生纸逐渐成为众多品牌中不引人注目的品牌。通过X牌卫生纸的例子，可以看出采取集中化战略的风险不包括( )。

A. 竞争对手的模仿使已建立的差异缩小甚至转向

B. 竞争对手的进入与竞争

C. 购买者群体之间的需求差异变小

D. 狭小的目标市场导致的风险

29. 甲公司是一家自来水企业，目前的经营状况良好，企业管理层相对比较保守，打算在目前的经营环境和内部条件下进行经营，甲公司目前采用的这种战略的缺点有( )。

A. 外部环境发生变化时，会使企业陷入困境

B. 增加资源重新配置和组合的成本

C. 降低企业对风险的敏感性和适应性

D. 风险非常大

30. 高端私人成衣手工定制是产业集中度很低，没有任何企业占有显著市场份额的零散产业。对于由顾客消费地点或消费品味不同造成的生产规模的不经济性，大部分高端私人成衣手工定制店选择连锁经营，此类成衣定制店的战略选择，不包括( )。

A. 克服零散

B. 增加附加价值

C. 专门化

D. 提高产品差异化程度

31. ☆京川餐饮公司近期实行了新的经营方式，顾客既可以按照公司提供的菜谱点餐，也可以自带菜谱和食材请公司的厨师加工烹饪，还可以在支付一定学习费用后在厨师指导下自己操作，从而在享受美食的同时提高厨艺。这些新的经营方式使该公司的顾客数量和营业收入均增长20%以上。从密集型战略角度看，京川餐饮公司的上述做法属于( )。

A. 市场开发战略　　B. 市场渗透战略

C. 产品开发战略　　D. 一体化战略

32. ☆甲公司是一家特种钢材生产企业，其产品主要用于大型采矿机械、采油设备的生产。为了增强对钢铁市场需求变化的敏感性，甲公司决定把前向一体化作

为发展战略。下列各项中，符合该公司发展战略的有（　）。

A. 参股海城矿山机械公司

B. 与东港石油公司签订集研发、生产、销售为一体的合作协议

C. 投资建立铁矿资源开发和生产企业

D. 与南岗煤炭集团建立战略联盟

33. ☆甲公司是吉祥集团控股的一家钢铁厂。几年来由于扩张过快和市场竞争激烈等原因，甲公司陷入不能偿还到期债务的危机，由于钢铁厂的高炉等设备难以转产，所以吉祥集团拟通过甲公司破产的方式退出钢铁行业，并用买断方式终止与甲公司员工的劳动合同，但引起职工抵触。后来在当地政府的协调下，甲公司被外资企业收购。在上述案例中，吉祥集团面临的退出障碍有（　）。

A. 退出成本

B. 政府与社会约束

C. 固定资产专用性程度

D. 感情障碍

34. ☆下列选项中，属于企业采用市场渗透战略的有（　）。

A. 某酒店收购一家旅游公司，进入新的业务市场

B. 甲银行与乙航空公司发行联名卡，刷该银行信用卡客户可累积航空里程积分

C. 甲公司通过与国外经销商合作的方式将生产出来的智能手机销往拉美国家

D. 某超市为了提高牙膏的销售，采用美化包装、买赠的促销方式

35. ☆后向一体化战略的适用条件包括（　）。

A. 企业增长潜力大

B. 销售成本高或可靠性差

C. 供应商少而需求方竞争者多

D. 企业产品价格稳定，对企业非常重要

36. ☆富和矿业公司于 2013 年收购了 Y 国一座铁矿，预计 5 年后收回成本并赢利。后来发现这座铁矿的储量和矿石出铁率低于预期，且所处地质环境复杂，开采成本和运输费用超出预算 1 倍以上。2018 年底，该铁矿的运营出现严重收不抵支，富和矿业公司向当地银行申请贷款，但由于 Y 国有限制外资贷款的法律规定，公司被迫宣布该铁矿倒闭。富和矿业公司上述收购失败的原因有（　）。

A. 支付过高的并购费用

B. 并购后不能很好地进行企业整合

C. 决策不当

D. 跨国并购面临政治风险

37. ☆经过多次磋商签订协议后，汽车制造商甲公司凭借自有资金 2 亿元和发行债券融资 5 亿元，实现了对汽车零部件商乙公司的收购。从并购的类型来看，上述收购属于（　）。

A. 杠杆收购　　B. 前向收购

C. 友善收购　　D. 金融资本收购

38. ☆国内零售企业海川公司与主营大数据业务的出云公司签订战略合作协议，商定由海川公司向出云公司开放相关数据收集平台，出云公司无偿为海川公司提供数据分析及应用方案。下列各项中，属于上述两个公司所采用的战略联盟特点的有（　）。

A. 有利于扩大企业的资金实力

B. 具有较好的灵活性

C. 有利于企业长久合作

D. 更具有战略联盟的本质特征

39. ☆甲客运公司与乙旅行社 2010 年开启深度战略合作，联合推出“车票+地接”打包旅游产品。其中，甲客运公司提供用于打包产品的“低价票”，乙旅行社则提供比以往更加丰富、优质的旅游目的地和地接服务。该产品的推出明显提升了合作双方的竞争力。本案例中，甲客运公司与乙旅行社进行战略合作的动因有（　）。

A. 保持统一的管理风格和企业文化

B. 防范信任危机

C. 实现资源互补

D. 开拓新的市场

40. ☆甲公司是一家提供社交媒体服务的互联网公司，乙公司是一家著名的电子商务公司。2015 年，甲公司和乙公司签署交换彼此 30% 股份达成战略合作协议。根据协议，双方将在网络支付服务方面进行合作，同时，甲公司向乙公司提供社交媒体客户端的一级入口位置及其他主要平台的支持。甲公司和乙公司结成的战略联盟的特点有(　)。

A. 投资转置成本较高

B. 联盟内成员之间的沟通不充分

C. 双方具有较好的信任感和责任感

D. 企业对联盟的控制能力差

41. ☆快餐业由很多中小餐饮企业组成，其中没有任何一个企业占有显著的市场份额或对整个产业的发展产生重大影响。造成快餐业上述状况的原因有(　)。

A. 快餐业进入障碍低

B. 快餐业的经营成本变化迅速

C. 快餐业难以达到规模经济

D. 快餐市场需求多样导致产品高度差异化

42. ☆近年来，随着汽车销量的上升，洗车行业迅速发展。由于洗车业务不需要复杂的技术和大量的投资，且消费者需要的洗车地点分散，因而洗车公司数量大量增加，洗车行业呈零散状态。根据以上信息，造成洗车产业零散的原因有(　)。

A. 成本的迅速变化

B. 进入障碍低

C. 技术的不确定性

D. 市场需求多样导致高度产品差异化

43. ☆靓影公司是一家经营照相、冲印、彩扩的企业。靓影公司应当采用的竞争战略有(　)。

A. 聚焦细分市场需求，如婚庆大尺寸照片的拍摄、冲印、美化等

B. 适应多样化的顾客需求，开发多种服务品种

C. 增加服务的附加价值，如在顾客等候时提供茶水、杂志等

D. 连锁经营或特许经营，将服务点分散在居民生活区中

44. ☆下列属于蓝海战略特征的有(　)。

A. 在已存在的市场内竞争

B. 规避竞争

C. 打破价值与成本互替定律

D. 争夺现有需求

45. ☆主营体育用品生产和销售的云济公司开发出一款智能家用跑步机，为了使该产品迅速占领市场，公司销售人员在主要销售商场举办促销活动，宣传该产品能够根据使用者的年龄、身高、体重、脉搏频率等生理指标，自动显示使用者应选择的最佳步速和运动时间，同时宣布前 20 名购买者可获得产品免费保修期从 3 年延长到 6 年的优惠。云济公司采用的促销组合策略要素有(　)。

A. 广告促销　　B. 公关宣传

C. 人员推销　　D. 营业推广

46. ☆乐融旅行社定期开展会员俱乐部活动，活动期间，该社向参加活动的社员提供免费茶点，风景摄影及旅游知识讲座，旅游新项目推广等，建立了良好的公众形象。在上述活动中，乐融旅社采用的促销组合要素有(　)。

A. 营业推广　　B. 广告促销

C. 公关宣传　　D. 人员推销

47. 甲公司是一家煤炭企业集团。近年来，煤炭产品的客户对性价比的要求很高；各煤炭企业的产品差别很小，价格差异缩小且处于很低水平；产品毛利很低，只有大规模生产并有自己销售渠道的企业才具有竞争力；大量中小煤炭企业陆续退出市场。在该产业发展的现阶段，甲公司具备的财务特征(　)。

A. 经营风险低

B. 财务风险高

C. 股价稳定

D. 资金来源于保留盈余和债务

48. ☆维力公司管理层根据该公司的经营业绩决定采用新的财务战略，该战略包括使用内部资金、实行前向一体化并购、增加股利支付和回购部分股东股份等。下列各项中，属于维力公司管理层采用新财务战略依据的有(　)。

A. 销售增长率为 11%，可持续增长率为 8%

B. 投资资本回报率为 7%，资本成本为 10%

C. 投资资本回报率为 8%，资本成本为 6%

D. 销售增长率为 9%，可持续增长率为 10%

49. ☆新年前夕，某出版商推出反映不同民族生活习俗特点的系列年画，深受目标消费市场的消费者喜爱。该出版商进行市场细分的依据有(　)。

A. 人口细分　　B. 地理细分

C. 心理细分　　D. 行为细分

50. 风电股份是一家定位于元宇宙游戏开发的高科技企业，为招聘到高水平的研发人员，该公司计划采取一种在市场中极具吸引力、极具激励效应的薪酬组合策略，以下组合不符合该公司要求的有(　)。

A. 低的基本薪酬+高的间接薪酬

B. 低的可变薪酬+高的间接薪酬

C. 高的可变薪酬+低的间接薪酬

D. 高的基本薪酬+低的可变薪酬

51. AD 股份公司是一家先进制造企业，依托规模效应及学习曲线，以及技术创新等途径，取得了比行业平均成本低 30%左右的优势。从竞争战略视角出发，以下薪酬策略不符合 AD 公司实际情况的有(　)。

A. 固定薪酬

B. 浮动薪酬

C. 固定薪酬+浮动薪酬

D. 间接薪酬

三、简答题

1. 近年来，印度公众对耐用消费品如洗衣机、电冰箱、彩电等的支出明显增加。但从对印度本国家电企业的调查情况可以看出，一般的家电制造商只能生产黑白电视、电子钟表、录像机、放像机、电子游戏机、计算器等，只有一些大的制造商才能生产所谓的“白色家电”，即洗衣机、电冰箱等。总体来说，产品档次低，升级换代慢。在印度市场上，CD 机和 VCD 机大多是进口的。

据印度全国应用经济研究理事会的调查显示：随着印度中产阶级数量的增长，一个家电需求的大市场正在形成。人们越来越注重产品的品牌、质量、外观和方便程度。印度大约有 70%的人生活在农村，近年来农村市场发展很快，随着印度粮食生产能力的提高，有力地促进了农村居民对家电消费的需求，电视等电器产品得到普及，消费品类别非常广泛，自行车、机械手表、收音机等在农村市场的份额超过 75%。

印度拥有一个非常广泛的销售分配网络。据估计，农村市场大约有 100 多万中间商，即批发商、零售商和储运商，他们把各种消费商品分散输送到全国各地，并利用这一网络渠道，将市场深入到 3800 个城镇，50 多万个村庄。

综上所述，无论是城市还是农村，我们都有理由相信，印度对中国企业来说是一个潜在的消费大市场。在这一巨大的市场占有一席之地，是我国企业开拓南亚市场，实现跨国经营战略的重要步骤。

我国 A 跨国企业经过大量的考察研究，决定向印度投资，采用对外直接投资模式，将管理、技术、营销、资金等资源以自己控制企业的形式转移到印度，在印度建立全资子公司。

要求：

（1）列举企业国际化经营动因，并结合案例材料说明中国企业对印度投资的国际化经营动因。

（2）简要分析我国A公司采取的国际化经营的具体方式，并说明该方式的优缺点。

（3）市场营销战略中的目标市场选择有几种，在本案例中，最适合的是哪一种？

2. C公司是北京一家综合性会计师事务所，是经北京市财政局批准，依据《公司法》和《注册会计师法》设立的有限责任公司，成立于2005年，注册资本500万元，由甲、乙、丙三位合伙人组成。公司业务范围包括：企业会计报表审计；企业注册资本验证；办理企业合并、分立、清算事宜中的审计；经济效益、经营业绩专项审计；企事业单位领导任期经济责任审计；企事业单位领导离任审计；证券、期货相关业务审计；从事金融相关审计业务；国有及非国有资产评估；基本建设施工预决算审计验证；甲级工程造价咨询；财务咨询业务；法律、行政法规规定的其他审计业务。其主要业务对象是北京地区的大小企业，由三位合伙人分别负责不同的项目。经过几年的发展公司的规模不断扩大，由最初的几个人发展到现在的几十人。2017年，C公司会计报表审计业务的投资资本回报率为9%，销售增长率为12%，测算得到的加权平均资本成本为7%，可持续增长率为15%。

随着市场的发展，北京地区涌现出了大大小小的会计师事务所，三位合伙人开始考虑公司未来的发展方向，商议以后决定拓宽目标市场范围，以北京地区为中心开始向周边省市发展，并在几个重点城市建立了自己的办公区。截至2017年底，自北至南于沈阳、济南、郑州、武汉、合肥、上海、南昌、昆明、广州、深圳设立了分支机构。目前公司具有注册会计师、注册资产评估师、注册造价工程师、注册税务师等资格证书的各类执业人员500多名，平均年龄32岁，具有三年以上工作经验的专业人员近80%。

27名合伙人均为年富力强的业内精英，在首席合伙人张先云先生的带领下，全体员工秉承苦练内功、严谨执业、开拓进取、服务至上的理念，刻苦学习，勤奋工作，打造一流的服务品牌，做精做专，全力为广大客户提供高品质的专业服务。

要求：

（1）依据财务战略矩阵理论，简要分析会计报表审计业务处于财务战略矩阵的哪个象限及相关的财务战略选择。

（2）简述产品—市场战略组合的战略类型，结合材料分析C公司选择的战略类型。

3. 我国某跨国公司生产一种特效护肤的日用品，经过几年的发展，已经成为国内市场占有率最大的企业。在企业发展的过程中，发现国内市场已经饱和，其规模已经很难满足企业进一步的发展，该企业领导人将眼光投向了近邻东南亚国家，发现在这些东南亚国家市场上尚无与本企业类似的产品，而消费者对这种产品有较高的需求，随即决定进军这些东南亚国家。

要求：

（1）简要分析该企业进军这些东南亚国家市场的动因。

（2）在企业国际化过程中，除了上面的动因之外，还有哪些动因存在？

4. ☆2003年，从国内名牌大学毕业的李轩开始以“眼镜肉店”老板的身份在X市农贸市场卖猪肉，成为备受关注的“最有文化的猪肉佬”。多年的教育背景让李轩把卖猪肉这个生意做到了很高的水准，他从来不卖注水肉，品质不好的肉坚决不进货，也从不缺斤少两，慢慢地积攒了诚信经营的口碑，一天能卖出十几头猪。

2008 年，李轩与同是经营猪肉生意本校校友张生相识。张生于 2007 年在 G 市创办猪肉连锁店，同样因为"国内名牌大学"和"猪肉"名号，引起众人关注。

张生和李轩开始联手打造"特号土猪"的猪肉品牌，他们自己养猪，自己卖猪。他们选择口感颇受国内百姓喜爱的优良土猪品种；猪场采用半开放式的大空间，让猪自由活动，猪场里设有音响，专门给猪听音乐，他们认为猪和人一样，只有心情愉悦，才会长得又肥又壮，肉质也会更加鲜美。

"特号土猪"公司日益发展壮大，从 2010 年 5 月开始，李轩和张生凭着自己多年经营猪肉的经验，开办了培训职业屠夫的"屠夫学校"，培养目标是"通晓整个产业流程的高素质创新性人才"。"特号土猪"公司每年都会招聘应届大学生，经过"屠夫学校" 40 天培训，再派往各店铺工作。

2015 年，"特号土猪"销量超过 10 亿元，成为国内土猪肉第一品牌。2016 年，在互联网大潮引领下，"特号土猪"登陆国内最大电商平台，成为第一个面向大众消费者的"互联网+"猪肉品牌。线上与线下同时发力，"特号土猪"品牌影响力进一步扩展，销量也更上一层楼。

2019 年，"特号土猪"品牌连锁店开到全国 20 多个城市，共有 2 000 多家门店。十几年来，李轩和张生专心致志，将"特号土猪"高端品牌做到极致。

要求：

(1) 简要分析李轩和张生在零散产业——猪肉经营中是如何实施三种基本竞争战略的。

(2) 从差异化战略实施条件(资源能力)角度，简要分析李轩和张生将"特号土猪"高端品牌做到极致的原因。

5. ☆羊乐火锅成立于 1999 年 8 月。羊乐火锅以其风格多样的"美味锅底无须蘸料"的特色和旨在"让消费者到处能看到我的店"的全国连锁经营布局赢得消费者的喜爱。2002 年，羊乐火锅的营业额达到 25 亿元，一跃成为国内本土餐饮业的佼佼者。2008 年 6 月，羊乐火锅登陆香港交易所主板上市。

2010 年，国内最大的餐饮企业千百集团领导层判断，中餐市场的发展势不可挡，而火锅占中餐市场三分之一，羊乐火锅又位居国内火锅企业中的龙头地位，因而加快了收购羊乐火锅的步伐。

2012 年 2 月，千百集团以 6.5 港元/股的注销价格(溢价 30%)，总额近 46 亿港元现金完成了对羊乐火锅的高价收购，持股比例高达 93.2%，剩余的 6.8% 股权则由羊乐火锅的两位创始人持有，一年后，千百集团再次加码，以现金收购羊乐火锅全部股权。曾经的"国内火锅第一股"的称号也随羊乐火锅从交易所退市而隐匿。

正式收购羊乐火锅后，千百集团启动了标准化品牌升级工作，发布了全新品牌形象和运营标准，将传统厨艺与先进的管理理念相结合，努力将羊乐火锅打造成为知名火锅连锁品牌。

然而收购后的几年中，羊乐火锅的运营情况不尽如人意，客流量与门店数量不断下滑。在国内一项行业评比中，收购前一直名列前茅的羊乐火锅仅位列第 9 位。业内人士分析，造成这种情况的原因如下：

(1) 收购后的标准化管理未必适合饮食文化多元化的中餐，即使对于形式相对简单的火锅也不例外。经过多年的发展和改良，火锅种类的划分更加细化，作为一种餐饮文化，很难用标准化的管理模式去经营。消费者对口味的感受需要多元化的体验。羊乐火锅标准化管理的升级将着重于店面的装修风格和菜品的精致程度向千百旗下的外资餐饮企业看齐，而羊乐火锅原来引以为傲的“美味锅底无须蘸料”的特色被改掉，没有及时更新菜品，不能针对不同顾客提供差异化服务（如南北方消费者对调料的不同需求），使得消费者失去了以往享用羊乐火锅的乐趣。

（2）千百集团运用“关、延、收、合”四字诀对羊乐火锅的加盟店整顿，使得原来羊乐火锅的门店数量大幅缩减，又没有及时对羊乐火锅门店开展新的布局，因此失去了羊乐火锅旨在“让消费者到处能看到我的店”打造的规模经济优势。

（3）2013 年千百集团收购羊乐火锅两位创始人持有的剩余股权后，羊乐火锅原创团队离开，之前多年积累的企业竞争优势也随之消失殆尽。例如羊乐火锅当时完全有能力去整合 M 省肉羊全产业链，而原创团队散伙后，这一功能被 M 省另一家企业取而代之。

（4）中国庞大的火锅餐饮市场吸引着新的企业不断加入，火锅业态近几年涌现不少实力强大的竞争对手。这些公司各自以其鲜明的特色，不断地推陈出新，清晰的市场定位，以及不断拓展的门店布局，赢得日益挑剔的消费者的青睐，对羊乐火锅的市场地位形成巨大的威胁。

要求：

（1）依据并购战略“并购失败的原因”，简要分析千百集团收购羊乐火锅效果不尽如人意的主要原因。

（2）依据“零散产业的战略选择”，结合本案例，简要分析餐饮企业应当如何选择和实施波特三种基本竞争战略。

6. ☆随着生活节奏的加快，生活在都市的人们越来越希望能有一方净土，在空闲的时光摆脱繁忙的工作，通过劳动来净化自己的心灵，回归到最简单的生活方式中。此外，消费者对有机农产品的需求与日俱增，而一些企业的不规范行为导致消费者对市场销售的有机农产品的真实性产生质疑。

一种新型的社区支持型农业顺应这些需求而产生，其中以小马驹市民农园最为知名。小马驹市民农园成立于 2008 年。农园将农业、休闲业、教育产业融为一体，以会员制的模式运作，会员分为两种类型——配送份额会员和劳动份额会员。对于配送份额会员，农园提供配送服务，包括宅配和取菜点两种方式。宅配即配送到家，配送频率为每周一次或两次；小马驹农园在市区设立了三个取菜点，会员可以自行选择时间和取菜点。这些配送为消费者提供了便利，使他们享受到被关爱的体验。

劳动份额会员可以在空闲时间到农场耕种自己的园地，有儿童的家庭特别青睐这种亲近自然、家庭团聚、寓教于乐的模式，小马驹农园策划了很多节事活动，包括开锄节、立夏节、端午节、立秋节、中秋节、丰收节等，在这些节事活动中，对小朋友进行传统农耕和文化教育，农园还开展了一些活动激发小朋友的兴趣，包括认识植物、喂养动物、挖红薯、拔萝卜、荡秋千、玩沙子、滚铁环、拔河、在野地里撒欢等，这些活动是孩子们在城市中不可能见到的。在农园一角设立了一个大食堂，会员在劳动过程中，可以到食堂用餐，农园要求会员用餐后自己洗碗，洗碗用的不是洗涤灵，而是麦麸，更增添了农园天然质朴环保的色彩。

小马驹市民农园新鲜的有机农产品去掉了中间商，可以直接被会员们购买，在传统农产品的激烈竞争中，确保了稳定的市场和农民可靠的收入来源。同时，由于降低了农产品物流和包装成本，会员们能够亲身经历有机农产品的生产过程，也满足了会员们能够放心地享用物美价廉有机农产品的消费需求。

要求：

（1）依据红海战略和蓝海战略的关键

性差异，简要分析小马驹农园怎样体现蓝海战略的特征。

(2)依据蓝海战略重建市场边界的基本法则(开创蓝海战略的途径)，简要分析小马驹农园如何在激烈的农产品生产领域，开创新的生存与发展空间。

7. ☆近年来，乡村旅游因其特有的自然资源、风俗民情和历史脉络而对游客产生了越来越强的吸引力，然而刚刚起步的乡村旅游大多充斥着廉价的兜售、毫无地方特色的“农家乐”和旅店揽客，忽视了其特有的文化内涵；对少数成功的案例盲目效仿，对周边村落缺乏统一有效的协调和对比借鉴，出现了定位趋同、重复建设的现象。

Y地区的“人物山水”完全不同于传统旅游项目，它将震撼的文艺演出现场效果与旅游地实景紧密结合起来，置身于秀丽山水之中的舞台，让观众在观赏歌舞演出的同时将身心融于自然。山水实景构筑的舞台，如梦似幻的视觉效果，给观众带来了特殊的感受。因为将歌舞与风景结合在一起，所以同时赢得了观光客和民歌爱好者的喜爱。“人物山水”在运营上也有独到之处。剧组聘请了几百名演员，他们几乎都是当地的农户，没有经过系统的训练，以前也从未登台演出过。对于以体现当地民情民风为主的“人物山水”来说，起用这些乡村百姓，让观众更直观地体验到“人物山水”是真正从山水和农民中产生的艺术和文化。没有大牌明星的加入，使得剧组成本降低，还给当地人民带来经济利益，为当地旅游带来巨大的品牌效益。除此之外，大量游客因为观赏“人物山水”而在Y地区出入和停留，使一条原本幽静的山道成为当地政府开发的新景点，让人们看到了一个旅游产业带动周边产业发展的经济现象。

以文艺演出的形式推出的“人物山水”，用其独有的魅力吸引着一批又一批来到当地旅游的国内外游客。它已经不仅是一场文艺演出，而且更是当地旅游的经典品牌。

要求：

(1)依据红海战略和蓝海战略的关键性差异，简要分析“人物山水”怎样体现了蓝海战略的特征。

(2)依据蓝海战略重建市场边界的基本法则(开创蓝海战略的路径)，简要分析“人物山水”如何在竞争激烈的文化旅游领域，开创了新的生存与发展空间。

8. ☆学朗书吧位于某大学城内，其主要顾客为学生和教师。该书吧主人在创建该书吧前进行了市场调查，调查结果显示：该大学城现有书店两家，书店内空间较少，书籍种类较少，以各种考试辅导用书为主。由于商品严重同质化，两家书店的竞争异常激烈，该大学城还有若干饮品店，它们只外卖各种冷饮和奶茶，没有给顾客留出休憩的位置。学朗书吧的创建者决定把书店和饮品店具有的两类互补性功能结合起来，建立一个集读书、休闲、生活服务为一体的综合性服务书吧。

现有一些书吧往往注重营造高雅的环境，通过豪华装修来吸引顾客，比如在书架旁放置高大的古董瓷瓶、在墙壁上挂上油画等。但这并不是大学城附近的消费者关注的重点，却会产生高昂的成本。学朗书吧抛弃这些流行的理念和做法，只在墙壁上描绘一些山水画提高意境，舍去了昂贵的摆设，大大地降低了成本，进而降低了饮品和图书的售价，提升了竞争力。

随着电子商务的普及，饮品的网上销售日益火爆，许多网站均提供网售平台。学朗书店与时俱进，也提供网上点单、送货上门。另外，现在大学中自习室紧张，抢位现象越发严重，学朗书吧计划打造自习位出租系列，并提供午餐，为学生们提供理想的学习和休息场所。

学朗书吧以创新的理念和定位，进入

竞争激烈的文化和生活服务领域，开创了新的生存与发展空间。

要求：

(1)依据红海战略和蓝海战略的关键性差异，简要分析学朗书吧的经营怎样体现了蓝海战略的特征。

(2)依据蓝海战略重建市场边界的基本原则(开创蓝海战略的路径)，简要分析学朗书吧如何在竞争激烈的文化和生活服务领域，开创了新的生存与发展空间。

9. ☆日升公司于1995年成立，1996年在国内设立生产基地，建设了五个制造厂房。日升公司最初主要从事OEM代工业务，为M国的客户FC公司贴牌生产家具配套及小巧家具组件。之后，公司业务扩展至餐厅及卧房家具，成为国内首家生产卧房家具的企业。1998年，日升公司单月出货量从100个货柜大幅提升至300个货柜，制造能力远远超过昔日家具业的龙头老大。

1999年以前，日升公司的家具几乎全部外销，只做OEM代工业务而没有自己的品牌。公司在低附加值的经营中认识到打造自身品牌的重要性。1999年3月，日升公司在M国组建公司并创立公司品牌“LC”，主要从事中低端家具的生产和销售。然而，日升公司在M国自创品牌的成效并不显著。于是，公司先后实施四次跨国并购，获取了欧美知名企业的品牌、渠道、研发设计及制造能力等战略性资产，实现了从OEM向原始设计制造商OBM的升级。

2001年，日升公司斥资完成对原委托方FC公司的收购，直接进入M国中高档家具市场。2005年日升公司成功上市。上市后，公司市值从2004年的1.37亿美元跃升至2005年的3.69亿美元，增长2.69倍。

在强大的资金和产能支持下，日升公司于2006年至2003年又先后收购国际二大品牌家具制造商。四次跨国收购使日升公司的产品组合由单一的中低端木制家具拓展为包含中低端、高端、顶级木制家具，以及沙发、酒店家具的组合；销售市场由M国扩展到欧洲。2000年和2008年，在国内设立研发中心的基础上，日升公司又分别在M国和欧洲设立了研发中心。

2007年以来，全球经济环境发生了很大变化。出于对国内市场潜力的判断，日升公司适时调整经营策略，决定在巩固海外市场的同时，进军国内市场。多年的国际化经历使日升公司在生产、设计、销售方面储备、积累了大量人才和经验。2008年日升公司在国内展会上全面亮相，展出专门针对国内市场开发的三大品牌——“日升家居”“日升家园”“日升屋”。2009年9月在国内建成了日升国际风尚馆。

日升公司在原有多个知名品牌的基础上，运用特许经营品牌、针对细分客户设立新品牌等策略，进一步巩固日升公司的OBM业务。2010年，开展酒店家具业务，并在J国和N国设立生产基地。2009年、2012年，先后推出特许品牌“PDH”和“PDK”；2011年，推出青年家具品牌“SM”；2012年，推出特许品牌“MH”2013年，推出特许品牌“WB”；2014年，推出婴儿家具品牌“SB”。日升公司的OBM业务约占总业务的90%。

目前，日升公司在国内18个城市23家门店销售产品。国际市场仍然是日升公司的主要市场。

要求：

简要分析日升公司“从OEM向OBM升级”所采用的发展途径。

10. ☆2003年，“电池大王”环亚公司收购了一家汽车制造公司，成立了环亚汽车公司。环亚汽车公司将其电池生产技术优势与汽车制造技术相结合，迅速成为国内新能源汽车领域的龙头企业。

新能源汽车生产的关键在于掌握三大核心：电机、电控与电池的生产制造技术以及具有完备的整车组装能力。环亚汽车公司下大力气增强企业这些关键性活动的竞争优势。

环亚汽车公司在包括电机、电控与电池生产领域投入的研发费用占销售收入比例达 4.13%，远高于国内同类汽车生产企业的研发投入占比，与国际知名汽车品牌企业相当。环亚汽车公司自主研发的磷酸铁锂电池(锂电池的一种)及管理系统安全性能好、使用寿命长；环亚汽车公司的锂电池专利数量名列国内第一。环亚汽车公司自主研发的永磁同步电机功率大、扭矩大，足够满足双模电动汽车(拥有燃油驱动与电能驱动两种动力系统，驱动力可以由电动机单独供给，也可以由发动机与电动机耦合供给，与混合动力汽车并无差别)与纯电动汽车的动力需求。环亚汽车公司自主研发的动力系统匹配技术能够保证动力电池、驱动电机及整车系统的匹配，保证整车运行效率。此外，2008 年环亚汽车公司以近 2 亿元的价格收购了半导体制造企业中达公司，此次收购使环亚汽车公司拥有了电动汽车驱动电机的研发能力和生产能力。2011 年环亚汽车公司与国际知名老牌汽车制造企业 D 公司成立合资企业，借助 D 公司掌握的汽车结构以及安全领域的专有技术，增强公司在汽车整车组装方面的研发能力和生产能力。

为了进一步扩大新能源汽车生产制造规模，环亚汽车公司又将在新能源轿车制造的优势延展至新能源客车制造。2009 年环亚汽车公司以 6 000 万元的价格收购国内美泽客车公司，获得客车生产许可证；2014 年环亚汽车公司又与国内广贸汽车集团分别按 51%和 49%的持股比例合资设立新能源客车公司，注册资本 3 亿元人民币。

近年来，环亚汽车公司开启了向产业上下游延展的战略新举措。2015 年，环亚汽车公司收购专门从事盐湖资源综合利用产品的开发、加工与销售的东州公司，这一收购整合了环亚汽车公司汽车零部件的生产。2016 年环亚汽车公司以 49%的持股比例，与青山盐湖工业公司及深域投资公司共同建立合资企业，注册资本 5 亿元人民币。此次合作实现了环亚汽车公司的动力锂电池优势与盐湖锂资源优势相结合。2015 年，环亚汽车公司与广安银行分别以 80%和 20%的持股比例合资成立环亚汽车金融公司，注册资本 5 亿元人民币。这是环亚汽车公司向汽车服务市场延伸的一个重大事件。

到目前为止，环亚汽车公司是全球少有的同时掌握新能源电池、电机、电控及充电配套、整车制造等核心技术以及拥有成熟市场推广经验的企业之一。环亚新能源汽车的足迹已遍布全球的 50 个国家和地区。

要求：

简要分析环亚汽车公司实施发展战略所采用的主要途径。

本章综合练习 · 参考答案及解析

一、单项选择题

1. C 【解析】企业负外部性的一种表现是“个体理性导致集体非理性”，两个独立企业的竞争表现了这种负外部性，其竞争的结果往往使其两败俱伤，而并购战略可以减少残酷的竞争，同时还能够增强对其他竞争对手的竞争优势。“为了减少残酷的竞争，获得竞争优势”表明 Q 公司并购 L

公司的动机是克服企业负外部性，减少竞争，增强对市场的控制力，选项 C 正确。决策不当的并购属于并购失败的原因。

2. D 【解析】本题考核蓝海战略，相关知识点如下表所示：

战略制定原则	各原则降低的风险因素
重建市场边界	↓搜寻的风险
注重全局而非数字	↓规划的风险
超越现有需求	↓规模的风险
遵循合理的战略顺序	↓商业模式风险
战略执行原则	各原则降低的风险因素
克服关键组织障碍	↓组织的风险
将战略执行建成战略的一部分	↓管理的风险

3. B 【解析】由于丙公司将优质大米开发出大米系列食品，是对现有产品的改变，属于产品开发战略。

4. D 【解析】资源在企业之间的配置总是不均衡的，在资源方面或拥有某种优势，或存在某种不足，通过战略联盟可以达到资源共享、优势互补的效果。A、B 公司达成战略联盟的原因是实现资源互补。

5. A 【解析】相关多元化，也称同心多元化，是指企业以现有业务为基础进入相关产业或市场的战略。相关多元化的相关性可以是产品、生产技术、管理技能、营销技能以及用户等方面的类似。儿童营养液和儿童服装的用户均为儿童，具有相关性，因此属于相关多元化战略。

6. B 【解析】多国本土化战略是指一个企业的大部分活动，如战略和业务决策权分配到所在国以外的战略业务单位进行，由这些单元向本地市场提供本土化的产品，从而把自己有价值的技能和产品推向外国市场而获得收益。该公司总部和研发中心位于美国，又以主要国家和地区来划分战略业务单位，并授权各国的管理者根据消费需求、消费习惯等特征生产本土化产品。属于多国本土化战略。

7. B 【解析】“躲闪者”战略最好的战略选择可能是以下几个：①与跨国竞争对手建立合资、合作企业；②将企业出售给跨国竞争对手；③重新定义自己的核心业务，避开与跨国竞争对手的直接竞争；④根据自身的本土优势专注于细分市场，将业务重心转向价值链中的某些环节；⑤生产与跨国竞争对手产品互补的产品，或者将其改造为适合本国人口味的产品。本题中，飞翔公司选择与跨国竞争对手建立合资、合作企业的方式改变自身的商业模式，因此扮演的角色为躲闪者。

8. B 【解析】本题考核一体化战略。一体化战略是指企业对具有优势和增长潜力的产品或业务，沿其经营链条的纵向或横向扩大业务的深度和广度，扩大经营规模，实现企业成长。该公司以粮油贸易为基础，进军粮油加工、粮食种植、培育自己的粮油品牌，是沿着产业链进行的扩张，因此属于一体化战略。此题不应选相关多元化战略，因为题目更强调沿着经营链条扩张，所以是一体化战略。

9. B 【解析】前向一体化战略是指获得分销商或零售商的所有权或加强对他们的控制权的战略。甲公司在当地成立自己的销售专卖店，实现了前向一体化。

10. A 【解析】购买者不太关注品牌，并且对价格非常敏感，属于成本领先战略的适用条件。根据乙公司的情况，最适合采取成本领先战略。

11. A 【解析】国际战略的特点是本土独立性差且全球协作程度低，甲公司的分支机构只负责营销产品，而产品的开发职能保留在母国，说明本土独立性差，缺乏全球协作，所以是国际战略，选项 A 正确。

12. D 【解析】甲公司一直稳健地为股东创造价值，说明投资回报率高于资本成本，而临近春节市场需求大幅增长，说明是创造价值型现金短缺，但这个短缺是季节性的，非长期性，所以最佳方式是通过短期借款解决资金短缺问题，选项 D 最合适；选项 A、B 适合长期高速增长的情况；选项 C 适合增值型现金剩余的企业。

13. A 【解析】甲公司拥有强大的研发能力和较强的产品设计能力，以及很强的市场营销能力，同时该国消费者对于汽车需求多样化，表明甲公司适合采用差异化战略。

14. C 【解析】相关多元化也称同心多元化，是指企业以现有业务或市场为基础进入相关产业或市场的战略。本题中该企业由儿童饮品发展到奶制品、水、可乐、八宝粥等业务，都属于食品饮料方面的业务，因此属于相关多元化战略。

15. D 【解析】纵向并购是指在经营对象上有密切联系，但处于不同产销阶段的企业之间的并购。按照产品实体流动的方向，纵向并购又可分为前向并购与后向并购。汽车制造商并购出租车汽车公司，属于沿着产品实体流动方向所发生的并购，属于前向并购。

16. A 【解析】因为市场上的消费者不太关注品牌，该企业面对的市场中存在大量的价格敏感用户，消费者的转换成本比较低，所以 M 公司最适合选择成本领先战略。

17. A 【解析】产品开发战略是指在原有市场上，通过技术改进与开发研制新产品。甲公司采用的战略是在现有的彩电市场开发新产品，所以选项 A 正确。

18. C 【解析】集中化市场营销是指企业由于受到资源等条件的限制，以一个或少数几个性质相似的子市场作为目标市场，试图在较少的子市场上占领较大的市场份额。该公司决定专门针对在异地工作的高级白领开展房地产业务，争取在这个市场上获得较大的市场份额属于集中化市场营销策略。

19. C 【解析】由于该公司本身具备较强的学习和内部能力，同时又无法找到合作伙伴或收购对象，因此适合的战略发展途径为内部发展。

20. A 【解析】集中化战略针对的是某一特定购买群体、产品细分市场或区域市场，甲公司在众多的软饮料中选择了可乐饮料，由此可以看出选择的是集中化战略。

21. A 【解析】目标市场具有较大的需求空间或增长潜力，存在大量的价格敏感用户，这些消费者对品牌并不是很关注，这些信息表明该企业最适合采取成本领先战略。

22. C 【解析】单一的品牌名称是指企业对所有产品都使用同一商标，该电子公司将所有产品都用企业名称的缩写作为标志，因此采用的是单一名称。

23. C 【解析】集中化市场营销策略是指企业由于受到资源等条件的限制，以一个或少数几个性质相似的子市场作为目标市场，试图在较少的子市场上占领较大的市场份额。"由于资金有限，公司集中所有力量生产两款高端系列的建筑设备，主要客户为大型建筑公司"这些都表明公司是把集中化战略应用于营销活动。

24. B 【解析】非相关多元化战略是指企业进入与当前产业和市场均不相关的产业，该公司后来发展的产业与电灯泡生产并不相关，因而属于非相关多元化战略。

25. B 【解析】在企业产品—市场战略组合矩阵中，现有产品与新的市场构成的战略称为市场开发战略。甲企业原有的婴幼儿洗护用品没有经过改变，但市场由婴幼儿市场转向了成人这个新市场，属于市场开发战略，因此正确答案为选项 B。

26. A 【解析】领先策略是指根据对需求增长的预期增加产能。领先策略是一种进攻性策略，其目标是将客户从企业的竞争者手中吸引过来，因此甲公司采用的是领先策略。

27. C 【解析】依据题目内容，可以判断公司的货源策略为多货源少批量策略。选项ABD是少数或单一货源策略的优点。只有选项C是多货源少批量策略的优点。

28. D 【解析】本题考核分销渠道的类型。特许经营是一家独立的企业，其支付一定加盟费并被允许在母企业名称下从事经营活动并取得一定销售份额，麦当劳的分销渠道就是特许经营。

29. A 【解析】对于风险投资者来说，他们希望高财务风险与高经营风险的搭配，他们只需要投入很小的权益资本，就可以开始冒险活动，所以选项A是正确答案。不过这种搭配会因找不到债权人而无法实现，是一种不现实的搭配。

30. A 【解析】平衡产能与需求的方法如下表所示。

方法	做法
资源订单式生产	订单→资源→生产
订单生产式生产	资源→订单→生产
库存生产式生产	资源→生产→订单

31. C 【解析】根据造成产业零散的原因，克服零散的途径有如下几条：连锁经营或特许经营、技术创新以创造规模经济、尽早发现产业趋势。增加商品附加值是增加附加价值—提高产品差异化程度中的战略途径。

32. C 【解析】“在未来几年内将企业所有剩余盈余都投回本企业”说明是不发股利的，所以是零股利政策。

33. D 【解析】甲公司所在产业的全球化程度比较高，企业自身的优势资源可以转移到其他市场，适合的战略选择是“抗衡者”，其战略定位是通过全球竞争发动进攻。选项D的说法正确。

34. A 【解析】由于甲公司销售增长率大于可持续增长率，投资资本回收率大于资本成本，所以属于增值型现金短缺，可以通过提高可持续增长率解决，而提高可持续增长率可以通过增加借款解决，选项A正确。

35. B 【解析】为了满足所在国的市场需求，企业可以采用多国本土化战略。这种战略与国际战略不同的是根据不同国家的不同的市场，提供更能满足当地市场需要的产品和服务。H公司的总部设在中国，而海外经营单位均实行本地化管理，以满足当地消费者的特定需要。由此可以看出，H公司实行的是多国本土化战略。

36. B 【解析】企业选择收缩战略的被动原因有两种，其一是外部环境原因，如宏观经济形势、产业周期、技术、政策、社会价值观或时尚等方面发生重大变化，以及市场达到饱和、竞争行为加剧或改变等，导致企业赖以生存的外部环境恶化甚至出现危机。在这些情况下，企业为了防止外部环境中的不利因素对自身经营活动造成重大甚至致命冲击，最大限度地减少损失，度过危机以求生存和发展，就只能采取收缩战略。本题中甲公司采用收缩战略的原因是由于整体经济形势不景气。

37. D 【解析】甲公司针对双胞胎家庭的独特要求，设计出专门可以同时放两名小孩的手推车，采用的集中化战略，能够实施这个战略的条件是因为双胞胎这个目标市场的需求与别的市场存在差异，选项D正确。

38. D 【解析】该公司集中于高端的厨房用具，因此属于集中化战略。

39. C 【解析】本题考核战略联盟。战略联盟是指两个或两个以上经营实体之间为了达到某种战略目的而建立的一种合作关系。S公司与T集团两家企业在家电领域达成合作，互惠互利，属于战略联盟。

40. C 【解析】针对海外市场一般有四种定价策略：①定价偏高，以期获得大于国内市场的收益；②制定使海外市场与国内市场收益水平接近的价格；③在短期内定价较低，即使收益偏低甚至亏损也在所不惜，所以选项C错误；④只要在抵消变动成本之后还能增加利润，就按能把超过国内市场需求量的产品销售出去的价格定价。

41. C 【解析】全球化战略是向全世界的市场推销标准化的产品和服务，并在较有利的国家集中地进行生产经营活动，由此形成经验曲线和规模经济效益，以获得高额利润。甲公司通过全球协作在全世界范围内生产和销售统一类型和质量的手机属于全球化战略。

42. C 【解析】心理细分主要是按照消费者的生活方式、个性等心理变量来细分消费者市场。“活力、运动”是消费者性格和生活方式的体现，所以选项C正确。

43. B 【解析】契约式战略联盟中各方处于平等和相互依赖的地位，并在经营中保持相对独立性，所以选项A不正确；契约式战略联盟无须组成经济实体，也无须常设机构，结构比较松散，协议本身在某种意义上只是无限制性的“意向备忘录”，所以选项B正确；契约式战略联盟的灵活性比较好，但是不利于长久合作，所以选项C不正确；股权式战略联盟按出资比例分配利益，而契约式战略联盟中各方可根据各自的情况，在各自承担的工作环节上从事经营活动，获取各自的收益，所以选项D不正确。

44. B 【解析】由于市场经济中的广泛相互关联性决定了多元化经营的各产业面临共同的风险，在宏观金融危机的冲击之下，企业的多元化经营由于资源分散，从而导致了实施多元化战略的风险。企业在实施多元化战略时面临的宏观金融危机的冲击属于市场整体风险。

45. A 【解析】智能家电和智能机器人制造等领域是新产品、新市场，属于多元化战略，而且与智能手机同属于智能化产品，所以属于相关多元化(同心多元化)。

46. A 【解析】前向一体化战略通过控制销售过程和渠道，有利于企业控制和掌握市场，增强对消费者需求变化的敏感性，提高企业产品的市场适应性和竞争力。远航造船厂、国兴造船厂、天州钢帘线制造厂都是神大钢铁公司的下游企业，所以其发展战略是前向一体化战略。

47. D 【解析】产品开发战略是在原有市场上，通过技术改进与开发研制新产品。这种战略可以延长产品的生命周期，提高产品的差异化程度，满足市场新的需求，从而改善企业的竞争地位。甲公司定期推出新菜，面对的还是现有的消费群体，目的是为了在行业中始终保持领先，所以是产品开发战略。

48. D 【解析】转向战略涉及企业经营方向或经营策略的改变，包括重新定位或调整现有的产品和服务以及调整营销策略。本题中，该公司对旗下白酒品牌重新进行了定位，并按照“系列酒薄利多销”的策略实现了转型，因此可以判定为转向战略。

49. A 【解析】甲公司“将产品成功打入了东南亚，欧洲和北美市场”及“F国市场”说明进行了市场扩张行动，所以甲公司的战略类型是市场开发战略。

50. B 【解析】后向一体化战略是指获得供应商的所有权或加强对其的控制权。后向一体化有利于企业有效控制关键原材料等投入的成本、质量及供应可靠性，确保企业生产经营活动稳步进行。后向一体化战略在汽车、钢铁等产业采用得较多。本题中，神大公司收购铁矿石供应企业，属于控制供应商所有权，因此属于后向一体化战略。

51. C 【解析】因为福海公司是经营肉类加工的企业，收购养殖场，是后向一体化，收购肉类连锁超市是前向一体化。所以采取的是一体化战略。

52. A 【解析】机制变革包括调整管理层领导机构；制定新的政策和建立新的管理控制系统，以改善激励机制与约束机制等。“调整了管理层领导机构，采用了更具有激励作用的薪酬制度”表明泰瑞公司采用的收缩战略的方式是机制变革，选项A正确。

53. A 【解析】通过战略联盟可达到资源共享、优势互补的效果。“前者为使用后者产品的音乐人提供丰富的表现机会和平台，后者向前者推荐其客户中的优秀音乐人及其原创作品”属于实现资源互补，选项A正确。

54. A 【解析】“其后不久，甲公司发现乙公司在被收购前卷入的一场知识产权纠纷，将导致甲公司面临严重的经营风险”体现了企业在并购前没有认真地分析目标企业的潜在成本和效益，过于草率地并购，结果无法对被并购企业进行合理的管理，这属于决策不当。选项A正确。

55. B 【解析】根据资料“国内著名商业零售企业东海公司与主营大数据业务的高胜公司签订战略合作协议”，两个公司结成的战略联盟是功能性协议，属于契约式战略联盟。相对于股权式战略联盟而言，契约式战略联盟更具有战略联盟的本质特征，选项B正确。选项A、C、D属于股权式战略联盟的特点。

56. C 【解析】节省了店员的操作和相关费用，相应地把咖啡价格降低到行业最低水平，同时使顾客产生宾至如归的亲切感，属于低价格、高顾客认可价值，即混合战略。

【思路点拨】本题属于典型的案例分析型题目。本题解题关键是要读懂资料，分析出关键线索。“咖啡店率先采取了一项新的经营方式……使顾客产生宾至如归的亲切感”表明公司采取了差异化，“节省了店员的操作和相关费用，相应地把咖啡价格降低到行业最低水平”说明公司实现了成本领先，所以公司做到了在为顾客提供更高认可价值的同时，获得成本优势，即混合战略。

57. B 【解析】混合战略是指企业可以在为顾客提供更高的认可价值的同时，获得成本优势。“让消费者以同类产品中最低的价格享受到顶级的品质”属于“战略钟”理论中的混合战略，选项B正确。

58. A 【解析】G公司推出的完全针对女性用户使用的手机，是按性别进行细分的，按性别细分属于人口细分。所以选项A是答案。

【思路点拨】本题属于案例分析型题目。应对本题的关键是区分市场细分的依据，把握关键语句，根据资料进行分析判断。本题的关键语句是“针对女性用户使用的手机”。

59. C 【解析】“其产品的89%是被50%的顾客(重度饮用啤酒者)消费掉的，另外50%顾客(轻度饮用啤酒者)的消费量只占总消费量的11%”，属于根据消费者的使用情况分析，这种细分方式属于行为细分。选项C正确。

60. C 【解析】滤水壶在德国、法国、意大利和中国大陆定位不同，德国的消费者购买滤水壶是为了降低当地水质的硬度，法国和意大利的消费者购买滤水壶是为了将其作为瓶装水的一种低成本替代品，这体现出在不同地理位置的消费者对企业的产品各有不同的需求和偏好，属于地理细分。进入中国大陆市场初期，X滤水壶定位于高端生活改善消费品，体现了人口收入水平，属于人口细分。它代表健康的水质和时尚的生活感受，体现了心理细分。

61. C 【解析】从生产运营战略的横向考察，所有生产运营流程都涉及转化过程，但是转化过程在四个方面或因素上有所不同，它们分别是批量、种类、需求变动以及可见性。生产部门依据销售部门提供的客户订购的产品数量安排当期生产属于需求变动。选项 C 正确。

62. A 【解析】资源订单式生产：当需求不确定时，企业仅在需要时才购买所需材料并开始生产所需的产品或提供所需的服务。该企业只在收到订单、签订合同之后开始采购资源和生产，属于资源订单式生产。

63. B 【解析】多货源少批量策略的优点有：①企业可以与较多的供应商建立和保持联系，以保证稳定的供应；②有利于与多个供应商合作从而获得更多的知识和技术；③供应商之间的竞争使企业的议价能力增强。选项 B 属于少数或单一货源策略的优点。

64. D 【解析】“生产稳定，产品价格疲软，经营战略的重点是在巩固市场份额的同时提高投资报酬率”表明处于成熟期。成熟期的股利分配策略是分配率高，选项 D 正确。

65. B 【解析】本题考核企业国际化经营的动因。甲公司通过进军东南亚市场扩大自己的产品市场，所以公司的国际化经营的动因是寻求市场。

【思路点拨】本题属于案例分析型题目。寻求效率是寻求东道国的低廉劳动力，寻求资源主要是寻求自然资源，寻求现成资产是寻求发达国家的技术、管理等，寻求市场是通过对外直接投资，走出国门，从而进入东道国的市场，寻求市场的扩张。

66. B 【解析】跨国战略是在全球激烈竞争的情况下，形成以经验为基础的成本效益和区位效益，转移企业的核心竞争力，同时注意满足当地市场的需要，其全球协作程度高，本土独立性和适应能力强。“商务区经理负责为各自商务区制定国际化经营战略，各国子公司经理则根据所在国市场需求对该子公司的经营活动行使经营权和管理权。商务区经理需要各国子公司经理的合作，当商务区经理和子公司经理的意见或决策发生冲突时，可提交总公司裁决”属于跨国战略，选项 B 正确。

67. D 【解析】寻求现成资产型对外投资主要表现为发展中国家企业向发达国家的投资，其主要动机是主动获取发达国家企业的垄断优势，亦即品牌、先进技术与管理经验、资金、规模经济等现成资产。

68. C 【解析】甲公司将产品生产的不同环节配置在不同国家，产品销往全球 100 多个国家和地区，主要是实现了规模经济，采用的是全球化战略。

69. C 【解析】奇天公司面对的全球化压力大，并且进行了全球扩张(优势资源可以向海外转移)，所选择的是“抗衡者”战略。此外，“全球性的市场网络和研发平台”表明从发达国家获取资源，“始终坚持在通信行业的主航道上聚焦”表明在一个全球化的产业中找到一个合适的突破口。

70. D 【解析】数字化采购模式，是采取云端协同等数字化技术，实现对采购流程的数字化管理，在各环节都实现自动化、可视化、标准化和可控化，并能够实时监测和定期评估。

二、多项选择题

1. ABC 【解析】企业采取成本领先战略的风险包括：①技术的变化可能使过去用于降低成本的投资(如扩大规模、工艺革新等)与积累的经验一笔勾销；②产业的新加入者或追随者通过模仿或者以高技术水平设施的投资能力，达到同样的甚至更低的产品成本；③市场需求从注重价格转向注重产品的品牌形象，使得企业原有的优势变为劣势。选项 D 属于采取成本领先战略的优势。

2. ABC 【解析】选项 D 属于内生增长战略的应用条件。

3. AB 【解析】企业国际化经营的方式一般有出口贸易、对外直接投资、非股权安排等几种。非股权形式包括合约制造、服务外包、订单农业、特许经营等。合资企业属于对外直接投资。

4. ABCD 【解析】连接某国生产者与异国消费者分销渠道有以下 4 个十分重要的特征：①一般说来，国际分销渠道比国内分销渠道更复杂，涉及更多的中间环节；②国际分销渠道的成本通常比国内分销渠道的成本高；③出口商有时必须通过与国内市场不同的分销渠道向海外市场进行销售；④国际分销渠道通常为公司提供海外市场信息，包括产品在市场上的销售情况及其原因。

5. ABCD 【解析】在向海外延伸本土优势时应当注意寻找在消费者偏好、地缘关系、分销渠道或政府管制等方面与本国市场相类似的市场，来最有效地利用自己的资源。

6. ABD 【解析】甲公司采用的是成本领先战略，该战略的优势有：①形成进入障碍；②增强讨价还价能力；③降低替代品的威胁；④保持领先的竞争地位。选项 ABD 正确；选项 C 是差异化战略的优势。

7. ABC 【解析】A 公司以现有市场为基础研制了方便米片、精米点心和大米膨化食品，采用的是产品开发战略。产品开发战略适用于以下几种情况：①企业产品具有较高的市场信誉度和顾客满意度；②企业所在产业属于适宜创新的高速发展的高新技术产业；③企业所在产业正处于高速增长阶段；④企业具有较强的研究与开发能力；⑤主要竞争对手以近似价格提供更高质量的产品。选项 D 属于采用产品开发战略的原因。

8. ABC 【解析】选项 D 属于公司总体战略。生鲜食品部门是公司的一个业务部门，所以它所制定的战略应该属于竞争战略的范畴，所以选项 A、B、C 满足题意。

9. BC 【解析】产品 A 在欧美热销，通过不断的促销活动取得了更大的市场份额，这是市场渗透战略；和中国最大的国有通信公司之一的联通公司达成协议，正式登陆中国市场，将产品打入新市场，这是市场开发战略。

10. AC 【解析】“没有采取传统的与零售商合作的模式，而是采用直接在网上面向用户销售并直接邮寄”这属于制造商存货加直送；“顾客在全国指定的 100 家提货点自行领取”属于制造商或分销商存货加顾客自提。

11. AB 【解析】案例材料表明考虑到地域的分散性会导致公司运营成本急剧上升，因此主要问题是降低成本。选项 A 属于连锁经营降低物流成本。选项 B 属于技术创新降低成本。

克服零散—获得成本优势	克服零散的途径有如下几条：①连锁经营或特许经营；②技术创新以创造规模经济；③尽早发现产业趋势
增加附加价值—提高产品差异化程度	——
专门化—目标集聚	在零散产业中可以考虑以下几种专门化战略：①产品类型或产品细分的专门化；②顾客类型专门化；③地理区域专门化

12. ACD 【解析】根据并购方的身份类型，美福粮收购江华公司所属的并购类型属于产业资本并购，即非金融企业作为并购方，通过直接向江华公司股东购买股份的方式取得目标企业全部股权的行为。AP 收购美福粮 60%股份属于金融资本并购。金融资本并购一般是由投资银行或者非银行金融机构进行。而美福粮和江华都是粮食加工行业，所以属于横向并购。

13. BD 【解析】营业推广，采用非媒体促销手段，比如试用品、折扣、礼品等方式都已为许多企业所采用，因此赠送工具箱属于营业推广；人员推销，企业的销售代表直接与预期客户进行接触。热情的帮助客户填写申请表，涉及和预期客户进行接触属于人员推销。广告促销指在媒体中投放广告，使潜在客户对企业产品和服务产生良好印象；公关宣传通常是指宣传企业形象，为企业及其产品建立良好的公众形象，本题中均未涉及。

14. BC 【解析】甲公司是儿童用品制造商，客户群体本身就是儿童，因此并不体现针对特定购买群体或细分市场，不属于集中化战略。该企业推出的能够打电话的手表，是和一般手表不一样的产品，由此判断采用的是差异化战略，采用差异化战略的优势主要表现在以下几方面：①形成进入障碍；②降低顾客敏感程度；③增强讨价还价能力；④抵御替代品威胁。选项 BC 正确；选项 AD 是集中化战略的优势。

15. AD 【解析】选项 B 应该采取集中化战略，选项 C 应该采取差异化战略。

16. AD 【解析】在销售渠道被垄断的甲市建设自己品牌的专卖店向零售业发展，属于前向一体化战略。在乙市开拓新市场，属于市场开发战略。

17. BC 【解析】该企业以年轻消费者为目标市场，说明采用的是集中化战略，选项 B 正确，而具体的在该市场上又采取各种措施降低成本，所以是集中成本领先战略，选项 C 正确。

18. BD 【解析】该公司的投资资本回报率高于资本成本，销售增长率却低于公司的可持续增长率，处于财务战略矩阵的第二象限，属于增值型现金剩余，所以选项 A 不正确；处于第二象限的企业可以为股东创造价值，但是增长缓慢，因此通过加速增长可以增加股东财富，选项 B 正确；由于资金有剩余，所以公司应该将多余的资金用于投资，并不需要再次增发股份，选项 C 不正确；如果该公司加速增长后，找不到进一步投资的机会，应该把多余的钱还给股东，可以通过增加股利支付和回购股份来实现。

19. ABC 【解析】企业采取成本领先战略的风险包括：①技术的变化可能使过去用于降低成本的投资(如扩大规模、工艺革新等)与积累的经验一笔勾销；②产业的新加入者或追随者通过模仿或者以高技术水平设施的投资能力，用较低的成本进行学习；③市场需求从注重价格转向注重产品的品牌形象，使得企业原有的优势变为劣势。选项 D 属于企业采用差异化战略的风险。

20. ABCD 【解析】战略联盟通过契约或协议关系生成时，如何订立协议需要明确一些基本内容，主要包括：严格界定联盟的目标、周密设计联盟结构、准确评估投入的资产、规定违约责任和解散条款。

21. ABCD 【解析】采用差异化战略的风险包括：①企业形成产品差别化的成本过高。②市场需求发生变化。③竞争对手的模仿和进攻使已建立的差异缩小甚至转向。选项 ABCD 的说法都是正确的。

22. ABD 【解析】由于市场竞争激烈，导致整个市场容量下跌，同时公司内部经营机制不顺、决策失误、管理不善等原因，公司在其业务市场难以为继，不得不采用防御措施。该公司应该采取的是收缩战略。选项 A 属于收缩战略中的紧缩与集中战略，选项 B 属于收缩战略中的转向战略，选项 C 属于发展战略中的横向一体化战略，选项 D 属于收缩战略中的放弃战略。

23. CD 【解析】“核心供应中控组件、B 柱模块的整体功能组件，这些标准化的组件也成为其他新能源汽车制造商的首要选择”表明该公司属于非股权形式——模块型分工模式，选项 AB 是其主要特点；选项 C 是市场交易分工模式的主要特点；选项 D 是对外直接投资分工模式和俘获型价值链的主要特点。

24. AC 【解析】本题考核并购的类型。双方都属于化肥厂，属于横向并购，选项 A 正确。双方经协商完成合并，属于友善并购，选项 C 正确。

25. ABC 【解析】企业采取内部发展有以下动因：①开发新产品的过程使企业能最深刻地了解市场及产品；②不存在合适的收购对象；③保持统一的管理风格和企业文化；④为管理者提供职业发展机会；⑤代价较低，因为获得资产时无须为商誉支付额外的金额；⑥并购通常会产生隐藏的或无法预测的损失，而内部发展不太可能产生这种情况；⑦这可能是唯一合理的、实现真正技术创新的方法；⑧可以有计划地进行，很容易从企业资源获得财务支持，并且成本可以按时间分摊；⑨风险较低，而在收购中，购买者可能还需承担以前业主所做的决策而产生的后果；⑩内部发展的成本增速较慢。内部发展会显得过于缓慢，这是内部发展的缺点之一，所以选项 D 的表述不正确。

26. ACD 【解析】并购的包括动机：①避开进入壁垒，迅速进入，争取市场机会，规避各种风险；②获得协同效应；③克服企业负外部性，减少竞争，增强对市场的控制力。

27. ABCD 【解析】创建国际合资经营企业的动因，包括加强该企业现有业务、将该企业现有产品投放新市场、开发可以在该公司现有市场上销售的新产品和经营一种新业务。

28. ABD 【解析】本题考核集中化战略的风险。由于技术进步、替代品的出现、价值观念的更新、消费偏好变化等多方面的原因，目标市场与总体市场之间在产品或服务的需求上差别变小，企业原来赖以形成集中化战略的基础也就消失了。“随着人们收入的提高以及价值观念的更新，过去的高档卫生纸成为普及的一般商品，导致 X 牌卫生纸也成为了众多品牌中不引人注目的品牌”说明存在购买者群体之间的需求差异变小的风险。

29. AC 【解析】甲公司打算在目前的经营环境和内部条件下进行经营，因此采用的战略属于稳定战略。采用稳定战略也有一定的风险。一旦企业外部环境发生较大变动，企业战略目标、外部环境、企业实力三者之间就会失去平衡，将会使企业陷入困境。稳定战略还容易使企业减弱风险意识，甚至会形成惧怕风险、回避风险的企业文化，降低企业对风险的敏感性和适应性。避免资源重新配置和组合的成本属于稳定战略的优点之一，所以选项 B 不正确。采用稳定战略的风险比较小，所以选项 D 不正确。

30. BCD 【解析】本题考核零散产业的战略选择。根据造成产业零散的原因，克服零散的途径有如下几条：①连锁经营或特许经营。②技术创新以创造规模经济。③尽早发现产业趋势。

31. ABC 【解析】顾客可以按照公司提供的菜谱点餐，体现了市场渗透。顾客可以自带菜谱和食材请公司的厨师加工烹饪，体现了产品开发。顾客可以在支付一定学习费用后在厨师指导下自己操作，在享受美食的同时提高厨艺，体现了市场开发。

32. AB 【解析】前向一体化战略是指获得分销商或零售商的所有权或加强对他们的控制权的战略。甲公司的产品主要用于大型采矿机械、采油设备的生产。所以参股海城矿山机械公司、与东港石油公司签订合作协议，属于前向一体化战略。选项 AB 正确。投资建立铁矿资源开发和生产企业，属于后向一体化战略。与南岗煤炭集团建立战略联盟，属于后向一体化战略。

33. ACD 【解析】高炉等设备难以转产，说明是固定资产专用性程度高，而买断职工劳动合同属于退出成本，职工抵触说明是感情障碍。政府与社会约束是指政府出面反对或者劝阻企业退出的决策，而本题中政府仅是协调甲公司被外资收购，不属于劝阻其退出。

34. BD 【解析】选项 A 属于多元化战略，选项 C 属于市场开发战略。

35. ACD 【解析】后向一体化战略主要适用条件包括：①企业现有的供应商供应成本较高或者可靠性较差而难以满足企业对原材料、零件等的需求；②供应商数量较少而需求方竞争者众多；③企业所在产业的增长潜力较大；④企业具备后向一体化所需的资金、人力资源等；⑤供应环节的利润率较高；⑥企业产品价格的稳定对企业而言十分关键，后向一体化有利于控制原材料成本，从而确保产品价格的稳定。选项 B 是前向一体化的适用条件。

36. ACD 【解析】“预计 5 年后收回成本并赢利。后来发现这座铁矿的储量和矿石出铁率低于预期，且所处地质环境复杂，开采成本和运输费用超出预算 1 倍以上。2018 年底，该铁矿的运营出现严重收不抵支”属于支付过高的并购费用和决策不当。“富和矿业公司向当地银行申请贷款，但由于 Y 国有限制外资贷款的法律未果”属于跨国并购面临政治风险。因此，选项 ACD 正确。

37. AC 【解析】汽车制造商甲公司凭借自有资金 2 亿元和发行债券融资 5 亿元作为资金来进行收购，主体资金是对外负债，属于杠杆并购，所以选项 A 正确；双方多次磋商之后签订协议，完成收购活动，属于友善并购，所以选项 C 正确；汽车制造商甲公司是非金融企业，属于产业资本并购，所以选项 D 不正确；汽车制造商甲公司对汽车零部件商乙公司进行收购，属于纵向并购中的后向并购，所以选项 B 不正确。

38. BD 【解析】“国内零售企业海川公司与主营大数据业务的出云公司签订战略合作协议”说明该合作形式为契约式战略联盟。选项 B、D 正确。选项 A、C 属于股权式战略联盟的特点。

39. CD 【解析】甲客运公司与乙旅行社进行战略合作属于战略联盟，通过合作推出产品，提升了合作双方的竞争力，体现了实现资源互补和开拓新市场的动因。选项 CD 正确。

40. AC 【解析】甲、乙公司互换股份，属于股权式战略联盟。选项 AC 正确，选项 BD 属于契约式战略联盟的特点。

41. ACD 【解析】根据资料的表述，快餐业属于零散产业。造成产业零散的原因有：进入障碍低或存在退出障碍；市场需求多样导致高度产品差异化；不存在规模经济或难以达到经济规模。选项 B，成本变化迅速，属于新兴产业内部结构的共同特征。

42. BD 【解析】洗车业务不需要复杂的技术和大量的投资，说明洗车产业进入障碍低，消费者需要的洗车地点分散，说明市场需求多样导致高度产品差异化(消费者消费地点的零散)，选项 BD 正确。

43. ACD 【解析】靓影公司所处产业属于零散产业，该产业的战略选择包括：①克服零散——获得成本优势；②增加附加价值——提高产品差异化程度；③专门化——目标集聚。

44. BC 【解析】选项 AD 属于红海战略的特征，选项 BC 属于蓝海战略的特征。

45. CD 【解析】“公司销售人员在主要销售商场举办促销活动，宣传该产品能够根据使用者的年龄、身高、体重、脉搏频率等生理指标，自动显示使用者应选择的最佳步速和运动时间”属于人员推销；“前20名购买者可获得产品免费保修期从3年延长到6年的优惠”属于营业推广。

46. ACD 【解析】该旅行社向参加活动的社员提供免费茶点，风景摄影及旅游知识讲座，旅游新项目推广等，属于营业推广和人员推销。建立良好的公众形象，属于公关宣传。

47. AB 【解析】“煤产品的客户对性价比的要求很高；各煤炭企业的产品差别很小，价格差异缩小且处于很低水平；产品毛利很低，只有大规模生产并有自己销售渠道的企业才具有竞争力；大量中小煤炭企业陆续退出市场”说明目前处于衰退期，选项A、B正确。选项C、D属于成熟期财务特征。

48. CD 【解析】增值型现金剩余(第二象限)的首选的战略是利用剩余现金加速增长。途径包括：①内部投资；②收购相关业务。如果加速增长之后仍有剩余现金，找不到进一步投资的机会，则应把多余的钱还给股东，途径包括增加股利支付和回购股份。本题中，维力公司的战略“包括使用内部资金、实行前向一体化并购、增加股利支付和回购部分股东股份等”，分别对应内部投资、收购相关业务、增加股利支付和回购股份，因此属于增值型现金剩余，即第二象限：(投资资本回报率-资本成本)大于0、(销售增长率-可持续增长率)小于0，所以选项CD正确。

49. AC 【解析】消费者市场的细分变量主要有地理、人口、心理和行为四类变量。“不同民族”是人口变量，属于人口细分，“生活习俗”是一种生活方式，属于心理细分。选项AC是正确答案。

50. ABD 【解析】如果该公司想采取“极具吸引力、极具激励效应的薪酬组合”那应该在全部薪酬结构中增加可变薪酬部分比例，因为可变薪酬在吸引、激励人员方面的效果比较显著，但在保留人员方面效果中等。所以选项ABD不符合风电公司要求。

51. BCD 【解析】“依托规模效应及学习曲线，以及技术创新等途径，取得了比行业平均成本低30%左右的优势”表明AD股份实施的是成本领先战略，其适合的工资基础应该为固定薪酬，差异化战略的企业多采用浮动薪酬，而集中化战略的企业采用固定薪酬加浮动薪酬。不符合AD公司情况的选项为BCD。

三、简答题

1. 【答案】

(1)企业国际化经营动因：寻求市场；寻求效率；寻求资源；寻求现成资产。

在本案例中，A企业对外投资的主要动机是寻求市场。无论是城市还是农村，我们都有理由相信，印度对中国企业来说是一个潜在的消费大市场。在这一巨大的市场占有一席之地，是我国企业开拓南亚市场，实现跨国经营战略的重要步骤。

(2)我国A跨国企业经过大量的考察研究，决定向印度投资，采用对外直接投资模式，在印度建立全资子公司。这是采用企业国际化经营方式中的对外直接投资，A企业采用全资子公司形式。

采用全资子公司的形式主要有两个优点：第一，管理者可以完全控制子公司在目标市场上的日常经营活动，并确保有价值的技术、工艺和其他无形资产都保留在子公司。第二，可以避免合资经营在利益、目标等方面的冲突问题，从而使国外子公司的经营战略与企业的总体战略融为一体。

全资子公司也有两个重要的缺陷：第一，这种方式可能得耗费大量资金，公司必须在内部集资或在金融市场上融资以获得资金。第二，由于没有东道国企业的合作与参与，全资子公司难以得到当地的政策与各种经营资源的支持，规避政治风险的能力也明显小于合资经营企业。

(3)目标市场选择包括：①无差异市场营销策略；②差异性市场营销策略；③集中化市场营销策略。

在本案例中，适合采用的是差异性市场营销策略，针对城市市场和农村市场的不同特点，有针对性的分别采用不同的营销战略。

2.【答案】

(1)投资资本回报率9%大于加权平均资本成本7%，创造价值。销售增长率12%小于可持续增长率15%，现金剩余。所以C公司会计报表审计业务处于财务战略矩阵的第二象限。

该业务的财务战略选择：

①由于企业可以创造价值，加速增长可以增加股东财富，因此首选的战略是利用剩余的现金加速增长。加速增长的途径包括：a. 内部投资；b. 收购相关业务。

②如果加速增长后仍有剩余现金，找不到进一步投资的机会，则应把多余的钱还给股东。分配剩余现金的途径包括：a. 增加股利支付；b. 回购股份。

(2)产品—市场战略组合的战略类型有：市场渗透战略、市场开发战略、产品开发战略、多元化战略四种类型。

市场渗透战略：在单一市场，依靠单一产品，目的在于大幅度增加市场占有率。

产品开发战略：在现有市场上推出新产品；延长产品寿命周期。

市场开发战略：将现有产品推销到新地区；在现有实力、技能和能力基础上发展，改变销售和广告方法。

多元化战略：以新技术或市场而言的相关多元化；与现有产品或市场无关的非相关多元化。

C公司三位合伙人决定拓宽目标市场范围，以北京地区为中心开始向周边省市发展，属于市场开发战略。

3.【答案】

(1)该企业进军这些东南亚国家市场的动因是寻求市场。东南亚国家市场上尚无与该企业类似的产品，而消费者对这种产品有较高的需求，所以进军这些国家的动因是寻求市场。

(2)除了寻求市场之外。还存在如下动因：

①寻求效率：寻求效率的投资往往是基于两个方面的驱动因素，一是母经济体生产成本上涨，特别是劳动力成本；二是发展中国家公司所面临的竞争压力正在推动它们向海外扩展。

②寻求资源：许多发展中大国，例如中国和印度，日新月异的快速增长使其所需的关键自然资源出现短缺。

③寻求现成资产：寻求现成资产型对外投资主要表现为发展中国家企业向发达国家的投资，其主要动机是主动获取发达国家企业的垄断优势，亦即品牌、先进技术与管理经验、资金、规模经济等现成资产。

4.【答案】

(1)①克服零散——获得成本优势。a. 连锁经营或特许经营。“张生于2007年在G市创办猪肉连锁店”“2019年，‘特号土猪’品牌连锁店开到了全国20多个城市，共有2 000多家门店”。b. 技术创新以创造规模经济。“在互联网的大潮引领下，‘特号土猪’登陆国内最大电商平台，成为第一个面向大众消费者的‘互联网+’猪肉品牌。线上与线下同时发力，‘特号土猪’品牌影响力进一步扩展，销量也更上一层楼”“开办了培训职业屠夫的‘屠夫学校’，培养目标是‘通晓整个产业流程的高素质创新型人才’”。

②增加附加价值——提高产品差异化程度。“把卖猪肉这个生意做到了很高的

水准，从来不卖注水肉、品质不好的肉坚决不进货，也从不缺斤少两，慢慢地积攒了诚信经营的口碑”“他们自己养猪、自己卖猪。他们选择口感颇受国内百姓喜爱的优良土猪品种；猪场采用半开放式的大空间，让猪自由活动；猪场里设有音响，专门给猪听音乐。他们认为，猪和人一样，只有心情愉悦，才会长得又肥又壮，肉质也会更加鲜美”“开办了培训职业屠夫的‘屠夫学校’，培养目标是‘通晓整个产业流程的高高素质创新型人才’”。

③专门化——目标集聚。“十几年来，李轩和张生专心致志，将‘特号土猪’这个高端品牌做到了极致”。

(2)①具有强大的研发能力和产品设计能力。“开办了培训职业屠夫的‘屠夫学校’，培养目标是‘通晓整个产业流程的高素质创新型人才’”“他们自己养猪、自己卖猪。他们选择口感颇受国内百姓喜爱的优良土猪品种；猪场采用半开放式的大空间，让猪自由活动；猪场里设有音响，专门给猪听音乐。他们认为，猪和人一样，只有心情愉悦，才会长得又肥又壮，肉质也会更加鲜美”。

②具有很强的市场营销能力。“从来不卖注水肉、品质不好的肉坚决不进货，也从不缺斤少两，慢慢地积攒了诚信经营的口碑，他的肉铺一天能卖出十几头猪”“在互联网的大潮引领下，‘特号土猪’登陆国内最大电商平台，成为第一个面向大众消费者的‘互联网+’猪肉品牌。线上与线下同时发力，‘特号土猪’品牌影响力进一步扩展，销量也更上一层楼”。

③有能够确保激励员工创造性的激励体制、管理体制和良好的创造性文化。“开办了培训职业屠夫的‘屠夫学校’，培养目标是‘通晓整个产业流程的高素质创新型人才’，要求学员必须到饲养场去了解生猪的科学饲养’”。

④具有从总体上提高某项经营业务的质量、树立产品形象、保持先进技术和建立完善分销渠道的能力。“李轩和张生开始联手打造‘特号土猪’的猪肉品牌”“选择口感颇受国内百姓喜爱的优良土猪品种，猪场采用半开放式的大空间，让猪自由活动，猪场里设有音响，专门给猪听音乐”“开办了培训职业屠夫的‘屠夫学校’，培养目标是‘通晓整个产业流程的高素质创新型人才’”“在互联网的大潮引领下，‘特号土猪’登陆国内最大电商平台，成为第一个面向大众消费者的‘互联网+’猪肉品牌”“专心致志，将‘特号土猪’这个高端品牌做到了极致”。

5. **【答案】**

(1)依据并购战略“并购失败的原因”，简要分析千百集团收购羊乐火锅效果不如尽人意的主要原因如下：

①决策不当。本案例主要体现在高估自己对被并购企业的管理能力，从而高估并购带来的潜在经济效益，结果遭到失败。“收购后的标准化管理未必适合饮食文化多元化的中餐，即使对于形式相对简单的火锅也不例外，……羊乐火锅标准化管理的升级着重于店面的装修风格和菜品的精致程度向千百旗下的外资餐饮企业看齐，而羊乐原来引以为傲的‘美味锅底无须蘸料’的特色被改掉了，又没有及时地更新菜品，也不能针对不同顾客提供差异化服务(如南北方消费者对调料的不同需求)。使得原来的消费者失去了以往享用羊乐火锅的乐趣”“千百集团运用‘关、延、收、合’四字诀对羊乐火锅的加盟店进行整顿，使原先羊乐火锅的门店大幅缩减，又没有及时进行羊乐火锅门店新的布局。因而丧失了羊乐火锅以‘让消费者到处能看到我的店’为宗旨打造的规模经济优势”。

②并购后不能很好地进行企业整合。“羊乐原创团队散伙了，之前原创团队多年积累的企业竞争优势也随之消失殆尽”

"羊乐火锅标准化管理的升级着重于店面的装修风格和菜品的精致程度向千百旗下的外资餐饮企业看齐，而羊乐原来引以为傲的'美味锅底无须蘸料'的特色被改掉了，又没有及时地更新菜品，也不能针对不同顾客提供差异化服务(如南北方消费者对调料的不同需求)""千百集团……对羊乐火锅的加盟店进行整顿，使原先羊乐火锅的门店大幅缩减，又没有及时进行羊乐火锅门店新的布局"。

③支付过高的并购费用。"千百集团以6.5港元/股的价格(溢价30%)、总额近46亿港元现金完成了对羊乐火锅的高价收购"。

(2)依据"零散产业的战略选择"，结合本案例，简要分析餐饮企业应当如何选择和实施波特三种基本竞争战略如下：

①克服零散——获得成本优势。本案例的事例主要体现在通过连锁经营或特许经营将消费者分散的需求集中起来，克服零散。"羊乐火锅以'让消费者到处能看到我的店'为宗旨的全国连锁经营赢得消费者的喜爱""千百集团……对羊乐火锅的加盟店进行整顿，使原先羊乐火锅的门店大幅缩减，又没有及时进行羊乐火锅门店新的布局。因而丧失了羊乐火锅以'让消费者到处能看到我的店'为宗旨打造的规模经济优势""这些公司……以及不断拓展的门店布局，赢得日益挑剔的消费者的青睐"。

②增加附加价值——提高产品差异化程度。"火锅作为一种中国特色的餐饮文化，很难用标准化的管理模式去'经营'，消费者味蕾的感受需要多元化的体验。羊乐火锅标准化管理的升级着重于店面的装修风格和菜品的精致程度向千百旗下的外资餐饮企业看齐，而羊乐原来引以为傲的'美味锅底无须蘸料'的特色被改掉了，又没有及时地更新菜品，也不能针对不同顾客提供差异化服务(如南北方消费者对调料的不同需求)。让原来的消费者丧失了以往享用羊乐火锅的乐趣""这些公司各自以其鲜明的特色、不断地推陈出新……赢得日益挑剔的消费者的青睐"。

③专门化——目标集聚。零散产业需求多样化的特点，为企业实施重点集中战略提供了基础条件。"经过多年的发展和改良，火锅种类的划分更加细化，比如以'麻、辣、烫'著称的重庆火锅属于南派火锅，还有以涮羊肉为代表的北派火锅和新派火锅等等。火锅作为一种中国特色的餐饮文化，很难用标准化的管理模式去'经营'，消费者味蕾的感受需要多元化的体验""这些公司各自以其鲜明的特色、不断地推陈出新、清晰的细分市场定位……赢得日益挑剔的消费者的青睐"。

6. 【答案】

(1)①规避竞争，拓展非竞争性市场空间。"在传统农产品的激烈竞争中，确保了稳定的市场和农民可靠的收入来源"。

②创造并攫取新需求。"随着生活节奏的加快，生活在都市的人们越来越希望能有一方净土，在空闲的时光摆脱繁忙的工作，通过劳动来净化自己的心灵，回归到最简单家庭亲情的生活方式中。此外，消费者对有机农产品的需求与日俱增，而一些企业的不规范行为导致消费者对市场销售的有机农产品的真实性产生质疑。一种新型的社区支持型农业顺应这些需求而产生"。

③打破价值与成本互替定律，同时追求差异化和低成本，把企业行为整合为一个体系。"小马驹市民农园新鲜的有机农产品去掉了中间商，可以直接被会员们购买……由于降低了农产品物流和包装成本，会员们能够亲历有机产品的生产过程，也满足了会员们能够放心地享用物美价廉有机农产品的消费需求"。

(2)①审视他择产业或跨越产业内不同的战略群组。"农园将农业、休闲业、教育产业融为一体”。

②重新界定产业的买方群体。“小马驹市民农园新鲜的有机农产品去掉了中间商，可以直接被会员们购买”。

③放眼互补性产品或服务。“农园将农业、休闲业、教育产业融为一体”。

④重设客户功能性或情感性诉求。“这些配送为消费者提供了便利，使他们享受到被关爱的体验”“有儿童的家庭特别青睐这种亲近自然、家庭团聚、寓教于乐的模式。小马驹农园策划了很多节事活动，在这些节事活动中，对小朋友进行传统农耕和文化教育”“农园还开展了一些活动激发小朋友的兴趣，这些活动是孩子们在城市中不可能见到的”“在农园一角设立了一个大食堂，会员在劳动过程中，可以到食堂用餐，农园要求会员用餐后自己洗碗，洗碗用的不是洗涤灵，而是麦麸，更增添了农园天然质朴环保的色彩”。

⑤跨越时间参与塑造外部潮流。“一种新型的社区支持型农业顺应这些需求而产生，其中以小马驹市民农园最为知名”。

7.【答案】

(1)“人物山水”体现蓝海战略的特征如下：

①规避竞争，拓展非竞争性市场空间。“刚刚起步的乡村旅游出现了定位趋同、重复建设的现象”“‘人物山水’完全不同于传统的旅游项目……在运营上也有其独到之处”“以文艺演出的形式推出的‘人物山水’，用其独有的魅力吸引着一批又一批来到当地旅游的国内外游客。它已经不单单是一场文艺演出，而是当地旅游的经典品牌”。

②创造并攫取新需求。“让观众在观赏歌舞演出的同时将身心融于自然。山水实景构筑的舞台、如梦似幻的视觉效果、给观众带来了特殊的震撼”“大量游客因为‘人物山水’而在Y地区出入和停留，使一条原本幽静的山道成为当地政府开发的新景点，让人们看到了一个旅游产业带动周边产业发展的经济现象”。

③打破价值与成本互替定律，同时追求差异化和低成本，把企业行为整合为一个体系。“启用这些乡村百姓，让观众更直观地体验到‘人物山水’是真正从山水和农民中降生的艺术和文化。由于没有大牌明星的加入，使得剧组成本降低，还给当地人民带来实在的经济利益，为当地旅游带来了巨大的品牌效应”。

(2)“人物山水”在竞争激烈的文化休闲领域中开创新的生存与发展空间的路径如下：

①审视他择产业或跨越产业内不同的战略群体。“将歌舞与风景结合在一起，同时赢得了观光客和民歌爱好者的欣赏”“以文艺演出的形式推出的‘人物山水’用其独有的魅力吸引着一批又一批来到当地旅游的国内外游客。它已经不单单是一场文艺演出，而是当地旅游的经典品牌”。

②放眼互补性产品或服务。“将歌舞与风景结合在一起”“它已经不仅是一场文艺演出，而是当地旅游的经典品牌”。

③重设产业的功能与情感导向。“它将震撼的文艺演出现场效果与旅游地实景紧密结合起来，置身于秀丽山水之中的舞台，让观众在观赏歌舞演出的同时将身心融于自然。山水实景构筑的舞台、如梦似幻的视觉效果、给观众带来了特殊的震撼”。

④跨越时间参与塑造外部潮流。“以文艺演出的形式推出的‘人物山水’，用其独有的魅力吸引着一批又一批来到当地旅游的国内外游客。它已经不仅是一场文艺演出，而是当地旅游的经典品牌”。

8.【答案】

(1)学朗书吧的经营体现的蓝海战略的特征如下：①规避竞争，拓展非竞争性市场空间。“两家书店竞争异常激烈”“学朗书吧的创建者决定将书店和饮品店具有的两类互补性的功能结合起来，建立一个集读书、休闲、生活为一体的综合性服务书吧”。②创造并攫取新需求。“现在大学中自习室紧张，抢位现象越发严重，学朗书吧计划打造自习位出租系列，并且提供午餐，为学生们提供理想的学习和休息场所”。③打破价值与成本互替定律，同时追求差异化和低成本，把企业行为整合为一个体系。“现有的一些书吧往往注重营造高雅的环境，通过豪华装修来吸引顾客”“学朗书吧抛弃这些流行的理念和做法，只是在墙壁上描绘一些山水画提高意境，舍去了昂贵的摆设，大大降低了成本，进而降低了饮品和图书的售价，提升了竞争力”。

(2)依据蓝海战略重建市场边界的基本法则(开创蓝海战略的路径)，简要分析“学郎书吧”在竞争激烈的文化休闲领域中开创新的生存与发展空间的路径如下：①审视他择产业或跨越产业内不同的战略群组。“学朗书吧的创建者决定将书店和饮品店具有的两类互补性的功能结合起来，建立一个集读书、休闲、生活为一体的综合性服务书吧”。②放眼互补性产品或服务。“学朗书吧的创建者决定将书店和饮品店具有的两类互补性的功能结合起来，建立一个集读书、休闲、生活为一体的综合性服务书吧”。③重设客户功能性或情感性诉求。“现有的一些书吧往往注重营造高雅的环境，通过豪华装修来吸引顾客，比如在书架旁放置高大的古董瓷瓶，在墙壁上挂上油画等，但这并不是大学城附近消费者关注的重点，却会产生巨大的成本。学朗书吧抛弃这些流行的理念和做法，只是在墙壁上描绘一些山水画提高意境，舍去了昂贵的摆设，大大降低了成本，进而降低了饮品和图书的售价，提升了竞争力”。④跨越时间参与塑造外部潮流。“随着电子商务的普及，饮品的网上销售日益火爆，许多网站均提供网售平台。学朗书吧与时俱进，也提供网上点单，送货到门。另外，现在大学中自习室紧张，抢位现象越发严重，学朗书吧计划打造自习位出租系列，并且提供午餐，为学生们提供理想的学习和休息场所”。

9.【答案】

日升公司“从 OEM 向 OBM 升级”所采用的发展途径有：内部发展(新建)、外部发展(并购)以及战略联盟。

①内部发展(新建)。“1999 年 3 月，日升公司在 M 国组建公司并创立公司品牌‘LC’，主要从事中低端家具的生产和销售”“2000 年和 2008 年……国际风尚馆”“2010 年，开展酒店家具业务，并在 J 国和 N 国设立生产基地”“日升公司在国内 18 个城市 23 家门店销售产品”。

②外部发展(并购)。“公司先后实施四次跨国并购，获取了欧美知名企业的品牌、渠道、研发设计及制造能力等战略性资产，实现了从 OEM 向 OBM 的升级”“2001 年，日升公司斥资完成对原委托方 FC 公司的收购，直接进入 M 国中高档家具市场”“在强大的资金和产能支持下，日升公司于 2006 年至 2008 年又先后收购国际三大品牌家具制造商”。

③战略联盟。“日升公司最初主要从事 OEM 代工业务，为 M 国的客户 FG 公司贴牌生产家具配套及小巧家具组件”“日升公司在原有多个知名品牌的基础上，运用特许经营品牌、针对细分客户设立新品牌等策略，进一步巩固日升公司的 OBM 业务”。

10.【答案】

发展战略一般可以采用三种途径，即外部发展(并购)、内部发展(新建)与战略联盟。环亚汽车公司实施发展战略所采用的三种途径具体表现为：

①内部发展(新建)。“环亚汽车公司在包括电机、电控与电池生产领域投入的研发费用占销售收入比重达 4.13%”

“环亚汽车公司自主研发的磷酸铁锂电池（锂电池的一种）及管理系统安全性能好、使用寿命长”“环亚汽车公司自主研发的永磁同步电机功率大、扭矩大，足够满足双模电动汽车与纯电动车的动力需求”“环亚汽车公司自主研发的动力系统匹配技术能够保证动力电池、驱动电机及整车系统的匹配，保证整车运行效率”。

②外部发展（并购）。“2003 年，环亚公司收购了一家汽车制造公司，成立了环亚汽车公司”“2008 年环亚汽车公司以近 2 亿元的价格收购了半导体制造企业中达公司”“2009 年环亚汽车公司收购国内美泽客车公司，获得客车生产准生证”“2015 年环亚汽车公司收购专门从事盐湖资源综合利用产品的开发、加工与销售的东州公司”。

③战略联盟。“2011 年环亚汽车公司与国际知名老牌汽车制造企业 D 公司成立合资企业”“2014 年环亚汽车公司又与国内广贸汽车集团分别按 51% 和 49% 的持股比例合资设立新能源客车公司”“2016 年环亚汽车公司以 49% 的持股比例，与青山盐湖工业公司及深域投资公司共同建立合资企业”“2015 年环亚汽车公司与广安银行分别以 80% 和 20% 的持股比例合资成立环亚汽车金融公司”。

第四章　战略实施

本章重要程度：●●○

本章综合练习（限时120分钟）

扫我做试题

一、单项选择题

1. W集团是一家国际投资控股集团，旗下拥有多家子公司，子公司都具有独立的法人资格，自主性非常强。从横向分工组织结构看，适合W集团采用的组织结构是(　)。
   A. H型结构
   B. 职能制结构
   C. 事业部制
   D. M型企业组织结构
2. 国外研究表明，在拥有1 000名员工的公司里，管理层次为4个，即总经理、部门的经理、一线的管理人员以及基层的员工。泰兴公司是一个拥有2 000余名员工的高科技企业，该企业拥有多达12个管理层次，据此判断泰兴公司的组织结构属于(　)。
   A. 扁平型组织结构　B. 高长型组织结构
   C. 矩阵制组织结构　D. 职能制组织结构
3. 甲企业是美国一家航空公司，2009年公司制定了进一步扩大企业规模，拓展美国国内航线和欧洲航线的三年战略。但2010年发生了火山爆发事件，导致该战略无法继续进行。根据以上信息可以判断，该公司战略失效属于(　)。
   A. 早期失效　B. 偶然失效
   C. 晚期失效　D. 中期失效
4. D公司是一家从手工作坊起家的企业，随着规模的扩大，公司的员工已经超过1 000人，但是公司只有总经理和部门经理两个层次的管理层。从纵向分工结构的角度，该公司的组织结构类型属于(　)。
   A. 高长型组织结构　B. 扁平型组织结构
   C. 职能制组织结构　D. 创业制组织结构
5. 吉吉公司是一家生产汽车的公司，公司在经历了近十年的高度发展后，进入了成熟期。为了避免单一业务的经营风险，吉吉公司计划进入当前火热的手机产业，决定开发手机产品。依据吉吉公司目前的发展阶段，吉吉公司在考虑内外部环境因素的情况下，可以采用的组织结构是(　)。
   A. 创业型组织结构
   B. 职能制组织结构
   C. 事业部制组织结构
   D. 战略业务单位组织结构
6. 甲集团负责人王某正在为决定对某事业部的管理人员张某授予多少权责而进行谋划，以便很好地控制企业创造价值的活动，甲集团的组织分工属于(　)。
   A. 集权分工　B. 分权分工
   C. 横向分工　D. 纵向分工
7. 某银行的零售业务基本上是在消费者集团进行，包括信用卡、保险销售等业务，而私人银行被划归投资管理集团。这体现的是(　)。
   A. 区域事业部制结构
   B. 矩阵制组织结构
   C. 市场细分事业部制结构

D. 客户细分事业部制结构

8. 甲企业管理层由一名总经理和一名副总经理组成。公司所有重要的经营决策都由此二人共同商议决定。在日常经营中所有事务均向总经理汇报，并经其签字认可后才能执行。根据以上信息可以判断，该企业采取的组织结构类型属于(　)。

A. 创业型组织结构

B. 职能制组织结构

C. 战略业务单位组织结构

D. 矩阵制组织结构

9. 企业在制定好自动生成流水线的标准后，工人在生产过程中便根据这个标准，进行生产和检验产品。一旦生产出现问题，管理人员便用这个标准来检查和调整。这体现的是哪种基本协调机制(　)。

A. 工作过程标准化

B. 技艺(知识)标准化

C. 共同价值观

D. 直接指挥，直接控制

10. 某大型玩具生产厂家，经营多种玩具产品，为了更好地经营和管理各产品的生产，企业以产品为基础设立若干产品部，后来企业的规模进一步扩大，企业总部又分别成立了营销部、财务部、人力资源部、生产部等职能部门，并由各职能部门委派人员到各产品部工作，该企业的组织结构类型为(　)。

A. 职能制组织结构

B. 事业部制组织结构

C. 矩阵制组织结构

D. H 型结构

11. 甲公司是生产餐具的企业，采用标准化生产，向全世界的市场推销其产品，并在较有利的东南亚国家集中进行生产经营活动，由此形成经验曲线和规模经济效益，获得了高额利润，该企业采用的组织结构类型为(　)。

A. 国际部结构

B. 全球区域分部结构

C. 全球性产品分部结构

D. 跨国结构

12. A 花店在某地区内拥有数家分店，由创办人一人负责管理。每家分店的数名店员都由他亲自聘用，帮忙打理日常店务。这种组织结构属于(　)。

A. 创业型组织结构

B. 职能制组织结构

C. 事业部制组织结构

D. 战略业务单位组织结构

13. 宏宇公司是一家新成立不久的企业，公司主要生产加湿器产品。公司目前没有开拓其他地区市场的打算，因此，通过街边广告、短视频推广、人员推销等诸多综合性营销手段来推广本公司的加湿器产品，以此来获得更大的市场份额。结合宏宇目前的发展阶段，该公司应该采用的组织结构是(　)。

A. 创业型组织结构

B. 职能制组织结构

C. 事业部制组织结构

D. 战略业务单位组织结构

14. 甲集团长期以来追求一种稳定的环境，试图通过创造一个稳定的经营领域，生产有限的一组产品，占领整个潜在市场的一小部分，并采用竞争性定价或高质量产品等经济活动来阻止竞争对手进入它们的领域，保持自己的稳定。甲集团采用的组织战略类型是(　)。

A. 防御型战略组织

B. 开拓型战略组织

C. 分析型战略组织

D. 反应型战略组织

15. 甲公司是一家工程咨询协会，主要职责是承担工程行业咨询管理工作；组织研究有关促进经济建设和工程项目的技术；组织交流和推广先进的工程咨询经验和管理经验，评选和表彰在工程咨询中突出的单位和个人，举办有关技术、经济和工程咨询业务的专题讲座、培训班、研讨会；推进工程咨询信息网的建设。甲公司存在的目的主要是为其成员的需要服务，企业是其员工的下属，企业的生存也依赖于员工。从企业文化类型的角度看，下列说法正确的是(　)。

A. 甲公司适合采用角色导向型企业文化

B. 这类文化具有很强的适应性，个人能高度控制自己分内的工作

C. 这类文化的企业为其专业人员提供他们自己不能为自己提供的服务，职权往往是多余的

D. 这类企业中的掌权人试图对下属保持绝对控制，企业组织结构往往是传统框架

16. 集新企业是一家高科技企业，企业的主导思想是实现目标，并且企业强调速度和灵活性，下列关于该类企业的说法正确的是(　)。

A. 该企业文化属于权力导向型

B. 该企业的文化具有稳定性、持续性的优点

C. 无连续性是这类企业的一个特征

D. 该类企业的职权往往是多余的

17. 丰乐是一家餐饮企业，老董事长直接任命他的儿子继续掌管企业的所有事情，因为他的儿子大学出国学习的就是餐饮管理。为了保住自己在企业的地位，其他管理人员对新任总经理绝对服从，中层人士也是敢怒不敢言。根据以上信息可以判断，该公司企业文化的类型是(　)。

A. 人员导向型　　B. 权力导向型

C. 角色导向型　　D. 任务导向型

18. M是一家国有企业，被称为官僚机构，该企业文化十分重视合法性、忠诚和责任，则该企业文化类型属于(　)。

A. 权力导向型　　B. 任务导向型

C. 角色导向型　　D. 人员导向型

19. 甲企业是一家处于成长期的健身公司，地处高校密集的大学城。公司实行会员制，顾客主要通过电话和网络预约方式来门店进行健身。甲企业决定采用平衡计分卡进行绩效管理，从顾客的角度考虑，其平衡计分卡的内容包括(　)。

A. 资产回报率　　B. 顾客投诉率

C. 设备利用率　　D. 员工满意度

20. 甲公司是一家日化用品企业，企业将所有产品按照洗涤、个人护理、清洁用品进行分类，并设置不同的部门负责这些类别的产品，甲公司采用的组织结构类型为(　)。

A. 产品事业部制组织结构

B. 职能制组织结构

C. 战略业务单位组织结构

D. H型组织结构

21. 企业内部有很多管理层次，每个层次上管理人员的控制幅度较窄。从纵向分工的角度考虑，该种结构的基本类型是(　)。

A. 扁平型组织结构

B. 高长型组织结构

C. 分工

D. 整合

22. 甲公司在2006年制定了未来五年的发展战略，其中一个重点就是要以出口的形式扩大海外市场。但意想不到的是2007年发生了世界范围内的经济危机，造成出口订单锐减，公司不得不修改原来制定的出口战略，转向国内市场。从战略失效的角度看，这属于(　)。

A. 早期失效　　B. 偶然失效

C. 晚期失效　　D. 特定失效

23. 在北京召开的2016年中国电子商务大会上，海尔服务正式发布了最新的互联网转型成果：海尔家电移动互联服务平台及两个入口“海尔服务”微信服务号和APP1.0。据了解，这是海尔服务在数亿级服务需求之上的一次变革，是秉承集团“企业平台化、员工创客化、用户个性化”战略的又一次创新实践。这一变革

摒弃了传统的科层制的架构模式，企业平台化是这个模式的必要条件；用户个性化是目的；员工创客化是充分条件。以上涉及该公司数字化战略转型的方面是( )。

A. 技术变革　　B. 组织变革

C. 管理变革　　D. 生产变革

24. ☆生产智能家电产品的凯威公司适应外部环境的不断变化，及时调整内部资源和组织结构，发挥协同效果和整体优势，激发员工的创新精神和使命感，对社会需求作出灵活、快速的反应。该公司采取的组织协调机制是( )。

A. 直接指挥，直接控制

B. 工作过程标准化

C. 共同价值观

D. 工作成果标准化

25. ☆贝乐玩具公司成立十年来，生产和经营规模逐步扩大，玩具产品的品种不断增加。为了提高工作效率并实现规模经济，该公司应采用的组织结构是( )。

A. M 型组织结构

B. 事业部制组织结构

C. 创业型组织结构

D. 职能制组织结构

26. ☆百灵公司是一家企业集团，主要从事音响设备，舞台灯具，中国乐器及影视策划等业务，拥有两家全资子公司，三家控股公司。百灵公司宜采用的组织结构是( )。

A. M 型组织结构

B. 矩阵型组织结构

C. 职能制组织结构

D. 事业部制组织结构

27. ☆育英公司是一家英语培训机构，定位高端培训，该公司实行纯英文教学，全部课程由外籍教师授课，另外配合中文教师担任助教，所有教师有 5 年以上教学经验，育英公司组织协调机制是( )。

A. 相互适应，自行调整

B. 技艺(知识)标准化

C. 工作过程标准化

D. 工作成果标准化

28. ☆华盛是经营手机业务的跨国企业，其组织是两维设计，一维按职能专业化准则，设立区域组织，主要为业务单位提供支持服务与监督，另一维是按业务专业化原则设立四大业务运营中心，对客户需求组建管理团队并确定相应的经营目标与考核制度，其采取的组织结构是( )。

A. 职能制结构

B. 矩阵制组织结构

C. 事业部结构

D. 战略业务单位结构

29. ☆在最简单的组织结构中，适宜采用的组织协调机制是( )。

A. 共同价值观

B. 直接指挥，直接控制

C. 标准化体系结构

D. 相互适应，自行调整

30. ☆华蓓公司是 Y 市一家生产婴幼儿用品的企业。多年来公司在 Y 市婴幼儿用品市场拥有稳定的市场占有率。为了巩固其竞争优势，华蓓公司运用竞争性定价阻止竞争对手进入其经营领域，并实施有利于保持高效率的“机械式”组织机制。华蓓公司所采取的组织的战略类型属于( )。

A. 防御型战略组织

B. 开拓型战略组织

C. 反应型战略组织

D. 分析型战略组织

31. ☆甲公司的主营业务是生产、销售体育运动器材，从去年起，该公司在保留原有业务的同时寻找新的市场机会，开发出适合个人使用的运动健康体测仪并尝试性投放市场，该仪器可随时把使用者在运动中的有关生物指数显示并记录下来，从而帮助使用者了解自己的健康状况并选择适当的运动方式，甲公司适宜采取的组织战略类型是(　)。

A. 开拓型战略组织

B. 创新型战略组织

C. 反应型战略组织

D. 分析型战略组织

32. 新阜铁路公司为保障所辖铁路的安全与畅通，制定并实施一整套严格的工作规章和程序，要求所有员工忠于岗位职责，严守操作规程。该公司文化的类型属于(　)。

A. 权力导向型　　B. 任务导向型

C. 人员导向型　　D. 角色导向型

33. 蓝星公司是一家大型信息设备制造企业，该公司依据对公司目标作出的贡献评价各种职能和活动，并根据员工的专长给他们安排相应的岗位和职权，蓝星公司企业文化的类型是(　)。

A. 人员导向型　　B. 任务导向型

C. 权利导向型　　D. 角色导向型

34. 甲公司在实施一个新战略时，组织的要素发生了重大的变化，又多与企业现有的文化相一致，则该公司在处理战略与文化关系时应该(　)。

A. 以企业使命为基础

B. 加强协同作用

C. 重新制定战略

D. 根据文化进行管理

35. 某市经营综合实体商城的四季公司决定今后 3 年实现在保持原有经营规模的同时，适当减少商品销售活动占用的面积，相应增加供顾客休闲、娱乐的空间，并对管理组织和人员作适当调整。公司的战略调整受到大多数员工的认同支持。该公司在处理战略稳定性与文化适应性关系时应(　)。

A. 加强协同作用

B. 以企业使命为基础

C. 重新制定战略

D. 根据文化进行管理

36. ☆家电制造商 I 公司于 2015 年并购了一家同类企业。I 公司在保留被并购企业原有组织的同时，实行了新的绩效考核制度，结果遭到被并购企业大多数员工反对，本案例中 I 公司处理被并购企业战略稳定性与文化适应性关系时正确的做法是(　)。

A. 以企业使命为基础

B. 加强协调作用

C. 根据文化的要求进行管理

D. 重新制定战略

37. ☆甲公司是一家成功的家电企业，多年来致力于为消费者提供整套家电解决方案。随着互联网技术的兴起，公司于 2004 年制定并实施了进军智能家居领域的战略，通过建立“家庭网络标准产业联盟”，推出了一系列信息及多媒体共享的智能家居产品。同时，公司组织结构进行了重大改革，管理制度也做了相应调整，并与企业多年形成的文化保持了一致。根据战略稳定性与文化适应性矩阵的要求。甲公司在实施上述新战略时，应当(　)。

A. 加强协同作用

B. 重新制定战略

C. 以企业使命为基础

D. 根据文化进行管理

38. 甲公司是一家家电生产企业，分为白色家电部和黑色家电部，在年底采用平衡计分卡的业绩衡量中，两个部门其他方面的考核指标值基本一致，只是在员工流动率、员工培训费用及次数方面差距很大，但是公司总经理最后的评价是两个部门业绩基本相同。这说明公司总经理不重视的业绩角度是(　)。

A. 财务角度　　B. 顾客角度

C. 内部流程角度　　D. 创新与学习角度

二、多项选择题

1. 甲企业是一家处于成长期的公司，该公司决定采用平衡计分卡来预测下一年度的绩效。在进行具体计量时，考虑的指标包括利润增长率、现金流量、采购成本和周期、员工收入、员工满意度、数字化技术采用率等。从计量指标看，该公司利用平衡计分卡所考虑的非财务方面包括(　)。

A. 内部流程角度　B. 财务角度

C. 顾客角度　D. 创新与学习角度

2. 佳佳公司是一家生产汽车玻璃的公司，公司计划实施发展战略。在发展战略实施过程中，管理者需要进行战略控制，以保证战略的实施效果。下列选项中，属于战略控制的步骤的有(　)。

A. 设定战略控制的目标

B. 选择战略控制的方法

C. 实施战略控制措施

D. 分析战略控制标准

3. 最近几年我国经济快速发展，华威集团在这段时期不断进行合理的战略调整，但是企业高层发现华威集团组织结构的变化常常慢于战略的变化速度，造成这种现象的原因可能有(　)。

A. 新、旧结构交替有一定的时间过程

B. 战略制定不科学

C. 管理人员的抵制

D. 战略制定过于频繁

4. 诗亚尔集团公司创建于20世纪70年代末，经过40多年的发展，逐步建立了以纺织、服装、房地产、国际贸易为主体的多元化并进、专业化发展的经营格局。为配合企业的多元化发展，集团采用战略业务单位组织结构，下列选项中，属于采用该组织结构类型的优点的有(　)。

A. 控制幅度的降低可以减轻总部的信息过度情况

B. 具有类似使命的产品、市场或技术的部门之间能够更好地协调

C. 与产品主管和职能主管之间的联系更加直接，能够做出更有质量的决策

D. 实现各部门之间的协作及各项技能和专门技术的相互交融

5. F书店在某地区内拥有数家分店，由创办人一人负责管理。每家分店的数名店员都由他亲自聘用，帮忙打理日常事务。则该书店的横向组织结构的特点包括(　)。

A. 是多数小型企业的标准组织结构模式

B. 管理者对若干下属实施直接控制

C. 中心人员还负责所有重要的经营决策

D. 弹性较大并缺乏专业分工

6. 甲公司是一家证券公司，成立了十多年，一直以来传统的经纪业务在本地市场占据较大的市场份额。近年来，通过金融产品创新，陆续开通了融资融券、金融产品代销、资产管理、期权、IB业务，在保持传统优势的情况下，不断完善产品服务体系，从组织的战略类型看，下列关于甲公司适合的组织战略类型说法正确的有(　)。

A. 甲公司适合采用开拓型的组织战略类型

B. 这种组织需要在保持技术的灵活性与稳定性之间进行平衡

C. 这种稳定性与灵活性并存的状态，在一定程度上会限制组织的应变能力

D. 这种结构能够同时兼顾效能和效率

7. 甲公司管理层面对的企业环境是一个复杂多变的环境。在下列选项中，容易导致该公司战略失效的有(　)。

A. 企业内部信息沟通渠道畅通

B. 员工对企业战略目标认同度不高

C. 外部环境处于稳定状态

D. 管理团队技能不足

8. 乙公司是一家集料、工、贸于一体的综合性国有工程承包公司。长期以来，公司存在着信息孤岛、信息披露不及时、集团监管乏力、编制的预算流于形式并与企业实际情况差距较大等方面的诸多问题。为实现整个集团企业效益目标，事中事后的及时控制与调整，乙公司拟采用新的预算类型，这种新的预算类型优点包括(　)。

A. 预算编制工作量较少，相对容易操作

B. 比较容易对预算进行协调

C. 增强员工的成本效益意识

D. 有利于根据实际需要合理分配资金

9. 甲企业在处理战略与文化的关系时，遇到了极大的挑战，甲企业首先要考察是否有必要推行这个新战略。为了处理这种重大的变革，甲企业需要采取管理行动的方面主要有(　)。

A. 企业的高层管理人员要痛下决心进行变革，并向全体员工讲明变革的意义

B. 为了形成新的文化，企业要招聘或从内部提拔一批与新文化相符的人员

C. 改变奖励结构，将奖励的重点放在具有新文化意识的事业部或个人的身上，促进企业文化的转变

D. 设法让管理人员和员工明确新文化所需要的行为，形成一定的规范，保证新战略的顺利实施

10. 甲公司是一家生产电灯的民营企业，2007年公司为未来5年的发展目标制定了与当时的实际情况相符合的战略。然而，在2010年由于种种原因，使得该战略无法继续下去。其中可能的原因包括(　)。

A. 用人不当，主管人员、作业人员玩忽职守

B. 2008年的金融危机，导致该公司无法适应突如其来的外部环境

C. 该公司出现资金缺口，但可以通过银行贷款解决

D. 公司与员工的利益之间存在严重矛盾，企业成员之间缺乏共事的愿望

11. 下列几种控制技术中，属于大多数企业运用的控制技术组合的有(　)。

A. 市场控制　　B. 官僚控制

C. 团体控制　　D. 个人控制

12. C公司为加强内部管理，追求一种更为动态的环境，为了寻求和开发产品与市场机会，在工程技术问题上，不局限在现在的技术能力上，是根据现在和未来的产品结构来确定技术能力。下列关于C公司采取的战略组织的说法中，正确的有(　)。

A. 在寻求新的产品和市场机会的同时，保持传统的产品和市场

B. 技术具有很大的灵活性

C. 行政管理具有很大的灵活性，采用“有机的”机制

D. 在工程技术问题上，采用多种技术，以发挥总体的最高效率

13. D公司希望能够创造一个可以预见的经久不衰的市场，在行政管理上保证组织严格地控制效率。在下列关于D公司所采取的战略组织的说法，正确的有(　)。

A. 比较适合稳定的环境

B. 技术效率是组织成功的关键

C. 其工程技术问题就是如何避免长期陷于单一的技术过程

D. 常采用竞争性定价或高质量产品等经济活动来阻止竞争对手进入它们的领域

14. 丁公司是一家民营单位，准备对2020年度的业绩情况做新的预算，但是该公司的专业人员为了工作上的方便，在编制预算时，使用以前期间的预算为基础来编制，在此基础上增加相应的内容，于是完成了2020年的业绩预算。对于这样的预算方法，其存在的主要缺点包括(　)。

A. 没有考虑经营条件和经营情况的变化

B. 与部门和员工的业绩没有联系，没有提供降低成本的动力

C. 预算编制比较复杂，工作量大，费用较高

D. 容易导致追求短期利益而忽视长期利益

15. 下列关于组织结构类型的说法中，正确的有(　)。

A. 创业型组织结构通常应用于小型企业

B. 职能制组织结构被大多数人认为是组

织结构的典型模式

C. 事业部制组织结构可按照产品、服务、市场和地区为依据进行划分

D. H型组织结构中，员工通常拥有两个直接上级

16. 下列关于公司组织结构表述错误的有(　)。

A. 高长型组织结构管理层次较多

B. 产品线数量有限且关系较为密切的企业更适于采用分权型结构

C. 矩阵制结构的业务单元对战略决策的自主性较高

D. 高长型结构更能调动管理人员的积极性

17. 下列关于防御型战略组织和开拓型战略组织的表述中，正确的有(　)。

A. 防御型组织适合于较为稳定的产业

B. 开拓型组织追求一种更为动态的环境

C. 防御型组织常采用竞争性定价或高质量产品等经济活动来阻止竞争对手进入它们的领域，保持自己的稳定

D. 开拓型组织常常采取“机械式”结构机制

18. F公司设有营销部、产品部、财务部及人力资源等部门，各部门的员工经常产生各自为政，不愿意互相提供信息的情况发生。下列各项内容中，属于F公司采取的组织结构优点的有(　)。

A. 能够通过集中单一部门内所有某一类型的活动来实现规模经济

B. 有利于培养职能专家

C. 由于是常规和重复性任务，因而工作效率得到提高

D. 董事会便于监控各个部门

19. A公司确定今年是公司数字化战略转型的关键年，在管理层进行的多次会议讨论中，目前已经讨论列出一些A公司进行数字化战略转型可能的任务，以下哪些任务可以作为A公司实施数字化战略转型的主要任务(　)。

A. 加强核心技术攻关，夯实技术基础

B. 大力引进数字化人才

C. 利用数字技术以提升公司网络安全水平

D. 重视数字伦理，提升数字素养

20. ESG是一种新型的投资理念，受到社会及人们广泛关注。A公司依据所处行业特点，在公司业绩衡量中引进ESG理念及业绩衡量方法，设计八个主要指标，包括碳排放、员工环境意识、绿色采购政策、绿色技术、反不公平竞争、道德行为准则、投资者关系、贪污受贿政策。这些指标涉及以下属于ESG理念的哪些方面(　)。

A. 环境方面　　B. 社会方面

C. 治理方面　　D. 盈利方面

21. ☆建平公司专注于铁路、电力、矿产、石油、机场、港口等行业的工程总承包业务，拥有3 000多名员工，设有业务员、部门经理、总经理等三个管理层级，各层级被充分授权。下列各项中，属于该公司组织类型优点的有(　)。

A. 易于协调各职能间的决策

B. 危急情况下能够做出快速决策

C. 有利于减少信息沟通障碍，提高企业反应能力

D. 有利于调动管理人员的积极性

22. ☆大众火锅店规定：10万元以下的开支，各个分店的店长就可以做主；普通的一线员工，拥有免单权，可以根据客人的需求，赠送水果盘。根据组织纵向分工结构集权与分权理论，大众火锅店这种组织方式的优点有(　)。

A. 降低管理成本

B. 易于协调各职能间的决策

C. 提高企业对市场的反应能力

D. 能够对普通员工产生激励效应

23. 下列各项中，属于企业文化为企业创造价值的途径有(　)。

A. 文化带动员工积极性

B. 文化简化了信息处理

C. 文化补充了正式控制

D. 文化促进合作并减少讨价还价成本

24. 下列关于企业文化类型的表述中，不正确的有(　)。

A. 权力导向型文化通常存在于家族式企业和刚开创企业

B. 角色导向型文化常见于俱乐部、协会、专业团体和小型咨询公司

C. 任务导向型文化常见于新兴产业中的企业，特别是一些高科技企业

D. 人员导向型文化最常见于国有企业和公务员机构

25. 邦美服装公司每年都采用投资回报率、销售利润率、资产周转率等比率指标对经营业绩进行评价，下列各项中，属于该公司采用的绩效评价指标局限性的有(　)。

A. 信息获取存在困难

B. 信息的使用存在局限性

C. 比例适合用作业绩目标

D. 比率有时体现的是被扭曲的结果

26. 东亚公司采用平衡计分卡衡量公司业绩，并选取了营业收入、现金流量、顾客满意度、数字化信息系统覆盖率等作为绩效衡量标准。该公司选取的上述指标涵盖的平衡计分卡角度有(　)。

A. 创新与学习角度

B. 财务角度

C. 顾客角度

D. 内部流程角度

27. 龙都公司每年都用投资报酬率、销售利润率、资产周转率对经营绩效进行评价。下列各项中，属于该公司采用上述绩效评价指标的主要原因有(　)。

A. 信息获取存在困难

B. 比率适合用作业绩目标

C. 激励、控制的人员范围有限

D. 通过比较不同时期的比率可以很容易地发现它们的变动

28. 佳和公司实行全面预算管理，每年年底都在深入分析每个部门的需求和成本的基础上，根据未来的需求编制预算。佳和公司编制预算采用的方法的优点有(　)。

A. 比较容易对预算进行协调

B. 有利于调动各个部门和员工参与预算编制的积极性

C. 鼓励企业管理层和部门经理根据环境变化进行创新

D. 预算编制工作量较少，相对容易操作

29. 甲公司是一家不锈钢生产企业，为了提高企业竞争力，甲公司决定采用平衡计分卡衡量公司绩效，并选用营业收入、采购成本和周期、数字化信息系统覆盖率、顾客满意度作为衡量指标，甲公司选取的绩效衡量指标涵盖的角度有(　)。

A. 财务角度　　B. 创新与学习角度

C. 内部流程角度　　D. 顾客角度

30. 新加坡Z公司是一家专注于厨房机器人研发与销售的创业型公司，Z公司通过其开发的智能面包制造机R获得了多轮融资。但是，Z公司在开发R之初，没有资源来构建一个可以对设备进行管理部署，以及处理和存储相关数据的IT基础架构。Z公司几经对比，最终选择借助AWS物联网和云计算服务来构建IT基础设施。Z公司还通过运用客户关系管理系统、数据仓库及商业智能技术，一年之内在全球销售了2万多台R。该案例涉及企业数字化战略转型的方面有(　)。

A. 技术变革　　B. 组织变革

C. 管理变革　　D. 生产变革

三、简答题

1. 君豪是C国一家经济型酒店。随着市场竞争的日益激烈，该酒店客户收入不断下降、餐饮收入入不敷出，员工对酒店的绩效考核体系强烈不满。员工们曾联合起来为捍卫自己的权益进行罢工两周，最后公

司不得不作出让步，决定全面改进。

君豪酒店目前的考核指标以财务指标为唯一考核依据，采用相互打分的方式，绩效考核仅仅实现了考核功能，但是员工并不清楚自己的工作对酒店的贡献。公司对员工所关注的高绩效回报没有客观的评价标准，绩效考核流于形式。据此君豪对发展战略进行了梳理，并根据平衡计分卡的四个维度，提取了下一年度酒店的关键绩效指标。

(1)提高酒店的资产回报率，使之达到1.8%。

(2)提高酒店的数字化信息系统覆盖率，不断提高智能化水平。

(3)客人投诉率下降3%。

(4)争取下一年的市场份额达到25%。

(5)将接待客户的时间和次数作为服务质量的评价标准之一。

(6)加大对员工培训的次数和费用支出，提升服务质量。

(7)酒店在服务好客户的同时，也需要提高员工的满意度。

要求：

(1)根据平衡计分卡业绩衡量方法，对关键绩效指标进行分类。

(2)简要分析公司与员工在对待矛盾与冲突时的行为模式。

2. 幸福寿司店是一家处于成长期的公司，其主要通过电话或网络订购的方式销售日本生鱼片和寿司。公司产品销售状况良好，净利水平已经达到了历史最高，但是通过分析发现，公司的利润还有上升的空间，原因是目前的费用支出非常高，还有节省的空间。针对每年居高不下的费用支出，公司决策层决定在全公司各个部门实行预算管理。要求每个部门在考虑未来实际支出需要的基础上重新编制本部门的预算，并在年底时对预算执行情况进行考核，考核结果与部门领导和员工的报酬直接挂钩。

通过这种方式，公司绩效得到了明显改善。为了进一步激励管理层，公司决定采用平衡计分卡来计量以后年度的绩效。并要求从时间及时性、寿司等产品质量、种类可选性、微笑服务、搞好与客户的关系，以及干净整洁的门面等方面，树立好公司形象，从这些角度提高客户满意度。

要求：

(1)该公司采取的是哪种预算编制方法？

(2)该种预算编制方法有什么优缺点？

3. 甲仪器公司是美国一家大型电子工业公司，多年来一直实行生产部门和职能部门共同管理的管理模式。公司实行的这套管理体制曾发挥过重要的作用，取得了极为良好的效果，使这个总部设在德州达拉斯的仪器公司发展成为世界上最大的半导体制造商，每年的销售额超过30亿美元。公司的发展计划重点强调技术改革，提高产品质量和扩大生产。公司大量投资于研究与发展，并极为注意降低生产成本。因此，公司迅速发展，产品的市场份额不断扩大。

在70年代初期，该公司采用了三角形发展战略：一是继续发展半导体集成电路，供给本身需要和市场的需要；二是发展商用电子计算机和电子玩具；三是研制小型电子计算机系统产品。这种战略在70年代期间取得了很大的成功。

然而，到了1981年，公司的利润大幅度地下降。公司领导开始意识到必须对生产系统进行一次彻底的检查和调整，首先涉及的就是对组织结构设置进行改革。

在原有组织结构内，由原来传统的职能部门——工程技术部门、设计部门、生产部门和财务部门形成一个生产半导体薄片的统一系统。同时又设立多个跨这些职能部门的产品/顾客中心(Product-Customer Centers)；每个产品/顾客中心自行负责对每种新产品的设计、生产和推销。

为了促进生产力的发展，公司授权各中心的经理，要求他们各自对其盈亏负责，但是，各中心的经理却无权指挥各职能部门。据说，这样做不是靠权威的指挥，而是通过说服工作，可以使职能部门的经理们更集中于研制可盈利的产品。

然而，就是这样的组织安排带来了许多的问题。例如，产品/顾客中心研制的一种计数手表需要一种新型的半导体薄片，希望职能部门提供。但是，有关的职能部门只从其本身需要考虑，认为其本身不需要这种半导体薄片，因而拒绝中心的要求，不愿与中心协作。这样就导致产品/顾客中心的计数手表的生产无法进行。

在进行组织体制的改革中，公司仍旧保持其现有组织结构。但是，为了使产品/顾客中心能与职能部门平起平坐，拥有同等的权力，他们砍掉了一些较小的产品/顾客中心，只保留了一些大的产品/顾客中心。同时设法使职能部门和产品/顾客中心之间的活动更为协调，更为统一，这样，管理就会更有条理。

但是，随着企业的发展，这样的改革也带来了两方面的问题：

(1)组织结构的改变必然带来组织气氛的改变。一个职工曾对其组织气氛进行这样的描述：职工对其上司感到可怕。经理们定的目标太高，而职工根本就不敢提意见，如果职工对上司有些不同意见的话，轻则被经理批评，嘲弄一番，说你工作不努力，重则认为你犯了一个严重的错误。这样，职工只好默不作声，或只好遵照上司的意图行事，隐瞒了各自的实情。

(2)这种改革涉及公司的集权问题。公司不断发展，组织规模不断扩大，但是，公司仍要维持其权威性的统一指挥领导。在这种情况下，中下级管理人员的权力就很小，而绝大多数重要的决策都由上级制定，然后再一级一级地往下传达。

要求：

(1)甲仪器公司采用的横向组织结构类型是哪种？并说明该组织结构的缺点。

(2)该公司采取的是集权型，这对企业有何影响？并说明集权型本身的优缺点。

4. 大米公司是一家在2010年就以互联网产品开发思维为主，以新零售实现手机产品和互联网服务全域营销的新科技公司，并成功跻身世界五百强。

成立不久，大米公司就制定企业的数字化转型战略并选择了SAP的数字化产品与服务，具体来说，基于SAP ERP从财务、计划、采购、销售、供应链和HR等关键管理维度，建成了数字化管理平台，可以加强对公司的生产经营管控、企业运营决策的管理能力，形成适应数字经济的新型组织体系。

公司同时以开放共享理念，建立企业数字化生态体系，以连接客户和上下游合并伙伴、第三方服务商等，形成了以价值创造为核心的全面开放、协同共生、共建共享的数字化生态共同体。

大米公司在数字化战略转型的同时，重新设立专门的大数据管理团队以及岗位，主要负责数据安全管理工作的落实，并利用新兴技术构建了包括以数据安全态势感知为核心的动态安全防御体系、以数据安全治理管控平台为核心的数据安全治理体系和安全数据治理平台等，有效提升了公司的网络安全水平。

要求：

(1)简要分析大米公司在数字化战略转型过程中涉及哪些主要任务。

(2)简要分析大米公司案例中涉及数字化战略转型的主要方面。

本章综合练习·参考答案及解析

一、单项选择题

1. A 【解析】当企业不断发展时，可能会实施多元化的战略，业务领域涉及多个方面，甚至上升到全球化竞争层面上，这时企业就会成立控股企业。其下属子企业具有独立的法人资格。区别控股企业与其他企业类型的一个关键特点就是其业务单元的自主性，尤其是业务单元对战略决策的自主性。所以选项A正确。
2. B 【解析】本题考核纵向分工结构。在纵向分工中，基本有两种形式：一是高长型组织结构；二是扁平型组织结构，泰兴公司的管理层次多于平均管理层次，因此，属于高长型组织结构。
3. B 【解析】在战略实施过程中，会因为一些意想不到的偶然因素导致战略失效，这就是偶然失效。
4. B 【解析】纵向分工结构的基本类型包括高长型组织结构和扁平型组织结构。一般情况下，拥有3 000名员工的企业平均的管理层次一般为7个层次，如果为8个管理层次，则为高长型结构。该公司员工已经超过1 000人，管理层只有两个，所以属于扁平型组织结构。
5. D 【解析】企业高度发展并进入成熟期，为了避免投资或经营风险，需要开发与企业原有产品不相关的新产品系列。这时企业应根据经营规模、业务结构和市场范围，分别采用更为复杂的组织结构，如战略业务单位组织结构、矩阵制组织结构或H型组织结构。结合题目背景及给出的相关选项，可以采用战略业务单位组织结构，选项D正确。
6. D 【解析】企业高层管理人员必须在如何分配组织的决策权上做出选择，以便很好地控制企业创造价值的活动。这种选择就是纵向分工的选择。例如，企业高层管理人员必须决定对事业部的管理人员授予多少权责。所以，选项D是答案。
7. C 【解析】客户事业部制结构通常与销售部门和销售工作相关，批销企业或分包企业也可能采用这种结构，在这些企业中由管理者负责联系主要客户。另一种方式是，将不同类型的市场按照客户进行划分，比如企业客户、零售客户或个人客户等，本题是按照消费者进行的市场细分事业部制结构。因为银行的零售业务和私人银行属于不同的市场细分，并不是按照客户类型来划分的。
8. A 【解析】创业型组织结构强调企业的所有者或管理者对若干下属实施直接控制，并由其下属执行一系列工作任务。企业的战略计划(若有)由中心人员完成，该中心人员还负责所有重要的经营决策。
9. A 【解析】工作过程标准化，是指组织通过预先制定标准，来协调生产经营活动。在生产之前，企业向职工明确工作的内容，或对工作制定出操作规程及其规章制度，然后要求工作过程中所有活动都要按照这些标准进行。例如，企业在制定好自动生成流水线的标准后，工人在生产过程中便根据这个标准，进行生产和检验产品。一旦生产出现问题，管理人员使用这个标准来检查和调整。
10. C 【解析】矩阵制组织结构是为了处理非常复杂项目中的控制问题而设计的，这种结构在职能和产品或项目之间起到了联系的作用，员工拥有两名直接上级，其中一名负责产品或服务，另一名负责职能活动，该玩具制造企业按照产品种类划分部门的同时又成立了不同的职能部门，因此属于矩阵制组织结构。
11. C 【解析】全球化战略是向全世界的市场推销标准化的产品和服务，并在较有利的国家中集中地进行生产经营活动，由此形成经验曲线和规模经济效益，以获得高额利润。采用这种类型的企业往往采用“全球性产品分部结构”。

12. A 【解析】本题考核横向分工结构。创业型组织结构是多数小型企业的标准组织结构模式。采用这种结构时，企业的所有者或管理者对若干下属实施直接控制，并由其下属执行一系列工作任务。本案例的组织结构应属于创业型组织结构。

13. A 【解析】企业处于创立不久的初步发展阶段，往往着重发展单一产品，试图通过更强的营销手段来获得更大的市场份额。这时，企业只需采用简单结构即创业型组织结构。选项 A 正确。

14. A 【解析】防御型战略组织主要是要追求一种稳定的环境，试图通过解决开创性问题来达到自己的稳定性。从防御型战略组织的角度来看，所谓开创性问题就是要创造一个稳定的经营领域，占领一部分产品市场，即生产有限的一组产品，占领整个潜在市场的一小部分。在这个有限的市场中，防御型战略组织常采用竞争性定价或高质量产品等经济活动来阻止竞争对手进入它们的领域，保持自己的稳定。所以，选项 A 是答案。

15. C 【解析】甲公司是一家工程咨询协会，其存在的目的主要是为其成员的需要服务，企业是其员工的下属，企业的生存也依赖于员工，可以判断采用的是人员导向型的企业文化，选项 A 错误；任务导向型具有很强的适应性，个人能高度控制自己分内的工作，选项 B 错误；权力导向型企业中的掌权人试图对下属保持绝对控制，企业组织结构往往是传统框架，选项 D 错误；选项 C 是人员导向型的特点，因此选项 C 正确。

16. C 【解析】根据题目条件判断企业文化属于任务导向型，这类企业采用的组织结构往往是矩阵式的，为了对付某一特定问题，企业可以从其他部门暂时抽调人力和其他资源，而一旦问题解决，人员将转向其他任务。所以无连续性是这类企业的一个特征。所以选项 C 正确。

17. B 【解析】权力导向型企业中的掌权人试图对下属保持绝对控制，企业组织结构往往是传统框架。企业的决策可以很快地作出，但其质量在很大程度上取决于企业经理人员的能力。企业的变革主要由企业中心权力来决定。选项 B 正确。

18. C 【解析】角色导向型企业尽可能追求理性和秩序。角色文化十分重视合法性、忠诚和责任。这类文化一般是围绕着限定的工作规章和程序建立起来的，理性和逻辑是这一文化的中心，分歧由规章和制度来解决，稳定和体面几乎被看成与能力同等重要。但是，这类企业的权力仍在上层，这类结构十分强调等级和地位，权利和特权是限定的，大家必须遵守。这种企业被称作官僚机构，此类文化最常见于国有企业和公务员机构。

19. B 【解析】选项 A 属于财务角度；选项 B 属于顾客角度；选项 C 属于内部流程角度；选项 D 属于创新与学习角度。

20. A 【解析】产品事业部制结构适用于具有若干产品线的企业。产品事业部制结构是以企业产品的种类为基础设立若干产品部，而不是以职能或以区域为基础进行划分。

21. B 【解析】高长型组织结构是指具有一定规模的企业的内部有很多管理层次。在每个层次上，管理人员的控制幅度较窄。

22. B 【解析】本题考核战略失效的类型的相关内容。战略失效可分为早期失效、偶然失效和晚期失效三种类型。在战略实施过程中，会因为一些意想不到的偶然因素导致战略失效，这就是偶然失效。该公司制定的出口战略就是由于意想不到的经济危机影响而失效，因此正确答案为选项 B。

23. B 【解析】这一变革摒弃了传统的科层制的架构模式，是一种平台化组织模式，属于组织架构变革，即组织变革。

24. C 【解析】“及时调整内部资源和组织结构，发挥协同效果和整体优势，激发员工的创新精神和使命感，对社会需求作出灵活、快速的反应”体现了企业对内要及时调整，发挥创新精神、协同效果和整体优势；对外要灵活适应，快速行动。即共同价值观，选项 C 正确。

25. D 【解析】提高工作效率，实现规模经济，属于职能制组织结构的优点。该公司应采取的组织结构是职能制组织结构。

26. A 【解析】该公司从事多种业务，拥有两家全资子公司，三家控股公司，公司规模比较大，是具有多个产品线的企业，适合采用 M 型组织结构。

27. B 【解析】技艺(知识)标准化，是指组织对其成员所应有的技艺、知识加以标准化。这种协调机制主要是依靠组织成员在任职以前就接受了必要的、标准化的训练，成为具有标准化知识和技能的人才。

28. B 【解析】矩阵制组织结构是为了处理非常复杂项目中的控制问题而设计的。这种结构在职能和产品或项目之间起到了联系的作用。这样，员工就拥有了两个直接上级，其中一名上级负责产品或服务，而另一名负责职能活动。

29. D 【解析】相互适应，自行调整是一种自我控制方式。适合于最简单的组织结构。

30. A 【解析】防御型组织常采用竞争性定价或高质量产品等经济活动来阻止竞争对手进入它们的领域，保持自己的稳定。在行政管理上，行政管理是为了保证组织严格地控制效率。为解决这一问题，防御型组织常常采取“机械式”结构机制。本题中，为了巩固其竞争优势，华蓓公司运用竞争性定价阻止竞争对手进入其经营领域，并实施有利于保持高效率的“机械式”组织机制，所采取的组织的战略类型属于防御型战略组织。

31. D 【解析】分析型战略组织在定义开创性问题时，综合了防御型战略组织和开拓型战略组织这两种组织的特点，即在寻求新的产品和市场机会的同时，保持传统的产品和市场。甲公司在保留原有业务的同时寻找新的市场机会，开发出适合个人使用的运动健康体测仪并尝试性投放市场符合分析型战略组织。

32. D 【解析】角色导向型企业尽可能追求理性和秩序。角色文化十分重视合法性、忠诚和责任。这类文化一般是围绕着限定的工作规章和程序建立起来的，理性和逻辑是这一文化的中心，分歧由规章和制度来解决。“制定并实施一整套严格的工作规章和程序，要求所有员工忠于岗位职责，严守操作规程”属于角色导向型，选项 D 正确。

33. B 【解析】在任务导向型文化中管理者关心的是不断地和成功地解决问题，对不同职能和活动的评估完全是依据它们对企业目标作出的贡献。企业强调的是速度和灵活性，专长是个人权力和职权的主要来源，并且决定一个人在给定情景中的相对权力。题目中“该公司依据对公司目标作出的贡献评价各种职能和活动，并根据员工的专长给他们安排相应的岗位和职权”，表明属于任务导向型，因此选项 B 正确。

34. A 【解析】组织要素发生了重大变化，说明组织要素变化大；与企业现有的文化相一致，说明文化潜在的一致性大，所以判断应该是在第一象限中，第一象限是以企业使命为基础。

35. A 【解析】“在保持原有经营规模的同时，适当减少商品销售活动占用的面积，相应增加供顾客休闲、娱乐的空间，并对管理组织和人员作适当调整”表明各种组织要素变化少；“公司的战略调整受到大多数员工的认同支持”表明潜在一致性较大。因此，属于加强协同作用，选项A正确。

36. C 【解析】保留被并购企业原有组织，说明各种组织要素的变化小；实行了新的绩效考核制度，结果遭到被并购企业大多数员工反对，说明文化的潜在一致性小，应当根据文化进行管理。

37. C 【解析】案例表明该公司对战略进行了较大调整，但与企业多年形成的文化保持了一致，所以属于以企业使命为基础(企业实施一个新的战略时，重要的组织要素会发生很大变化。这些变化大多与企业目前的文化有潜在的一致性)，所以本题选项C正确。

38. D 【解析】员工流动率、员工培训费用及次数指标属于创新与学习角度指标。

二、多项选择题

1. AD 【解析】利润增长率、现金流量属于财务角度指标；采购成本和周期、员工收入属于内部流程角度指标；员工满意度、数字化技术采用率属于创新与学习角度指标。由于题干要求选择非财务方面，因此，选项AD正确。

2. ABC 【解析】战略控制过程包括以下四个重要步骤：①设定战略控制的目标；②选择战略控制的方法；③实施战略控制措施；④反馈战略控制效果。选项D属于迷惑选项，不属于战略控制的步骤。

3. AC 【解析】本题考核结构滞后性的有关知识点。企业组织结构的变化常常慢于战略的变化速度。特别是在经济快速发展时期里更是如此。造成这种现象的原因有两种：一是新、旧结构交替有一定的时间过程。二是管理人员的抵制。由于是为了适应经济快速发展而进行的合理战略调整，所以，选项B、D的说法错误。

4. AB 【解析】案例公司采用战略业务单位组织结构，选项AB属于SBU的优点，而选项CD是矩阵制组织结构的优点。

5. ABC 【解析】F书店采用的横向组织结构属于创业型组织结构。创业型组织结构是多数小型企业的标准组织结构模式。采用这种结构时，企业的所有者或管理者对若干下属实施直接控制，并由其下属执行一系列工作任务。企业的战略计划(若有)由中心人员完成，该中心人员还负责所有重要的经营决策。这一结构类型的弹性较小并缺乏专业分工，其成功主要依赖于该中心人员的个人能力。这种简单结构通常应用于小型企业。

6. BC 【解析】甲公司在寻求新的产品和市场机会的同时，保持传统的产品和市场，适合采用分析型战略组织，选项A不正确；这种组织需要在保持技术的灵活性与稳定性之间进行平衡，选项B正确；这种稳定性与灵活性并存的状态，在一定程度上会限制组织的应变能力，选项C正确；如果分析型组织不能保持战略与结构关系的必要平衡，它最大的危险就是既无效能又无效率，选项D不正确。

7. BD 【解析】导致战略失效的原因有很多，主要有以下几点：①企业内部缺乏沟通，企业战略未能成为全体员工的共同行动目标，企业成员之间缺乏协作共事的愿望；②战略实施过程中各种信息的传递和反馈受阻；③战略实施所需的资源条件与现实存在的资源条件之间出现较大缺口；④用人不当，主管人员、作业人员不称职或玩忽职守；⑤公司管理者决策错误，使战略目标本身存在严重缺陷或错误；⑥企业外部环境出现了较大变化，而现有战略一时难以适应等。

8. CD 【解析】乙公司在经营中存在诸多问题，应该采取零基预算来解决问题，选项AB是增量预算的优点，而选项CD是零基预算的优点。

9. ABCD 【解析】企业在处理战略与文化的关系时，遇到了极大的挑战，企业首先要考察是否有必要推行这个新战略。为了处理这种重大的变革，企业需要从四个方面采取管理行动：①企业的高层管理人员要痛下决心进行变革，并向全体员工讲明变革的意义；②为了形成新的文化，企业要招聘或从内部提拔一批与新文化相符的人员；③三是改变奖励结构，将奖励的重点放在具有新文化意识的事业部或个人的身上，促进企业文化的转变；④设法让管理人员和员工明确新文化所需要的行为，形成一定的规范，保证新战略的顺利实施。

10. ABD 【解析】战略失效的原因包括：①企业内部缺乏沟通，企业战略未能成为全体员工的共同行动目标，企业成员之间缺乏协作共事的愿望；②战略实施过程中各种信息的传递和反馈受阻；③战略实施所需的资源条件与现实存在的资源条件之间出现较大缺口；④用人不当，主管人员、作业人员不称职或玩忽职守；⑤公司管理者决策错误，使战略目标本身存在严重缺陷或错误；⑥企业外部环境出现了较大变化，而现有战略一时难以适应等。选项 ABD 正确。

11. ABC 【解析】本题考核文化与绩效。大多数企业运用市场控制、官僚控制、团体控制三种控制技术的组合。

12. BC 【解析】在开拓型战略组织里，开创性问题是为了寻求和开发产品与市场机会，选项 A 是分析型战略组织的特点，选项 A 不正确；开拓型战略组织在技术上和行政管理方面都具有很大的灵活性，采用“有机的”机制，选项 BC 正确；在工程技术问题上，该组织由于存在多种技术，很难发挥总体的效率，选项 D 不正确。

13. ABD 【解析】防御型战略组织主要是要追求一种稳定的环境，选项 A 说法正确；防御型战略组织要开辟的是一种可以预见的经久不衰的市场，因此，技术效率是组织成功的关键，选项 B 说法正确；防御型战略组织常采用竞争性定价或高质量产品等经济活动来阻止竞争对手进入它们的领域，保持自己的稳定，选项 D 说法正确；选项 C 是对开拓型战略组织的描述。

14. AB 【解析】根据案例分析，丁公司采用的是增量预算，增量预算方法的主要缺点为选项 AB。选项 CD 是零基预算的缺点。

15. ABC 【解析】矩阵制结构在职能和产品或项目之间起到了联系的作用，员工就拥有了两个直接上级，其中一名上级负责产品或服务，而另一名负责职能活动，所以选项 D 的说法不正确。

16. BCD 【解析】产品线数量有限且关系较为密切的企业更适于采用集权型结构，选项 B 错误。在 H 型结构下，业务单元对战略决策的自主性较高，选项 C 错误。扁平型结构比高长型结构更能调动管理人员的积极性，选项 D 错误。

17. ABC 【解析】本题考核组织的战略类型。在行政管理上，防御型组织常常采取“机械式”结构机制，所以，选项 D 的说法错误。

18. ABCD 【解析】本题主要考核职能制组织结构。职能制组织结构的优点如下：一是能够通过集中单一部门内所有某一类型的活动来实现规模经济。比如，所有的销售和营销工作都通过销售和营销部门来执行。二是有利于培养职能专家。三是由于是常规和重复性任务，因而工作效率得到提高。四是董事会便于监控各个部门。

19. ACD 【解析】公司数字化转型的主要任务总共包括六个方面，选项 ACD 是其中三条，另外还有构建数字化组织设计，转变经营管理模式；打破“数据孤岛”，打造企业数字化生态体系、加快企业数字文化建设。

20. AC 【解析】指标“碳排放、员工环境意识、绿色采购政策、绿色技术”属于环境方面；指标“反不公平竞争、道德行为准则、投资者关系、贪污受贿政策”属于治理方面。案例中没有涉及社会方面。选项 D 不属于 ESG。

21. CD 【解析】“拥有 3 000 多名员工，设有业务员、部门经理、总经理等三个管理层级，各层级被充分授权”可以判断出建平公司组织类型属于扁平型组织结构（分权型）。分权型结构减少了信息沟通的障碍，提高了企业反应能力，能够为决策提供更多的信息并对员工产生激励效应，选项 C 正确。在扁平型结构中，一般管理人员拥有较大的职权，并可对自己的职责负责，效益也可以清楚地看出，并有较好的报酬。因此，扁平型结构比高长型结构更能调动管理人员的积极性，选项 D 正确。选项 A、B 属于高长型组织的优点。

22. ACD 【解析】10 万元以下的开支，各个分店的店长就可以做主；普通的一线员工，拥有免单权，而且可以根据客人的需求，赠送水果盘。说明企业采用的是分权型结构，分权型结构包含更少的管理层次，因此管理成本得到降低。分权型结构的优点还包括：①减少了信息沟通的障碍；②提高了企业反应能力；③为决策提供了更多的信息并对员工产生了激励效应。

23. BCD 【解析】企业文化可以通过以下三个途径为企业创造价值：①文化简化了信息处理；②文化补充了正式控制；③文化促进合作并减少讨价还价成本。

24. BD 【解析】本题考核企业文化的类型。角色导向型文化常见于国有企业和公务员机构，所以，选项 B 的说法错误；人员导向型文化常见于俱乐部、协会、专业团体和小型咨询公司，所以，选项 D 的说法错误。

【思路点拨】本题属于判断型题目。应对本题的关键是区分四种企业文化的类型，从定义、适用情况的角度进行区分。除了本题的考核方式外，可能通过案例形式进行考核，要求选择适合的企业文化类型。

25. ABD 【解析】采用的是投资回报率、销售利润率、资产周转率等比率指标，比率评价具有的局限性包括：①信息获取存在困难；②信息的使用存在局限性；③比率在各个行业的理想标准不同，且会发生变化；④比率有时不能准确反映真实情况；⑤比率有时体现的是被扭曲的结果；⑥可能鼓励短期行为；⑦忽略其他战略要素；⑧激励、控制的人员范围有限。选项 ABD 正确。选项 C 属于使用比率来衡量、评价企业业绩的原因。

26. BCD 【解析】平衡计分卡包括：财务角度、顾客角度、内部流程角度和创新与学习角度。本题中，营业收入、现金流量属于财务角度，顾客满意度属于顾客角度，数字化信息系统覆盖率属于内部流程角度。

27. BD 【解析】该公司使用比率来进行绩效评价，使用比率来进行绩效评价的主要原因有：①通过比较不同时期的比率可以很容易地发现它们的变动；②相对于实物数量或货币的绝对数值，比率对企业业绩的衡量更为适合；③比率适合用作业绩目标；④比率提供了总结企业业绩和经营成果的工具、方法，并可在同类企业之间进行比较。选项 AC 属于使用比率评价业绩的局限性。

28. BC 【解析】每年都要重新编制，所以佳和公司采用的是零基预算。优点包括：①有利于根据实际需要合理分配资金；②有利于调动各个部门和员工参与预算编制的积极性；③增强员工的成本效益意识；④鼓励企业管理层和部门经理根据环境变化进行创新；⑤增加预算的科学性和透明度，提高预算管理水平。选项 AD 属于增量预算的优点。

29. ACD 【解析】营业收入属于财务角度，采购成本和周期、数字化信息系统覆盖率属于内部流程角度，顾客满意度属于顾客角度。

30. AC 【解析】"选择借助 AWS 物联网和云计算服务来构建 IT 基础设施"涉及技术变革中的数字化基础设施建设；"运用客户关系管理系统、数据仓库及商业智能技术"属于管理变革中的营销数字化管理。

三、简答题

1.【答案】

(1)按照平衡计分卡业绩衡量方法，关键绩效指标可以做如下划分：

财务角度：提高酒店的资产回报率，使之达到 1.8%。

内部流程角度：提高酒店的数字化信息系统覆盖率，不断提高智能化水平；将接待客户的时间和次数作为服务质量的评价标准之一。

顾客角度：客人投诉率下降 3%；争取下一年的市场份额达到 25%。

创新与学习指标：加大对员工培训的次数和费用支出，提升服务质量；酒店在服务好客户的同时，也需要提高员工的满意度。

(2)"员工们曾联合起来为捍卫自己的权益进行罢工两周"，这说明员工在对待矛盾与冲突时，采取的是坚定行为和不合作行为的组合，目的在于迫使对方达到自己的要求及目标，这属于对抗的行为模式。"最后公司不得不作出让步，决定全面改进"是表明企业方面采取不坚定行为与合作行为的组合，在遇到冲突时，目的改进现存的关系，让步来达到解决问题，这属于和解的行为模式。

2.【答案】

(1)该公司要求每个部门在考虑未来实际支出需要的基础上重新编制本部门预算，因此属于零基预算。

(2)该种预算编制办法的优缺点如下：

优点：①有利于根据实际需要合理分配资金；②有利于调动各个部门和员工参与预算编制的积极性；③增强员工的成本效益意识；④鼓励企业管理层和部门经理根据环境变化进行创新；⑤增加预算的科学性和透明度，提高预算管理水平。

缺点：①预算编制比较复杂，工作量大，费用较高；②如果过度强调眼前预算项目的需要，容易导致追求短期利益而忽视长期利益；③预算规则和业务项目开支标准的改变可能引起部门之间的矛盾和冲突。

3.【答案】

(1)在原有组织结构内，由原来传统的职能部门——工程技术部门、设计部门、生产部门和财务部门形成一个生产半导体薄片的统一系统。同时又设立多个跨这些职能部门的产品/顾客中心；每个产品/顾客中心自行负责每种新产品的设计、生产和推销。说明每个顾客中心的每一位员工都有两个直接上级，则该公司采用的是矩阵制组织结构。其中顾客中心的经理负责产品，职能部门的领导负责职能活动。

矩阵制组织结构的缺点：①可能导致权力划分不清晰(比如谁来负责预算)，并在职能工作和项目工作之间产生冲突；②双重权力容易使管理者之间产生冲突。如果采用混合型结构，非常重要的一点就是确保上级的权力不相互重叠，并清晰地划分权力范围。下属必须知道其工作的各个方面应对哪个上级负责；③管理层可能难以接受混合型结构，并且管理者可能会觉得另一名管理者将争夺其权力，从而产生危机感；④协调所有的产品和职能会增加时间成本和财务成本，从而导致制定决策的时间过长。

(2)公司不断发展，组织规模不断扩大，但是公司仍要维持其权威性的统一指挥领导。在这种情况下，中下级管理人员的权力就很小，而绝大多数重要的决策都由上级制定，然后再一级一级地往下传达。这样就导致了一个问题，即由于决策时需要通过集权职能的所有层级向上汇报，决策时间过长，不利于企业发展。

集权型的优点：①易于协调各职能间的决策；②对上下沟通的形式进行了规范，比如利用管理账户；③能与企业的目标达成一致；④危急情况下能进行快速决策；⑤有助于实现规模经济；⑥这种结构比较适用于由外部机构(比如专业的非营利性企业)实施密切监控的企业，因为所有的决策都能得以协调。

集权型的缺点：①高级管理层可能不会重视个别部门的不同要求；②决策时需要通过集权职能的所有层级向上汇报，因此决策时间过长；③对级别较低的管理者而言，其职业发展有限。

【思路点拨】 本题考核纵横向分工组织。矩阵制组织结构是为了处理非常复杂项目中的控制问题而设计的。这种结构在职能和产品或项目之间起到了联系的作用。员工拥有两个直接上级，其中一名上级负责产品或服务，而另一名负责职能活动。根据资料描述对应组织结构类型的特点进行判断，记忆组织结构类型的优缺点。集权型与分权型可以对应掌握。

4. **【答案】**

(1)本案例涉及在数字化战略转型过程中三项主要任务，分别是：

①构建数字化组织设计，转变经营管理模式。“成立不久，大米公司就制定企业的数字化转型战略”是企业数字化转型战略；“形成适应数字经济的新型组织体系”是数字化组织变革。

②打破数据孤岛，打造企业数字化生态体系。“开放共享理念，建立企业数字化生态体系，以连接客户和上下游合并伙伴、第三方服务商等，形成了以价值创造为核心的全面开放、协同共生、共建共享的数字化生态共同体”属于打造数字化生态体系。

③利用新技术，提升公司网络安全水平。“利用新兴技术构建了……有效提升了公司的网络安全水平”。

(2)本案例涉及数字化战略转型三个方面，分别是：

①技术变革。“利用新兴技术构建了……有效提升了公司的网络安全水平”。

②组织变革。“形成适应数字经济的新型组织体系”是数字化组织变革。

③管理变革。“开放共享理念，建立企业数字化生态体系，以连接客户和上下游合并伙伴、第三方服务商等”属于打通生产与管理全流程的管理变革。

第五章 公司治理

本章重要程度：●○○

本章综合练习（限时25分钟）

扫我做试题

一、单项选择题

1. 下列不属于会计信息披露在公司治理结构中的作用的是（ ）。
   A. 监督作用
   B. 激励作用
   C. 契约沟通作用
   D. 有助于内部治理机制的有序运作
2. 董事义务又称作勤勉义务或专项义务，主要包括善管义务和竞业禁止义务。下列各项中不属于善管义务的是（ ）。
   A. 董事必须忠实于公司
   B. 董事必须维护公司资产
   C. 董事在董事会上有审慎行使决议权的义务
   D. 董事不得自营或者为他人经营与其所任职公司同类的营业
3. 外部治理机制主要是指除企业内部的各种监控机制外，还包括各个市场机制对公司的监控和约束。下列不属于外部治理机制的是（ ）。
   A. 产品市场　　B. 资本市场
   C. 经理人市场　　D. 资产市场
4. 下列可以更好地解释企业董事会的功能的公司治理理论是（ ）。
   A. 委托代理理论　　B. 资源依赖理论
   C. 利益相关者理论　　D. 不完全契约理论
5. 根据《OECD 公司治理原则》，下列不属于公司治理原则内容的是（ ）。
   A. 确保有效的公司治理框架
   B. 机构投资者、证券交易所和其他中介机构
   C. 利益相关者在公司治理中的作用
   D. 媒体、专业人士的舆论监督
6. 为了更有效解决公司内部治理问题，董事会一般可以下设几个专门委员会，分别从事各方面的工作。下列各项中不属于提名委员会主要职责的是（ ）。
   A. 分析董事会构成情况
   B. 制定董事选择的标准和程序
   C. 确定董事候选人，提交股东大会表决
   D. 制定董事考核的标准
7. 下列关于公司治理原则的说法中，不正确的是（ ）。
   A. 公司治理框架应该保护和促进股东权利的行使
   B. 董事会成立的专门委员会的职责、组成和工作流程等由股东大会进行披露
   C. 公司治理结构应确保董事会对公司的战略指导和对管理层的有效监督，确保董事会对公司和股东的问责制
   D. 少数股东应受到保护，使其不受控股股东直接或间接滥用权力的侵害
8. 下列关于公司治理问题的说法中，正确的是（ ）。
   A. 只要建立了健全的公司治理结构与治理机制，就能够取得良好的治理效果
   B. 过高的职务消费，是委托人与代理人之间信息不对称的表现

C. 保护中小股东企业，防止“隧道挖掘”行为，只能靠法律法规的完善和强制性规定

D. 国有资产流失、会计信息失真是我国国企改革过程中的“内部人控制”的主要表现形式之一

9. 下列关于外部治理机制的说法中，错误的是(　)。

A. 产品市场的竞争可以提供有关经理人员行为更有价值的信息

B. 资本市场对经理人员的约束是接管和兼并

C. 在经理人市场上，声誉是决定经理人价值的重要因素

D. 市场竞争越激烈，经理人员败德行为的空间就越大

10. 有限责任制企业与业主制、合伙制企业比较，下列不属于有限责任制企业特点的是(　)。

A. 企业存续期受制于企业业主的生命期

B. 股东财产所有权与企业控制权分离

C. 实现多元化经营发展成为可能

D. 是现代经济生活中主要的企业存在形式

11. ☆甲公司在2017年完成发行上市后的首次定增，以每股1元的价格向两名控股股东发行5 000万股。当时该公司股价为每股5元。甲公司披露的2017年报显示，当时有净利润1.2亿元，市盈率为2.8倍。从终极股东对于中小股东的“隧道挖掘”问题角度看，甲公司的上述做法属于掠夺性财务活动中的(　)。

A. 内幕交易　　B. 掠夺性融资

C. 直接占用资源　　D. 超额股利

二、多项选择题

1. 下列关于委托代理理论的表述中正确的有(　)。

A. 授权者就是代理人，被授权者就是委托人

B. 委托代理关系是随着生产力大发展和规模化大生产的出现而产生的

C. 所有权与控制权分离导致的直接后果是委托—代理问题的产生

D. 在所有权分散的现代公司中与所有权与控制权分离相关的所有问题，最终都与代理问题有关

2. 机构投资者作为证券市场中一个重要的市场主体，其具有的特征有(　)。

A. 投资具有中长期投资价值的股票

B. 往往奉行激进的价值投资理念

C. 具有显著的人才优势

D. 相对于个人投资者而言，不便于参与上市公司的治理

3. 下列选项中，属于违背勤勉义务导致的“内部人控制”问题的主要表现的有(　)。

A. 过高的在职消费

B. 建设个人帝国

C. 敷衍偷懒不作为

D. 财务杠杆过度保守

4. 在三大公司治理问题中，终极股东对于中小股东的“隧道挖掘”问题主要表现在(　)。

A. 采取过度保守的经营策略

B. 商品服务交易活动

C. 直接借款

D. 国有资产流失、会计信息失真

5. 中天集团是一家大型国有企业。依据《中国共产党国有企业基层组织工作条例(试行)》规定，公司拟利用两年时间，全面落实党委(党组)在公司治理结构中的法定地位。以下关于中天集团管理层说法中，正确的有(　)。

A. 中天集团的党委常委有6人，由股东大会选举产生，任期5年

B. 中天集团的党委书记、董事长由一人担任

C. 集团重大经营管理事项必须经党委(党组)研究讨论后，再交由董事会或经理层做出决定

D. 集团重大经营管理事项必须由董事会研究讨论后，再经党委(党组)做出

决定

6. 下列选项中属于信用中介机构的有(　)。
   A. 会计师事务所　　B. 董事会
   C. 投资银行　　D. 律师事务所
7. 下列选项中，属于公司治理基础设施的有(　)。
   A. 信息披露制度
   B. 法律法规
   C. 中介机构
   D. 媒体、专业人士的舆论监督
8. 下列关于公司治理的概念理解，正确的包括(　)。
   A. 根据公司内外部环境差异，公司治理可分为治理结构与治理机制两个维度
   B. 公司治理的核心不是用权力制衡来降低代理成本和风险，而是实现科学决策
   C. 广义的公司治理是要保证所有利益相关者的利益最大化
   D. 公司治理结构与治理能力可以模仿，但治理机制难以学习和替代
9. 治理“内部人控制”问题的基本对策包括(　)。
   A. 在法律、法规层次上明确对小股东的保护条款
   B. 完善公司治理体系，加大监督力度
   C. 企业的经营决策者必须要考虑所有利益相关者的利益并给予相应的报酬或是补偿
   D. 强化监事会的监督职能，形成企业内部权力制衡体系

本章综合练习 · 参考答案及解析

一、单项选择题

1. D　**【解析】** 会计信息披露在公司治理结构中的作用：①监督作用；②激励作用；③契约沟通作用；④有助于外部治理机制的有序运作。
2. D　**【解析】** 董事义务又称作勤勉义务或专项义务，主要包括善管义务和竞业禁止义务。善管义务包括以下三条：①董事必须忠实于公司；②董事必须维护公司资产；③董事在董事会上有审慎行使决议权的义务。
3. D　**【解析】** 外部治理机制主要是指除企业内部的各种监控机制外，还包括各个市场机制对公司的监控和约束，具体包括产品市场、资本市场和经理人市场。
4. B　**【解析】** 相较于委托代理理论，资源依赖理论可以更好地解释企业董事会的功能。董事会可以管理环境依赖并且应该反映环境的需要。董事会为获取资源发挥的作用主要包括：①为企业带来忠告、建议形式的信息；②获得公司和外部环境之间的信息通道；③取得资源的优先条件；④提升企业的合法性。
5. D　**【解析】**《OECD公司治理原则》主要包括以下内容：①确保有效的公司治理框架；②股东权利公平待遇和关键所有权功能；③机构投资者、证券交易所和其他中介机构；④利益相关者在公司治理中的作用；⑤信息披露和透明度；⑥董事会的义务。选项D属于公司治理的基础设施的内容。
6. D　**【解析】** 本题考核公司内部治理结构。提名委员会的主要职责是：①分析董事会构成情况，明确对董事的要求；②制定董事选择的标准和程序；③广泛搜寻合格的董事候选人；④对股东、监事会提名的董事候选人进行形式审核；⑤确定董事候选人，提交股东大会表决。选项D是薪酬与考核委员会的职责。
7. B　**【解析】** 董事会成立的专门委员会，他们的职责、组成和工作流程应予明确并由董事会进行披露，选项B的说法不正确。
8. D　**【解析】** 拥有相同或类似的治理结构

和治理机制的企业，绩效可能还存在较大的差异，主要原因在于公司治理能力的不同，选项A不正确；过高的职务消费是内部控制人问题的主要表现形式之一，选项B不正确；除了法律、法规层次上明确对小股东保护条款外，还需要从公司治理的制度设计层次上增加对这类弱势群体的保护，以防止“隧道挖掘”行为的出现，选项C不正确；选项D说法正确。

9. D 【解析】市场竞争越激烈，经理人员越需要付出更多的努力，败德行为的空间就越小，选项D说法错误。

10. A 【解析】公司制企业以法人的形态存在，同时两权分离使得企业实现永续运行，与业主个人生命期无关。

11. B 【解析】根据资料可知，甲公司的做法属于低价定向增发行为，本质上是向大股东进行利益输送，属于掠夺性融资。选项B正确。

二、多项选择题

1. BCD 【解析】授权者就是委托人，被授权者就是代理人，所以选项A的说法不正确。

2. AC 【解析】机构投资者作为证券市场中一个重要的市场主体，具体特征如下：①相对个人投资者而言，机构投资者具有显著的人才优势。②机构投资者往往奉行稳健的价值投资理念，投资具有中长期投资价值的股票。③相对个人投资者而言，机构投资者可以利用股东身份，从而更可能参与上市公司的治理。

3. CD 【解析】一般认为违背勤勉义务导致的内部人控制问题的主要表现有：信息披露不完整、不及时；敷衍偷懒不作为；财务杠杆过度保守；经营过于稳健、缺乏创新等，选项A、B属于违背忠诚义务导致的内部人控制问题的主要表现。

4. ABC 【解析】剥夺型公司治理问题主要是控制股东剥夺其他中小股东利益的行为，即“隧道挖掘”行为。剥夺是指终极股东利用控制股东身份侵犯公司资源，进而损害其他股东利益的行为，其可以分为以下两种类型：(1)滥用公司资源。例如终极股东是某家族或国有企业的时候，终极股东做的一些决策可能更多从家族利益(如为了家族荣耀等目标采取过度保守的经营策略)或政府社会性功能的角度出发(如为了保障社会就业而导致国有企业的冗员)，从而偏离了股东财富最大化目标。终极股东滥用公司资源违背了其作为代理人的勤勉义务。

(2)占用公司资源。占用公司资源又可以分为直接占用资源、关联性交易和掠夺性财务活动三类。选项ABC为终极股东对于中小股东的“隧道挖掘”问题的具体表现形式。选项D为经理人对于股东的“内部人控制”问题的主要表现。

5. BC 【解析】党委常委应由党员大会或党员代表大会选举产生，不是由股东大会选举产生，选项A错误；重大经营管理事项需要先经党委(党组)研究讨论后，再由董事会或者经理层做出决定，选项D错误。

6. ACD 【解析】主要的信用中介机构包括：会计师事务所、投资银行和律师事务所等。选项B属于企业内部治理结构体系中的一部分，不属于信用中介机构。

7. ABCD 【解析】公司治理的基础设施包括信息披露制度、中介机构、法律法规、政府监管(有效的政府监管体系应包括四个方面：第一、法律监管；第二、行政监管，行政监管的主体主要有证券委及其派出机构、财政部、国资委、银保监会等；第三、市场环境监管；第四、信息披露监管，负责上市公司信息披露监管的管理机构主要包括证券主管机关和证券交易所)、媒体、专业人士的舆论监督。

8. ABC 【解析】公司的治理结构与治理机制可以模仿，但其治理能力是难以学习和替代的，选项 D 的说法不正确。

9. BD 【解析】解决“内部人控制”问题可以从以下四方面着手：首先，完善公司治理体系，加大监督力度。其次，强化监事会的监督职能，形成企业内部权力制衡体系。再次，加强内部审计工作，充分发挥内部审计的监督职能，完善企业内部约束机制。最后，完善和加强公司的外部监督体系，形成对经营者的外部监督机制。其中选项 A 属于防止“隧道挖掘”问题的对策，而选项 C 属于解决企业与其他利益相关者之间的关系问题应考虑的因素。

第六章　风险与风险管理

本章重要程度：●●●

本章综合练习（限时180分钟）

扫我做试题

一、单项选择题

1. A公司在对外贸易中产生了大量的外币应收账款，为了避免汇率变化可能造成的损失，公司使用了外币套期保值。该公司使用的风险管理工具是(　)。

A. 风险对冲　　B. 风险转移

C. 风险转换　　D. 风险补偿

2. 某集团管理层作出了风险应对措施决策。下列各项中，属于风险转换的是(　)。

A. 提高信用标准防止坏账损失的扩大

B. 在本国和其他国家或地区进行投资，以便缓解和分散集中投资的风险

C. 退出某一市场以避免激烈竞争

D. 基于成本效益考虑，管理层认为不利事件发生的可能性低而且即使发生对企业影响也很小，决定接受风险

3. 2013年春季，H7N9在中华大地上肆虐，给广大养殖户造成严重冲击。保险公司适时推出H7N9保险。农乐禽养殖公司立即进行了投保，以应对H7N9给企业带来的风险。该公司采用的风险管理工具是(　)。

A. 风险承担　　B. 风险规避

C. 风险转移　　D. 风险对冲

4. M公司是一家经营多年的房地产公司，伴随着房地产业的高速增长，同时出现了风险加大的问题，为此公司决定将一部分资金投入食品加工领域以分散风险。M公司采用的风险管理策略工具是(　)。

A. 风险规避　　B. 风险转移

C. 风险对冲　　D. 风险补偿

5. 万圣公司每年需要的最低运营资本是10亿元，但是有8%的可能性需要15亿元维持运营，有2%的可能性需要18亿元才能维持运营。万圣公司维持98%的生存概率需要的风险资本为(　)。

A. 5亿元　　B. 8亿元

C. 10亿元　　D. 18亿元

6. 甲公司为国内一家大型基建公司，现正考虑承接一项位于非洲坦桑尼亚未经开发山区的大型桥梁工程。由于地势险峻，容易造成严重的意外伤亡事故，所以公司对派遣的员工进行了专门的安全培训和管理。甲公司采用的风险管理工具是(　)。

A. 风险补偿　　B. 风险规避

C. 风险控制　　D. 风险转换

7. 甲企业为了走向国际化，欲采取并购国外一家企业的方式实现该战略，各位董事就并购带来的风险分别发表了如下不同的看法。

钱某：并购会带来一定的风险，该风险发生的后果严重程度不确定。

李某：并购一定会有风险，只要风险存在，就有发生损失的可能。

王某：风险是威胁，一定要想办法去规避。

谢某：要想走向国际化，不管采取什么措施，都会有风险，但风险往往与机遇并存。

上述看法中错误的是(　)。

A. 钱某　　B. 李某

C. 王某　　D. 谢某

8. 甲公司是一家海运公司。为了转移公司与海关相关的船舶、货物、运营的损失及对他人的责任，该公司与某保险公司签订了一项金融合约，约定当风险发生时由保险公司承担相应的损失，但是作为补偿该公司应该向保险公司支付一定的保险费。甲公司进行损失事件管理的手段属于(　)。

A. 风险资本　　B. 应急资本

C. 保险　　D. 专业自保

9. 棕榈油在国内完全是依赖进口的植物油品种。2010 年 10 月 10 日，国内某棕榈油贸易商，以 8 223 元/吨的进口成本价与马来西亚供货商签订了 1 万吨订货合同。由于从订货到装船运输再到国内港口的时间预计还要 35 天左右。于是，该贸易商于 10 月 10 日在国内棕榈油期货市场卖出 12 月棕榈油合约 1 000 手进行保值，成交均价为 8 290 元/吨。到 11 月 15 日，进口棕榈油到港卸货完毕，该贸易商卖出 10 000 吨棕榈油现货，价格为 7 950 元/吨；同时在期货市场上买入 1 000 手 12 月棕榈油合约进行平仓，成交均价为 7 900 元/吨。则该贸易商采用的风险管理工具是(　)。

A. 风险对冲　　B. 风险规避

C. 风险转移　　D. 风险保留

10. 王某打算开一家提供大型高档车修理修配劳务的汽车维修店，由于投资巨大，风险未知，王某请来几名风险管理专家为开立维修店进行风险评估，几位专家的意见如下。

A 专家：因为要雇用修理员工，所以会面临员工欺诈、舞弊所带来的运营风险。

B 专家：一般维修店都会实时结算，所以面临客户信用风险的可能性不大。

C 专家：要保证零部件的质量，否则会带来运营风险。

D 专家：提供修理修配劳务，不会涉及财务风险。

通过以上资料，你认为说法不对的专家是(　)。

A. A 专家　　B. B 专家

C. C 专家　　D. D 专家

11. 乙公司是一家上市公司，在风险管理过程中非常注重风险管理工具的使用。下列表述中属于风险承担的是(　)。

A. 对于已经辨识出的风险，从成本效益角度考虑，风险管理的成本较高

B. 该公司拒绝与信用不好的交易对手进行交易

C. 放松交易客户的信用标准

D. 与银行签订应急资本协议，当风险发生时，公司可以从银行获得一定的应急资本金

12. 某公司历史上一直购买灾害保险，但经过数据分析，认为保险公司历年的赔付不足以平衡相应的保险费用支出，而不再续保；同时，为了应付可能发生的灾害性事件，公司与银行签订了应急资本协议，规定在灾害发生时，由银行提供资本以保证公司的持续经营。根据以上信息可以判断，该企业所采用的风险对策为(　)。

A. 风险补偿　　B. 风险规避

C. 风险转移　　D. 风险控制

13. 甲公司是一家小型家电生产企业。由于金融危机的影响，导致甲公司大量产成品积压在仓库，为了尽快地解决资金占用的问题，甲公司迅速与乙公司签订赊销合同，而未对乙公司的信用情况进行调查。信用期结束后，甲公司迟迟未收回这笔货款，为此计提了坏账准备。甲公司面临的外部风险属于(　)。

A. 市场风险　　B. 运营风险

C. 战略风险　　D. 政治风险

14. 在运动服装领域，李宁牌运动服可以说是明星。但该公司一开始进军美国市场

时，销量并不理想。公司管理者派员工赴美调查，结果十分意外，在英文里Lining的意思是衬垫、衬底的意思，因此，外国人误认为这不是卖衣服的店面。随后公司采取补救措施，在“Lining”之间加一个连接符，就变成“Li－ning”，从此，不再发生被误认的情况，公司成功地化解了风险。该公司面临的风险类型属于(　)。

A. 政治风险　　B. 社会文化风险

C. 市场风险　　D. 技术风险

15. 氟利昂技术在设计之初就存在着“缺陷”，其产生的氯原子会不断分解大气中的臭氧分子而破坏臭氧层，而当初设计者并没有考虑到。随着该技术在家用电器、日用化工产品、泡沫塑料及消防器材等领域的广泛使用，造成南北两极臭氧层出现空洞。这反映的风险是(　)。

A. 技术风险

B. 政治风险

C. 法律风险与合规风险

D. 运营风险

16. 某银行与客户约定的利率超出了人民银行规定的基准利率幅度，因此受到了客户的起诉，面临民事赔偿的风险。对该银行来讲，面临的风险类型是(　)。

A. 政治风险

B. 法律风险与合规风险

C. 市场风险

D. 财务风险

17. 下列各项关于应对风险的措施中，属于风险转移的是(　)。

A. 甲公司是一家稀有资源开发企业。按照国际惯例，甲公司每年向矿区所在地政府预付一定金额的塌陷补偿费

B. 乙公司是一家股票上市的商品零售企业。为了筹建更多商场，扩大市场占有率，乙公司要求母公司为其金额为5亿元的中长期贷款提供担保

C. 丙公司是一家区域性奶制品生产企业。为了推广高端乳酸菌饮料产品，丙公司决定按照“买一送一”的政策对乳酸菌饮料新产品和传统水果味酸奶产品进行捆绑销售

D. 丁公司是一家规模较小的唱片制作企业。为了保护唱片版权，丁公司与某网络商城签订合作协议，由该网络商场每年支付固定版权费用，商城会员即可无限次下载受到版权保护的丁公司制作的唱片音乐

18. 甲公司2010年实现净利润2 500万元，年终时有一笔1 000万元的应付账款需要支付，但由于该公司缺乏可用资金，导致该公司无法偿付到期的应付账款，陷入了财务困境。根据以上案例，甲公司面临的风险类型是(　)。

A. 战略风险　　B. 市场风险

C. 财务风险　　D. 运营风险

19. 下列各项关于风险管理的策略中，属于风险控制的是(　)。

A. 甲公司拒绝与信用不好的供应商进行交易

B. 乙公司与M保险公司签订保险合同，约定损失发生时由保险公司承担，作为交换，乙公司向M公司支付了20万元的保险费

C. 为应付灾害性事件，丙公司与银行签订应急资本协议，当灾害发生时，由银行提供资本保证公司的正常运营

D. 丁公司设立质量检查环节防止残次品出厂

20. 甲公司是一家日化用品生产企业，由于替代品的竞争给该公司的生产经营带来了很大的风险。甲公司面临的风险类型属于(　)。

A. 市场风险　　B. 财务风险

C. 运营风险　　D. 战略风险

21. 依据《企业内部控制应用指引第1号——组织架构》，以下需关注的主要风险是(　)。

A. 内部机构设计不科学，权责分配不合理，可能导致机构重叠

B. 缺乏明确的发展战略或发展战略实施不到位，可能导致企业盲目发展

C. 人力资源激励约束制度不合理、关键岗位人员管理不完善，可能导致人才流失

D. 安全生产措施不到位，责任不落实，可能导致企业发生安全事故

22. 下列不属于 COSO 内部控制框架中控制活动要素应当坚持的原则的是(　)。

A. 企业选择并制定有助于将目标实现风险降低至可接受水平的控制活动

B. 企业为用以支持目标实现的技术选择并制定一般控制政策

C. 企业识别并评估可能会对内部控制系统产生重大影响的变更

D. 企业通过政策和程序来部署控制活动，政策用来确定所期望的目标；程序则将政策付诸行动

23. 甲公司是一家酒楼，每天从屠宰场采购新鲜肉类，但由于市场需求波动较大，有时候当天用不完的肉类需要放入冷库储存，而有时候又因为库存不足导致缺货。依据《企业内部控制应用指引第 7 号——采购业务》，甲公司的采购业务面临的风险是(　)。

A. 供应商选择不当，采购方式不合理，导致不能及时送货

B. 供应商选择不当，可能导致采购物资质次价高，出现舞弊或遭受欺诈

C. 采购计划安排不合理，市场变化趋势预测不准确，造成库存短缺或积压，可能导致企业生产停滞或资源浪费

D. 采购验收不规范，付款审核不严，可能导致采购物资、资金损失或信用受损

24. 某公司正在进行组织架构的重组工作，其中设立审计委员会是一项重要的新工作。在选拔审计委员会成员时，公司拟定的以下候选人员，其中最有可能符合公司审计委员会委员任职资格的是(　)。

A. 公司的执行董事

B. 公司的财务总监

C. 公司的总会计师

D. 公司的独立、非行政董事

25. 企业风险是指未来的不确定性对企业实现其经营目标的影响，理解这个定义需要把握以下几个方面，这几个方面不包括(　)。

A. 企业风险与企业战略相关

B. 风险是一系列可能发生的结果，不能简单理解为最有可能的结果

C. 风险具有客观性，没有主观性

D. 风险往往与机遇并存

26. 沪港公司是一家大型国有企业，管理层在企业经营过程中一直很重视国有资产的保值增值。从内部控制视角来看，下列不属于资产管理需关注的主要风险的是(　)。

A. 存货积压或短缺，可能导致流动资金占用过量、存货价值贬损或生产中断

B. 固定资产更新改造不够、使用效能低下、维护不当、产能过剩，可能导致企业缺乏竞争力、资产价值贬损、安全事故频发或资源浪费

C. 研究成果转化应用不足、保护措施不力，可能导致企业利益受损

D. 无形资产缺乏核心技术、权属不清、技术落后、存在重大技术安全隐患，可能导致企业法律纠纷，缺乏可持续发展能力

27. 京南公司是国内一家知名的电商企业，拥有相对固定的用户群体，行业竞争一直激烈而残酷。依据《企业内部控制应用指引第 9 号——销售业务》，下列不属于销售业务需要关注的风险的是(　)。

A. 客户信用管理不到位

B. 销售政策和策略不当，市场预测不准确

C. 销售过程存在舞弊行为

D. 产品存在质量问题

28. 中国证监会近年来加大对上市公司违规担保的查处力度，以预防和治理对资本市场的不利影响。根据《企业内部控制应用指引第 12 号——担保业务》，上市公司长泰股份在办理担保业务时，应需关注的主要风险是( )。

A. 外包范围和价格确定不合理，承包方选择不当，可能导致企业遭受损失

B. 担保过程中存在舞弊行为，可能导致经办审批等相关人员涉案或企业利益受损

C. 业务外包监控不严、服务质量低劣，可能导致企业难以发挥业务外包的优势

D. 业务外包存在商业贿赂等舞弊行为，可能导致企业相关人员涉案

29. 迅捷公司正在委托外部服务公司检查企业的内部控制是否存在漏洞。根据《企业内部控制应用指引第 14 号——财务报告》，下列选项中，与迅捷公司财务报告有关的风险是( )。

A. 不能有效利用财务报告，难以及时发现企业经营管理中存在的问题，可能导致企业财务和经营风险失控

B. 不编制预算或预算不健全，可能导致企业经营缺乏约束或盲目经营

C. 销售过程存在舞弊行为，可能导致企业利益受损

D. 外包范围和价格确定不合理，承包方选择不当，可能导致企业遭受损失

30. ☆有关研究机构证实，从事中成药生产的上市公司天成公司的主打产品含有对人体健康有害的成分。该研究结果被媒体披露后，天成公司的股价大跌，购买其产品的部分消费者和经销商纷纷要求退货，致使其经营陷入危机。上述案例中，天成公司面临的风险属于( )。

A. 市场风险　　B. 运营风险

C. 财务风险　　D. 技术风险

31. ☆通达路桥公司拟在某省建一座大桥。此工程面临许多不确定因素，如工程总投资、银行贷款、过桥费收入等。公司为预测其效益，并防范其风险，组织相关人员分析了上述每一个因素的变化对该项目的内部收益率的影响。此公司采取的风险管理方法是( )。

A. 情景分析法

B. 风险评估分析法

C. 敏感性分析法

D. 马尔科夫分析法

32. ☆亚洲 R 国 H 公司推出了一个名为“东大机器人”的项目，该项目的目标是通过 R 国顶级学府 J 大学的入学考试。2013 年以来，“东大机器人”每年都参加 J 大学的入学考试，但连续 3 年的得分均低于 J 大学的录取分数线。H 公司于 2016 年 11 月正式宣布因项目过于复杂而最终放弃该项目。根据上述描述，H 公司研发“东大机器人”项目面临的风险是( )。

A. 战略风险　　B. 技术风险

C. 市场风险　　D. 财务风险

33. ☆我国某纺织生产企业甲公司向欧洲 H 国出口“双羊”牌高档羊绒被，其英文商标名为“Goats”。该产品质量上乘，但在 H 国一直销路不佳。甲公司进行详细调查后发现，在 H 国，“Goats”除了有山羊的意思以外，还有其他的贬义，一些消费者因此产生不好的联想，影响了产品的销售。这个案例表明，企业跨国营销可能面临( )。

A. 市场风险　　B. 环境风险

C. 品牌风险　　D. 社会文化风险

34. ☆甲公司以公开招标方式采购一批设备，乙公司以最低价中标。在签订正式采购合同前，乙公司发现钢材等原材料价格突然暴涨，如继续以中标价格签订合同，公司将蒙受重大损失。乙公司与甲公司

商议能否提高合同价格，遭到甲公司拒绝。于是乙公司放弃了该项目，甲公司则根据约定没收了乙公司的投标保证金。在上述案例中，甲公司采购设备时面临的风险是( )。

A. 市场风险　　B. 运营风险
C. 战略风险　　D. 技术风险

35. 下列关于风险管理总体目标的说法中不正确的是( )。

A. 确保将风险控制在与公司总体目标相适应并可承受的范围内
B. 确保遵守有关法律法规
C. 确保内部，尤其是企业与股东之间实现真实、可靠的信息沟通，包括编制和提供真实、可靠的财务报告
D. 确保企业建立针对各项重大风险发生后的危机处理计划，保护企业不因灾害性风险或人为失误而遭受重大损失

36. 下列关于风险管理的监督与改进的相关说法中，不正确的是( )。

A. 企业风险管理职能部门应不定期对各部门和业务单位风险管理工作实施情况和有效性进行检查和检验
B. 企业内部审计部门应每年至少一次对各有关部门和业务单位的风险管理工作及其工作效果进行监督评价
C. 企业各有关部门和业务单位应定期对风险管理工作进行自查和检验
D. 风险管理基本流程的最后一个步骤是风险管理的监督与改进

37. ☆下列各项关于企业全面风险管理的说法，错误的是( )。

A. 全面风险管理主动将风险管理作为价值中心
B. 全面风险管理既管理纯粹风险也管理机会风险
C. 全面风险管理主要由财务会计和内部审计等部门负责
D. 全面风险管理的焦点在所有利益相关者的共同利益最大化上

38. ☆下列各项关于风险管理解决方案的表述，错误的是( )。

A. 风险管理解决方案中的外部解决方案一般指外包
B. 风险管理解决方案应有风险解决的具体目标和风险管理工具等方面的内容
C. 落实风险管理解决方案必须认识到风险管理是企业价值创造的根本源泉
D. 风险管理解决方案中的内部解决方案一般指风险管理策略

39. 甲企业在风险辨识环节，对于辨识出来的风险，打算采用风险转移的方法进行管理。对于未能辨识出的风险，您建议该企业采用的风险管理工具是( )。

A. 风险规避　　B. 风险承担
C. 风险对冲　　D. 风险转换

40. ☆庆云公司是国内一家研发、生产抗癌药品的企业。面对M国F公司生产的疗效和安全性更高的同类药品被越来越多的患者接受，庆云公司将业务转型为与F公司合作研发新一代抗癌药品，并销售F公司的产品，取得比业务转型前更好的经营业绩。庆云公司采取的风险管理策略是( )。

A. 风险转移　　B. 风险规避
C. 风险补偿　　D. 风险转换

41. 在正常的市场条件下，在给定的时间段中，给定的置信区间内，预期可能发生的最大损失。这种风险度量方法是( )。

A. 最大可能损失　　B. 概率值
C. 期望值　　D. 在险值

42. ☆中科公司是国内一家著名的印刷机制造商。面对G国先进印刷机在中国的市场占有率迅速提高，中科公司将业务转型为给G国印刷机的用户提供零配件和维修保养服务，取得比业务转型前更高的收益率。从风险管理策略角度看，中科公司采取的策略是( )。

A. 风险规避　　B. 风险转换
C. 风险转移　　D. 风险补偿

43. ☆厨具生产商佳乐公司为了分散经营风险，开展多元化经营，投资了一个环保项目。由于对该项目的前期调研不够充分，相关信息搜索不足，公司管理人员在分析项目运营风险时，无法判断风险发生的概率。在这种情况下，佳乐公司应采取的风险度量方法是(　)。

A. 期望值　B. 在险值

C. 最大可能损失　D. 概率值

44. ☆M国某地区位于地震频发地带，那里的居民具有较强的防震意识，住房普遍采用木制结构，抗震性能优越。不少家庭加装了地震时会自动关闭煤气的仪器，以防范地震带来的相关灾害。根据上述信息，该地区居民采取的风险管理策略工具是(　)。

A. 风险控制　B. 风险转移

C. 风险规避　D. 风险转换

45. ☆下列各项中，属于企业一般不应把风险承担作为风险管理策略的情况是(　)。

A. 企业管理层及全体员工都未辨识出风险

B. 企业以成本效益考虑，认为选择风险承担是最适宜的方案

C. 企业面临影响企业目标实现的重大风险

D. 企业缺乏能力对已经辨识出的风险进行有效管理与控制

46. ☆甲公司是一家生产遮阳用品的企业。2013年，公司在保留原有业务的同时，进入雨具生产业务。从风险管理策略的角度看，甲公司采取的策略是(　)。

A. 风险承担　B. 风险规避

C. 风险转换　D. 风险对冲

47. 下列关于套期保值的相关说法中，不正确的是(　)。

A. 套期保值和投机的目的都是为了降低风险

B. 绝大多数期货合约不会在到期日用标的物兑现

C. 对于买方期权，期权持有人不负有必须买进的义务

D. 期权作为对冲的工具可以起到相似保险的作用

48. ☆甲公司每年维持经营所需的最低资本为1 000万元，但是有4%的可能性需要1 500万元才能维持经营。该公司为了保证96%的生存概率所需的风险准备金是(　)。

A. 500万元　B. 1 500万元

C. 2 500万元　D. 1 000万元

49. ☆宏远海运公司为加强对风险损失事件的管理，与甲银行签订协议，规定在一定期间内，如果宏远海运公司由于台风等自然灾害遭受重大损失，可从甲银行取得贷款，并为此按约定的期间向甲银行缴纳权力费。宏远海运公司管理损失事件的方法称为(　)。

A. 损失融资　B. 专业自保

C. 应急资本　D. 风险补偿合约

50. ☆凌云公司近来不断加强企业内部控制体系建设，在董事会下设立了审计委员会，负责审查企业内部控制，监督内部控制的有效实施和内控自我评价情况，协调内控审计及其他相关事宜。根据COSO《内部控制框架》，公司的上述做法属于内部控制要素中的(　)。

A. 控制环境　B. 监控

C. 风险评估　D. 控制活动

51. ☆下列各项中，属于控制活动要素的是(　)。

A. 企业实施全面预算管理制度

B. 企业制定内部控制缺陷认定标准

C. 企业根据设立的控制目标，及时进行风险评估

D. 董事会下设立审计委员会

52. ☆随着全面风险管理意识的加强，甲公司的股东要求管理层建立重大风险预警机制，明确风险预警标准，对可能发生的重大风险事件，制定应急预案，明确

相关责任人和处理流程、程序和政策，确保重大风险事件得到及时、稳妥的处理。甲公司股东的要求所针对的内部控制要素是(　)。

A. 风险评估　　B. 控制活动

C. 内部监督　　D. 信息与沟通

53. ☆面对未来国外经济形势不确定因素增加的局面，鑫华基金公司按照较好、一般、较差三种假设条件，对公司未来可能遇到的不确定因素及其对公司收入和利润的影响作出定性和定量分析。鑫华基金公司使用的风险管理技术与方法是(　)。

A. 情景分析法

B. 敏感性分析法

C. 统计推论法

D. 马尔科夫分析法

54. ☆甲公司是一家计划向移动互联网领域转型的大型传统媒体企业。为了更好地了解企业转型中存在的风险因素，甲公司聘请了20位相关领域的专家，根据甲公司面临的内外部环境，针对六个方面的风险因素，反复征询每个专家的意见，直到每一个专家不再改变自己的意见，达成共识为止。该公司采取的风险管理方法是(　)。

A. 德尔菲法　　B. 情景分析法

C. 头脑风暴法　　D. 因素分析法

55. ☆甲公司是一家化工企业，每年都对设备进行检修。甲公司在对设备故障风险进行分析时，先将设备运行情况划分为几种情景状态，然后用随机转移矩阵描述这几种状态之间的转移，最后用计算机程序计算出每种状态发生的概率。甲公司采用的这种风险管理方法是(　)。

A. 事件树分析法

B. 马尔科夫分析法

C. 失效模式、影响和危害度分析法

D. 情景分析法

56. ☆甲公司拟新建一个化工项目。经过可行性研究，该项目预计净现值为420万元，内部收益率为13%。甲公司进一步分析初始投资、建设期及寿命期的变动对该项目预计净现值的影响及影响程度。甲公司采取的风险管理技术与方法是(　)。

A. 情景分析法　　B. 事件树分析法

C. 敏感性分析法　　D. 决策树分析法

57. ☆甲公司在实施风险管理过程中，对由人为操作和自然因素引起的各种风险对企业影响的大小和发生的可能性进行分析，为确定企业风险的优先次序提供分析框架。该公司采取的上述风险管理方法属于(　)。

A. 决策树法

B. 马尔科夫分析法

C. 流程图分析法

D. 风险评估系图法

58. ☆为了适应市场需求，甲公司决定扩大手机生产规模。市场预测表明：该产品销路好的概率为0.6，销路差的概率为0.4。据此，公司计算出多个备选方案，并根据在产品销路不确定的情况下净现值的期望值，选择出最优方案。据此，甲公司采取的风险管理技术与方法是(　)。

A. 流程图分析法

B. 敏感性分析法

C. 事件树分析法

D. 决策树分析法

二、多项选择题

1. 随着医疗保险制度的逐步完善，药品价格改革的降价效应得到了进一步显现。今后，药品价格主要由市场决定，以及政府的药品降价政策将使国内药品的总体价格水平不断下降。甲公司是一家生物制药公司，公司已形成规模销售的产品，今后将面临着激烈的市场竞争和强劲的竞争对手，因而本公司产品降价趋势明显，这将对公司的盈利能力产生一定不利影响。根据以上信息可以判断，甲公司可能面对的风险类型包括(　)。

A. 市场风险　　B. 技术风险

C. 运营风险　　D. 信用风险

2. 下列关于风险管理策略的工具说法中正确的有(　)。

A. 甲银行将重要的数据进行异地备份，以防止重要数据丢失，采用的是风险补偿策略

B. 乙基金公司认为ST股票投资风险大，停止对ST股票的买入，采用的是风险规避策略

C. 丙证券公司除了经营传统的经纪业务外，还同时经营融资融券、投资顾问、资产管理、产品代销、自营、IB等业务，采用的是风险对冲策略

D. 丁保险公司收到保费后，在证券市场上发行与风险事件相关的附息债券，如果不发生风险事项，债券购买者会获得利息，采用的是风险转移策略

3. 主营化学药、中成药的研发、生产和销售业务的华森公司的风险管理部门与高层管理人员正在商议如何确定风险管理的有效性标准。下列关于风险管理有效性标准的说法中正确的有(　)。

A. 风险管理有效性标准应当用于衡量全面风险管理体系的运行效果

B. 风险管理有效性标准应当在企业的风险评估中应用，并根据风险的变化随时调整

C. 风险管理的有效性标准要针对企业的全部风险，能够反映企业全部风险管理的现状

D. 量化的企业风险管理的有效性标准与企业风险承受度有相同的度量基础

4. 某矿业集团近期收购了厄瓜多尔铜矿，集团风险管理部派李辉驻该铜矿担任中方管理人员，并负责该铜矿的风险管理工作。根据该国现有情况，李辉建议集团采取以下措施：向国际保险公司对该项目可能面临的政治风险投保，在原料、零配件的采购上适当以当地企业优先。李辉用以应对该铜矿面临的风险的措施有(　)。

A. 风险控制　　B. 风险规避

C. 风险转移　　D. 风险保留

5. 甲公司是一家净化器生产企业。下列各项风险管理措施中，属于风险规避的有(　)。

A. 甲公司停止生产可能存在安全隐患的产品

B. 甲公司与银行签订应急资本协议，当火灾发生时，由银行提供资本保证公司的持续经营

C. 甲公司不与质次价高的供应商合作

D. 甲公司为降低风险，开始实施多元化经营

6. 近年来，风险与风险管理越来越受到广泛的重视。甲企业董事会提出，为了企业的健康发展，要对本企业实行风险管理。总经理赵某要求刚成立的风险管理小组组长刘某制订风险管理的目标。关于刘某制订的下列目标中，不正确的有(　)。

A. 确保遵守有关法律法规

B. 确保企业建立针对各项风险发生后的危机处理计划，保护企业不因灾害性风险或人为失误而遭受损失

C. 确保将风险控制在与公司总体目标相适应的范围内

D. 确保内外部，尤其是企业与股东之间实现真实、可靠的信息沟通，包括编制和提供真实、可靠的财务报告

7. 主营新能源客车和专用汽车的研发、制造、销售和服务业务的龙舟公司，针对面临的风险采取了不同的措施进行管理。下列各项中属于风险规避策略的有(　)。

A. 不准员工访问某些网站或下载某些内容

B. 退出某一市场以避免激烈竞争

C. 设置质量检查环节以防止次品出厂

D. 利用期货进行套期保值

8. 下列选项中，采用的风险管理策略工具是风险转移的有(　)。
   A. 公司明令禁止各业务单位进行期货投机
   B. 大地公司利用期货来进行套期保值
   C. 为公司的固定资产投保
   D. 将某项对工人健康安全风险较高的业务外包给其他的专业公司

9. W 快餐源于欧洲，因企业扩张的需要，目前，W 公司总部决定到印度开发自己的连锁经营店面。然而该公司要想在印度市场上建立店面必须要先向当地政府缴纳高出当地企业平均水平的税金。并且，快餐店成立后欲推出的一款牛肉汉堡在当地引起了民众强烈的不满，不得不取消牛肉汉堡在当地的销售。根据以上案例，W 公司面对的外部风险有(　)。
   A. 技术风险　　B. 政治风险
   C. 社会文化风险　　D. 运营风险

10. 2009 年，中国某矿业集团公司将全面风险管理工作纳入基层单位业绩考核体系，将风险管理考核结果与业绩奖惩挂钩，推动了全面风险管理工作的落实。该集团公司董事会在全面风险管理方面主要履行的职责包括(　)。
   A. 审议并向股东(大)会提交企业全面风险管理年度工作报告
   B. 审议内部审计部门提交的风险管理监督评价审计报告
   C. 批准重大决策、重大风险、重大事件和重要业务流程的判断标准或判断机制
   D. 批准风险管理组织机构设置及其职责方案

11. 下列说法中正确的有(　)。
   A. 甲公司对未能辨识出的风险采用风险承担策略
   B. 乙公司退出某一市场以避免激烈的竞争属于风险规避策略
   C. 丙公司通过购买保险将风险转移给保险公司属于风险转移策略
   D. 丁公司通过放松客户信用标准，在增加了应收账款的同时，扩大了销售，这属于风险对冲策略

12. H 公司研制出一种市场上还未出现的新产品，没有历史数据可以对可能的销售量作出预测。公司决定采用德尔菲法对新产品销售量进行预测。于是该公司成立专家小组，并聘请业务经理、市场专家和销售代表等 10 位专家，征询专家小组成员的预测意见，从而预测全年可能的销售量。经过四次反馈后得到最终预测结果。H 公司采用这种方法进行预测的主要优点有(　)。
   A. 由于观点是匿名的，因此专家更有可能表达出那些不受欢迎的看法
   B. 所有观点有相同的权重，避免重要人物的观点占主导地位
   C. 专家不必聚集在某个地方，实施比较方便
   D. 让主要利益相关者参与其中，有助于进行全面沟通

13. V 公司作为一家大型制造企业，采购业务金额大品种多，公司采购业务经常出现问题，根据《企业内部控制应用指引第 7 号——采购业务》，V 公司的采购流程不完善时，可能面临的风险有(　)。
   A. 库存短缺或积压
   B. 采购物资质次价高，出现舞弊或遭受欺诈
   C. 资金损失
   D. 信用受损

14. CC 国投集团历年都特别重视全面预算工作，根据《企业内部控制应用指引第 15 号——全面预算》，该企业实行全面预算管理时可能面临的风险有(　)。
   A. 全面预算方法的选择所带来的风险
   B. 不编制预算或预算不健全而导致企业经营缺乏约束或盲目经营
   C. 预算目标不合理、编制不科学，导致

企业资源浪费或发展战略难以实现

D. 预算缺乏刚性、执行不力、考核不严，导致预算管理流于形式

15. 百姓安居公司是一家大型的跨国居家建材企业，每年涉及大量的采购业务，合同管理一直是公司法务部门关注的重点，依据《企业内部控制应用指引第 16 号——合同管理》，下列各项中属于该企业在进行合同管理时需关注的主要风险有(　)。

A. 未经授权对外订立合同

B. 合同未全面履行或监控不当

C. 合同内容存在重大疏漏和欺诈

D. 合同纠纷处理不当

16. 天地居建设集团每年承担数亿元的建设工程项目的建设任务，依据《企业内部控制应用指引第 11 号——工程项目》，下列各项中属于该企业在工程项目方面需关注的主要风险有(　)。

A. 立项缺乏可行性研究或者可行性研究流于形式，决策不当，盲目上马，可能导致难以实现预期效益或项目失败

B. 项目招标暗箱操作，存在商业贿赂，可能导致中标人实质上难以承担工程项目、中标价格失实及相关人员涉案

C. 工程造价信息不对称，技术方案不落实，预算脱离实际，可能导致项目投资失控

D. 竣工验收不规范，最终把关不严，可能导致工程交付使用后存在重大隐患

17. 徐汇源股份公司的管理层认为对外提供担保时要非常谨慎，重大业务担保要集体进行决策。依据《企业内部控制应用指引第 12 号——担保业务》，下列属于该企业在办理担保业务时需关注的主要风险有(　)。

A. 对担保申请人的资信状况调查不深，审批不严或越权审批，可能导致企业担保决策失误或遭受欺诈

B. 对被担保人出现财务困难或经营陷入困境等状况监控不力，应对措施不当，可能导致企业承担法律责任

C. 担保范围不合理，可能导致企业遭受损失

D. 担保过程中存在舞弊行为，可能导致经办审批等相关人员涉案或企业利益受损

18. 甲公司按照国家相关部门要求，开始建设自身的内部控制体系。该公司在编制相关制度和程序的同时，还重视内部环境的建设和改善。下列各项中属于该公司应注意的内部环境因素有(　)。

A. 内部机构设置　B. 反舞弊机制

C. 人力资源政策　D. 法制环境

19. 下列各项中属于风险构成要素内容的有(　)。

A. 风险因素　B. 风险事件

C. 不确定性　D. 损失

20. 大江公司的管理层特别重视企业的运营风险。下列各项中属于大江公司面临的运营风险的有(　)。

A. 企业产品结构、新产品研发可能引发的风险

B. 期货等衍生产品业务中发生失误带来的风险

C. 质量、安全、环保、信息安全等管理中发生失误导致的风险

D. 因企业内、外部人员的道德风险或业务控制系统失灵导致的风险

21. ☆主营太阳能电池组件业务的日华公司上市后，通过股权融资、债券融资、银行借贷、信贷融资、民间集资等各种手段融资近 70 亿元，在多个国家投资布局光伏全产业链，还大举投资房地产、汽车等项目。后来光伏产业国际市场需求急剧萎缩，致使公司出现大额亏损，深陷债务危机。本案例中，日华公司所面临的主要风险类型有(　)。

A. 战略风险　B. 政治风险

C. 社会文化风险　D. 财务风险

22. ☆智博公司是一家连锁书店。面对电子图书的冲击和网上售书模式的兴起，智博公司陆续开辟了“名师书架”“读者乐园”和“网上书城”等，通过优化图书结构和经营模式吸引消费者，取得了显著效果。在本案例中，智博公司规避的风险有(　)。

A. 市场风险　　B. 运营风险

C. 财务风险　　D. 战略风险

23. ☆甲公司是一家环保设备制造商。2010年，甲公司把以投资建设环保项目为由从银行取得的贷款转而投入了房地产开发。几年后，由于政府宏观调控政策出台，甲公司投入房地产开发的大部分资金无法收回，经营陷入危机。上述案例所涉及的风险有(　)。

A. 法律和合规风险

B. 社会文化风险

C. 技术风险

D. 政治风险

24. ☆燕州公司是一家肉鸭养殖加工企业。该公司于2017年从国外引进著名的番鸭，全面替代原有鸭种。基于番鸭饲养成本是原有鸭种的三倍多，加上番鸭熟制品不太适合国内消费者的口味，因而该公司此后的经营持续入不敷出，逐渐陷入困境。本案例中，燕州公司面临的风险有(　)。

A. 运营风险

B. 战略风险

C. 法律与合规风险

D. 技术风险

25. ☆德勒公司是一家研发和制造大型游乐设施的企业。从风险管理基本流程来看，下列各项中，属于该公司为分析其所面临的运营风险需要收集的重要初始信息有(　)。

A. 公司风险管理的现状与能力

B. 与主要竞争对手相比，该公司实力与差距

C. 替代品情况

D. 产品结构、新型游乐设施的研发情况

26. 下列各项中符合2019年我国国资委发布的《关于加强中央企业内部控制体系建设与监督工作的实施意见》中相关要求的有(　)。

A. 建立健全内控体系，进一步提升管控效能

B. 强化内控体系执行，提高重大风险防控能力

C. 加强信息化管控，强化内控体系刚性约束

D. 加大企业监督评价力度，促进内控体系持续优化

27. 徐江重工集团管理层在推进实施进行风险管理，需要收集各方面的风险管理初始信息。下列属于该公司在分析战略风险时应收集的信息有(　)。

A. 科技进步、技术创新的有关内容

B. 市场对该企业产品或服务的需求

C. 企业和竞争对手的知识产权情况

D. 与主要竞争对手相比，企业实力与差距

28. 上会期货公司的风险管理部是公司重要的职能部门，风险管理部针对期货业务可能产生的风险，事前准备多种风险管理手段，其中属于风险管理内部解决方案的有(　)。

A. 风险管理策略　　B. 组织职能

C. 信息系统　　D. 风险理财措施

29. ☆分析企业运营风险，企业应至少收集与本企业、所在行业相关的信息，其中包括(　)。

A. 企业风险管理的现状和能力

B. 潜在竞争者、竞争者及其主要产品、替代品情况

C. 期货等衍生产品业务曾发生或易发生失误的流程和环节

D. 新市场开发情况、市场营销策略

30. ☆星云公司制造手机所需要的部分零部

件由奇象公司提供。星云公司为了防范和应对采购过程中可能出现的风险，与奇象公司签订了严格而规范的合同，其中一项规定是：如果由于外界不可抗力因素造成奇象公司不能按时供货并给星云公司带来损失，只要损失额超过一定数量，那么超过的部分由奇象公司予以赔偿。在上述案例中，星云公司采取的风险管理工具有（ ）。

A. 风险规避 B. 风险转移
C. 风险补偿 D. 风险承担

31. ☆下列风险度量方法中，建立在概率基础上的方法有（ ）。

A. 期望值法 B. 在险值法
C. 层次分析法 D. 最大可能损失法

32. 甲公司想要利用衍生产品进行风险对冲，下列属于衍生产品的有（ ）。

A. 远期合约 B. 期货
C. 互换交易 D. 期权

33. ☆乙公司近年来实施全面风险管理，运用衍生产品等风险理财工具防范风险。下列对乙公司风险理财的表述中，正确的有（ ）。

A. 乙公司运用风险理财工具不需要判断风险定价
B. 乙公司运用风险理财工具的主要目的是降低风险
C. 乙公司运用风险理财工具注重风险因素对现金流的影响
D. 乙公司运用风险理财工具既可以针对不可控风险也可以针对可控风险

34. 甲公司为加强风险管理制定并实施了下列内部控制制度，其中符合我国《企业内部控制基本规范》关于内部环境要素要求的有（ ）。

A. 董事会负责内部控制的建立健全和有效实施
B. 编制内部管理手册，使高管掌握内部机构设置、岗位职责、业务流程等情况
C. 制定和实施有利于企业可持续发展的人力资源政策
D. 在董事会下设立审计委员会

35. 乐乐股份是一家经营大型游乐场所的企业，为预防及管理公司经营过程中所产生的外部风险因素，依据我国《企业内部控制基本规范》规定，下列各项中不属于风险评估要素中应识别的外部因素的有（ ）。

A. 技术进步、工艺改进等科学技术因素
B. 经济形势、产业政策等经济因素
C. 环境保护等安全环保因素
D. 信息技术运用等自主创新因素

36. 甲公司为应对企业面临的风险因素所带来的不利影响，在风险管理工作中结合自身业务特别强化控制活动相关措施，在该公司管理层的讨论意见中，下列关于控制活动的说法正确的有（ ）。

A. 不相容职务分离控制要求企业全面系统性分析、梳理业务流程中的不相容职务，防止具有欺骗性的活动发生或未被查出
B. 企业对于重大的业务和事项，应当实行集体决策审批或者联签制度，任何个人不得单独进行决策或者擅自改变集体决策
C. 授权审批控制要求企业编制常规授权的指引，针对特别授权不需要做过多约束
D. 财产保护控制包括采用财产记录、使用保险箱储存现金和重要文件、为大楼或其内的区域设立门禁系统等手段

37. ☆甲信托投资公司自成立以来，结合业务特点和内部控制要求设置内部机构，明确职责权限，将权利和责任落实到责任单位，同时综合运用风险规避、风险降低、风险分担和风险承受等风险应对策略，实现对风险的有效控制。根据我国《企业内部控制基本规范》，该公司的上述做法涉及的内部控制要素有（ ）。

A. 风险评估　　　B. 控制环境
C. 信息与沟通　　D. 控制活动

38. ☆下列各项中，属于《企业内部控制基本规范》对内部环境要素要求的有（ ）。
A. 企业应当建立举报投诉制度和举报人保护制度
B. 企业应当建立重大风险预警机制和突发事件应急处理机制
C. 企业应当制定和实施有利于企业可持续发展的人力资源政策
D. 企业应当加强内部审计工作

39. 四通集团修订公司章程，拟从公司治理架构的各个方面来强化全面风险管理工作，下列各项中属于该公司董事会在全面风险管理方面主要履行的职责有（ ）。
A. 批准重大决策的风险评估报告
B. 督导企业风险管理文化的培育
C. 审议风险管理策略和重大风险管理解决方案
D. 审议风险管理组织机构设置及其职责方案

三、简答题

1. 甲公司是一家软件开发公司。在软件开发过程中，会面临很多风险，为此甲公司采取了一系列措施来应对风险，其中包括：

(1)对于软件项目开发过程中存在的技术风险，采用成熟的技术、团队成员熟悉的技术或迭代式的开发过程等方法将风险控制在一定范围内；

(2)完全陌生领域的项目利用保险来减轻损失，保险合同规定保险公司为预定的损失支付补偿，作为交换，在合同开始时，该公司要向保险公司支付保险费；

(3)软件开发过程需要大额资金，但是投资者的资金可能不足以维持，所以该公司与银行签订了应急资本协议，规定在资金严重短缺时，由银行提供资本以保证公司的持续经营。

要求：判断分析甲公司分别采用了哪些风险应对策略。

2. 甲公司是一家成立时间较长的大型建筑工程公司，有在海外承揽大型工程的丰富经验。目前，该公司打算开拓南美市场，但据了解拟进入的国家政局不稳，并且其国内经济恶化，通货膨胀十分严重，而且政变后新上台的军政府不承认前任政府签署的所有相关协议，另外外汇管制十分严格。因此，该公司决定放弃此地区市场，转而进军中东市场。由于公司资质很好，很顺利地承揽到了为中东某国修建高速公路这一工程。该工程工期长，且有“尾款”，并以当地货币结算，在汇出时再按当时汇率折算成美元。该公司为防止业主拖欠工程款，向中信保险公司投保了信用险；为防止汇率波动影响公司的利润，公司财务部使用相关衍生产品进行对冲，锁定大部分工程款汇率。

根据以往同业经验，当工程结束时，工程指挥部使用的奔驰车，工程中使用的日本施工机械等，该国海关会以各种借口扣留在本国，但公司认为几年工程下来，这些设备已大幅度减值，不能因小失大，因此，不再为此而进行其他运作。

要求：请根据上述材料，指出甲公司面临的主要风险及相应的风险管理工具。

3. 甲公司成立于 2010 年。随着企业规模的扩大，风险管理逐渐引起公司领导层的关注。因此公司成立了风险管理委员会和风险管理职能部门。以下是该公司一些情况：

(1)风险管理委员会对董事会负责，由董事长兼总经理刘某担任风险管理委员会的召集人。

(2)风险管理委员会共设委员五人，其中张某和李某是公司董事，张某自公司成立以来一直为公司的高级管理人员，对公司的重要管理、业务流程非常熟悉；而李某则是新进入董事会的成员，其是风险管理专家，具有一定的法律知识。

(3)风险管理委员会的职能之一为确

定企业风险管理总体目标、风险偏好、风险承受度，批准风险管理策略和重大风险管理解决方案。

(4)风险管理职能部门履行全面风险管理的职责，对风险管理委员会负责。

(5)风险管理职能部门的职能之一为审议内部审计部门提交的风险管理监督评价审计综合报告。

要求：请指出上述情况(1)至情况(5)中存在的不恰当之处，并说明原因。

4. 甲公司通过其在中国的30家店铺销售多种高质量的运动服和运动鞋。在国家经济不断增长的情况下，该公司目前是盈利的，但这几年的利润空间一直在减少，公司尚未对此查明原因。甲公司的每家店铺均采用电子系统记录库存，所有商品都由各店铺提供详细的产品要求，然后由驻孟加拉国的总部集中订购，订单通过邮寄方式发给供应商，并用塔卡(孟加拉国货币单位)结算。最近有新闻报道称，甲公司在中国独家代理的防辐射服装，因其生产中使用的一种化学药品，在阳光下暴晒时间过长会释放毒烟。公司管理层正对此事进行调查。

2008年，中国承办了奥运会，引发体育消费热情。甲公司借助全民参与奥运的热情，通过向银行借款等方式筹集大笔资金，借助一系列的商业赞助和营销，实现高速增长，店铺数量激增至1500家。甲公司的扩张速度加快，但管理水平却没有得到相应提高，同时赶上消费人群骤降带来的行业低谷，公司抗风险能力明显下降。此外，公司库存居高不下，银行还款压力剧增，不得不进行清仓甩卖，大规模关店。

要求：

(1)简要分析甲公司可能面临的风险类型。

(2)简要分析甲公司风险管理的总体目标。

5. 李某是沪深股市的投资者，十几年来，由一万元入市，现已成长为数千万元的大户，创造了中国股票交易史上的奇迹。其特别重视上市公司的内部控制和风险管理，用他自己的话说就是“诸葛一生唯谨慎”，投资应该将风险放在第一位，对于小投资者来说，其坚信的理念就是“君子不立危墙之下”。

近来，李某注意到，甲农业股份有限公司股价大幅下跌，股价由原来的100元下跌到现在的20元。究其原因，一方面，由于H7N9在国内传播，公众不再食用禽类，对公司的经营造成一定影响；另一方面，公司前几天公布了一则公告，公司将对2012年的数十几项应收账款提取60%的坏账准备，从而对公司的业绩造成大幅影响。深谙证券交易的李某认为，公司股票到了合理的估值范围，但基于谨慎，其并没有直接买入该公司的股票。李某和助理刘某，不惜相隔万里，到了该上市公司进行调查，该公司证券部经理赵某和董事会秘书张某向李某介绍了公司的情况，并陪同其进行了调查。

甲公司管理层一直致力于实现最高水平的内部控制，以使股东对公司的管理层更加有信心，同时提高公司的社会信誉。但是，最近该公司的信誉由于内部出现的事件而受到了负面影响。事件的起因是，一种家禽体内的激素水平超出了相关安全标准的规定，质量检验部的一名员工对外进行了披露。该员工曾就此问题向其所在部门的领导进行反映，但并未得到任何答复，遂向媒体投诉。在接受媒体采访时，该员工指出，该公司一向缺乏严谨的工作作风，此次漠视安全标准规定只是公司对待类似问题的一个例子。

另外，李某也了解了甲公司计提坏账准备的情况，起因是甲公司向老客户赊销活鸡和生猪，形成了巨额的应收账款，由于老客户资金链断裂，因此提取了60%的坏账准备。

要求：

（1）根据资料，并结合《企业内部控制基本规范》的相关规定，从内部控制五要素方面分析甲公司的内部控制存在的不当之处。

（2）根据资料，简要分析甲公司目前面临的风险类型，并指出其他的风险类型。

6. ☆“达达出行”创建于2012年。经过几年的发展，“达达出行”从一个出租车打车软件平台，成长为涵盖出租车、专车、快车、顺风车、代驾及大巴等多项业务的一站式出行平台。

“达达出行”的顺风车业务定位于“共享出行”，旨在进一步释放闲置车辆的利用效率。为了调动广大车主和乘客参与的积极性，“达达出行”有意突出了其社交属性，“就像咖啡馆、酒吧一样，私家车也能成为一个半公开、半私密的社交空间”。然而，这一思路给达达顺风车业务带来灾难性的后果。

2018年5月和8月，达达顺风车连续两次发生了女乘客被车主杀害事件，引发社会舆论轩然大波。有关政府部门在第一时间约谈“达达出行”，责令全面整改。在“达达出行”承诺给予被害者巨额赔偿后，国内一家主流报刊发文评论，“生命安全是人类最基本的需求，网络平台不能把资本思维凌驾于公共利益之上”。随后“达达出行”发布公告，自8月27日起下线全国顺风车业务，进行内部整改。之后，达达顺风车开展了多项整改措施。

（1）调整产品定位和属性。坚决摒弃社交思路，回归顺风车“顺路”属性。达达顺风车永久下线用户真实头像、性别等个人信息展示；限制车主接单次数确保无法挑单；去掉非行程相关的评价标签，防止隐私泄露等。

（2）完善安全管理控制体系。达达顺风车安全管理优化了226项功能，聚焦真正顺路、真实身份核实以及全程的安全防护。

（3）改善激励机制与约束机制，打造友善出行环境。达达顺风车将原有的“信任值”升级为“行为分”，更有效地引导车主和乘客双方在平台上的“好行为”。同时，达达顺风车为用户每次行程免费提供最高120万元/人保额的驾乘人员意外险。

下线整改一年多后，2019年11月20日上午9：00起，达达顺风车终于开启试运营。

要求：

（1）简要分析“达达出行”在2018年所面临的法律与合规风险。

（2）简要分析“达达出行”实施收缩战略的原因和方式。

7. ☆主营单晶硅多晶硅太阳能电池产品研发和生产的益强公司于2003年成立。这是一家由董事长兼总经理李自一手创办并控制的家族式企业。

2010年11月益强公司挂牌上市。在资本市场获得大量融资的同时，益强公司开始了激进的扩张之路。从横向看，为了扩大市场份额，益强公司在欧美多个国家投资或设立子公司；从纵向看，益强公司布局光伏全产业链，实施纵向一体化发展战略，由产业中游的组件生产，延伸至上游的硅料和下游的电站领域。益强公司还大举投资房地产、炼油、水处理和LED显示屏等项目。

为了支持其扩张战略，益强公司多方融资。公司上市仅几个月便启动第二轮融资计划——发行债券，凭借建设海外电站的愿景，通过了管理部门的审批，发行10亿元的“益强债券”，票面利率为8.98%，在当年新发债券中利率最高。自2011年2月起，李自及其女儿李丽陆续以所持股份作抵押，通过信托融资约9.7亿元，同时益强公司大举向银行借债。李自还发起利率高达 15%的民间集资。这样，益强公司在上市后三年内，通过各种手段融资近 70 亿元。

受 2008 年美国次贷危机和 2011 年欧债危机影响，欧美国家和地区纷纷大幅削减甚至取消光伏补贴，光伏产品国际市场需求急剧萎缩。随后欧盟对中国光伏产品发起“反倾销、反补贴”调查，光伏企业出口遭受重创。而全行业的非理性发展已经导致产能严重过剩，市场供大于求，企业间开始以价格战展开恶性竞争，利润急速下降，甚至亏损。

在这种情况下，益强公司仍执着于多方融资扩大产能，致使产品滞销库存积压。同时，在海外大量投资电站致使公司的应收账款急速增加。欧盟经济低迷，海外客户还款能力下降，欧元汇率下跌。存货跌价损失、汇兑损失、坏账准备的计提使严重依赖海外市场的益强公司出现大额亏损。公司把融资筹措的大量短期资金投放于回款周期很长的电站项目，投资回报期和债务偿付期的错配使公司的短期还款压力巨大，偿债能力逐年恶化。2010 年公司的流动比率为 3.165，到了 2013 年只有 0.546。公司资金只投不收的模式使现金流很快枯竭。2012 年和 2013 年多家银行因贷款逾期、供应商因货款清偿事项向益强公司提起诉讼，公司部分银行账户被冻结，深陷债务危机。益强公司由于资金链断裂，无法在原定付息日支付公司债券利息 8 980 万元，成为国内债券市场上第一家违约公司，在资本市场上掀起轩然大波，打破了公募债券刚性兑付的神话。

2014 年 5 月益强公司因上市后连续三年亏损被 ST 处理，暂停上市。仅仅三年多的时间，益强公司就从一家市值百亿元的上市公司深陷债务违约危机导致破产重组。

要求：

(1) 简要分析益强公司上市后面对的市场风险。

(2) 依据《企业内部控制应用指引第 2 号——发展战略》，简要分析益强公司上市后存在的战略风险。

(3) 依据《企业内部控制应用指引第 6 号——资金活动》，简要分析益强公司资金活动中存在的主要风险。

本章综合练习·参考答案及解析

一、单项选择题

1. A 【解析】风险对冲是指采取各种手段，引入多个风险因素或承担多个风险，使得这些风险能够互相对冲，也就是，使这些风险的影响互相抵销。该公司使用了外币套期保值，对冲了汇率变化可能造成的损失。
2. A 【解析】选项 A 属于风险转换，选项 B 属于风险对冲，选项 C 属于风险规避，选项 D 属于风险承担。
3. C 【解析】风险转移是指企业通过合同将风险转移到第三方，企业对转移后的风险不再拥有所有权。转移风险不会降低其可能的严重程度，只是从一方移除后转移到另一方。
4. C 【解析】风险对冲是指采取各种手段，引入多个风险因素或承担多个风险，使得这些风险能够互相对冲，也就是，使这些风险的影响互相抵销。常见的例子有资产组合使用、多种外币结算的使用和战略上的多种经营等。经营房地产业务的 M 公司将一部分资金投入食品加工领域以分散风险，属于战略上的多种经营，采用的工具是风险对冲。
5. B 【解析】风险资本是使一家公司破产的概率低于某一给定水平所需的资金，最低运营资本是 10 亿元，如果风险资本为 5 亿元，那么这家公司的生存概率就是 92%，如果要达到 98%的生存概率则需要的风险资本为 8 亿元(18-10=8 亿元)。

6. C 【解析】风险控制是指通过控制风险事件发生的动因、环境、条件等，来达到减轻风险事件发生时的损失或降低风险事件发生的概率的目的。对派遣的员工进行专门的安全培训和管理，可以降低意外伤亡事故发生的概率和损失，属于风险控制。

7. C 【解析】风险往往与机遇并存。大多数人只关注风险的不利面，如风险带来的竞争失败、经营中断、法律诉讼、商业欺诈、无益开支、资产损失、决策失误等，因而害怕风险。但风险本身并不一定是坏事，在许多情况下，风险孕育着机会，有风险是机会存在的基础。必须学会把握风险可能带来的机遇。董事王某的看法是错误的。

8. C 【解析】保险是一种金融合约。保险合同规定保险公司应为预定的损失支付补偿(也就是为损失进行融资)，作为交换，在合同签订时，购买保险合同的一方要向保险公司支付保险费。甲公司由于是一家海运公司，存在很大的风险，与保险公司签订合约，将风险转移给保险公司，使用的是损失事件管理中的保险。所以选项 C 正确。

9. A 【解析】风险对冲是指采取各种手段，引入多个风险因素或承担多个风险，使得这些风险能够互相冲抵，也就是使这些风险的影响互相抵销。在金融资产管理中，对冲包括使用衍生产品，如利用期货进行套期保值。本题中该贸易商就是利用了期货套期保值，所以采用的风险管理工具是风险对冲。

10. D 【解析】财务风险是客观存在的，企业管理者对财务风险只有采取有效措施来降低风险，而不可能完全消除风险。所以 D 专家的说法不对。

11. A 【解析】选项 A 属于风险承担；选项 B 属于风险规避；选项 C 属于风险转换；选项 D 属于风险补偿。

12. A 【解析】风险补偿是指企业对风险可能造成的损失采取适当的措施进行补偿。风险补偿表现在企业主动承担风险，并采取措施以补偿可能的损失。风险补偿的形式有财务补偿、人力补偿、物资补偿等。

13. A 【解析】本题中信用期结束乙公司迟迟未支付货款，甲公司为此计提了坏账准备，面临的外部风险属于市场风险。所以正确答案是选项 A。

14. B 【解析】社会文化风险就是指文化这一不确定性因素的影响给企业经营活动带来损失的可能。由于文化不同，跨国经营管理中产生了许多误会和不必要的摩擦，影响了公司工作的有效运行。该公司进军美国市场时，由于文化差异导致销售并不理想，面临的是社会文化风险。

15. A 【解析】从技术活动过程所处的不同阶段考察，技术风险可以划分为技术设计风险、技术研发风险和技术应用风险。技术设计风险是指技术在设计阶段，由于技术构思或设想的不全面性致使技术及技术系统存在先天“缺陷”或创新不足而引发的各种风险。氟利昂技术设计上的缺陷引发的风险，属于技术风险中的技术设计风险。

16. B 【解析】法律风险是指企业在经营过程中因自身经营行为的不规范或者外部法律环境发生重大变化而造成的不利法律后果的可能性。法律风险侧重于民事责任的承担。该银行受到客户投诉，面临民事赔偿的风险，即法律风险，选项 B 正确。

17. D 【解析】选项 A 属于风险补偿；选项 B 属于风险保留；选项 C 属于风险对冲；选项 D 属于风险转移。

18. C 【解析】甲公司缺乏可用资金导致无法偿付到期应付账款，陷入了财务困境，面临的是财务风险。
19. D 【解析】选项A属于风险规避；选项B属于风险转移；选项C属于风险补偿；选项D属于风险控制。
20. A 【解析】潜在进入者、竞争者与替代品的竞争带来的风险属于市场风险。
21. A 【解析】依据《企业内部控制应用指引第1号——组织架构》，组织架构设计与运行中需关注的主要风险包括：①治理结构形同虚设，缺乏科学决策、良性运行机制和执行力，可能导致企业经营失败，难以实现发展战略；②内部机构设计不科学，权责分配不合理，可能导致机构重叠、职能交叉或缺失、推诿扯皮，运行效率低下。选项A正确。选项B属于制定与实施发展战略时应关注的风险；选项C属于人力资源管理需关注的主要风险；选项D属于履行社会责任方面需关注的主要风险。
22. C 【解析】根据COSO《内部控制框架》，控制活动要素应当坚持以下原则：

    (1)企业选择并制定有助将目标实现风险降低至可接受水平的控制活动。

    (2)企业为用以支持目标实现的技术选择并制定一般控制政策。

    (3)企业通过政策和程序来部署控制活动，政策用来确定所期望的目标；程序则将政策付诸行动。

    选项C属于风险评估要素应当坚持的原则。
23. C 【解析】甲公司的库存时而过高时而过低，说明采购计划安排不合理，市场变化趋势预测不准确，造成库存短缺或积压，选项C正确。
24. D 【解析】审计委员会是董事会下设的专业委员会，全部由独立、非行政董事组成。
25. C 【解析】企业风险是指未来的不确定性对企业实现其经营目标的影响，理解这个定义需要把握以下几个方面：①企业风险与企业战略相关；②风险是一系列可能发生的结果，不能简单理解为最有可能的结果；③风险既有客观性又有主观性；④风险往往与机遇并存。所以选项C错误。
26. C 【解析】依据《企业内部控制应用指引第8号——资产管理》，资产管理需关注的主要风险包括：①存货积压或短缺，可能导致流动资金占用过量、存货价值贬损或生产中断；②固定资产更新改造不够、使用效能低下、维护不当、产能过剩，可能导致企业缺乏竞争力、资产价值贬损、安全事故频发或资源浪费；③无形资产缺乏核心技术、权属不清、技术落后、存在重大技术安全隐患，可能导致企业法律纠纷、缺乏可持续发展能力。选项C属于开展研发活动需关注的主要风险。
27. D 【解析】依据《企业内部控制应用指引第9号——销售业务》，销售业务需关注的主要风险包括：①销售政策和策略不当，市场预测不准确，销售渠道管理不当等，可能导致销售不畅、库存积压、经营难以为继；②客户信用管理不到位，结算方式选择不当，账款回收不力等，可能导致销售款项不能收回或遭受欺诈；③销售过程存在舞弊行为，可能导致企业利益受损。选项D属于履行社会责任方面需关注的主要风险。
28. B 【解析】根据《企业内部控制应用指引第12号——担保业务》，办理担保业务需关注的主要风险包括：①对担保申请人的资信状况调查不深。审批不严或越权审批，可能导致企业担保决策失误或遭受欺诈；②对被担保人出现财务困难或经营陷入困境等状况监控不力，应对措施不当，可能导致企业承担法律责任；③担保过程中存在舞弊行为，可能导致经办审批等相关人员涉案或企业利益受损。选项 ACD 属于业务外包需关注的主要风险。

29. A 【解析】根据《企业内部控制应用指引第 14 号——财务报告》，编制、对外提供和分析利用财务报告需关注的主要风险包括：①编制财务报告违反会计法律法规和国家统一的会计准则制度，可能导致企业承担法律责任和声誉受损；②提供虚假财务报告，误导财务报告使用者，造成决策失误，干扰市场秩序；③不能有效利用财务报告，难以及时发现企业经营管理中存在的问题，可能导致企业财务和经营风险失控。选项 B 属于实行全面预算管理需关注的主要风险，选项 C 属于销售业务需关注的主要风险，选项 D 属于业务外包需关注的主要风险。

30. B 【解析】天成公司的产品含有对人体健康有害的成分，被媒体披露后，公司面临消费者和经销商退货，致使经营出现危机，体现的是天成公司在质量、安全、环保、信息等管理中发生失误导致的风险，属于运营风险。

31. C 【解析】敏感性分析法是针对潜在的风险，研究项目的各种不确定因素变化至一定幅度时，计算其主要经济指标变化率及敏感程度的一种方法。敏感性分析是在确定性分析的基础上，进一步分析不确定性因素对项目最终效果指标的影响及影响程度。分析工程总投资、银行贷款、过桥费收入等因素的变化对该项目的内部收益率的影响，属于敏感性分析法。

32. B 【解析】"东大机器人"项目因过于复杂而最终放弃面临的是技术研发风险。技术研发风险是指在技术研究或开发阶段，外界环境变化的不确定性、技术研发项目本身的难度和复杂性、技术研发人员自身知识和能力的有限性都可能导致技术的研发面临着失败的危险。

33. D 【解析】题中甲公司因为没有了解到"Goats"在 H 国的贬义的意思，这是因为文化差异造成的，所以是社会文化风险。

34. A 【解析】能源、原材料、配件等物资供应的充足性、稳定性和价格的变化带来的风险属于市场风险，所以选项 A 正确。

35. C 【解析】选项 C 的说法片面，应当是确保内外部，尤其是企业与股东之间实现真实、可靠的信息沟通，包括编制和提供真实、可靠的财务报告。

36. A 【解析】企业风险管理职能部门应定期对各部门和业务单位风险管理工作实施情况和有效性进行检查和检验，所以选项 A 的说法不正确。

37. C 【解析】全面风险管理在高层的参与下，每个成员都承担与自己行为相关的风险管理责任，选项 C 的说法不正确。传统风险管理与全面风险管理对比如下所示。

项目	传统风险管理	全面风险管理
涉及面	主要是财务会计主管和内部审计等部门负责；就单个风险个体实施风险管理，主要是可保风险和财务风险	在高层的参与下，每个成员都承担与自己行为相关的风险管理责任；从总体上集中考虑和管理风险（包括纯企业风险和风险机会）
连续性	只有管理层认为必要时才进行	是企业系统的、有重点的、持续的行为
态度	被动地将风险管理作为成本中心	主动积极地将风险管理作为价值中心
目标	与企业战略联系不紧，目的是转移或避免风险	紧密联系企业战略，目的是寻求风险优化措施
方法	事后反应式的风险管理方法，即先检查和预防经营风险，然后采取应对措施	事前风险防范，事中风险预警和及时处理，事后风险报告、评估、备案及其他相应措施

（续表）

项目	传统风险管理	全面风险管理
注意焦点	专注于纯粹和灾害性风险	焦点在所有利益相关者的共同利益最大化上

38. D 【解析】内部解决方案是以下几种手段的综合应用：风险管理策略、组织职能、内部控制、信息系统和风险理财措施。

39. B 【解析】对未能辨识出的风险，企业只能采用风险承担。所以，选项B正确。
【思路点拨】本题属于分析型题目。应对本题的关键是区分七种风险管理工具，能够根据资料判断适合采用的风险管理工具。可以按照下面思路进行掌握：风险承担→自己承担；风险规避→回避风险；风险转移→转移给他人；风险转换→一种风险转为其他风险；风险对冲→风险与风险互相冲抵；风险补偿→补偿风险发生的损失；风险控制→降低概率或损失。

40. B 【解析】“面对M国F公司生产的疗效和安全性更高的同类药品被越来越多的患者接受，庆云公司将业务转型为与F公司合作研发新一代抗癌药品，并销售F公司的产品，取得比业务转型前更好的经营业绩”，此处庆云公司是通过合作研发的方式规避了药品不受欢迎的风险，因此属于风险规避。

41. D 【解析】在险值，是指在正常的市场条件下，在给定的时间段中，给定的置信区间内，预期可能发生的最大损失。

42. A 【解析】“中科公司将业务转型为给G国印刷机的用户提供零配件和维修保养服务”体现了中科公司退出了印刷机制造商的领域，以后不会再面临相关的风险，即风险规避，选项A正确。

43. C 【解析】企业一般在无法判断发生概率或无须判断概率的时候，可将最大可能损失作为风险的衡量方法。选项C正确。

44. A 【解析】M国居民通过住房采用木制结构，加装地震时会自动关闭煤气的仪器来防范地震带来的灾害，属于控制风险事件发生的动因、环境、条件等，来减轻风险事件发生时的损失或降低风险事件发生的概率，体现的风险管理策略工具是风险控制。

45. C 【解析】对于重大风险，一般不应采用风险承担。选项C是答案。

46. D 【解析】本题属于战略上的多种经营，是风险对冲里常见的例子之一。

47. A 【解析】套期保值的目的是降低风险，投机的目的是承担额外的风险以盈利，选项A不正确。

48. A 【解析】“甲公司每年维持经营所需的最低资本为1 000万元，但是有4%的可能性需要1 500万元才能维持经营”，也就是说如果风险资本为500万元，那么这家公司的生存率就是96%，选项A正确。

49. C 【解析】应急资本是一个金融合约，规定在某一时间段内、某个特定事件发生的情况下公司有权从应急资本提供方处募集股本或贷款(或资产负债表上的其他实收资本项目)，并为此按时间向资本提供方缴纳费用，这里特定事件称为触发事件。

50. A 【解析】按照COSO《内部控制框架》关于控制环境要素的要求，控制环境包括：员工的诚信度、职业道德和才能；管理哲学和经营风格；权责分配方法；人事政策；董事会的经营重点和目标等。本题中，凌云公司的做法体现了董事会的经营重点和目标的要求。

51. A 【解析】选项A属于控制活动要素；选项B属于内部监督要素；选项C属于风险评估要素；选项D属于内部环境要素。

52. B 【解析】我国《企业内部控制基本规范》关于控制活动要素的要求包括：企业应当建立重大风险预警机制和突发事件应急处理机制，明确风险预警标准，对可能发生的重大风险或突发事件，制定应急预案、明确责任人员、规范处置程序，确保突发事件得到及时妥善处理。所以选项B正确。

53. A 【解析】情景分析法在识别和分析那些反映诸如最佳情景、最差情景及期望情景的多种情景时，可用来识别在特定环境下可能发生的事件及其后果，以及每种情景出现的可能性，适用于对企业面临的风险进行定性和定量分析。鑫华基金公司按照较好、一般、较差三种假设条件，对公司未来可能遇到的不确定因素及其对公司收入和利润的影响作出定性和定量分析，从这里可以判断出鑫华基金公司使用的风险管理技术与方法是情景分析法。

54. A 【解析】德尔菲法又名专家意见法，是在一组专家中取得可靠共识的程序，其基本特征是专家单独、匿名表达各自的观点，同时随着过程的进展，他们有机会了解其他专家的观点。德尔菲法采用背对背的通信方式征询专家小组成员的意见，专家之间不得互相讨论，不发生横向联系，只能与调查人员发生关系。通过反复填写问卷，搜集各方意见，以形成专家之间的共识。

55. B 【解析】马尔科夫分析法主要围绕“状态”这个概念展开，通常用于对那些存在多种状态（包括各种降级使用状态）的可维修复杂系统进行分析。随机转移概率矩阵可用来描述状态间的转移，以便计算各种输出结果。

56. C 【解析】敏感性分析法是针对潜在的风险性，研究项目的各种不确定因素变化至一定幅度时，计算其主要经济指标变化率及敏感程度的一种方法。敏感性分析是在确定性分析的基础上，进一步分析不确定性因素对项目最终效果指标的影响及影响程度。敏感性因素一般可选择主要参数（如销售收入、经营成本、生产能力、初始投资、寿命期、建设期、达产期等）进行分析。

57. D 【解析】通过风险评估系图可以识别某一风险是否会对企业产生重大影响，并将此结论与风险发生的可能性联系起来，为确定企业风险的优先次序提供框架。本题中，对由人为操作和自然因素引起的各种风险对企业影响的大小和发生的可能性进行分析，为确定企业风险的优先顺序提供分析框架，属于风险评估系图法。

58. D 【解析】决策树法是在不确定的情况下，以序列方式表示决策选择和结果。决策树法适用于对不确定性投资方案期望收益的定量分析。甲公司预测了产品销路好和销路差的概率，计算出多个备选方案，并根据在产品销路不确定情况下净现值的期望值，选择出最优方案，采用的风险管理技术方法是决策树分析法。

二、多项选择题

1. AC 【解析】“药品价格主要由市场决定，以及政府的药品降价政策将使国内药品的总体价格水平不断下降”表明甲公司会面临市场风险（产品或服务的价格及供需变化带来的风险）。“本公司产品降价趋势明显，这将对公司的盈利能力产生一定不利影响”表明甲公司会面临运营风险［企业新市场开发情况，市场营销策略（包括产品或服务定价与销售渠道，市场营销环境等）可能引发的风险］。

2. BCD 【解析】甲银行对重要数据进行异地备份，这样两地同时发生意外丢失的可能性非常低，降低了数据丢失的可能性，属于风险控制，选项A说法不正确；选项B乙公司停止对ST股票买入，属于风险规避；选项 C 丙公司同时经营多项业务，属于风险对冲；选项 D 丁保险公司发行的债券相当于把风险转移给购买者，如果风险事件发生，购买者将会损失本金，属于风险转移，因此选项 BCD 正确。

3. ABD 【解析】风险管理的有效性标准要针对企业的重大风险，能够反映企业重大风险管理的现状，选项 C 说法不正确。

4. AC 【解析】风险管理工具共有七种：风险承担、风险规避、风险转移、风险转换、风险对冲、风险补偿和风险控制。向国际保险公司对该项目可能面临的政治风险投保属于风险转移，在原料、零配件的采购上适当以当地企业优先属于风险控制(控制风险发生的概率)。

5. AC 【解析】选项 AC 属于风险规避，选项 B 属于风险补偿，选项 D 属于风险对冲。

6. BC 【解析】选项 B 的正确说法是“确保企业建立针对各项重大风险发生后的危机处理计划，保护企业不因灾害性风险或人为失误而遭受重大损失”；选项 C 的正确说法是“确保将风险控制在与公司总体目标相适应并可承受的范围内”。

7. AB 【解析】选项 AB 属于风险规避，选项 C 属于风险控制；选项 D 属于风险对冲。

8. CD 【解析】选项 A 属于风险规避，选项 B 属于风险对冲，选项 C 和选项 D 属于风险转移。

9. BC 【解析】“建立店面必须要先向当地政府缴纳高出当地企业平均水平的税金”体现的是不利的税法政策，属于政治风险。“欲推出的一款牛肉汉堡在当地引起了民众强烈的不满，不得不取消牛肉汉堡在当地的销售”，牛在印度文化中是神圣的，所以该风险属于社会文化风险。选项 D 运营风险属于内部风险。

10. ACD 【解析】董事会就全面风险管理工作的有效性对股东(大)会负责。董事会在全面风险管理方面主要履行以下职责：

(1)审议并向股东(大)会提交企业全面风险管理年度工作报告。

(2)确定企业风险管理总体目标、风险偏好、风险承受度，批准风险管理策略和重大风险管理解决方案。

(3)了解和掌握企业面临的各项重大风险及其风险管理现状，作出有效控制风险的决策。

(4)批准重大决策、重大风险、重大事件和重要业务流程的判断标准或判断机制。

(5)批准重大决策的风险评估报告。

(6)批准内部审计部门提交的风险管理监督评价审计报告。

(7)批准风险管理组织机构设置及其职责方案。

(8)批准风险管理措施，纠正和处理任何组织或个人超越风险管理制度作出的风险性决定的行为。

(9)督导企业风险管理文化的培育。

(10)批准或决定全面风险管理的其他重大事项。

审议内部审计部门提交的风险管理监督评价审计报告属于风险管理委员会的职责，选项 B 错误。

11. ABC 【解析】通过放松交易客户信用标准，增加了应收账款但扩大了销售，这属于风险转换策略。所以选项 D 错误。

12. ABC 【解析】首先判断该公司采用的是德尔菲法，其主要优点包括：①由于观点是匿名的，因此专家更有可能表达出那些不受欢迎的看法；②所有观点都有相同的权重，避免重要人物的观点占主导地位；③专家不必聚集在某个地方，实施比较方便；④专家最终形成的意见具有广泛的代表性。选项 D 为头脑风暴法的优点。

13. ABCD 【解析】依据《企业内部控制应用指引第 7 号——采购业务》，采购业务需关注的主要风险包括：①采购计划安排不合理，市场变化趋势预测不准确，造成库存短缺或积压，可能导致企业生产停滞或资源浪费；②供应商选择不当，采购方式不合理，招投标或定价机制不科学，授权审批不规范，可能导致采购物资质次价高，出现舞弊或遭受欺诈；③采购验收不规范，付款审核不严，可能导致采购物资、资金损失或信用受损。

14. BCD 【解析】依据《企业内部控制应用指引第15号——全面预算》，实行全面预算管理需关注的主要风险包括：①不编制预算或预算不健全，可能导致企业经营缺乏约束或盲目经营；②预算目标不合理、编制不科学，可能导致企业资源浪费或发展战略难以实现；③预算缺乏刚性、执行不力、考核不严，可能导致预算管理流于形式。

15. ABCD 【解析】依据《企业内部控制应用指引第16号——合同管理》，合同管理需关注的主要风险包括：①未订立合同、未经授权对外订立合同、合同对方主体资格未达要求、合同内容存在重大疏漏和欺诈，可能导致企业合法权益受到侵害；②合同未全面履行或监控不当，可能导致企业诉讼失败、经济利益受损；③合同纠纷处理不当，可能损害企业利益、信誉和形象。

16. ABCD 【解析】依据《企业内部控制应用指引第11号——工程项目》，工程项目需关注的主要风险包括：①立项缺乏可行性研究或者可行性研究流于形式，决策不当，盲目上马，可能导致难以实现预期效益或项目失败；②项目招标暗箱操作，存在商业贿赂，可能导致中标人实质上难以承担工程项目、中标价格失实及相关人员涉案；③工程造价信息不对称，技术方案不落实，预算脱离实际，可能导致项目投资失控；④工程物资质次价高，工程监理不到位，项目资金不落实，可能导致工程质量低劣，进度延迟或中断；⑤竣工验收不规范，最终把关不严，可能导致工程交付使用后存在重大隐患。

17. ABD 【解析】依据《企业内部控制应用指引第12号——担保业务》，办理担保业务需关注的主要风险包括：①对担保申请人的资信状况调查不深，审批不严或越权审批，可能导致企业担保决策失误或遭受欺诈；②对被担保人出现财务困难或经营陷入困境等状况监控不力，应对措施不当，可能导致企业承担法律责任；③担保过程中存在舞弊行为，可能导致经办审批等相关人员涉案或企业利益受损。

18. ACD 【解析】建立反舞弊机制属于信息与沟通要素中的内容，所以选项B错误。

19. ABD 【解析】风险由风险因素、风险事件(事故)、损失三个基本要素构成。风险属于一种不确定性，选项C不正确。

20. ABCD 【解析】依据《中央企业全面风险管理指引》运营风险至少要考虑以下8个方面：①企业产品结构、新产品研发可能引发的风险；②企业新市场开发，市场营销策略(包括产品或服务定价与销售渠道，市场营销环境状况等)可能引发的风险；③企业组织效能、管理现状、企业文化以及高、中层管理人员和重要业务流程中专业人员知识结构、专业经验等方面可能引发的风险；④期货等衍生产品业务发生失误带来的风险；⑤质量、安全、环保、信息安全等管理中发生失误导致的风险；⑥因企业内、外部人员的道德风险或业务控制系统失灵导致的风险；⑦给企业造成损失的自然灾害等风险；⑧企业现有业务流程和信息系统操作运行情况的监管、运行评价及持续改进能力方面引发的风险。

21. AD 【解析】“在多个国家投资布局光伏全产业链，还大举投资房地产、汽车等项目”体现了发展战略过于激进，脱离企业实际能力或偏离主业，可能导致企业过度扩张，甚至经营失败，属于战略风险，选项 A 正确；“通过股权融资、债券融资、银行借贷、信贷融资、民间集资等各种手段融资近 70 亿元”体现了筹资决策不当，引发资本结构不合理或无效融资，可能导致企业融资成本过高或债务危机，属于财务风险，选项 D 正确。

22. AB 【解析】面对电子图书的冲击和网上售书模式的兴起，智博公司陆续开辟了“名师书架”“读者乐园”和“网上书城”等，规避的是市场风险。通过优化图书结构和经营模式吸引消费者，规避的是运营风险。

23. AD 【解析】甲公司将从银行取得的贷款投入了房地产开发，没有按照合同约定的用途用款，体现了合规风险；政府宏观调控政策的出台，体现了政治风险。

24. AB 【解析】“全面替代原有鸭种。基于番鸭饲养成本是原有鸭种的三倍多，加上番鸭熟制品不太适合国内消费者的口味”体现了战略风险，选项 B 正确。“因而该公司此后的经营持续入不敷出，逐渐陷入困境”体现了运营风险，选项 A 正确。

25. AD 【解析】分析运营风险，企业应至少收集与本企业、所在行业相关的以下信息：①产品结构、新产品研发情况，选项 D 正确；②新市场开发情况、市场营销策略包括产品或服务定价与销售渠道、市场营销环境状况；③企业组织效能、管理现状、企业文化，高、中层管理人员和重要业务流程中专业人员的知识结构、专业经验；④期货等衍生产品业务中曾发生或易发生失误的流程和环节；⑤质量、安全、环保、信息等管理中曾发生或易发生失误的业务流程或环节；⑥因企业内、外部人员的道德风险使企业遭受损失或业务控制系统失灵的情况；⑦给企业造成损失的自然灾害以及除上述有关情形之外的其他纯粹风险；⑧对现有业务流程和信息系统操作运行情况的监管、运行评价及持续改进能力；⑨企业风险管理的现状和能力，选项 A 正确。选项 B 属于与战略风险有关的信息，选项 C 属于与市场风险有关的信息。

26. ABCD 【解析】2019 年我国国资委发布《关于加强中央企业内部控制体系建设与监督工作的实施意见》，实施意见要求，为认真落实党中央、国务院关于防范化解重大风险和推动高质量发展的决策部署，充分发挥内部控制体系对中央企业强基固本的作用，进一步提升中央企业防范化解重大风险能力，加快培育具有全球竞争力的世界一流企业，要求各中央企业建立健全内控体系，进一步提升管控效能；强化内控体系执行，提高重大风险防控能力；加强信息化管控，强化内控体系刚性约束；加大企业监督评价力度，促进内控体系持续优化；加强出资人监督，全面提升内控体系有效性。

27. ABD 【解析】企业和竞争对手的知识产权情况属于分析法律风险时需要收集的信息。

28. ABCD 【解析】风险管理内部解决方案一般是以下几种手段综合应用：风险管理策略；组织职能；内部控制，包括政策、制度、程序；信息系统，包括报告体系；风险理财措施。

29. ACD 【解析】分析运营风险，企业应至少收集与本企业、所在行业相关的以下信息：①产品结构、新产品研发情况；②新市场开发情况、市场营销策略，包括产品或服务定价与销售渠道、市场营销环境状况；③企业组织效能、管理现状、企业文化，高、中层管理人员和重要业务流程中专业人员的知识结构、专业经验；④期货等衍生产品业务中曾发生或易发生失误的流程和环节；⑤质量、安全、环保、信息等管理中曾发生或易发生失误的业务流程或环节；⑥因企业内、外部人员的道德风险使企业遭受损失或业务控制系统失灵的情况；⑦给企业造成损失的自然灾害以及除上述有关情形之外的其他纯粹风险；⑧对现有业务流程和信息系统操作运行情况的监管、运行评价及持续改进能力；⑨企业风险管理的现状和能力。

30. BD 【解析】从资料中可以分析出损失额在一定数量内的，由星云公司独自承担。当损失额超过一定数量时，超过部分由奇象公司赔偿，即将超过部分的风险转移给了对方。所以星云公司采取的风险管理工具包括风险承担和风险转移。

31. AB 【解析】期望值即概率加权平均值，是建立在概率基础上的，所以选项 A 正确。在险值对数据要求非常严格，同样是建立在概率基础上的，所以选项 B 正确。

32. ABCD 【解析】常用衍生产品包括：远期合约、期货、互换交易、期权等。

33. CD 【解析】风险理财需要判断风险的定价，所以选项 A 错误。传统的风险理财的目的是降低公司承担的风险，而风险理财是对机会的利用，选项 B 错误。

34. ACD 【解析】我国《企业内部控制基本规范》关于内部环境要素的部分要求包括：董事会负责内部控制的建立健全和有效实施；编制内部管理手册，使全体员工掌握内部机构设置、岗位职责、业务流程等情况；制定和实施有利于企业可持续发展的人力资源政策；企业应当在董事会下设立审计委员会。所以选项 ACD 正确，选项 B 说法有误。

35. CD 【解析】企业识别外部风险，应当关注下列因素：①经济形势、产业政策、融资环境、市场竞争、资源供给等经济因素；②法律法规、监管要求等法律因素；③安全稳定、文化传统、社会信用、教育水平、消费者行为等社会因素；④技术进步、工艺改进等科学技术因素；⑤自然灾害、环境状况等自然环境因素；⑥其他有关外部风险因素。选项 CD 属于风险评估要素应当关注的内部因素。

【思路点拨】本题属于直接考核型题目。应对本题的关键是区分企业进行风险评估时需要识别的外部风险和内部风险，外部风险是企业外部的因素，内部风险是企业内部的因素，对比区分即可。

36. ABD 【解析】企业应当编制常规授权的权限指引，规范特别授权的范围、权限、程序和责任，严格控制特别授权。所以选项 C 不正确。

【思路点拨】本题属于分析判断型题目。《企业内部控制基本规范》对于不相容职务分离控制、授权审批控制、会计系统控制、财产保护控制、预算控制、运营分析控制和绩效考评控制等内容讲解的比较详细，建议考生关注，掌握相关的要求，进行适当扩展。

37. AB 【解析】综合运用风险规避、风险降低、风险分担和风险承受等风险应对策略，实现对风险的有效控制，属于风险评估，选项 A 正确。结合业务特点和内部控制要求设置内部机构，明确职责权限，将权利和责任落实到各责任单位，属于控制环境，选项 B 正确。

38. CD 【解析】选项 A 属于信息与沟通要素的内容，选项 B 属于控制活动要素的内容。

39. AB 【解析】选项 C 和选项 D 属于风险管理委员会的职责。

三、简答题

1. 【答案】

第一个措施是采用成熟的技术、团队成员熟悉的技术或迭代式的开发过程等方法对风险进行控制，属于风险控制。

第二个措施是针对完全陌生领域的项目利用保险将风险转移给保险公司，属于风险转移。

第三个措施是通过与银行签订应急资本协议，规定在资金严重短缺时，由银行提供资本以保证公司的持续经营，属于风险补偿。

【思路点拨】本题考核的是风险管理工具。本题以案例分析题的形式要求判断属于哪种风险管理工具，这是这个知识点的典型考查形式。这里需要重点区分的是风险控制和风险规避。风险规避简单来说就是不做某事就不会发生损失，比如禁止在金融市场上投机，就不会发生投机产生的损失；而风险控制是将风险发生的损失和概率降低，比如山上禁止吸烟，能降低火灾发生的概率。

2. 【答案】

(1)南美某国存在较大政治风险，因此，该公司放弃开拓该国市场，采用的风险管理工具是风险规避。

(2)承揽中东某国工程后，该公司为防止业主拖欠工程款，蒙受市场风险，其向中信保险公司投保，采用的风险管理工具是风险转移。

(3)该公司为防止工程款遭受汇率不利变动而蒙受市场风险，使用了衍生品，锁定部分工程款汇率，采用的风险管理工具是风险对冲。

(4)该国海关特有做法的政治风险对公司影响不大，在该公司承受范围内，因此，采用的风险管理工具是风险承担。

【思路点拨】本题考核的是企业面对的风险种类和风险管理工具。这里需要重点区分的是风险转换和风险对冲。风险转换是将其中一个风险转换成另一个风险，比如我们为了多销售产品，而放宽信用标准，这样我们就将产品销售不出去的风险，转换成了款项收不回来的风险。而风险对冲是用一个风险来影响和减少另一个风险，企业可以通过购买不同的产品组合、收益率反向变化的产品组合来对冲风险。

3. 【答案】

事项(1)、(3)、(4)、(5)存在不当之处。

风险管理委员会的召集人应由不兼任总经理的董事长担任；董事长兼任总经理的，召集人应由外部董事或独立董事担任。本公司董事长刘某兼任总经理，不能成为风险管理委员会的召集人，因此情况(1)不恰当。

“确定企业风险管理总体目标、风险偏好、风险承受度，批准风险管理策略和重大风险管理解决方案”是董事会在全面风险管理方面的主要职责，因此情况(3)不恰当。

风险管理职能部门对总经理或其委托的高级管理人员负责，并不对风险管理委员会负责，因此，情况(4)不恰当。

“审议内部审计部门提交的风险管理监督评价审计综合报告”是风险管理委员会的职责之一，因此情况(5)不恰当。

4. 【答案】

(1)根据上述信息，甲公司面临的风险包括：

①市场风险。“所有商品都由各店铺提供详细的产品要求，然后由驻孟加拉国的总部集中订购，订单通过邮寄方式发给供应商，并用塔卡(孟加拉国货币单位)结算”。

②运营风险。“甲公司在中国独家代理的防辐射服装，因其生产中使用的一种化学药品，在阳光下暴晒时间过长会释放毒烟”；“扩张速度加快，但管理水平却没有得到相应提高”。

③战略风险。“2008年……借助全民参与奥运的热情，通过向银行借款等方式筹集大笔资金，借助一系列的商业赞助和营销，实现高速增长，店铺数量激增至1 500家”。

④财务风险。“通过向银行借款等方式筹集大笔资金……银行还款压力剧增”。

(2)甲公司风险管理的总体目标：

①确保将风险控制在与公司总体目标相适应并可承受的范围内；②确保内外部，尤其是企业与股东之间实现真实、可

靠的信息沟通，包括编制和提供真实、可靠的财务报告；③确保遵守有关法律法规；④确保企业有关规章制度和为实现经营目标而采取重大措施的贯彻执行，保障经营管理的有效性，提高经营活动的效率和效果，降低实现经营目标的不确定性；⑤确保企业建立针对各项重大风险发生后的危机处理计划，保护企业不因灾害性风险或人为失误而遭受重大损失。

5.【答案】

(1)根据《企业内部控制基本规范》，内部控制五要素包括：内部环境；风险评估；控制活动；信息与沟通；内部监督。

甲公司内部控制在以下几个方面不符合相关规定：

第一，内部环境。甲公司内部环境不完善。甲公司在生产经营的过程中，发生了一种家禽体内的激素水平超出了相关安全标准的事件，而且根据投诉员工的说法，公司一向缺乏严谨的工作作风，此次漠视安全标准规定只是公司对待类似问题的一个例子，说明该公司某些员工，特别是管理层，缺乏基本的道德观和诚信观。同时，质量检验部的一名员工向其所在部门的领导反映这一问题时，未得到任何答复，也表明甲公司的企业文化不支持良好的内部控制，反映出该公司管理效率的低下。

第二，风险评估。没有证据表明甲公司存在旨在减少激素污染风险的控制测试系统。同时，公司对食品出现问题给企业带来的风险重视不够，未能主动对其采取措施，造成员工向媒体投诉，使公司遭受损失。

第三，信息与沟通。该公司员工在发现问题后向其所在部门的领导进行反映，但并未得到任何答复，说明内部沟通出现了问题。同时，该员工在没有得到答复的情况下，向外部媒体投诉，表明该公司对外沟通的渠道也存在问题。

(2)甲公司目前面临的风险类型包括：

第一，法律与合规风险。“一种家禽体内的激素水平超出了相关安全标准的规定”。

第二，市场风险。向老客户销售产品形成了巨额的应收账款，由于老客户资金链断裂，提取了60%的坏账准备。

第三，运营风险。“一种家禽体内的激素水平超出了相关安全标准的规定……员工曾就此问题向其所在部门的领导进行反映，但并未得到任何答复”“该公司一向缺乏严谨的工作作风，此次漠视安全标准规定只是公司对待类似问题的一个例子”。

企业面对的风险种类还包括：外部风险中的政治风险、社会文化风险、技术风险和内部风险中的战略风险和财务风险。

6.【答案】

(1)①合规风险侧重于行政责任和道德责任的承担。“达达出行”在2018年所面临的合规风险为“达达顺风车连续两次发生了女乘客被车主杀害事件，引发社会舆论轩然大波”“有关部门在第一时间约谈‘达达出行’，责令全面整改”“国内一家主流媒体发文评论，‘生命安全是人类最基本的需求，网络平台不能把资本思维凌驾于公共利益之上’”。

②法律风险则侧重于民事责任的承担。“达达出行”在2018年所面对的法律风险为“‘达达出行’承诺给予被害者巨额赔偿”。

(2)“达达出行”实施收缩战略的原因是被动原因(内部环境原因)。即由于内部经营机制不顺、决策失误、管理不善等原因，企业或企业某项业务经营陷入困境，失去竞争优势，因而不得不采用收缩战略。“这一思路给达达顺风车业务带来了灾难性的后果……2018年5月和8月，达达顺风车连续两次发生了女乘客被车主杀害事件，引发社会舆论轩然大波，‘达达出行’发表公告，自8月27日起下线全国顺风车业务，进行内部整改”。

“达达出行”实施收缩战略的方式包括：

①紧缩与集中战略中的机制变革。

a. 制定新的政策和建立新的管理控制

系统。“完善安全管理控制体系……”。

b. 改善激励机制与约束机制。“改善激励机制与约束机制，打造友善出行环境……”。

②转向战略。

a. 重新定位或调整现有的产品和服务。“调整产品定位和属性，坚决摒弃社交化思路，回归顺风车‘顺路’属性……”。

b. 调整营销策略。“达达顺风车还将用户每次行程免费提供最高 120 万元/人保额的驾乘人员意外险”。

7. 【答案】

(1)益强公司上市后面对的市场风险：

①产品或服务的价格及供需变化带来的风险。“受 2008 年美国次贷危机和 2011 年欧债危机影响，欧美国家和地区纷纷大幅削减甚至取消光伏补贴，光伏产品国际市场需求急剧萎缩。随后欧盟对中国光伏产品发起了‘反倾销、反补贴’调查，光伏企业出口遭受重创。而全行业的非理性发展已经导致产能严重过剩，市场供大于求”。

②主要客户、主要供应商的信用风险。“欧盟经济低迷，海外客户还款能力下降”。

③税收政策和利率、汇率、股票价格指数的变化带来的风险。“欧元汇率下跌、存货跌价损失、汇兑损失、坏账准备的计提使严重依赖海外市场的益强公司出现大额亏损”。

④潜在进入者、竞争者、与替代品的竞争带来的风险。“而全行业的非理性发展已经导致产能严重过剩，市场供大于求，企业间开始以价格战进行恶性竞争，利润急速下降，甚至亏损”。

(2)益强公司上市后所存在的战略风险主要表现为：发展战略过于激进，脱离企业实际能力或偏离主业，可能导致企业过度扩张，甚至经营失败。“在资本市场获得大额融资的同时，益强公司开始了激进的扩张之路。从横向看，为了扩大市场份额，益强公司在欧美多个国家投资或设立子公司；从纵向看，益强公司布局光伏全产业链，实施纵向一体化发展战略，由产业中游的组件生产，延伸至上游的硅料和下游的电站领域。益强公司还大举投资房地产、炼油、水处理和 LED 显示屏等项目”。

(3)益强公司资金活动所存在的主要风险如下：

①筹资决策不当，引发资本结构不合理或无效融资，可能导致企业筹资成本过高或债务危机。“为了支持其战略扩张的需要，益强公司多方融资。公司上市仅几个月便启动第二轮融资计划——发行债券，凭借建设海外电站的愿景，通过了管理部门的审批，发行规模为 10 亿元的‘益强债券’，票面利率为 8.98%，在当年新发债券中利率最高。自 2011 年 2 月起，李自及其女儿李丽陆续以所持股份作抵押，通过信托融资约 9.7 亿元，同时，益强公司大举向银行借债。李自还发行了利率高达 15% 的民间集资。这样，益强公司在上市后三年时间内，通过各种手段融资近 70 亿元”。

②投资决策失误，引发盲目扩张或丧失发展机遇，可能导致资金链断裂或资金使用效益低下。“在市场供过于求的情况下益强公司仍执着于多方融资扩大产能，致使产品滞销库存积压。同时，海外大量投资电站致使公司的应收账款急速增加。欧盟经济低迷，海外客户还款能力下降，欧元汇率下跌。存货跌价损失、汇兑损失、坏账准备的计提使严重依赖海外市场的益强公司出现大额亏损”。

③资金调度不合理、营运不畅，可能导致企业陷入财务困境或资金冗余。“公司把融资筹措的大量短期资金投放于回款周期很长的电站项目，投资回报期和债务偿付期的错配使得公司的短期还款压力巨大，偿债能力逐年恶化。2010 年公司的流动比率为 3.165，到了 2013 年只有 0.546。公司资金只投不收的模式使现金流很快枯竭”。

跨章节主观题·突破阶段

1周

跨章节主观题突破特训

扫我做试题

【题目一】

［本题涉及章节］：第一章、第二章、第三章、第六章。

［本题核心考点］：公司宗旨、企业能力分析、基准类型、多元化战略、收缩战略的方式、战略联盟、“战略钟”、市场风险。

☆资料一

2010 年 4 月，由 6 名工程师、2 名设计师组成的联合团队创建的伊特科技公司正式成立。公司成立之初，公司 CEO 赵小明与股东们有了一个想法，要做一款设计好、品质好、价格便宜的智能手机。

2010 年的手机市场，还是国际品牌的天下，功能机仍是主体，智能手机的价格至少在 3 000~4 000 元。虽然也有一些国产品牌手机，但大多数是低质低价的山寨机。

为了开发物美价廉的智能手机，伊特公司首先运用互联网工具，让用户参与到手机硬件的设计、研发之中，通过用户的反馈意见，了解市场的最新需求。而此前其他公司的研发模式都是封闭的，动辄一两年，开发者以为做到了最好，但其实未必是用户喜欢的，而且一两年时间过去，市场很可能已经变化。其次，坚持做顶级配置，真材实料，高性能，高体验，强调超用户预期的最强性价比。第三，以品牌和口碑积累粉丝，靠口口相传，节省大量广告费用。第四，开创了官网直销预订购买的发售方式，不必通过中间商，产品可以直接送到消费者手上，省去了实体店铺的各种费用和中间的渠道费用。

2011 年 8 月 16 日，伊特公司发布了第一款“为发烧而生”的伊特手机。这款号称顶级配置的手机定价只有 1 999 元，几乎是同配置手机价格的一半。伊特手机 2012 年实现销售量 719 万部。2014 年第二季度，伊特手机占据国内智能手机市场的第一名，伊特公司在全球也成为第三大手机厂商。

短短 5 年时间，伊特公司的估值增长 180 倍，高达 460 亿美元。伊特成为国内乃至全球成长最迅猛的企业，一度是全国估值最高的初创企业。赵小明总结伊特公司成功的秘诀是“用互联网思维做消费电子，这是伊特在过去 5 年取得成绩的理论基础”。在赵小明看来，“互联网思维”体现在两个关键点上：一是用户体验，利用互联网接近用户，了解他们的感受和需求；二是效率，利用互联网技术提高企业的运行效率，使优质的产品以高性价比的形式出现，做到感动人心、价格厚道。伊特的成功模式成为各行各业观摩学习的范本，大量企业开始对标伊特，声称要用伊特模式颠覆自己所在行业。“做××行业的伊特”，成为众多企业的口号。

资料二

然而，在 2015 年，迅猛增长的伊特遇到了前所未有的危机。一方面，销量越来越大就意味着要与数百个零部件供应商建立良好高效的合作协同关系，不能有丝毫闪失。而伊特的供货不足、发货缓慢被指为“饥饿营销”，开始颇受质疑。另一方面，竞争对手越来越多、越来越强大。E 公司推出的互联网手机品牌 R 手机成为伊特手机强劲的对手，M 公司和 N 公司也借助强大的线下渠道开始崛起。芯片供应商 W 公司的一脚急刹车成为导火线。在经历了 5 年的超高速增长后，2015 年下半年，伊特公司放缓了飞速前进的脚步。由于市场日趋饱和，整个智能手机行业的增速下滑，虽然伊特手机 2015 年 7 000 万部的销量依然是国内出货量最高的手机，但 CEO 赵小明在年初喊出 8 000 万部销量的目标没能实现。

伊特手机销量下滑的趋势并没有止住。2016 年，伊特手机首次跌出全球出货量前五；在国内市场，伊特手机也从第一跌到了第五，季度出货量跌幅一度超过 40%，全年出货量暴跌 36%。而这一年，以线下渠道为主的 M 公司和 N 公司成为手机行业的新星，其手机出货量不仅增幅超过 100%，而且双双超过伊特公司进入全球前五、国内前三。

因为增速放缓，一直被顶礼膜拜的伊特模式在这一年开始遭遇前所未有的质疑。伊特公司似乎自己也乱了节奏，在渠道、品牌和产品等方面都出现了不少问题。

伊特公司认识到过于迅猛的发展背后还有很多基础没有夯实，亟待主动减速、积极补课。2016 年，伊特公司内部开始进行架构和模式多维调整。

(1)赵小明亲自负责伊特手机供应链管理。前供应链负责人转任首席科学家，负责手机前沿技术研究。这意味着伊特公司从组织架构上加大对供应链的管理力度。

(2)开启“新零售”战略。所谓新零售就是指通过线上线下互动融合的运营方式，将电商的经验和优势发挥到实体零售中。让消费者既能享用线下看得见摸得着的良好体验，又能获取电商一样的低价格。截至 2018 年 3 月 10 日，全国范围内已有 330 个实体店“伊特之家”，覆盖 186 座城市。

(3)早年一直坚持口碑营销从未请过代言人的伊特公司在 2016 年开始改变策略，先后邀请几位明星作为代言人，赢得不少新老客户。

2017 年伊特公司开始重新恢复高速增长。2017 年第二季度，伊特手机的出货量环比增长 70%，达 2 316 万部，开创了伊特手机季度出货量的新纪录。2017 年第四季度，在其他全球前五名的智能手机厂商出货量全部负增长的情况下，伊特手机出货量增长 96. 9%。

资料三

2014 年，CEO 赵小明开始意识到“智能硬件”和“万物互联”可能是比智能手机更大的发展机遇。于是，伊特公司开启了伊特生态链计划，运用伊特公司已经积累的大量资金，准备在 5 年内投资 100 家创业公司，在这些公司复制伊特模式。

伊特公司抽出 20 名工程师，让他们从产品的角度看待拟投资的创业公司，通过与创业公司团队的沟通，了解这家公司的未来走向。伊特生态链团队不仅做投资，而且是一个孵化器，从 ID、外观、结构、硬件、软件、云服务、供应链、采购、品牌等诸多方面给予创业公司全方位的支持。这些创业公司有一大半是伊特生态链团队从零开始孵化的。但是，伊特公司并没有控股任何一家伊特生态链团队，所有的公司都是独立的。这样有利于在统一的价值观和目标下，生态链企业各自发挥技术创新优势，同时降低伊特公司整体内部协调成本，规避经营风险。

伊特生态链的投资主要围绕以下 5 大方向：①手机周边，如手机的耳机、移动电源、蓝牙音箱；②智能可穿戴设备，如伊特手环、智能手表；③传统白电的智能化，如净水器、净化器；④极客酷玩类产品，如平衡车、3D 打印机；⑤生活方式类，如伊特插线板。

2016 年，伊特生态链宣布使用全新的麦家品牌，除了手机、电视、路由器等继续使用伊特品牌，伊特生态链的其他产品都将成为“麦家”成员。2016 年，伊特生态链企业的总营业收入超过了 150 亿元。至 2018 年 5 月，伊特已经投资了 90 多家生态链企业，涉足上百个行业。在移动电源、空气净化器、可穿戴设备、平衡车等许多新兴产品领域，麦家的多个产品已做到全球数量第一。伊特生态链公司也出现多个独角兽(指那些估值达 10 亿美元以上的初创企业)。

由于伊特品牌给人们高性价比的印象已经根深蒂固，因而不少人认为伊特生态链企业的产品无法盈利。但实际上，伊特生态链企业已经有多家实现盈利。这是因为伊特公司利用其规模经济带来的全球资源优势帮助这些生态链企业提高效率。伊特公司运用其全球供应链优势能够让生态链上的小公司瞬间拥有几百亿供应链提供的能力。

伊特公司还建成了全球最大消费类物联网平台，连接超过1亿台智能设备。通过这种独特的战略联盟模式，伊特公司投资和带动了更多志同道合的创业者，围绕手机业务构建起手机配件、智能、生活消费产品三层产品矩阵；伊特公司也从一家手机公司过渡到一个涵盖众多消费电子产品、软硬件和内容全覆盖的互联网企业。

2018年4月，伊特公司成功上市。

要求：

(1)简要分析伊特公司从初创时期到上市之前公司宗旨的变化。

(2)依据“战略钟”理论，简要分析伊特智能手机与伊特生态链产品所采用的竞争战略类型。

(3)针对“伊特的成功模式成为各行各业观摩学习的范本”，依据核心能力评价理论，简要分析本案例中向伊特公司学习的企业进行基准分析的基准类型。

(4)简要分析伊特公司在2015年面临的市场风险。

(5)简要分析伊特公司2016年所采用的收缩战略(撤退战略)的主要方式。

(6)简要分析伊特生态链所采用的发展战略的类型及其优点、途径及该途径的动因。

(7)简要分析伊特公司的企业能力。

【题目二】

[本题涉及章节]：第二章、第三章。

[本题核心考点]：价值链的两类活动、战略联盟的动因、成本领先战略的实施条件、蓝海战略、设计市场营销组合。

☆资料一

1994年，电表行业的巨头宏远公司进军空调行业。由于当时国内空调还是属于少数人的奢侈品，宏远公司与业内其他公司一样，产品定位于比较高档的空调。因为宏远空调没有品牌优势，产品价格又与竞争对手不相上下，所以宏远空调在规模上一直没有多大突破，年产量不到60万台。

经过几年的努力，宏远公司最终生存下来。1999年之后，宏远公司意识到，国内空调从少数人的奢侈品转为大众消费品的时机已经来临，市场需要大量百姓买得起、用得起的“民牌”空调。处于弱势地位的宏远公司找到了挑战竞争对手、壮大自身的法宝——以价格制胜。

经过缜密的策划之后，2002年4月，面对百余名记者，宏远公司突然抛出《空调成本白皮书》，文中指出，一台1.5匹的冷暖型空调的生产成本为1 378元，加上销售费用370元、商家利润80元、厂家利润52元，市场零售价应该是1 880元。而当时市场上同为1.5匹的其他空调价格大多在2 800元到3 800元之间。

宏远公司在公布空调成本的同时，将其空调产品全线降价，平均降幅达20%。宏远公司得罪了同行，却赢得无数的消费者。2003年，宏远空调销量达到了250万台，进入国内前三强，比2002年高出近100万台。宏远公司发动的价格战也使整个空调行业的产品价格节节下滑，市场均价从2002年的2 500元降到2003年的2 000元。

宏远公司在空调制造业发动价格战并非鲁莽之举，而是以其自身优势为底气的。

首先，在宏远公司家乡N市，做空调配件的企业很多，整个空调产业链已经成型，宏远公司通过整合这些企业，产品零部件自制率达到90%，与同类企业一般不超过50%的自制率相比，在零部件成本、生产率、设备利用率、规模经济等方面都具备整机制造成本优势。以空调的关键元器件冷凝器和蒸发器为例，其成本在空调总成本中一般占80%以上，而宏远公司自2000年建立分厂以来，该种元器件的成本就下降至原来外购时的3/5左右，而且质量更好。

其次，公司在 2001 年引进全球最先进的信息化管理工具 ERP，配合内部各个部门严格的承包制的实施，对提高企业效率和降低运营成本起到了极大的作用。

第三，在采购环节，宏远公司同时采用自制和外购两条路线，当自制的质量和价格有优势时，采用自制；而当自制明显不如外购有竞争力时，就毫不犹豫地采用外购，甚至关掉自制部门。宏远公司借鉴国外企业“全球论质比价采购”的模式，其加工蒸发器和冷凝器的自动生产设备购自 J 国；保证镀层 10 年不脱皮泛锈的瓦格纳喷涂设备是引进 D 国的；制造空调塑壳的 ABS 粉料来自 H 国；机身上的所有接插件购自 M 国。这些设备和原料共有的特点是品质在全球范围内相对较好，价格最低。

最后，以年轻人为主体的人员结构和灵活的民营企业机制是宏远公司成本优势的又一源泉。宏远公司是新办的企业，没有下岗职工和离退休人员的负担；宏远公司发挥其灵活的民营企业机制，实施全方位的承包责任制，激发了各级人员的积极性、主动性和创造性，对于提高企业效率和降低运营成本发挥了重要作用。

资料二

然而，质疑甚至批评之声一直伴随着宏远公司：“宏远公司的‘价格屠夫’策略是不是在自断创新之路?”“宏远公司低价营销得到了规模优势，但牺牲了品牌优势”。近年来随着国内消费升级与产品更新换代，大众的空调消费需求开始从“功能型”向“品质型”转变。宏远公司日益认识到启动新的战略转型的必要性与紧迫性。

早在 2012 年，宏远公司就敏锐察觉到互联网发展的大趋势，积极与电商平台合作，在整体布局上确定了互联网、智能化发展战略。

为了避开与国内空调行业优势品牌的正面较量，宏远公司将目标客户聚焦在新一代网络消费群体，充分依托电商平台，用 18~35 岁年轻消费者熟悉的代言人和沟通方式，建立起年轻化、时尚化的品牌形象，打造了“倾国倾城”“淑女窈窕”等情感化的明星产品，吸引了一批有时尚要求、重情感又注重性价比的年轻人群。这样的选择让宏远公司的产品品质与创新力不断提升，从而实现了跨越式的增长。

在随后的 2013 年，宏远公司开始进行企业产品升级，累计投入超过 30 亿元用于技术创新、效率提升。先后推出二级供应链管理、引进全球领先检测设备、吸纳超过 50%硕博人才组成创新研究团队，从根本上把控产品品质。2017 年，宏远公司智能工厂落成投产，以更加标准化、高周转率的技术实力，实现产品品质的又一次提升；在 J 国建立研发中心，实现智能化产品占比超 80%；筹建多个智能制造基地累计投资超过 150 亿元，为实现空调产业全智能一体化做好准备。

资料三

2017 年下半年以来，宏远公司意识到，虽然电商存量市场很大，但增长速度开始下降，线上流量红利在下滑。面对市场环境新的变化，宏远公司采用了两个新的战略举措。

一是与国内著名电商普天组建联合团队，打通商家与平台的供应链，全面提升电商渠道供应链效率。宏远公司和普天旗下天鸟、乐淘融合的智慧供应链系统销售预测准确率达到 70%。宏远空调原来的电商渠道供应链 SOP(即标准操作程序)分为 18 个节点，操作共需 33 个小时，新的系统上线以后优化为 6 个节点，操作只需 1 个多小时，大大提升了供应链效率。

二是抓住国内电商平台纷纷下沉开店的机遇，向基层市场渗透，逐步熟悉终端零售商渠道。宏远公司放弃了向经销商层层压货、完成销售任务后给予返利的销售模式，而是采用“互联网直卖”方式，只发展一层终端零售商，产品订货起点定为 8 台。这样做的好处是投资少，不压货。目前宏远公司拥有 1.5 万多家终端零售商，这些终端零售商通过手机 APP 直接下单，宏远公司接单后通过各区域的仓储中心调配，由第三方物流发货到店。宏远公司已建成社会化的售后服务网点 7 500 个，覆盖国内 98% 的县市。终端零售商或用户通过云平台寻找所在地的宏远公司售后服务人员，由他们抢单帮助安装、维修。在"互联网直卖"模式下，终端零售商不管卖多少台产品，每一台的利润都是固定的，不和总销量挂钩。这不仅有利于市场价格体系的稳定，也克服了传统模式下渠道库存严重、层层加价、经销商资金周转慢、利润不稳定等弊端。

2018 年 11 月，宏远公司与以线下销售为主的万安家电零售公司合作，共创智慧零售新模式。宏远公司作为万安家电品牌主力军，通过万安零售公司快速开启渠道下沉绿色通道，从线上渠道转移至线下渠道，在运营上借助万安零售公司在市场上的口碑和服务，形成很强的品牌竞争力。

2018 年 12 月，宏远公司召开新闻发布会，宣布启动"双轮战略"规划，从以前"通过厂家直供的方式真正让利于经销商，打造至真至诚的利益共同体"，进一步延伸到"以宏远公司主导产业为基础搭建 O2O 平台，为更多中小企业服务，全面赋能线下经销商"。"双轮战略"的实施，将进一步实现线上线下融合、深耕零售发展的模式。

2018 年，宏远空调总销售量达到 1 500 万台，在国内排名第三；在电商平台上，宏远是销量最大的空调品牌。宏远公司致力于推动模式创新、技术革新、品质升级，已然成为国内家电行业的佼佼者、互联网时代空调智能化的"领头羊"。

要求：

(1)从市场情况与资源能力两个方面，简要分析从 2002 年开始宏远公司实施成本领先战略的条件。

(2)根据资料二，简要分析作为跟跑者的宏远公司在与国内强大竞争对手竞争时所体现的蓝海战略特征(即红海战略与蓝海战略的关键性差异)；简要分析宏远公司在竞争激烈的空调市场开辟新的生存与发展空间的途径(即蓝海战略重建市场边界的基本法则)。

(3)依据企业价值链两类活动，简要分析宏远公司的主要竞争优势。

(4)简要分析宏远公司与普天公司、万安公司结成战略联盟的动因。

(5)依据市场营销组合四个要素，简要分析宏远公司在其三次战略转型进程中市场营销组合策略的变化。

【题目三】

[本题涉及章节]：第二章、第三章。

[本题核心考点]：钻石模型分析、企业资源能力的价值链分析、发展战略的实现途径、战略联盟的动因、成本领先战略的实施条件与风险、差异化战略的实施条件、发展中国家跨国公司对外投资的主要动机。

☆资料一

20 世纪 90 年代，亚洲 H 国有近百家自行车企业转移到亚洲 C 国。留在 H 国的自行车生产企业采用多种路径实现了整体产业升级，这些路径主要有：

(1)产业重新定位，形成产业分工模式。H 国排名前三位的自行车厂商均在 C 国设厂。基于对自行车商品在"后工业社会""休闲社会"大背景下的功能、特性以及消费特点的重新认识和深刻理解，H 国自行车企业将留在本国的企业定位于生产中高价位的多品种车型，致力于自动化生产与研发；而将设在 C 国的企业定位于生产中低价位、以交通工具为主的少品种车型，以充分利用 C 国劳动力成本低、生产效率高、规模经济显著、生产能力利用程度高等优势。明确的分工使 H 国自行车企业摆脱了与 C 国自行车企业的低价竞争，奠定了其在全球高级自行车供应领域的领先地位。

(2)研发新材料与新工艺，实现产品与技术的跨越升级。面对日益挑剔和多样化的国内外消费者对自行车产品的需求，H 国自行车企业集中力量在新材料和新工艺上实现了技术跨越，积极研发设计和生产关键零部件，引进了美国模块化技术与日本供应链模式。1983年至今，H国自行车材料从钢管发展到钛合金、镁合金，甚至碳纤合金，重量由原来的30千克降低至7千克；制造技术从铜焊发展到氩焊，从一体成形发展到无氧化电弧焊接，实现了产品轻量化，同时保持了高标准的刚性、韧性和强度。

(3)在发展自有品牌的同时注重品牌并购，获取新市场机会与新技术，H国第二大自行车企业“友谊”通过并购发达国家U国自行车品牌SP和D国品牌CE，以较低的成本和较短的时间就获得发达国家的许多市场机会和先进技术，其订单掌握度、生产安排效率及在欧美高档车市场占有率大幅提高。

(4)从OEM到ODM再到OBM，沿着价值链升级。OEM(Original Equipment Manufacturer)是指品牌企业提供设计图纸，制造企业按单生产；ODM(Original Design Manufacturer)是指品牌企业看中生产企业设计制造的某一产品，生产企业按品牌企业的要求生产该产品，OBM(Original Brand Manufacturer)则是指制造企业做自有品牌。H国自行车企业普遍实现了从模仿到创新性改进，再到领先的产品设计与创新的过程。通过这一过程，H国自行车企业将研究开发、生产制造、市场营销三个主要环节在企业发展不同阶段采用不同模式进行资源配置与整合。例如，H国第一大自行车企业“银河”原来以OEM为主，发挥其生产制造的优势；进而为发达国家U国CH公司做ODM，打造自身设计能力。之后，“银河”开始创建自有品牌，在不断提高自身设计与营销能力的同时，将其具有自主品牌和研发优势的一部分零部件和整车的生产制造以OEM方式向C国企业转移。现在“银河”自有品牌销售收入占其总收入的比重为70%，其ODM客户均为全球知名品牌。

(5)组织创新，建立新的网络型战略联盟。H国自行车企业实现从OEM到ODM再到OBM的升级，网络型战略联盟发挥了重要作用。2003年，H国自行车第一大企业“银河”联合其主要竞争对手“友谊”及11家零部件生产企业组成行业战略联盟“ATC”。“ATC”具有如下功能：

第一，形成大企业带动小企业、中心厂带动卫星厂的“中心卫星体系”。这一体系内的两大企业“银河”和“友谊”以“ATC”为载体，与零部件生产企业形成中心卫星体系。卫星企业订单稳定，完全致力于专业性生产，同时借助中心企业的协助并按照合约要求提高生产力。而中心企业集中力量开展生产调研与拓展、研发、检验与装配等工作。相互的整合活动，带动了整个产业向高技术、高附加值升级和发展。

第二，高度的互动学习机制。“ATC”打破了竞争对手不该彼此交换信息的旧模式，降低了企业在产业内的交易成本和信息不对称的程度。通过高度的互动学习机制，横向促进成员紧密交流，纵向共建产业链并加强合作，确保各方优先共享先进经验和提高信任程度。联盟内频繁的活动及由此产生的组织学习，使零部件企业在产品开发初期就能参与研发活动；各个企业的研发力量集合起来，同步工程缩短产品上市时间，联盟内部知识的消化能力变得更为强大。

第三，协同发展。“ATC”规定优先供应成员间具有竞争力的产品，协助改善作业流程，提供辅导与培训，鼓励成员创新设计和参与特殊车种的合作开发，参与各种自行车会展，并与科研院所合作建设信息平台，“ATC”为成员企业提供了良好的技术开发和服务环境，实现了整车企业与零部件企业的协同发展。

2003年成立的“ATC”仅有22家成员企业，在H国343家自行车企业中只是少数，但其销售收入占比却达六成至七成。对比表明，“ATC”企业的绩效明显优于非“ATC”企业。例如，“ATC”企业在2006年出口自行车平均单价为 350 美元，大大高于行业平均单价 206.6 美元。另外，“ATC”成员中有 95.2%是以自有品牌销售，而行业平均水平是 55.46%，说明“ATC”有效推动了产业整体升级。

资料二

H 国自行车产业经过重大调整与转型，实现了整体升级，目前已在全球占据高端、高附加值市场。H 国第一大自行车企业“银河”的自有品牌已成为欧洲市场上的三大品牌之一，全球销售网络分布在 50 多个国家和地区，拥有 10 000 多个经销服务点，是全球企业组织网分布最广、最绵密的公司之一。H 国第三大自行车品牌“友友”，2003 年以自有品牌扩展到美国与亚洲的市场。

C 国和 H 国均是全球自行车的主要产销地。1991 年 C 国自行车外销数量首度超过 H 国，2000 年起外销量与出口值双双超越 H 国。近年来 C 国自行车出口量占全球二分之一，但年均出口总值已达到 C 国的一半。

近年来，C 国自行车产业也面临升级的压力。一方面，人们生活观念的变化以及收入水平的提高，使自行车不再是单纯的交通工具，而是演化为集健身用品、休闲用具、玩具、高档消费品于一体的商品。由此，出现了对自行车新的需求，形成了多个新的细分消费市场。C 国用途单一的低端自行车生产线的优势在国际市场受到极大挑战；另一方面，由于 C 国劳动力成本大幅上升，自行车产业的低端产品开始向劳动力成本更低的东南亚转移。业内人士指出，C 国自行车产业转型升级势在必行。

要求：

(1)说明 H 国与 C 国的自行车企业所实施的竞争战略的类型，并从资源和能力角度简要分析 H 国与 C 国自行车企业实施该种竞争战略的条件，以及 C 国自行车企业实施的竞争战略面临的风险。

(2)运用价值链分析方法，简要分析 H 国自行车企业是如何实现“从 OEM 到 ODM 再到 OBM，沿着价值链升级”的。

(3)简要分析 H 国自行车第一大企业“银河”联合其主要竞争对手“友谊”及 11 家零部件企业组成的行业战略联盟群体“ATC”的类型与动因。

(4)依据钻石模型，简要分析 H 国自行车产业的竞争优势。

(5)简要分析 H 国自行车企业进入欧美市场的动机。

(6)依据企业发展战略可采用的 3 种途径，简要分析 H 国自行车企业进入欧美市场所采用的发展战略的途径。

【题目四】

[本题涉及章节]：第三章。

[本题核心考点]：一体化战略、密集型战略、多元化战略、发展战略的实现途径——并购与战略联盟、对外直接投资。

甲公司是一家主营钢铁生产的民营企业，资产达到 1 100 亿元，年产钢能力超过 3 000 万吨，年营业收入超过 1 400 亿元。从开始创办至 2005 年，该企业从未从中国证券市场上筹过一分钱，完全依靠自有资金滚动发展而来。正是因为没有外部融资，因此该企业成本意识非常强烈，是中国成本最低、生产效率最高的钢厂。

2005 年，国家出台钢铁产业规划，原则上不再审批新建项目的建设规模。在此背景下，该企业开始走上以资本为纽带的整合外延式扩张之路。2006 年，该企业收购一家地方性钢铁企业 A 企业。A 企业在收购前是亏损的，但收购后两年就扭亏为盈。主要原因是：

(1)A 企业在被甲公司收购前，银行不愿意贷款给它，收购之后，凭借甲公司的信誉，A 企业很容易获得银行贷款，仅银行贷款利息一年可以节省 8 000 万到 1 个亿。

(2)原来 A 企业的钢渣都浪费了，收购之后，钢渣再利用这一项目又可获得收益近亿元。

(3)收购之后，A 企业使用氧气的成本

也降低了50%。

(4)通过向A企业输出管理和文化，极大提升了A企业的制造水平。

除了收购钢铁企业，甲公司还于2006年联合国内几家钢铁企业控股了某外资企业，该外资企业拥有250万吨到300万吨的铁矿石储量。2007年又在澳大利亚建立全资子公司，力图以此为桥头堡，进一步渗透澳大利亚丰富的铁矿资源。

作为一家钢铁企业，甲公司也面临着中国钢铁业产能过剩的尴尬局面。为了企业的长远发展，甲公司于2007年与国内几家金融企业联合建立了万成保险公司。

万成保险经营的核心业务都以提供单一保障为目标，产品包括财产保险、人寿保险、养老保险、医疗保险等，这些产品均处于领先地位。在整个保险市场中还有几个主要的参与者，它们的营运方式与万成保险相同。

保险行业在兴起阶段，市场不成熟，消费者对保险处于观望态度。国民对保险的意识较弱，人们相信养儿防老，对保险公司并不太信任，这主要是由于保险市场普遍采用佣金制，导致保险公司代理人的短期行为较严重，只注重销售新单而忽视业务质量后续服务。

随着经济发展进入高速成长阶段，国民可消费的收入增多，对健康及生活保障的要求提高了很多。在消费市场上的保险产品多是单一险种的产品，如财产保险、人寿保险、养老保险、医疗保险等，而这些产品一般在各保险公司都能提供，所以国民对保险公司的可选择性较强。可是，国民对于保险代理人或中介机构销售保险后的服务质量(特别是在客户提出理赔申请时)还是抱着怀疑和不信任的态度。

在其他一些发展中国家，保险业发展的一大趋势就是保险业务与银行之间的互相融合。银保合作不但实现了业务互补的目标，同时让保险公司能够有效利用银行强大的定点销售渠道。

2010年，万成保险公司管理层团队在讨论公司未来三年的业务发展目标及计划后，得出以下的初步结果：

方案(一)：制定新的密集型战略。不再只销售单一保险业务，参考发达国家的成功案例，利用银保跨行业合作的理念，在全国推出含储蓄成分的保险产品或其他含保本、投资和多种保险元素的综合性产品。

对于此方案，万成保险的首席执行官李大辉认为在实施此战略的时候，应根据地区特性、消费者特性或期望来实施这战略。

方案(二)：推行电子商务，开拓网上业务。利用互联网平台让客户可以在网上查阅或下载有关万成保险各类险种的信息、进行网上购买、享用更及时和方便的在线客户查询服务以及提出理赔申请等。

对于此方案，万成保险的管理团队一致认为首要任务是设立一个专用的信息系统处理电子商务交易。

要求：

(1)简要分析甲公司2006年采取的发展战略的实现途径，并列举该种途径的动机。

(2)根据并购取得协同效应的系统理论，简要分析甲公司并购A企业产生的协同效应。

(3)简要分析甲公司2006年采取的发展战略类型(如能细化，应细化)，并指出甲公司在澳大利亚建立子公司的优缺点。

(4)指出2007年甲公司与国内几家金融企业联合建立万成保险公司所属的发展战略类型及实现途径(如能细化，应细化)，并简要分析甲公司采用该种战略可能面临的风险。

(5)指出方案(一)推出含储蓄成分的保险产品以及综合性产品属于密集型战略中的哪种细分战略。结合行业和万成保险公司的实际情况，简要分析支持万成保险公司采用这种战略的原因。

(6)简要分析方案(二)开拓网上业务所采用的密集型战略并说明原因。

【题目五】

［本题涉及章节］：第二章、第三章、第六章。

［本题核心考点］：宏观环境分析、产业五种竞争力分析、企业能力分析、SWOT分析、企业战略联盟的主要类型与动因、市场风险、运营风险——销售业务。

☆资料一

C国王先生在D国攻读物理学硕士学位期间，兼职于D国一家光伏产业的公司，从事光伏组件的销售业务。王先生熟悉太阳能电极板零部件产品的销售渠道及客户群体，积累了丰富的销售经验及客户资源，善于搜集客户需求信息，并能够根据客户需求对产品提出改进的建议。2008年王先生回国创业，与几位具有丰富行业经验的有识之士按不同比例出资成立了西旺公司。西旺公司认为，石油、煤炭等传统能源都是不可再生能源，而且会产生污染。太阳能是传统能源重要的替代品，光伏产业对太阳能的开发利用，已经被社会接受并获得推崇，国内外市场需求不断攀升，市场潜力巨大。

各国政府鼓励光伏产业发展的政策相继出台。光伏产业生产技术已被市场认可，企业生产成本与产品价格不断降低。西旺公司因此选择生产太阳能光伏电池板，产品主要出口欧洲市场，供光伏设备装机时使用。西旺公司的产品在欧洲市场的交易以美元结算，以预防欧元币值的大幅度变动。西旺公司的光伏电池板是基于以往积累的客户需求做出的改良产品，研发成本较低，相对市场上的一般产品具有一定的优势。西旺公司根据市场变化，不断对产品进行再创新，比同行业的竞争者获得了更高的利润和更多的客户。

在C国，由于几年来国际市场对光伏产品需求的快速增长和光伏产品的丰厚利润，吸引了大量产业资本蜂拥而入。一些低端制造企业，也从2009年起投资或组建光伏项目，光伏电池板生产企业很多。西旺公司基于自身的技术与外销渠道优势，与国内多家光伏电池板生产商达成协议，采用代工模式（OEM），由生产商按照西旺公司的订单要求，为其提供符合标准的产品。西旺公司的主要客户是欧洲太阳能发电企业。欧洲国家的太阳能发电产业发展迅速，对光伏电池板需求很大，且不断增长，为公司提供了广阔的发展空间。

基于自身优势及市场状况，西旺公司将收付款模式设定为在收到客户全部货款后发货，并且在收到合格产品后，支付生产商剩余货款。由此，西旺公司可以很好地控制资金周转，也有效防范了一些销售舞弊行为。同时，不必在生产阶段投入资金，仅赚取产品购销差价，以最小的资金投入获得最大的资金收益。

西旺公司的光伏电池板业务经营很成功，至2010年已实现净利润1 900万元。

资料二

2010年底，西旺公司召开股东会，研究公司下一步发展方向。

王先生认为，对于太阳能光伏电池板制造商而言，进军电池板销售业务领域障碍不大。根据他了解的信息，受利润吸引已经有更多的企业投入到这一行业中，其中不乏一批大型太阳能光伏电池板生产企业，这些企业产销一体的优势对西旺公司业务形成威胁，且对市场的供需状况带来重大影响，2011年以后的市场不一定乐观。因此王先生认为，公司应该基于自身的研发实力，开发新的太阳能光伏产品，以有效规避光伏电池板行业由卖方市场转向买方市场的市场风险，同时，可以充分发挥公司自身的优势，将企业做强做大。

根据市场环境的变化，西旺公司开始研发和生产光伏电池接线盒。接线盒在光伏电池组件中起着非常重要的作用。西旺公司凭借自身研发实力很快研制出新型光伏电池接线盒，并开始投放市场。这使得西旺公司的客户从原来的光伏发电企业，扩展到光伏电池板的生产企业，使公司原来的供应商变成了公司的客户。西旺公司研发的新型光伏电池接线盒供不应求，急需扩大生产规模。传统精密制造企业中山公司提出与其合作的意愿。中山公司正在寻求新的发展机遇，而与西旺公司合作生产新型太阳能光伏电池接线盒，正是中山公司向新兴产业转型的契机。

于是西旺公司与中山公司以合资企业的形式达成上马新型太阳能光伏电池接线盒生产线的协议，目标是3年内实现1.5亿元的销售收入。根据协议，总投资为1千万元，西旺公司以研发成果及100万元资金为投入，占40%的股份，其余资金由中山公司投资，占60%的股份。该项目于2011年初投产。

资料三

随着全球太阳能光伏产业的日益成熟，光伏产业技术革新日新月异，各国政府的相关政策也在不断调整，C国政府已经缩减了对光伏行业的税收优惠政策范围。王先生认为，西旺公司处于太阳能光伏产业的中游，必须向产业链的下游拓展，才能最终成为太阳能光伏企业中的重要一员。

西旺公司于2011年5月将发展方向投向太阳能光伏产业链的下游，开始从事光伏逆变器的研发工作，并于2012年8月底投入生产。在太阳能光伏发电系统中，逆变器效率的高低是决定太阳能电池容量大小的重要因素，与接线盒相比，逆变器具有更高的科技含量，产品进入门槛更高，也意味着竞争对手相对减少。对于新研发的光伏逆变器及其生产线，西旺公司采用了不同于与中山公司合作的方式，以投入自有资金为主，再吸收部分风险投资资金入股，以有效降低融资成本，并能完全掌控生产线的运作。

2011年，C国大型制造企业上天公司提出与西旺公司共同开拓光伏产品海外市场的意向，西旺公司与上天公司签订了营销合作协议，由西旺公司负责上天公司产品在海外市场的销售。至此，西旺公司从基于合资形式的太阳能光伏电池接线盒生产线，到采取控股方式的太阳能光伏逆变器生产线，再到与上天公司合作的太阳能光伏产品贸易业务，西旺公司在光伏产业中的产业链不断延伸，其组织结构也从创业期的职能制发展成为矩阵制。西旺公司正在一步步地实现“成为国内乃至全球太阳能光伏产业的优秀企业”的目标。

要求：

(1)从宏观环境角度简要分析西旺公司2008年初创时光伏产业所面临的机会与2010年后光伏产业所面临的威胁。

(2)从产业五种竞争力角度分析西旺公司从2008年开始经营光伏电池板业务时所面临的机会与2010年后所面临的威胁。

(3)阐述企业战略联盟的主要类型，简要分析西旺公司与合作伙伴所结成的战略联盟的类型、各方的主要动因。

(4)简要分析西旺公司企业能力的主要表现。

(5)简要分析西旺公司在发展中注重规避的主要市场风险。

(6)依据《企业内部控制应用指引第9号——销售业务》，简要分析西旺公司在采用OEM方式经营光伏电池板业务时注重规避的主要风险，并分析西旺公司在此项业务中还应当防范哪些风险。

【题目六】

[本题涉及章节]：第二章、第三章、第四章、第六章。

[本题核心考点]：SWOT分析、成本领先战略的优势、差异化战略的实施条件、企业文化的类型、文化与绩效、数字化技术对公司战略的影响、财务风险——财务报告。

资料一

叮当公司是一家以数据和技术为驱动的新零售平台，主打生鲜电子商务业务。希望为消费者打造社区化的一站式新零售体验中心，用科技和人情味带给人们“鲜美生活”。

目前国家已经出台了《农产品冷链物流发展规划》，网络安全的管理和电子商务市场的法制化建设，使得生鲜电子商务的竞争环境更加稳定，技术交流更加方便。此外，随着人们收入水平的逐渐提高，可支配消费收入持续增加，人们越来越注重生活品质和健康，势必要在生鲜产品的质量上投入更多关注，电子商务消费习惯目前在中国广大中青年消费者心中已经根深蒂固，叮当公司有机会获取更多的目标客户。但是对于叮当公司而言，和行业内其他的竞争者相比，市场细分和目标市场选择高度重合，竞争对手和叮当公司在这两方面的一致性也给叮当公司发展带来了一定的威胁。目前生鲜行业竞争随着几大巨头的进入，经营环境正在恶化，价格战此起彼伏，低端的竞争势必会拖累叮当公司的发展。

在生鲜产品品质保障方面，叮当公司拥有良好的口碑。在人才储备方面，叮当公司拥有一支高质量团队。在财务管理能力上，目前叮当公司已经实现了较好的利润水平，能够保障后续发展所需要的资金支持。由于生鲜产品的标准化难度仍未彻底解决，叮当公司在满足消费者高质量生鲜产品要求方面存在不足；其次，在市场细分和目标市场定位方面，叮当公司存在较为严重的与竞争对手趋同的情况，加之叮当公司目前的自营业务模式过重，重资产拖累情况比较严重。

资料二

现阶段叮当公司实行低成本、线上线下结合等创新模式运营。叮当公司凭借自身硬实力仅2018年就与全国500家农产品品牌和基地形成了直采战略合作关系。它打破了原有的供销模式，帮助农业上游重构生鲜供应链，让“新零售”业态返璞归真。从农业基地的角度来说，叮当公司为商家们提供了稳定的渠道；而从叮当公司角度而言，优质的商品不仅能够为其增强品牌竞争力，还能帮助它开发更多自有品牌，降低采购成本。通过引进最新智能化设备，叮当公司进一步优化了前场后仓、履带传输、自动补货的模式，使得配送成本大幅下降。正是因为这些颠覆性创新，叮当公司才能在不设最低消费限制，且全部免费送货上门的概念下，很快达到盈亏平衡，成为行业里的领头羊。

叮当公司计划进行差异化运营。在现在这个时代，消费者的需求是企业关注的重点，传统的以产品为中心的观念已不再适用，消费者对产品有更多的选择权，并且消费者的需求是多样化、个性化的。而且基于现代科技的快速发展，大数据、云计算、物联网等数字化技术为企业的发展提供了更多的可能性。企业可以实现数字化运营，提高零售的销售效率和商店的运营效率；借助大量的用户数据，可以了解到消费者的喜好、消费习惯、消费行为并形成用户画像，对消费者的需求进行预测，进行个性化推荐。

据此，叮当公司计划针对三类中高端消费人群推出特色服务：第一类为追求生活质量的家庭用户，这类用户大多集中在70后至90后之中，该群体对生鲜食材质量和新鲜度要求较高，但对价格变动的敏感性较低，乐于尝试新鲜的方式去享受生活，而叮当店内食材新颖高档，商品种类接近进口食品超市，恰能呼应其需求。第二类为依赖便利店或轻餐的办公室白领，鉴于叮当公司在传统超市的购物场景中还设置了一定面积餐饮体验区，买来的食材可以现场加工烹饪加之其线上也供以顾客各菜系的熟食定餐，极大方便了白领中午就餐，保证了简餐质量。第三类为周末带着孩子去超市消遣同时购物的家长，叮当门店互动体验活动丰富，能同时满足儿童的兴趣与家长的购物需求。

资料三

叮当公司依靠严格的规章制度进行精细化管理，内部等级分明，决策权集中在上层，资历在员工晋升中发挥着重要作用。

创业初期，公司始终在寻找和保持一种领导与管理之间的平衡，也就是通过领导的影响力，使企业的价值观渗透到员工的价值观中去。这种独特的企业文化，把广大员工凝聚到一起。叮当公司以其超强的成本控制能力、快速的市场反应、持续的产品创新、严格而完善的质量控制与检验、人性化的售后服务等优势，在新零散平台独占鳌头。公司步入正轨阶段，由于企业内部缺乏沟通，管理层也没有通过集体学习加强信息交流促使组织达成共识，导致公司内部存在一定程度的人浮于事、推诿扯皮现象，战略执行过于形式化、定位不清晰问题明显，公司执行效率有所下降。

叮当公司具备完善的财务管理制度。叮当公司财务管理模式不仅要求财务能够坚持规范的财务原则和制度，还要求财务能够主动与业务部门建立伙伴关系，以帮助公司完成业务目标，其成熟的财务管理模为叮当公司各项变革的成功立下了汗马功劳。财务人员全面掌握企业财务报表以及与财务相关的资料，并运用相应的分析方法，科学合理地分析或者评价企业过往、现在以及未来的经营效益、财务状况等。通过财务分析工作，为企业管理者进行决策提供良好的支持，并结合自身实际情况，科学合理地管理。

叮当公司内部审计部门对会计核算的监督也非常严格，叮当公司规定："公司内部审计是对公司各部门、事业部和子公司经营活动的真实性、合法性、效益性及各种内部控制制度的科学性和有效性进行审查、核实和评价的一种监控活动"。曾经有市场经理做假验收报告骗取财务确认收入，被内部审计发现后市场经理和财务经理当即被除名。同时聘请专业的会计师事务组对公司财务报告进行审计，确保财务报告的真实准确。

要求：

(1)结合资料一，利用 SWOT 分析模型对叮当公司的内外部因素进行分析。

(2)结合资料二，简述叮当公司现阶段采用成本领先战略的优势。

(3)结合资料二，简述叮当公司计划实施差异化战略的条件。

(4)结合资料二，简要分析数字化技术对公司战略的影响。

(5)结合资料三，判断叮当公司企业文化的类型，并简要说明理由。

(6)依据文化与绩效的关系，根据资料三，简要分析叮当公司在创业初期和步入正轨阶段文化对企业绩效的不同影响。

(7)依据《企业内部控制应用指引第 14 号——财务报告》，根据资料三，简要分析叮当公司在财务管理中规避的风险。

【题目七】

［本题涉及章节］：第二章、第三章、第六章。

［本题核心考点］：战略群组分析、差异化战略的实施条件、研究与开发战略、集中化战略的风险、市场营销组合、运营风险。

资料一

2003 年，在个人音响领域经营多年的李煌创立了益安公司，进军国内需求旺盛的 MP3 播放器市场，推出益安公司的开山之作 MX 系列。益安公司创立之初就推崇"小而美"的策略，致力于开发优质的 MP3 产品。李煌对于上市产品的审核标准十分苛刻，多款开发的产品因"不够完美"被否定。益安公司对产品品质的严格把控受到市场认同，其产品成为国产 MP3 高品质的代表，也因此拥有了大量忠实用户，并创造了国内 MP3 历史上多个"第一"。2006 年，益安公司的 MP3 播放器在国际市场已经是一个很出名的品牌，风格活泼、时尚的产品远销欧美日韩等数十个国家，进一步巩固了益安公司在国内 MP3 市场的领导地位。

2006 年初，国内 MP3 产业还正处于繁荣时期，李煌却看到了全球 MP3 产业的衰势，开始着手战略转型。进入 2007 年，国内 MP3 市场盛极而衰。此时，益安公司破釜沉舟地放弃了国内 MP3 市场领头羊的地位，转向互联网智能手机的研发。

2007 年，益安公司开始在智能手机领域投入全部的精力，致力开发高端智能手机。2009 年 2 月 18 日，国内第一款大屏幕全触屏智能机益安 M8 正式上市。凭借着"国产智能手机先驱者"的名号，2009 年，益安 M8 站稳了国产智能手机的领先地位。

2010年到2014年，益安公司延续着做MP3产品时的策略，崇尚“小而美”，不追求扩大市场份额，专注制造精品。益安公司的智能手机新品种在不断创新中脱颖而出。与产品开发同步，益安公司强化营销体系建设，在实施多重营销策划方案的同时，不断扩展专卖店和维修中心。2013年益安公司国内专卖店数量超过1 000家，维修中心数量突破100家。益安公司内部采取员工股票和期权激励制度，吸引和鼓励更多的人才致力于公司的技术和产品创新。

资料二

随着通信网络技术的发展，智能手机行业迎来了巨大的机遇。自2009年开始，各大手机厂商纷纷发力智能手机，疯抢市场份额。

2009年到2013年，在国内智能手机发展的初期，智能手机的销量与国内三大电信运营商密切相关。凭借与三大电信运营商良好的合作关系，“中旺”“华夏”“盟进”“联展”(简称“中华盟联”)四大厂商的手机常常与电信运营商套餐绑定，迅速占据了大部分市场份额。

2013年到2016年，在“中华盟联”统治市场的后期，“OO”“VV”“XM”等手机厂商开始异军突起。他们凭借出色的营销渠道网络和庞大的广告投放，不断从线下和线上掠取智能手机市场份额。与此同时，一些传统电信运营商手机厂商也开始谋求转变，如华夏公司对线下与线上都非常重视，在维持自身传统优势的同时，在营销上充分借鉴“OO”“XM”等厂商成功的销售策略，“华夏”成为“中华盟联”中唯一转型成功的公司。

然而，“益安”这个国产智能手机的先驱者却迷失了方向。公司实施“小而美”策略，既没有在前期抓住与三大电信运营商合作的机遇，也没有在后期强化营销扩大市场份额。公司一年只开发上市两部精品手机，广告投入与渠道建设也停滞不前。益安公司逐渐失去市场份额，成为一个小众品牌。

在规模经济显著且已进入成熟期的产业中，产品差异逐渐变小，投资者和供应链都开始拒绝“小而美”。小众厂商如果无法拿出很好的企划方案，很难说服投资方。而新一轮的手机技术竞争，大量投入，才能够做高端产品，消费者也情愿为高端产品买单。供应链对于销量甚少的小众厂商，态度难免“势利”，因为体量大、销量预期稳定的公司，才是供应商的大客户。此外，在产品定价上，小厂商也非常被动。

资料三

2014年，益安公司全年手机销量不到400万台。而彼时的“学徒”，现在的竞争对手“XM”公司全年手机销量则超过6 000万台，成为国内第一。在严峻的市场形势下，2014年底李煌重新出山，担任益安公司董事长。益安公司启动了新一轮战略转型。

(1)调整发展理念，摒弃“小而美”，启动“大而全”。益安公司接受了两家大公司的投资总计6.5亿美元，确立了大力提高市场份额的战略目标。

(2)实施机海战术，全面扩大产品线。2015年全年，益安公司发布了6款手机，覆盖了高中低三种不同档次和价格的产品线。

(3)对内理清管理职责，对外加大营销力度。配合公司战略调整，益安公司重新设计内部的管理职责，提高管理效率。同时启用新的投资，扩张线下门店，广告、公关宣传等营销手段在线上线下全面展开。

2015年益安公司全年手机出货量超过2 000万台，比2014年提升了近5倍。

然而，自2016年起，益安公司再次遭受重创。主要原因是由于专业经验不足与评价体系不完善，益安手机大量使用了“LFK”的手机芯片。“LFK”芯片用料廉价，CPU核心技术落后，与竞争对手“GT”芯片相比差距明显，益安公司巨资开发的PR6和PR7系列，由于“内芯”这一致命缺陷，市场并不买账。2018年益安手机全年销量仅405万台，市场占比仅有0.1%，形势异常严峻。

2018年底，在公司生死存亡关头，李煌又一次重新调整企业战略，确立了新的品牌口号“追求不止，只因热爱”，改用“GT”芯片，跟进全面屏技术，提升产能等一系列问题。营销策略上，线上启用新的意见领袖，在各大平台上投放广告，不断制造热门话题。线下大力投入整合专卖店，积极开展地铁、车站等地推广活动。多方发力作用下，益安手机一定程度上挽回了前几年的销售颓势。2019年公司新产品16X发布仅半个月，销量就超过10万台，进入热销机型TOP8，16X有可能成为益安手机的“续命之作”。

业界人士认为，在激烈的市场竞争和孱弱的底子下，益安公司依旧面临严峻考验。要想绝境求生，公司不仅需要继续强化产品的投入与创新，进一步优化营销策略也是重要的着力点。

要求：

(1)从差异化战略实施条件(资源能力)角度，简要分析益安公司开发高端MP3和高端智能化手机成功的原因。

(2)依据资料一，简要分析益安公司对高端MP3和高端智能手机的研发类型、动力来源、研发定位。

(3)运用“与电信运营商密切程度”和“营销力度”两个战略特征各分为“高”“低”两个档次，将智能手机生产厂商“中旺”“华夏”“盟进”“联展”“OO”“VV”“XM”“益安”进行战略群组划分。

(4)依据集中化竞争战略的风险，简要分析益安公司在2010年到2014年实施“小而美”策略失败的原因。

(5)简要分析2009~2014年与2015年以后，益安手机市场营销组合的变化。

(6)简要分析2013年以后益安手机所面临的运营风险。

跨章节主观题突破特训参考答案及解析

【题目一】

(1)公司宗旨旨在阐述公司长期的战略意向，其具体内容主要说明公司目前和未来所要从事的经营业务范围。伊特公司初创时期的业务定位是做手机业务，“要做一款设计好、品质好而价格又便宜的智能手机”；而历经8年的发展，到2018年伊特公司上市之前，公司的业务定位是“涵盖众多消费电子产品、软硬件和内容全覆盖的互联网企业”。

(2)依据“战略钟”理论，伊特智能手机与生态链产品所采用的竞争战略类型是混合战略，即在为顾客提供更高的认可价值的同时，获得成本优势。亦即差异化与成本领先兼顾的战略。“伊特坚持做顶级配置，真材实料，高性能，高体验，强调超用户预期的最强性价比”“这款号称顶级配置手机定价只有1 999元，几乎是同配置手机价格的一半”“由于伊特品牌给人们高性价比的印象已经根深蒂固，因此不少人认为伊特生态链企业的产品无法盈利。但实际上，伊特生态链企业已经有多家实现盈利”“感动人心、价格厚道”。

(3)“伊特的成功模式成为各行各业观摩学习的范本”，依据核心能力评价理论，向伊特公司学习的企业基准分析的基准类型是过程或活动基准，即以具有类似核心经营的企业为基准进行比较，但是二者之间的产品和服务不存在直接竞争关系。这类基准分析的目的在于找出企业做得最突出的方面。“大量企业开始对标伊特，声称要用伊特模式颠覆自己所在行业，‘做××行业的伊特’，成为众多企业的口号”，说明不是同一行业企业，当然也不存在直接竞争关系。

(4)伊特公司在2015年所面临的市场风险主要表现在两个方面：

①能源、原材料、配件等物资供应的充足性、稳定性和价格的变化带来的风险。“销量越来越大就意味着要与数百个零部件供应商建立良好高效的合作协同关系，不能有丝毫闪失。而伊特的供货不足、发货缓慢被指为‘饥饿营销’，开始颇受质疑”“芯片供应商W公司的一脚急刹车成为导火线”。

②潜在进入者、竞争者、与替代品的竞争带来的风险。“竞争对手越来越多、越来越强大。E公司推出的互联网手机品牌R手机成为伊特手机强劲的对手，M公司和N公司也借助强大的线下渠道开始崛起”“以线下渠道为主的M公司和N公司成为手机行业的新星，其手机出货量不仅增幅超过100%，而且双双超过伊特公司进入全球前五、国内前三”。

(5)伊特公司2016年所采用的收缩战略(撤退战略)的主要方式有：

①紧缩与集中战略中的机制变革，主要做法是调整管理层领导机构。“赵小明亲自负责伊特手机供应链管理。前供应链负责人转任首席科学家，负责手机前沿技术研究。这意味着伊特公司从组织架构上加大对供应链的管理力度”。

②转向战略中的调整营销策略，包括在价格、促销、渠道等环节推出新的举措。“开启‘新零售’战略……通过线上线下互动融合的运营方式，将电商的经验和优势发挥到实体零售中。让消费者既能享用线下看得见摸得着的良好体验，又能获取电商一样的低价格”“早年一直坚持口碑营销从未请过代言人的伊特公司在2016年开始改变策略，先后请来几位明星作为代言人，赢得了不少新老客户”。

(6)伊特生态链所采用的发展战略的类

型属于相关多元化(同心多元化)。“伊特生态链的投资主要围绕以下5大方向：手机周边，如手机的耳机、移动电源、蓝牙音箱；智能可穿戴设备，如伊特手环、智能手表；传统白电的智能化，如净水器、净化器；极客酷玩类产品，如平衡车、3D打印机；生活方式类，如伊特插线板”“围绕手机业务构建起手机配件、智能、生活消费产品三层产品矩阵”。

伊特公司采用这一战略的优点：

①有利于企业利用原有产业的产品知识、制造能力、营销渠道、营销技能等优势来获取融合优势，即两种业务或两个市场同时经营的盈利能力大于各自经营时的盈利能力之和。“伊特生态链团队从ID、外观、结构、硬件、软件、云服务、供应链、采购、品牌等诸多方面给予创业公司全方位的支持”“麦家的多个产品已经做到了全球数量第一，伊特生态链公司也出现多个独角兽(指那些估值达到10亿美元以上的初创企业)”“伊特公司也从一家手机公司过渡到一个涵盖众多消费电子产品、软硬件和内容全覆盖的互联网企业”。

②利用未被充分利用的资源。“伊特公司抽出20名工程师，让他们从产品的角度看待拟投资的创业公司，通过与创业公司团队的沟通，了解这家公司的未来走向”。

③运用盈余资金。“运用伊特公司已经积累的大量资金”。

④运用企业在某个产业或某个市场中的形象和声誉来进入另一个产业或市场，而在另一个产业或市场中要取得成功，企业形象和声誉是至关重要的。“伊特生态链团队从ID、外观……品牌等诸多方面给予创业公司全方位的支持”。

伊特生态链所采用的实施发展战略的途径是战略联盟。“伊特生态链团队不仅做投资，而且是一个孵化器……但是，伊特公司并没有控股任何一家伊特生态链公司，所有的公司都是独立的”“通过这种独特的战略联盟模式，伊特投资，带动了更多志同道合的创业者，围绕手机业务构建起手机配件、智能、生活消费产品三层产品矩阵”。

伊特公司采用这种方式的动因：

①促进技术创新。“生态链企业各自发挥技术创新优势”“许多新兴产品领域，麦家的多个产品已经做到了全球数量第一，伊特生态链公司也出现多个独角兽”。

②避免经营风险。“同时……规避经营风险”。

③实现资源互补。“从ID、外观、结构、硬件、软件、云服务、供应链、采购、品牌等诸多方面给予创业公司全方位的支持”“伊特公司利用其规模经济所带来的全球资源优势帮助这些生态链企业提高效率，伊特公司运用其全球供应链优势能够让生态链上的小公司瞬间拥有几百亿的供应链能力”。

④开拓新的市场。“伊特已经投资了90多家生态链企业，涉足上百个行业”。

⑤降低协调成本。“同时降低伊特公司整体的内部协调成本”。

(7)①研发能力。“伊特公司首先是运用互联网工具，让用户参与到手机硬件的设计与研发之中，通过用户的反馈意见，了解市场的最新需求。而此前其他公司的研发模式都是封闭的，动辄一两年，开发者以为做到了最好，但其实未必是用户喜欢的，而且一两年时间过去，市场很可能已经变化。其次，伊特坚持做顶级配置，真材实料，高性能，高体验，强调超用户预期的最强性价比”“从ID、外观、结构、硬件、软件、云服务、供应链、采购、品牌等诸多方面给予创业公司全方位的支持”“许多新兴产品领域，麦家的多个产品已经做到了全球数量第一”。

②生产管理能力。“利用互联网技术提高企业的运行效率，使优质的产品能够以高价比的形式出现”“伊特公司利用其规模经济所带来的全球资源优势帮助这些生态链企业提高效率，伊特公司运用其全球供应链优势能够让生态链上的小公司瞬间拥有几百亿供

应链提供的能力”。

③营销能力。包括：

产品竞争能力。“这款号称顶级配置的手机定价只有1 999元，几乎是同配置手机价格的一半，伊特手机2012年实现销售量719万部。2014年第二季度，伊特手机成为国内智能手机市场的第一名，伊特公司在全球也成为第三大手机厂商”“麦家的多个产品已经做到了全球数量第一，伊特生态链公司也出现多个独角兽”。

销售活动能力。“以品牌和口碑积累粉丝，靠口口相传，节省大量广告费用”“开创了官网直销预订购买的发售方式，不必通过中间商，产品可以直接送到消费者手上，省去了实体店铺的各种费用和中间的渠道费用”“开启‘新零售’战略，通过线上线下互动融合的运营方式，将电商的经验和优势发挥到实体零售中”“早年一直坚持口碑营销从未请过代言人的伊特公司在2016年开始改变策略，先后请来几位明星作为代言人，赢得了不少新老客户”。

市场决策能力。“公司成立之初，公司CEO赵小明与股东们有了一个想法，要做一款设计好、品质好、价格便宜的智能手机。2010年的手机市场，还是国际品牌的天下，功能机仍是主体，智能手机的价格至少也要在3 000~4 000元。虽然也有一些国产品牌手机，但大多数是低质低价的山寨机”“2014年，CEO赵小明开始意识到‘智能硬件’和‘万物互联’可能是比智能手机还要大的发展机遇。于是，伊特公司开启了伊特生态链计划”。

④财务能力。“伊特公司开启了伊特生态链计划，运用伊特公司已经积累的大量资金”“2018年4月，伊特公司成功上市”“不少人认为伊特生态链企业的产品无法盈利。但实际上，伊特生态链企业已经有多家实现盈利。这是因为伊特公司利用其规模经济所带来的全球资源优势帮助这些生态链提高效率”。

⑤组织管理能力。“伊特公司内部开始进行架构和模式多维调整。赵小明亲自负责伊特手机供应链管理。前供应链负责人转任首席科学家，负责手机前沿技术研究。这意味着伊特公司从组织架构上加大对供应链的管理力度”“伊特公司抽出20名工程师，让他们从产品的角度看待拟投资的创业公司，通过与创业公司团队的沟通，了解这家公司的未来走向”“伊特公司并没有控股任何一家伊特生态链公司，所有的公司都是独立的。这样有利于在统一的价值观和目标下，生态链企业各自发挥技术创新优势，同时降低伊特公司整体内部协调成本，规避经营风险”。

【题目二】

(1)市场情况：

①产品具有较高的价格弹性，市场中存在大量的价格敏感用户。“国内空调从少数人的奢侈品转为大众消费品的时机已经来临，市场需要大量老百姓买得起、用得起的‘民牌’空调”“宏远得罪了同行，却赢得了无数的消费者”。

②购买者不太关注品牌。“市场需要大量老百姓买得起、用得起的‘民牌’空调”。

③价格竞争是市场竞争的主要手段，消费者的转换成本较低。“宏远公司在公布空调成本的同时，将其空调产品全线降价，平均降幅达20%。宏远公司得罪了同行，却赢得了无数的消费者”。

资源和能力：

①在规模经济显著的产业中装备相应的生产设施来实现规模经济。“在宏远公司老家N市，做空调配件的企业很多，整个空调产业链已经成型，宏远公司通过整合这些企业，产品零部件自制率达到90%，在……规模经济等诸方面都具备整机制造成本优势”。

②降低各种要素成本。“在宏远公司老家N市，做空调配件的企业很多，整个空调产业链已经成型，宏远公司通过整合这些企业，产品零部件自制率达到90%，在零部件成本……等方面都具备整机制造成本优势”“在采购环节，宏远公司同时采用自制和外

购两条路线……这些设备和原料共有的特点是品质在全球范围内相对较好，价格相对最低”“以年轻人为主体的人员结构和灵活的民营企业机制是宏远公司成本优势的又一源泉。宏远公司是新办的企业，没有下岗职工和离退休人员的负担……对于降低运营成本发挥了重要作用”。

③提高生产率。“在宏远公司老家 N 市，做空调配件的企业很多，整个空调产业链已经成型，宏远公司通过整合这些企业，产品零部件自制率达到 90%，在……生产率等诸方面都具备整机制造成本优势”“公司在 2001 年引进全球最先进的信息化管理工具 ERP，配合其内部各个部门严格的承包制，对提高企业效率和降低运营成本起到了极大的作用”“年轻的人员架构和灵活的民营企业机制是宏远公司成本优势的又一源泉。宏远公司是新办的企业，没有下岗职工和离退休人员的负担……对于提高企业效率发挥了重要作用”。

④提高生产能力利用程度。“在宏远公司老家 N 市，做空调配件的企业很多，整个空调产业链已经成型，宏远公司通过整合这些企业，产品零部件自制率达到 90%，在……设备利用率……等方面都具备整机制造成本优势”。

⑤选择适宜的交易组织形式。在不同情况下，是采取内部化生产，还是靠市场获取，成本会有很大的不同。“在采购环节，宏远公司同时采用自制和外购两条路线，当自制的质量和价格有优势时，采用自制；而当自制明显不如外购有竞争力时，就毫不犹豫地采用外购，甚至关掉自制部门……这些设备和原料共有的特点是品质在全球范围内相对较好，价格相对最低”。

(2)宏远空调在与恒立等强大竞争对手竞争时所体现出的蓝海战略特征：

①规避竞争，拓展非竞争性市场空间。“为了避开与国内空调行业优势品牌的正面较量，宏远空调将目标客户聚焦在新一代的网络消费群体”。

②创造并攫取新需求。“宏远充分依托电商平台，用 18~35 岁年轻消费者熟悉的代言人和沟通方式，建立起年轻化、时尚化的品牌形象，打造了‘倾国倾城’‘淑女窈窕’等情感化的明星产品，吸引了一批有时尚要求、重情感又注重性价比的年轻人群”。

③打破价值与成本互替定律，同时追求差异化和低成本。“吸引了一批有时尚要求、重情感又注重性价比的年轻人群”。

宏远空调在竞争激烈的空调市场中开辟新的生存与发展空间的途径：

①重新界定产业的买方群体。“宏远空调将目标客户聚焦在新一代的网络消费群体……充分依托电商平台，用 18~35 岁年轻消费者熟悉的代言人和沟通方式，建立起年轻化、时尚化的品牌形象”。

②重设产业的功能与情感导向。“打造了‘倾国倾城’‘淑女窈窕’等情感化的明星产品，吸引了一批有时尚要求、重情感又注重性价比的年轻人群”。

③跨越时间参与塑造外部潮流。“早在 2012 年，宏远公司就敏锐察觉到互联网发展的大趋势，积极与电商平台合作，在整体布局上确定了互联网、智能化发展战略”。

(3)基本活动：

①内部后勤。“在宏远公司老家 N 市，做空调配件的企业很多，整个空调产业链已经成型”“在 2001 年引进全球最先进的信息化管理工具 ERP，配合其内部各个部门严格的承包制，对提高企业效率和降低运营成本起到了极大的作用”。

②生产经营。“宏远公司通过整合这些企业，产品零部件自制率达到 90%，与同类企业一般不超过 50% 的自制率相比，在零部件成本、生产率、设备利用率、规模经济等诸方面都具备整机制造成本优势”“宏远公司迈开步伐进行企业产品升级，累计投入超过 30 亿元用于技术创新、效率提升。先后推出二级供应链管理、引进全球领先检测设备、

吸纳超过50%的硕博人才组成创新研究团队，从根本上把控产品品质。2017年宏远智能工厂落成投产，以更加标准化、高周转率的技术实力，实现了产品品质的又一次提升；在J国建立研发中心，实现了智能化产品占比超过80%，筹建多个智能制造基地累计投资超过150亿元，为实现空调产业全智能一体化做好准备"。

③外部后勤。"公司在2001年引进全球最先进的信息化管理工具ERP，配合其内部各个部门严格的承包制，对提高企业效率和降低运营成本起到了极大的作用""这些终端零售商通过手机APP直接下单，宏远公司接单后通过各区域的仓储中心调配，由第三方物流送货到店"。

④市场销售。"宏远充分依托电商平台，用18~35岁年轻消费者熟悉的代言人和沟通方式，建立起年轻化、时尚化的品牌形象，打造了'倾国倾城''淑女窈窕'等情感化的明星产品，吸引了一批有时尚要求、重情感又注重性价比的年轻人群""与国内著名电商普天组建联合团队，打通商家与平台的供应链""抓住国内电商平台纷纷下沉开店的机遇，向基层市场渗透，逐步熟悉终端零售商渠道""宏远公司与以线下销售为主的万安家电零售公司合作，共创智慧零售新模式""宏远公司召开新闻发布会，宣布启动'双轮战略'规划，从以前'通过厂家直供的方式真正让利于经销商，打造至真至诚的利益共同体'，进一步延伸到'以宏远公司主导产业为基础搭建O2O平台，为更多中小企业服务，全面赋能线下经销商'"。

⑤服务。"宏远公司已建成社会化的售后服务网点7 500个，可以覆盖98%的县市。终端零售商或用户通过云平台寻找所在地的宏远公司售后服务人员，由他们抢单帮助安装、维修"。

支持活动：

①采购管理。"在采购环节，宏远公司同时采用自制和外购两条路线，当自制的质量和价格有优势时，采用自制；而当自制明显不如外购有竞争力时，就毫不犹豫地采用外购，甚至关掉自制部门。宏远公司借鉴国外企业'全球论质比价采购'的模式，其加工蒸发器和冷凝器的自动生产设备购自J国；保证镀层10年不脱皮泛锈的瓦格纳喷涂设备是引进D国的；制造空调塑壳的ABS粉料是来自H国；机身上的所有接插件购自M国。这些设备和原料共有的特点是品质在全球范围内相对较好，价格相对最低"。

②技术开发。"宏远公司迈开步伐进行企业产品升级，累计投入超过30亿元用于技术创新、效率提升。先后推出二级供应链管理、引进全球领先检测设备、吸纳超过50%的硕博人才组成创新研究团队，从根本上把控产品品质。2017年宏远智能工厂落成投产，以更加标准化、高周转率的技术实力，实现了产品品质的又一次提升；在J国建立研发中心，实现了智能化产品占比超过80%，筹建多个智能制造基地累计投资超过150亿元，为实现空调产业全智能一体化做好准备"。

③人力资源管理。"以年轻人为主体的人员结构和灵活的民营企业机制是宏远公司成本优势的又一源泉。宏远公司是新办的企业，没有下岗职工和离退休人员的负担；宏远公司发挥其灵活的民营企业机制，实施全方位的承包责任制，激发了各级人员的积极性、主动性和创造性，对于提高企业效率和降低运营成本发挥了重要作用""吸纳超过50%的硕博人才组成创新研究团队，从根本上把控产品品质""终端零售商或用户通过云平台寻找所在地的宏远公司售后服务人员，由他们抢单帮助安装、维修"。

④基础设施。"宏远公司意识到，国内空调从少数人的奢侈品转为大众消费品的时机已经来临""早在2012年，宏远公司就敏锐察觉到互联网发展的大趋势，积极与电商平台合作，在整体布局上确定了互联网、智能化发展战略""2017年下半年以来，宏远公司意识到，虽然电商存量市场很大，但增长速

度开始下降，线上流量红利在下滑。面对市场环境新的变化，宏远公司采用了两个新的战略举措”。

(4)①促进技术创新。“打通商家与平台的供应链，全面提升电商渠道供应链效率……宏远空调原来的电商渠道供应链 SOP(即标准操作程序)分为 18 个节点，操作共需 33 个小时，新的系统上线以后优化为 6 个节点，操作只需 1 个多小时，大大提升了供应链效率”。

②避免经营风险。“2017 年下半年以来，宏远公司意识到，虽然电商存量市场很大，但增长速度开始下降，线上流量红利在下滑。面对市场环境新的变化，宏远公司采用了两个新的战略举措”。

③避免或减少竞争。“打通商家与平台的供应链”“通过厂家直供的方式真正让利于经销商，打造至真至诚的利益共同体”。

④实现资源互补。“打通商家与平台的供应链，全面提升电商渠道供应链效率”“宏远公司作为万安家电品牌主力军，通过万安零售公司快速开启渠道下沉绿色通道，从线上渠道转移至线下渠道，在运营上借助万安零售公司在市场上的口碑和服务，形成很强的品牌竞争力”。

⑤开拓新的市场。“将进一步实现线上线下的融合，深耕零售发展道路”。

(5)①产品策略。“1994 年，由于当时国内空调产品还属于少数人的奢侈品，宏远公司与业内其他公司一样，产品定位于比较高档的空调”“1999 年之后，经过几年的拼打，宏远公司意识到，国内空调从少数人的奢侈品转为大众消费品的时机已经来临，市场需要大量老百姓买得起、用得起的‘民牌’空调。处于弱势地位的宏远公司找到了挑战竞争对手、壮大自身的法宝——以价格制胜”“2012 年之后，随着国内消费升级与产品更新换代，大众的空调消费需求开始从‘功能型’向‘品质型’转变。宏远公司日益认识到启动新的战略转型的必要性与紧迫性。宏远空调将目标客户聚焦新一代的网络消费群体。宏远充分依托电商平台，用 18~35 岁年轻消费者熟悉的代言人和沟通方式，建立起年轻化、时尚化的品牌形象，打造了‘倾国倾城’‘淑女窈窕’等情感化的明星产品，吸引了一批有时尚要求、重情感又注重性价比的年轻人群”。

②促销策略。“2002 年 4 月，面对百余名记者，宏远突然抛出《空调成本白皮书》……宏远公司在公布空调成本的同时，其空调全线降价，平均降幅达 20%”“2012 年之后，宏远充分依托电商平台，用 18~35 岁年轻消费者熟悉的代言人和沟通方式，建立起年轻化、时尚化的品牌形象，打造了‘倾国倾城’‘淑女窈窕’等情感化的明星产品，吸引了一批有时尚要求、重情感又注重性价比的年轻人群”。

③分销策略。“早在 2012 年，宏远公司就敏锐察觉到互联网发展的大趋势，积极合作电商平台，在整体布局上确定了互联网、智能化发展战略”“2017 年下半年以来，抓住国内电商平台纷纷下沉开店的机遇，向基层市场渗透，逐步熟悉终端零售商渠道”“2018 年 12 月……‘双轮战略’的实施，将进一步实现线上线下的融合，深耕零售发展道路”。

④价格策略。“1999 年之后，宏远公司在公布空调成本的同时，其空调全线降价，平均降幅达 20%……宏远‘价格屠夫’策略”“2012 年之后，吸引一批有时尚要求、重情感又注重性价比的年轻人群”。

【题目三】

(1)H 国自行车企业所实施的竞争战略是差异化战略。

实施差异化战略需要具备的资源和能力包括：

①具有强大的研发能力和产品设计能力，具有很强的研究开发管理人员。“面对日益挑剔和多样化的国内外消费者对自行车产品的需求，H 国自行车企业集中力量在新材料和新工艺上实现了技术跨越，积极研发设计

和生产关键零部件，引进了美国模块化技术与日本供应链模式。1983 年至今，H 国自行车材料从钢管发展到钛合金、镁合金，甚至碳纤合金，重量由原来的 30 千克降低到 7 千克；制造技术从铜焊发展到氩焊，从一体成形发展到无氧化电弧焊接，实现了产品轻量化，同时保持高标准的刚性、韧性和强度”。

②具有很强的市场营销能力，具有很强的市场营销能力的管理人员。“通过这一过程，H 国自行车企业将研发开发、生产制造、市场营销三个主要环节在企业发展不同阶段采用不同模式进行资源配置与整合”“H 国第一大自行车厂商‘银河’原来以 OEM 为主……在不断完善自身设计与营销能力的同时，将其具有自主品牌和研发优势的一部分零部件和整车的生产制造以 OEM 方式向 C 国企业转移。现在‘银河’自有品牌销售收入占其总收入的比重为 70%”。

③有能够确保激励员工创造性的激励体制、管理体制和良好的创造性文化。“组织创新，建立新的网络型战略联盟”“形成大企业带动小企业、中心厂带动卫星厂的‘中心卫星体系’”“高度的互动学习机制”“协同发展”。

④具有从总体上提高某项经营业务的质量、树立产品形象、保持先进技术和建立完善分销渠道的能力。“H 国自行车产业经过重大调整与转型，实现了整体升级”。

C 国自行车企业所实施的竞争战略是成本领先战略。

实现成本领先战略需要具备的资源和能力包括：

①能够实现规模经济。“充分利用 C 国……规模经济显著……优势”“1991 年 C 国自行车外销数量首度超过 H 国，2000 年起外销量与出口值更是双双超越 H 国。近年来 C 国自行车出口量占全球二分之一”。

②降低各种要素成本。“充分利用 C 国劳动力成本低……优势”。

③提高生产率。“充分利用 C 国……生产效率高……优势”。

④提高生产能力利用程度。“充分利用 C 国……生产能力利用程度高等优势”。

⑤选择适宜的交易组织形式。“H 国排名前三位的自行车企业均在 C 国设厂”“将 C 国企业定位于生产中低价位、以交通工具为主的少品种车型”。

⑥重点集聚。“将 C 国企业定位于生产中低价位、以交通工具为主的少品种车型”。

采取成本领先战略的风险包括：

①技术的变化可能使过去用于降低成本的投资（如扩大规模、工艺革新等）与积累的经验一笔勾销。“出现了对自行车新的需求，形成了多个新的细分消费市场。C 国用途单一低端自行车生产线优势在国际市场上受到极大挑战”。

②产业的新加入者或追随者通过模仿或者以高技术水平设施的投资能力，用较低的成本进行学习。“自行车产业的低端产品开始向劳动力成本更低的东南亚转移”。

③市场需求从注重价格转向注重产品的品牌形象，使得企业原有的优势变为劣势。“人们生活观念的变化以及收入水平的提高，使自行车不再是单纯的交通工具，而是演化为集健身用品、休闲用具、玩具、高档消费品于一体的商品。出现了对自行车新的需求，形成了多个新的细分消费市场”。

（2）确认那些支持企业竞争优势的关键性活动。“H 国第一大自行车厂商‘银河’原来以 OEM 为主，发挥其生产制造的优势”（这一阶段，确认生产制造是关键性活动）“进而为发达国家 U 国 CH 公司做 ODM，打造自身设计能力”（这一阶段，生产制造、研发设计是关键性活动）“之后，‘银河’开始创建自有品牌，在不断提高自身设计与营销能力的同时，将其具有自有品牌和研发优势的一部分零部件和整车的生产制造以 OEM 方式向 C 国企业转移”（这一阶段，研发设计、市场营销是关键性活动）。

明确价值链内各种活动之间的联系。“H 国第一大自行车厂商‘银河’原来以 OEM 为主，发挥其生产制造的优势”“进而为发达国家U国CH公司做ODM，打造自身设计能力”“之后，‘银河’开始创建自有品牌，在不断提高自身设计与营销能力的同时，将其具有自有品牌和研发优势的一部分零部件和整车的生产制造以OEM方式向C国企业转移”。

明确价值系统内各项价值活动之间的联系。包括供应商、分销商和客户在内的各项价值活动之间的许多联系。“H国自行车企业实现从OEM到ODM再到OBM的升级，网络型战略联盟发挥了重要的作用”“形成大企业带动小企业、中心厂带动卫星厂的‘中心卫星体系’”“高度的互动学习机制”“协同发展”。

(3)H国自行车第一大企业“银河”联合其主要竞争对手“友谊”及11家零部件生产企业组成行业战略联盟“ATC”，形成大企业带动小企业、中心厂带动卫星厂的“中心卫星体系”。这一体系内的两大企业“银河”和“友谊”以“ATC”为载体，与零部件生产企业形成中心卫星体系。卫星企业订单稳定，完全致力于专业性生产，同时借助中心企业的协助并按照合约要求提高生产力。而中心企业集中力量开展生产调研与拓展、研发、检验与装配等工作。因此，ATC战略联盟的类型为功能性协议(或称契约式战略联盟)。

动因：

①促进技术创新。“高度的互动学习机制……确保各方优先共享先进经验和提高信任程度。联盟内频繁的活动及由此产生的组织学习，使零部件企业在产品开发初期就能参与研发活动；各个企业的研发力量集合起来，同步工程缩短产品上市时间，联盟内部知识的消化能力变得更强大”“协同发展。‘ATC’规定优先供应成员间具竞争力的产品……鼓励成员创新设计和参与特殊车种的合作开发，参与各种自行车会展，并与科研院所合作建设信息平台。‘ATC’为成员企业提供了良好的技术开发和服务环境”。

②避免经营风险。“卫星厂商订单稳定，完全致力于专业性生产”“‘ATC’打破了竞争对手不该彼此交换信息的旧模式，降低了企业在产业内的交易成本和信息不对称的程度”。

③避免或减少竞争。“‘ATC’打破了竞争对手不该彼此交换信息的旧模式，降低了企业在产业内的交易成本和信息不对称”。

④实现资源互补。“形成大企业带动小企业、中心厂带动卫星厂的‘中心卫星体系’”“高度的互动学习机制”“协同发展”。

⑤开拓新的市场。“2003年成立的‘ATC’仅有22家成员企业，在H国343家自行车企业中只是少数，但其销售收入占比却达六至七成……‘ATC’企业在2006年出口自行车平均单价为350美元，大大高于行业平均单价206.6美元。另外，‘ATC’成员中有95.2%是以自有品牌销售，而行业水平是55.46%”。

(4)H国自行车产业的竞争优势：

生产要素。“研发新材料与新工艺，实现产品与技术的跨越升级。面对日益挑剔和多样化的国内外消费者对自行车产品的需求，H国自行车企业集中力量在新材料和新工艺上实现了技术跨越，积极研发设计和生产关键零部件，引进了美国模块化技术与日本供应链模式。1983年至今，H国自行车材料从钢管发展到钛合金、镁合金，甚至碳纤合金，重量由原来的30公斤降低到7公斤；制造技术从铜焊发展到氩焊，从一体成形发展到无氧化电弧焊接，实现了产品轻量化，同时保持高标准的刚性、韧性和强度”“通过高度的互动学习机制……确保各方优先共享先进经验和提高信任程度”“协同发展……鼓励成员创新设计和参与特殊车种的合作开发……并与科研院所合作建设信息平台。‘ATC’为成员企业提供了良好的技术开发和服务环境”。

需求条件。“面对日益挑剔和多样化的国内外消费者对自行车产品的需求”。

相关与支持性产业。“形成大企业带动小企业、中心厂带动卫星厂的中心卫星体系，这一体系内两大企业'银河'和'友谊'以ATC为载体，与零部件生产企业形成中心卫星体系""高度的互动学习机制……纵向共建产业链并加强合作，确保各方优先共享先进经验和提高信任程度。联盟内频繁的活动及由此产生的组织学习，使零部件企业在产品开发初期就能参与研发活动；各个企业的研发力量集合起来，同步工程缩短产品上市时间，联盟内部知识的消化能力变得更强大""协同发展。'ATC'规定优先供应成员间具竞争力的产品……实现了整车企业与零部件企业的协同发展"。

企业战略、企业结构和同业竞争。"H国自行车第一大企业'银河'联合其主要竞争对手'友谊'及11家零部件生产企业组成行业战略联盟'ATC'(在H国存在强有力的竞争对手之间竞争与合作关系)"。

(5)寻求市场。"H国第一大自行车企业'银河'的自有品牌已成为在欧洲市场的三大品牌之一""H国第二大自行车企业'友谊'通过并购发达国家U国自行车品牌SP和D国品牌CE，以较低的成本和较短的时间就获得发达国家的许多市场机会和先进技术""H国第三大自行车品牌'友友'，2003年以自有品牌扩展到美国与亚洲市场"。

寻求现成资产。"H国第二大自行车企业'友谊'通过并购发达国家U国自行车品牌SP和D国品牌CE，以较低的成本和较短的时间就获得发达国家的许多市场机会和先进技术"。

(6)外部发展(并购)。"H国第二大自行车企业'友谊'通过并购发达国家U国自行车品牌SP和D国品牌CE……"。

内部发展(新建)。"H国第一大自行车企业'银河'的自有品牌已成为在欧洲市场的三大品牌之一""H国第三大自行车品牌'友友'，2003年以自有品牌扩展到美国与亚洲市场"。

战略联盟。"H国第一大自行车厂商'银河'……为发达国家U国CH公司做ODM"。

【题目四】

(1)2006年，甲公司采取的发展战略实现途径是外部发展(并购)。"2006年，该企业收购一家地方性钢铁企业A企业""2006年联合国内几家钢铁企业控股了某外资企业，该外资企业拥有250万吨到300万吨的铁矿石储量"。

并购的动机主要有三个：①避开进入壁垒，迅速进入，争取市场机会，规避各种风险；②获得协同效应；③克服企业负外部性，减少竞争，增强对市场的控制力。

(2)用系统理论剖析协同效果，可以分为3个层次：

第一，并购后的两个企业的"作用力"的时空排列得到有序化和优化，从而使企业获得"聚焦效应"。"原来A企业的钢渣都浪费了，收购之后，钢渣再利用这一项目又可获得收益近亿元。收购之后，A企业使用的氧气的成本也降低了50%"。

第二，并购后的企业内部不同"作用力"发生转移、扩散、互补，从而改变了公司的整体功能状况。"A企业在被甲公司收购前，银行不愿意贷款给它，收购之后，凭借甲公司的信誉，A企业很容易获得银行贷款，仅银行贷款利息一年可以节省8 000万到1个亿"。

第三，并购后两个企业内的"作用力"发生耦合、反馈、互激振荡，改变了作用力的性质和力量。"通过向A企业输出管理和文化，极大提升了A企业的制造水平"。

(3)甲公司2006年采取的发展战略是一体化战略中的横向一体化战略和后向一体化战略。

横向一体化是指企业向产业价值链相同阶段方向扩张的战略。主要目的是实现规模经济以获取竞争优势。"2006年，该企业收购一家地方性钢铁企业A企业"，属于横向一体化战略。

后向一体化是指获得供应商的所有权或加强对其控制权。"2006年联合国内几家钢铁企业控股了某外资企业，该外资企业拥有

250万吨到300万吨的铁矿石储量”，属于后向一体化战略。

甲公司在澳大利亚建立全资子公司的优点：

第一，管理者可以完全控制子公司在目标市场上的日常经营活动，并确保有价值的技术、工艺和其他无形资产都保留在子公司。

第二，可以避免合资经营在利益、目标等方面的冲突问题，从而使国外子公司的经营战略与企业的总体战略融为一体。

甲公司在澳大利亚建立全资子公司的缺点：

第一，这种方式可能得耗费大量资金，公司必须在内部集资或在金融市场上融资以获得资金。

第二，由于没有东道国企业的合作与参与，全资子公司难以得到当地的政策与各种经营资源的支持，规避政治风险的能力也明显小于合资经营企业。

(4)2007年，甲公司与国内几家金融企业联合建立万成保险公司属于多元化战略中的非相关多元化战略，实现途径为战略联盟中的合资企业。

多元化战略的风险主要有五种：

①来自原有经营产业的风险。甲公司进入保险产业后，原有钢铁产业的资源必然要分给保险产业一部分，容易使钢铁产业出现资源紧张。

②市场整体风险。甲公司虽然进入了保险产业，但有些风险的发生会对所有产业带来影响，凭借多元化是很难分散掉的。

③产业进入风险。甲公司进入保险产业，存在对该产业不了解、需要投入更多资源等相关风险。

④产业退出风险。甲公司进入保险产业后，涉及退出时需要付出的代价，这要求甲公司事先需要想好退出的对策。

⑤内部经营整合风险。甲公司进行多元化经营，特别是在钢铁与保险产业相关性不大的情况下，能否具备经营管理能力同时经营，存在一定的问题。

(5)方案(一)推出含储蓄成分的保险产品以及综合性产品，属于密集型战略中的产品开发战略。

万成保险实施产品开发战略的原因：

①从现有产品组合的不足中寻求新的机会。保险业市场现在多以单一保障为主，缺乏产品选择性。在处于成长阶段的保险市场中存在未饱和更高利润的市场空间。开发新产品是满足市场潜在需求的一个途径。

②保持相对于竞争对手的领先地位，使企业能继续在现有市场中保持稳固的地位。市场上现有的竞争者提供与万成保险类似的险种，消费者的选择性较强，议价能力相对高。万成保险只有通过产品开发才能保持其领先地位，或维持现有的市场份额。

③充分利用企业对市场的了解。万成保险对保险市场有充分的理解，认识到国民消费力增强，对健康及生活保障的要求增加，这为新产品提供了一个发展机会。

(6)方案(二)开拓网上业务所采用的密集型战略是市场渗透战略。

在万成保险利用互联网推行电子商务的方案中，主要是提供与现有产品相同的服务。在产品的本质上没有改变，只是将现有产品放在网上推广，增加客户的接触点和扩大零售途径渠道，从而希望增加市场份额。这是密集型战略中的市场渗透战略。

【题目五】

(1)从PEST角度分析西旺公司2008年初创时光伏产业所面临的机会：

①政治法律因素：“各国政府鼓励光伏产业发展的政策相继出台”。

②经济因素：“国内外市场需求不断攀升，市场潜力巨大”。

③社会和文化因素：“光伏产业已经被社会接受并获得推崇”。

④技术因素：“光伏产业生产技术已被市场认可，企业生产成本与产品价格不断降低”。

从PEST角度分析2010年后光伏产业所

面临的威胁：

①政治法律因素："各国政府的相关政策也在不断调整，C 国已经缩减了对光伏行业的税收优惠政策范围"。

②技术因素："光伏产业技术革新日新月异"。

（2）从产业五种竞争力角度分析西旺公司从 2008 年开始经营光伏电池板业务时所面临的机会：

①供应者："由于几年来国际市场对光伏产品需求的快速增长和光伏产品丰厚的利润，吸引了大量产业资本蜂拥而入。一些低端制造行业的企业，也都从 2009 年起投资或组建光伏项目，光伏电池板生产企业很多"。

②购买者："主要客户是欧洲太阳能发电企业。欧洲的太阳能发电产业发展迅速，对光伏电池板需求很大，且不断增长，为公司提供了广阔的发展空间"。

③现有竞争者："西旺公司的光伏电池板是基于以往积累的客户需求做出的改良产品，研发成本较低，相对市场上的一般产品具有一定的优势。西旺公司根据市场变化，不断对现有产品进行再创新，比同行业的竞争者获得了更高的利润和更多的客户"。

④替代品："太阳能是传统能源重要的替代品"。

从产业五种竞争力角度分析西旺公司 2010 年后经营光伏电池板贸易业务面临的威胁：

①潜在进入者："对于太阳能光伏电池板制造商而言，进军电池板销售业务领域障碍不大"。

②供应商："对市场的供需状况带来重大影响"。

③购买者："光伏电池板行业由卖方市场转向买方市场的市场风险"。

④现有竞争者："这些企业产销一体的优势对公司业务形成威胁"。

（3）从股权参与和契约联结的方式角度来看，战略联盟的类型分为合资企业、相互持股投资和功能性协议三种类型。功能性协议又进一步分为技术交流协议、合作研究开发协议、生产营销协议和产业协调协议。

"西旺公司基于自身的技术与外销渠道优势，与国内多家光伏电池板生产商达成协议，采用代工模式（OEM），由生产商按照西旺公司的订单要求，为其提供符合标准的产品"，属于功能性协议类型（或契约式类型）。

"西旺公司与中山公司以合资企业的形式达成上马新型太阳能光伏电池接线盒生产线的协议"，属于合资企业类型（或股权参与方式）。

"对于新研发的光伏逆变器及其生产线，西旺公司采用了以投入自有资金为主，再吸收部分风险投资资金入股"，属于相互持股类型（或股权参与方式）。

"西旺公司与上天公司签订了营销合作协议"，属于功能性协议类型（或契约式类型）。

各方的主要动因：

①促进技术创新。"西旺公司基于自身的技术与外销渠道优势，与国内多家光伏电池板生产商达成协议""西旺公司研发的新型太阳能电池接线盒供不应求，急于扩大生产""对于新研发的光伏逆变器及其生产线，西旺公司采用了以投入自有资金为主，再吸收部分风险投资资金入股"。

②避免经营风险。"可以很好地控制资金周转，同时，不必在生产阶段投入资金，仅赚取产品购销差价，以最小的资金投入获得最大的资金收益"。

③避免或减少竞争。"西旺公司采用代工模式（OEM），由生产商按照西旺公司的订单要求，为其提供符合标准的产品"，减少了自己生产所要承担的竞争压力。

④实现资源互补。"西旺公司基于自身的技术与外销渠道优势，……生产商按照西旺公司的订单要求，为其提供符合标准的产品""西旺公司研发的新型太阳能电池接线盒供不应求，急于扩大生产"。

⑤开拓新的市场。"生产商按照西旺公

司的订单要求，为其提供符合标准的产品，……向欧洲市场提供光伏设备装机时所需的光伏电池板”“与西旺公司合作生产新型太阳能光伏电池接线盒，正是中山公司向新兴产业转型的契机”“上天公司提出与西旺公司共同开拓光伏产品海外市场的合作意向”“西旺公司从基于合资方式的太阳能光伏电池接线盒生产线，到采取控股方式的太阳能光伏逆变器生产线，再到与上天公司合作的太阳能光伏产品贸易业务，西旺公司在光伏产业中产业链不断延伸”。

(4)企业能力主要由研发能力、生产管理能力、营销能力、财务能力和组织管理能力等组成。

①研发能力。“西旺公司的光伏电池板是基于以往积累的客户需求做出的改良产品，研发成本较低，相对市场上的一般产品具有一定的优势。西旺公司根据市场变化，不断对现有产品进行再创新”“西旺公司研发的新型太阳能电池接线盒供不应求”“与接线盒相比，逆电器具有更高的技术含量，产品进入门槛更高，也意味着竞争对手相对减少”。

②生产管理能力。“以投入自有资金为主，再吸收部分风险投资资金入股，以有效降低融资成本，并能完全掌控生产线的运作”。

③营销能力。“王先生熟悉太阳能电极板零部件产品的销售渠道及客户群体，积累了丰富的销售经验及客户资源，善于搜集客户需求信息，并能够根据客户需求对产品做出改进的建议”。

④财务能力。“收付款模式……可以很好地控制资金周转。同时，不必在生产阶段投入资金，仅赚取产品购销差价，以最小的资金投入获得最大的资金收益”“西旺公司与中山公司以合资企业的形式达成上马新型太阳能光伏电池接线盒生产线的协议”“对于新研发的光伏逆变器及其生产线，西旺公司以投入自有资金为主，再吸收部分风险投资资金入股，以有效降低融资成本，并能完全掌控生产线的运作”。

⑤组织管理能力。“西旺公司在光伏产业中产业链不断延伸，其组织结构也从创业期的职能制发展成为矩阵制”。

(5)西旺公司在发展中注重规避的主要市场风险：

①产品或服务的价格及供需变化带来的风险。“……一批大型太阳能电池生产企业，这些企业产销一体的优势对公司业务形成威胁。且对市场的供需状况带来重大影响，2011年以后的市场不一定乐观”。

②税收政策的变化带来的风险。“各国政府的相关政策也在不断调整，C国已经缩减了对光伏行业的税收优惠政策范围”。

③汇率的变化带来的风险。“西旺公司的产品在欧洲市场的交易以美元结算，以预防欧元币值的大幅度变动”。

④潜在进入者、竞争者与替代品的竞争带来的风险。“对于太阳能光伏电池板制造商而言，进军电池板销售业务领域障碍不大”“其中不乏一批大型太阳能电池生产企业，这些企业产销一体的优势对公司业务形成威胁”“随着全球太阳能光伏产业的日益成熟，光伏产业技术革新日新月异”。

(6)依据《企业内部控制应用指引第9号——销售业务》，与西旺公司采用OEM方式经营光伏电池板业务相关的主要风险有：

①销售政策和策略不当，市场预测不准确，销售渠道管理不当等，可能导致销售不畅、库存积压、经营难以为继。

②客户信用管理不到位，结算方式选择不当，账款回收不力等，可能导致销售款项不能收回或遭受欺诈。

③销售过程存在舞弊行为，可能导致企业利益受损。

“西旺公司将收付款模式设定为，在收到客户全部货款后发货，并且在收到合格产品后，支付生产商剩余货款……西旺公司可以很好地控制资金周转，也有效防范了一些销售舞弊行为”，反映西旺公司很好地规避了上述第二类风险和第三类风险。但是，如果西旺公司不能根据市场条件与自身优势的变化增加此项政策执行的灵活性，可能会导致第一类风险的发生。

【题目六】

(1)①机会 O。“目前国家已经出台了《农产品冷链物流发展规划》，网络安全的管理和电子商务市场的法制化建设，使得生鲜电子商务的竞争环境更加稳定，技术交流更加方便。此外，随着人们收入水平的逐渐提高，可支配消费收入持续增加，人们越来越注重生活品质和健康，势必要在生鲜产品的质量上投入更多关注，电子商务消费习惯目前在中国广大中青年消费者心中已经根深蒂固，叮当公司有机会获取更多的目标客户”。

②威胁 T。“但是对于叮当公司而言，和行业内其他的竞争者相比，市场细分和目标市场选择高度重合，竞争对手和叮当公司在这两方面的一致性也给叮当公司发展带来了一定的威胁。目前生鲜行业竞争随着几大巨头的进入，经营环境正在恶化，价格战此起彼伏，低端的竞争势必会拖累叮当公司的发展”。

③优势 S。“在生鲜产品品质保障方面，叮当公司拥有良好的口碑。在人才储备方面，叮当公司拥有一支高质量团队。在财务管理能力上，目前叮当公司已经实现了较好的利润水平，能够保障后续发展所需要的资金支持”。

④劣势 W。“由于生鲜产品的标准化难度仍未彻底解决，叮当公司在满足消费者高质量生鲜产品要求方面存在不足；其次，在市场细分和目标市场定位方面，叮当公司存在较为严重的与竞争对手趋同的情况，加之叮当公司目前的自营业务模式过重，重资产拖累情况比较严重”。

(2)①增强讨价还价能力。“从农业基地的角度来说，叮当公司为商家们提供了稳定的渠道；而从叮当公司角度而言，优质的商品不仅能够为其增强品牌竞争力，还能帮助它开发更多自有品牌，降低采购成本”。

②保持领先的竞争地位。“正是因为这些颠覆性创新，叮当公司才能在不设最低消费限制，且全部免费送货上门的概念下，很快达到盈亏平衡，成为行业里的领头羊”。

③形成进入障碍。“叮当公司凭借自身硬实力仅 2018 年就与全国 500 家农产品品牌和基地形成了直采战略合作关系。它打破了原有的供销模式，帮助农业上游重构生鲜供应链，让‘新零售’业态返璞归真”“通过引进最新智能化设备，叮当公司进一步优化了前场后仓、履带传输、自动补货的模式，使得配送成本大幅下降。正是因为这些颠覆性创新，叮当公司才能在不设最低消费限制，且全部免费送货上门的概念下，很快达到盈亏平衡，成为行业里的领头羊”。

(3)①顾客的需求是多样化的。“在现在这个时代，消费者的需求是企业关注的重点，传统的以产品为中心的观念已不再适用，消费者对产品有更多的选择权，并且消费者的需求是多样化、个性化的”。

②产品能够充分地实现差异化，且为顾客所认可。“第一类为追求生活质量的家庭用户，这类用户大多集中在 70 后至 90 后之中，该群体对生鲜食材质量和新鲜度要求较高，但对价格变动的敏感性较低，乐于尝试新鲜的方式去享受生活，而叮当店内食材新颖高档，商品种类接近进口食品超市，恰能呼应其需求”。

③企业所在产业技术变革较快，创新成为竞争的焦点。“而且基于现代科技的快速发展，大数据、云计算、物联网等技术为企业的发展提供了更多的可能性。企业可以实现数字化运营，提高零售的销售效率和商店的运营效率；借助大量的用户数据，可以了解到消费者的喜好、消费习惯、消费行为并形成用户画像，对消费者的需求进行预测，进行个性化推荐”。

(4)①数字化技术对业务流程的影响。“企业可以实现数字化运营，提高零售的销售效率和商店的运营效率”。

②数字化技术对产品和服务的影响。"借助大量的用户数据，可以了解到消费者的喜好、消费习惯、消费行为并形成用户画像，对消费者的需求进行预测，进行个性化推荐。据此，叮当公司计划针对三类中高端消费人群推出特色服务"。

(5)角色导向型。

理由：角色导向型这类文化一般是围绕着限定的工作规章和程序建立起来的，理性和逻辑是这一文化的中心，分歧由规章和制度来解决，稳定和体面几乎被看成与能力同等重要。这类结构十分强调等级和地位，权利和特权是限定的。叮当公司"依靠严格的规章制度进行精细化管理，内部等级分明，决策权集中在上层，资历在员工晋升中发挥着重要作用"符合角色导向型文化的特点。

(6)文化与绩效的关系是：文化可能与高绩效相联系，文化也可能损害企业的绩效。

①在创业阶段，公司的文化与高绩效相联系。"创业初期，公司始终在寻找和保持一种领导与管理之间的平衡，也就是通过领导的影响力，使企业的价值观渗透到员工的价值观中去。这种独特的企业文化，把广大员工凝聚到一起。叮当公司以其超强的成本控制能力、快速的市场反应、持续的产品创新、严格而完善的质量控制与检验、人性化的售后服务等优势，在新零散平台独占鳌头"。

②公司步入正轨阶段，文化损害企业的绩效。"由于企业内部缺乏沟通，管理层也没有通过集体学习加强信息交流促使组织达成共识，导致公司内部存在一定程度的人浮于事、推诿扯皮现象，战略执行过于形式化、定位不清晰问题明显，公司执行效率有所下降"。

(7)①编制财务报告违反会计法律法规和国家统一的会计准则制度，可能导致企业承担法律责任和声誉受损。"叮当公司财务管理模式不仅要求财务能够坚持规范的财务原则和制度，还要求财务能够主动与业务部门建立伙伴关系，以帮助公司完成业务目标，其成熟的财务管理模为叮当公司各项变革的成功立下了汗马功劳"。

②提供虚假财务报告，误导财务报告使用者，造成决策失误，干扰市场秩序。"叮当公司内部审计部门对会计核算的监督也非常严格""曾经有市场经理做假验收报告骗取财务确认收入，被内部审计发现后市场经理和财务经理当即被除名。同时叮当公司聘请专业的会计师事务组对公司财务报告进行审计，确保财务报告的真实准确"。

③不能有效利用财务报告，难以及时发现企业经营管理中存在的问题，可能导致企业财务和经营风险失控。"财务人员全面掌握企业财务报表以及与财务相关的资料，并运用相应的分析方法，科学合理地分析或者评价企业过往、现在以及未来的经营效益、财务状况等。通过财务分析工作，为企业管理者进行决策提供良好的支持，并结合自身实际情况，科学合理地管理"。

【题目七】

(1)①具有强大的研发能力和产品设计能力。"益安公司创立之初就推崇'小而美'的策略，致力于开发优质的 MP3 产品……其产品成为国产 MP3 高品质的代表，也因此拥有了大量忠实用户，并创造了国内 MP3 历史上多个'第一'""益安公司开始在智能手机领域投入全部的精力，致力开发高端智能手机""益安公司的智能手机新品种在不断创新中脱颖而出"。

②具有很强的市场营销能力。"益安公司强化营销体系建设，在实施多重营销策划方案的同时，不断扩展专卖店和维修中心。2013 年益安公司国内专卖店数量超过 1 000 家，维修中心数量突破 100 家"。

③有能够确保激励员工创造性的激励体制、管理体制和良好的创造性文化。"益安公司内部采取员工股票和期权激励制度，吸引和鼓励更多人才致力于公司的技术和产品创新"。

④具有从总体上提高某项经营业务的质量、树立产品形象、保持先进技术和建立完善分销渠道的能力。“益安公司创立之初就推崇‘小而美’的策略，致力于开发优质的MP3产品。李煌对于上市产品的审核标准十分苛刻，多数开发的产品因‘不够完美’被否定”“益安公司延续着做MP3产品时的策略，崇尚‘小而美’，不追求扩大市场份额，专注制造精品”。

（2）①益安公司对高端MP3和高端智能手机的研发类型属于“产品研究—新产品开发”。“进军国内MP3播放器市场，推出益安公司的开山之作MX系列”“益安公司开始在智能手机领域投入全部的精力，致力开发高端智能手机”。

②益安公司对高端MP3和高端智能手机研发的动力来源类型属于“需求拉动”。“进军国内需求旺盛的MP3播放器市场”“进入2007年，MP3市场盛极而衰，益安公司转向互联网智能手机的研发”。

③益安公司对高端MP3和高端智能手机的研发定位属于“成为成功产品的创新模仿者”。“进军国内需求旺盛的MP3播放器市场，推出益安公司的开山之作MX系列”“益安公司开始在智能手机领域投入全部的精力，致力开发高端智能手机”。

（3）①与电信运营商密切程度高、营销力度高的群组，包括“华夏”。

②与电信运营商密切程度高、营销力度低的群组，包括“中旺”“盟进”“联展”。

③与电信运营商密切程度低、营销力度高的群组，包括“OO”“VV”“XM”。

④与电信运营商密切程度低、营销力度低的群组，包括“益安”。

（4）①狭小的目标市场导致的风险。“益安公司逐渐失去市场份额，成为一个小众品牌”“在规模经济显著且已进入成熟期的产业中，投资者和供应链都开始拒绝‘小而美’”“小众厂商如果无法拿出很好的企划方案，很难说服投资方。而新一轮的手机技术竞争，大量投入，才能够作出高端产品，消费者情愿为高端产品埋单”。

②购买者群体之间需求差异变小。“在规模经济显著且已进入成熟期的产业中，产品差异逐渐变小”。

（5）①产品策略。2009～2014年，“崇尚‘小而美’，不追求扩大市场份额，专注制造精品，一年开发上市两部的精品”；2015年以后，“实施机海战术，全面扩大产品线。2015年全年，益安公司发布了6款手机，覆盖了高、中、低三种不同档次和价格的产品线”。

②促销策略。2009～2014年，“广告投入也停滞不前”；2015年以后，“运用新的投资，扩张线下门店，广告、公关宣传等营销手段在线上线下全面展开”。

③分销策略。2009～2014年，“渠道建设也停滞不前”；2015年以后，“运用新的投资，扩张线下门店，广告、公关宣传等营销手段在线上线下全面展开”。

④价格策略。2009～2014年，“专注制造精品”；2015年以后，“益安公司发布了6款手机，覆盖了高、中、低三种不同档次和价格的产品线”。

（6）①企业产品结构、新产品研发方面可能引发的风险。“公司实施‘小而美’策略，一年开发上市两部精品手机，而同时期其他国产手机厂商不断提高市场份额。益安公司成为一个小众品牌”。

②企业新市场开发，市场营销策略方面可能引发的风险。“公司实施‘小而美’策略，广告投入与渠道建设也停滞不前，益安公司逐渐失去市场份额”。

③企业组织效能、管理现状、企业文化，高、中层管理人员和重要业务流程中专业人员的知识结构、专业经验等方面可能引发的风险。“自2016年起，益安公司再次遭受重创。主要原因是由于专业经验不足与评价体系不完善，益安手机大量使用了LFK的手机芯片”。

④质量、安全、环保、信息安全等管理

中发生失误导致的风险。“LFK 芯片用料廉价，CPU 核心技术落后，与竞争对手 GT 芯片相比差距明显……由于‘内芯’这一致命缺陷，市场并不买账，形势异常严峻”。

⑤企业现有业务流程和信息系统操作运行情况的监管、运行评价及持续改进能力方面引发的风险。“自 2016 年起，益安公司再次遭受重创。主要原因是由于……评价体系不完善，益安手机大量使用了 LFK 的手机芯片”。

模拟试卷·决胜阶段

决胜模拟试卷

模拟试卷（一）

扫我做试题

一、单项选择题(本题型共 26 小题，每小题 1 分，共 26 分。每小题只有一个正确答案，请从每小题的备选答案中选出一个你认为正确的答案。)

1. DE 公司进入市场之初致力于“为个人提供个性化定制电脑”，追求“做得更好”。随着公司经营理念的转变，DE 公司后期致力于“让每个孩子都拥有一台通用笔记本电脑”。DE 公司的做法体现出的战略创新类型是(　)。

A. 产品创新　　B. 流程创新
C. 定位创新　　D. 范式创新

2. “数字化”智慧生活时代正在加速到来，H 公司为了提高市场竞争力，增强适应环境的能力，在公司组织结构上更加包容和开放，组织形态趋于柔性化、扁平化和网络化，并呈现出大平台、小前端的特征。从数字化技术对组织结构的影响角度来看，这体现了(　)。

A. 组织结构向平台化转变
B. 构建传统与数字的融合结构
C. 以新型组织结构为主要形式
D. 互联网思维的影响

3. 入地公司在进行下一年度市场预测分析，鉴于疫苗基本实现全民接种，公司预计未来疫情的影响将大幅降低，预计明年市场需求将实现 80%以上的增长。经管理层报告公司的自由现金储备较充裕，留存的借贷能力也比较强，厂房及设备仍然没有达到最大使用程度，完全可以应对明年经营需要。根据以上信息可以看出，入地公司拥有较强的(　)。

A. 适应变化能力　B. 快速反应能力
C. 财务能力　　　D. 组织管理能力

4. 飞虹公司是一家大型服装企业，创业初始，高层管理人员对公司如何使设计和色彩组合吸引人以及怎样降低成本进行了全面的分析。这一分析针对的是(　)。

A. 成功关键因素分析
B. 竞争环境分析
C. 竞争对手分析
D. 市场细分

5. 美国 W 集团在美国以外的主要市场上都有工厂。总部严格地控制产品与市场战略的决策权，这些工厂只生产由美国母公司开发出来的差异化产品，而且根据美国母公司开发出来的信息从事市场营销。根据以上信息分析，W 集团采用的国际化经营战略类型是(　)。

A. 国际战略
B. 多国本土化战略
C. 全球化战略
D. 跨国战略

6. 某超市在超市内划出一个区域专门出售生鲜食品，包括肉类、鱼类、蔬菜、水果等。由于各类生鲜食品的供应商数量繁多，因此很难管理生鲜食品的采购。该超市与清美公司签订协议，由清美公司负责生鲜食品的库存管理并进行采购。该超市采用的采购模式是(　)。

A. JIT 采购模式
B. VMI 采购模式
C. MRP 采购模式
D. 传统采购模式

7. 庆云公司是国内一家研发、生产抗癌药品的企业。国际医药行业巨头 M 国 F 公司在国内开设子公司，其生产的疗效和安全性更高的同类药品被越来越多的患者接受，庆云公司将业务转型为与 F 公司合作研发新一代抗癌药品，并销售 F 公司的产品，取得比转型前更好的经营业绩。作为新兴市场国家的本土企业，庆云公司采取的战略选择是(　)。
A. 抗衡者战略　B. 躲闪者战略
C. 防御者战略　D. 扩张者战略

8. 赫尔曼西蒙曾经在一本书中给一群企业命名为“隐形冠军”，它们控制着自己的产品市场，但是它们都是中小型企业，仅仅针对某一特定购买群体、产品细分市场或区域市场。它们采用的战略最有可能是(　)。
A. 一体化战略　B. 集中化战略
C. 多元化战略　D. 成本领先战略

9. 我国某家电企业发现越南家电消费尚处于起步期，发展前景看好。在我国与东盟建立自由贸易区的消息传来后，该企业决定充分利用这一契机，将国内过剩的生产能力转移到越南。该家电企业开展国际化经营的动因属于(　)。
A. 寻求资源　B. 寻求市场
C. 寻求效率　D. 寻求现成资产

10. 近年来新能源汽车产业及市场迅猛增长，国内汽车制造商 B 公司于 2008 年就进入新能源汽车制造领域，凭借其领先的电池技术和优秀管理水平，其产品性能优越，在国内取得很高的市场占有率。根据 SWOT 分析，该公司应采取的战略是(　)。
A. 增长型战略　B. 多元化战略
C. 防御型战略　D. 扭转型战略

11. 甲公司是一家生产型企业，工人在生产之前，企业先制定好自动生产流水线的标准，然后工人按照这个标准，进行生产和检验产品。一旦生产环节出现问题，管理者可以按照制定好的标准检查和调整。根据上述案例判断，该公司采用的基本协调机制是(　)。
A. 相互适应，自行调整
B. 直接指挥，直接控制
C. 工作过程标准化
D. 工作成果标准化

12. 国内电子消费产品制造商天奇公司发现其开发的新产品被其供应商大洋公司冒名仿造并销售，遂向对方提出抗议并准备诉诸法律，大洋公司随后表示立即停止侵权行为并向天奇公司赔付 2 亿元人民币。大洋公司处理与天奇公司的利益矛盾所采取的行为模式是(　)。
A. 和解　B. 折中
C. 对抗　D. 规避

13. 东山公司目前年收入为 20 亿元，应收账款为 5 亿元，坏账率高达 10%。为了降低坏账率，该公司决定提高客户信用标准，预计提高信用标准后，坏账率降低为 2%，但同时销售收入会减少 10%。这反映的风险管理工具是(　)。
A. 风险规避　B. 风险控制
C. 风险转换　D. 风险对冲

14. 生产智能家电产品的凯威公司适应外部环境的不断变化，寻求开发产品与市场机会，及时调整内部资源和组织结构，在技术和行政管理方面奉行的原则是灵活性，发挥协同效果和整体优势，对社会需求作出灵活、快速的反应。该公司采取的组织战略类型是(　)。
A. 防御型战略组织
B. 开拓型战略组织
C. 分析型战略组织
D. 反应型战略组织

15. 甲公司是一家 A 地区铜矿生产企业，确立了未来三年“走出去”的发展战略，在Z地区承包了一项铜矿开发项目，项目合同期限为10年，计划于2025年底结束。2020年，Z地区发生地震，使得该项目无法执行下去。根据以上信息可以判断，该公司的战略失效属于(　)。

A. 早期失效　B. 偶然失效

C. 晚期失效　D. 中期失效

16. 主营体育用品生产和销售的云济公司开发出一款智能家用跑步机，为了使该产品迅速占领市场，公司在线上电商平台及多家电视台同步发布产品广告，另外销售人员在主要销售商场举办促销活动，宣传该产品能够根据使用者的年龄、身高、体重、脉搏频率等生理指标，自动显示使用者应选择的最佳步速和运动时间，同时宣布购买跑步机送便携式计步器。云济公司采用的促销组合策略要素不包括(　)。

A. 广告促销　B. 公关宣传

C. 人员推销　D. 营业推广

17. A公司是一家外贸企业，与B公司是长期的合作伙伴，近期A公司要为B公司提供一项担保业务。依据《企业内部控制应用指引第12号——担保业务》，下列不属于A公司应关注的风险是(　)。

A. 对担保申请人的资信状况调查不深，导致企业担保决策失误

B. 对被担保人出现财务困难或经营陷入困境等状况监控不力，导致企业承担法律责任

C. 未订立合同，导致企业合法权益受到侵害

D. 担保过程中存在舞弊行为，导致企业利益受损

18. 欣馨公司是某市一家向公众开放的花卉种植和销售企业，采用自动化设备培植、出售当地居民喜爱的兰花、绿萝等花卉。每逢节日前夕，该公司会提前准备大量花卉品种及数量，向市场推出富有节庆意义的花卉。该公司平衡产能与需求的方法是(　)。

A. 资源订单式生产

B. 订单生产式生产

C. 库存生产式生产

D. 库存订单式生产

19. 在我国，企业股票上市要经过政府部门的多重审查，需要的时间比较久，而通过“买壳”“借壳”方式可以迅速进入股票市场，再通过资产互换，提高企业股票价值。这样做的动机是(　)。

A. 减少竞争，增强对市场的控制力

B. 获得协同效应

C. 克服企业负外部性

D. 避开进入壁垒，迅速进入，争取市场机会，规避各种风险

20. 甲公司对2016年的财务指标进行了预测，预测结果如下：销售增长率50%，可持续增长率40%，投资资本回报率35%，资本成本20%。下列财务政策中，甲公司可以采用的是(　)。

A. 增加债务比例

B. 支付现金股利

C. 降低资本成本

D. 重组

21. 甲公司是一家白酒生产企业。为了进一步提高产品质量，甲公司通过图表形式将白酒生产按顺序划分为多个模块，并对各个模块逐一进行详细调查，识别出每个模块各种潜在的风险因素或风险事件，从而使公司决策者获得清晰直观的印象。根据上述信息，下列各项中，对甲公司采取的风险管理办法的描述错误的是(　)。

A. 该方法的使用效果依赖于专业人员的水平

B. 该方法的优点是简单明了，易于操作

C. 该方法可以对企业生产或经营中的风险及其成因进行定性分析

D. 该方法适用于组织规模较小、流程

较简单的业务风险分析

22. 甲公司是一家商业银行，近期针对频发的信贷风险，公司管理层决定加强日常工作中对信贷风险的评估。下列选项中，甲公司可以用以评估风险影响的定性方法是(　)。
A. 风险评估系图
B. 马尔科夫分析法
C. 现金流量法
D. 资源和能力分析

23. 甲公司是一家上市公司，每年对其经营活动、投资活动、财务活动等作出全面的预算安排。根据《企业内部控制应用指引第15号——全面预算》，下列不属于全面预算管理过程中需要关注的风险是(　)。
A. 预算目标不合理、编制不科学，可能导致企业资源浪费或发展战略难以实现
B. 预算缺乏刚性、执行不力、考核不严，可能导致预算管理流于形式
C. 预算传达不及时，可能导致难以执行和控制
D. 不编制预算或预算不健全，可能导致企业经营缺乏约束或盲目经营

24. 中国宝武钢铁集团有限公司(简称中国宝武)由原宝钢集团有限公司和武汉钢铁(集团)公司联合重组而成，于2016年12月1日揭牌成立。该公司在网站上显著位置有如下说明：中国宝武的钢铁生态圈是一个包含国家、社会、行业、伙伴、客户和员工等多层面利益相关方共建共治共享的高质量产业命运共同体。具有以下基本特征：以“一基五元”战略业务组合为骨架，以产业互联网、大数据、人工智能等现代信息技术为支撑，以制造为基础，交易、物流、金融等功能协同配套，覆盖供应、制造、服务等三个主要环节，通过推进主动型战略合作和资本运作，整合连接外部资源而构建的产业链集群生态系统。该公司的上述说明体现了该公司的(　)。
A. 目的　　B. 宗旨
C. 经营哲学　　D. 目标

25. 2021年5月，T公司发布了一份收购方案，计划收购大股东X集团100%持有的D公司的全部股权，收购价格为25亿元。D公司被收购时净资产为1.2亿元，盈利能力较差，业内专家质疑是超溢价收购。从终极股东对于中小股东的“隧道挖掘”问题角度看，T公司的上述做法属于掠夺性财务活动中的(　)。
A. 掠夺性资本运作　　B. 掠夺性融资
C. 直接占用资源　　D. 超额股利

26. 甲公司是一家处于成长期的美容美发公司。公司实行会员制，顾客主要通过电话和网络预约方式来门店进行美容美发，甲公司决定采用平衡计分卡进行绩效管理。从创新与学习角度考虑，其平衡计分卡的内容包括(　)。
A. 新顾客开发率
B. 员工培训费用及次数
C. 利润增长率
D. 顾客满意度

二、多项选择题(本题型共16小题，每小题1.5分，共24分。每小题均有多个正确答案，请从每小题的备选答案中选出你认为正确的答案。每小题所有答案选择正确的得分，不答、错答、漏答均不得分。)

1. 甲公司是我国一家生产小家电的龙头企业，在最近的市场调查中发现，国内另外一家生产冰箱的知名公司乙公司正准备进入小家电产业，于是甲公司开始进行大幅度降价，以阻止该公司的进入。甲公司的行为属于进入障碍中的(　)。
A. 规模经济
B. 现有企业对关键资源的控制
C. 限制进入定价
D. 行为性障碍

2. 乙公司是一家定位元宇宙的高科技企业。

公司目前聚焦虚拟游戏设计与研究开发，以及3D全景互动电影等前沿业务。下列各项中，能增加乙公司核心竞争力的有(　)。

A. 产品差异化

B. 购买生产专利权

C. 创新生产技术

D. 聘用生产外包商

3. 沙坪坝长雁通讯公司是一家生产程控交换机的大型企业。目前通讯产业竞争异常激烈，公司拟根据迈克尔·波特的价值链理论来分析确定企业的竞争优势，并希望由此能形成自己的核心竞争力。下列企业活动中，属于基本活动的有(　)。

A. 聘请广告公司为企业提供广告策划

B. 将购买的原材料搬入仓库

C. 提供上门维修服务

D. 每隔两个月就要对职工进行一次培训

4. 甲公司董事会对待风险的态度属于风险厌恶型。为有效管理公司的信用风险，甲公司管理层决定将其全部的应收款项以应收总金额的80%出售给乙公司，由乙公司向有关债务人收取款项，甲公司不再承担有关债务人未能如期付款的风险。甲公司应对此项信用风险的策略不属于(　)。

A. 风险降低　　B. 风险转移

C. 风险保留　　D. 风险规避

5. 蓝思科技是全球领先的消费电子防护玻璃龙头。公司主营业务始终专注于中高端视窗防护玻璃面板、外观防护新材料。在特斯拉供应链中，已成为全球核心一级供应商，核心供应中控组件、B柱模块的整体功能组件，这些标准化的组件也成为其他新能源汽车制造商的首要选择。下列各项中，不属于该公司所在全球价值链的分工模式的有(　)

A. 关联型价值链

B. 市场型价值链

C. 俘获型价值链

D. 模块型价值链

6. 印度达达汽车是一家颇具实力的企业，该企业拥有的优势资源可以转移至海外市场，同时汽车产业的全球化进程比较高。下列关于达达汽车可以选择的战略有(　)。

A. 频繁地调整产品和服务，以适应客户特别的甚至是独一无二的需求

B. 与跨国竞争对手建立合资、合作企业

C. 找到一个定位明确又易于防守的市场

D. 学习从发达国家获取资源，以克服自身技能不足和资本的匮乏

7. 甲企业拥有大型大蒜种植基地，今年大蒜价格持续上涨，甲企业为了不断盈利，采取了套期保值和投机行为。下列关于套期保值与投机的说法中不正确的有(　)。

A. 套期保值是为冲抵风险而买卖相应衍生产品的行为

B. 利用大蒜期货套期保值的目的是承担额外的风险以盈利

C. 利用大蒜期货投机的目的是降低风险

D. 大蒜期货投机的结果是降低了企业面对的风险

8. 甲公司为加强风险管理制定并实施了下列内部控制制度，其中符合我国《企业内部控制基本规范》关于内部环境要素要求的有(　)。

A. 董事会负责内部控制的建立健全和有效实施

B. 编制内部管理手册，使高级管理人员掌握内部机构设置、岗位职责、业务流程等情况

C. 制定和实施有利于企业可持续发展的人力资源政策

D. 企业应该建立反舞弊机制，坚持惩防并举、重在预防的原则

9. 泥人李公司是一家制作泥塑工艺品的家族企业。该公司成立100多年来，经过世代相传积累了丰富的泥塑工艺品制作经验和精湛技艺，泥人李的品牌家喻户晓，产品远销国内外。目前一些企业试图进入泥塑

工艺品制作领域。根据上述信息，泥人李公司给潜在进入者设置的进入障碍有(　)。

A. 规模经济

B. 现有企业对关键资源的控制

C. 现有企业的市场优势

D. 限制进入定价

10. 随着医疗保险制度的逐步到位，药品价格改革的降价效应得到了进一步显现。今后，药品企业自主定价权力的扩大和政府的药品降价政策将使国内药品的总体价格水平不断下降。甲公司是一家生物制药公司，公司已形成规模销售的产品今后将面临激烈的市场竞争和强劲的竞争对手，因而本公司产品降价趋势明显，这将对公司的盈利能力产生一定不利影响。根据以上信息可以判断，甲公司可能面对的风险包括(　)。

A. 市场风险

B. 替代品竞争风险

C. 运营风险

D. 信用风险

11. 建安集团是一家上市公司，公开信息显示该公司 2016 年实现净利润 3.8 亿元。当年该公司股价波动区间为 12-22 元，市盈率波动区间为 6-11 倍，公司以每股 5 元的价格向控股股东定向增发 1 000 万股。为保护中小股东的利益，建安集团可以选择的解决方式有(　)。

A. 设置累积投票制

B. 建立表决权排除制度

C. 强化监事会的监督职能，形成企业内部权力制衡体系

D. 完善中小股东的代理投票制度

12. 天樽空调诞生于海尔开放创新平台(Haier Open Partnership Ecosystem，简称 HOPE)，Hope 平台通过整合各类优秀的解决方案、智慧及优秀创意，与全球研发机构和个人合作，为平台用户提供前沿科技资讯以及创新解决方案，具有智能 WIFI 技术、高效去除 PM2.5 技术；独创“风洞式”设计，摆脱传统空调送风方式，终结“空调病”，带来最舒适的送风体验。超过 67 万的用户参与互动，全球多家顶尖的研发团队参与创新，经过多次的试验调整，其互动参与模式实现了用户价值的最大化和资源利益的最大化。根据以上资料，数字化技术对公司战略的影响涉及的方面有(　)。

A. 数字化技术对组织结构的影响

B. 数字化技术对经营模式的影响

C. 数字化技术对产品和服务的影响

D. 数字化技术对业务流程的影响

13. 达康公司是国内一家中成药品生产企业。为了保障原材料的稳定供给与产品质量，自 2015 年以来投资建设了 3 个原料药材现代化种植基地，收购了 2 个原属于其他药品公司的药材种植企业，全面推进原料药材规范化绿色种植工程。另外，达康公司还收购了邻省另外一家中成药品生产企业，提高了其在国内中成药品的市场份额和知名度。下列各项中，属于达康公司采用上述战略适用条件的有(　)。

A. 中成药品产业增长潜力较大

B. 中成药品产业的规模经济是比较显著的

C. 达康公司存在过剩的生产能力

D. 中成药品产业竞争较为激烈

14. 经营连锁超市的茂林公司为了改善内部管理，组织相关管理人员走访学习了某著名连锁咖啡店星八克管理下属分店的经验，同时选择其最大竞争对手作为标杆并制定了整改方案。茂林公司进行基准分析所采用的基准类型有(　)。

A. 内部基准

B. 一般基准

C. 过程或活动基准

D. 竞争性基准

15. 爱视公司发明了一款供视障患者使用的

智能眼镜，使用者在对这种眼镜发出去往某目的地的指令后，就能在行走过程中不断收到眼镜发出的引导信息，从而避开障碍物，保持正确的行走路线。目前，该款眼镜价格较高，性能还有待完善，因此销售量小，公司净利润率较低。下列各项中符合爱视公司现阶段特征描述的有(　)。

A. 该时期的战略目标是扩大市场份额，争取成为“领头羊”

B. 该时期主要的战略路径是市场营销

C. 该时期的经营风险非常高

D. 该时期主要的战略路径是提高效率、降低成本

16. 天昊公司是国内成立的第一家动漫产品设计企业，该公司以“创造、协作、共生”的企业文化为导向，凝聚了一批精通业务的人才，与影视、出版、服装、玩具等行业的多家企业签订长期合作协议，近几年也取得了多项专利技术，占据了行业的龙头地位。天昊公司的竞争优势来源于其拥有的(　)。

A. 物理上独特的资源

B. 具有因果含糊性的资源

C. 具有路径依赖性的资源

D. 具有经济制约性的资源

三、简答题(本题型共4小题26分。其中一道小题可以选用中文或英文解答，请仔细阅读答题要求。如使用英文解答，须全部使用英文，答题正确的，增加5分。本题型最高得分为31分。)

1. (本小题5分，可以选用中文或英文解答，如使用英文解答，须全部使用英文，答题正确的，增加5分，最高得分为10分。)

“星期八”连锁酒店集团创立于2005年，2009年11月20日在美国纽约证券交易所上市。作为第一家登陆纽交所的中国酒店集团，“星期八”连锁酒店在2019年提出要秉承让顾客“天天睡好觉”的愿景，致力于为注重价值的商旅客人提供干净、舒适、安全又经济的住宿服务，满足客户核心的住宿需求。

由于经济型酒店的进入和退出壁垒都比较低，因此仍会有一些新酒店品牌进入到该行业中。例如投资一家100间客房的经济型酒店只需要四五百万元，预计可在5年收回投资，投资收益率高达20%，因此资金的壁垒较小，非常适合寻求多元化的酒店集团或公司。对于小规模的经济型酒店集团，如果投资者需要退出，则可以把酒店转让给一些全国性的经济型酒店集团。

另外，由于高星级酒店有较多的客房数，国内的平均入住率水平不高，在酒店的淡季，很多酒店会以较低的价格来吸引顾客，从而在一定程度上跟经济型酒店争抢客源。而社会旅馆、招待所，由于较低的价格吸引了一大批收入不高的旅行者，从而分流了部分客源。

许多经济型酒店都是批量进货，购买数量占供应商销量的很大比例，而且为了降低成本，不接纳进口设备。很多酒店以租赁厂房、仓库或者办公楼的方式来开设酒店，其支付的租金水平远远低于市场上正常贸易的租金。经济型酒店品牌众多，且彼此之间的差异化程度很低，购买商的选择余地较大。

2020年，“星期八”连锁酒店转变了自身的经营模式，即实行“投一产多”的差异化运营模式。除了经营酒店住宿业外，还开展了辅助业务，如在酒店大堂开设蛋糕店、面吧，在房间销售毛巾、浴巾等产品。运营一年后，酒店辅助业务的盈利远远超过住宿业务的盈利。“投一产多”运营模式比传统运营模式酒店多35%的收益。此外，“星期八”连锁酒店还和某酒店用品供应商展开战略合作，将这一供应商作为唯一的合作伙伴来采购酒店用品，以期望通过双方联盟，实现更大的收益。

要求：

（1）根据以上资料，使用五力模型对经济型酒店产业市场的竞争状况进行分析。

（2）简要分析“星期八”连锁酒店在2019年提出的愿景中所体现的公司使命。

（3）简要分析2020年“星期八”连锁酒店集团是如何应对五种竞争力的。

2. （本小题7分。）资料一

葡萄酒具有低度数、营养化的特点，是国际通畅型的酒种。随着我国人民生活水平的提高，人们对葡萄酒认识的深入，葡萄酒成为酒类产品中的消费热点。1995年底，以干红为代表的葡萄酒热在广州、深圳初显端倪后，便以燎原之势由南至北蔓延，迅速“红”遍全国，冷寂多年的葡萄酒市场被启动了。1996年，深圳葡萄酒销售总量达53万箱，比1995年增长了400%，用“飙升”形容当时葡萄酒的增长势头一点也不为过。

突然升温的葡萄酒热令许多葡萄酒生产企业措手不及，遭遇原料供给短缺的局面。造成原料供给短缺的原因主要有四个：一是依赖进口原料，由于运输周期长，对市场消费需求的变化反应慢，一时之间远水解不了近渴；二是种植葡萄的周期长，大约需要3年以上的时间，有劲使不上，见效慢；三是建葡萄酒厂与建原料基地不同步，靠收购葡萄酿酒，原料供应自然不稳定，短缺局面时有发生；四是市场需求膨胀迅速，令许多企业毫无思想准备，原料供应滞后。

“吃一堑，长一智”。许多葡萄酒生产企业深刻地意识到这个问题的严重性。要保持持续发展，提高质量，必须把建设原料基地作为基础，实现自采自酿，自给自足的目标。自1997年以来，许多有远见的企业纷纷致力于原料基地建设。

资料二

服装行业是我国的传统优势产业，在国民经济中占据了重要地位，同时是我国出口构成的重要部分，因此服装行业对宏观经济的波动反应明显，国内外经济形势都会通过消费来影响服装行业。而且服装行业竞争较为充分，行业集中度不高。由于市场供大于求，加上行业市场的整体低迷，产品同质化问题的不断加深，市场竞争日趋激烈，行业整体盈利水平明显下滑。

A公司是一家外贸型服装加工企业，产品60%出口，40%通过国内大型超市销售。2008年发生金融危机后，国外市场受经济波动影响，订单大幅减少，企业资金压力巨大。近年国外经济虽有一定好转，但前景仍不明朗。相比之下，国内几家大型超市的销售还算不错。公司与超市约定的账期一般为一个月。但经常发生拖后情况，有时长达3个月还拿不到货款，进一步加剧了公司的资金问题。为此公司与当地银行签署协议，该银行承诺在A公司遇到紧急资金需求时在约定额度内优先给予贷款。

A公司面料全部从意大利进口，意大利近年通货膨胀严重，几家主要面料供应商经营也面临问题，供货时常中断。

要求：

（1）根据资料一，指出有远见的葡萄酒生产企业采用的发展战略类型。

（2）根据资料一，指出该发展战略类型的优点、适用情况及主要风险。

（3）根据资料二，简要分析A公司目前遭受风险的类型以及为应对资金问题采取的措施类型和特点。

3. （本小题7分。）惠生果汁是我国领先的果蔬汁及饮料生产和销售集团公司，主营业务为生产及销售果汁、蔬菜汁、混合果蔬汁及其他饮料，旗下产品种类丰富，拥有100%果汁系列、果肉饮品系列、果汁饮料系列、儿童果汁系列、植物蛋白系列等多个系列产品。其中100%果汁系列及

2013年新品冰糖葫芦汁是其两大明星产品。

德利(中国)投资有限公司，简称德利(中国)公司，是日本一家大型饮料企业在中国成立的集团公司，主要从事饮品及食品的生产、批发、进出口等业务，旗下设置有两家子公司，分别是德利(上海)食品有限公司(简称德利食品)和德利(上海)食品贸易有限公司(简称德利贸易)。德利食品公司的主要业务为生产软性饮料，涉足酒、茶、咖啡等饮料，其2012及2013年度除税后纯利为人民币3 614万元及1 939万元；德利贸易公司主要业务则为销售软性饮料，其2012及2013年度除税后亏损净额为人民币1.03亿元及4 084万元。

惠生果汁与德利(中国)公司在2010年就已经开始业务上的接触，德利(中国)公司所拥有的国际一流的品牌、技术、渠道，以及其规模和市场地位等，都令惠生果汁感兴趣。特别是德利(中国)公司拥有的多个软性饮料生产基地，惠生果汁通过并购可以取得软性饮料的生产技术，占据更多的国内外市场份额。

2013年5月23日，在中国香港上市的惠生果汁发布公告，将以49亿港元全面收购主要原材料供应商惠生产业控股公司，该项收购将有助于惠生果汁集团打造垂直整合业务模式。

2014年5月5日，惠生果汁集团宣布，以总代价人民币1.176 6亿元，收购德利(中国)公司旗下的软性饮料生产及销售业务，与其合作在中国发展饮品及食品批发等业务。这次收购可以使惠生果汁扩大产品领域，以在竞争激烈的内地饮料市场中突围。其中，以人民币1.135 6亿元，收购德利食品有限公司的全部权益；以人民币410万元，收购德利贸易有限公司的50%股本权益。收购完成后，德利贸易将成为惠生果汁及德利(中国)公司的合营公司，将从事饮品及食品批发、进出口及代理、委托加工及生产等业务；合营公司的经营限期至2025年底。

要求：

(1)简要分析惠生果汁集团收购惠生产业控股公司及德利食品公司所采取的发展战略类型(若能细化，写出细分类型)。

(2)根据波士顿矩阵原理，简要分析惠生果汁集团针对100%果汁系列及2013年新品冰糖葫芦汁两大明星产品应该采取的战略。

(3)简要分析惠生果汁集团并购德利(中国)公司旗下的软性饮料生产及销售业务的主要动机。

4. (本小题7分。)VR眼镜是在虚拟现实技术基础上诞生的产品，这种技术是一种可以创建和体验虚拟世界的计算机仿真系统，它利用计算机生成一种模拟环境，是一种多源信息融合的、交互式的三维动态视景和实体行为的系统仿真，使用户沉浸到该环境中。VR眼镜利用头戴式显示设备将人的对外界的视觉、听觉封闭，引导用户产生一种身在虚拟环境中的感觉。2016年被誉为VR眼镜行业真正的元年，产业环境、产业链初具雏形。当前人们对内容的需求持续增加，目前市场上VR眼镜的售价基本上在9 000元至30 000元不等，价格较贵，购买群体多为高收入的职业游戏玩家。VR眼镜的原理和我们的眼睛类似，两个透镜相当于眼睛，但远没有人眼“智能”。

再加上VR眼镜一般都是将内容分屏，切成两半，通过镜片实现叠加成像。这时往往会导致人眼瞳孔中心、透镜中心、屏幕(分屏后)中心不在一条直线上，使得视觉效果很差，出现不清晰、变形等一大堆问题。

M科技公司是以电子芯片研发和生产为主的公司，2007年开始接触虚拟现实技术，2015年专门从研发部和生产部分别调了10名骨干员工成立了VR眼镜项目组，由项目经理牵头投入 VR 眼镜的研发和生产。2016 年第一代 VR 眼镜问世，但是因为目前 VR 产品的不完善，使得公司面临着诸多问题，比如：新产品是否有销路，是否被既定客户接受，是否会受到成本的制约，市场能否扩大到足够的规模，企业能否获得足够的市场份额来树立其在行业中的地位，等等。

要求：

(1) 结合产品生命周期理论，分析 VR 眼镜目前处于产业中的哪个阶段，并简述理由。

(2) 基于 VR 眼镜所处的产品生命周期，分析 M 科技公司目前的经营风险状况以及最适合 M 科技公司的融资方式。

(3) 根据资料，简要分析 M 科技公司目前采用的发展战略类型。(要求细分)

(4) 根据资料，分析 M 科技公司 2015 年采用的横向分工组织结构类型，并简述其优点。

四、综合题(本题共 24 分。)

近年来，速腾集团 CEO 彭双在准确分析速腾企业基因，深入倾听用户需求后，勇于开创颠覆行业的技术模式，成功带领团队将速腾转变成为一家专注共享计算以及区块链开发底层技术的创新公司。同时彭双着力升级速腾雇主形象与改革内部制度，提倡直接通畅的沟通方式来引导各层面进行创新，让员工重新定义他们眼中的新速腾精神与文化。

在中国广大网民心中，速腾是下载的代名词。根据艾瑞数据显示，2010 年速腾占有中国下载加速软件 78.7%的市场份额。近几年，随着各大下载软件停止运营和更新，速腾几乎是目前中国网民唯一还在频繁使用的下载软件。

资料一

发展中的问题与挑战：

(1) 下载工具需求放缓

过去由于网速慢、不稳定等因素，直接下载文件失败率很高，下载工具价值斐然。目前互联网基础设施的升级、浏览器等互联网产品功能的完善，以及移动互联时代的产品形态变化让下载工具的需求越来越少。如何能在其他技术领域获得突破，并吸引用户成为速腾亟待解决的核心问题之一。

(2) 过往转型屡屡失利

2017 年以前，速腾超过一半以上收入来自会员收费，营收业务结构单一。2014 年上市之后，速腾也在不断尝试许多新的互联网风口领域——电商、游戏、视频等。但速腾的技术优势无法在以上领域得到充分发挥，都以失败告终，也因此打击了资本市场对于速腾未来发展的信心。面对飞速发展的互联网行业，管理者需要找到真正适合速腾的转型方向，并不断提升股东投资价值。

(3) 雇主品牌急需重塑升级

受到公司单一业务影响，员工和市场对速腾的认知多年来仍然保留在“传统下载工具”上。速腾成立 15 年来曾积累了很多顶尖人才，但人员的流动让公司产生了内外信息的断层。在新技术迅猛发展的今天，速腾缺乏一个与时俱进的雇主品牌来吸引新兴技术的人才，也急需在内部改变形象和管理机制，解决现有员工发展空间等问题。

资料二

转型策略：

正是基于应对以上挑战，在彭双的带领下，速腾确定了“共享计算+区块链”的转型方向。共享计算和区块链技术实际上与分布式的 P2P 技术有很强的联结性，其技术特性与速腾的技术基因相符，使速腾在发展共享计算和区块链方面有深厚的人才和技术积累。

速腾的转型主要通过以下四种方式推进：

(1) 改革内部制度，激发创新动力。

技术创新永远是互联网公司发展的核心，而创立一支最优秀的技术团队则是速腾转型的开端。

2015年，彭双加入速腾任CTO后马上在内部组建了一支全新的团队——WX科技，并亲自担任CEO，开始探索内部命名为“水晶计划”的全新模式云计算和区块链业务。不同于当时速腾的业务和架构，WX科技创立并拥有独立的组织架构、激励机制和内部文化。除了从速腾内部挑选相关的人员，WX科技从行业里也招募组建了一只强大的技术研发团队。研发团队占据公司总员工80%左右。

扁平化的组织架构。从成立之初，WX科技就强调组织架构的扁平化，除保证快速决策反应外，组织架构没有强烈的职位等级观念，普通员工可以随时向CEO和其他管理者表达自己的不同观点，并获得充分的尊重。为鼓励员工发表观点，公司内部每隔一段时间就会组织“Openday”活动，所有人都可以参加，员工可以匿名向公司各管理层包括CEO提出关于公司发展等任何疑问。

自下而上的考核机制。在WX科技，核心员工都持有公司股权。同时，员工实行自下而上的考核机制，以自评和互评为主，评分公开透明，管理层没有考核权和激励权。考核的目的是为了帮助大家发现自己可提升的空间，而非给员工单纯定奖金和工资涨幅。

建立“包容”的文化氛围。在公司文化上，WX科技力求保持沟通自由、百家争鸣、勇于上升的开放文化和轻松自在、员工至上的工作环境。管理层同时也非常强调“包容”的文化氛围，他们愿意分享公司在发展中遇到的问题，也坦然告诉团队自己的想法及做法。

(2)发挥技术基因，转型共享计算。WX科技团队基于速腾的技术基因与彭双“共享计算”的理念，很快就面向市场推出了商业化产品——星域CDN(现已发展为星域云)。“互联网+”时代，需求量急剧暴增的CDN行业在当时却是最缺乏互联网思维——价格高、销售导向、技术停滞和漠视客户利益等。

传统的CDN公司是重资金、重规模。厂商需要从运营商处采购带宽，部署加速节点，再出售给客户。只有业务量达到足够规模，从运营商处采购带宽才有议价权；而客户足够多，节点复用率提高，才能降低部署节点的成本。而速腾的CDN模式则是利用了共享经济的模式——就是把每个节点的计算能力分布到千家万户，把用户的闲置资源收集利用起来。

这种分布式计算的模式在欧美国家也有先例，但由于高技术门槛导致没有实现大规模的应用。相比公司自建机房稳定持续的状态，个人设备状态随机性更大，如要引入个人用户CDN，必须要有非常强大的底层技术架构。而这恰好是速腾的长处。速腾早在2003年就独创的全球专利技术——P2SP技术，正是基于P2SP算法支持下的分布式数据存储、下载及传输技术。

速腾共享计算的出现直接撼动了当时的CDN市场。过去市场CDN的价格普遍是1.5万~4万元/G·月，速腾的共享计算模式让CDN的价格下降到9 999元/G·月。短短几年时间，速腾就收获了众多知名互联网企业客户。

(3)Allin区块链，探索新兴领域。如何让用户愿意长期分享闲置的计算资源是速腾面临的又一难题。在速腾的共享计算诞生之初，用户可通过分享闲置资源获得相应的现金补贴。但不少用户陆续对于补贴的计算公式、记账和提取方法等提出了质疑。此时，区块链技术引起速腾技术团队的注意。

经过一系列调研和第三方评估后，速腾团队得出了让人兴奋的结论：在去中心化的共享计算中，区块链技术的共识机制、加密算法等技术能够帮助速腾建立公平、透明的奖励机制。区块链可以激励更多的普通用户愿意参与到数据资源的分享和交换当中，而这将使得速腾可以进一步建立散布在全国的分布式节点。

速腾在2017年8月推出了TOC市场的新产品——“玩客云”。通过玩客云，用户可以享受私人云盘服务，并通过基于区块链技术的玩客奖励计划，共享自己的闲置带宽、存储和计算资源，获得相应的奖励。用户可以将所获得的奖励在速腾的闭环体系内兑换速腾或是其他第三方互联网商品和服务。

玩客云至今已经获得超过3 500万粉丝的热抢，多次在电商活动中登顶智能硬件品类销售额冠军。基于玩客云搭建的共享计算平台，目前已经拥有超过150万个节点、30T+的储备带宽以及1 500PB+的储备存储。

2018年，速腾陆续发布了高性能区块链——速腾链，以及分布式的文件系统速腾链文件系统，正式宣布“Allin区块链”。底层技术上的突破，让速腾的团队意识到，更多C端的应用有可能在速腾链上开发和落地，真正利用区块链技术的优势来解决各行各业的诸多问题，像是商品溯源、社会公益、基因工程等。

基于此，速腾在2018年7月推出了速腾链开放平台，并对区块链创业者、开发者提供了一站式的扶持政策。当前，速腾链已经形成了一套完整的开发者生态服务，让开发者和创业团队能够以更低的开发成本和门槛进入到区块链行业当中。

(4)重新定义速腾，升级雇主形象。WX科技在业务收入结构以及外界形象上，已经打开了云计算+区块链的转型局势。所以彭双在2017年7月正式出任速腾CEO后，思考的是如何把WX科技的成功经验转化到速腾其他部门和团队，帮助速腾从内到外进行转型和改变。

业务上转型的方向明晰后，速腾对内对外开展了一系列改革——运用WX成功的经验，速腾从组织架构的重新布局到关键人才猎聘，从文化氛围的建设到制度改革，不拘一格打破传统人力资源管理思维的局限，给团队内部重构了新思路，力求在快速变化的市场环境中实现人才吸引与保留、有效激发员工思维、推动实现业务和组织变革。

速腾作为一个雇主品牌，本身已经有十几年的历史和市场认知度。沿用WX开创的优秀制度和文化之外，速腾还需要重新定义转型后的精神和文化，升级雇主形象：

首先，让员工愿意为公司代言。速腾十几年的历史让其拥有了大量的员工，包括在职与离职的员工。为了让离职员工对老东家有全新认知，速腾为离职的同事搭建了一个“回巢计划”。通过邀请老员工一起交流与互动，唤醒他们对公司的怀念和好奇心，同时适时将公司转型情况告知，让他们重新与公司建立连接。

其次，重塑现有员工的新认知。通过采取一系列措施提升员工的幸福感并激发更大的梦想。例如，速腾在6月，在内部推出“X计划”，就是让员工自己去探讨速腾的文化，重新定义他们眼中的新速腾精神。

最后，速腾整体人才布局和规划配合整体技术和业务转型提前部署。比如在开启区块链业务的规划时，速腾提前半年启动做人才布局规划，他们在专业领域内搜罗核心的技术人才储备，并且逐步释放现有团队的人员，通过内部培训和任务学习，将重点人力逐步转移到这个领域。

资料三

转型成果：

通过一系列的转型，速腾取得了不俗的成绩。主要体现在三个方面：

(1)多元化业务大幅增长。云计算及其他互联网增值服务一直保持着高速增长，带动速腾整体业务加速，营造了多元化的营收结构。2018 年 8 月公布的 2018 年第二季度财报显示，速腾报告期内总营收为 6 580 万美元，同比增幅达 70.7%，连续第 10 个季度实现增长。其中，速腾云计算及 IVAS 板块收入为 3 650 万美元，较去年同期增长 186.9%，且该板块总营收已超过速腾下载的会员业务和在线广告业务营收之和，是速腾当前最主要的收入来源。而速腾的云计算业务又有两大分支——B 端产品星域云和 C 端产品玩客云，二者均表现不俗。

(2)创新模式和技术受到业内关注和认可。速腾的共享计算模式和区块链创新获得了国内外媒体的持续关注。2018 年 5 月 20 日，中华人民共和国工业和信息化部发布的《2018 中国区块链产业白皮书》中，速腾的共享计算业务模式，因其在区块链技术上的创新突破、应用场景上的率先落地，以及对社会效率提升的贡献，被列为区块链产业的主流区块链基础设施之一。

(3)员工认可度提升，吸引更多优秀人才加入。在速腾执行完一系列内部改革后，提升了员工的认可度和忠实度。而且企业雇主品牌形象的升级，也有助于吸引海内外更多优秀人才的加入。2018 年 4 月，速腾举办了"速腾全球区块链应用大赛"，超过 2 000 名世界各地的开发者创业者报名参赛，速腾也因此收获了不少优质人才。

要求：

(1)根据资料二，简要分析速腾公司战略创新的类型。

(2)依据资料二，简要分析速腾公司是否符合创新型组织的要素。

(3)简要分析速腾公司在转型时成立的 WX 科技所采取的纵向分工结构类型，WX 科技是如何解决该组织内部的管理问题的。

(4)简要分析速腾公司转型前后所采取的发展战略类型。

(5)简要分析速腾公司以内部发展途径来实现发展战略的缺点以及解决途径。

(6)依据红海与蓝海战略的差异，简要分析速腾的共享计算模式和区块链创新体现的蓝海战略的特征。

(7)依据《企业内部控制应用指引第 3 号——人力资源》，简要分析速腾公司转型前在人力资源管理方面存在的风险，转型后公司是如何解决问题的。

(8)案例中速腾公司表现出强大的研发能力，依据《企业内部控制应用指引第 10 号——研究与开发》，简要分析企业在研究与开发方面需要重点关注哪些主要风险。

模拟试卷（二）

扫我做试题

一、**单项选择题**(本题型共 26 小题，每小题 1 分，共 26 分。每小题只有一个正确答案，请从每小题的备选答案中选出一个你认为正确的答案。)

1. 深圳市大江创新科技有限公司成立于 2006 年，是全球领先的无人飞行器控制系统及无人机解决方案的研发和生产商，客户遍布全球 100 多个国家，它占据着全球 70%的无人机市场份额。无人机以前主要是应用在军事方面，而大江是第一个将无人机应用在商业领域并获得成功的企业。大江无人机如今已被应用在军事、农业、记者报道等方面，是可以“飞行的照相机”。该公司战略创新的类型属于( )。

A. 产品创新　B. 流程创新
C. 定位创新　D. 范式创新

2. 瑞华公司是一家大型啤酒生产国有企业，如何把加强党的领导和完善公司治理统一起来，是该公司今年完善公司治理的重点工作之一。下列关于该公司管理层相关公司治理观点的表述中正确的是( )。

A. 国企坚持和完善“双向任职、交叉进入”领导体制
B. 公司所有重大经营管理事项由董事会或经理层决定后，必须经党委(党组)研究审核
C. 国有企业的公司章程，应明确落实党组织在公司治理结构中的法定地位
D. 涉及企业安全生产、维护稳定、职工权益、社会责任等方面的重大事项不需要经过党委(党组)研究讨论

3. 中国Q股份有限公司在做市场分析时发现，企业目前面临的全球化压力不大，而且在周边的一些国家也有喜欢吃烤鸭的客户群体，于是就将国内的成功经验推广到了若干海外市场，建立了5家分店，我们称采取这种战略的企业为( )。

A. 防御者　B. 扩张者
C. 躲闪者　D. 抗衡者

4. 天为集团是一家经营多种业务的高科技企业，管理层在讨论明年的生产经营计划。集团管理层认为未来一段时间全球及产业环境将变得更为复杂。下列各项中既适合最简单的组织结构，又适合十分复杂的组织结构的基本协调机制是( )。

A. 直接指挥，直接控制
B. 相互适应，自行调整
C. 共同价值观
D. 工作过程标准化

5. 东方公司在今年年初制订了一系列关于未来5年的战略计划，没有想到由于与公司原有的理念不太相符，新战略没有被全体员工理解和接受，使得战略实施起来尤为困难。从战略失效的角度看，这属于( )。

A. 早期失效　B. 偶然失效
C. 晚期失效　D. 中期失效

6. 新阜铁路公司为保障所辖铁路的安全与畅通，制定并实施一整套严格的工作规章和程序，要求所有员工忠于岗位职责，严守操作规程。下列不属于新阜铁路公司企业文化特点的是( )。

A. 该企业文化尽可能追求理性和秩序
B. 理性和逻辑是这一文化的中心，分歧由规章和制度来解决
C. 具有稳定性、持续性的优点，企业的变革往往是循序渐进的
D. 管理者关心的是不断地和成功地解决问题

7. 面对越来越复杂多变的全球经济环境，风险管理工作得到多数集团公司的空前重视。天华公司管理层对如何开展风险管理工作进行激烈地讨论。下列关于确定风险偏好和风险承受度的说法中正确的是( )。

A. 应该从整体上确定风险偏好和风险承受度，而不是对每一个风险都可以确定风险偏好和风险承受度
B. 既要考虑同一个风险在各个业务单位或子公司之间的分配，又要考虑不同风险之间的关系
C. 一般同一风险在不同行业的风险偏好是相同的
D. 重大风险的风险偏好应该由高级管理层确定

8. 华阳股份有限公司是一家大型客运公司，其业务涉及全国20多家大中型城市。2012年，公司在客运过程中发生事故5起。根据专家建议，公司欲在事故发生

以后，采取各种应对措施以减轻事故严重性的影响，对多种可能后果进行定性和定量分析。则华阳股份有限公司适用的风险管理技术与方法是(　)。

A. 敏感性分析法

B. 事件树分析法

C. 统计推论法

D. 风险评估系图法

9. 每年春运过年，全国人员流动性不强，人们探亲及旅游需求大幅度下降，导致机票价格大幅下降。数据显示，春节假期，国内机票平均支付价格仅为550元，较非春节时便宜300元左右。其中，包括广州—上海、上海—深圳、深圳—北京等多条航线经济舱价格更是低于高铁二等座票价。各航空公司采取的主要定价策略属于(　)。

A. 心理定价策略

B. 渗透定价策略

C. 折扣与折让策略

D. 地理差价策略

10. 桐城钢铁公司需要的铁矿石购自U国的山谷矿山公司，后者曾多次在前者急需大量铁矿石时大幅提高产品价格，使前者遭受很大损失。后来桐城钢铁公司采取在期货市场做商品相同但交易部位相反的买卖行为，以配合现货市场交易。下列各项中，属于桐城钢铁公司采用的风险管理策略的是(　)。

A. 风险对冲　　B. 风险控制

C. 风险补偿　　D. 风险转移

11. 宝灵公司是一家牙膏生产企业。目前牙膏行业的销售额达到前所未有的规模，各个企业生产的不同品牌的牙膏在质量和功效等方面差别不大，价格竞争十分激烈。在上述情况下，宝灵公司在此阶段的资本结构应是(　)。

A. 权益融资

B. 主要是权益融资

C. 权益+债务融资

D. 风险资本+债务

12. CL公司是国内最大的空调生产企业，公司领导层认为家电行业已经面临行业生命周期的衰退期，公司必须开拓新的领域，建立新的经济增长点。2015年年初，CL公司开始向机动车领域发展，投资1.5亿兴建了年产100万辆摩托车的生产线。2017年，CL公司斥资7.2亿元收购了国内一家汽车厂。CL公司采用的发展战略属于(　)。

A. 多元化战略

B. 横向一体化战略

C. 市场开发战略

D. 产品开发战略

13. 由于限制汽车号牌，汽车制造企业日子越发难过。利川公司作为一家汽车制造企业，其副总经理贾某想出一个办法，即开发共享汽车业务，注册者仅需要上传身份证件和支付一定押金就可以获得打开车门的密码，该业务一旦做好会给利川公司带来很好的收益。利川公司实施的该策略属于(　)。

A. 差异化战略　　B. 蓝海战略

C. 集中化战略　　D. 成本领先战略

14. 一些便民超市等零售业将各服务点分散在居民的生活区中间，建立起区域性的供货配送中心，克服了高运输成本，减少了库存，快速地满足顾客的需求，最终克服零散的限制，获得规模经济带来的成本优势。通过以上案例可以分析，这些便民超市等零售业克服零散的途径是(　)。

A. 技术创新以创造规模经济

B. 尽早发现产业趋势

C. 连锁经营

D. 给商品增加附加价值

15. 2016年2月至10月，上市公司汉鼎宇佑互联网股份有限公司(简称汉鼎宇佑)在筹划收购汉鼎宇佑传媒集团有限公司的过程中，实际控制人王麒诚及关联公司高管王某等法定内幕信息知情人，利用本人及他人账户，在内幕信息敏感期内提前大量买入公司股票。2018 年 7 月，证监会依法对相关人员作出行政处罚。以上案例存在的公司治理问题属于(　)。

A. 代理型公司治理问题

B. 剥夺型公司治理问题

C. “内部人控制”问题

D. 企业与其他利益相关者之间的关系问题

16. 某银行信用卡中心与华联、中友等大型商场合作，推出刷卡回赠、周末刷卡折扣优惠等方法，而且还提供刷卡换飞行里数等活动，以吸引消费者在购物时使用它们的信用卡。该银行采取的战略属于(　)。

A. 产品开发战略 B. 市场开发战略

C. 市场渗透战略 D. 多元化战略

17. 我国 L 集团想要开拓海外市场，但是只具有资金技术优势，缺乏市场信息优势，迫切需要寻找战略合作伙伴。而新加坡的 E 公司具有很强的市场信息优势，也打算拓展海外市场，两家公司一拍即合，建立战略联盟。从企业战略联盟形成的动因角度分析，两家公司达成战略联盟的动因是(　)。

A. 促进技术创新 B. 避免经营风险

C. 降低协调成本 D. 实现资源互补

18. T 公司决定在下一年度采用平衡计分卡的业绩衡量方法，以保证公司组织战略能够得到有效的实施和控制。经过各主要部门讨论，该公司已经确定股东回报率、新客户开发率、客户收益率、员工收入、员工满意度、数字化技术采用率、数字化信息系统覆盖率七个指标计入平衡计分卡体系。以上指标中，指标数量最少的是(　)。

A. 财务角度

B. 客户角度

C. 内部流程角度

D. 创新与学习角度

19. 根据中国人口现状预计到 2030 年，中国 65 岁以上人口占比将超过日本，成为全球人口老龄化程度最高的国家，2050 年，社会将进入深度老龄化阶段，60 岁以上人口占比超 30%。上海空雨衣公司针对老年人日常生活需求，预测老年人用品的市场需求将明显增长，于是制定并实施了新的发展战略，扩大投资，专注于老年人日常用品的开发与销售。该公司外部环境分析所采用的主要方法是(　)。

A. 五种竞争力分析

B. 成功关键因素

C. PEST 分析

D. 产业生命周期分析

20. 安瑞保险公司依托医疗大数据智能化管理系统，将来自保险机构、医院和药房的诸如疾病发病率、治疗效果和医疗费用等方面的大数据及时进行“提纯”和整合，对潜在目标客户消费偏好和倾向进行合理估算未来需求数量，同时针对现有客户的行为与特征分析以进行精细化管理，从而实现对健康保费的有效控制。依据本案例内容，从数字化技术对公司战略的影响方面来看，属于(　)。

A. 数字化技术对组织结构的影响

B. 数字化技术对经营模式的影响

C. 数字化技术对产品和服务的影响

D. 数字化技术对业务流程的影响

21. 山涧啤酒公司为了应对气候变化对产品销售的影响，对过去 3 年中气温与该公司啤酒销售量的变化进行了统计分析，找出其中气温炎热、温和及寒冷等不同状态下产品销量变动的规律，并依据此规律和气象部门的预测，计算、推测出该公司下一年应实现的产品销售量。山涧啤酒公司采用的风险管理方法的主要优点是(　)。

A. 数据充足可靠的情况下简单易行

B. 能够计算到达一种情形的最优路径

C. 能够计算出具有维修能力和多重降级状态的系统概率

D. 应用领域广泛

22. 近年来服装市场进入高速增长阶段，但是实行多元化经营的天际公司在服装行业市场占有率一直处于较低的水平。根据波士顿矩阵原理，下列各项中，对天际公司的服装业务表述正确的是(　)。

A. 该业务最好采取智囊团或项目组，选择有规划能力、敢于承担风险的人负责

B. 该业务的经营者最好是市场营销型人物

C. 该业务应由对生产技术和销售两方面都很内行的经营者负责

D. 该业务应该淘汰，将剩余资源向其他业务进行转移

23. 大川公司为了加强对风险管理的监督与改进，聘请了资质和信誉都非常良好的泰安会计师事务所对本企业的风险管理提出改进建议和意见。泰安会计师事务所的如下建议中不合理的是(　)。

A. 大川公司应建立完善的信息沟通渠道，为风险管理监督和改进奠定基础

B. 企业内部审计部门应至少每年一次对各有关部门和业务单位开展的风险管理工作进行监督评价

C. 风险管理职能部门不在监督的范围内

D. 监督评价报告应直接报送董事会或审计委员会和风险管理委员会

24. 春华公司是一家球类制品生产企业，主要生产足球、网球、高尔夫球等。随着全国体育健身活动大热，目前该公司与业内多数企业一样，产品销量持续攀升，由于市场扩大，竞争者涌入，企业之间开始出现争夺人才和资源。春华公司应采取的股利分配战略是(　)。

A. 不分配　　B. 分配率高

C. 分配率很低　　D. 全部分配

25. 甲公司为一家处于成熟产业的生产制造型企业。随着信息技术的迅猛发展与广泛运用，该公司的创新活动早已不局限于研发实验室，而是成为整个公司涉及生产、营销、管理、采购和其他职能部门之间相互密切关联的任务，从而推动公司的组织结构向“有机式”模式变革，这样的组织设计使得创造力、学习和互动成为可能。从创新型组织的组成要素角度来看，甲公司采用的是(　)。

A. 共同使命、领导力和创新的意愿

B. 合适的组织结构

C. 关键个体

D. 跨越边界

26. 目前A国服装制造业的竞争重点是降低成本，企业进行创新的驱动因素是降低成本、提高质量等方面的压力。据此判断，A国服装制造业所处的创新生命周期阶段是(　)。

A. 流变阶段　　B. 差异化阶段

C. 成熟阶段　　D. 衰退阶段

二、多项选择题(本题型共16小题，每小题1.5分，共24分。每小题均有多个正确答案，请从每小题的备选答案中选出你认为正确的答案。每小题所有答案选择正确的得分，不答、错答、漏答均不得分。)

1. 松涛旅行社面对老年社会的到来，专注于组织老年消费者出国游业务，并在业内率先根据旅行中所在国家或地区的特点，开展健身要约、摄影、休闲、美食品尝与制作、探访居民等活动。作为零散产业的一员，松涛旅行社在进行战略选择时要注意(　)。

A. 应具备承担风险的胆略与能力

B. 避免过分集权化

C. 避免寻求支配地位

D. 避免对新产品做出过度反应

2. 小瑞咖啡公司近期为吸引更多消费者，推

出两款新口味的咖啡。另外，除了主营咖啡以外，小瑞咖啡公司还增加了轻食产品系列，包括沙拉、牛角包及坚果小食等，扩大了自身的产品线。这一系列的做法使得小瑞咖啡公司的营业额快速增长。根据以上信息，小瑞咖啡公司的上述经营方式符合发展战略中的（　）。

A. 市场开发战略　B. 产品开发战略

C. 市场渗透战略　D. 多元化战略

3. X 啤酒厂为了确保其在酒瓶上和原材料上的低成本优势，决定将供应啤酒瓶的玻璃厂以及供应小麦的粮食公司纳入其体系中，并且为了使其销售量增加，决定将酒水经销公司也纳入其体系当中。根据案例可以分析出，该啤酒厂采取的发展战略有（　）。

A. 前向一体化战略

B. 后向一体化战略

C. 市场开发战略

D. 产品开发战略

4. 保圣公司是一家汽车制造企业。保圣公司进行战略分析后，选择了成本领先战略作为其竞争战略，并通过重构价值链各项活动以求获取成本优势。该企业下列各项重构措施中，属于基本活动的有（　）。

A. 生产所需要的外购配件大部分由就近的朝辉公司生产，与保圣公司总装厂距离非常近

B. 终端车主可以通过售后热线反馈不同车型的质量问题，将信息与汽车经销商共享

C. 总装厂根据装配工序，采用及时生产模式（JIT），让配件厂按照流程进度提供配件

D. 事业部制和矩阵式相交融，在减少管理层次的同时提高效率

5. 甲公司是一家生产企业，目前该公司正在研究是否扩大其生产规模，如果扩大生产规模，需要增加投入，但市场前景如何不好预测，于是甲公司分别对扩大规模和保持现状两种方案下几种情景出现概率和对应的净现金流进行预测，并比较两个方案的投资净现金流期望值，选择现金流较高的方案，以决定是否扩大生产规模。根据以上分析可知，下列各项中不属于甲公司采用的风险管理技术与方法的有（　）。

A. 事件树分析法

B. 马尔科夫分析法

C. 决策树法

D. 情景分析法

6. 数字化技术的支持下，某些组织设计并采用了一些新型的组织结构以增强组织竞争力，其中最为重要的是团队结构和虚拟组织。下列关于新型组织结构说法正确的有（　）。

A. 信息技术使得团队之间的沟通和组织对团队的有效监督成为可能

B. 团队结构以信息流管理为核心能力

C. 虚拟组织是组织扁平化在企业之间的形式

D. 团队结构是以团队作为协调组织活动的主要方式

7. 东方公司积极加强数字化研发，提高数字化技能员工覆盖率，针对业务采取数字化管理。东方公司的措施体现的数字化战略转型主要方面有（　）。

A. 技术变革　B. 组织变革

C. 管理变革　D. 文化变革

8. 凯阳公司拥有发电设备制造、新能源开发、电站建设和环保 4 部分业务，这些业务的市场增长率依次为 5.5%、11%、5% 和 13%，相对市场占有率依次为 1.3、1.1、0.8 和 1.2。根据波士顿矩阵原理，上述 4 部分业务中，可以由对生产技术和销售两方面都很内行的经营者负责的业务有（　）。

A. 发电设备制造业务

B. 环保业务

C. 新能源开发业务

D. 电站建设业务

9. 圣元公司是一家智能家居用品制造商。该公司在技术开发和行政管理上具有很大的灵活性，由技术、营销等人员组成的项目组拥有产品开发的自主选择权。近年来该公司适应不断变化的市场需求，陆续开发出智能音箱、智能手环、智能电视、扫地机器人等产品。以下不符合圣元公司组织结构的战略类型特征描述的有(　)。
   A. 该组织要创造出一种具有高度成本效率的核心技术
   B. 该组织要冒利润较低与资源分散的风险
   C. 这种组织需要在保持技术的灵活性和稳定性之间进行平衡
   D. 这种组织常采用竞争性定价或高质量产品等经济活动来阻止竞争对手进入其领域
10. 大米公司是一家全球性的手机生产企业。近年来公司在高速发展的同时，面临的风险也与日俱增。为了更好地分析面临的市场风险，大米公司应该至少收集的与该公司相关的重要信息有(　)。
   A. 全球汇率变动状况
   B. 全球手机价值链生产供应状况
   C. 通信行业新技术发展带给手机生产企业的冲击和影响
   D. 各国手机的价格及供需变化
11. 百利公司是一家家电生产企业。经过分析得到该公司的投资资本回报率高于资本成本，但是其销售增长率却低于公司的可持续增长率，据此可以判断(　)。
   A. 该公司处于增值型现金短缺状态
   B. 该公司可以通过加速增长来增加股东财富
   C. 该公司的策略可以是增发股份
   D. 如果该公司加速增长后，找不到进一步投资的机会，可以回购股份
12. 为了拓展国际业务，国内玩具制造商甲公司收购了H国玩具制造商乙公司，并很快打开H国玩具市场。其后不久，甲公司发现乙公司在被收购前卷入了一场知识产权纠纷，同时由于甲乙两个公司原有企业文化存在较大差异导致管理存在困难，这些均导致甲公司面临严重的经营风险。甲公司在并购中失败的原因不包括(　)。
   A. 决策不当
   B. 支付过高的并购费用
   C. 并购后不能很好地进行企业整合
   D. 跨国并购所面临的政治风险
13. 为共同推进国内某市5G生态产业集群的发展，时光电信公司与惜时软件公司达成战略合作协议，前者作为基础网络和电信服务供应商，提供基础通信、流量入口、运营平台建设保障；后者作为技术供应商，负责与该市智慧园区、工业互联网、“5G+光网双千兆”标杆园区、云计算应用等领域的场景落地。下列各项中，适用于两个公司结成的战略联盟管控措施有(　)。
   A. 严格界定联盟的目标
   B. 周密设计联盟结构
   C. 建立合作信任的联盟关系
   D. 规定违约责任和解散条款
14. 风华公司是C国一家食品生产企业。为了实现精细化创新，该公司打算生产休闲食品。据了解，目前C国休闲食品市场上“小松鼠”和“小贝壳”两大零食巨头的市场占有率高达70%左右。经过市场调研，风华公司发现市场上还没有针对6至18岁学生群体的健康休闲食品，遂决定面向这一群体推出高钙型钙果果干，吃坚果的同时还能补充钙质，可以极大契合学生群体的营养健康诉求。风华公司自推出高钙型钙果果干以来，深受学生们的喜欢。下列各项中，不属于风华公司采用的市场定位策略有(　)。
   A. 抢占或填补市场空位策略
   B. 与竞争者并存和对峙的市场定位策略
   C. 取代竞争者的市场定位策略

D. 与竞争者合作的市场定位策略

15. M公司是一家位于南京的羽毛球生产企业。由于冬奥会的火爆掀起全民冰雪运动热潮，M公司计划投资冰雪运动设备的生产，在项目可行性论证时，公司非常重视风险评估的结果，尤其希望在风险辨识阶段能够及早发现潜在风险因素。M公司在风险辨识阶段可以采用的风险管理技术方法有(　)

A. 马尔科夫分析法

B. 头脑风暴法

C. 层次分析法

D. 决策树法

16. 我国某市场鲜奶品牌控制着当地市场的鲜奶销售网络，迫使其他省市鲜奶品牌在打入该市场初期，不得不以低价竞争战略克服这种障碍。这对于潜在进入者来说，属于(　)。

A. 结构性障碍

B. 限制进入定价

C. 现有企业对关键资源的控制

D. 现有企业的市场优势

三、简答题(本题型共4小题26分。其中一道小题可以选用中文或英文解答，请仔细阅读答题要求。如使用英文解答，须全部使用英文，答题正确的，增加5分。本题型最高得分为31分。)

1. (本小题5分，可以选用中文或英文解答，如使用英文解答，须全部使用英文，答题正确的，增加5分，最高得分为10分。)

甲公司创立于1848年，是国内唯一的由一个半世纪前相传至今的百年老店，已发展成为拥有20多家子公司，四个专业分厂，以及60余家连锁银楼、300多家专卖店和1 000多家经销商的大型首饰企业集团。目前公司拥有职工1 300多名，其中有100多位获中国工艺美术大师、高级工艺美术师等称号的老、中、青三代设计师以及300多位制作巧匠、技师。在历年来的国际、国内首饰设计制作大赛中荣获130多个奖项，享有“首饰奥斯卡”的美誉。多年来，公司坚持走品牌经营之路，不断创新经营理念、严格质量管理、完善管理标准和特色服务，通过连锁银楼、形象专柜、特约经销店、专卖店、区域代理等渠道其营销网络已遍及全国30个省市、自治区。“牌子老、款式新、工艺精、信誉好”是消费者对B品牌的共识。广为流传的“B首饰，三代人的青睐”反映出消费者对这一首饰著名品牌的钟爱。

随着我国经济的快速增长、消费升级，金银珠宝首饰的消费增长迅猛。黄金价格的上涨，亦推进了黄金饰品作为保值增值手段的消费。随着黄金价格持续上涨和国内消费升级，国内金银首饰行业将维持高度景气。

该公司主要生产原材料为黄金，为应对黄金价格持续的上升，控制成本，公司计划采购黄金25吨。受金融危机及欧洲主权债务危机的影响，黄金原材料价格大幅波动仍在持续，全球金价上下震荡激烈，资金风险很大。企业经营过程中销售费用和用工成本大幅增加，远高于行业平均水平。除此以外，国内外进出口政策、国外贸易保护、人民币升值等因素也是经营上的一大难题。

要求：

(1)使用SWOT分析方法对甲公司的内外部环境进行分析。

(2)简要分析甲公司的企业能力。

(3)简要分析甲公司所面临的主要风险类型。

2. (本小题7分。)2019年9月6日早间，我国全球企业间(B2B)电子商务著名企业ALBB公司宣布与WY公司达成战略合作，将以自有资金20亿美元全资收购WY公司旗下跨境电商平台KL，同时，ALBB公司作为领投方参与了WY云音乐此轮7亿美元的融资。这对H市的“小冤家”，经过多年的相爱相杀，最终还是在一起了。被 ALBB 收购前，WY 公司的 KL 在国内的跨境电商领域保持领头羊地位。

据了解，WY 公司旗下的 KL 跨境电商平台成立于 2015 年，总部设立在 H 市。此后 3 年，KL 在大道初开的国内跨境电商领域打出了品牌，并成为 ALBB 公司旗下 T 猫国际最强劲的对手之一。

有国内第三方机构的数据统计显示，2018 年，在跨境电商市场，KL 的市场份额达 27.1%名列第一，T 猫国际紧随其后为 24%，HT 全球为 13.2%。

简言之，WY 公司此时卖给 ALBB 公司的 KL，仍保持着国内第一大跨境电商平台的资质。

2018 年 WY 公司电商营收 192 亿，同比增长从 2017 年的 160%下降为 64.1%，毛利润率跌至 4.5%。WY 公司电商就从初期的快速增长，进入了流量成本居高不下，外部竞争异常激烈的电商格局。也就是说，“猪养大了就应该卖了”。

要求：

(1) 简要分析 ALBB 公司并购 WY 公司旗下 KL 的并购类型。

(2) 简要分析 ALBB 公司并购 WY 公司旗下 KL 的动机。

(3) 指出公司采用收缩战略的方式，分析 WY 公司出售 KL 采用的方式。

3. (本小题 7 分。) 航空业属于典型的规模经济显著的产业，春秋航空是国内首家低成本航空公司。自成立以来，在严格确保飞行安全和服务质量的前提下，恪守低成本航空的经营模式，借鉴国外低成本航空的成功经验，最大限度地利用现有资产，实现高效率的航空生产运营。

公司的经营模式可概括为“两单”“两高”和“两低”。

(1) “两单”——单一机型与单一舱位。单一机型：本公司全部采用空客 A320 系列机型，统一配备 CFM 发动机，单一机型可通过集中采购降低飞机购买和租赁成本、飞机自选设备项目成本、自备航材采购成本及减少备用发动机数量；通过将发动机、辅助动力装置包修给原制造商以达到控制飞机发动机大修成本；通过集约航材储备降低航材日常采购、送修、仓储的管理成本；降低维修工程管理难度；降低飞行员、机务人员与客舱乘务人员培训的复杂度。

单一舱位：本公司飞机只设置单一的经济舱位，不设头等舱与公务舱。可提供座位数较通常采用两舱布局运营 A320 飞机的航空公司高 15%~20%，可以有效摊薄单位成本。2015 年 9 月起，公司开始引进空客新客舱布局的 A320 飞机，座位数量在保持间隔不变的情况下由 180 座增加至 186 座，截至 2018 年末已有 36 架 186 座 A320 飞机。

(2) “两高”——高客座率与高飞机日利用率。高客座率：在机队扩张、运力增加的情况下，公司始终保持较高的客座率水平。高飞机日利用率(小时)：公司通过单一机型、更加紧凑合理的航线编排以及较少的货运业务获得更高的运行效率。此外，公司利用差异化客户定位的优势在确保飞行安全的前提下，更多地利用延长时段(8 点前或 21 点后起飞)飞行，从而增加日均航班班次，提升飞机日利用率。由于公司固定成本占主营业务成本比重约为 1/3，因此通过提高飞机日利用率，能够更大程度地摊薄单位固定成本(固定成本/可用座位公里)，从而降低运营成本。

(3) “两低”——低销售费用与低管理费用。低销售费用：公司以电子商务直销为主要销售渠道，一方面通过销售特价机票等各类促销优惠活动的发布，吸引大量旅客在本公司网站预订机票；另一方面主动适应移动互联网发展趋势，积极推广移动互联网销售模式，拓展电子商务直销渠道，有效降低了公司的销售代理费用。2018 年，公司除包机包座业务以外的销售渠道占比中，电子商务直销(含 OTA 旗舰店)占比达到 90.7%。2018 年，公司单位销售费用(销售费用/可用座位公里)为 0.006 7 元，远低于行业可比上市公司水平。

低管理费用：本公司在确保飞行安全、运行品质和服务质量的前提下，通过最大限度地利用第三方服务商在各地机场的资源与服务，尽可能降低日常管理费用。同时通过先进的技术手段实现业务和财务一体化，以实现严格的预算管理、费控管理、科学的绩效考核以及人机比的合理控制，有效降低管理人员的人力成本和日常费用。2018 年，公司单位管理费用(管理费用/可用座位公里)0.005 2 元，远低于行业可比上市公司水平。

要求：

(1)简要分析春秋航空公司实施成本领先战略的实施条件(资源能力角度)。

(2)指出春秋航空公司实施成本领先战略可能面临的风险。

4. (本小题 7 分。)资料一

2013 年 8 月 30 日，中国某石化集团国际石油勘探开发有限公司(简称“石化开发公司”)与美国某石油公司宣布双方正式建立全球战略合作伙伴关系。作为战略合作第一步，双方签署协议由石化开发公司收购该石油公司位于 A 国的油气资产 1/3 权益，收购价格为 31 亿美元。该项目的收购是该石化开发公司首次进入 A 国油气资源市场。

但是近年来 A 国局势持续动荡，新领导人上任后未能改变 A 国现状，有民调显示，A 国民众在新领导人上任百日之际已开始对其感到不满，半数以上 A 国居民感到失望。2013 年 1 月 25 日，A 国“1·25 革命”两周年纪念日时，首都 K 市和部分省市的流血冲突持续不断，这实质上是 A 国各种社会矛盾的总爆发。此外，A 国政府部门政策变化较大，政策执行力较低，政策出台往往比较突然，部分政策调整会影响在 A 国的企业的经营。与此同时，A 国相关政府部门间的协调能力较差，办事效率较低，这也对外国企业在 A 国的投资有较大影响。

资料二

上海润朗汽车工业集团总公司(简称“润朗集团”)，主要从事乘用车、商用车和汽车零部件的生产、销售、开发、投资及相关的汽车服务贸易和金融业务。润朗集团除直接经营管理汽车零部件、服务贸易等业务外，其核心的整车业务已注入持股 83.83%的润朗汽车股份有限公司(简称“润朗汽车”)，目前润朗汽车已成为国内 A 股市场规模最大的汽车公司。

H 国飞龙汽车公司起家于 20 世纪 50 年代，由于经营不善，到 1999 年自有资本下滑到负 613 亿元，飞龙汽车公司债权团便探讨向海外出售股权，以便收回投入的资金。2004 年 7 月润朗汽车公司被债权团选中，润朗集团以 5 亿美元正式收购飞龙汽车 48.92%股权。2005 年 1 月 27 日，润朗集团完成飞龙汽车公司的股权交割手续，获得飞龙汽车 51.33%的股份，正式成为其第一大股东。

2008 年，随着国际油价的飞涨，飞龙以生产 SUV 和大型车为主的弊病显现出来，2008 年上半年，受 H 国国内柴油价格高于汽油价格的影响，H 国政府取消了对柴油车的补贴，使得主要产品为柴油车的飞龙汽车在 H 国国内市场销量出现大幅下滑。截至 2008 年第三季度，飞龙走到了破产的边缘。

2009 年 1 月 5 日，润朗集团紧急调拨 4 500 万美元注入飞龙，用于支付员工工资，但是润朗集团要求提高生产效率，通过裁员降低成本，却遭到了飞龙工会的强烈反对和抵制，工会坚持不裁员使得润朗集团无法接受，其 2 亿美元的救济性资金援助也暂时搁浅。救不救飞龙，一时间让润朗集团陷入两难境地。2009 年 1 月 9 日，润朗集团向 H 国法庭申请飞龙破产保护，以应对销量下滑和债务攀升的局面。

1 月 13 日，飞龙汽车工会成员借机围堵中国驻 H 国使馆，谴责该公司大股东润朗集团“窃取 H 国汽车技术，违背当初投资协议”。当打开 H 国飞龙汽车公司的英文网站浏览公司简介时，根本无法看到任何关于润朗集团的标识及文字描述，仿佛润朗集团这家掌控其 51.33% 股份的公司与飞龙没有任何关系，润朗集团根本没有融入飞龙中去。2009 年 2 月 6 日，H 国法院宣布飞龙汽车进入破产重组程序，从此润朗集团失去了对飞龙的控制权。

归根结底是因为，在 H 国的商业文化中，一大特色就是其强大的工会。飞龙工会是为了维护自身工人的利益，防止企业技术被转移才强烈反对和抵触裁员，润朗集团以“外人”的身份入驻飞龙，而且还是以发展中国家的企业身份，所以让 H 国人心理比较复杂，在这种背景下，润朗集团却没有充分理解 H 国的工会文化，所以才导致最终的失败。

要求：

(1)简述我国国资委对于企业风险的定义。

(2)从外部风险和内部风险角度来看，企业面临的主要风险包括哪些？

(3)根据资料一，分析石化开发公司面临的风险类型。

(4)根据资料二，分析润朗集团面临的风险类型。

四、综合题(本题共 24 分。)

资料一

A 牌啤酒公司成功地在中国西部一个拥有 300 万人口的 C 市收购了一家啤酒厂，不仅在该市取得了 95% 以上市场占有率的绝对垄断，而且在全省的市场占有率也达到了 60% 以上，成为该省啤酒业界名副其实的龙头老大。但 A 牌啤酒在 C 市的产品仍然沿用原啤酒厂生产多年的一款产品。

C 市有一 B 牌啤酒公司，3 年前也是该省的老大。然而，最近 B 牌啤酒因经营不善全资卖给了一家境外公司。B 牌啤酒在被收购后，立刻花近亿元的资金进行技术改造，还请了世界第四大啤酒厂的专家坐镇狠抓质量，但是新老板很清楚，营销是 B 牌啤酒公司的短板。为一举获得 C 市的市场，B 牌啤酒公司不惜代价从外企挖了 3 个营销精英，高薪招聘 20 多名大学生，花大力气进行培训。

省内啤酒市场的特点是季节性强，主要在春末和夏季及初秋的半年多时间。一年的大战在 4、5、6 三个月基本决定胜负。作为快速消费品，啤酒的分销网络相对稳定，主要被大的一级批发商控制。B 牌啤酒没有选择正面强攻，主要依靠直销作为市场导入的手段，由销售队伍去遍布 C 市的数以万计的零售终端虎口夺食。B 牌啤酒的攻势在春节前的元月份开始了，并且成功地推出了 1 月 18 日 C 市要下雪的悬念广告，还有礼品附送，覆盖率和重复购买率都大大超出预期目标。

面对竞争，A 牌啤酒公司在检讨失利的同时，依然对前景充满信心。他们认为对手在淡季争得的市场份额，如果没有充足的产量作保障，肯定要跌下来；而且 A 牌啤酒公司的分销渠道并没有受到冲击，B 牌啤酒公司抢入零售网点不过是地面阵地的穿插。如今，啤酒销售的旺季，也就是决胜的时候快到了。

资料二

A 牌啤酒公司目前由一位总经理(同时也是公司的董事长)和二位副总经理(兼任公司的董事)组成的领导班子进行管理，几乎所有的事项都要征询该领导班子的意见，三位经理经常超负荷工作。鉴于公司现行的组织结构已经不适应发展的需要，经讨论研究决定调整公司目前的组织结构，调整如下：总经理下设五个职能部门，营销部负责整个公司产品的营销和推广，产品部负责生产销售给客户的所有产品，财务部负责记录所有交易并控制所有与经费和财务相关的活动，研发部负责新产品研发计划的制订与实施、研发测试、专利申报等研发工作，综合管理部负责其他所有的大小事务。

公司生产的水果口味啤酒经过大规模的广告宣传，销售量正处于迅速上升时期，市场规模扩大，竞争者开始涌入。产品成本逐步降低，平均促销费用有所下降，销售利润迅速上升并达到最大。该公司在广告宣传过程中，开始树立产品品牌形象。公司产品的品牌形象离不开企业文化建设的熏陶，产品质量是企业发展的重中之重，为了保证员工积极地参与到这项核心任务中来，每个员工在入职的第一天都会接受关于企业文化的培训，树立他们质量为本的价值观和行为准则，以保证在日后的工作中能够坚持这一原则，为公司的发展作出贡献。

资料三

2017 年 A 牌啤酒公司拟实行全面预算管理体系，并于 2017 年年底由财务总监牵头各部门负责人成立预算管理小组，该小组根据公司的发展战略和经营计划直接编制 2018 年年度预算草案，由总经理审核通过并下发各部门。公司给销售部下达的 2018 年预算收入指标为 3 000 万元。2018 年 5 月，甲公司采购员李某联络 A 牌啤酒公司销售员张某，表示需要购买价值 40 万瓶的 A 牌啤酒，李某承诺先支付定金 30 万元，余款在三个月内偿还。

过去几年甲公司李某从 A 牌啤酒公司大批量采购过几次啤酒，属于 A 牌啤酒公司的重要客户，这几年的交易中甲公司信用不错，双方合作愉快。这次销售员张某见其很有购买诚意，该业务又属于公司重大的销售业务，便直接与甲公司签订了购销合同，并电话通知仓储部门按合同三天内给甲公司发送全部货物。

三个月后甲公司并没有支付余款，A 牌啤酒公司财务部联系甲公司催收货款，发现甲公司已经陷入财务危机，2018 年 4 月已经处于破产清算状态，A 牌啤酒公司只能全额计提坏账准备。由于受甲公司事件影响，6 月销售部发现当年预算难以完成，自行把预算销售额调整为 2 000 万元，然后就详细情况通告了预算管理小组。

资料四

行业的变革，总是与推动时代浪潮的力量有关。伴随数字化技术的高速发展的背景，在国家发展工业互联网、推进智能制造的风口之下，A 牌啤酒公司开始布局智慧工厂、进行数字化转型。A 牌啤酒私人定制服务自去年 7 月上线，不仅实现从啤酒酒液到罐身外观的完全个性化定制，而且整个定制流程都能看得见、摸得着，更在向 5 箱起订的消费者极致体验突进。私人定制对新一代消费者而言，购买的不仅仅是产品本身，还有背后的个性化、品牌认同以及消费过程中的体验感。A 牌啤酒是一个与年轻消费者“一起呼吸”的品牌，打造年轻化品牌针对的不仅是年轻人，还有一群心态年轻的消费者。积极顺应消费趋势，让产品永远活在消费者生活的各个场景里面，满足个性化需求的私人定制产品渐渐成为 A 牌啤酒产品系的一大主流。

支撑私人定制的是智慧工厂，一条智慧生产线可以承载不同瓶型、不同品类、不同客户的订单，完成灌装、智能分拣、装箱、入库，最后准确发送到定制客户手中，环环相扣，完成“小瓶化、多频次、多品种”。作为智慧工厂范本，A 牌啤酒三厂智能制造示范工厂扩建升级项目，将建成无人值守的智能化生产线。生产线管理系统根据订单自动排产，提前确定生产物料，完成产品生产计划。目前，A 牌啤酒私人定制拥有自主知识产权的罐体模板有 100 多个，真正从“以产品为中心”转变为“以用户为中心”。A 牌啤酒定制客户中既有餐饮连锁品牌 KDJ、BSK 的跨界定制和 IP 营销，也有与地产开发商万星、复科、保力等企业的定制业务合作。之后，定制逐渐转向个性化、多元化发展。除了个性化定制场景的探索之外，A 牌啤酒也在寻求工业互联网和智能制造技术的系统化整体应用，打造被称为制造业企业标杆的“灯塔工厂”。

要求：

(1) 根据资料一，分别从公司层战略、竞争战略、职能战略三个层次分析 A 牌啤酒公司应采用的战略。

(2) 根据资料一，简析 B 牌啤酒 1 月份采用的促销组合要素有哪些？

(3) 根据资料二，分析调整后的横向分工组织结构的类型，并简述其优缺点。

(4) 根据资料二，判断水果口味啤酒处于产品生命周期的哪个阶段，并简述该阶段的主要战略路径。

(5) 根据资料三，结合《企业内部控制应用指引第 9 号——销售业务》，分析 A 牌啤酒公司在销售环节应关注哪些风险。

(6) 根据资料三，结合《企业内部控制应用指引第 15 号——全面预算》，分析 A 牌啤酒公司在预算管理环节中应关注哪些风险。

(7) 根据资料四，简要分析数字化技术对 A 牌啤酒公司战略的影响。

决胜模拟试卷参考答案及解析

模拟试卷（一）参考答案及解析

一、单项选择题

1. C 【解析】定位创新指产品和服务进入市场的环境的变化，即通过在特定用户情境下重新定位对既有产品和流程的感知来实现的创新。DE 公司由追求“为个人提供个性化定制电脑”转变为“让每个孩子都拥有一台通用笔记本电脑”，体现了定位创新。
2. A 【解析】根据案例材料，题目中体现的是组织结构向平台化转变，所以选项 A 正确。
3. B 【解析】首先分析案例题内容，该公司面对疫情环境变化，由于其“自由现金储备较充裕，留存的借贷能力也比较强，厂房及设备仍然没有达到最大使用程度”，这些信息都表明该公司对环境变化具有较高的敏感程度和迅速采取应对措施的能力，这种能力属于快速反应能力。
4. A 【解析】在服装生产行业，其成功关键因素是吸引人的设计和色彩组合(以引起买者的兴趣)以及低成本制造效率(以便定出吸引人的零售价格和获得很高的利润率)。
5. A 【解析】国际战略是指企业将其具有价值的产品与技能转移到国外的市场，以创造价值的举措。企业多把产品开发的职能留在母国，而在东道国建立制造和营销职能。企业总部一般严格地控制产品与市场战略的决策权。
6. B 【解析】该超市与清美公司签订协议，由清美公司负责生鲜食品的库存管理并进行采购，说明其采取的是 VMI 采购模式。
7. B 【解析】“庆云公司将业务转型为与 F 公司合作研发新一代抗癌药品，并销售 F 公司的产品，取得比转型前更好的经营业绩”，此处庆云公司重新确定自己的商业模式，选择与跨国竞争对手进行合作，属于“躲闪者”战略。
8. B 【解析】“隐形冠军”的特点是仅仅针对某一特定购买群体、产品细分市场或区域市场，这属于集中化战略的特点，所以选项 B 正确。
9. B 【解析】企业开展国际化经营的主要动因有：寻求市场、寻求效率、寻求资源和寻求现成资产。该企业是看到了越南家电消费尚处于起步期，发展前景看好，同时又有我国与东盟建立自由贸易区这一契机，而将国内过剩的生产能力转移到越南，这属于寻求市场，以消化过剩的生产能力。
10. A 【解析】“近年来新能源汽车产业及市场迅猛增长”体现了外部环境中的机会(O)，“凭借领先的电池技术和优秀管理水平，其产品性能优越，在国内取得很高的市场占有率”体现了内部环境中的优势(S)。面对外部的机会和企业的内部优势，此时要采取增长型战略，选项 A 正确。
11. C 【解析】工作过程标准化是指组织通过预先制定的工作标准，来协调生产经营活动。在生产之前，企业向职工明确工作的内容，或对工作制定出操作规程及其规章制度，然后要求工作过程中所有活动都要按这些标准进行，以实现协调。
12. A 【解析】和解是不坚定行为和合作行为的组合。企业利益相关者运用这种模式处理矛盾与冲突，目的在于保持或改进现存关系。通常和解的模式表现为默认和让步。在本题中，大洋公司"表示立即停止侵权行为并向天奇公司赔付 2 亿元人民币"，属于和解，选项 A 正确。

13. C 【解析】风险转换指企业通过战略调整等手段将企业面临的风险转换成另一个风险。东山公司提高信用标准，降低了坏账率，但同时减少了销售收入，属于风险转换，选项 C 正确。

14. B 【解析】"寻求开发产品与市场机会，及时调整内部资源和组织结构，在技术和行政管理方面奉行的原则是灵活性"，说明该公司是开拓型战略组织，所以选项 B 正确。

15. B 【解析】按照在战略实施过程中出现的时间顺序，战略失效可分为早期失效、偶然失效和晚期失效三种类型。在战略实施过程中，偶然会因为一些意想不到的因素导致战略失效，这就是偶然失效。本题中由于发生地震，使得该项目无法执行下去，属于偶然失效。

16. B 【解析】"公司在线上电商平台及多家电视台同步发布产品广告"属于广告促销；"公司销售人员在主要销售商场举办促销活动，宣传该产品能够根据使用者的年龄、身高、体重、脉搏频率等生理指标，自动显示使用者应选择的最佳步速和运动时间"属于人员推销；"购买跑步机送便携式计步器"属于营业推广。

17. C 【解析】办理担保业务应关注的主要风险：①对担保申请人的资信状况调查不深，审批不严或越权审批，可能导致企业担保决策失误或遭受欺诈；②对被担保人出现财务困难或经营陷入困境等状况监控不力，应对措施不当，可能导致企业承担法律责任；③担保过程中存在舞弊行为，可能导致经办审批等相关人员涉案或企业利益受损。

18. C 【解析】"每逢节日前夕，该公司会提前准备大量花卉品种及数量，向市场推出富有节庆意义的花卉"，属于库存生产式生产，在订单之前或知道需求量之前就开始生产准备。

19. D 【解析】并购方式将目标领域中的一个企业合并过来，不存在重新进入和进入障碍的问题。通过"买壳""借壳"方式避开进入壁垒，迅速进入，争取市场机会，规避各种风险，选项 D 正确。

20. A 【解析】由于甲公司销售增长率大于可持续增长率，投资资本回报率大于资本成本，所以属于增值型现金短缺，可以通过提高可持续增长率解决资金短缺问题，而提高可持续增长率可以通过增加借款解决。所以本题答案是选项 A。

21. D 【解析】甲公司通过图表形式将白酒生产按顺序划分为多个模块，并对各个模块逐一进行详细调查，识别出每个模块各种潜在的风险因素或风险事件，从而使公司决策者获得清晰直观的印象，属于流程图分析法。流程图分析法是对企业生产或经营中的风险及其成因进行定性分析，其主要优点是清晰明了，易于操作，且组织规模越大，流程越复杂，流程图分析法就越能体现出优越性。局限性主要是该方法的使用效果依赖于专业人员的水平。

22. A 【解析】用以评估风险影响的常见的定性方法之一是制作风险评估系图。选项 B 是进行定量分析。选项 C 和 D 属于干扰项。

23. C 【解析】实行全面预算管理需关注的主要风险包括：①不编制预算或预算不健全，可能导致企业经营缺乏约束或盲目经营；②预算目标不合理、编制不科学，可能导致企业资源浪费或发展战略难以实现；③预算缺乏刚性、执行不力、考核不严，可能导致预算管理流于形式。选项 C 不属于全面预算管理过程中需要关注的风险。

24. B 【解析】公司宗旨旨在阐述公司长期的战略意向，其具体内容主要说明公司目前和未来所从事的经营业务范围。该公司网站上的说明已经明确其目前和未来的经营业务范围，属于公司宗旨。

25. A 【解析】掠夺性资本运作，经常是公司高价收购终极股东持有的其他公司股权，造成公司的利益流向了终极股东。

26. B 【解析】选项 A 和选项 D 属于顾客角度，选项 B 属于创新与学习角度，选项 C 属于财务角度。

二、多项选择题

1. CD 【解析】行为性障碍是指现有企业对进入者实施报复手段所形成的进入障碍。报复手段主要有两类：限制进入定价和进入对方领域。本题中甲公司为防止乙公司进入小家电产业，降低自身定价，属于行为性障碍中的限制进入定价。

2. ABC 【解析】聘用生产外包商是竞争对手很容易模仿的，因此不能增加乙公司的核心竞争力。

3. BC 【解析】选项 A 属于支持活动中的采购管理；选项 B 属于基本活动中的内部后勤；选项 C 属于基本活动中的服务；选项 D 属于支持活动中的人力资源管理。

4. ACD 【解析】风险转移是指企业通过合同将风险转移到第三方，企业对转移后的风险不再拥有所有权。转移风险不会降低其可能的严重程度，只是从一方转移到另一方。甲公司将应收款项出售给乙公司，实现了风险转移。

5. ABC 【解析】“成为全球核心一级供应商”“这些标准化的组件也成为其他新能源汽车制造商的首要选择”这些表明是模块型价值链，常用于电子产业，领先企业也不必与供应商发生复杂交易。

6. CD 【解析】如果企业拥有的优势可以转移至海外市场，同时该产业的全球化进程比较高，这类企业属于“抗衡者”。“抗衡者”可以选择的战略有：①不要拘泥于成本上竞争，而应该比照行业中的领先公司来衡量自己的实力；②找到一个定位明确又易于防守的市场；③在一个全球化的产业中找到一个合适的突破口；④学习从发达国家获取资源，以克服自身技能不足和资本的匮乏。

7. BCD 【解析】套期保值是指为冲抵风险而买卖相应的衍生产品的行为，所以选项 A 正确；套期保值的目的是降低风险，投机的目的是承担额外的风险以盈利，所以选项 BC 错误，套期保值的结果是降低了风险，投机的结果是增加了风险，所以选项 D 错误。

8. AC 【解析】我国《企业内部控制基本规范》关于内部环境要素的要求包括：董事会负责内部控制的建立健全和有效实施；编制内部管理手册，使全体员工掌握内部机构设置、岗位职责、业务流程等情况；制定和实施有利于企业可持续发展的人力资源政策；企业应当在董事会下设立审计委员会等。所以选项 AC 正确，选项 B 说法有误。选项 D 属于信息与沟通要素的要求。

9. BC 【解析】“积累了丰富的泥塑工艺品制作经验和精湛技艺”体现的是学习曲线，属于现有企业对关键资源的控制；泥人李的品牌家喻户晓属于市场优势。选项 BC 正确。

10. AC 【解析】“药品企业自主定价权力的扩大和政府的药品降价政策将使国内药品的总体价格水平不断下降”表明甲公司会面临市场风险(产品或服务的价格及供需变化带来的风险)。“本公司产品降价趋势明显，这将对公司的盈利能力产生一定不利影响”表明甲公司会面临运营风险[企业新市场开发，市场营销策略(包括产品或服务定价与销售渠道，市场营销环境状况等)方面可能引发的风险]。

11. ABD 【解析】“当年该公司股价波动区间为 12－22 元，市盈率波动区间为 6－

11 倍，公司以每股 5 元的价格向控股股东定向增发 1 000 万股”是掠夺性融资，属于“隧道挖掘”问题。选项 ABD 是解决“隧道挖掘”问题，保护中小股东权益的做法。选项 C 是解决内部人控制问题的措施。

12. BC 【解析】“全球多家顶尖的研发团队参与创新，经过多次的试验调整，其互动参与模式实现了用户价值的最大化和资源利益的最大化”属于数字化技术对经营模式的影响；“具有智能 WIFI 技术、高效去除 PM2.5 技术”属于数字化技术对产品和服务的影响。

13. ABD 【解析】“达康公司是国内一家中成药品生产企业。为了保障原材料的稳定供给与产品质量……全面推进原料药材规范化绿色种植工程”表明达康公司采取的是后向一体化战略，后向一体化战略是指获得供应商的所有权或加强对其控制权。选项 A 属于后向一体化战略的适用条件。“收购了邻省另外一家中成药品生产企业”属于横向一体化战略，选项 BD 属于横向一体化战略的适用条件。

14. CD 【解析】“组织相关管理人员走访学习了某著名连锁咖啡店星八克管理下属分店的经验”属于过程或活动基准。选择其最大竞争对手作为标杆属于竞争性基准。所以正确答案是选项 CD。

15. AC 【解析】“目前，该款眼镜价格较高，性能还有待完善，因此销售量小，公司净利润率较低”表明该公司现阶段处于导入期，选项 AC 是导入期特征描述，选项 B 是成长期特征描述，选项 D 是成熟期特征描述。

16. AB 【解析】“取得了多项专利技术”属于物理上独特的资源。企业文化常常是一种因果含糊性的资源。“该公司以‘创造、协作、共生’的企业文化为导向……占据了行业龙头地位”，竞争优势来源于优秀的企业文化，因此属于具有因果含糊性的资源。选项 AB 正确。

三、简答题

1. 【答案】

(1)潜在进入者的进入威胁：经济型酒店的进入障碍比较低，投资收益率比较高，说明潜在进入者的威胁大。

供应商的讨价还价能力：许多经济型酒店都是批量进货，购买数量占供应商销量的很大比例，而且为了降低成本，不接纳进口设备。很多酒店以租赁厂房、仓库或者办公楼的方式来开设酒店，其支付的租金水平远远低于市场上正常贸易的租金，说明供应商的讨价还价能力比较低。

购买者的讨价还价能力：经济型酒店品牌众多，且彼此之间的差异化程度很低，购买商的选择余地大，说明购买者的讨价还价能力强。

替代品的替代威胁：高星级酒店在淡季以较低的价格吸引顾客，社会旅馆、招待所也以较低的价格吸引了一大批收入不高的旅行者，说明替代产品的威胁大。

产业内现有企业的竞争：经济型酒店品牌众多，且彼此之间的差异化程度很低，说明产业内现有企业的竞争激烈。

(2)主要体现的是公司使命中的公司宗旨。公司宗旨主要是说明公司目前和未来所从事的经营业务范围。“‘星期八’连锁酒店在 2019 年提出要秉承让顾客‘天天睡好觉’的愿景，致力于为注重价值的商旅客人提供干净、舒适、安全又经济的住宿服务，满足客户核心的住宿需求”。

(3)①公司必须自我定位，通过利用成本优势或差异化优势把公司与五种竞争力相隔离，从而能够超过竞争对手。“实行‘投一产多’的差异化运营模式。除了经营酒店住宿业外，还开展了辅助业务，如在酒店大堂开设蛋糕店、面吧，在房间销售毛巾、浴巾等产品。运营一年后，酒店辅助业务的盈利远远超过住宿业务的盈利。‘投一产多’运营模式比传统运营模式酒店多35%的收益”。

②公司必须努力去改变这五种竞争力。公司可以通过与供应者建立长期战略联盟，以减少相互之间的讨价还价。“‘星期八’连锁酒店还和某酒店用品供应商展开战略合作，将这一供应商作为唯一的合作伙伴来采购酒店用品，以期望通过双方联盟，实现更大的收益”。

2. 【答案】

(1)有远见的葡萄酒生产企业采用的是一体化战略中的后向一体化战略。

(2)后向一体化有利于企业有效控制关键原材料等投入的成本、质量及供应可靠性，确保企业生产经营活动稳步进行。

后向一体化战略主要适用条件包括：①企业现有的供应商供应成本较高或者可靠性较差而难以满足企业对原材料、零件等的需求；②供应商数量较少而需求方竞争者众多；③企业所在产业的增长潜力较大；④企业具备后向一体化所需的资金、人力资源等；⑤供应环节的利润率较高；⑥企业产品价格的稳定对企业而言十分关键，后向一体化有利于控制原材料成本，从而确保产品价格的稳定。

企业采用后向一体化战略的主要风险包括：①不熟悉新业务领域所带来的风险；②一般涉及的投资数额较大且资产专用性较强，增加了企业在该产业的退出成本。

(3)A公司目前遭受的风险类型包括：

①市场风险：汇率风险(公司产品60%出口，面料全部从意大利进口)；原材料价格风险(面料全部从意大利进口，意大利近年通货膨胀严重)；信用风险(超市拖欠货款，意大利供货商供货时常中断)。

②财务风险：超市拖欠货款。

A公司应对资金问题采用的方式为应急资本，其最简单的形式是公司为满足特定条件下的经营需要而从银行获得的信贷额度，一般通过与银行签订协议加以明确，比如信用证、循环信用工具等。“公司与当地银行签署协议，该银行承诺在A公司遇到紧急资金需求时在约定额度内优先给予贷款”。

应急资本具有如下特点：①作为应急资本的提供方，该银行并不承担特定事件发生的风险，而只是在事件发生并造成损失后提供用于弥补损失、持续经营的资金，事后A公司要向该银行归还这部分资金，并支付相应的利息；②应急资本是一个综合运用保险和资本市场技术设计和定价的产品，与保险不同，应急资本不涉及风险的转移，是企业风险补偿策略的一种方式；③应急资本是一个在一定条件下的融资选择权，A公司可以不使用这个权利；④应急资本可以提供A公司经营持续性的保证。

3. 【答案】

(1)惠生果汁集团收购惠生产业控股公司是一体化战略—后向—体化战略。惠生产业控股公司是惠生果汁的原材料供应商，获得上游企业所有权或加强对其控制权的战略属于一体化战略中的后向一体化战略。

惠生果汁集团收购德利食品公司是多元化战略——相关多元化战略。德利食品公司的主要业务为生产软性饮料，涉足酒、茶、咖啡等饮料，而惠生果汁主营业务为生产及销售果汁、蔬菜汁、混合果汁等，二者在产品方面具有一定的相关性，所以惠生果汁收购德利食品公司属于多元化战略中的相关多元化战略。

(2)明星业务处于迅速增长的市场，具有很大的市场份额。明星业务适宜采用的战略是：积极扩大经济规模和市场机会，以长远利益为目标，提高市场占有率，加强竞争地位。惠生果汁集团应该向100%果汁系列及冰糖葫芦汁投入大量资金，优先供给它们所需的资源，提高市场占有率，由对生产技术和销售两方面都很内行的经营者负责。

(3)惠生果汁集团并购德利(中国)公司旗下的软性饮料生产及销售业务的主要动机：

①获得协同效应。“德利(中国)公司拥有的多个软性饮料生产基地，惠生果汁通过并购可以取得软性饮料的生产技术，占据更多的国内外市场份额”。

②克服企业负外部性，减少竞争，增强对市场的控制力。“惠生果汁是我国领先的果蔬汁及饮料生产和销售集团公司”“德利食品公司的主要业务为生产软性饮料，涉足酒、茶、咖啡等饮料……德利食品贸易公司主要业务则为销售软性饮料”“以总代价人民币 1.176 6 亿元，收购德利(中国)公司旗下的软性饮料生产及销售业务，与其合作在中国发展饮品及食品批发等业务……其中，以人民币 1.135 6 亿元，收购德利食品有限公司的全部权益；以人民币 410 万元，收购德利贸易有限公司的 50%股本权益。收购完成后……将从事饮品及食品批发、进出口及代理、委托加工及生产等业务”。

4. **【答案】**

(1)VR 眼镜目前处于产品生命周期中的导入期。

理由：导入期的产品用户很少，只有高收入用户会尝试新的产品。产品虽然设计新颖，但质量有待提高，尤其是可靠性。VR 眼镜产业环境、产业链初具雏形，价格较贵，购买群体多为高收入的职业游戏玩家，视觉效果很差，产品不完善，出现不清晰、变形等一大堆问题。

(2)VR 眼镜目前处于产品生命周期中的导入期，导入期的经营风险非常高，所以 M 科技公司目前的经营风险非常高，最适合 M 科技公司的融资方式是权益融资。

(3)M 科技公司目前采用的发展战略类型是多元化战略中的相关多元化战略。

M 科技公司是以电子芯片研发和生产为主的公司，2015 年开始进行 VR 眼镜的研发和生产，而电子芯片和 VR 眼镜都属于电子类产品，所以属于相关多元化战略。

(4)2015 年专门从研发部和生产部分别调了 10 名骨干员工成立了 VR 眼镜项目组，由项目经理牵头投入 VR 眼镜的研发和生产。一个员工有两个直接上级，因此 M 科技公司 2015 年采用的横向分工组织结构类型是矩阵制组织结构。

矩阵制组织结构的优点：

第一，由于项目经理与项目的关系更紧密，因而能更直接地参与到与其产品相关的战略中来，从而激发其成功的动力。

第二，能更加有效地优先考虑关键项目，加强对产品和市场的关注，从而避免职能型结构对产品和市场的关注不足。

第三，与产品主管和职能主管之间的联系更加直接，从而能够作出更有质量的决策。

第四，实现了各个部门之间的协作以及各项技能和专门技术的相互交融。

第五，双重权力使得企业具有多重定位，这样职能专家就不会只关注自身的业务范围。

四、综合题

【答案】

(1)①产品创新。“发挥技术基因，转型共享计算。WX 科技团队基于速腾的技术基因与彭双‘共享计算’的理念，很快就面向市场推出了商业化产品——星域 CDN(现已发展为星域云)”“速腾在 2018 年 7 月推出了速腾链开放平台”。

②定位创新。“正是基于应对以上挑战，在彭双的带领下，速腾确定了‘共享计算+区块链’的转型方向”。

③范式创新。“速腾的 CDN 模式则是利用了共享经济的模式——就是把每个节点的计算能力分布到千家万户，把

用户的闲置资源收集利用起来”“探索内部命名为‘水晶计划’的全新模式云计算和区块链业务”“速腾共享计算的出现直接撼动了当时的CDN市场”“速腾在2018年7月推出了速腾链开放平台，并对区块链创业者、开发者提供了一站式的扶持政策”。

(2)从创新型组织的七个要素来看，速腾公司已经成为一家创新型组织。

①共同使命、领导力和创新的意愿。“速腾确定了‘共享计算+区块链’的转型方向”“彭双加入速腾任CTO后马上在内部组建了一支全新的团队——WX科技，并亲自担任CEO，开始探索内部命名为‘水晶计划’的全新模式云计算和区块链业务”。

②合适的组织结构。“WX科技创立并拥有独立的组织架构、激励机制和内部文化”“扁平化的组织架构。从成立之初，WX科技就强调组织架构的扁平化”。

③关键个体。“彭双加入速腾任CTO后马上在内部组建了一支全新的团队——WX科技，并亲自担任CEO”。

④全员参与创新。“普通员工可以随时向CEO和其他管理者表达自己的不同观点，并获得充分的尊重”“回巢计划”“X计划”。

⑤有效的团队合作。“除了从速腾内部挑选相关的人员，WX科技从行业里也招募组建了一只强大的技术研发团队”。

⑥创造性的氛围。“为鼓励员工发表观点，公司内部每隔一段时间就会组织‘Openday’活动，所有人都可以参加，员工可以匿名向公司各管理层包括CEO提出关于公司发展等任何疑问”“在内部推出‘X计划’”。

⑦跨越边界。“通过玩客云，用户可以享受私人云盘服务，并通过基于区块链技术的玩客奖励计划，共享自己的闲置带宽、存储和计算资源，获得相应的奖励”“玩客云至今已经获得超过3 500万粉丝的热抢”。

(3)WX科技所采取的纵向分工结构为扁平型组织结构。纵向分工结构组织需要解决四个管理问题：

一是集权与分权。二是中层管理人员数量。三是信息传递。四是协调与激励。“扁平化的组织架构。……除保证快速决策反应外，组织架构没有强烈的职位等级观念，普通员工可以随时向CEO和其他管理者表达自己的不同观点，并获得充分的尊重。为鼓励员工发表观点，公司内部每隔一段时间就会组织‘Openday’活动，所有人都可以参加，员工可以匿名向公司各管理层包括CEO提出关于公司发展等任何疑问”“自下而上的考核机制。在WX科技，核心员工都持有公司股权。同时，员工实行自下而上的考核机制，以自评和互评为主，评分公开透明，管理层没有考核权和激励权”“建立‘包容’的文化氛围。在公司文化上，WX科技力求保持沟通自由、百家争鸣、勇于上升的开放文化和轻松自在、员工至上的工作环境。管理层同时也非常强调‘包容’的文化氛围，他们愿意分享公司在发展中遇到的问题，也坦然告诉团队自己的想法及做法”。

(4)“在中国广大网民心中，速腾是下载的代名词。根据艾瑞数据显示，2010年速腾占有中国下载加速软件78.7%的市场份额。近几年，随着各大下载软件停止运营和更新，速腾几乎是目前中国网民唯一还在频繁使用的下载软件”“2017年以前，速腾超过一半以上收入来自会员收费，营收业务结构单一”，说明速腾公司在转型前，采取的发展战略类型是市场渗透战略。

“多元化业务大幅增长。云计算及其他互联网增值服务一直保持着高速增长，带动速腾整体业务加速，营造了多元化的营收结构。2018年8月公布的2018年第二季度财报显示……其中，速腾云计算及IVAS板块收入为3 650万美元，较去年同期增长186.9%，且该板块总营收已超过速腾下载的会员业务和在线广告业务营收之和，是速腾当前最主要的收入来源”，说明转型后速腾公司采用的发展战略类型是多元化战略(相关多元化)。

(5)内部发展(新建战略)存在五个缺点：

一是与购买市场中现有企业相比，增加了竞争者，可能会激化现有市场的竞争；二是企业不能接触到其他企业的知识及系统；三是一开始可能缺乏规模经济或经验曲线效应；四是当市场发展非常快时，内部发展会显得缓慢；五是进入新市场可能要面临非常高的障碍。

虽然内部发展面临以上缺点，但“速腾早在2003年就独创的全球专利技术——P2SP技术，正是基于P2SP算法支持下的分布式数据存储、下载及传输技术。速腾共享计算的出现直接撼动了当时的CDN市场”也就是速腾有能力克服进入障碍并取得了不错的收益。

(6)“底层技术上的突破，让速腾的团队意识到，更多C端的应用有可能在速腾链上开发和落地，真正利用区块链技术的优势来解决各行各业的诸多问题，像是商品溯源、社会公益、基因工程等”“速腾的共享计算业务模式，因其在区块链技术上的创新突破、应用场景上的率先落地，以及对社会效率提升的贡献，被列为区块链产业的主流区块链基础设施之一”，以上说明速腾公司并没有争夺现有需要，而是“创造并攫取新需求”，“规避竞争”以创造一个“价值创新”的蓝海战略。

(7)依据《企业内部控制应用指引第3号——人力资源》，人力资源管理需要关注以下三个方面主要风险：①人力资源缺乏或过剩、结构不合理、开发机制不健全，可能导致企业发展战略难以实现；②人力资源激励约束制度不合理、关键岗位人员管理不完善，可能导致人才流失、经营效率低下或关键技术、商业秘密和国家机密泄露；③人力资源退出机制不当，可能导致法律诉讼或企业声誉受损。

“速腾成立15年来曾积累了很多顶尖人才，但人员的流动让公司产生了内外信息的断层。在新技术迅猛发展的今天，速腾缺乏一个与时俱进的雇主品牌来吸引新兴技术的人才，也急需在内部改变形象和管理机制，解决现有员工发展空间等问题”，说明速腾公司人力资源缺乏、结构不合理、激励约束制度不合理、关键岗位人员管理不完善等问题。

速腾公司在转型后，从组织架构重新布局到关键人才招聘等。“首先，让员工愿意为公司代言。……速腾为离职的同事搭建了一个‘回巢计划’。通过邀请老员工一起交流与互动，唤醒他们对公司的怀念和好奇心，同时适时将公司转型情况告知，让他们重新与公司建立连接。其次，重塑现有员工的新认知。通过采取一系列措施提升员工的幸福感并激发更大的梦想。……此外，速腾整体人才布局和规划配合整体技术和业务转型提前部署”。

(8)依据《企业内部控制应用指引第10号——研究与开发》，企业开展研发活动需关注的主要风险包括：①研究项目未经科学论证或论证不充分，可能导致创新不足或资源浪费；②研发人员配备不合理或研发过程管理不善，可能导致研发成本过高、舞弊或研发失败；③研究成果转化应用不足、保护措施不力，可能导致企业利益受损。

模拟试卷（二）参考答案及解析

一、单项选择题

1. C 【解析】“无人机以前主要是应用在军事方面，而大江是第一个将无人机应用在商业领域并获得成功的企业”属于定位创新。

2. C 【解析】依据规定，国有企业的公司章程，应明确落实党组织在公司治理结构中的法定地位。选项A正确表述应该是，国企坚持和完善“双向进入、交叉任职”领导体制；选项B正确表述应为公司所有重大经营管理事项应该先经过党委(党组)讨论通过，再由董事会或经理层做出决定；选项D正确表述应该是涉及企业安全生产、维护稳定、职工权益、社会责任等方面的重大事项需要经过党委(党组)研究讨论。

3. B 【解析】如果企业面临的全球化压力不大，而自身的优势资源又可以被移植到海外，那么企业就可以将本土市场的成功经验推广到若干国外的市场，我们称采取这种战略的企业为“扩张者”，其战略定位是将企业的经验转移到周边市场。

4. B 【解析】相互适应，自行调整：这是一种自我控制方式。组织成员直接通过非正式的、平等的沟通达到协调，相互之间不存在指挥与被指挥的关系，也没有来自外部的干预，这种机制适合于最简单的组织结构。在十分复杂的组织里，由于人员构成复杂，工作事务事先不能全部规范化，因而也采用这种协调机制，使组织成员边工作、边调整，互相适应、互相协调。

5. A 【解析】按照时间顺序，战略失效可分为早期失效、偶然失效和晚期失效3种类型。在战略实施初期，一方面，由于新战略还没有被全体员工理解和接受；另一方面，战略实施者对新的环境、工作还不适应，就有可能导致较高的早期失效率。

6. D 【解析】角色导向型企业尽可能追求理性和秩序。角色文化十分重视合法性、忠诚和责任。这类文化一般是围绕着限定的工作规章和程序建立起来的，分歧由规章和制度来解决。具有稳定性、持续性的优点，企业的变革往往是循序渐进的。“制定并实施一整套严格的工作规章和程序，要求所有员工忠于岗位职责，严守操作规程”属于角色导向型文化，选项ABC是角色导向型文化特点的描述，选项D是任务导向型文化的特点。

7. B 【解析】对每一个风险都可以确定风险偏好和风险承受度，选项A不正确；同一风险在不同行业风险偏好不同，选项C不正确；重大风险的风险偏好是企业的重大决策，应由董事会决定，选项D不正确。选项B说法正确。

8. B 【解析】事件树是一种表示初始事件发生之后互斥性后果的图解技术，它可以定性地和定量地应用。适用于具有多种环节的故障发生以后，对多种可能后果的定性和定量分析。

9. C 【解析】季节性折扣属于折扣与折让策略，而选项B不属于主要定价策略，是新产品定价策略。

10. A 【解析】“在期货市场做商品相同但交易部位相反的买卖行为，以配合现货市场交易”属于套期保值，其采用的风险管理策略是风险对冲。

11. C 【解析】“目前牙膏行业的销售额达到前所未有的规模，各个企业生产的不同品牌的牙膏在质量和功效等方面差别不大，价格竞争十分激烈”表明产品处于成熟期，成熟期的资本结构是权益加债务融资，选项C正确。

12. A 【解析】CL公司原来是空调生产企业，之后开拓新领域，兴建摩托车生产线和收购汽车厂，摩托车和汽车都是和空调不相关的产业，CL公司战略属于多元化战略，选项A正确。

13. B 【解析】随着越来越多的企业瓜分和拼抢有限的市场份额和利润，无论采取“差异化”还是“成本领先”战略，企业取得获利性增长的空间都越来越小。在这种情况下，采用“蓝海”战略不局限于现有产业边界，而是极力打破这样的边界，通过提供创新产品和服务，开辟并占领新的市场空间。贾某另辟蹊径，开发共享汽车业务正是打破了产业边界，属于蓝海战略，选项B正确。

14. C 【解析】对于由顾客消费地点或消费口味不同而造成的生产规模的不经济性，克服零散最好的办法就是连锁经营或特许经营。比如一些便民超市、快餐店、理发店、美容厅等零售业和服务业。

15. B 【解析】根据案例资料可知，上市公司实际控制人利用内幕信息谋利的公司治理问题是“终极股东对于中小股东的隧道挖掘”问题，属于剥夺型公司治理问题。所以应该选B正确。

16. C 【解析】该银行所采取的一系列措施就是为了让现有客户在消费时增加使用该银行信用卡的频率和金额，增加现有产品的市场份额，这属于典型的市场渗透战略。

17. D 【解析】资源在企业之间的配置总是不均衡的，在资源方面或拥有某种优势，或存在某种不足，通过战略联盟可达到资源共享、优势互补的效果。L集团的资金技术优势与E公司的市场信息优势相结合，共同开拓海外市场，就是实现了资源互补，选项D正确。

18. A 【解析】财务角度指标有股东回报率，顾客角度指标有新客户开发率和客户收益率，内部流程角度指标有员工收入和数字化信息系统覆盖率，创新与学习角度指标有数字化技术采用率和员工满意度。只有财务角度指标最少。

19. C 【解析】根据人口因素的现状及未来趋势，该公司根据预测老年人日常用品需求会增长，属于宏观环境分析中的社会和文化环境中的人口因素对企业的影响。选项C正确。

20. C 【解析】个性化是消费者需求的重要特征，数字化时代提供了高效便捷的数据获取和分析工具，通过消费者“留痕”平台来提取数据。“将来自保险机构、医院和药房的诸如疾病发病率、治疗效果和医疗费用等方面的大数据及时进行‘提纯’和整合，对潜在目标客户消费偏好和倾向进行合理估算未来需求数量，同时针对现有客户的行为与特征分析以进行精细化管理”，体现的是数字化技术对产品和服务的影响（个性化），选项C正确。

21. C 【解析】“对过去3年中气温与该公司啤酒销售量的变化进行了统计分析，找出其中气温炎热、温和及寒冷等不同状态下产品销量变动的规律，并依据此规律和气象部门的预测，计算、推测出该公司下一年应实现的产品销售量”属于马尔科夫分析法。选项AD属于统计推论法的优点，选项B属于决策树法的优点，选项C属于马尔科夫分析法的优点。

22. A 【解析】“近年来服装市场进入高速增长阶段，但是实行多元化经营的天际公司在服装行业市场占有率一直处于较低的水平”属于高增长—弱竞争地位的“问题”业务。对于问题业务而言，该业务最好采取智囊团或项目组，选择有规划能力、敢于承担风险的人负责。选项B是“现金牛”业务的组织要求，选项C是“明星”业务的组织要求，而选项D是属于“瘦狗”业务的组织要求。

23. C 【解析】企业内部审计部门应至少每年一次对包括风险管理职能部门在内的各有关部门和业务单位能否按照有关规定开展风险管理工作及其工作效果进行

监督评价，监督评价报告应直接报送董事会或董事会下设的风险管理委员会和审计委员会。此项工作也可结合年度审计、任期审计或专项审计工作一并开展。所以选项C的说法错误。

24. C 【解析】“产品销量持续攀升，由于市场扩大，竞争者涌入，企业之间开始出现争夺人才和资源”表明处于成长期。成长期的股利分配策略是分配率很低，选项C正确。

25. B 【解析】合适的组织结构的关键特征之一是创新管理的关键在于匹配——在“有机的”和“机械的”模式之间找到恰当的平衡，在特定的环境中采取最合适的结构形式，使创新成为可能并强化创新行为。本题中甲公司将原来“机械的”各个业务部门关联起来，朝着有机模式发展，属于合适的组织结构特征，选项B正确。

26. C 【解析】成熟阶段的竞争重点是降低成本，创新的驱动因素是降低成本、提高质量等方当面的压力，因此选项C正确。

二、多项选择题

1. BCD 【解析】新兴产业常见的发展障碍包括缺少承担风险的胆略与能力，选项A错误。选项BCD属于零散产业企业在进行战略选择时应注意的问题。正确答案为选项BCD。

2. BD 【解析】原市场未改变，但是提供了新的产品即“推出两款新口味的咖啡”，因此属于产品开发战略，选项B正确；“增加了轻食产品系列，包括沙拉、牛角包及坚果小食等，扩大了自身的产品线”，这属于与咖啡不同的多元化经营战略，选项D正确。

3. AB 【解析】X啤酒厂将供应啤酒瓶的玻璃厂以及供应小麦的粮食公司纳入其体系中，采取的战略是后向一体化战略；将酒水经销公司也纳入其体系当中，采取的战略是前向一体化战略。

4. ABC 【解析】波特的价值链分析区分了五种基本活动和四种支持活动。五种基本活动的内容：内部后勤、生产经营、外部后勤、市场销售、服务。选项A属于内部后勤，选项B属于服务，选项C属于生产经营。四种支持活动的内容：基础设施、采购管理、人力资源管理、技术开发。选项D属于基础设施。

5. ABD 【解析】决策树法是在不确定性的情况下，以序列方式表示决策选择和结果。有关最佳决策路径的信息是富有逻辑性的，考虑各条路径上的条件概率和结果值可以产生最高的期望值。决策树法显示采取不同选择的风险逻辑分析，同时给出每一个可能路径的预期值计算结果。甲公司对两个方案出现的不同条件概率和结果值计算产生较高的期望值进行决策，采用的是决策树法，选项ABD符合题意。

6. ACD 【解析】只有依托于强有力的计算机网络，虚拟组织这种以信息流管理为核心能力的组织形式才可能存在。选项B错误。

7. ABC 【解析】“积极加强数字化研发”体现技术变革；“提高数字化技能员工覆盖率”体现组织变革；“针对业务采取数字化管理”体现管理变革。

8. BC 【解析】发电设备制造业务市场增长率低，相对市场占有率高，属于现金牛业务。新能源开发业务市场增长率高，相对市场占有率高，属于明星业务。电站建设业务市场增长率低，相对市场占有率低，属于瘦狗业务。环保业务市场增长率高，相对市场占有率高，属于明星业务。对于明星业务应该由对生产技术和销售两方面都很内行的经营者负责，所以正确答案是选项BC。

9. ACD 【解析】“该公司在技术开发和行政管理上具有很大的灵活性……近年来该公司适应不断变化的市场需求，陆续开发出智能音箱、智能手环、智能电视、扫地机器人等产品”属于开拓型战略组织战略类型。开拓型战略组织追求一种更为动态的环境，将其能力表现在探索和发现新产品和市场的机会上。选项 AD 属于防御型战略组织的特征，选项 C 属于分析型战略组织的特征。只有选项 B 是开拓型战略组织的特征。

10. ABD 【解析】分析市场风险，企业应广泛收集国内外企业忽视市场风险、缺乏应对措施导致企业蒙受损失的案例，并至少收集与本企业相关的以下重要信息：①产品或服务的价格及供需变化；②能源、原材料、配件等物资供应的充足性、稳定性和价格变化；③主要客户、主要供应商的信用情况；④税收政策和利率、汇率、股票价格指数的变化；⑤潜在竞争者、竞争者及其主要产品、替代品情况。选项 C 属于技术风险因素。

11. BD 【解析】该公司的投资资本回报率高于资本成本，销售增长率却低于公司的可持续增长率，处于财务战略矩阵的第二象限，属于增值型现金剩余，所以选项 A 不正确；处于第二象限的企业可以为股东创造价值，但是增长缓慢，因此通过加速增长可以增加股东财富，选项 B 正确；由于资金有剩余，所以公司应该将多余的资金用于投资，并不需要增发股份，选项 C 不正确；如果该公司加速增长后，找不到进一步投资的机会，应该把资金还给股东，可以通过增加股利支付和回购股份等途径来实现，选项 D 正确。

12. BD 【解析】“甲公司发现乙公司在被收购前卷入了一场知识产权纠纷，将导致甲公司面临严重的经营风险”体现了企业在并购前没有认真地分析目标企业的潜在成本和效益，过于草率地并购，结果无法对被并购企业进行合理的管理，这属于决策不当；“甲乙两个公司原有企业文化存在较大差异导致管理存在困难”以致于并购后不能很好地整合；所以选项 BD 符合题意。

13. ABCD 【解析】“……达成战略合作协议……”表明两个公司结成的战略联盟是功能性协议，属于契约式战略联盟。四个选项都属于战略联盟管控措施，其中选项 ABD 属于订立协议方面的管控。

14. BCD 【解析】"经过市场调研，风华公司发现市场上还没有针对 6 至 18 岁学生群体的健康休闲食品，遂决定面向这一群体推出高钙型钙果果干"，属于抢占或填补市场空位策略，选项 BCD 符合题意。

15. AB 【解析】适用于风险辨识阶段的方法包括马尔科夫分析法和头脑风暴法，层次分析法和决策树法不适用。

16. AC 【解析】现有企业对资源的控制一般表现为对资金、专利或专有技术、原材料供应、分销渠道、学习曲线等资源及资源使用方法的积累与控制。如果现有企业控制了生产经营所必需的某种资源，那么它就会受到保护而不被进入者所侵犯。本题中遇到的障碍是结构性障碍中的现有企业对分销渠道关键资源的控制。

三、简答题

1. 【答案】

(1)S(优势)：①成立历史长。“创立于 1848 年，是国内唯一的由一个半世纪前相传至今的百年老店”。

②企业规模大。“已发展成为拥有 20 多家子公司，四个专业分厂，以及 60 余家连锁银楼、300 多家专卖店和 1 000 多家经销商”。

③专业力量强。“目前公司拥有职工 1 300 多名，其中有 100 多位获中国工艺美术大师、高级工艺美术师等称号的老、中、青三代设计师以及 300 多位制作巧匠、技师。在历年来的国际、国内首饰设计制作大赛中荣获 130 多个奖项，享有‘首饰奥斯卡’的美誉”。

④营销网络覆盖面广。“通过连锁银楼、形象专柜、特约经销店、专卖店、区域代理等渠道其营销网络已遍及全国30个省市、自治区”。

⑤消费者认知度、美誉度高。“‘牌子老、款式新、工艺精、信誉好’是消费者对B品牌的共识。广为流传的‘B首饰，三代人的青睐’反映出消费者对这一首饰著名品牌的钟爱”。

W(劣势)：“销售费用和用工成本大幅增加，远高于行业平均水平”。

O(机会)：“随着我国经济的快速增长、消费升级，金银珠宝首饰的消费增长迅猛。黄金价格的上涨，亦推进了黄金饰品作为保值增值手段的消费。随着黄金价格持续上涨和国内消费升级，国内金银首饰行业将维持高度景气”。

T(威胁)：“该公司主要生产原材料为黄金，受金融危机及欧洲主权债务危机的影响，黄金原材料价格大幅波动仍在持续，全球金价上下震荡激烈”“公司计划采购黄金25吨，资金风险很大”“国内外进出口政策、国外贸易保护、人民币升值等因素也是经营上的一大难题”。

(2)①研发能力。“目前公司拥有职工1 300多名，其中有100多位获中国工艺美术大师、高级工艺美术师等称号的老、中、青三代设计师以及300多位制作巧匠、技师。在历年来的国际、国内首饰设计制作大赛中荣获130多个奖项，享有‘首饰奥斯卡’的美誉。

②生产管理能力。“公司坚持走品牌经营之路，不断创新经营理念、严格质量管理、完善管理标准和特色服务”“‘牌子老、款式新、工艺精、信誉好’是消费者对B品牌的共识”。

③营销能力。“公司坚持走品牌经营之路，不断创新经营理念、严格质量管理、完善管理标准和特色服务，通过连锁银楼、形象专柜、特约经销店、专卖店、区域代理等渠道其营销网络已遍及全国30个省市、自治区”。

④组织管理能力。“公司坚持走品牌经营之路，不断创新经营理念、严格质量管理、完善管理标准和特色服务，通过连锁银楼、形象专柜、特约经销店、专卖店、区域代理等渠道其营销网络已遍及全国30个省市、自治区”。

(3)①政治风险。“国内外进出口政策、国外贸易保护、人民币升值等因素也是经营上的一大难题”。

②市场风险。“该公司主要生产原材料为黄金，为应对黄金价格持续的上升，控制成本，公司计划采购黄金25吨。……受金融危机及欧洲主权债务危机的影响，黄金原材料价格大幅波动仍在持续，全球金价上下震荡激烈，资金风险很大”。

③运营风险。“企业经营过程中销售费用和用工成本大幅增加，远高于行业平均水平”。

2. **【答案】**

(1)①按照并购双方所处的产业分类，属于横向并购。“WY公司旗下的KL跨境电商平台……是ALBB公司旗下T猫国际最强劲的对手之一”。

②按照被并购方的态度分类，属于友善并购。“ALBB公司宣布与WY公司达成战略合作”。

③按照并购方的身份来分类，属于产业资本并购。“我国全球企业间(B2B)电子商务著名企业ALBB公司”。

④按照收购资金来源来看，属于非杠杆并购。“以自有资金20亿美元全资收购WY公司旗下跨境电商平台KL”。

(2)理论上讲，并购有三大动机，分别为：一是避开进入壁垒，迅速进入，争取市场机会，规避各种风险；二是获得协同效应；三是克服企业负的外部性，减少竞争，增强对市场的控制力。

从案例中可以看出，“这对H市的

‘小冤家’，经过多年的相爱相杀……KL是T猫国际最强劲的对手之一”，则可以分析ALBB公司并购KL的动机主要包括两个方面，一是获得协同效应，二是减少竞争以增强对市场的控制能力。

(3)公司采用收缩战略有三种方式，包括紧缩与集中、转向战略和放弃战略。WY公司出售KL，由于是被ALBB公司全资收购，则属于放弃战略中的“卖断”类型。

3.【答案】

(1)春秋航空公司实施成本领先战略的实施条件包括：

一是能够实现规模经济；“航空业属于规模经济显著的产业”。

二是降低各种要素成本；“低销售费用与低管理费用”“集中采购降低飞机购买和租赁成本、飞机自选设备项目成本、自备航材采购成本及减少备用发动机数量；通过将发动机、辅助动力装置包修给原制造商以达到控制飞机发动机大修成本；通过集约航材储备降低航材日常采购、送修、仓储的管理成本”。

三是通过最新技术、工艺、流程及学习曲线来提高生产率；“单一机型与单一舱位”。

四是改进产品工艺设计；“全部采用空客A320系列机型”。

五是提高生产能力利用程度；“高客座率与高飞机日利用率”。

六是选择适宜的交易组织形式；“本公司集中采购空客A320系列机型……截至2018年末已有36架186座A320飞机”。

七是重点集聚于某一领域。“恪守低成本航空的经营模式”。

(2)实施成本领先战略可能面临的风险包括三个方面：一是技术的变化可能使过去用于降低成本的投资与经验一笔勾销；二是产业的新进入者或追随者通过模仿或者以高技术水平设施的投资能力，达到同样甚至更低的产品成本；三是市场需求从注重价格转向注重产品的品牌形象等。

4.【答案】

(1)企业风险是指未来的不确定性对企业实现其经营目标的影响。理解这个定义需要从以下几个方面把握：①企业风险与企业战略相关；②风险是一系列可能发生的结果，不能简单理解为最有可能的结果；③风险既具有客观性，又具有主观性；④风险往往与机遇并存。

(2)企业面对的主要风险分为两大类：外部风险和内部风险。

外部风险主要包括政治风险、法律风险与合规风险、社会文化风险、技术风险、市场风险等。

内部风险主要包括：战略风险、运营风险、财务风险等。

(3)石化开发公司面临的是政治风险。“石化开发公司收购美国某石油公司位于A国的油气资产1/3权益以后，进入A国油气资源市场，但是由于A国局势持续动荡，A国政府部门政策变化较大，政策执行力较低，政策出台往往比较突然，部分政策调整会影响在A国的企业的经营。与此同时，A国相关政府部门间的协调能力较差，办事效率较低，这也对外国企业在A国的投资有较大影响”，所以石化开发公司投资A国面对最大的风险就是政治风险。

(4)润朗集团面临的是社会文化风险。文化风险是指文化这一不确定性因素的影响给企业经营活动带来损失的可能。文化风险主要体现在跨国经营活动引发的文化风险；企业并购活动引发的文化风险；组织文化的变革、组织员工队伍的多元文化背景导致的个人层面的文化风险。润朗集团在并购飞龙汽车公司时，并没有充分理解所在国的工会文化，并购后根本没有融入被并购公司去，所以最终导致并购失败，面临的风险是社会文化风险。

四、综合题

【答案】

(1)①公司战略层次上，宜采用密集型战略中的市场渗透。因为A牌啤酒已经控制了C市95%以上的市场，因此其着眼点应该是该企业现有的消费者，而不应该是争夺竞争对手的消费者或开发新的消费者，即立足于现有市场或现有产品，不断挖掘现有市场或现有产品的潜力。

②竞争战略层次上，宜采用差异化战略。根据案例材料可知，A牌啤酒在C市的产品仍然沿用原啤酒厂生产多年的一款产品。面对B牌啤酒的进攻，为了能够继续保持市场占有率，A牌啤酒应该通过差异化来增加消费者的转换成本，以此留住现有消费者。

③职能战略层次上，宜加强和改善营销职能战略。由案例可知，由于B牌啤酒在营销上花了很大力气来进行改善，而且在市场上也取得了一定的成绩，因此A牌啤酒面对这种市场竞争压力时，应继续加强和不断改善营销职能。

(2)促销策略包括：

①广告促销。推出C市1月18日将要下雪的悬念广告，体现了这一点。

②营业推广。礼品附送体现了这一点。

(3)总经理下设五个职能部门，各个职能部门分管不同的工作，调整后的横向分工组织结构类型属于职能制组织结构。

优点：①能够通过集中单一部门内所有某一类型的活动来实现规模经济；②有利于培养职能专家；③由于是常规和重复性任务，因而工作效率得到提高；④董事会便于监控各个部门。

缺点：①由于对战略重要性的流程进行了过度细分，在协调不同职能时可能出现问题；②难以确定各项产品产生的盈亏；③导致职能间发生冲突、各自为政，而不是出于企业整体利益进行相互合作；④等级层次以及集权化的决策制定机制会放慢反应速度。

(4)水果口味啤酒的销售量正处于迅速上升时期，市场规模扩大，竞争者开始涌入。产品成本逐步降低，平均促销费用有所下降，销售利润迅速上升并达到最大，说明正处于成长期。

成长期的主要战略路径是市场营销，此时是改变价格形象和质量形象的好时机。

(5)销售业务需关注的主要风险包括：①销售政策和策略不当，市场预测不准确，销售渠道管理不当等，可能导致销售不畅、库存积压、经营难以为继；②客户信用管理不到位，结算方式选择不当，账款回收不力等，可能导致销售款项不能收回或遭受欺诈；③销售过程存在舞弊行为，可能导致企业利益受损。

(6)实行全面预算管理需关注的主要风险包括：①不编制预算或预算不健全，可能导致企业经营缺乏约束或盲目经营；②预算目标不合理、编制不科学，可能导致企业资源浪费或发展战略难以实现；③预算缺乏刚性、执行不力、考核不严，可能导致预算管理流于形式。

(7)数字化技术对A牌啤酒公司战略的影响，一方面主要体现在数字化技术对产品和服务的影响。具体包括产品的个性化。由于在数字经济时代，个性化是消费者需求最重要的特征，由此驱动企业产品理念向定制化、个性化和多样化转型。“A牌啤酒私人定制服务自去年7月上线，不仅实现从啤酒酒液到罐身外观的完全个性化定制，而且整个定制流程都能看得见、摸得着，更在向5箱起订的消费者极致体验突进……积极顺应消费趋势，让产品永远活在消费者生活的各个场景里面，满足个性化需求的私人定制产品渐渐成为A牌啤酒产品系的一大主流”。

另一方面，也体现在数字化技术对业务流程的影响。“作为智慧工厂范本，A牌啤酒三厂智能制造示范工厂扩建升级项目，将建成无人值守的智能化生产线，生产线管理系统根据订单自动排产，提前确定生产物料，完成产品生产计划”“A牌啤酒也在寻求工业互联网和智能制造技术的系统化整体应用”。

【思路点拨】 本题中的第(1)小问要求从公司层战略、竞争战略、职能战略三个方面分析A牌啤酒公司应采用的战略类型，需要大家首先分清楚三个战略层次，每个战略层次的具体细分战略类型，然后根据资料中的信息进行判断。另外，要注意题目问的是应采用的战略类型，而不是说现在采用的战略类型，所以要根据题目中的描述对未来适合的战略类型进行判断。